Langenscheidt
Universal Dictionary

# Norwegian

**Norwegian – English**
**English – Norwegian**

Langenscheidt

Heike Pleisteiner
Lexicographical work: Howard Atkinson, Martin Fellermayer, Stuart Fortey, Heike Pleisteiner, Heike Richini, Robin Sawers, Karin Weindl



This dictionary has been created with the help of dictionary databases owned by HarperCollins Publishers Ltd.

1. Auflage 2011 (1,03 - 2023)


www.langenscheidt.com

Print: Druckerei C. H. Beck, Nördlingen
Printed in Germany

ISBN 978-3-12-514031-8

# Contents
# Innhold

## Preface

In selecting the vocabulary and phrases for this dictionary, the editors have had the traveller's needs foremost in mind. This book will prove a useful companion to casual tourists and business travellers alike who appreciate the reassurance a small and practical dictionary can provide. It offers them – as well as beginners and students – all the basic vocabulary they will have to encounter and have to use, giving the key words and expressions to allow them to cope in everyday situations.

This dictionary is designed to slip into pocket or purse, and thus have a role as a handy companion at all times.

Besides just about everything you normally find in dictionaries, there are these bonuses:

- simplified pronunciation after each foreign-word entry, making it easy to read and enunciate words whose spelling may look forbidding
- useful information on how to tell the time and how to count, on conjugating irregular verbs, commonly seen abbreviations and converting to the metric system, in addition to basic phrases.

While no dictionary of this size can pretend to completeness, we are confident this dictionary will help you get most out of your trip abroad.

# Forord

I valget av ordforråd og uttrykk til denne ordboken har vi først og fremst tatt sikte på å dekke den reisendes behov. Denne boken vil derfor være en god følgesvenn for både turister og forretningsreisende som setter pris på den tryggheten en hendig ordbok gir. Også de som vil lære språket, nybegynnere såvel som viderekomne, finner her det grunnleggende ordforråd de vil komme i berøring med, dertil nøkkelord og – uttrykk som gjør det mulig å klare seg i dagligdagse situasjoner.

Ordboken er laget for å kunne tas med i en veske eller lomme. Vi håper at den ved sitt praktiske format vil tiltale mange og være til god hjelp i alle situasjoner.

Foruten alt det en ordbok vanligvis inneholder, finner du følgende bonustillegg:

- imitasjon av uttalen etter hver oppføring på fremmedspråket, noe som gjør det enkelt å lese ordet og å bruke ord med en komplisert stavemåte
- en rekke praktiske opplysninger som tallord, vanlige forkortelser, hvordan man angir klokkeslett, bøyning av uregelmessige verb, samt et avsnitt med nyttige uttrykk.

Det sier seg selv at en ordbok av dette format ikke kan gjøre krav på å være fullstendig. Allikevel er vi overbevist om at denne ordboken vil være til uvurderlig hjelp når det gjelder å få det beste ut av utenlandseisen din.

# Introduction

This dictionary has been designed to take account of your practical needs. Unnecessary linguistic information has been avoided. The entries are listed in alphabetical order, regardless of whether the entry is printed in a single word or in two or more separate words. As the only exception to this rule, a few idiomatic expressions are listed alphabetically as main entries by the most significant word of the expression. When an entry is followed by sub-entries, such as expressions and locutions, these are also listed in alphabetical order*.

Each main-entry word is followed by a phonetic transcription (see guide to pronunciation). Following the transcription, the part of speech of the entry word is indicated, whenever applicable. If an entry word is used as more than one part of speech, the translations are grouped together after the respective part of speech.

In the regular indefinite plural, both common, masculine and neuter nouns take an *-(e)r* ending. Exceptions: masculine nouns ending in *-er* take *~e* (e.g.: arbeider, pl arbeidere), and monosyllabic neuter nouns remain unchanged (e.g.: barn, pl barn).

All irregular plural forms of nouns not conforming to these rules are given in brackets after the part of speech.

Whenever an entry word is repeated in irregular forms or sub-entries, a tilde (~) is used to represent the full word. In plurals of long words, only the part that changes is written out fully, whereas the unchanged part is represented by a hyphen (-).

| Entry word: | mus *c* (pl ~) | Plural: | mus |
|---|---|---|---|
| | vidunder *nt* (pl ~, ~e) | | vidunder, vidundere |
| | antibiotikum *nt* (pl -ka) | | antibiotika |

An asterisk (*) in front of a verb indicates that it is irregular. For more detail, refer to the list of irregular verbs.

---

* Note that the Norwegian alphabet comprises 29 letters; æ, ø and å are considered independent characters and come after z, in that order.

# Veiledning

Ved utarbeidelsen av denne ordboken har vi først og fremst tatt sikte på å gjøre den så praktisk og anvendelig som mulig. Mindre viktige språklige opplysninger er utelatt. Oppslagsordene står i alfabetisk rekkefølge uansett om uttrykket skrives i ett ord, med bindestrek, eller i to eller flere ord. Det eneste unntaket fra denne regelen er noen få idiomatiske uttrykk, som du vil finne under det meningsbærende ordet. Når et oppslagsord følges av flere sammensetninger eller uttrykk, er også disse satt i alfabetisk rekkefølge.

Hvert hovedoppslagsord er fulgt av lydskrift (se Uttale), og vanligvis av ordklasse. I fall et oppslagsord tilhører flere ordklasser, er oversettelsene gruppert sammen etter de respektive ordklassene.

Dersom et substantiv har uregelmessig flertallsform, er denne angitt. I tilfeller der det kan oppstå tvil, har vi gitt eksempler på bruken.

Bølgestrek (~) er brukt som gjentagelsestegn for oppslagsordet når dette forekommer senere i artikkelen (f.eks. ved uregelmessig flertallsform, sammensatte ord, etc.).

Når det gjelder uregelmessig flertallsform av sammensatte ord, er bare den delen som forandres, skrevet helt ut; en kort strek (-) står for den uforandrede delen.

En stjerne (*) foran et verb betyr at verbet er uregelmessig. Bøyningsmønstret finner du i listen over uregelmessige verb.

I denne ordboken har vi anvendt vanlig engelsk stavemåte. Alle ord som må regnes som amerikanske, er merket *Am* (se listen over forkortelser).

## Guide to Pronunciation

Each main entry in this part of the dictionary is followed by a phonetic transcription which shows you how to pronounce the words. This transcription should be read as if it were English. It is based on Standard British pronunciation, though we have tried to take account of General American pronunciation also. Below, only those letters and symbols are explained which we consider likely to be ambiguous or not immediately understood.

The syllables are separated by hyphens, and stressed syllables are printed in *italics*.

Of course, the sounds of any two languages are never exactly the same, but if you follow carefully our indications, you should be able to pronounce the foreign words in such a way that you'll be understood. To make your task easier, our transcriptions occasionally simplify slightly the sound system of the language while still reflecting the essential sound differences.

### Consonants

| | |
|---|---|
| **g** | always hard, as in **g**o |
| **kh** | quite like **h** in **h**uge, but with the tongue raised a little higher |
| **r** | rolled in the front of the mouth, except in south-western Norway, where it's pronounced in the back of the mouth |
| **s** | always hard, as in **s**o |

The consonants **d, l, n, s, t,** if preceded by **r,** are generally pronounced with the tip of the tongue turned up well behind the upper front teeth. The **r** then ceases to be pronounced.

### Vowels and Diphthongs

**aa** long **a**, as in c**a**r, without any **r**-sound
**ah** a short version of **aa**; between **a** in c**a**t and **u** in c**u**t
**aw** as in r**aw** (British pronunciation)
**æ** like **a** in c**a**t
**ææ** a long æ-sound
**eh** like **e** in g**e**t
**er** as in oth**er**, without any **r**-sound
**ew** a "rounded **ee**-sound". Say the vowel sound **ee** (as in s**ee**), and while saying it, round your lips as for **oo** (as in s**oo**n), without moving your tongue; when your lips are in the **oo** position, but your tongue in the **ee** position, you should be pronouncing the correct sound
**igh** as in s**igh**
**o** always as in h**o**t (British pronunciation)
**ou** as in l**ou**d
**ur** as in f**ur**, but with rounded lips and no **r**-sound

1) A bar over a vowel symbol (e.g. $\overline{\textbf{ew}}$) shows that this sound is long.
2) Raised letters (e.g. $^{y}$**aa**, **ew**$^{ee}$) should be pronounced only fleetingly.

### Tones

In Norwegian there are two "tones": one is rising, the other consists of a falling pitch followed by a rise. As these tones are complex and very hard to copy, we do not indicate them, but mark their position as stressed.

## Uttale

I denne delen av ordboken er hvert stikkord fulgt av internasjonal lydskrift (IPA). Hvert enkelt tegn i denne fonetiske skriften står for en bestemt lyd. Tegn som her ikke er nærmere forklart, uttales omtrent som de tilsvarende norske bokstavene.

### Konsonanter

| | |
|---|---|
| ð | en slags lespende, stemt **s**-lyd; uttales med tungespissen løftet mot overtennene |
| g | alltid som i **g**å, aldri som i **gi** |
| k | alltid som i **k**u, aldri som i **k**inn |
| ŋ | som **ng** i la**ng** |
| r | en stemt **r**-lyd som dannes ved at tungebladet heves mot den bakre del av gommene |
| ʃ | som **sj** i øst- og nordnorsk **sjø** |
| θ | en slags lespende, stemmeløs **s**-lyd |
| w | som **o** i **o**st, men meget svak |
| z | stemt **s**-lyd |
| ʒ | stemt **sj**-lyd |

*Merk*: Transkripsjonen [sj] skal alltid uttales som en **s** fulgt av en **j**-lyd, ikke som i øst- og nordnorsk **sjø**.

### Vokaler

| | |
|---|---|
| ɑ: | som **a** i f**a**r |
| æ | omtrent som **æ** i l**æ**rd |
| ʌ | omtrent som **a** i k**a**tt |
| e | som i t**e**legram |
| ɛ | som **e** i p**e**nn |
| ə | som **e** i gat**e** |
| ɔ | som **o** i t**o**lv |
| u | som **o** i **o**st |

1) Et kolon [:] etter en vokal angir lang vokallyd.
2) Noen franske låneord har nasalert vokal (dvs. at ved uttalen går luften ut både gjennom munn og nese); dette er angitt med en tilde over vokalen (f. eks. [ã]).

## Diftonger

En diftong består av to vokaler hvorav den ene er sterk (betont) og den andre svak (ubetont), og uttales som en glidende lyd som bare utgjør én stavelse, som f. eks. **ei** i st**ei**n. I engelske diftonglyder er det alltid den andre vokalen som er svak. Dersom diftongen etterfølges av en [ə] medfører dette en ytterligere svekkelse av den andre vokalen.

## Trykk

Tegnet ['] står foran den trykksterke stavelsen, [ˌ] foran stavelser med bitrykk.

## Amerikansk uttale

Lydskriften her i boken følger britisk uttale. Selv om amerikansk uttale varierer sterkt fra den ene delen av USA til den annen, kan en sette opp visse regler for forskjellen mellom amerikansk og britisk uttale. Her er noen av dem.

1) I motsetning til på britisk engelsk uttales **r** både når den etterfølges av konsonant og på slutten av ord.
2) I mange ord (f. eks. *ask*, *castle*, *laugh*, osv.) blir [ɑː] til [æ].
3) Lyden [ɔ] uttaler amerikanerne som [ɑ] eller [ɔː].
4) I ord som *duty*, *tune*, *new*, osv. utelates ofte [j]-lyden som på britisk engelsk går forut for [uː].
5) Mange ord har trykkforskyvning i forhold til britisk uttale.

## Abbreviations
## Forkortelser

| | | |
|---|---|---|
| adjective | *adj* | adjektiv |
| adverb | *adv* | adverb |
| American | *Am* | amerikansk |
| article | *art* | artikkel |
| common gender | *c* | felleskjønn |
| conjunction | *conj* | konjunksjon |
| masculine | *m* | hankjønn |
| noun | *n* | substantiv |
| noun (American) | *nAm* | substantiv (amerikansk) |
| neuter | *nt* | intetkjønn |
| numeral | *num* | tallord |
| past tense | *p* | imperfektum |
| plural | *pl* | flertall |
| plural (American) | *plAm* | flertall (amerikansk) |
| past participle | *pp* | perfektum partisipp |
| present tense | *pr* | presens |
| preposition | *prep* | preposisjon |
| pronoun | *pron* | pronomen |
| verb | *v* | verb |
| verb (American) | *vAm* | verb (amerikansk) |

# Norwegian – English
# Norsk – Engelsk

## A

**-a** (*aa*) *art* the
**abbedi** (ah-ber-*dee*) *nt* abbey
**abonnement** (ah-boo-ner-*mahngng*) *nt* subscription
**abonnent** (ah-boo-*nehnt*) *m* subscriber
**abort** (ah-*bott*) *m* abortion; miscarriage
**abort-tilhenger** (ah-*bott*-til-hehng-er) *c* (pl -e) pro life
**abortmotstander** (ah-*bott*-mo͞ot-stahnd-er) *c* (pl -e) pro choice
**absolutt** (ahp-soo-*lewtt*) *adj* very, sheer; *adv* absolutely
**abstrakt** (ahp-*strahkt*) *adj* abstract
**absurd** (ahp-*sewrd*) *adj* absurd
**adapter** (ah-*dap*-terr) *m* adaptor
**addisjon** (ah-di-*sho͞on*) *m* addition
**adekvat** (ah-deh-*kvaat*) *adj* adequate
**adel** (*aa*-derl) *m* nobility
**adelig** (aa-der-li) *adj* belonging to nobility
**adgang** (*aad*-gahng) *m* admission, entrance, admittance, entry; ~ **forbudt** no entry, no admittance
**adjektiv** (*ahd*-ʸehk-tiv) *nt* adjective
**adkomst** (*aad*-komst) *m* access
***adlyde** (*aad*-le͞w-der) *v* obey
**administrasjon** (ahd-mi-ni-strah-*sho͞on*) *m* administration
**administrerende** (ahd-mi-ni-*stra͞y*-rer-ner) *adj* administrative; executive
**adoptere** (ah-doop-*ta͞y*-rer) *v* adopt
**adressat** (ahd-reh-*saat*) *m* addressee
**adresse** (ah-*drehss*-ser) *c* address
**adressere** (ahd-reh-*sa͞y*-rer) *v* address
**advare** (*aad*-vaa-rer) *v* caution, warn
**advarsel** (*aad*-vah-sherl) *m* (pl -sler) warning
**adverb** (ahd-*værb*) *nt* adverb
**advokat** (ahd-voo-*kaat*) *m* lawyer, barrister; solicitor,

attorney
**affektert** (ah-fehk-*tayt*) *adj* affected
**affære** (ah-*fææ*-rer) *m* affair
**Afrika** (*aaf*-ri-kah) Africa
**afrikaner** (ahf-ri-*kaa*-nerr) *m* African
**afrikansk** (ahf-ri-*kaansk*) *adj* African
**aftensmat** (*ahf*-terns-maat) *m* supper
**agent** (ah-*gehnt*) *m* agent
**agentur** (ah-gehn-*tewr*) *nt* agency
**aggressiv** (*ah*-greh-seev) *adj* aggressive
**agn** (ahngn) *nt* bait
**agurk** (ah-*gewrk*) *m* cucumber
**AIDS** (ayds) AIDS
**airbag** (*ehr*-bæg) *m* airbag
**akademi** (ah-kah-day-*mee*) *nt* academy
**akkompagnere** (ah-koom-pahn-*yay*-rer) *v* accompany
**akkreditiv** (ah-kreh-di-*teev*) *nt* letter of credit
**akkurat** (ah-kew-*raat*) *adj* just; exact; *adv* exactly
**aksel** (*ahk*-serl) *m* (pl aksler) axle
**akselerere** (*ahk*-ser-ler-*ray*-rer) *v* accelerate
**aksent** (ahk-*sahngng*) *m* accent
**akseptere** (ahk-sehp-*tay*-rer) *v* accept
**aksje** (*ahk*-sher) *m* share, stock
**aksjon** (ahk-*shoon*) *m* action
**akt** (ahkt) *m* act; nude
**akte** (*ahk*-ter) *v* esteem
**aktelse** (*ahk*-terl-ser) *m* respect; esteem
**akterspeil** (*ahk*-ter-shpayl) *nt* (pl ~) stern, rear
**aktiv** (*ahk*-tiv) *adj* active
**aktivitet** (ahk-ti-vi-*tayt*) *m* activity
**aktuell** (ahk-tew-*ehll*) *adj* topical; current
**akutt** (ah-*kewtt*) *adj* acute
**akvarell** (ahk-vah-*rehll*) *m* watercolo(u)r
**alarm** (ah-*lahrm*) *m* alarm
**alarmere** (ah-lahr-*may*-rer) *v* alarm
**albue** (*ahl*-bew-er) *m* elbow
**album** (*ahl*-bewm) *nt* album
**alder** (*ahl*-derr) *m* (pl ~e, aldrer) age
**alderdom** (*ahl*-der-dom) *m* old age, age
**aldri** (*ahl*-dri) *adv* never
**alene** (ah-*lay*-ner) *adv* alone; only
**ale opp** (*aa*-ler) *breed, raise
**alfabet** (ahl-fah-*bayt*) *nt* alphabet
**algebra** (*ahl*-geh-brah) *m* algebra
**Algerie** (ahl-sheh-*ree*) Algeria
**algerier** (ahl-*shay*-ri-err) *m* Algerian
**algerisk** (ahl-*shay*-risk) *adj* Algerian
**alkohol** (ahl-koo-*hool*) *m*

alcohol, *colloquial* booze
**alkoholholdig** (ahl-koo-*hool*-hol-di) *adj* alcoholic; **alkoholholdige drikker** spirits
**all** (ahll) *adj* all
**allé** (ah-*lay*) *m* avenue
**allerede** (ah-ler-*ray*-der) *adv* already
**allergi** (ahl-ær-*gee*) *m* allergy
**allianse** (ah-li-*ahng*-ser) *m* alliance
**allierte** (ah-li-*ay*-ter) *pl* Allies *pl*
**allikevel** (ah-*lee*-ker-vehl) *conj* yet
**allmektig** (*ahl*-mehk-ti) *adj* omnipotent
**allmenn** (*ahl*-mayn) *adj* public; general
**alltid** (*ahl*-ti) *adv* always; ever; **for ~** forever, for ever
**allting** (*ahl*-ting) *pron* everything
**alm** (ahlm) *m* elm
**almanakk** (ahl-mah-*nahkk*) *m* diary
**alminnelig** (ahl-*min*-ner-li) *adj* plain, customary, common
**alt** (ahlt) *pron* everything; *adj* all; *m* alto
**alter** (*ahl*-terr) *nt* (pl altre) altar
**alternativ** (ahl-*ter*-nah-teev) *nt* alternative
**altfor** (*ahlt*-for) *adv* too
**altså** (*ahlt*-so) *adv* consequently
**alv** (ahlv) *m* elf
**alvor** (*ahl*-vor) *nt* seriousness, gravity
**alvorlig** (ahl-*vaw*-li) *adj* serious, bad, grave
**ambassade** (ahm-bah-*saa*-der) *m* embassy
**ambassadør** (ahm-bah-sah-*durr*) *m* ambassador
**ambisiøs** (ahm-bi-si-*urss*) *adj* ambitious
**ambulanse** (ahm-bew-*lahng*-ser) *m* ambulance
**Amerika** (ah-*may*-ri-kah) America
**amerikaner** (ah-meh-ri-*kaa*-nerr) *m* American
**amerikansk** (ah-meh-ri-*kaansk*) *adj* American
**ametyst** (ah-mer-*tewst*) *m* amethyst
**amme** (*ahm*-mer) *v* nurse
**amnesti** (ahm-ner-*stee*) *nt* amnesty
**amulett** (ah-mew-*lehtt*) *m* lucky charm, charm
**analfabet** (ahn-nahl-fah-*bayt*) *m* illiterate
**analyse** (ahn-ah-*lew*-ser) *m* analysis
**analysere** (ahn-ah-lew-*say*-rer) *v* analyse
**analytiker** (ahn-ah-*lewt*-ti-kerr) *m* analyst
**ananas** (*ahn*-nah-nahss) *m* pineapple
**anarki** (ahn-ahr-*kee*) *nt* anarchy
**anatomi** (ahn-ah-too-*mee*) *m* anatomy

**anbefale** (*ahn*-beh-faa-ler) *v* recommend
**anbefaling** (*ahn*-beh-faa-ling) *c* recommendation
**and** (ahnn) *c* (pl ender) duck
**ane** (*aa*-ner) *v* suspect, guess
**anelse** (*aa*-nerl-ser) *m* notion; suspicion
**anemi** (ahn-eh-*mee*) *m* anaemia
**anerkjenne** (*ahn*-nær-kheh-ner) *v* recognize, acknowledge
**anerkjennelse** (*ahn*-nær-kheh-nerl-ser) *m* recognition
**anfall** (*ahn*-fahl) *nt* (pl ~) fit
**anfører** (*ahn*-fūr-rerr) *m* leader
**anførselstegn** (*ahn*-fur-sherls-tayn) *pl* quotation marks
**anger** (*ahng*-ngerr) *m* repentance
***angi** (*ahn*-ʸee) *v* indicate
**angre** (*ahng*-rer) *v* regret, repent
**angrep** (*ahn*-grāyp) *nt* (pl ~) attack; raid
***angripe** (*ahn*-gree-per) *v* attack, assault
**angst** (ahngst) *m* fright
***angå** (*ahn*-gaw) *v* concern
**angående** (*ahn*-gaw-erner) *prep* regarding, about, as regards, concerning
**ankel** (*ahng*-kerl) *m* (pl ankler) ankle
**anker** (*ahng*-kerr) *nt* (pl ankre) anchor
**anklage**[1] (*ahn*-klaa-ger) *v* accuse, charge
**anklage**[2] (*ahn*-klaa-ger) *m* charge
**anklagede** (*ahn*-klaa-ger-der) accused
***ankomme** (*ahn*-ko-mer) *v* arrive
**ankomst** (*ahn*-komst) *m* arrival
**ankomsttid** (*ahn*-komst-teed) *c* time of arrival
**anledning** (ahn-*lāyd*-ning) *m* chance, opportunity; ***ha ~ til** afford
**anlegg** (*ahn*-lehg) *nt* (pl ~) aptitude; construction
**anliggende** (*ahn*-li-ger-ner) *nt* affair, concern
**anmassende** (*ahn*-mah-ser-ner) *adj* presumptuous
**anmelde** (*ahn*-meh-ler) *v* report; review
**anmeldelse** (*ahn*-meh-lerl-ser) *m* review
**anmode** (*ahn*-mōō-der) *v* request
**anmodning** (*ahn*-mōōd-ning) *m* request
**anneks** (ah-*nehks*) *nt* annex
**annektere** (ah-nehk-*tāy*-rer) *v* annex
**annen** (*aa*-ern) *num* second; *pron* other
**annerledes** (*ahn*-ner-lāy-derss) *adv* otherwise; *adj* different
**annetsteds** (*aa*-ern-stehss) *adv* elsewhere
**annonse** (ah-*nong*-ser) *m*

advertisement

**annullere** (ah-new-*lay*-rer) *v* cancel; recall

**anonym** (ah-noo-*newm*) *adj* anonymous

**ansatt** (*ahn*-saht) *m* (pl ~e) employee

***anse** (*ahn*-say) *v* consider, regard

**anseelse** (*ahn*-say-erl-ser) *m* reputation

**anselig** (ahn-*say*-li) *adj* considerable, substantial

***ansette** (*ahn*-seh-ter) *v* engage

**ansikt** (*ahn*-sikt) *nt* face

**ansiktskrem** (*ahn*-sikts-kraym) *m* face cream

**ansiktstrekk** (*ahn*-sikts-trehk) *nt* feature

**ansjos** (ahn-*shooss*) *m* anchovy

**anskaffe** (*ahn*-skah-fer) *v* *buy, *get

**anskaffelse** (*ahn*-skah-ferl-ser) *m* purchase

**anspennelse** (*ahn*-speh-nerl-ser) *m* strain

**anspent** (*ahn*-spehnt) *adj* tense

**anspore** (*ahn*-spoo-rer) *v* incite

**anstendig** (ahn-*stehn*-di) *adj* decent

**anstendighet** (ahn-*stehn*-di-hayt) *c* decency

**anstrengelse** (*ahn*-strayng-erl-ser) *m* effort, strain

**anstrenge seg** (*ahn*-streh-nger) labo(u)r; try

**anstøt** (*ahn*-sturt) *nt* (pl ~) offense *Am*, offence

**anstøtelig** (*ahn*-sturt-eli) *adj* offensive

**ansvar** (*ahn*-svahr) *nt* liability, responsibility

**ansvarlig** (ahn-*svaa*-li) *adj* liable, responsible; ~ **for** in charge of

***anta** (*ahn*-taa) *v* assume, suppose; guess

**antakelig** (ahn-*taa*-ker-li) *adj* presumable

**antall** (*ahn*-tahl) *nt* (pl ~) number; quantity

**antenne** (ahn-*tehn*-ner) *c* aerial

**antibiotikum** (ahn-ti-bi-*oo*-ti-kewm) *nt* (pl -ka) antibiotic

**antikk** (ahn-*tikk*) *adj* antique

**antikvitet** (ahn-ti-kvi-*tayt*) *m* antique

**antikvitetshandler** (ahn-ti-kvi-*tayts*-hahnd-lerr) *m* antique dealer

**antipati** (ahn-ti-pah-*tee*) *m* dislike

**antyde** (*ahn*-tew-der) *v* indicate; imply; hint

**antydning** (*ahn*-tew-dning) *m* hint

**anvende** (*ahn*-veh-ner) *v* employ, apply; utilize

**anvendelig** (ahn-*vehn*-ner-li) *adj* usable

**anvendelse** (*ahn*-veh-nerl-ser) *m* application

**anvise** (*ahn*-vee-ser) *v*

indicate
**ape** (*aa*-per) *c* monkey
**aperitiff** (ah-peh-ri-*tiff*) *m* aperitif
**apotek** (ah-poo-*ta̅y̅k*) *nt* pharmacy, chemist's; drugstore *nAm*
**apoteker** (ah-poo-*ta̅y̅*-kerr) *m* chemist
**apparat** (ah-pah-*raat*) *nt* apparatus; machine; appliance; gadget
**appell** (ah-*pehll*) *m* appeal
**appelsin** (ah-perl-*seen*) *m* orange
**appetitt** (ah-per-*titt*) *m* appetite
**appetittlig** (ah-per-*tit*-li) *adj* appetizing
**appetittvekker** (ah-per-*tit*-veh-kerr) *m* appetizer
**applaudere** (ahp-lou-*da̅y̅*-rer) *v* clap, applaud
**applaus** (ah-*plouss*) *m* applause
**aprikos** (ahp-ri-*ko̅o̅ss*) *m* apricot
**april** (ah-*preel*) April
**araber** (ah-*raa*-berr) *m* Arab
**arabisk** (ah-*raa*-bisk) *adj* Arab
**arbeid** (*ahr*-bay) *nt* labo(u)r, work; employment
**arbeide** (ahr-*bay*-der) *v* work
**arbeider** (ahr-*bay*-derr) *m* labo(u)rer, worker, workman
**arbeidsbesparende** (*ahr*-bayss-beh-spaa-rer-ner) *adj* labo(u)r-saving
**arbeidsdag** (*ahr*-bayss-daag) *m* working day
**arbeidsformidling** (*ahr*-bayss-for-mid-ling) *c* employment exchange
**arbeidsgiver** (*ahr*-bayss-$^{y}$ee-verr) *m* employer
**arbeidsledig** (*ahr*-bayss-la̅y̅-di) *adj* unemployed, jobless
**arbeidsledighet** (*ahr*-bayss-la̅y̅-di- ha̅y̅t) *c* unemployment
**arbeidsløs** (*ahr*-bayss-lu̅r̅ss) *adj* unemployed, jobless
**arbeidsløshet** (*ahr*-bayss-lu̅r̅ss-ha̅y̅t) *c* unemployment
**arbeidstillatelse** (*ahr*-bayss-ti-laa-terl-ser) *m* work permit; labor permit *Am*
**arbeidsnarkoman** (*ahr*-bayss-nahr-ko̅o̅-*mahn*) *c* workaholic
**areal** (ah-reh-*aal*) *nt* area
**Argentina** (ahr-gern-*tee*-nah) Argentina
**argentiner** (ahr-gern-*tee*-nerr) *m* Argentinian
**argentinsk** (ahr-gern-*teensk*) *adj* Argentinian
**argument** (ahr-gew-*mehnt*) *nt* argument
**argumentere** (ahr-gew-mehn-*ta̅y̅*-rer) *v* argue
**ark** (ahrk) *nt* sheet
**arkade** (ahr-*kaa*-der) *m*

arcade
**arkeolog** (ahr-keh-oo-*lawg*) *m* archaeologist
**arkeologi** (ahr-keh-oo-loo-*gee*) *m* archaeology
**arkitekt** (ahr-ki-*tehkt*) *m* architect
**arkitektur** (ahr-ki-tehk-*tewr*) *m* architecture
**arkiv** (ahr-*keev*) *nt* archives *pl*
**arm** (ahrm) *m* arm; **arm i arm** arm-in-arm
**armbånd** (*ahrm*-bon) *nt* (pl ~) bracelet
**armbåndsur** (*ahrm*-bons-*ewr*) *nt* (pl ~) wrist-watch
**armé** (ahr-*may*) *m* army
**aroma** (ah-*roo*-mah) *m* aroma
**arr** (ahrr) *nt* scar
**arrangere** (ah-rahng-*shay*-rer) *v* arrange
**arrestasjon** (ah-reh-stah-*shoon*) *m* arrest, capture
**arrestere** (ah-reh-*stay*-rer) *v* arrest
**art** (ahtt) *m* species
**artikkel** (ah-*tik*-kerl) *m* (pl artikler) article
**artisjokk** (ah-ti-*shokk*) *m* artichoke
**artistisk** (ah-*tiss*-tisk) *adj* artistic
**arv** (ahrv) *m* inheritance
**arve** (*ahr*-ver) *v* inherit
**arvelig** (*ahr*-ver-li) *adj* hereditary
**arving** (*ahrv*-ing) *m* heir; heiress
**asbest** (ahss-*behst*) *m* asbestos
**asfalt** (*ahss*-fahlt) *m* asphalt
**Asia** (*aa*-si-ah) Asia
**asiat** (ah-si-*aat*) *m* Asian
**asiatisk** (ah-si-*aa*-tisk) *adj* Asian
**aske** (*ahss*-ker) *c* ash
**askebeger** (*ahss*-ker-bay-gerr) *nt* (pl -gre) ashtray
**asparges** (ah-*spahr*-gerss) *m* (pl ~) asparagus
**aspekt** (ah-*spehkt*) *nt* aspect
**aspirin** (ahss-pi-*reen*) *m* aspirin
**assistanse** (ah-si-*stahng*-ser) *m* assistance
**assistent** (ah-si-*stehnt*) *m* assistant
**astma** (*ahst*-mah) *m* asthma
**astronomi** (ah-stroo-noo-*mee*) *m* astronomy
**asyl** (ah-*sewl*) *nt* asylum
**at** (ahtt) *conj* that
**ateist** (ah-teh-*ist*) *m* atheist
**Atlanterhavet** (aht-*lahn*-terr-haa-ver) Atlantic
**atlet** (aht-*layt*) *m* athlete
**atmosfære** (aht-mooss-*fææ*-rer) *m* atmosphere
**atom** (ah-*toom*) *nt* atom; **atom-** atomic
**atskillelse** (*aat*-shi-lerl-ser) *m* separation
**atskillige** (aht-*shil*-li-er) *adj* several
**atskilt** (*aat*-shilt) *adj* separate; *adv* apart
**atspredelse** (*aat*-spray-derl-ser) *m* amusement,

diversion; recreation
**atten** (*aht*-tern) *num* eighteen
**attende** (*aht*-terner) *num* eighteenth
**atter** (*aht*-terr) *adv* again
**attest** (ah-*tehst*) *m* certificate
**attestere** (ah-tehs-*tay*-rer) *v* attest
**attraksjon** (ah-trahk-*shoon*) *m* attraction
**attråverdig** (*aht*-raw-vær-di) *adj* desirable
**aubergine** (o-behr-*sheen*) *m* eggplant
**auditorium** (ou-di-*too*-ri-ewm) *nt* (pl -ier) auditorium
**august** (ou-*gewst*) August
**auksjon** (ouk-*shoon*) *m* auction
**Australia** (ou-*straa*-li-ah) Australia
**australier** (ou-*straa*-li-err) *m* Australian
**australsk** (ou-*straalsk*) *adj* Australian
**autentisk** (ou-*tehn*-tisk) *adj* authentic
**automat** (ou-too-*maat*) *m* slot machine; vending machine
**automatisering** (ou-too-mah-ti-*say*-ring) *c* automation
**automatisk** (ou-too-*maa*-tisk) *adj* automatic
**automobilklubb** (ou-too-moo-*beel*-klewb) *m* automobile club
**autorisasjon** (ou-too-ri-sah-*shoon*) *m* authorization
**autoritet** (ou-too-ri-*tayt*) *m* authority
**autoritær** (ou-too-ri-*tær*) *adj* authoritarian
**av** (aav) *prep* by, of, for, with, from; *adv* off, **~ og til** sometimes, occasionally
**avansert** (ah-vahng-*sayt*) *adj* advanced
**avbestille** (*aav*-beh-sti-ler) *v* cancel
**avbestilling** (*aav*-beh-sti-ling) *c* cancellation
**avbetale** (*aav*-beh-tah-ler) *v* *pay on account; *pay instalments on
**avbetalingskjøp** (*aav*-beh-tah-lings-khurp) *nt* (pl ~) hire purchase, *Am* instalment plan
***avbryte** (*aav*-brew-ter) *v* interrupt
**avbrytelse** (*aav*-brewt-erl-ser) *m* interruption
**avdekke** (*aav*-deh-ker) *v* uncover
**avdeling** (ahv-*day*-ling) *c* department; division, section
**avdrag** (*aav*-draag) *nt* (pl ~) instalment
**aveny** (ah-ver-*new*) *m* avenue
**avfall** (*aav*-fahl) *nt* rubbish, refuse, garbage, litter
**avfatte** (*aav*-fah-ter) *v*

*draw up; compose

**avføringsmiddel** (*aav*-fu̅r̅-rings-mi-derl) *nt* (pl -midler) laxative

**avgang** (*aav*-gahng) *m* departure

**avgangstid** (*aav*-gahngs-teed) *c* time of departure

**avgifter** (*aav*-ʸif-terr) *pl* dues *pl*

***avgjøre** (*aav*-ʸu̅r̅-rer) *v* decide

**avgjørelse** (*aav*-ʸu̅r̅-rerl-ser) *m* decision

**avgud** (*aav*-ge̅w̅d) *m* idol

**avhandling** (*aav*-hahnd-ling) *c* essay, treatise

**avhengig** (*aav*-heh-ngi) *adj* dependant

**avhente** (*aav*-hehn-ter) *v* collect, fetch

***avholde seg fra** (*aav*-ho-ler) abstain from

**avis** (ah-*veess*) *c* newspaper

**aviskiosk** (ah-*veess*-khosk) *m* newsstand

**avlang** (*aav*-lahng) *adj* oblong

**avleiring** (*aav*-lay-ring) *c* deposit

**avlevere** (*aav*-leh-va̅y̅-rer) *v* deliver

**avling** (*ahv*-ling) *c* harvest, crop

**avløp** (*aav*-lu̅r̅p) *nt* (pl ~) drain

**avløse** (*aav*-lu̅r̅-ser) *v* relieve

**avreise** (*aav*-ray-ser) *c* departure

**avrundet** (*aav*-rew-nert) *adj* rounded

**avsende** (*aav*-seh-ner) *v* dispatch, dispatch

**avsender** (*aav*-seh-nerr) *m* sender

**avsides** (*aav*-see-derss) *adj* out of the way, remote

**avskaffe** (*aav*-skah-fer) *v* abolish

**avskjed** (*aav*-sha̅y̅d) *m* parting; resignation

**avskjedige** (*aav*-sha̅y̅-di-er) *v* dismiss, fire

**avskjedssøknad** (*aav*-sha̅y̅ds-*su̅r̅k*-nah) *m* resignation

**avskrekke** (*aav*-skrehk-ker) *v* discourage

**avsky**[1] (*aav*-she̅w̅) *v* hate, dislike, detest

**avsky**[2] (*aav*-she̅w̅) *m* dislike, disgust

**avskyelig** (ahv-*she̅w̅*-er-li) *adj* hideous, horrible, disgusting

**avslag** (*aav*-shlaag) *nt* (pl ~) refusal; discount, reduction

**avslapning** (*aav*-shlahp-ning) *m* relaxation

**avslappet** (*aav*-shlah-pert) *adj* easy-going; relaxed

**avslutning** (*aav*-shlewt-ning) *m* ending

**avslutte** (*aav*-shlew-ter) *v* stop, finish; settle

**avsløre** (*aav*-shlu̅r̅-rer) *v* reveal; expose

**avsløring** (*aav*-shlu̅r̅-ring) *c*

revelation
***avslå** (*aav*-shlaw) *v* refuse
**avsnitt** (*aav*-snit) *nt* (pl ~) paragraph; passage
**avspark** (*aav*-spahrk) *nt* kick-off
**avstamning** (*aav*-stahm-ning) *m* origin
**avstand** (*aav*-stahn) *m* distance; space; way
**avstandsmåler** (*aav*-stahns-maw-lerr) *m* range finder
**avstemning** (*aav*-stehm-ning) *m* vote
***avta** (*aav*-taa) *v* decrease
**avtale** (*aav*-taa-ler) *m* agreement, engagement; date, appointment
**avtrekker** (*aav*-treh-kerr) *m* trigger
**avtrykk** (*aav*-trewk) *nt* (pl ~) print
**avveksling** (*aav*-vehks-ling) *c* variation
**avvente** (*aa*-vehn-ter) *v* await
**avverge** (*aa*-vær-ger) *v* prevent
***avvike** (*aa*-vee-ker) *v* deviate
**avvise** (*aa*-vee-ser) *v* reject

# B

**babord** (*baa*-boor) port
**baby** (*bay*-bi) *m* baby
**babybag** (*bay*-bi-bæg) *m* carry-cot
**bacon** (*bay*-kern) *nt* bacon
**bad** (baad) *nt* bath, bathroom
**bade** (*baa*-der) *v* bathe; swim
**badebukse** (*baa*-der-book-ser) *c* swimming-trunks *pl*, bathing suit
**badedrakt** (*baa*-der-drahkt) *c* swimsuit, swimming suit *Am*, bathing suit
**badehette** (*baa*-der-heh-ter) *c* bathing cap
**badehåndkle** (*baa*-der-hong-kler) *nt* (pl -lær) bath towel
**badekåpe** (*baa*-der-kaw-per) *c* bathrobe
**badested** (*baa*-der-stay) *nt* seaside resort
**badevakt** (*baa*-der-vakt)*c*pool attendant
**badeværelse** (*baa*-der-vælser) *nt* bathroom
**badstue** (*bahss*-tewer) *c* sauna
**bagasje** (bah-*gaa*-sher) *m* luggage, baggage
**bagasjehylle** (bah-*gaa*-sher-hew-ler) *c* luggage rack
**bagasjeoppbevaring** (bah-*gaa*-sher-oop-ber-*vaa*-ring) *c* left luggage office; A*m* baggage deposit office
**bagasjerom** (bah-*gaa*-sher-

room) *nt* (pl ~) boot; *nAm* trunk
**bagasjevogn** (bah-*gah*-sher-vongn) *c* luggage van
**bak** (baak) *prep* behind; *adv* behind; *m* bottom
**bake** (*baa*-ker) *v* bake
**baker** (*baa*-kerr) *m* baker
**bakeri** (bah-ker-*ree*) *nt* bakery
**bakgrunn** (*baak*-grewn) *m* background
**bakhold** (*baak*-hol) *nt* (pl ~) ambush
**bakke** (*bahk*-ker) *m* hill; earth
**bakketopp** (*bahk*-ker-top) *m* hilltop
**baklengs** (*baak*-lehngs) *adv* backwards
**baklykt** (*baak*-lewkt) *c* rear light
**baklys** (*baak*-lēwss) *nt* (pl ~) tail-light
**bakside** (*baak*-see-der) *c* rear; reverse
**bakterie** (bahk-*tāy*-ri-er) *m* bacterium
**bakvaskelse** (*baak*-vahss-kerl-ser) *m* slander
**bakverk** (*baak*-værk) *nt* bakegoods; **finere ~** pastry
**balanse** (bah-*lahng*-ser) *m* balance
**balkong** (bahl-*kongng*) *m* balcony; dress circle
**ball** (bahll) *m* ball; *nt* ball
**ballett** (bah-*lehtt*) *m* ballet
**ballong** (bah-*longng*) *m* balloon
**banan** (bah-*naan*) *m* banana
**bandasje** (bahn-*daa*-sher) *m* bandage
**bande** (*bahn*-der) *m* gang
**bane** (*baa*-ner) *m* track
**bank** (bahngk) *m* bank; *m*/*nt* tap; ***sette i banken** deposit
**banke** (*bahng*-ker) *v* knock, tap
**bankett** (bahng-*kehtt*) *m* banquet
**bankhvelv** (bahngk-vehlv) *nt* (pl ~) vault
**bankkonto** (*bahng*-kon-too) *m* (pl ~er, -ti) bank account
**banne** (*bahn*-ner) *v* curse, *swear
**banner** (*bahn*-nerr) *nt* (pl ~, ~e) banner
**banning** (*bahn*-ning) *c* curse
**bar** (baar) *adj* bare, naked; neat; *m* bar, saloon
**barberblad** (bahr-*bāyr*-blaa) *nt* (pl ~) razor blade
**barbere seg** (bahr-*bāy*-rer) shave
**barberhøvel** (bahr-*bair*-*hur*-verl) *m* (pl -vler) safety razor, razor
**barberkost** (bahr-*bāyr*-koost) *m* shaving brush
**barbermaskin** (bahr-*bāyr*-mah-sheen) *m* electric razor, shaver
**barberskum** (bahr-*bāyr*-skoomm) *nt* shaving foam
**bare** (*baarer*) *adv* only,

merely
**bark** (bahrk) *m* bark
**barm** (bahrm) *m* bosom
**barmhjertig** (bahrm-*ʸæ*-ti) *adj* merciful
**barmhjertighet** (bahrm-*ʸæ*-ti-hāyt) *c* mercy
**barn** (baan) *nt* child; kid; **foreldreløst** ~ orphan
**barnebarn** (*baa*-ner-baan) *nt* grandchild
**barnehage** (*baa*-ner-haa-ger) *m* kindergarten
**barnepike** (*baa*-ner-pee-ker) *m* nurse
**barnevakt** (*baa*-ner-vahkt) *c* babysitter
**barnevogn** (*baa*-ner-voangn) *c* pram; baby carriage *Am*
**barneværelse** (*baa*-ner-vææ-rerl-ser) *nt* nursery
**barokk** (bah-*rokk*) *adj* baroque
**barometer** (bah-roo-*māy*-terr) *nt* (pl -tre) barometer
**barriere** (bah-ri-*ææ*-rer) *m* barrier; crash barrier
**barsk** (bahshk) *adj* bleak; tough
**bart** (bahtt) *m* moustache
**bartender** (*baa*-tehn-derr) *m* bartender
**baryton** (*bahr*-ri-ton) *m* baritone
**basar** (bah-*saar*) *m* fair
**base** (*baa*-ser) *m* base
**basere** (bah-*sāy*-rer) *v* base
**basilika** (bah-*see*-li-kah) *m* basilica
**basill** (bah-*sill*) *m* germ
**basis** (*baa*-siss) *m* basis, base
**bass** (bahss) *m* bass
**bastard** (bah-*stahrd*) *m* bastard
**batteri** (bah-ter-*ree*) *nt* battery
***be** (bāy) *v* ask; beg; pray
**bebo** (beh-*bōō*) *v* inhabit
**beboelig** (beh-*bōō*-er-li) *adj* habitable, inhabitable
**beboer** (beh-*bōō*-err) *m* occupant, inhabitant
**bebreide** (beh-*bray*-der) *v* blame, reproach
**bebreidelse** (beh-*bray*-derl-ser) *m* blame, reproach
**bedervelig** (beh-*dær*-ver-li) *adj* perishable
***bedra** (beh-*draa*) *v* deceive
**bedrag** (beh-*draag*) *nt* (pl ~) deceit
**bedrageri** (beh-drah-ger-*ree*) *nt* fraud
**bedre** (*bāyd*-rer) *adj* better; superior
**bedrift** (beh-*drift*) *m* concern; feat
**bedring** (*bāyd*-ring) *c* recovery
**bedrøvelig** (beh-*drūr*-ver-li) *adj* sad, dreary
**bedrøvet** (beh-*drūr*-vert) *adj* sad
**bedyre** (beh-*dēw*-rer) *v* affirm
**bedømme** (beh-*durm*-mer) *v* judge
**bedøvelse** (beh-*dūr*-verl-

ser) *m* anaesthesia
**bedøvelsesmiddel** (beh-*d̅u̅r̅*-verl-serss-mi-derl) *nt* (pl -midler) anaesthetic
**bedårende** (beh-*daw*-rer-ner) *adj* enchanting
**befale** (beh-*faa*-ler) *v* command
**befaling** (beh-*faa*-ling) *c* order, command
**befalshavende** (beh-*faals*-haa-ver-ner) *m* commander
**befolkning** (beh-*folk*-ning) *m* population
**befrielse** (beh-*free*-erl-ser) *m* liberation
**befruktning** (beh-*frewkt*-ning) *m* conception; fertilization
**begavelse** (beh-*gaa*-verl-ser) *m* talent, faculty
**begavet** (beh-*gaa*-vert) *adj* gifted, talented; clever, brilliant
**begeistret** (beh-*gayss*-trert) *adj* keen, enthusiastic
**begge** (behg-ger) *pron* both; either
**begivenhet** (beh-$^{y}$*ee*-vern-h̅a̅y̅t) *c* event, happening
**begjær** (beh-$^{y}$*æær*) *nt* desire; lust
**begjære** (beh-$^{y}$*ææ*-rer) *v* desire
**begrave** (beh-*graa*-ver) *v* bury
**begravelse** (beh-*graa*-verl-ser) *m* funeral; burial
**begrense** (beh-*grehn*-ser) *v* limit
**begrenset** (beh-*grehn*-sert) *adj* limited
**begrep** (beh-*gr̅a̅y̅p*) *nt* notion, idea
***begripe** (beh-*gree*-per) *v* *see, *understand
**begunstige** (beh-*gewns*-ti-er) *v* favo(u)r
**begynne** (beh-$^{y}$*ewn*-ner) *v* start, commence, *begin; ~ **igjen** recommence
**begynnelse** (beh-$^{y}$*ewn*-nerl-ser) *m* beginning; **i begynnelsen** at first; originally
***begå** (beh-*gaw*) *v* commit
**behagelig** (beh-*haa*-ger-li) *adj* agreeable pleasing, enjoyable
**behandle** (beh-*hahnd*-ler) *v* handle, treat
**behandling** (beh-*hahnd*-ling) *c* treatment
***beholde** (beh-*hol*-ler) *v* *keep
**beholder** (beh-*hol*-lerr) *m* container
**behov** (beh-*h̅o̅o̅v*) *nt* (pl ~) need; want
**behøve** (beh-*h̅u̅r̅*-ver) *v* need; demand
**behå** (*beh*-ho) *m* bra
**beige** (b̅a̅y̅sh) *adj* beige
**bein** (bayn) *nt* (pl ~) leg; bone
**beinskinne** (*b̅a̅y̅n*-shi-ner) *c* splint
**beite** (*bay*-ter) *nt* pasture; *v* graze

**bekjempe** (beh-*khehm*-per) *v* combat
**bekjenne** (beh-*kheh*-ner) *v* confess
**bekjent** (beh-*khehnt*) *m* acquaintance
***bekjentgjøre** (beh-*khehnt*-$^{y}\overline{\text{ur}}$-rer) *v* announce
**bekjentgjørelse** (beh-*khehnt*-$^{y}\overline{\text{ur}}$-rerl-ser) *m* announcement; bulletin
**bekk** (behkk) *m* stream, brook
**bekken** (*behk*-kern) *nt* pelvis
**beklage** (beh-*klaager*) *v* regret
**beklagelse** (beh-*klaa*-gerl-ser) *m* regret
**beklager!** (beh-*klaa*-gerr) sorry!
**bekrefte** (beh-*krehf*-ter) *v* confirm; acknowledge; affirm
**bekreftelse** (beh-*krehf*-terl-ser) *m* confirmation
**bekreftende** (beh-*krayf*-ter-ner) *adj* affirmative
**bekvem** (beh-*kvehmm*) *adj* comfortable; easy, convenient
**bekvemmelighet** (beh-*kvehm*-mer-li-h$\overline{\text{ay}}$t) *c* comfort
**bekymre seg** (beh-*khewm*-rer) worry; **bekymre seg om** care about
**bekymret** (beh-*khewm*-rert) *adj* concerned, worried
**bekymring** (beh-*khewm*-ring) *c* anxiety, worry; concern, care
**belastning** (beh-*lahst*-ning) *m* load, strain
**beleilig** (beh-*lay*-li) *adj* convenient
**beleiring** (beh-*lay*-ring) *c* siege
**Belgia** (*behl*-gi-ah) Belgium
**belgier** (*behl*-gi-err) *m* Belgian
**belgisk** (*behl*-gisk) *adj* Belgian
**beliggende** (beh-*lig*-ger-ner) *adj* situated
**beliggenhet** (beh-*lig*-gern-h$\overline{\text{ay}}$t) *c* location, site
**belte** (*behl*-ter) *nt* belt
**belyse** (beh-*$\overline{\text{lew}}$*-ser) *v* illuminate
**belysning** (beh-*$\overline{\text{lew}}$ss*-ning) *m* lighting, illumination
**belønne** (beh-*lurn*-ner) *v* reward
**belønning** (beh-*lurn*-ning) *c* reward; prize
**beløp** (beh-*$\overline{\text{lur}}$p*) *nt* (pl ~) amount
***beløpe seg til** (beh-*$\overline{\text{lur}}$*-per) amount to
**bemerke** (beh-*mær*-ker) *v* note, notice; remark
**bemerkelsesverdig** (beh-*mær*-kerl-serss-vær-di) *adj* noticeable, remarkable
**bemerkning** (beh-*mærk*-ning) *m* remark
**benekte** (beh-*nehk*-ter) *v* deny
**benektende** (beh-*nehk*-ter-

ner) *adj* negative
**benevnelse** (beh-*nehv*-nerl-ser) *m* name, designation, denomination
**benk** (behngk) *m* bench
**bensin** (behn-*seen*) *m* fuel, petrol; gas *nAm*, gasoline *nAm*; **blyfri** ~ unleaded petrol
**bensinpumpe** (behn-*seen*-poom-per) *c* petrol pump; fuel pump *Am*
**bensinstasjon** (behn-*seen*-stah-shoon) *m* service station, petrol station, filling station; gas station *Am*
**bensintank** (behn-*seen*-tahngk) *m* petrol tank, gas tank *Am*
**benytte** (beh-*newt*-ter) *v* use, make use of
**benådning** (beh-*nawd*-ning) *m* pardon
**beordre** (beh-*or*-drer) *v* order
**beredt** (beh-*reht*) *adj* prepared
**beregne** (beh-*ray*-ner) *v* calculate
**berettiget** (beh-*reht*-ti-ert) *adj* justified
**berg** (bærg) *nt* mountain
**berglendt** (*bærg*-lehnt) *adj* mountainous
**berolige** (beh-*roo*-li-er) *v* reassure, calm down
**beroligende** (beh-*roo*-li-er-ner) *adj* restful; ~ **middel** sedative, tranquillizer
**bero på** (beh-*roo*) depend on
**beruset** (beh-*rew*-sert) *adj* intoxicated, drunk
**beryktet** (beh-*rewk*-tert) *adj* notorious
**berømmelse** (beh-*rurm*-merl-ser) *m* fame, glory, celebrity
**berømt** (beh-*rurmt*) *adj* famous
**berøre** (beh-*rur*-rer) *v* touch
**berøring** (beh-*rur*-ring) *c* touch
**besatt** (beh-*sahtt*) *adj* possessed
**beseire** (beh-*say*-rer) *v* conquer
***besette** (beh-*seht*-ter) *v* occupy
**besettelse** (beh-*seht*-terl-ser) *m* obsession
**besittelse** (beh-*sit*-terl-ser) *m* possession
**beskatning** (beh-*skaht*-ning) *m* taxation
**beskjed** (beh-*sher*) *m* message
**beskjeden** (beh-*shay*-dern) *adj* modest
**beskjedenhet** (beh-*shay*-dern-hayt) *c* modesty
**beskjeftige** (beh-*shehf*-ti-er) *v* employ, occupy
**beskjeftigelse** (beh-*shehf*-ti-erl-ser) *m* employment, occupation
***beskrive** (beh-*skree*-ver) *v* describe
**beskrivelse** (beh-*skree*-

verl-ser) *m* description
**beskylde** (beh-*shewl*-ler) *v* accuse
**beskytte** (beh-*shewt*-ter) *v* protect
**beskyttelse** (beh-*shewt*-terl-ser) *m* protection
***beslaglegge** (beh-*shlaag*-leh-ger) *v* confiscate
**beslektet** (beh-*shlehk*-tert) *adj* related
**beslutning** (beh-*shlewt*-ning) *m* decision
**besluttsom** (beh-*shlewt*-som) *adj* resolute
**best** (behst) *adj* best
**bestanddel** (beh-*stahn*-da̅y̅l) *m* element, ingredient
**bestefar** (*behss*-ter-faar) *m* (pl -fedre) grandfather, granddad
**besteforeldre** (*behss*-ter-fo-rehl-drer) *pl* grandparents *pl*
**bestemme** (beh-*stehm*-mer) *v* define, determine; designate, destine
**bestemmelse** (beh-*stehm*-merl-ser) *m* regulation
**bestemmelsessted** (beh-*stehm*-merl-serss-sta̅y̅) *nt* destination
**bestemor** (*behss*-ter-mo̅o̅r) *m* (pl -mødre) grandmother
**bestemt** (beh-*stehmt*) *adj* definite; resolute
***bestige** (beh-*stee*-ger) *v* ascend; mount
**bestikk** (beh-*stikk*) *nt* cutlery; silverware *nAm*
***bestikke** (beh-*stik*-ker) *v* corrupt, bribe
**bestikkelse** (beh-*stik*-kerl-ser) *m* corruption, bribery; bribe
**bestille** (beh-*stil*-ler) *v* order; book, engage, reserve
**bestilling** (beh-*stil*-ling) *c* order; booking; **laget på ~** made to order
**bestrebelse** (beh-*stra̅y̅*-berl-ser) *m* effort
***bestride** (beh-*stree*-der) *v* dispute
**bestyre** (beh-*ste̅w̅*-rer) *v* manage
**bestyrer** (beh-*stew*-rer) *m* manager
***bestå** (beh-*staw*) *v* exist; pass a test; **~ av** consist of
**besvare** (beh-*svaa*-rer) *v* answer
**besvime** (beh-*svee*-mer) *v* faint
**besvær** (beh-*svæær*) *nt* trouble, inconvenience
**besværlig** (beh-*svææ*-li) *adj* inconvenient
**besøk** (beh-*su̅r̅k*) *nt* (pl ~) call, visit
**besøke** (beh-*su̅r̅*-ker) *v* call on, visit
**besøkende** (beh-*su̅r̅*-ker-ner) *m* visitor
**besøkstid** (beh-*su̅r̅ks*-teed) *c* visiting hours
**betagende** (beh-*taa*-ger-

ner) *adj* moving; beautiful
**betalbar** (beh-*taal*-bahr) *adj* due; payable
**betale** (beh-*taa*-ler) *v* *pay
**betaling** (beh-*taa*-ling) *c* payment
**betegnende** (beh-*tay*-ner-ner) *adj* characteristic
**betenkt** (beh-*tehngkt*) *adj* uneasy
**betennelse** (beh-*tehn*-nerl-ser) *m* inflammation; ***gå ~ i** *become septic
**betingelse** (beh-*ting*-ngerl-ser) *m* term; stipulation
**betingelsesløs** (beh-*ting*-ngerl-serss-lurss) *adj* unconditional
**betinget** (beh-*ting*-ngert) *adj* conditional
**betjene** (beh-*t^yay*-ner) *v* attend on; serve
**betjening** (beh-*t^yay*-ning) *c* service
**betong** (beh-*tongng*) *m* concrete
**betoning** (beh-*too*-ning) *c* accent
**betrakte** (beh-*trahk*-ter) *v* consider, regard; view, watch; **i betraktning av** considering
**betraktelig** (beh-*trahk*-ter-li) *adj* considerable
**betro** (beh-*troo*) *v* confide in
**betvile** (beh-*tvee*-ler) *v* query, doubt
**bety** (beh-*tew*) *v* *mean
**betydelig** (beh-*tew*-der-li) *adj* considerable
**betydning** (beh-*tewd*-ning) *m* sense; importance; ***være av ~** matter
**betydningsfull** (beh-*tewd*-nings-fewl) *adj* important; significant
**beundre** (beh-*ewn*-drer) *v* admire
**beundrer** (beh-*ewn*-drerr) *m* fan
**beundring** (beh-*ewn*-dring) *c* admiration
**bevare** (beh-*vaa*-rer) *v* *keep; *uphold
**bevege** (beh-*vay*-ger) *v* move
**bevegelig** (beh-*vay*-ger-li) *adj* mobile
**bevegelse** (beh-*vay*-gerl-ser) *m* motion, movement
**bever** (*bay*-verr) *m* beaver
**beverte** (beh-*væ*-ter) *v* entertain, treat
**bevilge** (beh-*veel*-ger) *v* extend, grant; allow
**bevis** (beh-*veess*) *nt* proof, evidence; token
**bevise** (beh-*vee*-ser) *v* prove; demonstrate, *show
**bevisst** (beh-*vist*) *adj* conscious
**bevissthet** (beh-*vist*-hayt) *c* consciousness
**bevisstløs** (beh-*vist*-lurss) *adj* unconscious
**bevitne** (beh-*vit*-ne) *v* attest
**bevokte** (beh-*vok*-ter) *v* watch, guard
**bevæpne** (beh-*vayp*-ner) *v*

arm
**bevæpnet** (beh-*vāyp*-nert) *adj* armed
**bibel** (*bee*-berl) *m* (pl bibler) bible
**bibliotek** (bi-bli-oo-*tāyk*) *nt* library
**bidrag** (*bee*-draag) *nt* (pl ~) contribution; allowance
**bie** (*bee*-er) *c* bee
**bielv** (*bee*-ehlv) *c* tributary
**bifalle** (*bee*-fah-ler) *v* consent; applaud
**biff** (biff) *m* steak
**bikube** (*bee*-kew-ber) *m* beehive
**bil** (beel) *m* automobile, car
**bilde** (*bil*-der) *nt* picture, image
**bildemelding** (*bil*-der-*mehl*-ling) *c* photo message
**bile** (*bee*-ler) *v* motor
**bilhorn** (*beel*-hōōn) *nt* (pl ~) hooter
**bilisme** (bi-*liss*-mer) *m* motoring
**bilist** (bi-*list*) *m* motorist
**biljard** (bil-*yaad*) *m* billiards *pl*
**bille** (*bil*-ler) *m* beetle; bug
**billedhogger** (*bil*-lerd-ho-gerr) *m* sculptor
**billett** (bi-*lehtt*) *m* ticket
**billettautomat** (bi-*lehtt*-ou-too-maat) *m* ticket machine
**billettkontor** (bi-*leht*-koon-tōōr) *nt* box office
**billettluke** (bi-*leht*-lew-ker) *c* box office window
**billettpris** (bi-*leht*-preess) *m* fare; admission fee
**billig** (*bil*-li) *adj* cheap, inexpensive
**billigbok** (*bil*-li-bōōk) *c* paperback
**bilpanser** (*beel*-pahn-serr) *nt* bonnet; hood *nAm*
**bilran** (*bēēl*-rahn) *c* carjacking
**bilutleie** (*beel*-oot-lay-er) *c* car hire; car rental *Am*
**bind** (binn) *nt* volume; sanitary napkin *Am*, sanitary towel
***binde** (*bin*-ner) *v* *bind; tie; ~ **sammen** bundle
**bindestrek** (*bin*-ner-strāyk) *m* hyphen
**biologi** (bi-oo-loo-*gee*) *m* biology
**biologisk nedbrytbar** (bēē-oo-*lōō*-isk nayd-*brēwt*-bahr) *adj* biodegradable
**bipolar** (bee-poo-*lāār*) *adj* bipolar
**biskop** (*biss*-kop) *m* bishop
***bistå** (*bee*-staw) *v* assist, aid
**bit** (beet) *m* bit, piece; scrap, morsel; bite
***bite** (*bee*-ter) *v* *bite
**bitter** (*bit*-terr) *adj* bitter
**bjelke** (*byehl*-ker) *m* beam
**bjelle** (*byehl*-ler) *c* small bell
**bjørk** (byurrk) *c* birch
**bjørn** (byūrn) *m* bear
**bjørnebær** (*byūr*-ner-bæær)

*nt* (pl ~) blackberry
**Blackberry®** (*blæk*-bahr-ēē) *c* Blackberry®
**blad** (blaa) *nt* leaf; blade
**bladgull** (*blaa*-gewl) *nt* gold leaf
**bladsalat** (*blaa*-sah-laht) *m* lettuce
**blakk** (blahkk) *adj* broke
**blande** (*blahn*-ner) *v* mix; ~ **seg inn i** interfere with
**blandet** (*blahn*-nert) *adj* mixed
**blanding** (*blahn*-ning) *c* mixture
**blank** (blahngk) *adj* glossy; blank
**blankett** (blahng-*kehtt*) *m* form
**blant** (blahnt) *prep* amid; among; ~ **annet** among other things
**bleie** (*blay*-er) *c* nappy; diaper *nAm*
**blek** (blāyk) *adj* pale
**bleke** (*blāy*-ker) *v* bleach
**blekk** (blehkk) *nt* ink
**blekksprut** (*blehk*-sprēwt) *m* octopus
**blekne** (*blāyk*-ner) *v* fade; *grow pale
**blemme** (*blehm*-mer) *c* blister
**blende** (*blehn*-ner) *v* blind
**blendende** (*blehn*-ner-ner) *adj* glaring
***bli** (blee) *v* *become, *be, *get, *grow; stay; ~ **igjen** remain
**blikk** (blikk) *nt* glance, look; **kaste et** ~ glance
**blind** (blinn) *adj* blind
**blindgate** (*blin*-gaa-ter) *c* cul-de-sac
**blindtarm** (*blin*-tahrm) *m* appendix
**blindtarmbetennelse** (*blin*-tahrm-beh-teh-nerl-ser) *m* appendicitis
**blinklys** (*blingk*-lēwss) *nt* (pl ~) trafficator; blinker *nAm*
**blitzlampe** (*blits*-lahm-per) *c* flash bulb
**blod** (blōō) *nt* blood
**blodforgiftning** (*blōō*-for-ʸift-ning) *m* blood poisoning
**blodkar** (*blōō*-kaar) *nt* (pl ~) blood vessel
**blodomløp** (*blōō*-oom-lūrp) *nt* (pl ~) circulation
**blodtrykk** (*blōō*-trewk) *nt* (pl ~) blood pressure
**blogg** (*blawg*) *c* blog
**blokk** (blokk) *c* block
**blokkere** (blo-*kāy*-rer) *v* block
**blomkål** (*blom*-kawl) *m* cauliflower
**blomst** (blomst) *m* flower, blossom
**blomsterbed** (*blom*-sterr-behd) *nt* (pl ~) flowerbed
**blomsterforretning** (*blom*-sterr-for-reht-ning) *c* flower shop
**blomsterhandler** (*blom*-sterr-hahnd-lerr) *m* florist
**blomsterløk** (*blom*-sterr-

lūrk) *m* bulb
**blomstre** (*blom*-strer) *v* flower, blossom
**blond** (blonn) *adj* fair, blond
**blondine** (blon-*dee*-ner) *c* blonde
***blottlegge** (*blott*-leh-ger) *v* expose
**bluse** (*blēw*-ser) *c* blouse
**bly** (blēw) *nt* lead
**blyant** (*blēw*-ahnt) *m* pencil
**blyantspisser** (*blēw*-ahnt-spi-serr) *m* pencil sharpener
**blyg** (blēwg) *adj* timid
**blære** (*blææ*-rer) *c* bladder
**blø** (blūr) *v* *bleed
**blødning** (*blūrd*-ning) *m* h(a)emorrhage
**bløt** (blūrt) *adj* mellow
**bløte** (*blūr*-ter) *v* soak
***bløtgjøre** (*blūrt*-$^{y}$ūr-rer) *v* soften
**blå** (blaw) *adj* blue; **blått merke** bruise
**blåse** (*blaw*-ser) *v* *blow; ~ **opp** inflate
**blåsende** (*blaw*-ser-ner) *adj* gusty
**blåskjell** (*blo*-shehl) *nt* (pl ~) mussel
**bo** (bōō) *v* live, reside
**bobil** (*bōō*-beel) *m* camper, caravan
**boble** (*bob*-ler) *c* bubble
**bok** (bŏŏk) *c* (pl bøker) book
**bokbind** (*bŏŏk*-bin) *nt* (pl ~) binding
**bokføre** (*bŏŏk*-fūr-rer) *v* enter, book
**bokhandel** (*bŏŏk*-hahn-derl) *m* (pl -dler) bookstore
**bokhandler** (*bŏŏk*-hahnd-lerr) *m* bookseller
**boks** (boks) *m* can, tin
**bokse** (*bok*-ser) *v* box
**boksekamp** (*bok*-ser-kahmp) *m* boxing match
**bokstav** (book-*staav*) *m* letter; **stor** ~ capital letter
**boksåpner** (*boks*-awp-nerr) *m* can opener
**bolig** (*bōō*-li) *m* house, residence
**Bolivia** (boo-*lee*-vi-ah) Bolivia
**bolivianer** (boo-li-vi-*aa*-nerr) *m* Bolivian
**boliviansk** (boo-li-vi-*aansk*) *adj* Bolivian
**bolle** (*bol*-ler) *m* bowl; basin; bun
**bolt** (bolt) *m* bolt
**bom** (boomm) *m* barrier; miss
**bombardere** (boom-bah-*dāy*-rer) *v* bomb
**bombe** (*boom*-ber) *c* bomb
**bomme** (*boom*-mer) *v* miss
**bompenger** (*boomm*-peh-ngerr) *pl* toll
**bomull** (*boom*-mewl) *m* cotton; **bomulls-** cotton
**bomullsfløyel** (*boom*-mewls-flur$^{ew}$-erl) *m* velveteen
**bomvei** (*boom*-vay) *m*

turnpike *nAm*
**bonde** (*boon*-ner) *m* (pl bønder) peasant, farmer
**bondegård** (*boon*-ner-gawr) *m* farm
**bondekone** (*boon*-ner-koo-ner) *c* farmer's wife
**bong** (bong) *m* voucher
**bopel** (*boo*-payl) *m* domicile
**bor** (borr) *nt* drill
**bord** (boor) *nt* table
**bordell** (boo-*dehll*) *m*/*nt* brothel
**bordtennis** (*boo*-teh-niss) *m* ping-pong, table tennis
**bore** (*boo*-rer) *v* bore, drill; **~plattform** drilling platform
**borg** (borg) *c* castle
**borger** (*bor*-gerr) *m* citizen; **borger-** civic
**borgerlig** (*bor*-ger-li) *adj* middle-class
**borgermester** (*bor*-gor-mehss-terr) *m* (pl -tre) mayor
**bort** (boott) *adv* away; ***gå ~** *leave, *go away
**borte** (*boot*-ter) *adv* gone; off
**bortenfor** (*boot*-tern for) *adv* beyond; *prep* off; beyond
**bortsett fra** (*boot*-seht) apart from
**bosatt** (*boo*-saht) *adj* resident
**boss** (boss) *m* boss
**bot** (boot) *c* (pl bøter) fine
**botanikk** (boo-tah-*nikk*) *m* botany
**botemiddel** (*boo*-ter-mi-derl) *nt* (pl -midler) remedy
**bowlingbane** (*bov*-ling-baa-ner) *m* bowling alley
**bra** (braa) *adj* good; *colloquial* super; **bra!** all right!
**brann** (brahnn) *m* fire
**brannalarm** (*brahn*-nah-lahrm) *m* fire alarm
**brannmann** (*brahn*-mahn) *m* firefighter
**brannmannskap** (*brahn*-mahn-skaap) *nt* firefighter
**brannmur** (*brahn*-mewr) *c* firewall
**brannsikker** (*brahn*-si-kerr) *adj* fireproof
**brannslokker** (*brahn*-shloo-kerr) *m* fire extinguisher
**brannsår** (*brahn*-sawr) *nt* (pl ~) burn
**branntrapp** (*brahn*-trahp) *c* fire escape
**brannvesen** (*brahn*-vay-sern) *nt* fire brigade
**Brasil** (brah-*seel*) Brazil
**brasilianer** (brah-si-li-*aa*-nerr) *m* Brazilian
**brasiliansk** (brah-si-li-*aansk*) *adj* Brazilian
**bratt** (brahtt) *adj* steep
**bred** (bray) *adj* wide, broad
**bredbånd** (*brehd*-bawn) *nt* broadband
**bredd** (brehdd) *m* shore, bank; embankment

**bredde** (*brehd*-der) *m* width, breadth
**breddegrad** (*brehd*-der-graad) *m* latitude
***brekke** (brehk-ker) *v* fracture; ~ **seg** vomit
**brekkjern** (*brehk*-ʸæn) *nt* crowbar
**bremse** (*brehm*-ser) *c* brake; *v* slow down
**bremselys** (*brehm*-ser-lēwss) *pl* brake lights
**bremsetrommel** (*brehm*-ser-troo-merl) *m* (pl -tromler) brake drum
***brenne** (*brehn*-ner) *v* *burn
**brennemerke** (*brehn*-ner-mær-ker) *nt* brand; stigma
**brennpunkt** (*brehn*-poongkt) *nt* focus
**brensel** (*brehn*-sherl) *nt* fuel
**brenselolje** (*brehn*-sherl-ol-ʸer) *c* fuel oil
**brett** (brehtt) *nt* tray
**brette** (*breht*-ter) *v* fold; ~ **ut** unfold
**brev** (brāyv) *nt* letter; **rekommandert** ~ registered letter
**brevpapir** (*brāyv*-pah-peer) *nt* notepaper
**brevveksle** (*brāyvehk*-shler) *v* correspond
**brevveksling** (*brāyvehk*-shling) *c* correspondence
**brikke** (*brik*-ker) *c* chip; piece
**briller** (*bril*-lerr) *pl* spectacles, glasses
***bringe** (*bring*-nger) *v* *bring; ~ **tilbake** *bring back
**bringebær** (*bring*-nger-bæær) *nt* (pl ~) raspberry
**bris** (breess) *m* breeze
***briste** (*briss*-ter) *v* *burst
**brite** (*brit*-ter) *m* Briton
**britisk** (*brit*-tisk) *adj* British
**bro** (broo) *c* bridge
**brodere** (broo-*dāy*-rer) *v* embroider
**broderi** (broo-der-*ree*) *nt* embroidery
**brokk** (brokk) *m*/*nt* hernia
***brolegge** (*broo*-leh-ger) *v* pave
**bronkitt** (broong-*kitt*) *m* bronchitis
**bronse** (*brong*-sher) *m* bronze; **bronse-** bronze
**bror** (broor) *m* (pl brødre) brother
**brorskap** (*broosh*-kaap) *m*/*nt* fraternity, brotherhood
**brosje** (*brosh*-sher) *c* brooch
**brosjyre** (bro-*shew*-rer) *m* brochure
**brud** (brewd) *c* bride
**brudd** (brewdd) *nt* fracture, break
**bruddstykke** (*brewd*-stew-ker) *nt* fragment
**brudgom** (*brewd*-gom) *m* (pl ~mer) groom, bridegroom
**bruk** (brewk) *m* use
**brukbar** (*brewk*-baar) *adj*

useful

**bruke** (*brew*-ker) *v* apply, use; *spend; ~ **opp** use up

**bruker** (*brew*-kerr) *m* user

**bruksanvisning** (*brewks*-ahn-viss-ning) *m* directions for use

**brukt** (brewkt) *adj* second--hand

**brumme** (*broom*-mer) *v* growl

**brun** (brewn) *adj* brown; tanned

**brunette** (brew-*neht*-ter) *m* brunette

**brunfarge** (*brewn*-fahr-ger) *m* suntan

**brus** (brewss) *m* fizz; *m* lemonade; soft drink *Am*

**bruse** (*brew*-ser) *v* roar

**brusk** (brewsk) *m* cartilage

**brutal** (brew-*taal*) *adj* brutal

**brutto** (*brewt*-too) *adj* gross

**bry** (brew) *v* trouble; *nt* bother; ~ **seg** bother; ~ **seg om** mind, care for

**brydd** (brewdd) *adj* embarrassed; ***gjøre** ~ embarrass

**brygge** (*brewg*-ger) *v* brew

**bryggeri** (brew-ger-*ree*) *nt* brewery

**bryllup** (*brewl*-lewp) *nt* wedding

**bryllupsdag** (*brewl*-lewps-daag) *m* anniversary

**bryllupsreise** (*brewl*-lewps-ray-ser) *c* honeymoon

**brysom** (*brew*-som) *adj*

**bryst** (brewst) *nt* chest, breast; bosom

**brystholder** (*brewst*-ho-lerr) *m* bra

**brystkasse** (*brewst*-kah-ser) *c* chest

**brystsvømming** (*brewst*-svur-ming) *c* breaststroke

***bryte** (*brew*-ter) *v* *break; ~ **sammen** collapse

**bryter** (*brew*-terr) *m* switch

**brød** (brur) *nt* bread; loaf; **ristet** ~ toast

**brøkdel** (*brurk*-dayl) *m* fraction

**brøl** (brurl) *nt* roar

**brøle** (*brur*-ler) *v* roar

**brønn** (brurnn) *m* well

**bråk** (brawk) *nt* din; fuss

**bu** (bew) *c* booth

**bud** (bewd) *nt* messenger; bid; **sende** ~ **etter** *send for

**budsjett** (bewd-*shehtt*) *nt* budget

**bue** (*bew*-er) *m* bow; arch

**bueformet** (*bew*-er-for-merrt) *adj* arched

**buegang** (*bew*-er-gahng) *m* arcade

**buet** (*bew*-ert) *adj* curved

**bukett** (bew-*kehtt*) *m* bouquet, bunch

**bukk** (bookk) *m* buck

**bukke** (*book*-ker) *v* bow; ~ **under** succumb

**bukse** (*book*-ser) *c* trousers *pl*; pants *plAm*

**buksedrakt** (*book*-ser-drahkt) *c* pant suit

**buksedress** (*book*-ser-

drehss) *m* pant suit
**bukseseler** (*book*-ser-sāy-lerr) *pl* braces *pl*; suspenders *plAm*
**buksesmekk** (*book*-ser-smehk) *m* fly
**bukt** (bookt) *c* bay
**buktet** (*book*-tert) *adj* winding
**bulder** (*bewl*-derr) *nt* noise
**bulgarer** (bewl-*gaa*-rerr) *m* Bulgarian
**Bulgaria** (bewl-*gaa*-ri-ah) Bulgaria
**bulgarsk** (bewl-*gaashk*) *adj* Bulgarian
**bulk** (bewlk) *m* dent
**bunad** (*boo*-nahd) *m* (Norwegian) national costume, national dress
**bunke** (*boong*-ker) *m* batch
**bunn** (bewnn) *m* bottom
**bunnfall** (*bewn*-fahl) *nt* (pl ~) deposit; sediment
**bunt** (bewnt) *m* bundle
**bunte** (*bewn*-ter) *v* bundle
**buntmaker** (*bewnt*-maa-kerr) *m* furrier
**bur** (bēwr) *nt* cage
***burde** (*bēw*-der) *v* *ought to
**busk** (bewsk) *m* bush; shrub
**buss** (bewss) *m* bus; coach
**butikk** (bew-*tikk*) *m* shop; boutique
**butikkeier** (bew-*tikk-ay*-err) *m* tradeswoman, tradesman
**butikkselger** (bew-*tikk*-sehl-gerr) *m* shop assistant
**butt** (bewtt) *adj* blunt
**by** (bēw) *m* town, city; **by-** urban
***by** (bēw) *v* bid
**byfolk** (*bēw*-folk) *pl* townspeople *pl*
**bygd** (bewgd) *c* village
**bygg** (bewgg) *nt* barley; building
**bygge** (*bewg*-ger) *v* construct, *build
**byggekunst** (*bewg*-ger-kewnst) *m* architecture
**bygning** (*bewg*-ning) *m* construction, building
**byll** (bewll) *m* abscess, boil
**byrde** (*bewrr*-der) *m* burden; charge
**byrå** (bew-*raw*) *nt* agency
**byråkrati** (bew-ro-krah-*tee*) *nt* bureaucracy
**byste** (*bewss*-ter) *c* bust
**bytte** (*bewt*-ter) *v* exchange, swap; *nt* exchange
**bær** (bæær) *nt* berry
**bærbar PC** (*bæær*-baar *peh*-seh) *c* laptop
***bære** (*bææ*-rer) *v* carry, *bear; support
**bærer** (*bææ*-rerr) *m* porter
**bøddel** (*burd*-derl) *m* (pl bødler) executioner
**bøk** (būrk) *m* beech
**bølge** (*burl*-ger) *c* wave
**bølgelengde** (*burl*-ger-lehng-der) *c* wave-length
**bølget** (*burl*-gert) *adj* wavy
**bølle** (*burl*-ler) *m* brute
**bøllete** (*burl*-ler-ter) *adj* rowdy

**bønn** (burnn) *m* prayer
**bønne** (*burn*-ner) *c* bean
***bønnfalle** (*burn*-fah-ler) *v* beg
**bør** (bu͞rr) *c* load
**børs** (bu͞rsh) *m* stock exchange
**børste** (*bursh*-ter) *v* brush; *m* brush
**bøyd** (bur^ew^d) *adj* bent
**bøye** (*bur*ew-er) *v* *bend; *m* buoy; ~ **seg** *bend down
**bøyelig** (*bur*ew-er-li) *adj* flexible, supple
**bøyning** (*bur*ew-ning) *m* bend
**både ... og** (*baw*-der aw) both ... and
**bål** (bawl) *nt* bonfire
**bånd** (bonn) *nt* band; ribbon; tape; leash
**bås** (bawss) *m* booth
**båt** (bawt) *m* boat

# C

**campe** (kæm-*per*) *v* camp
**camping** (*kæm*-ping) *m* camping
**campinggjest** (*kæm*-ping-^y^ehst) *m* camper
**campingplass** (*kæm*-ping-plahss) *m* camping site
**campingvogn** (*kæm*-ping-vongn) *c* caravan; trailer *nAm*
**Canada** (*kahn*-nah-dah) Canada
**CD** (*seh*-deh) *m* CD
**CD-ROM** (seh-deh-*romm*) *m* CD-ROM
**CD-spiller** (*seh*-deh-*spil*-ler) *c* CD player
**celle** (*sehl*-ler) *c* cell
**cello** (*chel*-lo, *sel*-lo) *m* cello
**celsius** (*sehl*-si-ewss) centigrade
**cembalo** (*shehm*-bah-loo) *m* harpsichord
**centimeter** (*sehn*-ti-mа͞y-terr) *m* (pl ~) centimeter *Am*, centimetre
**champagne** (shahm-*pahn*-^y^er) *m* champagne
**charterflygning** (*chaa*-terr-fle͞wg-ning) *m* charter flight
**Chile** (*chee*-ler) Chile
**chilener** (chi-*la͞y*-nerr) *m* Chilean
**chilensk** (chi-*la͞ynsk*) *adj* Chilean
**cirka** (*seer*-kah) *adv* approximately
**clutch** (klurch) *m* clutch
**cocktail** (*kok*-tayl) *m* cocktail
**Colombia** (koo-*loom*-bi-ah) Colombia
**colombianer** (koo-loom-bi-*aa*-nerr) *m* Colombian
**colombiansk** (koo-loom-bi-*aansk*) *adj* Colombian
**container** (koon-*tay*-nerr)

*m* container
**cricket** (*kri*-kertt) *m* cricket
**cruise** (krew̄ss) *nt* (pl ~) cruise
**Cuba** (*kew̄*-bah) Cuba

## D

**da** (daa) *conj* when; *adv* then
**daddel** (*dahd*-derl) *m* (pl dadler) date
**dag** (daag) *m* day; **i ~** today; **om dagen** by day; **per ~** per day
**dagbok** (*daag*-bōōk) *c* (pl -bøker) diary
**daggry** (*daa*-grew̄) *nt* daybreak, dawn
**daglig** (*daag*-li) *adj* everyday, daily
**dagligdags** (*daag*-li-dahks) *adj* ordinary
**dagligstue** (*daag*-li-stew̄-er) *c* living room
**dagsavis** (*dahks*-ahveess) *c* daily newspaper
**dagslys** (*dahks*-lew̄ss) *nt* daylight
**dagsorden** (*dahk*-so-dern) *m* agenda
**dagspa** (*d̄aag*-spāa) *c* day spa
**dagstur** (*dahks*-tew̄r) *m* day trip
**dal** (daal) *m* valley
**dam** (dahmm) *m* (pl ~mer) pond; pool
**dame** (*daa*-mer) *c* lady
**dameundertøy** (*daa*-mer-ew-ner-tur[ew]) *nt* lingerie
**damp** (dahmp) *m* steam, vapo(u)r
**dampskip** (*dahmp*-sheep) *nt* (pl ~) steamer
**damspill** (*dahm*-spil) *nt* (pl ~) draughts; checkers *plAm*
**Danmark** (*dahn*-mahrk) Denmark
**dans** (dahns) *m* dance
**danse** (*dahn*-ser) *v* dance
**dansk** (dahnsk) *adj* Danish
**danske** (*dahn*-sker) *m* Dane
**dask** (dahsk) *m* smack
**datamaskin** (*daa*-tah-mah-*sheen*) *m* computer
**dato** (*daa*-too) *m* date
**datter** (*daht*-terr) *c* (pl døtre) daughter
**de** (dee) *pron pl* (c den, nt det) those, they
**debatt** (deh-*baht*) *m* debate, discussion
**debattere** (deh-bah-*tāy*-rer) *v* argue, discuss
**debet** (*dāy*-bert) *m* debit
**debetkort** (*dāy*-bert-kott) *nt* debit card
**defekt** (deh-*fehkt*) *m* fault; *adj* faulty
**definere** (deh-fi-*nāy*-rer) *v* define
**definisjon** (deh-fi-ni-*shōōn*)

*m* definition
**deg** (day) *pron* yourself; you
**deig** (day) *m* batter, dough
**deilig** (*day*-li) *adj* enjoyable, delicious; pleasant
**dekk** (dehkk) *nt* tire, tyre; deck; **øverste** ~ main deck
**dekke** (*dehk*-ker) *v* cover
**deklarasjon** (dehk-lah-rah-*shoon*) *m* declaration
**deklarere** (dehk-lah-*ray*-rer) *v* declare
**dekorasjon** (deh-koo-rah-*shoon*) *m* decoration
**del** (dayl) *m* part; share
**dele** (*day*-ler) *v* divide; share; ~ **seg** fork; ~ **ut** *deal
**delegasjon** (deh-leh-gah-*shoon*) *m* delegation
**delikat** (deh-li-*kaat*) *adj* delicate
**delikatesse** (deh-li-kah-*tehss*-ser) *m* delicatessen
**deling** (*day*-ling) *c* division
***delta** (*dayl*-taa) *v* participate
**deltakelse** (*dayl*-taa-kerl-ser) *m* participation
**deltakende** (*dayl*-taa-ker-ner) *adj* sympathetic
**deltaker** (*dayl*-taa-kerr) *m* participant
**delvis** (*dayl*-veess) *adv* partly; *adj* partial
**dem** (dehmm) *pron* them
**demning** (*dehm*-ning) *m* dam; dike
**demokrati** (deh-moo-krah-*tee*) *nt* democracy
**demokratisk** (deh-moo-*kraa*-tisk) *adj* democratic
**demonstrasjon** (deh-moon-strah-*shoon*) *m* demonstration
**demonstrere** (deh-moon-*stray*-rer) *v* demonstrate
**den** (dehnn) *pron* (nt det, pl de) it; that
**denne** (*dehn*-ner) *pron* (nt dette) this; *adj* this
**dens** (dehnns) *pron* its
**deodorant** (deh-oo-doo-*rahnt*) *m* deodorant
**departement** (deh-pah-ter-*mahngng*) *nt* department; ministry
**deponere** (deh-poo-*nay*-rer) *v* deposit
**depositum** (deh-*poo*-si-tewm) *nt* (pl -ta) deposit
**depresjon** (deh-preh-*shoon*) *m* depression
**deprimere** (deh-pri-*may*-rer) *v* depress
**deprimerende** (deh-pri-*may*-rer-ner) *adj* depressing
**deprimert** (deh-pri-*mayt*) *adj* depressed
**deputert** (deh-pew-*tayt*) *m* deputy
**der** (dæær) *adv* there; ~ **borte** over there
**dere** (*day*-rer) *pron* you, yourselves
**deres** (*day*-rerss) *pron* your, yours; their, theirs
**derfor** (*dær*-for) *adv* therefore

**dersom** (*dæ*-shom) *conj* if, in case
**desember** (deh-*sehm*-berr) December
**desertere** (deh-sæ-*tāy*-rer) *v* desert
**desimalsystem** (deh-si-*maal*-sewss-tāym) *nt* decimal system
**desinfisere** (dehss-sin-fi-*sāy*-rer) *v* disinfect; **desinfiserende middel** disinfectant
**dessert** (deh-*sæær*) *m* dessert; sweet
**dessuten** (*deh*-sēw-tern) *adv* moreover, also, furthermore, besides
**dessverre** (dehss-*vær*-rer) *adv* unfortunately
**det** (dāy) *pron* (c den, pl de) it; that
**detalj** (deh-*tahl*ʸ) *m* detail
**detaljert** (deh-tahl-ʸ*āyt*) *adj* detailed
**detaljhandel** (deh-*tahl*ʸ-hahn-derl) *m* (pl -dler) retail trade
**detektiv** (*deht*-tehk-teev) *m* detective
**dets** (dehtts) *pron* its
**devaluere** (deh-vah-lew-*āy*-rer) *v* devalue
**devaluering** (deh-vah-lew-*āy*-ring) *c* devaluation
**diabetes** (di-ah-*bāy*-terss) *m* diabetes
**diabetiker** (di-ah-*bāy*-ti-kerr) *m* diabetic
**diagnose** (di-ahg-*nōō*-ser) *m* diagnosis; **stille en ~** diagnose
**diagonal** (di-ah-goo-*naal*) *m* diagonal; *adj* diagonal
**diagram** (di-ah-*grahmm*) *nt* (pl ~mer) chart, graph, diagram
**dialekt** (di-ah-*lehkt*) *m* dialect
**diamant** (di-ah-*mahnt*) *m* diamond
**diaré** (di-ah-*rāy*) *m* diarrh(o)ea
**diesel** (*dee*-serl) *m* diesel
**diett** (di-*ehtt*) *m* diet
**difteri** (dif-ter-*ree*) *m* diphtheria
**digital** (di-gīī-*tahl*) *adj* digital
**digital prosjektør** (di-gīī-*tahl* proo-*shek*-turr) *c* digital projector
**digitalbilde** (di-gīī-*tahl-bil*-der) *nt* digital photo
**digitalkamera** (di-gīī-*tahl-kaa*-mer-rah) *nt* digital camera
**dikt** (dikt) *nt* poem
**diktator** (dik-*taa*-toor) *m* dictator
**dikter** (*dik*-terr) *m* poet
**diktere** (dik-*tāy*-rer) *v* dictate
**dimensjon** (di-mehn-*shōōn*) *m* size; dimension
**din** (deen) *pron* your, yours
**dine** (*dee*-ner) *pron* your, yours
**diplom** (di-*plōōm*) *nt* certificate, diploma

**diplomat** (dip-loo-*maat*) *m* diplomat
**direksjon** (deer-ehk-*sho̅o̅n*) *m* board of directors
**direkte** (di-*rehk*-ter) *adj* direct
**direktiv** (di-rehk-*teev*) *nt* directive; direction
**direktør** (di-rehk-*tu̅r̅r*) *m* executive, manager, director
**dirigent** (di-ri-*gehnt*) *m* conductor
**dirigere** (di-ri-*ga̅y̅*-rer) *v* conduct
**dirre** (*deer*-rer) *v* tremble
**dis** (deess) *m* mist, haze
**disig** (*dee*-si) *adj* hazy; misty
**disiplin** (di-si-*pleen*) *m* discipline
**disk** (disk) *m* counter
**diskonto** (diss-*kon*-too) *m* bank rate
**diskstasjon** (disk-stah-*sho̅o̅n*) *c* disk drive
**diskusjon** (diss-kew-*sho̅o̅n*) *m* discussion; argument
**diskutere** (diss-kew-*ta̅y̅*-rer) *v* discuss; argue
**disponibel** (diss-poo-*nee*-berl) *adj* available
**disposisjon** (diss-poo-si-*sho̅o̅n*) *m* disposal
**disse** (*diss*-ser) *pron* these
**distrikt** (diss-*trikt*) *nt* district
**dit** (deet) *adv* there
**diverse** (di-*væsh*-sher) *adj* miscellaneous, various
**djerv** (d$^y$ærv) *adj* fearless, bold
**djevel** (*d$^y$a̅y̅*-verl) *m* (pl -vler) devil
**do** (doo) *m/nt colloquial* toilet
**dobbel** (*dob*-berl) *adj* double
**dobbeltseng** (*dob*-berlt-sehng) *c* double bed
**dokk** (dokk) *m* dock
***dokksette** (*dok*-seh-ter) *v* dock
**doktor** (*dok*-toor) *m* doctor
**dokument** (doo-kew-*mehnt*) *nt* certificate, document
**dokumentmappe** (doo-kew-*mehnt*-mah-per) *c* attaché case, briefcase
**dollar** (*dol*-lar) *m* dollar, *colloquial* buck
**dom** (domm) *m* (pl ~mer) judgment; verdict, sentence
**domfellelse** (*dom*-feh-lerl-ser) *m* conviction
**domfelt** (*dom*-fehltt) *m* (pl ~e) convict
**dominere** (doo-mi-*na̅y̅*-rer) *v* dominate
**domkirke** (*dom*-kheer-ker) *c* cathedral
**dommer** (*dom*-merr) *m* judge; magistrate; umpire
**domstol** (*dom*-sto̅o̅l) *m* court, law court
**donasjon** (doo-nah-*sho̅o̅n*) *m* donation
**dongeribukse** (*dongh*-ri-book-se) *c* jeans
**dose** (*do̅o̅*-ser) *m* dose

**dott** (dott) *m* wisp; tuft; wad
**doven** (*daw*-vern) *adj* lazy
***dra** (draa) *v* pull; travel, *go; ~ **av sted** *set out
**drake** (*draa*-ker) *m* kite; dragon
**drakt** (drahkt) *c* costume
**dram** (drahmm) *m* drink of liquor
**drama** (*draa*-mah) *nt* drama
**dramatisk** (drah-*maa*-tisk) *adj* dramatic
**drap** (draap) *nt* manslaughter, homicide
**dreie** (*dray*-er) *v* turn, resolve
**dreining** (*dray*-ning) *m* turn
**drenere** (dreh-*nay*-rer) *v* drain
**drepe** (*dray*-per) *v* kill
**dress** (drehss) *m* suit
**dressere** (dreh-*say*-rer) *v* train
**dressjakke** (*drehss*-yahk-ker) *c* jacket
**dreven** (*dray*-vern) *adj* skilled, clever
**drikk** (drikk) *m* drink; beverage; **alkoholfri** ~ soft drink
***drikke** (*drik*-ker) *v* *drink
**drikkelig** (*drik*-ker-li) *adj* drinkable
**drikkepenger** (*drik*-ker-peh-ngerr) *pl* tip, gratuity
**drikkevann** (*drik*-ker-vahn) *nt* drinking water
**drink** (dringk) *m* drink
**dristig** (*driss*-ti) *adj* bold, daring; risky
**dristighet** (*driss*-ti-hayt) *c* daring
**dritt** (dritt) *m vulgar* crap
***drive frem** (*dree*-ver) propel
**drivhus** (*dreev*-hewss) *nt* (pl ~) greenhouse
**drivkraft** (*dreev*-krahft) *c* driving force
**dronning** (*droan*-ning) *c* queen
**drosje** (*drosh*-sher) *c* cab, taxi
**drosjeholdeplass** (*drosh*-sher-ho-ler-plahss) *m* taxi rank; taxi stand *Am*
**drosjesjåfør** (*drosh*-sher-sho-furr) *m* cab driver, taxi driver
**druer** (*drew*-err) *pl* grapes *pl*
**drukne** (*drook*-ner) *v* *be drowned; drown
**dryppe** (*drewp*-per) *v* drip
**drøm** (drurmm) *m* (pl ~mer) dream
**drømme** (*drurm*-mer) *v* *dream
**dråpe** (*draw*-per) *m* drop
**du** (dew) *pron* you
**due** (*dew*-er) *c* pigeon
**duft** (dewft) *m* scent
**dugg** (dewgg) *m* dew
**duk** (dewk) *m* table-cloth
**dukke** (*dewk*-ker) *v* dive; *c* doll
**dukketeater** (*dewk*-ker-teh-*aa*-terr) *nt* (pl ~, -tre) puppet-show
**dum** (doomm) *adj* stupid,

dumb; foolish, silly
**dun** (dew̅n) *nt* down
**dunke** (*doong*-ker) *v* thump, bump
**dunkel** (*doong*-kerl) *adj* dim
**dur** (dew̅r) *m* roar; major
**dusin** (dew-*seen*) *nt* (pl ~) dozen
**dusj** (dewshsh) *m* shower
**duskregn** (*dewsk*-rehngn) *nt* drizzle
**DVD** (*deh*-veh-deh) *c* DVD
**DVD-rom** (*deh*-veh-deh-*rawm*) *c* (pl ~mer) DVD-rom
**dverg** (dværg) *m* dwarf
**dybde** (*dewb* der) *m* depth
**dyd** (dew̅d) *m* virtue
**dykke** (*dewk* ker) *v* dive
**dykkermaske** (*dew*-ker-*mahss*-ker) *c* goggles *pl*
**dyktig** (*dewk*-ti) *adj* able, capable, skil(l)ful
**dyktighet** (*dewk* ti hay̅t) *c* ability, skill
**dynamo** (dew-*naa* moo) *m* dynamo
**dyne** (*dew̅*-ner) *c* eiderdown
**dyp** (dew̅p) *adj* deep; low
**dypfryser** (*dew̅p*-frew̅-serr) *m* deep-freeze
**dypfryst mat** (*dew̅p*-frewst maat) frozen food
**dypsindig** (*dew̅p*-sin-di) *adj* profound
**dyr** (dew̅r) *nt* beast, animal; *adj* expensive
**dyrebar** (*dew̅*-rer-baar) *adj* precious; dear
**dyrekretsen** (*dew̅*-rer-kreht-sern) zodiac
**dyrke** (*dewr*-ker) *v* raise, cultivate, *grow
**dyrlege** (*dew̅r*-lay̅-ger) *m* veterinary surgeon
**dyster** (*dewss*-terr) *adj* gloomy, somber *Am*, sombre
**dytt** (dewtt) *m* push
**dø** (dur̅) *v* die
**død** (dur̅) *adj* dead; *m* death
**dødelig** (*dur̅*-der-li) *adj* mortal, fatal
**dødsfall** (*durts*-fahl) *nt* (pl ~) death
**dødsstraff** (*durt*-strahf) *m* death penalty
**døgn** (durngn) *nt* twenty-four hours
**dømme** (*durm*-mer) *v* sentence; judge
**døpe** (*dur̅*-per) *v* baptize, christen
**dør** (dur̅r) *c* door
**dørslag** (*dur̅*-shlaag) *nt* (pl ~) strainer
**dørvokter** (dur̅r-vok-terr) *m* door-keeper
**døv** (dur̅v) *adj* deaf
**dåd** (dawd) *m* exploit, achievement
**dåkalv** (*daw*-kahlv) *m* fawn
**dåp** (dawp) *m* christening, baptism
**dårlig** (*daw*-li) *adj* ill, bad; poor; ~ **luft** stale air

# E

**ebbe** (*ehb*-ber) *m* ebb
**e-billett** (*eh̄*-bi-*lehtt*) *c* e-ticket
**Ecuador** (ehk-vah-*dawr*) Ecuador
**ecuadorianer** (ehk-vah-do-ri-*aa*-nerr) *m* Ecuadorian
**ed** (a̅yd) *m* oath, vow
**edderkopp** (*ehd*-derr-kop) *m* spider
**eddik** (*ehd*-dik) *m* vinegar
**edel** (*a̅y*-derl) *adj* noble
**edelstein** (*a̅y*-derl-sta̅yn) *m* gem, precious stone
**edru** (*a̅yd*-re̅w) *adj* sober
**effekt** (eh-*fehkt*) *m* effect
**effektiv** (*ehf*-fehk-tiv) *adj* effective; efficient
**eføy** (*a̅y*-fur^ew^) *m* ivy
**egen** (*a̅y*-gern) *adj* own; peculiar, odd
**egenskap** (*a̅y*-gern-skaap) *m* quality, characteristic
**egentlig** (*a̅y*-gernt-li) *adv* really
**egg** (ehgg) *nt* egg
**eggeplomme** (*ehg*-ger-plo-mer) *c* yolk, egg yolk
**egn** (ayn) *m* region
**egnet** (*ay*-nert) *adj* convenient, suitable, fit
**egoisme** (eh-goo-*iss*-mer) *m* selfishness
**Egypt** (eh-*gewpt*) Egypt
**egypter** (eh-*gewp*-terr) *m* Egyptian
**egyptisk** (eh-*gewp*-tisk) *adj* Egyptian
**ei** (a̅y) *art* a; *num* one
**eie** (*ay*-er) *v* own; possess, *nt* possession; **eiendeler** belongings *pl*
**eiendom** (*ay*-ern-dom) *m* (pl ~mer) property; estate; premises *pl*
**eiendommelig** (ay-ern-*dom*-li) *adj* peculiar; quaint
**eiendommelighet** (ay-ern-*dom*-li-ha̅yt) *c* peculiarity
**eiendomsmegler** (*ay*-ern-doms-mehg-lerr) *m* house-agent; realtor *nAm*
**eier** (*ay*-err) *m* owner, proprietor
**eik** (ayk) *c* oak
**eike** (*ay*-ker) *m* spoke
**eikenøtt** (*ay*-ker-nurt) *c* acorn
**ekkel** (*ehk*-kerl) *adj* nasty
**ekko** (*ehk*-koo) *nt* echo
**ekorn** (*ehk*-koon) *nt* squirrel
**eksakt** (ehk-*sahkt*) *adj* exact
**eksamen** (ehk-*saa*-mern) *m* exam *colloquial*, examination; ***ta ~** graduate
**eksem** (ehk-*sa̅ym*) *m/nt* eczema
**eksempel** (ehk-*sehm*-perl) *nt* (pl -pler) example, instance; **for ~** for instance,

for example
**eksemplar** (ehk-sehm-*plaar*) *nt* specimen; copy
**eksentrisk** (ehk-*sehn*-trisk) *adj* eccentric
**eksil** (ehk-*seel*) *nt* exile
**eksistens** (ehk-si-*stehns*) *m* existence
**eksistere** (ehk-si-*stāy*-rer) *v* exist
**eksklusiv** (*ehks*-klew-seev) *adj* exclusive
**eksos** (ehk-*sōōss*) *m* exhaust gases
**eksospotte** (ehk-*sōōss*-po-ter) *c* silencer; muffler *nAm*
**eksosrør** (ehk-*sōōss*-rūrr) *nt* (pl ~) exhaust pipe
**eksotisk** (ehk-*soo*-tisk) *adj* exotic
**ekspedisjon** (ehk-sper-di-*shōōn*) *m* expedition
**ekspansjon** (ehk-spang-*shōōn*) *m* expansion
**ekspeditør** (ehk-sper-di-*tūrr*) *m* shop assistant, salesman
**eksperiment** (ehk-speh-ri-*mehnt*) *nt* experiment
**eksperimentere** (ehk-speh-ri-mehn-*tāy*-rer) *v* experiment
**ekspert** (ehk-*spæt*) *m* expert
**eksplodere** (ehk-sploo-*dāy*-rer) *v* explode, blow up
**eksplosiv** (ehk-sploo-*seev*) *adj* explosive
**eksplosjon** (ehk-sploo-*shōōn*) *m* blast, explosion
**eksponere** (ehk-spoo-*nāy*-rer) *v* expose
**eksponering** (ehk-spoo-*nāy*-ring) *c* exposure
**eksportere** (ehk-spo-*tāy*-rer) *v* export
**ekspress-** (ehk-*sprehss*) express
**ekstase** (ehk-*staa*-ser) *m* ecstasy
**ekstra** (*ehk*-strah) *adj* additional, extra; spare
**ekstravagant** (ehk-strah-vah-*gahnt*) *adj* extravagant
**ekstrem** (ehk-*strāym*) *adj* extreme
**ekte** (*ehk*-ter) *adj* genuine, authentic, true; *v* marry
**ektemann** (*ehk*-ter-mahn) *m* (pl -menn) husband
**ektepar** (*ehk*-ter-paar) *nt* married couple
**ekteskap** (*ehk*-teh-skaap) *nt* matrimony, marriage
**ekvator** (ehk-*vaa*-toor) *m* equator
**elastisk** (eh-*lahss*-tisk) *adj* elastic
**eldre** (*ehl*-drer) *adj* older; elderly; **eldst** eldest
**elefant** (eh-ler-*fahnt*) *m* elephant
**eleganse** (eh-ler-*gahng*-ser) *m* elegance
**elegant** (eh-ler-*gahnt*) *adj* elegant
**elektriker** (eh-*lehk*-tri-kerr) *m* electrician
**elektrisitet** (eh-lehk-tri-si-*tāyt*) *m* electricity

**elektrisk** (eh-*lehk*-trisk) *adj* electric
**elektronisk** (eh-lehk-*troo*-nisk) *adj* electronic
**element** (eh-ler-*mehnt*) *nt* element
**elementær** (eh-ler-mehn-*tæær*) *adj* primary
**elendig** (eh-*lehn*-di) *adj* miserable
**elendighet** (eh-*lehn*-di-hayt) *c* misery
**elev** (eh-*layv*) *m* pupil
**elfenbein** (*ehl*-fern-bayn) *nt* ivory
**elg** (ehlg) *m* moose, elk
**eliminere** (eh-li-mi-*nay*-rer) *v* eliminate
**eller** (*ehl*-lerr) *conj* or; **enten ... eller** either ... or; **om ... eller** whether ... or
**ellers** (*ehl*-lersh) *adv* otherwise; else
**elleve** (*ehl*-ver) *num* eleven
**ellevte** (*ehl*-lerf-ter) *num* eleventh
**elske** (*ehl*-sker) *v* love
**elsker** (*ehl*-skerr) *m* lover
**elskerinne** (ehl-sker-*rin*-ner) *c* mistress
**elsket** (*ehl*-skert) *adj* beloved
**elskling** (*ehlsk*-ling) *m* sweetheart
**elv** (elv) *c* river
**elvebredd** (*el*-ver-brehd) *m* river bank, riverside
**elvemunning** (*el*-ver-mew-ning) *m* estuary
**emalje** (eh-*mahl*-ʸer) *m* enamel
**emaljert** (eh-mahl-*ʸayt*) *adj* enamelled
**embete** (*ehm*-ber-ter) *nt* civil service office
**embetsmann** (*ehm*-berts-mahnn) *m* (pl -menn) civil servant
**emblem** (ehm-*blaym*) *nt* emblem
**emigrant** (eh-mi-*grahnt*) *m* emigrant
**emigrasjon** (eh-mi-grah-*shoon*) *m* emigration
**emne** (*ehm*-ner) *nt* topic, theme
**en** (ayn) *art* a; *num* one; **-en** the *art*
**enakter** (*ayn*-ahk-terr) *m* one-act play
**ende** (*ehn*-ner) *m* end
**endelig** (*ehn*-der-li) *adv* finally; eventually
**endestasjon** (*ehn*-ner-stah-shoon) *m* terminal
**endetarm** (*ehn*-ner-tahrm) *m* rectum
**endossere** (ahng-do-*say*-rer) *v* endorse
**endre** (*ehn*-drer) *v* alter; modify
**endring** (*ehn*-dring) *c* alteration; change
**eneforhandler** (*ay*-ner-for-hahnd-lerr) *m* sole distributor
**energi** (eh-nær-*gee*) *m* power, energy
**energisk** (eh-*nær*-gisk) *adj* energetic

**eneste** (*ay*-nerss-ter) *adj* sole, only
**enestående** (*ay*-ner-sto-er-ner) *adj* exceptional, unique; singular
**eng** (ehngng) *c* meadow
**engangs-** (*ayn*-gahngs) disposable
**engel** (*ehng*-ngerl) *m* (pl engler) angel
**engelsk** (*eh*-ngerlsk) *adj* English
**engelskmann** (*eh*-ngerlsk-mahn) *m* (pl -menn) Englishman; Briton
**England** (*ehng*-lahn) England
**engroshandel** (ahng-*graw*-hahn-derl) *m* (pl -dler) wholesale-trade
**engstelig** (*ehng*-ster-li) *adj* anxious; afraid
**engstelse** (*ehng*-sterl-ser) *m* fear
**enhet** (*ayn*-hayt) *m* unity; unit
**enhver** (ehn-*vær*) *pron* anyone; everybody, everyone
**enig** (*ay*-ni) *adj* unanimous, agreed; ***være** ~ agree
**enke** (*ehng*-ker) *c* widow
**enkel** (*ehng*-kerl) *adj* simple; plain; single
**enkelt** (*ehng*-kerlt) *adj* individual
**enkelte** (*ehng*-kerl-ter) *pron* some
**enkeltperson** (*ehng*-kerlt-pæ-shoon) *m* individual
**enkeltrom** (*ehng*-kerlt-room) *nt* (pl ~) single room
**enkemann** (*ayng*-ker-mahn) *m* (pl -menn) widower
**enn** (ehnn) *conj* than
**ennå** (*ehn*-naw) *adv* yet
**enorm** (eh-*norm*) *adj* enormous; huge, immense, gigantic
**ensartet** (*ayn*-saa-tert) *adj* uniform
**ensidig** (*ayn*-see-di) *adj* one-sided
**ensom** (*ayn*-som) *adj* lonely
**enstemmig** (*ayn*-steh-mi) *adj* unanimous
**entall** (*ayn*-tahl) *nt* singular
**entrénøkkel** (ahng-*tray*-nur-kerl) *m* (pl -nøkler) latchkey
**entreprenør** (ahng-trer-preh-*nurr*) *m* contractor
**entusiasme** (ehn-tew-si-*ahss*-mer) *m* enthusiasm
**entusiastisk** (ehn-tew-si-*ahss*-tisk) *adj* enthusiastic
**enveiskjøring** (*ayn*-vayss-khur-ring) *c* one-way traffic
**epidemi** (eh-pi-der-*mee*) *m* epidemic
**epilepsi** (eh-pi-lehp-*see*) *m* epilepsy
**epilog** (eh-pi-*lawg*) *m* epilogue
**episk** (*ay*-pisk) *adj* epic
**episode** (eh-pi-*soo*-der) *m* episode
**eple** (*ehp*-ler) *nt* apple
**epos** (*ay*-pooss) *nt* epic

**e-post** (*ay*-poost) *m* e-mail
**erfare** (ær-*faa*-rer) *v* experience
**erfaren** (ær-*faa*-rern) *adj* experienced
**erfaring** (ær-*faa*-ring) *c* experience
**ergerlig** (*ær*-ger-li) *adj* annoying
**ergre** (*ær*-grer) *v* annoy; irritate
**ergrelse** (*ær*-grerl-ser) *m* annoyance
**erindre** (eh-*rin*-drer) *v* recall
**erindring** (eh-*rin*-dring) *c* remembrance
**erkjenne** (ær-*khehn*-ner) *v* acknowledge; confess, admit
**erklære** (ær-*klææ*-rer) *v* declare; state
**erklæring** (ær-*klææ*-ring) *c* declaration, statement
**erme** (*ær*-mer) *nt* sleeve
**erobre** (æ-*roob-rer*) *v* conquer; capture
**erobrer** (æ-*roob*-rerr) *m* conqueror
**erobring** (æ-*roob*-ring) *c* conquest; capture
**erstatning** (æ-*shtaht*-ning) *m* indemnity; substitute
**erstatte** (æ-*shtaht*-ter) *v* replace, substitute
**ert** (ætt) *c* pea
**erte** (*æ*-ter) *v* tease
**erverve** (ær-*vær*-ver) *v* acquire; obtain
**ervervelse** (ær-*vær*-verl-ser) *m* acquisition
**esel** (*ay*-serl) *nt* (pl esler) donkey
**eske** (*ehss*-ker) *c* box
**eskorte** (ehss-*kot*-ter) *m* escort
**eskortere** (ehss-ko-*tay*-rer) *v* escort
**essay** (*ehss*-say) *nt* (pl ~, ~s) essay
**essens** (eh-*sehns*) *m* essence
**et** (ayt) *art* a; *num* one; **-et** the *art*
**etablere** (eh-tah-*blay*-rer) *v* establish
**etappe** (eh-*tahp*-per) *m* stage, leg
**etasje** (eh-*taa*-sher) *m* stor(e)y, floor; **første ~** ground floor
**eter** (*ay*-terr) *m* ether
**etikett** (eh-ti-*kehtt*) *m* label
**Etiopia** (eh-ti-*oo*-pi-ah) Ethiopia
**etiopier** (eh-ti-*oo*-pi-err) *m* Ethiopian
**etiopisk** (eh-ti-*oo*-pisk) *adj* Ethiopian
**etsteds** (eht-*stehss*) *adv* somewhere
**etter** (*eht*-terr) *prep* after; **~ at** after
**etterforske** (*eht*-terr-fosh-ker) *v* investigate
**etterforskning** (*eht*-terr-foshk-ning) *m* inquiry, investigation
***etterfølge** (*eht*-terr-fur-ler) *v* succeed

**etterkommer** (*eht*-terr-ko-merr) *m* descendant
***etterlate** (*eht*-ter-laa-ter) *v* *leave behind; *leave
**etterligne** (*eht*-ter-ling-ner) *v* copy, imitate
**etterligning** (*eht*-ter-ling-ning) *c* imitation
**ettermiddag** (*eht*-terr-mi-dah) *m* afternoon; **i ~** this afternoon
**etternavn** (*eht*-ter-nahvn) *nt* (pl ~) family name, surname
**etterpå** (*eht*-terr-paw) *adv* afterwards
**ettersende** (*eht*-ter-sheh-ner) *v* forward
**ettersom** (*eht*-ter-shom) *conj* as, because
**etterspore** (*eht*-ter-shpōō-rer) *v* trace
**etterspørsel** (*eht*-ter-shpur-sherl) *m* demand
**etui** (eh-tew-*ee*) *nt* case
**EU** (eh-ew) EU
**euro** (*ou*-roo) *m* Euro
**Europa** (ou-*rōō*-pah) Europe
**europeer** (ou-roo-*pāy*-err) *m* European
**europeisk** (ou-roo-*pāy*-isk) *adj* European
**evakuere** (eh-vah-kew-*āy*-rer) *v* evacuate
**evangelium** (eh-vahng-*gāy*-li-ewm) *nt* (pl -ier) gospel
**eventuell** (eh-vehn-tew-*ehll*) *adj* possible
**eventyr** (*āy*-vern-tēwr) *nt* (pl ~) fairytale; tale; adventure
**evig** (*āy*-vi) *adj* eternal
**evighet** (*āy*-vi-hāyt) *c* eternity
**evne** (*ehv*-ner) *c* faculty, gift; ability, capacity
**evolusjon** (eh-voo-lew-*shōōn*) *m* evolution

# F

**fabel** (*faa*-berl) *m* (pl fabler) fable
**fabrikant** (fahb-ri-*kahnt*) *m* manufacturer
**fabrikk** (fahb-*rikk*) *m* works *pl*, mill, plant, factory
**fabrikkere** (fahb-ri-*kāy*-rer) *v* manufacture
**faen** (*fah*-ahrn) *colloquial* damn!
**fag** (faag) *nt* profession
**fagforening** (*faag*-fo-reh-ning) *c* trade union; union
**fagmann** (*faag*-mahnn) *m* (pl -menn) expert
**fakkel** (*fahk*-kerl) *m* (pl fakler) torch
**faks** (fahks) *m* fax; **sende en ~** send a fax
**faktisk** (*fahk*-tisk) *adv* as a matter of fact, really, actually, in effect, in fact;

*adj* actual, factual
**faktor** (*fahk*-toor) *m* factor
**faktum** (*fahk*-tewm) *nt* (pl -ta) fact
**faktura** (fahk-*tew*-rah) *m* invoice
**fakturere** (fahk-tew-*ray*-rer) *v* bill
**fakultet** (fah-kewl-*tayt*) *nt* faculty
**fald** (fahll) *m* hem
**falk** (fahlk) *m* hawk
**fall** (fahll) *nt* fall; **i alle ~** at any rate; **i hvert ~** anyway, at any rate
***falle** (*fahl*-ler) *v* *fall; **~ sammen med** coincide; ***la ~** drop
**falleferdig** (*fahl*-ler-fæ-di) *adj* ramshackle
**fallitt** (fah-*litt*) *adj* bankrupt
**falme** (*fahl*-mer) *v* fade
**falsk** (fahlsk) *adj* false
**familie** (fah-*mee*-li-er) *m* family
**familiær** (fah-mi-li-*æær*) *adj* familiar
**fanatisk** (fah-*naa*-tisk) *adj* fanatical
**fang** (fahng) *nt* lap
**fange** (*fahng*-nger) *v* capture; *catch; *m* prisoner; ***ta til ~** capture
**fangenskap** (*fahng*-ngern-skaap) *nt* imprisonment
**fangst** (fahngst) *m* catch
**fantasi** (fahn-tah-*see*) *m* fantasy, imagination, fancy
**fantasifoster** (fahn-tah-*seefooss*-terr) *nt* illusion
**fantastisk** (fahn-*tahss*-tisk) *adj* fantastic
**fantom** (fahn-*toom*) *nt* phantom
**far** (faar) *m* (pl fedre) father; dad
**fare** (*faa*-rer) *m* peril, danger; risk
**farfar** (*fahr*-faar) *m* (pl -fedre) grandfather
**farge** (*fahr*-ger) *m* colo(u)r; dye; *v* dye; **~ av** discolo(u)r
**fargeblind** (*fahr*-ger-blin) *adj* colo(u)r-blind
**fargerik** (*fahr*-ger-reek) *adj* colo(u)rful; gay
**farget** (*fahr*-gert) *adj* colo(u)red
**farlig** (*faa*-li) *adj* dangerous
**farmakologi** (fahr-mah-koo-loo-*gee*) *m* pharmacology
**farmor** (*fahr*-moor) *c* (pl -mødre) grandmother
**fart** (fahtt) *m* rate, speed; **i full ~** in a hurry; **saktne farten** slow down; **øke farten** accelerate
**fartsgrense** (*fahts*-grehn-ser) *c* speed limit
**fartsmåler** (*fahts*-maw-lerr) *m* speedometer
**fartøy** (*faa*-tur^ew^) *nt* vessel
**fasade** (fah-*saa*-der) *m* façade
**fasan** (fah-*saan*) *m* pheasant
**fascisme** (fah-*shiss*-mer) *m* fascism
**fascist** (fah-*shist*) *m* fascist

**fascistisk** (fah-*shiss*-tisk) *adj* fascist
**fase** (*faa*-ser) *m* stage, phase
**fast** (fahst) *adj* firm; fixed; permanent; *adv* tight
**fastboende** (*fahst*-bōō-er-ner) *m* (pl ~) resident
***fastholde** (*fahst*-ho-ler) *v* insist
**fastland** (*fahst*-lahn) *nt* mainland
***fastsette** (*fahst*-seh-ter) *v* determine; stipulate
***fastslå** (*fahst*-shlo) *v* establish; ascertain
**fat** (faat) *nt* dish; cask, barrel
**fatal** (fah-*taal*) *adj* fatal
**fatning** (*faht*-ning) *m* composure
**fatøl** *nt* draught beer
**fatte** (*faht*-ter) *v* *understand, grasp
**fattig** (*faht* ti) *adj* poor
**fattigdom** (*faht*-ti-dom) *m* poverty
**fattigslig** (*faht*-tik-sli) *adj* poor
**favoritt** (fah-voo-*ritt*) *m* favo(u)rite
**fe** (fay̅) *m* fairy
**feber** (*fay̅*-berr) *m* fever
**feberaktig** (*fay̅*-berr-ahk-ti) *adj* feverish
**februar** (feh-brew-*aar*) February
**fedme** (*fehd*-mer) *m* obesity
**fedreland** (*fay̅*-drer-lahn) *nt* native country
**feie** (*fay*-er) *v* *sweep
**feig** (fayg) *adj* cowardly
**feiging** (*fay*-ging) *m* coward
**feil** (fayl) *m* (pl ~) fault, error, mistake; *adj* incorrect; ***ta ~** *be mistaken
**feilaktig** (fayl-*ahk*-ti) *adj* mistaken
**feile** (*fay*-ler) *v* err
**feilfri** (*fayl*-free) *adj* faultless
**feiltakelse** (*fayl*-taa-kerl-ser) *m* mistake, error
**feiltrinn** (*fayl*-trin) *nt* slip
**feire** (*fay*-rer) *v* celebrate
**feiring** (*fay*-ring) *c* celebration
**fekte** (*fehk*-ter) *v* fence
**fele** (*fai*-ler) *c* fiddle
**felg** (fehlg) *m* rim
**felle** (*fehl*-ler) *c* trap
**felles** (*fehl*-lerss) *adj* common; joint; **i fellesskap** jointly
**fellesprosjekt** *nt* joint venture
**felt** (fehlt) *nt* field
**feltkikkert** (*fehlt*-khi-kert) *m* field glasses
**feltseng** (*fehlt*-sehng) *c* camp bed; cot *nAm*
**fem** (fehmm) *num* five
**feminin** (feh-mi-*neen*) *adj* feminine
**femte** (*fehm*-ter) *num* fifth
**femten** (*fehm*-tern) *num* fifteen
**femtende** (*fehm*-ter-ner) *num* fifteenth

**femti** (*fehm*-ti) *num* fifty
**fengsel** (*fehng*-sherl) *nt* (pl -sler) jail, prison
**fengsle** (*fehng*-shler) *v* imprison; fascinate
**ferdig** (*fææ*-di) *adj* finished
**ferdselsåre** (*færd*-serls-*aw*-rer) *c* thoroughfare
**ferge** (*fær*-ger) *c* ferry-boat
**ferie** (*fay*-ri-er) *m* vacation, holiday; **på ~** on holiday
**ferieleir** (*fay*-ri-er-layr) *m* holiday camp
**feriested** (*fay*-ri-er-stay) *nt* holiday resort
**ferje** (*fær*-[y]er) *c* ferry-boat
**fersk** (fæshk) *adj* fresh
**fersken** (*fæsh*-kern) *m* peach
**ferskvann** (*fæshk*-vahn) *nt* fresh water
**fest** (fehst) *m* feast, party
**feste** (*fehss*-ter) *v* attach, fasten; **~ med nål** pin
**festeinnretning** (*fehss*-ter-in-reht-ning) *m* fastener
**festival** (fehss-ti-*vaal*) *m* festival
**festlig** (*fehst*-li) *adj* festive
**festning** (*fehst*-ning) *m* fortress; stronghold
**fet** (fayt) *adj* fat, obese
**fett** (fehtt) *nt* grease, fat
**fetter** (*feht*-terr) *m* cousin
**fettet** (*feht*-tert) *adj* greasy
**fettfri** (*fehtt*-free) *adj* fat free
**fettholdig** (*feht*-hol-di) *adj* fatty
**fettsuging** (*fehtt*-sewg-ing) *c* liposuction
**fiasko** (fi-*ahss*-koo) *m* failure
**fiber** (*fee*-berr) *m* (pl fibrer) fibre
**fiende** (*fee*-ern-der) *m* enemy
**fiendtlig** (*fee*-ern-tli) *adj* hostile
**figur** (fi-*gewr*) *m* figure
**fik** (feek) *m* slap, blow
**fike** (*fee*-ker) *v* slap
**fiken** (*fee*-kern) *m* fig
**fiks** (fiks) *adj* smart
**fil** (feel) *m* file; lane
**filial** (fi-li-*aal*) *m* branch
**filipens** (fi-li-*pehns*) *m* acne
**Filippinene** (fi-li-*pee*-ner-ner) Philippines *pl*
**filippinsk** (fi-li-*peensk*) *adj* Philippine
**fille** (*fil*-ler) *c* rag
**film** (film) *m* movie, film
**filme** (*fil*-mer) *v* film
**filmkamera** (*film*-kaa-mer-rah) *nt* camera
**filmlerret** (*film*-*lær*-rert) *nt* screen
**filosof** (fi-loo-*soof*) *m* philosopher
**filosofi** (fi-loo-soo-*fee*) *m* philosophy
**filt** (filt) *m* felt
**filter** (*fil*-terr) *nt* (pl -tre) filter
**fin** (feen) *adj* fine
**finanser** (fi-*nahng*-serr) *pl* finances *pl*
**finansiell** (fi-nahng-si-*ehll*) *adj* financial
**finansiere** (fi-nahng-si-*ay*-

rer) *v* finance
**finger** (*fing*-ngerr) *m* (pl -gre) finger
**fingeravtrykk** (*fing*-ngerr-ahv-trewk) *nt* (pl ~) fingerprint
**fingerbøl** (*fing*-ngerr-burl) *nt* (pl ~) thimble
**finhakke** (*feen*-hah-ker) *v* mince
**finke** (*fing*-ker) *m* finch
**Finland** (*fin*-lahn) Finland
**finmale** (*feen*-maa-ler) *v* *grind
**finne**[1] (*fin*-ner) *m* Finn
***finne**[2] (*fin*-ner) *v* *find; **~ igjen** recover; **~ skyldig** convict; **~ sted** *take place
**finsk** (finsk) *adj* Finnish
**fint!** (feent) all right!, okay!
**fiol** (fi-*ool*) *m* violet
**fiolett** (fi-oo-*lehtt*) *adj* violet
**fiolin** (fi-oo-*leen*) *m* violin
**fire** (*fee*-rer) *num* four
**firfisle** (*feer*-fis-ler) *c* lizard
**firma** (*feer*-mah) *nt* firm, company
**fisk** (fisk) *m* fish
**fiske** (*fiss*-ker) *v* fish; angle
**fiskebein** (*fiss*-ker-bayn) *nt* bone, fishbone
**fiskeforretning** (*fiss*-ker-fo-reht-ning) *c* fish shop
**fiskegarn** (*fiss*-ker-gaan) *nt* (pl ~) fishing net
**fiskekort** (*fiss*-ker-kot) *nt* (pl ~) fishing license *Am*, fishing licence
**fiskekrok** (*fiss*-ker-krook) *m* fishing hook
**fisker** (*fiss*-kerr) *m* fisherman
**fiskeredskap** (*fiss*-ker-rehss-kaap) *nt* fishing tackle
**fiskeri** (fiss-ker-*ree*) *nt* fishing industry
**fiskesnøre** (*fiss*-ker-snurr-rer) *nt* fishing line
**fiskestang** (*fiss*-ker-stahng) *c* (pl -stenger) fishing rod
**fiskeutstyr** (*fiss*-ker-ewt-stewr) *nt* fishing gear
**fjell** (fyehll) *nt* mountain
**fjellendt** (*fyehl*-lent) *adj* mountainous
**fjellkjede** (*fyehl*-khay-der) *m* mountain range
**fjellklatring** (*fyehl*-klaht-ring) *c* mountaineering
**fjerde** (*fyææ*-rer) *num* fourth
**fjern** (fyææn) *adj* far, distant, remote, far-off
**fjerne** (*fyææ*-ner) *v* *take away, remove
**fjerning** (*fyææ*-ning) *c* removal
**fjernkontroll** (*fyææn*-koon-troll) *c* remote control
**fjernsyn** (*fyææn*-sewn) *nt* television, *colloquial* telly
**fjernsynsapparat** (*fyææn*-sewn-sah-pah-raat) *nt* television set
**fjollet** (*fyol*-lert) *adj* foolish
**i fjor** (ee fyoor) last year
**fjord** (fyoor) *m* fjord
**fjorten** (*fyoot*-tern) *num* fourteen; **~ dager** fortnight

**fjortende** (*f$^{y}$oot*-ter-ner) *num* fourteenth
**fjær** (f$^{y}$æær) *c* (pl ~) feather; spring
**fjære** (f$^{y}$ææ-rer) *c* low tide
**fjæring** (*f$^{y}$ææ*-ring) *c* suspension
**fjærkre** (*f$^{y}$æær*-kra̅y̅) *nt* (pl ~) fowl, poultry
**flagg** (flahgg) *nt* flag
**flakke** (*flahk*-ker) *v* wander
**flamingo** (flah-*ming*-goo) *m* flamingo
**flamme** (*flahm*-mer) *m* flame
**flanell** (flah-*nehll*) *m* flannel
**flaske** (*flahss*-ker) *c* bottle; flask
**flaskehals** (*flahss*-ker-hahls) *m* bottleneck
**flaskeåpner** (*flahss*-ker-awp-nerr) *m* bottle opener
**flass** (flahss) *nt* dandruff
**flat** (flaat) *adj* flat; plane
**flekk** (flehkk) *m* spot, stain; speck, blot
**flekke** (*flehk*-ker) *v* stain
**flekket** (*flehk*-kert) *adj* spotted
**flekkfjerner** (*flehk*-f$^{y}$æ-nerr) *m* stain remover
**flere** (*fla̅y̅*-rer) *adj* several; **flest** most
**flerkinoanlegg** (*fla̅y̅r*-khee-no̅o̅-ahn-*lehgg*) *nt* multiplex (theater)
**flertall** (*fla̅y̅*-tahl) *nt* majority; plural
**flid** (fleed) *m* diligence
**flink** (flingk) *adj* clever, skil(l)ful, smart
**flintstein** (*flint*-stayn) *m* flint
**flis** (fleess) *c* chip; tile
**flittig** (*fli*-ti) *adj* diligent; industrious
**flo** (floo) *m* flood
**flokk** (flokk) *m* herd, flock; bunch
**flott** (flott) *adj* swell; *colloquial* super
**flottør** (flo-*tu̅r̅r̅*) *m* float
**flue** (*fle̅w̅*-er) *c* fly
**flukt** (flewkt) *c* escape
**fluktstol** (*flewkt*-sto̅o̅l) *m* deck chair
**fly** (fle̅w̅) *nt* aeroplane, airplane *nAm*
***fly** (fle̅w̅) *v* *fly
**flybensin** (*fle̅w̅*-behn-seen) *m* kerosene
**flygel** (*fle̅w̅*-gerl) *nt* (pl -gler) grand piano
**flykaptein** (*fle̅w̅*-kahp-tayn) *m* captain
**flykte** (*flewk*-ter) *v* escape, flee
**flyktig** (*flewk*-ti) *adj* casual
**flyktning** (*flewkt*-ning) *m* refugee
**flyndre** (*flewnd*-rer) *c* sole
**flyplass** (*fle̅w̅*-plahss) *m* airport, airfield
**flyselskap** (*fle̅w̅*-sehl-skaap) *nt* airline
***flyte** (*fle̅w̅*-ter) *v* flow; float
**flytende** (*fle̅w̅*-ter-ner) *adj* fluent; fluid, liquid
**flyttbar** (*flewt*-baar) *adj*

movable
**flytte** (*flewt*-ter) *v* move
**flytur** (*flew*-tewr) *m* flight
**flyulykke** (*flew*-ew-lew-ker) *c* plane crash
**flyvert** (*flew*-væt) *m* steward
**flyvertinne** (*flew*-væ-ti-ner) *c* stewardess
**fløte** (*flur*-ter) *m* cream
**fløteaktig** (*flur*-ter-ahk-ti) *adj* creamy
**fløyel** (*flur*ew-erl) *m* velvet
**fløyte** (*flur*ew-ter) *c* flute; whistle
**flå** (flaw) *v* fleece
**flåte** (*flaw*-ter) *m* raft; fleet; navy
**fnise** (*fnee*-ser) *v* giggle
**foajé** (foo-ah-*y**ay*) *m* foyer, lobby
**fold** (foll) *m* crease, fold
**folde** (*fol*-ler) *v* fold; ~ **sammen** fold; ~ **ut** *v* unfold
**foldekniv** (*fol*-ler-kneev) *m* clasp-knife
**folk** (folk) *nt* people, nation, *pl* people; **folke-** popular; national
**folkedans** (*fol*-ker-dahns) *m* folk dance
**folkemengde** (*fol*-ker-mehng-der) *m* crowd
**folkerik** (*fol*-ker-reek) *adj* populous
**folkeslag** (fol-ker-*shlaag*) *nt* (pl ~) people
**folkevise** (*fol*-ker-vee-ser) *c* folk song
**folklore** (folk-*law*-rer) *m* folklore
**fond** (fonn) *nt* fund
**fondsbørs** (*fons*-bursh) *m* stock exchange
**fondsmarked** (*fons*-mahr-kerd) *nt* stock market
**fonetisk** (foo-*nay*-tisk) *adj* phonetic
**for**[1] (forr) *conj* for; *prep* for; ~ **hånden** available; ~ **å** in order to, to
**fôr**[2] (foor) *nt* lining; fodder
**forakt** (for-*ahkt*) *m* scorn, contempt
**forakte** (for-*ahk*-ter) *v* despise, scorn
**foran** (*for*-rahn) *prep* before, ahead of, in front of
**forandre** (for-*ahn*-drer) *v* change; vary, alter
**forandring** (for-*ahn* dring) *c* variation, change; alteration
**foranledning** (*for*-rahn-layd-ning) *m* occasion
**foranstaltning** (*for*-rahn-stahlt-ning) *m* measure
**forargelse** (for-*ahr*-gerl-ser) *m* indignation
**forbanne** (for-*bahn*-ner) *v* curse
**forbause** (for-*bou*-ser) *v* astonish; amaze, surprise
**forbauselse** (for-*bou*-serl-ser) *m* astonishment; amazement
**forbausende** (for-*bou*-ser-ner) *adj* astonishing; amazing
**forbedre** (for-*bayd*-rer) *v*

improve
**forbedring** (for-*bayd*-ring) *c* improvement
**forbehold** (*for*-ber-hol) *nt* qualification; reservation
**forberede** (*for*-ber-ray-der) *v* prepare
**forberedelse** (*for*-ber-ray-derl-ser) *m* preparation
**forberedende** (*for*-ber-ray-der-ner) *adj* preliminary
**forbi** (for-*bee*) *prep* past, beyond, past; ***gå** ~ pass by
***forbinde** (for-*bin*-ner) *v* connect, link, join; dress; associate
**forbindelse** (for-*bin*-nerl-ser) *m* connection; relation, reference
**forbipasserende** (for-*bee*-pah-say-rer-ner) *m* (pl ~) passer-by
***forbli** (for-*blee*) *v* remain
**forbløffe** (for-blurf-fer) *v* astonish
**forbokstav** (*for*-book-staav) *m* initial
**forbruk** (*for*-brewk) *nt* expenditure; consumption
**forbruke** (*for*-brew-ker) *v* consume
**forbruker** (*for*-brew-kerr) *m* consumer
**forbrytelse** (for-*brew*-terl-ser) *m* crime
**forbryter** (for-*brew*-terr) *m* criminal
**forbrytersk** (for-*brew*-tershk) *adj* criminal
**forbud** (*for*-bewd) *nt* (pl ~) prohibition
**forbudt** (for-*bewtt*) *adj* prohibited; **forbikjøring forbudt** no passing *Am*
**forbund** (*for*-bewn) *nt* (pl ~) league, union; **forbunds-** federal
**forbundsfelle** (*for*-bewns-feh-ler) *m* associate
**forbundsstat** (*for*-bewn-staat) *m* federation
***forby** (for-*bew*) *v* *forbid, prohibit
**fordampe** (fo-*dahm*-per) *v* evaporate
**fordel** (*fo*-dayl) *m* benefit, advantage, profit; ***ha ~ av** benefit; **til ~ for** for the benefit of
**fordelaktig** (*fo*-dayl-ahk-ti) *adj* advantageous
**fordele** (fo-*day*-ler) *v* divide
**fordi** (fo-*dee*) *conj* as, because; since
**fordom** (*fo*-dom) *m* (pl ~mer) prejudice
**fordreid** (fo-*drayd*) *adj* crooked, twisted
**fordring** (*fod*-ring) *c* claim
***fordrive** (fo-*dree*-ver) *v* expel; chase
**fordum** (*fo*-dewm) *adv* formerly
**fordømt** (fo-*dømt*) *adv* damned; *colloquial* bloody
**fordøye** (fo-*durew*-er) *v* digest
**fordøyelig** (fo-*durew*-er-li) *adj* digestible
**fordøyelse** (fo-*durew*-erl-

ser) *m* digestion; **dårlig ~** indigestion
**forebygge** (*faw*-rer-bew-ger) *v* prevent
**forebyggende** (*faw*-rer-bew-ger-ner) *adj* preventive
**foredrag** (*faw*-rer-draag) *nt* (pl ~) lecture
***foregi** (*faw*-rer-$^{y}$ee) *v* pretend
***foregripe** (*faw*-rer-gree-per) *v* anticipate
**foregående** (*faw*-rer-gaw-er-ner) *adj* preceding, previous
***forekomme** (*faw*-rer-ko-mer) *v* occur
**forelder** (for-*ehl*-derr) *m* parent
**foreldet** (for-*ehl*-dert) *adj* out of date
**foreldre** (for-*ehl*-drer) *pl* parents *pl*
***forelegge** (*faw*-rer-leh-ger) *v* present
**forelesning** (*faw*-rer-l$\overline{ay}$ss-ning) *m* lecture
**forelsket** (for-*ehl*-skert) *adj* in love
**foreløpig** (*faw*-rer-l$\overline{ur}$-pi) *adj* provisional, temporary
**forene** (for-$\overline{ay}$-ner) *v* join, unite
**forening** (for-$\overline{ay}$-ning) *c* association; club, society
**forent** (for-$\overline{aynt}$) *adj* joint; **De forente stater** (di for-$\overline{ayn}$-ter *staa*-terr) the States, United States
***foreskrive** (*faw*-rer-skree-ver) *v* prescribe
***foreslå** (*faw*-rer-shlaw) *v* propose, suggest
***forespørre** (*faw*-rer-spur-rer) *v* inquire, query, enquire
**forespørsel** (*faw*-rer-spur-sherl) *m* (pl -sler) inquiry, query, enquiry
**forestille** (*faw*-rer-sti-ler) *v* represent; **~ seg** conceive; imagine, fancy
**forestilling** (*faw*-rer-sti-ling) *c* show, performance; idea, conception
**foretak** (*faw*-rer-taak) *nt* undertaking; concern
***foretrekke** (*faw*-rer-treh-ker) *v* prefer; **å ~** preferable
**forfader** (*for*-faa-derr) *m* (pl -fedre) ancestor
**forfallen** (for-*fahl*-lern) *adj* dilapidated
**forfalske** (for-*fahl*-sker) *v* counterfeit, forge
**forfalskning** (for-*fahlsk*-ning) *m* fake
**forfalt** (for-*fahlt*)*adj*overdue
**forfatter** (for-*faht*-terr) *m* author, writer
**forfengelig** (for-*fehng*-nger-li) *adj* vain
**forferdelig** (for-*fæ*-der-li) *adj* awful, dreadful, frightful, terrible
**forfremme** (for-*frehm*-mer) *v* promote
**forfremmelse** (for-*frehm*-

merl-ser) *m* promotion
**forfriske** (for-*friss*-ker) *v* refresh
**forfriskende** (for-*friss*-ker-ner) *adj* refreshing
**forfriskning** (for-*frisk*-ning) *m* refreshment
***forfølge** (for-*furl*-ler) *v* pursue, chase
**forføre** (for-*fūr*-rer) *v* seduce
**forgasser** (for-*gahss*-serr) *m* carburettor
**forgifte** (for-*ʸif*-ter) *v* poison
**forgjenger** (*for*-ʸeh-ngerr) *m* predecessor
**forgjeves** (for-*ʸāy*-verss) *adv* in vain; *adj* vain
**forglemmelse** (for-*glehm*-merl-ser) *m* oversight
**forgrunn** (*for*-grewn) *m* foreground
**forgylt** (for-*ʸewlt*) *adj* gilt
**i forgårs** (ee *for*-gosh) the day before yesterday
***forgå seg** (for-*gaw*) offend
**forhandle** (for-*hahnd*-ler) *v* negotiate
**forhandler** (for-*hahnd*-lerr) *m* dealer
**forhandling** (for-*hahnd*-ling) *c* negotiation
**forhastet** (for-*hahss*-tert) *adj* rash; premature
**forhenværende** (*for*-hehn-vææ-rer-ner) *adj* former
**forhindre** (*for*-hin-drer) *v* prevent; inhibit
**forhold** (*for*-hol) *nt* (pl ~) relation; affair
**forholdsmessig** (*for*-hols-meh-si) *adj* proportional
**forhør** (*for*-hūrr) *nt* (pl ~) interrogation, examination
**forhøre** (for-*hūr*-rer) *v* interrogate; ~ **seg** inquire
**på forhånd** (po *for*-hon) in advance
**forhåndsbetalt** (*for*-hons-beh-tahlt) *adj* prepaid
**forhåndsvisning** (*for*-hons-visning) *m*preview
**forkaste** (for-*kahss*-ter) *v* reject, turn down
**forkjemper** (*for*-khehm-perr) *m* champion
**forkjærlighet** (*for*-khææ-li-hāyt) *c* preference
**forkjølelse** (for-*khūr*-lerl-ser) *m* cold; ***bli forkjølet** *catch a cold
**forkjørsrett** (*for*-khūrsh-reht) *m* right of way
**forklare** (for-*klaa*-rer) *v* explain
**forklaring** (for-*klaa*-ring) *c* explanation
**forkle** (*for*-kler) *nt* (pl -lær) apron
**forkledning** (for-*klāyd*-ning) *m* disguise
**forkle seg** (for-*klāy*) disguise
**forkorte** (for-*kot*-ter) *v* shorten
**forkortelse** (for-*ko*-terl-ser) *m* abbreviation
**forlange** (fo-*lahng*-nger) *v* demand

***forlate** (fo-*laa*-ter) *v* check out, *leave; desert
**forleden** (fo-*lay*-dern) *adv* recently
**forlegen** (fo-*lay*-gern) *adj* embarrassed; ***gjøre ~** embarrass
**forlegenhet** (fo-*lay*-gern-hayt) *c* embarrassment
***forlegge** (fo-*leh*-ger) *v* *mislay
**forlegger** (*fo*-leh-gerr) *m* publisher
**forlenge** (fo-*lehng*-nger) *v* lengthen; extend
**forlengelse** (fo-*lehng*-ngerl-ser) *m* extension
**forlovede** (fo-*law*-ver-der) *m* fiancé; fiancée
**forlovelse** (fo-*law*-verl-ser) *m* engagement
**forlovelsesring** (fo-*law*-verl-serss-ring) *m* engagement ring
**forlovet** (fo-*law*-vert) *adj* engaged
**forlystelse** (fo-*lewss*-terl-ser) *m* entertainment, amusement
***forløpe** (fo-*lur*-per) *v* pass
**form** (form) *c* form, shape
**formalitet** (for-mah-li-*tayt*) *m* formality
**formane** (for-*maa*-ner) *v* urge
**formann** (*for*-mahn) *m* (pl -menn) president, chairman, chairwoman; foreman
**format** (for-*maat*) *nt* size
**forme** (*for*-mer) *v* shape, model, form
**formel** (*for*-merl) *m* (pl -mler) formula
**formell** (for-*mehll*) *adj* formal
**formiddag** (*for*-mi-dah) *m* morning
**formiddagsmat** (*for*-mi-dahks-maat) *m* lunch
**forminske** (for-*min*-sker) *v* lessen
**formodning** (for-*mood*-ning) *m* guess
**formue** (*for*-moo-er) *m* fortune
**formynder** (for-*mewn*-derr) *m* guardian
**formynderskap** (for-*mewn*-der-shkaap) *nt* custody
**formørkelse** (for-*murr*-kerl-ser) *m* eclipse
**formål** (*for*-mawl) *nt* (pl ~) purpose, objective, object
**formålstjenlig** (*for*-mawls-t^yayn-li) *adj* appropriate
**fornavn** (*fo*-nahvn) *nt* (pl ~) first name, Christian name
**fornemme** (fo-*nehm*-mer) *v* perceive
**fornemmelse** (fo-*nehm*-merl-ser) *m* perception; sensation
**fornuft** (fo-*newft*) *m* reason, sense
**fornuftig** (fo-*newf*-ti) *adj* reasonable, sensible
**fornybar** (fo-*new*-baar) *adj* renewable
**fornye** (fo-*new*-er) *v* renew

**fornærme** (fo-*nær*-mer) *v* offend; insult
**fornærmelse** (fo-*nær*-merl-ser) *m* offense *Am*, offence; insult
**fornøyd** (for-*nurewd*) *adj* pleased; glad
**fornøyelse** (fo-*nurew*-erl-ser) *m* pleasure
**forpakte bort** (for-*pahk*-ter bot) lease
**forpaktning** (for-*pahkt*-ning) *m* lease
**forplikte** (for-*plik*-ter) *v* oblige; ~ **seg** engage; ***være forpliktet til** *be obliged to
**forpliktelse** (for-*plik*-terl-ser) *m* engagement
**forresten** (fo-*rehss*-tern) *adv* besides; by the way
**forretning** (fo-*reht*-ning) *c* store, shop; business
**forretninger** (fo-*reht*-ni-ngerr) *pl* business; **i** ~ on business
**forretningskvinne** (fo-*reht*-nings-kvin-ner) *c* businesswoman
**forretningsmann** (fo-*reht*-nings-mahn) *m* (pl -menn) businessman
**forretningsmessig** (fo-*reht*-nings-meh-si) *adj* business-like
**forretningsreise** (fo-*reht*-nings-ray-ser) *c* business trip
**forretningssenter** (fo-*reht*-ning-sehn-terr) *nt* (pl -trer) shopping centre, mall *nAm*
**forrett** (*for*-reht) hors d'œuvre
**forrige** (*for*-[y]er) *adj* previous, last, past
**forræder** (fo-*ray̅*-derr) *m* traitor
**forræderi** (fo-reh-der-*ree*) *nt* treason
**forråd** (*foar*-rawd) *nt* (pl ~) supply
**forråde** (fo-*raw*-der) *v* betray
**forsamling** (fo-*shahm*-ling) *c* assembly, rally
**forseelse** (fo-*shay̅*-erl-ser) *m* offense *Am*, offence, misdemeanour
**forsere** (fo-*shay̅*-rer) *v* force
**forside** (*fo*-shee-der) *c* front
**forsikre** (fo-*shik*-rer) *v* assure; insure
**forsikring** (fo-*shik*-ring) *c* insurance
**forsikringspolise** (fo-*shik*-rings-poo-lee-ser) *m* insurance policy
**forsikringspremie** (fo-*shik*-rings-pray̅-mi-er) *m* premium
**forsiktig** (fo-*shik*-ti) *adj* careful, cautious; gentle; wary; ***være** ~ watch out
**forsiktighet** (fo-*shik*-ti-hay̅t) *c* caution, precaution
**forsinke** (fo-*shing*-ker) *v* delay
**forsinkelse** (fo-*shing*-kerl-ser) *m* delay
**forsinket** (fo-*shing*-kert) *adj*

overdue
**forskjell** (*fo*-shehl) *m* distinction, difference; ***gjøre ~** distinguish
**forskjellig** (fo-*shehl*-li) *adj* different, unlike, distinct; ***være ~** vary, differ
**forskning** (*foshk*-ning) *m* research
**forskole** (*fo*-shkōō-ler) *m* kindergarten
**forskrekke** (fo-*shkrehk*-ker) *v* frighten; ***bli forskrekket** *be frightened
**forskrekkelig** (fo-*shkrehk*-ker-li) *adj* frightful
**forskudd** (*fo*-shkewd) *nt* (pl ~) advance; **betale på ~** advance; **på ~** in advance
**forslag** (*fo*-shlaag) *nt* (pl ~) proposal, suggestion, proposition; motion
**forsoning** (fo-*shōō*-ning) *c* reconciliation
***forsove seg** (fo-*shaw*-ver) *oversleep
**forsprang** (*fo*-shprahng) *nt* (pl ~) lead
**forstad** (*fo*-shtaad) *m* (pl -steder) suburb; **forstads-** suburban
**forstand** (fo-*shtahnn*) *m* reason; brain, wits *pl*, intellect
**forstavelse** (*fo*-shtaa-verl-ser) *m* prefix
**forstmann** (*fosht*-mahn) *m* (pl -menn) forester
**forstoppelse** (fo-*shtop*-perl-ser) *m* constipation
**forstue** (fo-*shtēw*-er) *v* sprain
**forstuing** (fo-*shtēw*-ing) *c* sprain
**forstyrre** (fo-*shtewr*-rer) *v* disturb; *upset
**forstyrrelse** (fo-*shtewr*-rerl-ser) *m* disturbance
**forstørre** (fo-*shturr*-rer) *v* enlarge; magnify
**forstørrelse** (fo-*shturr*-rerl-ser) *m* enlargement
**forstørrelsesglass** (fo-*shturr*-rerl-serss-glahss) *nt* (pl ~) magnifying glass
***forstå** (fo-*shtaw*) *v* *understand; *see
**forståelse** (fo-*shtaw*-erl-ser) *m* understanding
**forsvar** (*fo*-shvaar) *nt* defense *Am*, defence
**forsvare** (fo-*shvaa*-rer) *v* defend
**forsvarstale** (*fo*-shvaa-sh-taa-ler) *m* plea
***forsvinne** (fo-*shvin*-ner) *v* disappear, vanish
**forsvunnet** (fo-*shvewn*-nert) *adj* lost
**forsyne** (fo-*shēw*-ner) *v* provide, furnish, supply; **~ med** furnish with
**forsyning** (fo-*shēw*-ning) *c* stock
**forsøk** (*fo*-shūrk) *nt* (pl ~) try, attempt; trial; experiment
**forsøke** (fo-*shūr*-ker) *v* try, attempt
**forsømme** (fo-*shurm*-mer)

*v* neglect; fail
**forsømmelse** (fo-*shurm*-merl-ser) *m* neglect
**fort** (foott) *adv* quickly
***forta seg** (fo-*taa*) *wear away
**fortau** (*fo*-tou) *nt* (pl ~) pavement; sidewalk *nAm*
**fortauskant** (*fo*-touss-kahnt) *m* curb
***fortelle** (fo-*tehl*-ler) *v* *tell; relate
**fortelling** (fo-*tehl*-ling) *c* story, tale
**forte seg** (*foot*-ter) hurry
**fortid** (*fo*-teed) *c* past
**fortjene** (fo-*t'ay*-ner) *v* deserve, merit
**fortjeneste** (fo-*t'ay*-nerss-ter) *m* profit, gain; merit
**fortred** (fo-*trayd*) *m* harm, mischief
**fortrinnsrett** (*fo*-trins-reht) *m* priority
**fortryllelse** (fo-*trewl*-lerl-ser) *m* spell
**fortryllende** (fo-*trewl*-ler-ner) *adj* charming
***fortsette** (*fot*-seh-ter) *v* continue; *keep on, carry on, *go on, proceed, *go ahead
**fortsettelse** (*fot*-seh-terl-ser) *m* sequel
**fortvile** (fo-*tvee*-ler) *v* despair
**fortvilet** (fo-*tvee*-lt) *adj* desperate
**fortynne** (fo-*tewn*-ner) *v* dilute
**forundre** (for-*ewn*-drer) *v* amaze
**forundring** (for-*ewn*-dring) *c* wonder
**forurense** (*for*-rew-rehn-ser) *v* pollute
**forurensning** (*for*-rew-rehns-ning) *m* pollution
**forurolige** (*for*-rew-roo-li-er) *v* alarm
**foruroligende** (*for*-rew-roo-li-er-ner) *adj* scary
**foruten** (for-*ew*-tern) *prep* besides
**forutgående** (*for*-rewt-gaw-er-ner) *adj* prior
**forutsatt at** (*for*-ewt-sahtt ahtt) provided that, supposing that
***forutse** (*for*-rewt-say) *v* anticipate
***forutsi** (*for*-rewt-see) *v* predict, forecast
**forutsigelse** (*for*-rewt-see-erl-ser) *m* prediction
**forvaltende** (for-*vahl*-ter-ner) *adj* administrative
**forvaltningsrett** (for-*vahlt*-nings-reht) *m* administrative law
**forvandle** (for-*vahnd*-ler) *v* transform; **forvandles til** turn into
**forvaring** (for-*vaa*-ring) *c* custody
**forveksle** (for-*vehk*-shler) *v* *mistake, confuse
**forventning** (for-*vehnt*-ning) *m* expectation
**forvirre** (for-*veer*-rer) *v*

confuse
**forvirret** (for-*veer*-rert) *adj* confused
**forvirring** (for-*veer*-ring) *c* confusion; disturbance; muddle
**forårsake** (*for*-ro-shaa-ker) *v* cause
**foss** (foss) *m* waterfall
**fossestryk** (*foss*-ser-strewk) *nt* (pl ~) rapids *pl*
**fot** (foot) *m* (pl føtter) foot; **til fots** on foot, walking
**fotball** (*foot*-bahl) *m* soccer; football
**fotballkamp** (*foot*-bahl-kahmp) *m* football match
**fotbrems** (*foot*-brehms) *m* foot brake
**fotgjenger** (*foot*-yehng-err) *m* pedestrian
**fotgjengerovergang** (*foot*-yayng-err-aw-verr-gahng) *m* crossing, pedestrian crossing; crosswalk *nAm*
**fotoforretning** (*foo*-too-fo-reht-ning) *c* camera shop
**fotograf** (foo-too-*graaf*) *m* photographer
**fotografere** (foo-too-grah-*fay*-rer) *v* photograph
**fotografering** (foo-too-grah-*fay*-ring) *c* photography
**fotografi** (foo-too-grah-*fee*) *nt* photograph, photo
**fotografiapparat** (foo-too-grah-*fee*-ah-pah-raat) *nt* camera
**fotokopi** (*foot*-too-koo-pee) *m* photocopy
**fotokopiere** (*foo*-too-koo-pee-*ay*-rer) *v* photocopy
**fottur** (*foot*-tewr) *m* hike
**fra** (fraa) *prep* from; out of; as from; **~ og med** from, as from
**fradrag** (*fraa*-draag) *nt* (pl ~) deduction; rebate
**fraflytte** (*fraa*-flew-ter) *v* vacate
**frakk** (frahkk) *m* coat, overcoat
**frakt** (frahkt) *c* cargo, freight
**frankere** (frahng-*kay*-rer) *v* stamp
**franko** (*frahng*-koo) *adv* post-paid
**Frankrike** (*frahngk*-ree-ker) France
**fransk** (frahnsk) *adj* French
**franskmann** (*frahnsk*-mahn) *m* (pl -menn) Frenchman
**fraråde** (*fraa*-raw-der) *v* dissuade from
**frastøtende** (*fraa*-stur-ter-ner) *adj* revolting, repellent, repulsive
***frata** (*fraa*-taa) *v* deprive of
***fratre** (*fraa*-tray) *v* resign
**fravær** (*fraa*-væær) *nt* (pl ~) absence
**fraværende** (*fraa*-vææ-rer-ner) *adj* absent
**fred** (frayd) *m* peace
**fredag** (*fray*-dah) *m* Friday
**fredelig** (*fray*-der-li) *adj* peaceful

**frekk** (frehkk) *adj* insolent, bold, *colloquial* cheeky
**frekkhet** (*frehk*-hayt) *c* impertinence
**frekvens** (freh-*kvehns*) *m* frequency
**frelse** (*frehl*-ser) *v* redeem, save; *m* salvation
**frem** (frehmm) *adv* forward
**fremad** (*frehm*-maad) *adv* forward
**fremadstrebende** (*frehm*-maad-stray-ber-ner) *adj* go-ahead
***frembringe** (*frehm*-bri-nger) *v* effect
**fremdeles** (frehm-*day*-lerss) *adv* still
**fremgang** (*frehm*-gahng) *m* prosperity
**fremgangsmåte** (*frehm*-gahngs-maw-ter) *m* approach; method, process, procedure
***fremgå** (*frehm*-gaw) *v* appear
**fremkalle** (*frehm*-kah-ler) *v* develop
**fremme** (*frehm*-mer) *v* promote
**fremmed** (*frehm*-merd) *adj* strange; foreign; *m* stranger
**fremover** (*frehm*-maw-verr) *adv* onwards, ahead
**fremragende** (*frehm*-raa-ger-ner) *adj* outstanding, excellent
**fremskritt** (*frehm*-skrit) *nt* (pl ~) progress; advance; ***gjøre** ~ *get on, advance
**fremstille** (*frehm*-sti-ler) *v* produce
**fremstående** (*frehm*-staw-er-ner) *adj* distinguished
**fremtid** (*frehm*-tee) *c* future
**fremtidig** (*frehm*-tee-di) *adj* future
**fremtoning** (*frehm*-too-ning) *m* appearance
***fremtre** (*frehm*-tray) *v* appear
**fremtredende** (*frehm*-tray-der-ner) *adj* outstanding, distinguished
**fremvise** (*frehm*-vee-ser) *v* exhibit
**fri** (free) *adj* free
**fribillett** (*free*-bi-leht) *m* free ticket
**frifinnelse** (*free*-fi-nerl-ser) *m* acquittal
**frigjørelse** (*free*-ʸur-rerl-ser) *m* emancipation
**frihet** (*free*-hayt) *c* freedom, liberty
**friidrett** (*free*-id-reht) *m* athletics *pl*
**friksjon** (frik-*shoon*) *m* friction
**frikvarter** (*free*-kvah-tayr) *nt* break; recess *nAm*
**frimerke** (*free*-mær-ker) *nt* postage stamp, stamp
**frimerkeautomat** (*free*-mær-ker-ou-too-maat) *m* stamp machine
**frisk** (frisk) *adj* well; **bli** ~ recover
**frist** (frist) *m* term

**friste** (*friss*-ter) *v* tempt
**fristelse** (*friss*-terl-ser) *m* temptation
**frisyre** (fri-*sew̄*-rer) *m* hair--do
**frisør** (fri-*sūrr*) *m* hairdresser
***frita** (*free*-taa) *v* exempt; ~ **for** discharge of
**fritak** (*free*-taak) *nt* exemption
**fritatt** (*free* taht) *adj* exempt
**fritid** (*free*-teed) *c* spare time; leisure
**frivillig**[1] (*free*-vi-li) *adj* voluntary
**frivillig**[2] (*free*-vi-li) *m* (pl ~e) volunteer
**frokost** (*froo*-kost) *m* breakfast
**from** (fromm) *adj* pious
**frontlys** (*front*-lēwss) *nt* (pl ~) headlamp, headlight
**frontrute** (*front*-rēw-ter) *c* windscreen; windshield *nAm*
**frosk** (frosk) *m* frog
**frossen** (*fross*-sern) *adj* frozen
**frost** (frost) *m* frost
**frotté** (fro-*tāy*) *m* towel(l)ing, terry(cloth)
**frue** (*frēw*-er) *c* madam; mistress
**frukt** (frewkt) *m* fruit
**fruktbar** (*frewkt*-baar) *adj* fertile
**frukthage** (*frewkt*-haa-ger) *m* orchard
**fruktsaft** (*frewkt*-sahft) *m* squash
**fryd** (frēwd) *m* delight, joy
**frykt** (frewkt) *m* fear, dread
**frykte** (*frewk*-ter) *v* fear, dread
**fryktelig** (*frewk*-ter-li) *adj* terrible, dreadful
**frynse** (*frewn*-ser) *c* fringe
**fryse** (*frēw*-ser) *v* *freeze
***fryse** (*frēw*-ser) *v* *freeze
**fryseboks** (*frēw*-ser-boks) *m* freezer
**frysepunkt** (*frēw*-ser-pewngt) *nt* freezing point
**fryser** (*frēw*-serr) *m* freezer
**frysevæske** (*frēw*-ser-vehss-ker) *c* antifreeze
**frø** (frūr) *nt* seed
**fugl** (fēwl) *m* bird
**fukte** (*fook*-ter) *v* moisten, damp
**fuktig** (*fook*-ti) *adj* wet, damp, humid, moist
**fuktighet** (*fook*-ti-hāyt) *c* damp, humidity, moisture
**fuktighetskrem** (*fook*-ti-hayts-krāym) *m* moisturizing cream
**full** (fewll) *adj* full; drunk
**fullende** (*fewl*-leh-ner) *v* accomplish, complete, finish
**fullføre** (*fewl*-fūr-rer) *v* complete
**fullkommen** (*fewl*-ko-mern) *adj* perfect
**fullkommenhet** (*fewl*-ko-mern-hāyt) *c* perfection
**fullsatt** (*fewl*-saht) *adj* full up

**fullstappet** (*fewl*-stah-pert) *adj* chockfull
**fullstendig** (fewl-*stehn*-di) *adv* altogether, *adj* total; utter, whole, complete
**fundament** (fewn-dah-*mehnt*) *nt* base
**fundamental** (fewn-dah-mehn-*taal*) *adj* fundamental
**fungere** (fewng-*gāy*-rer) *v* work
**funklende** (*foongk*-ler-ner) *adj* sparkling
**funksjon** (fewngk-*shōōn*) *m* function; operation
**funksjonshemmet** (fewngk-*shōōns*-hemmert) *m* disabled
**fure** (*fēw*-rer) *m* groove
**furu** (*fēw*-rew) *c* pine
**fusjon** (few-*shōōn*) *m* fusion; merger
**fusjonere** (few-shōōn-*āy*-rer) *v* fusion; merge
**fy!** (fēw) shame!
**fyldig** (*fewl*-di) *adj* bulky; plump
**fylke** (*fewl*-ker) *nt* province
**fyll** (fewll) *nt* filling
**fylle** (*fewl*-ler) *v* fill; **~ opp** fill up; **~ ut** fill in; fill out *Am*
**fyllepenn** (*fewl*-ler-pehn) *m* fountainpen
**fylt** (fewlt) *adj* stuffed
**fyr** (fēwr) *m* chap, fellow
**fyring** (*fēw*-ring) *c* heating
**fyrstikk** (*fewsh*-tik) *m* match
**fyrstikkeske** (*fewsh*-ti-kehss-ker) *c* match-box
**fyrtårn** (*fēw*-tawn) *nt* (pl **~**) lighthouse
**fysiker** (*fēw*-si-kerr) *m* physicist
**fysikk** (few-*sikk*) *m* physics
**fysiologi** (few-si-oo-loo-*gee*) *m* physiology
**fysisk** (*fēw*-sisk) *adj* physical
**føde** (*fūr*-der) *c* nourishment
**fødested** (*fūr*-der-stāyd) *nt* place of birth
**fødsel** (*furt*-serl) *m* (pl -sler) birth; childbirth
**fødselsdag** (*furt*-serls-daag) *m* birthday
**fødselsveer** (*furt*-serls-vāy-err) *pl* labo(u)r pains
**født** (furtt) *adj* born
**følbar** (*fūrl*-baar) *adj* tangible
**føle** (*fūr*-ler) *v* *feel
**følelig** (*fūr*-ler-li) *adj* perceptible
**følelse** (*fūr*-lerl-ser) *m* sensation, feeling; emotion
**følelsesløs** (*fūr*-lerl-serss-lūrss) *adj* numb
**følesans** (*fūr*-ler-sahns) *m* touch
**følge** (*furl*-ler) *m* consequence; result; *v* følge ***holde ~ med** *keep up with
***følge** (*furl*-ler) *v* follow, accompany
**følgende** (*furl*-ger-ner) *adj*

subsequent, following
**følsom** (*furl*-som) *adj* sensitive
**før** (furr) *conj* before; *prep* before
**føre** (*fur*-rer) *v* *lead, conduct
**fører** (*fur*-rerr) *m* leader; driver, conductor
**førerhund** (*fur*-rerr-hewn) *m* guide dog
**førerkort** (*fur*-rerr-kot) *nt* (pl ~) driving licence, driver's license *Am*
**førerskap** (*fur*-rer-shkaap) *nt* leadership
**først** (fursht) *adv* at first; ~ **og fremst** especially, essentially
**første** (*fursh*-ter) *num* first; *adj* foremost, primary
**førstehjelp** (*fursh*-ter-^y^ehlp) *c* first aid
**førstehjelpsskrin** (*fursh*-ter-^y^ehlp-skreen) *nt* first aid kit
**førstehjelpsstasjon** (*fursh*-ter-^y^ehlp-stah-shoon) *m* first aid post
**førsteklasses** (*fursh*-ter-klah-serss) *adj* first-class, first-rate
**førsterangs** (*fursh*-ter-rahngs) *adj* first-rate
**førti** (*furt*-ti) *num* forty
**føydal** (fur^ew^-*daal*) *adj* feudal
**få** (faw) *adj* few
***få** (faw) *v* *get; obtain, receive; *have; ~ **til å** cause to
**fårekjøtt** (*faw*-rer-khurtt) *nt* mutton

# G

**gaffel** (*gahf*-ferl) *m* (pl gafler) fork
**gal** (gaal) *adj* wrong, false; mad, crazy
**galge** (*gahl*-ger) *m* gallows *pl*
**galle** (*gahl*-ler) *m* bile, gall
**galleblære** (*gahl*-ler-blæ-rer) *c* gall bladder
**galleri** (gah-ler-*ree*) *nt* gallery
**gallestein** (*gahl*-ler-stayn) *m* gallstone
**galopp** (gah-*lopp*) *m* gallop
**galskap** (*gaal*-skaap) *m* madness
**gammel** (*gahm*-merl) *adj* ancient, old; aged; **gammelt brød** stale bread
**gammeldags** (*gahm*-merl-dahks) *adj* ancient, old--fashioned; quaint
**gang**[1] (gahng) *m* time; **en ~** once; some time, some day; **en ~ til** once more; **for en gangs skyld** for once; **gang på gang** time and again; ***gå i ~ med**

*undertake; **med en ~** straight away; **nok en ~** once more
**gang**² (gahngng) *m* aisle; hallway
**gangsti** (*gahng*-sti) *m* footpath
**ganske** (*gahn*-sker) *adv* quite, fairly, pretty, rather
**gap** (gaap) *nt* mouth, throat
**garantere** (gah-rahn-*tay*-rer) *v* guarantee
**garanti** (gah-rahn-*tee*) *m* guarantee
**garasje** (gah-*raa*-sher) *m* garage
**garderobe** (gahr-der-*roo*-ber) *m* (pl ~) wardrobe; checkroom *nAm*, cloakroom
**garderobeskap** (gahr-der-*roo*-ber-skaap) *nt* (pl ~) wardrobe, closet *nAm*
**gardin** (gah-*deen*) *m*/*nt* curtain
**garn** (gaan) *nt* yarn, knitting wool; net
**gartner** (*gaht*-nerr) *m* gardener
**gasje** (*gaa*-sher) *m* pay, salary
**gass** (gahss) *m* gas
**gasskomfyr** (*gahss*-koom-few) *m* gas cooker
**gassovn** (*gahss*-ovnn) *m* gas oven
**gasspedal** (*gahss*-peh-daal) *m* accelerator
**gassverk** (*gahss*-værk) *nt* gasworks
**gate** (*gaa*-ter) *c* street, road
**gatekryss** (*gaa*-ter-krewss) *nt* (pl ~) crossroads
**gave** (*gaa*-ver) *c* present, gift
**gavekort** (*gaav*-er-kott) *nt* (pl ~) gift card
**gavl** (gahvl) *m* gable
**gavmild** (*gaav*-mil) *adj* liberal, generous
**gavmildhet** (*gaav*-mil-hayt) *c* generosity
**gebiss** (geh-*biss*) *nt* denture, false teeth
**geit** (ʸayt) *c* goat
**gelé** (sheh-*lay*) *m* jelly
**gelender** (geh-*lehn*-derr) *nt* (pl -dre) railing, rail
**gemen** (geh-*mayn*) *adj* foul, mean
**general** (geh-ner-*raal*) *m* general
**generasjon** (geh-ner-rah-*shoon*) *m* generation
**generator** (geh-ner-*raa*-toor) *m* generator
**generell** (sheh-ner-rehll) *adj* universal, general
**generøs** (sheh-ner-*rurss*) *adj* generous
**geni** (sheh-*nee*) *nt* genius
**genser** (*gehn*-serr) *m* sweater, jersey, pullover, sweatshirt
**geografi** (geh-oo-grah-*fee*) *m* geography
**geologi** (geh-oo-loo-*gee*) *m* geology
**geometri** (geh-oo-meh-*tree*) *m* geometry

**gest** (shehst) *m* gesture
**gestikulere** (gehss-ti-kew-lay-rer) *v* gesticulate
**gevinst** (geh-*vinst*) *m* prize
**gevær** (geh-*vær*) *nt* rifle, gun
***gi** ($^y$ee) *v* *give; **~ etter** indulge, *give in; **~ opp** *v* *give up; **~ seg** *give in
**gift** ($^y$ift) *c* poison
**gifte seg** ($^y$*if*-ter) marry
**giftig** ($^y$*if*-ti) *adj* toxic, poisonous
**gikt** ($^y$ikt) *c* gout
**gips** ($^y$ips) *m* plaster
**gir** (geer) *nt* gear; **skifte ~** change gear
**girkasse** (*geer*-kah-ser) *c* gear-box
**girstang** (*geer*-shtahng) *c* (pl -stenger) gear lever
**gissel** (*giss*-serl) *nt* (pl gisler) hostage
**gitar** (gi-*taar*) *m* guitar
**gjedde** ($^y$*ayd*-der) *c* pike
**gjeld** ($^y$ehll) *c* debt
***gjelde** ($^y$*ehl*-ler) *v* concern, apply
**gjelle** ($^y$*ehl*-ler) *c* gill
**gjemme** ($^y$*ehm*-mer) *v* *hide
**gjenforene** ($^y$*ehn*-fo-ray-ner) *v* reunite
**gjeng** ($^y$ehngng) *m* gang
**gjenlyd** ($^y$*ehn*-lewd) *m* echo
**gjennom** ($^y$*ehn*-noom) *prep* through; ***gå ~** pass through
**gjennombløte** ($^y$*ehn*-noom-blur-ter) *v* soak
**gjennombore** ($^y$*ehn*-noom-boo-rer) *v* pierce
***gjennomgå** ($^y$*ehn*-noom-gaw) *v* *go through, suffer
**gjennomreise** ($^y$*ehn*-noom-ray-ser) *c* passage
**gjennomsiktig** ($^y$*ehn*-noom-sik-ti) *adj* sheer, transparent
**gjennomsnitt** ($^y$*ehn*-noom-snit) *nt* (pl **~**) average, mean; **i ~** on the average
**gjennomsnittlig** ($^y$*ehn*-noom-snit-li) *adj* average, medium
**gjennomtrenge** ($^y$*ehn*-noom-treh-nger) *v* penetrate
**gjennvinnbar** ($^y$*enn*-vinn-bahr) *adj* recyclable
**gjenopplivelse** ($^y$*ehn*-noop-lee-verl-ser) *m* revival
***gjenoppta** ($^y$*ehn*-nop-taa) *v* resume
**gjensidig** ($^y$*ehn*-see-di) *adj* mutual
**gjenstand** ($^y$*ehn*-stahn) *m* object; article
***gjenta** ($^y$*ehn*-taa) *v* repeat
**gjentakelse** ($^y$*ehn*-taa-kerl-ser) *m* repetition
**gjerde** ($^y$*ææ*-der) *nt* fence
**gjerne** ($^y$*ææ*-ner) *adv* willingly, gladly
**gjerning** ($^y$*ææ-ning*) *c* deed
**gjerrig** ($^y$*ær*-ri) *adj* stingy
**gjespe** ($^y$*ehss*-per) *v* yawn
**gjest** ($^y$ehst) *m* guest
**gjesteværelse** ($^y$*ehss*-ter-

væ-rerl-ser) *nt* guest room

**gjestfri** (*yehst*-free) *adj* hospitable

**gjestfrihet** (*yehst*-fri-hayt) *c* hospitality

**gjeter** (*yay*-terr) *m* shepherd

**gjette** (*yeht*-ter) *v* guess

**gjær** (*yæær*) *m* yeast

**gjære** (*yææ*-rer) *v* ferment

**gjø** (*yur*) *v* bark, bay

**gjødsel** (*yurt*-serl) *c* manure, dung

**gjøk** (*yurk*) *m* cuckoo

***gjøre** (*yur*-rer) *v* *do

**glad** (glaa) *adj* cheerful, glad, joyful, happy; ***være ~ i** love

**glans** (glahns) *m* gloss

**glansløs** (*glahns*-lurss) *adj* mat

**glass** (glahss) *nt* glass; **glass-** glass

**glassmaleri** (*glahss*-maa-ler-ree) *nt* stained glass window

**glasur** (glah-*sewr*) *m* icing, frosting

**glatt** (glahtt) *adj* slippery; smooth

**glede** (*glay*-der) *c* gladness, joy, delight; *v* please, delight; ***ha ~ av** enjoy; **med ~** gladly

**glemme** (*glehm*-mer) *v* *forget

**glemsom** (*glehm*-som) *adj* forgetful

***gli** (glee) *v* *slide, glide; skid, slip

**glidefly** (*glee*-der-flew) *nt* (pl ~) glider

**glidelås** (*glee*-der-lawss) *m* zip, zipper

**glimrende** (*glim*-rer-ner) *adj* splendid

**glimt** (glimt) *nt* flash; glimpse

**glinse** (*glin*-ser) *v* *shine

**glis** (gleess) *nt* grin

**glise** (glee-ser) *v* grin

**global oppvarming** (gloo-*baal* oop-*vahrm*-ing *c* global warming

**globalisere** (gloo-*baal*-ee-*sayr*-eh) *v* globalize

**globalisering** (gloo-*baal*-ee-*sheer*-ing) *c* globalization

**globalt posisjonsystem** (gloo-*bahlt* poo-sish-*oons*-sews-*taym*) *nt* (pl ~mer) global positioning system (GPS)

**globus** (*gloo*-bewss) *m* globe

**glød** (glurd) *m* glow

**gløde** (*glur*-der) *v* glow

***gni** (gnee) *v* rub

**gnist** (gnist) *m* spark

**gobelin** (goo-beh-*lehngng*) *nt* tapestry

**god** (goo) *adj* good; kind

**godkjenne** (*goo*-kheh-ner) *v* approve of, approve

**godkjennelse** (*goo*-kheh-nerl-ser) *m* approval

**godlynt** (*goo*-lewnt) *adj* good-humo(u)red

**godmodig** (goo-*moo*-di)

*adj* good-tempered, good--natured
***godskrive** (*goo*-skree-ver) *v* credit
**godstog** (*goots*-tawg) *nt* (pl ~) goods train; freight train *Am*
**godsvogn** (*goots*-vongn) wag(g)on*m* (goods)wagon; freight car *Am*
**godt** (gott) *adv* well
**godter** (*got*-terr) *pl* candy *nAm*, sweets
***godtgjøre** (*got*-yur-rer) *v* *make good
**godtgjørelse** (*got*-yur-rerl-ser) *m* remuneration
**godtroende** (*goo*-troo-er-ner) *adj* credulous
**godvilje** (*goo*-vil-yer) *m* goodwill
**golf** (golf) *m* golf; gulf
**golfbane** (*golf*-baa-ner) *m* golf links, golf course
**gondol** (gon-*dool*) *m* gondola
**grad** (graad) *m* degree; grade; **i den** ~ so
**gradvis** (*graad*-veess) *adv* gradually; *adj* gradual
**grafisk** (*graa*-fisk) *adj* graphic; ~ **fremstilling** diagram
**gram** (grahmm) *nt* gram
**grammatikk** (grah-mah-*tikk*) *m* grammar
**grammatisk** (grah-*maa*-tisk) *adj* grammatical
**gran** (graan) *c* fir tree
**granitt** (grah-*nitt*) *m* granite
**granne** (*grahn*-ner) *m* neighbo(u)r
**grapefrukt** (*grayp*-frewkt) *c* grapefruit
**grasiøs** (grah-si-*urss*) *adj* graceful
**gratis** (*graa*-tiss) *adj* free, gratis; free of charge
**gratulasjon** (grah-tew-lah-*shoon*) *m* congratulation
**gratulere** (grah-too-*lay*-rer) *v* congratulate
**grav** (graav) *c* tomb, grave
**grave** (*graa*-ver) *v* *dig; ~ **ned** bury
**gravere** (grah-*vay*-rer) *v* engrave
**gravid** (grah-*veed*) *adj* pregnant
**gravlund** (*graav*-lewn) *m* cemetery
**gravstein** (*graav*-stayn) *m* tombstone, gravestone
**gravør** (grah-*vurr*) *m* engraver
**gre** (greh) *v* comb
**grei** (gray) *adj* nice; **det er greit** that's fine; OK
**greie** (gray-er) *v* cope
**greker** (*gray*-kerr) *m* Greek
**gren** (grayn) *c* branch
**grense** (*grehn*-ser) *c* limit, bound, boundary; frontier, border
**grenseløs** (*grehn*-ser-lurss) *adj* unlimited
**grep** (grayp) *nt* grasp; clutch, grip
**gresk** (graysk) *adj* Greek
**gress** (grehss) *nt* grass

**gresshoppe** (*grehss*-ho-per) *c* grasshopper
**gressløk** (*grehss*-lūrk) *m* chives *pl*
**gressplen** (*grehss*-plāyn) *m* lawn
**gresstrå** (*greh*-straw) *nt* (pl ~) blade of grass
**greve** (*grāy*-ver) *m* earl, count
**grevinne** (greh-*vin*-ner) *c* countess
**grevskap** (*grāyv*-skaap) *nt* county
**gribb** (gribb) *m* vulture
**grille** (*gril*-ler) *v* grill; barbecue
**grind** (grinn) *c* gate
***gripe** (*gree*-per) *v* *take, *catch, grasp, seize, grip; ~ **inn** intervene, interfere
**gris** (greess) *m* pig
**grisk** (grisk) *adj* greedy
**griskhet** (*grisk*-hāyt) *c* greed
**grop** (grōōp) *c* pit
**grossist** (groos-*sist*) *m* wholesale dealer
**grotte** (*grot*-ter) *c* cave, grotto
**grov** (grawv) *adj* coarse, gross
**grovsmed** (*grawv*-smāy) *m* blacksmith
**gru** (grēw) *m* horror
**grundig** (*grewn*-di) *adj* thorough
**grunn**[1] (grewnn) *m* ground; reason; cause; **på ~ av** owing to, because of, for, on account of
**grunn**[2] (grewnn) *adj* shallow
**grunnlag** (*grewn*-laag) *nt* (pl ~) basis; basics
***grunnlegge** (*grewn*-leh-ger) *v* found
**grunnleggende** (*grewn*-leh-ger-ner) *adj* basic
**grunnlov** (*grewn*-lawv) *m* constitution
**grunnsetning** (*grewn*-seht-ning) *m* principle
**grunntall** (*grewn*-tahll) *nt* cardinal number
**gruppe** (*grewp*-per) *c* group; party
**gruppere** (grew-*pāy*-rer) *v* classify
**grus** (grēwss) *m* gravel, grit
**grusom** (*grēw*-som) *adj* cruel, harsh; terrible, horrible, grim
**gruve** (*grēw*-ver) *c* pit, mine
**gruvearbeider** (*grēw*-ver-ahr-bay-derr) *m* miner
**gruvedrift** (*grēw*-ver-drift) *c* mining
**gryte** (*grēw*-ter) *c* pot
**grøft** (grurft) *c* ditch
**grønn** (grurnn) *adj* green; **grønt kort** green card
**grønnsak** (*grurn*-saak) *c* vegetable
**grønnsakhandler** (*grurn*-saak-hahnd-lerr) *m* greengrocer; vegetable man
**grøt** (grūrt) *m* porridge
**grå** (graw) *adj* grey
**grådig** (*graw*-di) *adj* greedy

***gråte** (*graw*-ter) *v* *weep, cry
**gud** (gewd) *m* god
**guddommelig** (gew-*dom*-mer-li) *adj* divine
**gudfar** (*gew*-faar) *m* (pl -fedre) godfather
**gudinne** (gew-*din*-ner) *c* goddess
**gudstjeneste** (*gewts*-t$^{y}$ay-nerss-ter) *m* worship, service
**guide** (gighd) *m* guide
**gul** (gewl) *adj* yellow
**gull** (gewll) *nt* gold
**gullsmed** (*gewl*-smay) *m* jeweller, goldsmith
**gulrot** (*gewl*-root) *c* (pl -røtter) carrot
**gulsott** (*gewl*-sot) *m* jaundice
**gulv** (gewlv) *nt* floor
**gulvteppe** (*gewlv*-teh-per) *nt* carpet
**gummi** (*gewm*-mi) *m* rubber, gum
**gunstig** (*gewn*-sti) *adj* favo(u)rable; cheap
**gurgle** (*gewr*-gler) *v* gargle
**gutt** (gewtt) *m* boy; lad
**guvernør** (gew-veh-*nurr*) *m* governor
**gyldig** ($^{y}$*ewl*-di) *adj* valid
**gyllen** ($^{y}$*ewl*-lern) *adj* golden
**gymnastikk** (gewm-nah-*stikk*) *m* physical education, PE; gymnastics *pl*
**gymnastikksal** (gewm-nah-*stik*-saal) *m* gymnasium
**gynekolog** (gew-ner-koo-*lawg*) *m* gynaecologist
**gynge** ($^{y}$*ewng*-nger) *v* rock
**gys** ($^{y}$ewss) *nt* shudder
**gøy** (gur$^{ew}$) *m/nt* fun
**gøyal** (*gur*ew-ahl) *adj* amusing
***gå** (gaw) *v* *go, walk; pull out; ~ **bort** *leave, *go away; pass away; ~ **forbi** pass by; ~ **forut for** precede; ~ **fottur** hike; ~ **fra borde** disembark; ~ **gjennom** pass through; ~ **hjem** *go home; ~ **igjennom** *go through; ~ **i land** land; ~ **inn** enter, *go in; ~ **med på** agree; ~ **ned** descend; ~ **om bord** embark; ~ **over** cross; ~ **sin vei** depart; ~ **tilbake** *get back; ~ **til verks** proceed; ~ **ut** *go out; ~ **videre** *go ahead, *go on
**i går** (i-*gawr*) yesterday
**gårdsplass** (*gawsh*-plahss) *m* backyard, courtyard
**gås** (gawss) *c* (pl gjess) goose
**gåsehud** (*gaw*-ser-hewd) *c* goose flesh
**gåte** (*gaw*-ter) *c* puzzle, enigma, riddle
**gåtefull** (*gaw*-ter-fewl) *adj* mysterious

# H

***ha** (haa) *v* *have; **~ noe imot** mind; **~ på seg** *wear; **~ det!** bye-bye
**hage** (*haa*-ger) *m* garden
**hagl** (hahgl) *nt* hail; buckshot
**hai** (high) *m* shark
**haike** (*high*-ker) *v* hitchhike
**haiker** (*high*-kerr) *m* hitchhiker
**hake** (*haa*-ker) *c* chin
**hakke** (*hahk*-ker) *v* chop
**hale** (*haa*-ler) *m* tail
**hallo!** (hah-*loo*) hello!
**halm** (hahlm) *m* straw
**halmtak** (*hahlm*-taak) *nt* (pl ~) thatched roof
**hals** (hahls) *m* throat, neck
**halsbrann** (*hahls*-brahn) *m* heartburn
**halsbånd** (*hahls*-bon) *nt* (pl ~) collar
**halsesyke** (*hahl*-ser-sew-ker) *m* sore throat
**halskjede** (*hahls*-khay-der) *nt* necklace
**halt** (hahlt) *adj* lame
**halte** (*hahl*-ter) *v* limp
**halv** (hahll) *adj* half; **halv-** semi-
**halvdel** (*hahl*-dayl) *m* half
**halvere** (hahl-*vay*-rer) *v* halve
**halvsirkel** (*hahl*-seer-kerl) *m* (pl -kler) semicircle
**halvt** (hahlt) *adv* half
**halvtid** (*hahl*-teed) *c* half time
**halvveis** (*hahl*-vayss) *adv* halfway
**halvøy** (*hahl*-lur[ew]) *c* peninsula
**ham** (hahmm) *pron* him
**hamburger** (*hahmm*-bur-gerr) *m* hamburger, beefburger, burger
**hammer** (*hahm*-merr) *m* hammer
**hamp** (hahmp) *m* hemp
**han** (hahnn) *pron* he, him; **hann-** male
**handel** (*hahn*-derl) *m* (pl -dler) commerce, business, trade; deal; ***drive ~** trade; **handels-** commercial
**handelsmann** (*hahn*-derls-mahn) *m* (pl -menn) tradesman
**handelsrett** (*hahn*-derls-reht) *m* commercial law
**handelsvare** (*hahn*-derls-vaa-rer) *m* merchandise
**handikap** (*hahn*-di-kapp) *nt* handicap
**handle** (*hahnd*-ler) *v* shop; act; **~ med** *deal with
**handlebag** (*hahnd*-ler-bæg) *m* shopping bag
**handlende** (*hahnd*-ler-ner) *m* (pl ~) dealer
**handling** (*hahnd*-ling) *c* action, act, deed; plot
**hane** (*haa*-ner) *m* cock
**hans** (hahns) *pron* his

**hanske** (*hahn*-sker) *m* glove
**hard** (haar) *adj* hard
**harddisk** (*haar*-disk) *m* hard disk
**hardnakket** (*haanah*-kert) *adj* obstinate
**hare** (*haa*-rer) *m* hare
**harmoni** (hahr-moo-*nee*) *m* harmony
**harpe** (*hahr*-per) *c* harp
**harsk** (hahshk) *adj* rancid
**hasselnøtt** (*hahss*-serl-nurt) *c* hazelnut
**hast** (hahst) *m* haste
**hastig** (*hahss*-ti) *adj* hasty
**hastighet** (*hahss*-ti-hay̅t) *c* speed
**hastverk** (*hahst*-værk) *nt* hurry
**hat** (haat) *nt* hatred, hate
**hate** (*haa*-ter) *v* hate, detest
**hatt** (hahtt) *m* hat
**haug** (hou) *m* pile, heap; mound
**hauk** (houk) *m* hawk
**hav** (haav) *nt* ocean
**havmåke** (*haav*-maw-ker) *c* seagull
**havn** (hahvn) *c* port, harbour
**havnearbeider** (*hahv*-ner-ahr-bay-derr) *m* docker
**havneby** (*hahv*-ner-bew̅) *m* seaport
**havre** (*hahv*-rer) *m* oats *pl*
**hebraisk** (heh-*braa*-isk) *nt* Hebrew
**hedensk** (*hay̅*-dernsk) *adj* pagan, heathen
**heder** (*hay̅*-derr) *m* glory
**hederlig** (*hay̅*-der-li) *adj* honourable
**hedning** (*hay̅d*-ning) *m* pagan, heathen
**hedre** (*hay̅*-drer) *v* honour
**heftig** (*hehf*-ti) *adj* severe, violent, fierce
**hegre** (*hay̅*-grer) *m* heron
**hei** (hay) *c* heath
**heis** (hayss) *m* lift; elevator *nAm*
**heise** (*hay*-ser) *v* hoist
**heisekran** (*hay*-ser-kraan) *m* crane
**hekk** (hehkk) *m* hedge
**hekle** (*hehk*-ler) *v* crochet
**heks** (hehks) *c* witch
**hel** (hay̅l) *adj* entire, whole
**helbrede** (*hehl*-bray̅-der) *v* cure, heal
**helbredelse** (*hehl*-bray̅-derl-ser) *m* recovery, cure
**heldig** (*hehl*-di) *adj* lucky, fortunate
**heldigvis** (*hehl*-di-vis) *adv* luckily, fortunately
**hele** (*hay̅*-ler) *nt* whole; **i det ~** altogether
**helg** (hehlg) *c* weekend
**helgen** (*hehl*-gern) *m* saint
**helgenskrin** (*hehl*-gern-skreen) *nt* (pl ~) reliquary
**helikopter** (hehll-ee-*kopp*-terr) *nt* helicopter
**helkornbrød** (*hay̅l*-koo̅n-bru̅r) *nt* (pl ~) wholemeal bread
**hell** (*hehll*) *nt* luck
**Hellas** (*hehl*-lahss) Greece
**helle** (*hehl*-ler) *v* pour; slope

**heller** (*hehl*-lerr) *adv* sooner, rather
**hellig** (*hehl*-li) *adj* holy, sacred
**helligbrøde** (*hehl*-li-brur-der) *m* sacrilege
**helligdag** (*hehl*-li-daag) *m* holiday, Sunday
**helligdom** (*hehl*-li-dom) *m* (pl ~mer) shrine
**helling** (*hehl*-ling) *c* gradient
**helse** (*hehl*-ser) *c* health
**helseattest** (*hehl*-ser-ah-tehst) *m* health certificate
**helt**[1] (hehlt) *m* hero
**helt**[2] (haylt) *adv* wholly, entirely, quite, completely
**heltinne** (hehlt-*inn*-ner) *c* heroine
**helvete** (*hehl*-ver-ter) *nt* hell
**hemme** (*hehm*-mer) *v* inhibit
**hemmelig** (*hehm*-li) *adj* secret
**hemmelighet** (*hehm*-li-hayt) *c* secret
**hemorroider** (heh-moo-*ree*-derr) *pl* piles *pl*, haemorrhoids *pl*
**hende** (*hehn*-ner) *v* happen, occur
**hendelse** (*hehn*-nerl-ser) *m* incident, happening, occurrence
**hendig** (*hehn*-di) *adj* handy
***henge** (*hehng*-nger) *v* *hang
**hengebro** (*hehng*-nger-broo) *c* suspension bridge
**hengekøye** (*hehng*-nger-kur^ew-er) *c* hammock
**hengelås** (*heh*-nger-lawss) *m* padlock
**henger** (*hehng*-ngerr) *m* hanger
**hengiven** (*hehn*-^yee-vern) *adj* affectionate
**hengivenhet** (*hehn*-^yee-vern-hayt) *c* affection
**hengsel** (*hehng*-sherl) *nt* (pl -sler) hinge
**henne** (*hehn*-ner) *pron* her
**hennes** (*hehn*-nerss) *pron* her, hers
**henrettelse** (*hehn*-reh-terl-ser) *m* execution
**henrivende** (*hehn*-ree-ver-ner) *adj* adorable, delightful, enchanting
**henrykt** (*hehn*-rewkt) *adj* delighted
**hensikt** (*hehn*-sikt) *m* intention, purpose, design; ***ha til ~** intend
**henstand** (*hehn*-stahn) *m* respite
**hensyn** (*hehn*-sewn) *nt* regard; **med ~ til** as regards, regarding
**hensynsfull** (*hehn*-sewns-fewl) *adj* considerate
**hensynsfullhet** (*hehn*-sewns-fewl-hayt) *c* consideration
**hente** (*hehn*-ter) *v* fetch; *get, pick up, collect
**henvende seg til** (*hehn*-veh-ner) address

**henvise til** (*hehn*-vee-ser) refer to
**henvisning** (*hehn*-veess-ning) *m* reference
**her** (hæær) *adv* here
**heretter** (*hææ*-reh-terr) *adv* from now on
**herkomst** (*hæær*-komst) *m* origin
**herlig** (*hææ*-li) *adj* wonderful, lovely, delightful
**hermetikk** (hær-mer-*tikk*) *m* tinned food
**hermetikkboks** (hær-mer-*tik*-boks) *m* tin; can *nAm*
**hermetikkåpner** (hær-mer-*tik*-awp-nerr) *m* tin opener
**hermetisere** (hær-mah-ti-*sāy*-rer) *v* preserve
**herre** (*hær*-rer) *m* gentleman
**herredømme** (*hær*-rer-dur-mer) *nt* dominion
**herregård** (*hær*-rer-gawr) *m* mansion, manor house
**herretoalett** (*hær*-rer-too-ah-leht) *nt* men's room
**herske** (*hæsh*-ker) *v* reign, rule
**hersker** (*hæsh*-kerr) *m* sovereign
**hertug** (*hæt*-tewg) *m* duke
**hertuginne** (hæ-tew-*gin*-ner) *c* duchess
**hes** (hāyss) *adj* hoarse
**hest** (hehst) *m* horse
**hestekraft** (*hehss*-ter-krahft) *c* (pl -krefter) horsepower
**hestesko** (*hehss*-ter-skōō) *m* (pl ~) horseshoe
**hesteveddeløp** (*hehss*-ter-veh-der-lūrp) *nt* (pl ~) horserace
**het** (hāyt) *adj* hot
**hete** (*hāy*-ter) *m* heat
***hete** (*hāy*-ter) *v* *be called
**heteroseksuell** (*hāy*-ter-roo-sehk-sew-ehl) *adj* heterosexual
**hette** (*heht*-ter) *c* hood
**heve** (*hāy*-ver) *v* raise; *draw, cash
**hevelse** (*hāy*-verl-ser) *m* swelling
**hevn** (hehvn) *m* revenge
**hi** (hee) *nt* den
**hierarki** (hi-eh-rahr-*kee*) *nt* hierarchy
**hikke** (*hik*-ker) *m* hiccup
**hilse** (*hil*-ser) *v* greet; salute; **~ på** say hello to
**hilsen** (*hil*-sern) *m* greeting
**himmel** (*him*-merl) *m* (pl himler) sky; heaven
**hindre** (*hin*-drer) *v* hinder, impede
**hindring** (*hin*-dring) *c* obstacle, impediment
**hinsides** (*heen*-see-derss) *prep* beyond
**hint** (hinnt) *nt* hint; *v* **~e** hint
**hiphop** (*hipp*-hopp) *c* hip--hop
**hissig** (*hiss*-si) *adj* hot--tempered, quick-tempered
**historie** (hiss-*tōō*-ri-er) *c* history

**historiker** (hiss-*too*-ri-kerr) *m* historian
**historisk** (hiss-*too*-risk) *adj* historic, historical
**hittegods** (*hit*-ter-goots) *nt* lost and found
**hittegodskontor** (*hit*-ter-goots-koon-toor) *nt* lost property office
**hittil** (*heet*-til) *adv* so far
**hjelm** (ʸehlm) *m* helmet
**hjelp** (ʸehlp) *c* aid, assistance, help; relief
***hjelpe** (ʸ*ehl*-per) *v* help, aid; support, assist
**hjelper** (ʸ*ehl*-perr) *m* helper
**hjelpsom** (ʸehlp-som) *adj* helpful
**hjem** (ʸehmm) *nt* home
**hjemlengsel** (ʸ*ehm*-lehng-serl) *m* homesickness
**hjemme** (ʸ*ehm*-mer) *adv* at home
**hjemmelaget** (ʸ*ehm*-mer-laa-gert) *adj* home-made
**hjemover** (ʸ*ehm*-maw-verr) *adv* homeward
**hjemreise** (ʸ*ehm*-ray-ser) *c* return journey
**hjerne** (ʸ*ææ*-ner) *m* brain
**hjernerystelse** (ʸ*ææ*-ner-rewss-terl-ser) *m* concussion
**hjerte** (ʸ*æt*-ter) *nt* heart
**hjerteanfall** (ʸ*æt*-ter-ahn-fahl) *nt* (pl ~) heart attack
**hjerteklapp** (ʸ*æt*-ter-klahp) *m* palpitation
**hjertelig** (ʸ*æt*-li) *adj* cordial, hearty
**hjerteløs** (ʸ*æt*-ter-lurss) *adj* heartless
**hjort** (ʸott) *m* deer
**hjul** (ʸewl) *nt* wheel
**hjørne** (ʸ*ur*-ner) *nt* corner
**hode** (*hoo*-der) *nt* head; **på hodet** upside down
**hodepine** (*hoo*-der-pee-ner) *c* headache
**hodepute** (*hoo*-der-pew-ter) *c* pillow
**hoff** (hoff) *nt* court
**hofte** (*hof*-ter) *c* hip
**hold** (holl) *nt* stitch
***holde** (*hol*-ler) *v* *hold; *keep; **~ oppe** *hold up; **~ opp med** stop; **~ på** *hold; **~ på med** *keep at; **~ seg borte fra** *keep away from; **~ seg fast** *hold on; **~ tilbake** keep back, *withhold **~ ut** *keep up; *bear, endure; **~ utkikk etter** watch for
**holdeplass** (*hol*-ler-plahss) *m* stop
**holdning** (*hold*-ning) *m* position, attitude
**Holland** (*hol*-lahn) Holland
**hollandsk** (*hol*-lahnsk) *adj* Dutch
**hollender** (*hol*-lehn-derr) *m* Dutchman
**homofil** (hoo-moo-*feel*) *adj* homosexual, gay *colloquial*; lesbian
**honning** (*hon*-ning) *m* honey
**honorar** (hoo-noo-*raar*) *nt* fee

**hop** (hōōp) *m* lot; heap
**hopp** (hopp) *nt* jump, leap, hop
**hoppe**[1] (*hop*-per) *v* jump; skip, hop; *leap; ~ **over** skip
**hoppe**[2] (*hop*-per) *c* mare
**hore** (*hōō*-rer) *c* whore
**horisont** (hoo-ri-*sont*) *m* horizon
**horisontal** (hoo-ri-son-*taal*) *adj* horizontal
**horn** (hōōrn) *nt* horn
**hornorkester** (*hōō*-nor-kehss-terr) *nt* (pl -tre) brass band
**hos** (hooss) *prep* with; at
**hospital** (hooss-pi-*taal*) *nt* hospital
**hoste** (*hooss*-ter) *v* cough; *m* cough
**hotell** (hoo-*tehll*) *nt* hotel
**hov** (hōōv) *m* hoof
**hoved**- (*hōō*-verd) capital, cardinal, chief, main, primary, principal
**hovedgate** (*hōō*-verd-gaa-ter) *c* main street
**hovedkvarter** (*hōō*-verd-kvah-tāyr) *nt* headquarters *pl*
**hovedledning** (*hōō*-verd-lāyd-ning) *m* mains *pl*
**hovedsakelig** (*hōō*-verd-saa-ker-li) *adv* mainly
**hovedstad** (*hōō*-verd-staad) *m* (pl -steder) capital
**hovedvei** (*hōō*-verd-vay) *m* thoroughfare, main road
**hoven** (*haw*-vern) *adj* snooty
**hovmester** (*hawv*-mehss-terr) *m* (pl -tre) head waiter
**hovmodig** (hov-*mōō*-di) *adj* haughty; proud
**hud** (hēwd) *c* skin
**hudfarge** (*hēwd*-fahr-ger) *m* complexion
**hukommelse** (hew-*kom*-merl-ser) *m* memory
**hul** (hēwl) *adj* hollow
**hule** (*hēw*-ler) *c* cave, cavern
**hull** (hewll) *nt* hole
**hulrom** (*hēwl*-room) *nt* (pl ~) cavity
**humle** (*hoom*-ler) *c* bumblebee; *m* hops
**hummer** (*hoom*-merr) *m* lobster
**humor** (*hēw*-moor) *m* humo(u)r
**humoristisk** (hew-moo-*riss*-tisk) *adj* humorous
**humpet** (*hoom*-pert) *adj* bumpy
**humør** (hew-*mūrr*) *nt* mood; spirits
**hun** (hewnn) *pron* she; **hunn**- female
**hund** (hewnn) *m* dog
**hundehus** (*hewn*-ner-hēwss) *nt* (pl ~) kennel
**hunderem** (*hewn*-ner-rehmm) *c* (pl ~mer) lead
**hundre** (*hewn*-drer) *num* hundred
**hurtig** (*hewt*-ti) *adj* fast,

quick, rapid
**hurtigtaster** (*hewt*-ti-tahs-ter) *c* (pl ~e) speed dial(ing)
**hurtigtog** (*hewt*-ti-tawg) *nt* (pl ~) through train, express train
**hus** (hew̄ss) *nt* house; **hus-** domestic
**husarbeid** (*hew̄ss*-ahr-bayd) *nt* housework
**husbåt** (*hew̄ss*-bawt) *m* houseboat
**husdyr** (*hew̄ss*-dew̄r) *nt* (pl ~) domestic animal
**huse** (*hew̄*-ser) *v* lodge
**huseier** (*hew̄ss*-ay-err) *m* landlord
**hushjelp** (*hew̄ss*-Yerlp) *c* maid, housemaid
**husholderske** (*hew̄ss*-ho-lersh-ker) *m* housekeeper
**husholdning** (*hew̄ss*-hol-ning) *m* housekeeping
**huske** (*hewss*-ker) *v* remember; recollect; *swing; *m* swing
**huslærer** (*hew̄ss*-lææ-rerr) *m* tutor
**husmor** (*hew̄ss*-mōor) *c* (pl -mødre) housewife
**husrom** (*hew̄ss*-room) *nt* accommodation; **skaffe ~** accommodate
**husstand** (*hew̄*-stahn) *m* household
**husvert** (*hew̄ss*-væt) *m* landlord, landlady
**hutre** (*hewt*-rer) *v* shiver
**hva** (vaa) *pron* what; **~ enn** whatever; **~ som helst** anything
**hval** (vaal) *m* whale
**hvelv** (vehlv) *nt* arch
**hvelving** (*vehl*-ving) *m* vault
**hvem** (vehmm) *pron* who; **~ som enn** whoever; **~ som helst** anybody; **til ~** whom
**hver** (vær) *adj* every, each
**hverandre** (væ-*rahn*-drer) *pron* each other
**hverdag** (*vææ*-daag) *m* weekday
**hvete** (*vāy*-ter) *m* wheat
**hvetebolle** (*vāy*-ter-bo-ler) *m* bun
**hvetebrødsdager** (*vāy*-ter-brūrss-daa-gerr) *pl* honeymoon
**hvile** (*vee*-ler) *v* rest; *m* rest
**hvilehjem** (*vee*-ler-Yehm) *nt* (pl ~) rest home
**hvilken** (*vil*-kern) *pron* which; **~ som helst** whichever; **hvilke som helst** any
**hvin** (veen) *nt* shriek
**hvis** (viss) *conj* if; in case
**hviske** (*viss*-ker) *v* whisper
**hvisking** (*viss*-king) *c* whisper
**hvit** (veet) *adj* white
**hvitløk** (*veet*-lūrk) *m* garlic
**hvitting** (*vit*-ting) *m* whiting
**hvor** (vōor) *adv* where; how; **~ enn** wherever; **~ mange** how many; **~ mye** how much; **~ som helst** anywhere

**hvordan** (*voo*-dahn) *adv* how
**hvorfor** (*voor*-for) *adv* why; what for
**hyggelig** (*hewg*-ger-li) *adj* pleasant, enjoyable
**hygiene** (hew-gi-*ay*-ner) *m* hygiene
**hygienisk** (hew-gi-*ay*-nisk) *adj* hygienic
**hykler** (*hewk*-lerr) *m* hypocrite
**hykleri** (hewk-ler-*ree*) *nt* hypocrisy
**hyklersk** (*hewk*-lehshk) *adj* hypocritical
**hyl** (hewl) *nt* scream, yell
**hyle** (*hew*-ler) *v* scream, yell
**hylle** (*hewl*-ler) *c* shelf; *v* *pay tribute to
**hyllest** (*hewl*-lerst) *m* homage, tribute
**hymne** (*hewm*-ner) *m* hymn
**hypotek** (hew-poo-*tayk*) *nt* mortgage
**hyppig** (*hewp*-pi) *adj* frequent
**hyppighet** (*hewp*-pi-hayt) *c* frequency
**hyssing** (*hewss*-sing) *m* twine
**hysterisk** (hewss-*tay*-risk) *adj* hysterical
**hytte** (*hewt*-ter) *c* cabin, hut; chalet, lodge; cottage
**hæl** (hæl) *m* heel
**høflig** (*hurf*-li) *adj* polite, civil
**høne** (*hur*-ner) *c* hen
**hørbar** (*hurr*-baar) *adj* audible
**høre** (*hur*-rer) *v* *hear
**hørsel** (*hursh*-sherl) *m* hearing
**høst** (hurst) *m* autumn; fall *nAm*
**høste** (*hurss*-ter) *v* gather
**høvding** (*hurv*-ding) *m* chieftain
**høvisk** (*hur*-visk) *adj* courteous
**høy**[1] (hur$^{ew}$) *adj* tall, high; loud
**høy**[2] (hur$^{ew}$) *nt* hay
**høyde** (*hurew*-der) *m* height; altitude, rise
**høydepunkt** (*hurew*-der-poongt) *nt* zenith, height
**høyderygg** (*hurew*-der-rewgg) *m* ridge
**høyere** (*hurew*-er-rer) *adj* superior, higher
**høyland** (*hurew*-lahn) *nt* (pl ~) uplands *pl*
**høylydt** (*hurew*-lewt) *adj* loud
**høyre** (*hurew*-rer) *adj* right; right-hand; **på ~ side** right-hand
**høyrød** (*hurew*-rur) *adj* crimson
**høysesong** (*hurew*-seh-song) *m* peak season, high season
**høyslette** (*hurew*-shleh-ter) *c* plateau
**høysnue** (*hurew*-snew-er) *m* hay fever
**høyst** (hur$^{ew}$st) *adv* at most
**høyt** (hur$^{ew}$t) *adv* aloud

**høytalertelefon** (*hur*ew-taal-er-tel-e-*foon*) *c* speaker phone
**høytidelig** (hur^ew^-*tee*-der-li) *adj* solemn
**høyttaler** (*hur*ew-taa-lerr) *m* loud-speaker
**høyvann** (*hur*ew-vahn) *nt* high tide
**hån** (hawn) *m* mockery, scorn
**hånd** (honn) *c* (pl hender) hand; ***ta ~ om** attend to
**håndarbeid** (*hon*-nahr-bayd) *nt* needlework; handwork
**håndbagasje** (*hon*-bah-gaa-sher) *m* hand luggage; hand baggage *Am*
**håndbok** (*hon*-book) *c* (pl -bøker) handbook, manual
**håndbrems** (*hon*-brehms) *m* hand-brake
**håndflate** (*hon*-flaa-ter) *c* palm
**håndfull** (*hon*-fewl) *m* handful
**håndholdt** (hon-*holt*) *adj* hand held
**håndjern** (*hon*-^y^ææn) *pl* handcuffs *pl*
**håndkle** (*hong*-kler) *nt* (pl -lær) towel
**håndkrem** (*hon*-kraym) *m* hand cream
**håndlaget** (*hon*-laa-gert) *adj* hand-made
**håndledd** (*hon*-lehd) *nt* (pl ~) wrist
**håndskrift** (*hon*-skrift) *c* handwriting
**håndtak** (*hon*-taak) *nt* (pl ~) handle
**håndtere** (hon-*tay*-rer) *v* handle
**håndterlig** (hon-*tay*-li) *adj* manageable
**håndtrykk** (*hon*-trewk) *nt* (pl ~) handshake
**håndvask** (*hon*-vahsk) *m* wash-basin; hand wash
**håndverk** (*hon*-værk) *nt* (pl ~) handicraft
**håndveske** (*hon*-vehss-ker) *c* bag, handbag
**håne** (*haw*-ner) *v* mock
**håp** (hawp) *nt* hope
**håpe** (*haw*-per) *v* hope
**håpefull** (*haw*-per-fewl) *adj* hopeful
**håpløs** (*hawp*-lurss) *adj* hopeless
**håpløshet** (*hawp*-lurss-hayt) *c* despair
**hår** (hawr) *nt* hair
**hårbalsam** (*hawr*-bahl-sahm) *m* conditioner
**hårbørste** (*hawr*-bursh-ter) *m* hairbrush
**håret** (*haw*-rert) *adj* hairy
**hårfrisyre** (*hawr*-fri-sew-rer) *m* hair-do
**hårgelé** (*hawr*-sheh-*lay*) *m* hair gel
**hårklipp** (*hawr*-klip) *m* haircut
**hårlakk** (*haw*-lahk) *m* hair spray
**hårskill** (*haw*-shil) *m* parting

**hårspenne** (*haw*-shpeh-ner) *c* hair-pin; bobby pin *Am*

**hårtørrer** (*haw*-turr-rerr) *m* hairdrier, hairdryer

# I

**i** (ee) *prep* in; for, at
***iaktta** (i-*ahk*-tah) *v* observe, watch
**iakttakelse** (i-*ahk*-taa-kerl-ser) *m* observation
**ibenholt** (*ee*-bern-holt) *m* / *nt* ebony
**idé** (i-*day*) *m* idea
**ideal** (i-deh-*aal*) *nt* ideal
**ideell** (i-deh-*ehll*) *adj* ideal
**identifisere** (i-dehn-ti-fi-*say*-rer) *v* identify
**identifisering** (i-dehn-ti-fi-*say*-ring) *c* identification
**identisk** (i-*dehn*-tisk) *adj* identical
**identitet** (i-dehn-ti-*tayt*) *m* identity
**identitetskort** (i-dehn-ti-*tayts*-kot) *nt* (pl ~) identity card, ID
**idiom** (i-di-*oom*) *nt* idiom
**idiomatisk** (i-di-oo-*maa*-tisk) *adj* idiomatic
**idiot** (i-di-*oot*) *m* idiot
**idiotisk** (i-di-*oo*-tisk) *adj* idiotic
**idol** (i-*dool*) *nt* idol
**idrettsmann** (*eed*-rehts-mahn) *m* (pl -menn) sportsman
**idrettskvinne** (*eed*-rehts-*kvin*-ner) *c* sportswoman
**ifølge** (i-*furl*-ger) *prep* according to
**igjen** (i-*yehnn*) *adv* again
**ignorere** (ig-noo-*ray*-rer) *v* ignore
**ikke** (*ik*-ker) *adv* not
**ikke-røyker** (*ik*-ker-*rurew*-kerr) *m* non-smoker
**ikon** (i-*koon*) *m* / *nt* icon
**ild** (ill) *m* fire
**ildfast** (*il*-fahst) *adj* fireproof, ovenproof
**ildsfarlig** (*ils*-faa-li) *adj* inflammable
**ildsted** (*il*-stayd) *nt* hearth
**illegal** (*il*-leh-gaal) *adj* illegal
**illeluktende** (*il*-ler-look-ter-ner) *adj* smelly
**illevarslende** (*il*-ler-vahsh-ler-ner) *adj* sinister, ominous
**illusjon** (i-lew-*shoon*) *m* illusion
**illustrasjon** (i-lew-strah-*shoon*) *m* illustration; picture
**illustrere** (i-lew-*stray*-rer) *v* illustrate
**imens** (i-*mehns*) *adv* meanwhile, in the meantime
**imidlertid** (i-*mid*-ler-ti) *adv*

though; in the meantime
**imitasjon** (i-mi-tah-*shōōn*) *m* imitation
**imitere** (i-mi-*tāy*-rer) *v* imitate
**immigrant** (i-mi-*grahnt*) *m* immigrant
**immigrasjon** (i-mi-grah-*shōōn*) *m* immigration
**immigrere** (i-mi-*grāy*-rer) *v* immigrate
**immun: *gjøre ~** (*ʸūr*-rer i-*mēwn*) immunize
**immunitet** (i-mew-ni-*tāyt*) *m* immunity
**imperium** (im-*pāy*-ri-ewm) *nt* (pl -ier) empire
**imponere** (im-poo-*nāy*-rer) *v* impress
**imponerende** (im-poo-*nāy*-rer-ner) *adj* impressive, imposing
**import** (im-*pott*) *m* import
**importavgift** (im-*pot*-taav-ʸift) *c* import duty
**importere** (im-po-*tāy*-rer) *v* import
**importvarer** (im-*pot*-vaa-rerr) *pl* imported goods
**importør** (im-po-*tūrr*) *m* importer
**impotens** (im-poo-*tehns*) *m* impotence
**impotent** (im-poo-*tehnt*) *adj* impotent
**improvisere** (im-proo-vi-*sāy*-rer) *v* improvise
**impuls** (im-*pewls*) *m* impulse
**impulsiv** (*im*-pewl-seev) *adj* impulsive
**imøtekommende** (i-*mūr*-ter-ko-mer-ner) *adj* obliging
**indeks** (*in*-dehks) *m* index
**inder** (*in*-derr) *m* Indian
**India** (*in*-di-ah) India
**indianer** (in-di-*aa*-nerr) *m* Indian
**indiansk** (in-di-*aansk*) *adj* Indian
**indirekte** (*in*-di-rehk-ter) *adj* indirect
**indisk** (*in*-disk) *adj* Indian
**individ** (in-di-*veed*) *nt* individual
**individuell** (in-di-vi-dew-*ehll*) *adj* individual
**Indonesia** (in-doo-*nāy*-si-ah) Indonesia
**indonesier** (in-doo-*nāy*-si-err) *m* Indonesian
**indonesisk** (in-doo-*nāy*-sisk) *adj* Indonesian
**indre** (*in*-drer) *adj* internal; inside, inner
**industri** (in-dew-*stree*) *m* industry
**industriell** (in-dew-stri-*ehll*) *adj* industrial
**industriområde** (in-dew-*stree*-om-raw-der) *nt* industrial area
**infanteri** (in-fahn-ter-*ree*) *nt* infantry
**infeksjon** (in-fehk-*shōōn*) *m* infection
**infinitiv** (in-*fin*-ni-teev) *m* infinitive
**infisere** (in-fi-*sāy*-rer) *v*

infect
**inflasjon** (in-flah-*shoon*) *m* inflation
**influensa** (in-flew-*ehn*-sah) *m* flu, influenza
**informasjon** (in-for-mah-*shoon*) *m* information
**informasjonskontor** (in-for-mah-*shoons*-koon-toor) *nt* inquiry office, information bureau
**informere** (in-for-*may*-rer) *v* inform
**inline rulleskøyter** (inn-*læin* rew-ler-shurew-ter) *pl* Rollerblade
**infrarød** (*in*-frah-rur) *adj* infra-red
**ingefær** (*ing*-nger-fæær) *m* ginger
**ingen** (*ing*-ngern) *pron* nobody, no one; none; *adj* no; ~ **av dem** neither
**ingeniør** (in-shern-*yurr*) *m* engineer
**ingensteds** (*ing*-ngern-stehss) *adv* nowhere
**ingenting** (*ing*-ngern-ting) *pron* nil, nothing
**ingrediens** (ing-greh-di-*ehns*) *m* ingredient
**initiativ** (i-nit-si-ah-*teev*) *nt* initiative
**injeksjon** (in-yehk-*shoon*) *m* injection
**inkludert** (in-klew-*dayt*) *adj* included; **alt** ~ all included
**inklusive** (*in*-klew-seever) *adv* inclusive
**inkompetent** (*in*-kom-per-tehnt) *adj* incompetent
**inn** (inn) *adv* in; ~ **i** into
**innbefatte** (*in*-beh-fah-ter) *v* comprise, include
**innbille seg** (*in*-bi-ler) imagine
**innbilsk** (*in*-bilsk) *adj* conceited
**innbilt** (*in*-bilt) *adj* imaginary
**innblande** (*in*-blah-ner) *v* involve
**innblandet** (*in*-blah-nert) *adj* concerned, involved
**innblanding** (*in*-blah-ning) *c* interference
**innbringende** (*in*-bri-nger-ner) *adj* profitable
**innbrudd** (*in*-brewd) *nt* burglary
**innbruddstyv** (*in*-brewds-tewv) *m* burglar
***innby** (*in*-bew) *v* ask; invite
**innbydelse** (in-*bew*-derl-ser) *m* invitation
**innbygger** (*in*-bew-gerr) *m* inhabitant
**inndele** (*in*-day-ler) *v* *break down, divide into
**inne** (*in*-ner) *adv* indoors; inside
***innebære** (*in*-ner-bææ-rer) *v* imply
**innehaver** (*in*-ner-haa-verr) *m* owner, bearer
***inneholde** (*in*-ner-ho-ler) *v* contain
**innen** (*in*-nern) *prep* inside; within
**innendørs** (*in*-nern-dursh)

*adj* indoor
**innenfor** (*in*-nern-for) *prep* inside; within
**innenlands** (*in*-nern-lahns) *adj* domestic
**innfall** (*in*-fahl) *nt* (pl ~) idea; whim; brain wave
**innfatning** (*in*-faht-ning) *m* frame
**innflytelse** (*in*-flew-terl-ser) *m* influence
**innflytelsesrik** (*in*-flew-terl-serss-reek) *adj* influential
**innfødt** (*in*-furt) *m* (pl ~e) native
**innføre** (*in*-fur-rer) *v* import; introduce; initiate
**innførsel** (*in*-fur-sherl) *m* import
**innførselstoll** (*in*-fur-sherls-tol) *m* duty
**inngang** (*in*-gahng) *m* entrance, entry; way in
**inngangspenger** (*in*-gahngs-peh-ngerr) *pl* entrance fee
**innhold** (*in*-hol) *nt* contents *pl*
**innholdsfortegnelse** (*in*-hols-fo-tay-nerl-ser) *m* table of contents
**inni** (*in*-ni) *adv prep* within; inside
**innkassere** (*in*-kah-say-rer) *v* collect
**innledende** (*in*-lay-der-ner) *adj* preliminary
**innledning** (*in*-layd-ning) *m* introduction
**innlemme** (*in*- laym -mer) *v* integrate
**innlysende** (*in*-lew-ser-ner) *adj* obvious
**innover** (*in*-naw-verr) *adv* inwards
**innpakning** (*in*-pahk-ning) *m* packing, wrapping
**innpakningspapir** (*in*-pahk-nings-pah-peer) *nt* wrapping paper
**innrede** (*in*-reh-der) *v* furnish; decorate
**innredning** (*in*-reh-dning) *m* furnishing, decoration
**innrette** (*in*-reht-ter) *v* arrange
**innretning** (*in*-reht-tning) *m* facilities; gadget
**innrømme** (*in*-rur-mer) *v* acknowledge, admit
**innsamler** (*in*-sahm-lerr) *m* collector
**innsats** (*in*-sahts) *m* achievement; contribution; stake
**innsatt** (*in*-saht) *m* (pl ~e) prisoner
***innse** (*in*-say) *v* realize, *see
**innside** (*in*-see-der) *c* inside; interior
**innsikt** (*in*-sikt) *m* insight
**innsirkle** (*in*-seer-kler) *v* encircle
**innsjø** (*in*-shur) *m* lake
**innskipning** (*in*-ship-ning) *m* embarkation
**innskrenkning** (*in*-skrehngk-ning) *m*

reduction, restriction
***innskrive** (*in*-skree-ver) *v* list, enter, register; **~ seg** register
***innskyte** (*in*-shew-ter) *v* insert
**innskytelse** (*in*-shew-terl-ser) *m* impulse
**innsprøyte** (*in*-sprur$^{ew}$-ter) *v* inject
**innstendig** (in-*stehn*-di) *adj* urgent
**inntekt** (*in*-tehkt) *c* income, earnings
**inntektsskatt** (*in*-tehkt-skaht) *m* income tax
**inntil** (*in*-til) *conj* until, till; *prep* till
**inntreden** (*in*-tray-dern) *m* entrance
**inntrengende** (*in*-treh-nger-ner) *adj* pressing
**inntrykk** (*in*-trewk) *nt* impression; ***gjøre ~ på** impress
**innvende** (*in*-veh-ner) *v* object; **~ mot** object to
**innvendig** (*in*-vehn-di) *adv* within
**innvending** (*in*-veh-ning) *c* objection
**innviklet** (*in*-vik-lert) *adj* complex, complicated
**innvilge** (*in*-vil-ger) *v* grant
**innvoller** (*in*-vo-lerr) *pl* insides, entrails
**innånde** (*in*-no-ner) *v* inhale
**insekt** (*in*-sehkt) *nt* insect; bug *nAm*
**insektmiddel** (*in*-sehkt-mi-derl) *nt* (pl -midler) insecticide, insect repellent
**insinuere** (in-si-new-ay-rer) *v* hint, insinuate
**insistere** (in-si-*stay*-rer) *v* insist
**inskripsjon** (in-skrip-*shoon*) *m* inscription
**inspeksjon** (in-spehk-*shoon*) *m* inspection
**inspektør** (in-spayk-*turr*) *m* inspector
**inspirere** (in-spi-*ray*-rer) *v* inspire
**inspisere** (in-spi-*say*-rer) *v* inspect
**installasjon** (in-stah-lah-*shoon*) *m* installation
**installere** (in-stah-*lay*-rer) *v* install
**instinkt** (in-*stingt*) *nt* instinct
**institusjon** (in-sti-tew-*shoon*) *m* institution
**institutt** (in-sti-*tewtt*) *nt* institution, institute
**instruktør** (in-strewk-*turr*) *m* instructor
**instrument** (in-strew-*mehnt*) *nt* instrument
**instrumentbord** (in-strew-*mehnt*-boor) *nt* (pl ~) dashboard
**intakt** (in-*tahkt*) *adj* intact; unbroken
**integrere** (in-teh-*grey*-rer) *v* integrate
**intellekt** (in-teh-*lehkt*) *nt*

intellect
**intellektuell** (in-teh-lehk-tew-*ehll*) *adj* intellectual
**intelligens** (in-teh-li-*gehns*) *m* intelligence
**intelligent** (in-teh-li-*gehnt*) *adj* intelligent; clever
**intens** (in-*tehns*) *adj* intense
**interessant** (in-ter-reh-*sahngng*) *adj* interesting
**interesse** (in-ter-*rehss*-ser) *m* interest
**interessere** (in-ter-reh-*s$\overline{ay}$*-rer) *v* interest
**interessert** (in-ter-reh-*s$\overline{ay}$t*) *adj* interested
**internasjonal** (*in*-ter-nah-shoo-naal) *adj* international
**Internett** (*in*-terr-nett*l*) Internet
**intervall** (in-terr-*vahl*) *nt* interval
**intervju** (in-terr-*v$^y$ew*) *nt* interview
**intet** (*in*-tert) *nt* nothing
**intetkjønn** (*in*-tert-khurn) neuter
**intetsigende** (*in*-tert-see-er-ner) *adj* insignificant, petty
**intim** (in-*teem*) *adj* intimate
**intrige** (in-*tree*-ger) *m* intrigue
**introduksjonsskriv** (in-troo-dewk-*sh$\overline{oo}$n*-skreev) *nt* (pl ~) letter of recommendation
**introdusere** (in-troo-dew-*s$\overline{ay}$*-rer) *v* introduce
**invadere** (in-vah-*d$\overline{ay}$*-rer) *v* invade
**invasjon** (in-vah-*sh$\overline{oo}$n*) *m* invasion
**investere** (in-vehss-*t$\overline{ay}$*-rer) *v* invest
**investering** (in-vehss-*t$\overline{ay}$*-ring) *c* investment
**invitere** (in-vi-*t$\overline{ay}$*-rer) *v* invite
**Irak** (i-*raak*) Iraq
**iraker** (i-*raa*-kerr) *m* Iraqi
**irakisk** (i-*raa*-kisk) *adj* Iraqi
**Iran** (i-*raan*) Iran
**iraner** (i-*raa*-nerr) *m* Iranian
**iransk** (i-*rahnsk*) *adj* Iranian
**Irland** (*eer*-lahn) Ireland
**ironi** (i-roo-*nee*) *m* irony
**ironisk** (i-*r$\overline{oo}$*-nisk) *adj* ironical
**irritabel** (i-ri-*taa*-berl) *adj* irritable
**irritere** (i-ri-*t$\overline{ay}$*-rer) *v* irritate; annoy
**irriterende** (i-ri-*t$\overline{ay}$*-rer-ner) *adj* annoying
**irsk** (eeshk) *adj* Irish
**is** (eess) *m* ice
**isbre** (*eess*-br$\overline{ay}$) *m* glacier
**iskald** (*eess*-kahl) *adj* freezing
**iskrem** (*eess*-kr$\overline{ay}$m) *m* ice cream
**Island** (*eess*-lahn) Iceland
**islandsk** (*eess*-lahnsk) *adj* Icelandic
**islending** (*eess*-leh-ning) *m* Icelander
**isolasjon** (i-soo-lah-*sh$\overline{oo}$n*) *m* isolation; insulation
**isolator** (i-soo-*laa*-toor) *m*

insulator
**isolere** (i-soo-*lay*-rer) *v* insulate; isolate
**isolert** (i-soo-*layt*) *adj* isolated
**Israel** (*eess*-rah-ehl) Israel
**israeler** (iss-rah-*ay*-lerr) *m* Israeli
**israelsk** (iss-rah-*aylsk*) *adj* Israeli
**istedenfor** (i-*stay*-dern-for) *prep* instead of
**isvann** (*eess*-vahn) *nt* iced water
**især** (i-*sæær*) *adv* especially
**Italia** (i-*taa*-li-ah) Italy
**italiener** (i-tah-li-*ay*-nerr) *m* Italian
**italiensk** (i-tah-li-*aynsk*) *adj* Italian
**iver** (*ee*-verr) *m* zeal
**ivrig** (*eev*-ri) *adj* zealous; anxious, eager

## J

**ja** (ʸaa) yes; ~ **vel!** well!; OK!
**jade** (ʸ*aa*-der) *m* jade
**jage** (ʸ*aa*-ger) *v* hunt, chase; ~ **bort** chase
**jakke** (ʸ*ahk*-ker) *c* jacket
**jakt** (ʸahkt) *c* hunt; chase
**jakte** (ʸ*ahk*-ter) *v* hunt
**jamre** (ʸ*ahm*-rer) *v* moan
**januar** (ʸah-new-*aar*) January
**Japan** (ʸ*aa*-pahn) Japan
**japaner** (ʸah-*paa*-nerr) *m* Japanese
**japansk** (ʸ*aa*-pahnsk) *adj* Japanese
**japp** (*yahpp*) *c* yuppie
**jeg** (ʸay) *pron* I
**jekk** (ʸehkk) *m* jack
**jeksel** (ʸ*ehk*-serl) *m* (pl -sler) molar
**jente** (ʸ*ehn*-ter) *c* girl
**jern** (ʸææn) *nt* iron
**jernbane** (ʸ*ææn*-baa-ner) *m* railway; railroad *nAm*
**jernbaneferje** (ʸ*ææn*-baa-ner-fær-ʸer) *c* train ferry
**jernbaneovergang** (ʸ*ææn*-baa-ner aw-verr-gahng) *m* crossing
**jernbanevogn** (ʸ*ææn*-baa-ner-vongn) *c* coach
**jernvarehandel** (ʸ*ææn*-vaa-rer hahn-derl) *m* (pl -dler) hardware store
**jernvarer** (ʸ*ææn*-vaa-rerr) *pl* hardware
**jersey** (ʸ*æsh*-shi) *m* jersey
**jetfly** (ʸ*eht*-flew) *nt* (pl ~) jet
**jetlag** (ʸ*ett*-læg) *c* jet lag
**jevn** (ʸehvn) *adj* level; smooth, even
**jo** (ʸoo) *adv* yes; certainly; **jo ... jo** the ... the
**jobb** (ʸobb) *m* job
**jockey** (ʸ*ok*-ki) *m* jockey
**jod** (ʸodd) *m* iodine
**jogge** (ʸ*ogg*-er) *v* go

jogging, go running
**joggesko** ($^{y}$ogg-er-sko͞o) *pl* running shoes; sneakers; tennis shoes
**jolle** ($^{y}$*ol*-ler) *c* dinghy
**jomfru** ($^{y}$*om*-fre͞w) *c* virgin
**jonglere** ($^{y}$on-*gler*-rer) *v* juggle
**jonglør** ($^{y}$*on*-glu͞r) *m* juggler
**jord** ($^{y}$o͞or) *c* earth; ground, soil
**Jordan** ($^{y}$*oo*-dahn) Jordan
**jordaner** ($^{y}$oo-*daa*-nerr) *m* Jordanian
**jordansk** ($^{y}$oo-*daansk*) *adj* Jordanian
**jordbruk** ($^{y}$*o͞or*-bre͞wk) *nt* agriculture
**jordbunn** ($^{y}$*o͞or*-bewn) *m* soil
**jordbær** ($^{y}$*o͞or*-bæær) *nt* (pl **~**) strawberry
**jordklode** ($^{y}$*o͞or*-klo͞o-der) *m* globe
**jordmor** ($^{y}$*o͞or*-mo͞or) *c* (pl -mødre) midwife
**jordskjelv** ($^{y}$*o͞or*-shehlv) *m*/*nt* (pl **~**) earthquake
**jordsmonn** ($^{y}$*o͞osh*-mon) *nt* soil
**journalist** (shoo-nah-*list*) *m* journalist
**journalistikk** (shoor-nah-li-*stikk*) *m* journalism
**jubileum** ($^{y}$ew-bi-*la͞y*-ewm) *nt* (pl -eer) jubilee; anniversary
**jukse** ($^{y}$*ook*-ser) *v* cheat
**jul** ($^{y}$e͞wl) *c* Christmas, Xmas; **gledelig ~!** Merry Christmas!
**juli** ($^{y}$*e͞w*-li) July
**juling** ($^{y}$*e͞w*-ling) *c* spanking
**jungel** ($^{y}$*oong*-ngerl) *m* jungle
**juni** ($^{y}$*e͞w*-ni) June
**junior** ($^{y}$*e͞w*-ni-oor) *adj* junior
**juridisk** ($^{y}$ew-*ree*-disk) *adj* legal
**jurisdiksjon** ($^{y}$ew-ris-dik-*sho͞on*) *m* jurisdiction
**jurist** ($^{y}$ew-*rist*) *m* lawyer
**jury** ($^{y}$*e͞w*-ri) *m* jury
**justere** ($^{y}$ewss-*ta͞y*-rer) *v* adjust
**juvel** ($^{y}$ew-va͞yl) *m* gem
**jøde** ($^{y}$*u͞r*-der) *m* Jew
**jødisk** ($^{y}$*u͞r*-disk) *adj* Jewish

# K

**kabaret** (kah-bah-*ra͞y*) *m* cabaret
**kabel** (*kaa*-berl) *m* (pl kabler) cable; **~-TV** cable tv
**kabelfjernsyn** (*kaa*-berl-f$^{y}$ææn-se͞wn) *nt* cable television
**kabin** (kah-*been*) *m* cabin
**kabinett** (kah-bi-*nehtt*) *nt* cabinet
**kafé** (kah-*fa͞y*) *m* café

**kafeteria** (kah-feh-*tay*-ri-ah) *m* cafeteria; self-service restaurant
**kaffe** (*kahf*-fer) *m* coffee
**kaffein** (kah-feh-*een*) *m* caffeine
**kaffeinfri** (kah-feh-*een*-free) *adj* decaffeinated
**kaffetrakter** (*kahf*-fer-trahk-terr) *m* percolator
**kai** (kigh) *c* dock, quay
**kajakk** (kah-$^{y}$*ahkk*) *m* kayak
**kake** (*kaa*-ker) *c* cake
**kaki** (*kaa*-ki) *m* khaki
**kald** (kahll) *adj* cold
**kalender** (kah-*lehn*-derr) *m* (pl -drer) calendar
**kalk** (kahlk) *m* lime
**kalkulator** (*kahl*-koo-lah-toor) *m* calculator
**kalkun** (kahl-*kewn*) *m* turkey
**kalle** (*kahl*-ler) *v* call, name
**kalori** (kah-loo-*ree*) *m* calorie
**kalsium** (*kahl*-si-ewm) *nt* calcium
**kalv** (kahlv) *m* calf
**kalvekjøtt** (*kahl*-ver-khurt) *nt* veal
**kalveskinn** (*kahl*-ver-shin) *nt* (pl ~) calf skin
**kam** (kahmm) *m* (pl ~mer) comb
**kamerat** (kah-mer-*raat*) *m* friend, buddy
**kamp** (kahmp) *m* fight, battle, combat; struggle; match
**kampanje** (kahm-*pahn*-$^{y}$er) *m* campaign
**kanadier** (kah-*naa*-di-err) *m* Canadian
**kanadisk** (kah-*naa*-disk) *adj* Canadian
**kanal** (kah-*naal*) *m* channel, canal; **Den engelske ~** English Channel
**kanarifugl** (kah-*naa*-ri-fewl) *m* canary
**kandidat** (kahn-di-*daat*) *m* candidate
**kanel** (kah-*nayl*) *m* cinnamon
**kanin** (kah-*neen*) *m* rabbit
**kano** (*kaa*-noo) *m* canoe
**kanon** (kah-*noon*) *m* gun
**kanskje** (*kahn*-sher) *adv* perhaps, maybe
**kant** (kahnt) *m* edge, verge, rim, border
**kantine** (kahn-*tee*-ner) *c* canteen
**kaos** (*kaa*-oss) *nt* chaos
**kaotisk** (kah-*oo*-tisk) *adj* chaotic
**kapasitet** (kah-pah-si-*tayt*) *m* capacity
**kapell** (kah-*pehll*) *nt* chapel
**kapellan** (kah-peh-*laan*) *m* chaplain
**kapital** (kah-pi-*taal*) *m* capital
**kapitalanbringelse** (kah-pi-*taal*-ahn-bri ngerl-ser) *m* investment
**kapitalisme** (kah-pi-tah-*liss*-mer) *m* capitalism
**kapitulasjon** (kah-pi-tew-

lah-*shoon*) *m* capitulation
**kapp** (kahpp) *nt* cape
**kappe** (*kahp*-per) *c* coat, cloak
**kappløp** (*kahp*-lurp) *nt* race
**kapre** (*kaap*-rer) *v* hijack
**kaprer** (*kaap*-rerr) *m* hijacker
**kapsel** (*kahp*-serl) *m* (pl -sler) capsule
**kaptein** (kahp-*tayn*) *m* captain
**kar** (kaar) *nt* vessel; *m* guy
**karakter** (kah-rahk-*tayr*) *m* character; mark
**karakterisere** (kah-rahk-teh-ri-*say*-rer) *v* characterize
**karakteristisk** (kah-rahk-teh-*riss*-tisk) *adj* characteristic
**karaktertrekk** (kah-rahk-*tay*-trehk) *nt* (pl ~) characteristic
**karamell** (kah-rah-*mehll*) *m* caramel
**karantene** (kah-rahn-*tay*-ner) *m* quarantine
**karat** (kah-*raat*) *m* carat
**kardinal** (kahr-di-*naal*) *m* cardinal
**karneval** (*kaa*-ner-vahl) *nt* carnival
**karosseri** (kah-ro-ser-*ree*) *nt* bodywork; body *nAm*
**karpe** (*kahr*-per) *m* carp
**karri** (*kahr*-ri) *m* curry
**karriere** (kah-ri-*ææ*-rer) *m* career
**kart** (kahtt) *nt* map
**kartong** (kah-*tongng*) *m* carton; **kartong-**cardboard
**karusell** (kah-rew-*sehll*) *m* merry-go-round
**kaserne** (kah-*sææ*-ner) *m* barracks *pl*
**kasino** (kah-*see*-noo) *nt* casino
**kasjmir** (kahsh-*meer*) *m* cashmere
**kasse** (*kahss*-ser) *c* pay desk; crate
**kassere** (kah-*say*-rer) *v* discard
**kasserer** (kah-*say*-rerr) *m* cashier; treasurer; teller *nAm*
**kasserolle** (kah-ser-*rol*-ler) *m* saucepan
**kassett** (kah-*sett*) *m* cassette
**kassettspiller** (kah-*sett*-spi-lerr) *m* recorder
**kast** (kahst) *nt* throw, cast
**kastanje** (kah-*stahn*-[y]er) *m* chestnut
**kaste** (*kahss*-ter) *v* *cast, *throw; toss; ~ **opp** vomit
**katakombe** (kah-tah-*koom*-ber) *m* catacomb
**katalog** (kah-tah-*lawg*) *m* catalogue
**katarr** (kah-*tahrr*) *m* catarrh
**katastrofal** (kah-tah-stroo-*faal*) *adj* disastrous
**katastrofe** (kah-tah-*stroo*-fer) *m* catastrophe, calamity, disaster
**katedral** (kah-ter-*draal*) *m* cathedral

**kategori** (kah-ter-goo-*ree*) *m* category
**kateter** (kah-*tay*-terr) *nt* (pl -tre) desk; catheter
**katolsk** (kah-*toolsk*) *adj* catholic
**katt** (kahtt) *m* cat
**kausjon** (kou-*shoon*) *m* bail, security; guarantee
**kaviar** (kah-vi-*aar*) *m* caviar
**keiser** (*kay*-serr) *m* emperor
**keiserdømme** (*kay*-ser-dur-mer) *nt* empire
**keiserinne** (kay-ser-*rin*-ner) *c* empress
**keiserlig** (*kay*-ser-li) *adj* imperial
**keivhendt** (*khayv*-hehnt) *adj* left-handed
**kelner** (*kehl*-nerr) *m* waiter, waitress
**kenguru** (*kehng*-gew-rew) *m* kangaroo
**kennel** (*kehn*-nerl) *m* kennel
**Kenya** (*kehn*-ʸah) Kenya
**keramikk** (kheh-rah-*mikk*) *m* ceramics *pl*; pottery
**kikke** (*khik*-ker) *v* peep
**kikkert** (*khik*-kert) *m* binoculars *pl*
**kilde** (*khil*-der) *m* fountain, source, well, spring; **kildesortering** *c* waste separation
**kile** (*khee*-ler) *v* tickle; *m* wedge
**kilo** (*khee*-loo) *m*/*nt* kilogram
**kilometer** (*khil*-loo-may-terr) *m* (pl ~) kilometer *Am*, kilometre
**kilometertall** (*khil*-loo-may-ter-tahl) *nt* (pl ~) distance in kilometres (*Am* kilometers)
**kim** (kheem) *m* germ
**Kina** (*khee*-nah) China
**kineser** (khi-*nay*-serr) *m* Chinese
**kinesisk** (khi-*nay*-sisk) *adj* Chinese
**kinn** (khinn) *nt* cheek
**kinnbein** (*khin*-bayn) *nt* (pl ~) cheek-bone
**kinnskjegg** (*khin*-shehg) *nt* sideburns *pl*, whiskers *pl*
**kino** (*khee*-noo) *m* cinema, pictures; movies *plAm*, movie theater *Am*
**kiosk** (khosk) *m* kiosk
**kirke** (*kheer*-ker) *c* church; chapel
**kirkegård** (*kheer*-ker-gawr) *m* graveyard, churchyard
**kirketårn** (*kheer*-ker-tawn) *nt* (pl ~) steeple
**kirsebær** (*khish*-sher-bæær) *nt* (pl ~) cherry
**kirurg** (khi-*rewrg*) *m* surgeon
**kirurgi** (khi-rewg-*ee*) *c*: **rekonstruktiv ~** reconstructive surgery
**kiste** (*khiss*-ter) *c* chest; coffin
**kjede** (*khay*-deh) *v* bore
**kjedelig** (*khay*-der-li) *adj* dull, boring

**kjeft** (khehft) *m* mouth
**kjeks** (khehks) *m* (pl ~) cookie; biscuit
**kjele** (*khay*-ler) *m* kettle
**kjelke** (*khæl*-ker) *m* sledge, sleigh
**kjeller** (*khehl*-lerr) *m* cellar
**kjelleretasje** (*khehl*-lerr-eh-taa-sher) *m* basement
**kjemi** (kheh-*mee*) *m* chemistry
**kjemisk** (*khay*-misk) *adj* chemical
**kjempe** (*khehm*-per) *v* combat, *fight, struggle, battle; *m* giant
**kjenne** (*khehn*-ner) *v* *know; ~ **igjen** recognize
**kjennelse** (*khehn*-nerl-ser) *m* verdict
**kjennemerke** (*khehn*-ner-mær-ker) *nt* feature
**kjenner** (*khehn*-nerr) *m* connoisseur
**kjennetegn** (*khehn*-ner-tayn) *nt* (pl ~) characteristic
**kjennetegne** (*khehn*-ner-tay-ner) *v* mark, characterize
**kjennskap** (*khehn*-skaap) *nt* knowledge
**kjent** (khehnt) *adj* noted
**kjepphest** (*khehp*-hehst) *m* hobby-horse
**kjerne** (*khææ*-ner) *m* pip; heart, essence, core, nucleus; **kjerne-** nuclear
**kjernehus** (*khææ*-ner-hewss) *nt* (pl ~) fruit core
**kjernekraft** (*khææ*-ner-krahft) *c* nuclear energy
**kjerre** (*khær*-rer) *c* cart
**kjertel** (*khæt*-terl) *m* (pl -tler) gland
**kjetting** (*kheht*-ting) *m* chain
**kjeve** (*khay*-ver) *m* jaw
**kjole** (*khoo*-ler) *m* gown, dress; frock; **lang** ~ robe
**kjæledyr** (*khay*-ler-dewr) *nt* (pl ~) pet
**kjælenavn** (*khay*-ler-nahvn) *nt* (pl ~) nickname
**kjær** (khæær) *adj* dear
**kjæreste** (*khææ*-rerss-ter) *m* darling, girlfriend, boyfriend
**kjærlig** (*khææ*-li) *adj* affectionate
**kjærlighet** (*khææ*-li-hayt) *c* love
**kjærlighetshistorie** (*khææ*-li-hayts-hiss-too-ri-er) *c* love story
**kjøkken** (*khurk*-kern) *nt* kitchen
**kjøkkenhage** (*khurk*-kern-haager) *m* kitchen garden
**kjøkkenhåndkle** (*khurk*-kern-hong-kler) *nt* (pl -lær) kitchen towel
**kjøkkenredskap** (*t^y urk*-kehn-reh-skaap) *nt* utensil
**kjøkkensjef** (*khurk*-kern-shayf) *m* chef
**kjøl** (khurl) *m* keel
**kjøleskap** (*khur*-ler-skaap) *nt* (pl ~) refrigerator, fridge

**kjølig** (*khūr*-li) *adj* chilly, cool
**kjønn** (khurnn) *nt* sex; gender; **kjønns-** genital
**kjønnssykdom** (*khurn*-sēwk-dom) *m* venereal disease
**kjøp** (khūrp) *nt* purchase; **godt ~** bargain
**kjøpe** (*khūr*-per) *v* purchase, *buy
**kjøper** (khūr-perr) *m* purchaser, buyer
**kjøpesenter** (*khūr*-per-senterr) *nt* shopping centre, mall *nAm*
**kjøpesum** (*khūr*-per-sewm) *m* (pl ~mer) purchase price
**kjøpmann** (*khūrp*-mahn) *m* (pl -menn) shopkeeper; trader, merchant
***kjøpslå** (*khūrp*-shlo) *v* bargain
**kjøre** (*khūr*-rer) *v* *drive; *ride; **~ forbi** *overtake; pass *vAm*; **~ for fort** *speed
**kjørebane** (*khūr*-rer-baa-ner) *m* carriageway; roadway *nAm*
**kjøretur** (*khūr*-rer-tēwr) *m* drive
**kjøretøy** (*khūr*-rer-tur^ew^) *nt* vehicle
**kjøtt** (khurtt) *nt* meat; flesh
**klage** (*klaa*-ger) *v* complain; *m* complaint
**klagebok** (*klaa*-ger-book) *c* (pl -bøker) complaints book
**klamre** (*klahm*-rer) *v*: **~ seg til** cling to
**klandre** (*klahn*-drer) *v* blame
**klang** (klahngng) *m* tone; sound
**klappe** (*klahp*-per) *v* clap, applaud
**klar** (klaar) *adj* clear; serene; ready; ***ha klart for seg** realize; **~ over** aware
***klargjøre** (*klaar*-ʸūr-rer) *v* elucidate, clarify
***klarlegge** (*klaar*-leh-ger) *v* clarify
**klart** (*klaart*) *adv* certainly
**klasse** (*klahss*-ser) *c* class; form
**klassekamerat** (*klahss*-ser-kah-mer-raat) *m* class-mate
**klasseværelse** (*klahss*-ser-vææ-rerl-ser) *nt* classroom
**klassifisere** (klah-si-fi *say*-rer) *v* classify, class
**klassisk** (*klahss*-sisk) *adj* classical
**klatre** (*klaht*-rer) *v* climb
**klatring** (*klaht*-ring) *c* climb
**klausul** (*klou*-sewl) *m* clause
**kle** (klāy) *v* *become; suit; **~ av seg** undress; **~ på seg** dress; **~ seg** dress; **~ seg om** change
**klebe** (*klāy*-beh) *v* *stick
**klebrig** (*klāyb*-ri) *adj* sticky
**klem** (klehm) *m* (pl ~mer) hug
**klemme** (*klehm*-mer) *v*

squeeze; cuddle, hug
**klenge** (*klehng*-er) *v* cling
**klenodie** (kleh-*nōō*-di-er) *nt* gem
**kleshenger** (*klāyss*-heh-ngerr) *m* coat hanger
**klesskap** (*klāy*-skaap) *nt* (pl ~) wardrobe, closet *nAm*
**klient** (kli-*ehnt*) *m* client
**klikk** (klik) *m* set, clique; *nt* click
**klikke** (klik-ker) *v* click; ~ **på plass** click into place
**klima** (*klee*-mah) *nt* climate
**klinikk** (kli-*nikk*) *m* clinic
**klinkekule** (*kling*-ker-kōō-ler) *c* marble
**klippe** (*klip*-per) *v* *cut; *m* cliff, rock; ~ **av** *cut off
**klistre** (*kliss*-trer) *v* paste; cling; ~**merke** *nt* sticker
**klo** (klōō) *c* (pl klør) claw
**kloakk** (kloo-*ahkk*) *m* sewer
**klok** (klōōk) *adj* clever, wise
**klokke** (*klok*-ker) *c* clock; bell; **klokken ...** at ... o'clock
**klokkerem** (*klok*-ker-rehm) *c* (pl ~mer) watch-strap
**klokkespill** (*klok*-ker-spil) *nt* chimes *pl*
**klone** (*klōō*-neh) *v* clone
**kloning** (*kloon*-ing) *c* clone
**klor** (klōōr) *m* chlorine
**kloss** (kloss) *m* block
**klosset** (*kloss*-sert) *adj* awkward, clumsy
**kloster** (kloss-terr) *nt* (pl -tre) convent, monastery, cloister
**klovn** (klovn) *m* clown
**klubb** (klewbb) *m* club
**klubbe** (*klewb*-ber) *c* club
**klukke** (*klook-ker*) *v* chuckle
**klump** (kloomp) *m* lump
**klumpet** (*kloom*-pert) *adj* lumpy
**klut** (klēwt) *m* cloth
***klype** (*klēw*-per) *v* pinch
**klær** (klæær) *pl* clothes *pl*
**klø** (klūr) *v* itch
**kløe** (*klūr*-er) *m* itch
**kløft** (klurft) *c* chasm, cleft
**kløver** (*klurv*-verr) *m* clover
**kløyve** (*klur*ew-ver) *v* *split
**knagg** (knahgg) *m* peg
**knapp** (knahpp) *m* button; *adj* scarce
**knappe** (*knahp*-per) *v* button; ~ **opp** unbutton
**knappenål** (*knahp*-per-nawl) *c* pin
**knapphet** (*knahp*-hāyt) *c* scarcity, shortage
**knapphull** (*knahp*-hewl) *nt* buttonhole
**knapt** (knahpt) *adv* scarcely
**kne** (knāy) *nt* (pl knær) knee
**kneipe** (*knay*-per) *c* pub
***knekke** (*knehk*-ker) *v* crack; break
**knekt** (knehkt) *m* knave
**knele** (*knāy*-ler) *v* *kneel
**knep** (knāyp) *nt* trick
**kneskål** (*knāy*-skawl) *c* kneecap
**knipetang** (*knee*-per-tahng) *c* (pl -tenger) pincers *pl*

**knipling** (*knip*-ling) *m* lace
**knirke** (*kneer*-ker) *v* creak
**kniv** (kneev) *m* knife
**knoke** (*knoo*-ker) *m* knuckle
**knopp** (knopp) *m* bud
**knott** (knott) *m* knob
**knulle** (*knewl*-ler) *v vulgar* fuck
**knurre** (*knewr*-rer) *v* grumble
**knuse** (knewser) *v* *break; smash
**knust** (knewst) *adj* broken
**knute** (*knew*-ter) *m* knot
**knutepunkt** (*knew*-ter-poongt) *nt* junction
**knytte** (*knew*-ter) *v* tie, knot; ~ **til** attach to; ~ **opp** untie
**knyttneve** (*knewt*-nay-ver) *m* fist
**knyttneveslag** (*knewt*-nay-ver-shlaag) *nt* (pl ~) punch
**koagulere** (koo-ah-gew-*lay*-rer) *v* coagulate
**kobbe** (*kob*-ber) *m* seal
**kode** (*koo*-der) *m* code
**koffert** (*koof*-fert) *m* case, suitcase; trunk
**kokain** (koo-kah-*een*) *m*/*nt* cocaine
**koke** (*koo*-ker) *v* boil
**kokebok** (*koo*-ker-book) *c* (pl -bøker) cookery book; cookbook *nAm*
**kokk** (kokk) *m* cook
**kokosnøtt** (*kook*-kooss-nurt) *c* coconut
**koldtbord** (*kolt*-boor) *nt* (pl ~) buffet
**kolje** (*kol*-[y]er) *c* haddock
**kolle** (*kol*-ler) *m* hill, peak
**kollega** (koo-*lay*-gah) *m* colleague
**kolleksjon** (kol-lerk-*shoon*) *n* collection *m*
**kollektiv** (*kol*-lerk-teev) *adj* collective
**kollidere** (koo-li-*day*-rer) *v* collide, crash
**kollisjon** (koo-li-*shoon*) *m* crash, collision
**koloni** (koo-loo-*nee*) *m* colony
**kolonne** (koo-*lon*-ner) *m* column
**kolossal** (koo-loo-*saal*) *adj* enormous, tremendous
**koma** (*koo*-mah) *m* coma
**kombinasjon** (koom-bi-nah-*shoon*) *m* combination
**kombinere** (koom-bi-*nay*-rer) *v* combine
**komedie** (koo-*may*-di-er) *m* comedy
**komfort** (koom-*fawr*) *m* comfort
**komfortabel** (koom-fo-*taa*-berl) *adj* comfortable
**komfyr** (koom-*fewr*) *m* cooker; stove
**komiker** (*koo*-mi-kerr) *m* comedian
**komisk** (*koo*-misk) *adj* funny, comic
**komité** (koo-mi-*tay*) *m* committee
**komma** (*kom*-mah) *nt* comma

**komme** (*kom*-mer) *nt* coming
***komme** (*kom*-mer) *v* *come; ~ **an på** depend; ~ **over** *come across; ~ **på** *think of; ~ **seg** recover; ~ **tilbake** return
**kommende** (*kom*-mer-ner) *adj* oncoming
**kommentar** (koo-mehn-*taar*) *m* comment
**kommentere** (koo-mehn-*tay*-rer) *v* comment
**kommersiell** (koo-mæ-shi-*ehll*) *adj* commercial
**kommisjon** (koo-mi-*shoon*) *m* commission
**kommode** (koo-*moo*-der) *m* chest of drawers; bureau *nAm*
**kommunal** (koo-mew-*naal*) *adj* municipal
**kommune** (koo-*mew*-ner) *m* local authority, municipality
**kommunestyre** (koo-*mew*-ner-stew-rer) *nt* local council
**kommunikasjon** (koo-mew-ni-kah-*shoon*) *m* communication
**kommuniké** (koo-mew-ni-*kay*) *nt* communiqué
**kommunisme** (koo-mew-*niss*-mer) *m* communism
**kommunist** (koo-mew-*nist*) *m* communist
**kompakt** (koom-*pahkt*) *adj* compact
**kompani** (koom-pah-*nee*) *nt* company
**kompanjong** (koom-pahn-*yongng*) *m* partner, associate
**kompass** (koom-*pahss*) *m/nt* compass
**kompensasjon** (koom-pehn-sah-*shoon*) *m* compensation
**kompensere** (koom-pehn-*say*-rer) *v* compensate
**kompetent** (koom-per-*tehnt*) *adj* qualified; capable
**kompleks** (koom-*plehks*) *nt* complex
**komplett** (koom-*plehtt*) *adj* complete
**kompliment** (koom-pli-*mahngng*) *m* compliment
**komplimentere** (koom-pli-mehn-*tay*-rer) *v* compliment
**komplisert** (koom-pli-*sayt*) *adj* complicated
**komplott** (koom-*plott*) *nt* plot
**komponist** (koom-poo-*nist*) *m* composer
**komposisjon** (koom-poo-si-*shoon*) *m* composition
**kompromiss** (koom-proo-*miss*) *nt* compromise
**kondisjon** (koon-di-*shoon*) *m* physical fitness
**konditori** (koon-di-too-*ree*) *nt* pastry shop
**kondom** (koon-*dom*) *nt* condom
**kone** (*koo*-ner) *c* wife

**konfekt** (koon-*fehkt*) *m* chocolate
**konferanse** (koon-fer-*rahng*-ser) *m* conference
**konfidensiell** (koon-fi-dehn-si-*ehll*) *adj* confidential
**konfiskere** (koon-fiss-*kāy*-rer) *v* confiscate
**konflikt** (koon-*flikt*) *m* conflict
**konfrontere** (kon-fron-*tāy*-rer) *v* face, confront
**konge** (*kong*-nger) *m* king
**kongelig** (*kong*-nger-li) *adj* royal
**kongerike** (*kong*-nger-ree-ker) *nt* kingdom
**kongress** (kong-*grehss*) *m* congress
**konjakk** (kon-*yahkk*) *m* cognac
**konklusjon** (koong-klew-*shōōn*) *m* conclusion
**konkret** (koong-*krāyt*) *adj* concrete
**konkurranse** (koong-kew-*rahng*-ser) *m* contest, competition; rivalry
**konkurrent** (koong-kew-*rehnt*) *m* rival, competitor
**konkurrere** (koong-kew-*rāy*-rer) *v* compete
**konkurs** (koong-*kēwsh*) *adj* bankrupt
**konsekvens** (kon-ser-*kvehns*) *m* consequence
**konsentrasjon** (koon-sehn-trah-*shōōn*) *m* concentration
**konsentrere** (koon-sehn-*trāy*-rer) *v* concentrate
**konsert** (koon-*sætt*) *m* concert
**konsertsal** (koon-*sæt*-saal) *m* concert hall
**konservativ** (koon-*sær*-vah-teev) *adj* conservative
**konservatorium** (koon-sær-vah-*tōō*-ri-ewm) *nt* (pl -ier) music academy
**konservere** (kon-sær-*vāy*-rer) *v* preserve
**konservering** (kon-sær-*vāy*-ring) *c* preservation
**konsesjon** (koon-seh-*shōōn*) *m* license *Am*, licence; concession
**konsis** (koon-*seess*) *adj* concise
**konstant** (koon-*stahnt*) *adj* constant; even
**konstatere** (koon-stah-*tāy*-rer) *v* note; diagnose, ascertain
**konstruere** (koon-strew-*ūy*-rer) *v* construct
**konstruksjon** (koon-strewk-*shōōn*) *m* construction
**konsul** (*kon*-sewl) *m* consul
**konsulat** (kon-sew-*laat*) *nt* consulate
**konsultasjon** (kon-sewl-tah-*shōōn*) *m* consultation
**konsum** (koon-*sewm*) *nt* consumption
**konsument** (koon-sew-*mehnt*) *m* consumer
**konsumere** (koon-sew-

*meh*-rer) *v* consume
**kontakt** (koon-*tahkt*) *m* touch, contact
**kontakte** (koon-*tahk*-ter) *v* contact
**kontaktlinser** (koon-*tahkt*-lin-serr) *pl* contact lenses
**kontanter** (koon-*tahn*-terr) *pl* cash
**kontinent** (koon-ti-*nehnt*) *nt* continent
**kontinental** (koon-ti-nehn-*taal*) *adj* continental
**kontinuerlig** (koon-ti-new-*ay*-li) *adj* continuous
**konto** (*kon*-too) *m* (pl ~er, -ti) account
**kontor** (koon-*toor*) *nt* office
**kontortid** (koon-*too*-teed) *c* office hours, business hours
**kontra** (*kon*-trah) *prep* versus
**kontrakt** (koon-*trahkt*) *m* contract; agreement; pact
**kontrast** (koon-*trahst*) *m* contrast
**kontroll** (koon-*troll*) *m* control; inspection
**kontrollere** (koon-troo-*lay*-rer) *v* verify, check, control
**kontrollør** (koon-troo-*lurr*) *m* supervisor
**kontroversiell** (kon-troo-væ-shi-*ehll*) *adj* controversial
**kontur** (kon-*toor*) *m* outline
**konversasjon** (koon-væ-shah-*shoon*) *m* conversation
**konvolutt** (koon-voo-*lewtt*) *m* envelope
**kooperativ** (koo-*op*-rah-teev) *adj* co-operative
**koordinasjon** (koo-o-di-nah-*shoon*) *m* co--ordination
**kopi** (koo-*pee*) *m* copy
**kopiere** (koo-pi-*ay*-rer) *v* copy
**kople** (kop-ler) *v* connect; ~ **til** connect
**kopp** (kopp) *m* cup
**kopper** (*kop*-perr) *pl* smallpox; *nt* copper
**kor** (koor) *nt* choir
**korall** (koo-*rahll*) *m* coral
**kordfløyel** (*kawd*-flur[ew]-erl) *m* corduroy
**kork** (kork) *m* cork; stopper
**korketrekker** (*kor*-ker-treh-kerr) *m* corkscrew
**korn** (koon) *nt* grain, corn
**kornåker** (*koo*-naw-kerr) *m* (pl -krer) cornfield
**korpulent** (kor-pew-*lehnt*) *adj* stout, corpulent
**korrekt** (koo-*rehkt*) *adj* correct
**korrespondanse** (koo-rer-spoon-*dahng*-ser) *m* correspondence
**korrespondent** (koo-rer-spoon-*dehnt*) *m* correspondent
**korridor** (koo-ri-*door*) *m* corridor
**korrigere** (koo-ri-*gay*-rer) *v* correct
**korrupt** (koo-*rewpt*) *adj*

corrupt
**kors** (koshsh) *nt* cross
**korsett** (ko-*shehtt*) *nt* corset
**korsfeste** (kosh-*fehss*-ter) *v* crucify
**korsfestelse** (kosh-*fehss*-terl-ser) *m* crucifixion
**korstog** (*kosh*-tawg) *nt* (pl ~) crusade
**korsvei** (*kosh*-vay) *m* road fork
**kort** (kott) *adj* short; brief; *nt* card
**kortfattet** (*kot*-fah-tert) *adj* brief
**kortslutning** (*kot*-slewt-ning) *m* short circuit
**kortstokk** *m* pack
**kortvarig** (*kot*-vaa-ri) *adj* momentary
**koselig** (*kōō*-ser-li) *adj* cosy; nice
**kosmetika** (koss-meh-*tikk*) *pl* cosmetics *pl*
**kost**[1] (kost) *m* fare; ~ **og losji** room and board, bed and board, board and lodging
**kost**[2] (koost) *m* broom
**kostbar** (*kost*-baar) *adj* expensive; precious
**koste** (*koss*-ter) *v* *cost
**kostfri** (*kost*-free) *adj* free of charge
**kostnad** (*kost*-nah) *m* cost
**kotelett** (ko-ter-*lehtt*) *m* chop
**krabbe** (*krahb*-ber) *v* crawl; *c* crab
**kraft** (krahft) *c* (pl krefter) force; energy, power
**kraftig** (*krahf*-ti) *adj* strong
**kraftverk** (*krahft*-værk) *nt* power station
**krage** (*kraa*-ger) *m* collar
**kragebein** (*kraa*-ger-bayn) *nt* (pl ~) collarbone
**krampe** (*krahm*-per) *m* cramp; clamp
**krampetrekning** (*krahm*-per-trehk-ning) *m* convulsion
**kran** (kraan) *c* crane; tap
**krangel** (*krahng*-ngerl) *m/nt* (pl -gler) dispute, row, quarrel
**krangle** (*krahng*-ler) *v* quarrel
**krater** (*kraa*-terr) *nt* crater
**kratt** (krahtt) *nt* scrub
**krav** (kraav) *nt* demand, claim; requirement
**kreativ** (*kreh*-ah-teev) *adj* creative
**kreditor** (*krāy*-di-toor) *m* creditor
**kreditt** (kreh-*ditt*) *m* credit
**kredittkort** (kreh-*dit*-kot) *nt* (pl ~) credit card
**kreere** (kreh-*āy*-rer) *v* create
**kreft** (krehft) *m* cancer
**krem** (krāym) *m* cream
**kremere** (kreh-*māy*-rer) *v* cremate
**kremgul** (*krāy*-m-gēwl) *adj* cream
**krenke** (*krehng*-ker) *v* offend, injure; trespass
**krenkelse** (*krehng*-kerl-ser) *m* violation

**krenkende** (*krehng*-ker-ner) *adj* offensive
**kresen** (*kray*-sern) *adj* particular
**krets** (krehts) *m* ring, circle
**kretsløp** (*krehts*-lurp) *nt* (pl ~) cycle
**kreve** (*kray*-ver) *v* require, claim; charge
**krig** (kreeg) *m* war
**krigsfange** (*kriks*-fah-nger) *m* prisoner of war
**krigsmakt** (*kriks*-mahkt) *c* armed forces
**krigsskip** (*krik*-sheep) *nt* warship
**krim** (kri-m) *m* detective story
**kriminalitet** (kri-mi-nah-li-*tayt*) *m* criminality
**kriminell** (kri-mi-*nehll*) *adj* criminal
**kringkaste** (*kring*-kahss-ter) *v* *broadcast
**kringkasting** (*kring*-kahss-ting) *c* broadcast
**krise** (*kree*-ser) *c* crisis
**kristen**[1] (*kriss*-tern) *m* (pl -tne) Christian
**kristen**[2] (*kriss*-tern) *adj* Christian
**Kristus** (*kriss*-tewss) Christ
**kritiker** (*kree*-ti-kerr) *m* critic
**kritikk** (kri-*tikk*) *m* criticism
**kritisere** (kri-ti-*say*-rer) *v* criticize
**kritisk** (*kree*-tisk) *adj* critical
**kritt** (kritt) *nt* chalk
**kro** (kroo) *c* pub, tavern
**krok** (krook) *m* hook
**kroket** (*kroo*-kert) *adj* crooked
**krokodille** (kroo-koo-*dil*-ler) *c* crocodile
**kronblad** (*kroon*-blaa) *nt* (pl ~) petal
**krone** (*kroo*-ner) *c* crown; *v* crown
**kronisk** (*kroo*-nisk) *adj* chronic
**kronologisk** (kroo-noo-*law*-gisk) *adj* chronological
**kropp** (kropp) *m* body
**krukke** (*krook*-ker) *c* jar; pitcher
**krum** (kroomm) *adj* curved
**krumning** (*kroom*-ning) *m* bend; curve
**krus** (krewss) *nt* mug
**krusifiks** (krew-si-*fiks*) *nt* crucifix
**krutt** (krewtt) *nt* gunpowder
**krybbe** (*krewb*-ber) *c* manger
**krydder** (*krewd*-derr) *nt* (pl ~) spice
**krydderier** (krew-der-*ree*-err) *pl* spices
**krydret** (*krewd*-rert) *adj* spiced, spicy
**krykke** (*krewk*-ker) *c* crutch
**krympe** (*krewm*-per) *v* *shrink
**krympefri** (*krewm*-per-free) *adj* shrinkproof
**krypdyr** (*krewp*-dewr) *nt* (pl ~) reptile
***krype** (*krew*-per) *v* *creep

**kryss** (krewss) *nt* cross
**krysse** (*krewss*-ser) *v* cross
**krysse av** (*krewss*-ser) tick off
**krystall** (krew-*stahll*) *m/nt* crystal; **krystall-** *adj* crystal
**krøll** (krurll) *m* curl
**krølle** (*krurl*-ler) *v* curl; crease
**krøllet** (*krurl*-lert) *adj* curly
**kråke** (*kraw*-ker) *c* crow
**ku** (kew) *c* (pl ~er, kyr) cow
**kubaner** (kew-*baa*-nerr) *m* Cuban
**kubansk** (kew-*baansk*) *adj* Cuban
**kubbe** (*kewb*-ber) *m* log
**kube** (*kew*-ber) *m* cube
**kul**[1] (kewl) *m* lump
**kul**[2] (kewl) *adj colloquial* super, cool
**kulde** (*kewl*-ler) *c* cold
**kuldegysning** (*kewl*-ler-gewss-ning) *m* chill
**kule** (*kew*-ler) *c* bullet; sphere
**kulepenn** (*kew*-ler-pehn) *m* ballpoint pen, Biro
**kull** (kewll) *nt* coal; litter
**kult** (kewlt) *adj colloquial* super, cool
**kultivert** (kewl-ti-*vayt*) *adj* cultured
**kultur** (kewl-tewr) *m* culture
**kun** (kewnn) *adv* only
**kunde** (*kewn*-der) *m* client, customer
***kunne** (*kewn*-ner) *v* *can, *be able to; *may, *might
***kunngjøre** (*kewn*-*^y*ur-rer) *v* announce; proclaim
**kunngjøring** (*kewn*-*^y*ur-ring) *c* announcement; notice
**kunst** (kewnst) *m* art; **~ og håndverk** arts and crafts; **skjønne kunster** fine arts
**kunstakademi** (*kewnst*-ah-kah-deh-mee) *nt* art school
**kunstferdig** (*kewnst*-fææ-di) *adj* elaborate
**kunstgalleri** (*kewnst*-gah-ler-ree) *nt* gallery, art gallery
**kunsthistorie** (*kewnst*-hiss-too-ri-er) *c* art history
**kunsthåndverk** (*kewnst*-hon-værk) *nt* (pl ~) handicraft
**kunstig** (*kewn*-sti) *adj* artificial
**kunstner** (*kewnst*-nerr) *m* artist
**kunstnerisk** (*kewnst*-ner-risk) *adj* artistic
**kunstsamling** (*kewnst*-sahm-ling) *c* art collection
**kunstutstilling** (*kewnst*-ewt-sti-ling) *c* art exhibition
**kunstverk** (*kewnst*-værk) *nt* work of art
**kupé** (kew-*pay*) *m* compartment
**kupert** (kew-*payt*) *adj* hilly
**kupong** (kew-pongng) *m* coupon
**kuppel** (*kewp*-perl) *m* (pl kupler) dome
**kur** (kewr) *m* cure

**kurs** (kēw̄sh) *nt* course; *m* course
**kursted** (*kēw̄*-shtāy̅) *nt* spa
**kurv** (kewrv) *m* basket; hamper
**kurve** (*kewr*-ver) *m* curve
**kusine** (kew-*see*-ner) *c* cousin
**kusma** (*kewss*-mah) *m* mumps
**kutt** (kewtt) *nt* cut
**kuvertavgift** (kew-*vææ*-raav-ʸift) *c* cover charge
**kuøye** (*kēw̄*-urᵉʷ-er) *nt* porthole
**kvadrat** (kvah-*draat*) *nt* square
**kvadratisk** (kvah-*draa*-tisk) *adj* square
**kvaksalver** (*kvahk*-sahl-verr) *m* quack
**kvalifikasjon** (kvah-li-fi-kah-*shōōn*) *m* qualification
**kvalifisere seg** (kvah-li-fi-*sāy̅*-rer) qualify
**kvalifisert** (kvah-li-fi-*sāy̅t*) *adj* qualified
**kvalitet** (kvah-li-*tāy̅t*) *m* quality
**kvalm** (kvahlm) *adj* sick
**kvalme** (*kvahl*-mer) *m* nausea; sickness
**kvantitet** (kvahn-ti-*tāy̅t*) *m* quantity
**kvart** (kvahtt) quarter
**kvartal** (kvah-*taal*) *nt* quarter; house block *Am*; **kvartals-** quarterly
**kvarter** (kvah-*tāy̅r*) *nt* quarter of an hour; district; quarter
**kveg** (kvāy̅g) *nt* cattle *pl*
**kveite** (*kvay*-ter) *c* halibut
**kveld** (kvehll) *m* evening
**kvele** (*kvāy̅*-ler) *v* choke; strangle
**kveles** (*kvāy̅*-lerss) *v* choke
**kveste** (*kvehss*-ter) *v* injure
**kvestelse** (*kvehss*-terl-ser) *m* injury
**kvikksølv** (*kvik*-surl) *nt* mercury
**kvinne** (*kvin*-ner) *c* woman
**kvinnelege** (*kvin*-ner-lāy̅-ger) *m* gynaecologist
**kvise** (*kvee*-ser) *c* pimple
**kvist** (kvist) *m* twig
**kvitt** (kvit) *adj*: **bli ~** get rid of
**kvittering** (kvi-*tāy̅*-ring) *c* receipt
**kvote** (*kvōō*-ter) *m* quota
**kylling** (*khewl*-ling) *m* chicken
**kyndig** (*khewn*-di) *adj* skilled, skil(l)ful
**kysk** (khewsk) *adj* chaste
**kyss** (khewss) *nt* kiss
**kysse** (*khewss*-ser) *v* kiss
**kyst** (khewst) *m* coast; seashore, shore, seaside
**kø** (kūr̄) *m* line; queue; ***stå i ~** queue; stand in line *Am*
**kølle** (*kurl*-ler) *c* club; mallet
**køye** (*kurew*-er) *c* bunk
**kål** (kawl) *m* cabbage
**kåpe** (*kaw*-per) *c* coat
***la** (laa) *v* *let; allow to; **~ være** *keep off

# L

**laboratorium** (lah-boo-rah-*tōō*-ri-ewm) *nt* (pl -ier) laboratory
**labyrint** (lah-bew-*rint*) *m* labyrinth; maze
**ladning** (*lahd*-ning) *m* charge
**lag** (laag) *nt* layer; team
**lage** (*laa*-ger) *v* *make
**lagerbeholdning** (*laa*-gerr-beh-hold-ning) *m* stock
**lagerbygning** (*laagerr*-bewg-ning) *m* store house, warehouse
**lagerplass** (*laa*-gerr-plahss) *m* depot
**lagre** (*laag*-rer) *v* store; stock
**lagring** (*laag*-ring) *c* storage
**lagune** (lah *gēw*-ner) *m* lagoon
**laken** (*laa*-kern) *nt* sheet
**lakk** (lahkk) *m* varnish, lacquer
**lakkere** (lah-*kāy*-rer) *v* varnish
**lakris** (*lahk*-riss) *m* liquorice
**laks** (lahks) *m* salmon
**laktose** (lahk-*tōōs*-er) *c* lactose
**laktoseintolerant** (lahk-*tōōs*-er-inn-tōōl-er-*ahnkt*) *adj* lactose intolerant
**lam** (lahmm) *nt* lamb; *adj* lame
**lamme** (*lahm*-mer) *v* paralyse
**lammekjøtt** (*lahm*-mer-khurt) *nt* lamb
**lampe** (*lahm*-per) *c* lamp
**lampeskjerm** (*lahm*-per-shærm) *m* lampshade
**land** (lahnn) *nt* country, land; ***gå i ~** disembark, land; **i ~** ashore; **på landet** in the country
**landbruk** (*lahn*-brewk) *nt* agriculture
**lande** (*lahn*-ner) *v* land
**landemerke** (*lahn*-ner-mær-ker) *nt* landmark
**landflyktig** *m* (pl **~e**) exile
**landgang** (*lahn*-gahng) *m* gangway
**landlig** (*lahn*-li) *adj* rural
**landområde** (lahnn om-*raw*-der) *nt* country
**landsby** (*lahns*-bew) *m* village
**landsens** (*lahn*-serns) *adj* rustic
**landskap** (*lahn*-skaap) *nt* scenery, landscape
**landsmann** (*lahns*-mahn) *m* (pl -menn) countryman
**landsted** (*lahn*-stāy) *nt* country house
**landstryker** (*lahn*-strēw-kerr) *m* tramp
**lang** (lahngng) *adj* long; tall
**langs** (lahngs) *prep* past, along; **på ~** lengthways

**langsom** (*lahng*-som) *adj* slow
**langvarig** (*lahng*-vaa-ri) *adj* longlasting
**lapp** (lahp) *m* patch, scrap, note
**larm** (lahrm) *m* noise
**last** (lahst) *c* freight, cargo, load; bulk
**laste** (*lahss*-ter) *v* charge, load
**laste opp** (*lahss*-ter awpp) *v* upload
**lastebil** (*lahss*-ter-beel) *m* lorry; truck *nAm*
**lasterom** (*lahss*-ter-room) *nt* (pl ~) hold
**lat** (laat) *adj* idle; lazy
***late som** (*laa*-ter somm) pretend
***late til** (*laa*-ter till) seem
**Latin-Amerika** (lah-*teen*-ah-māy-ri-kah) Latin America
**latinamerikansk** (lah-*tee*-nah-māy-ri-kaansk) *adj* Latin-American
**latter** (*laht*-terr) *m* laughter, laugh
**latterlig** (*laht*-ter-li) *adj* ridiculous; ludicrous
***latterliggjøre** (*laht*-ter-li-ʸūr-rer) *v* ridicule
**lav** (laav) *adj* low
**lavland** (*laav*-lahn) *nt* (pl ~) lowlands *pl*
**lavsesong** (*laav*-seh-song) *m* low season
**lavtrykk** (*laav*-trewk) *nt* (pl ~) low pressure; depression
**lavvann** (*laa*-vahn) *nt* low tide
***le** (lāy) *v* laugh
**ledd**[1] (lehdd) *nt* joint; **gått av ~** dislocated
**ledd**[2] (lehdd) *nt* link
**lede** (*lāy*-der) *v* *lead, head
**ledelse** (*lāy*-derl-ser) *m* management, administration; lead
**ledende** (*lāy*-der-ner) *adj* leading
**ledig** (*lāy*-di) *adj* vacant, unoccupied
**ledning** (*lāyd*-ning) *m* flex; electric cord
**ledsager** (*lāyd*-saa-gerr) *m* companion
**legal** (leh-*gaal*) *adj* legal
**legalisering** (leh-gah-li-*sāy*-ring) *c* legalization
**legasjon** (leh-gah-*shōōn*) *m* legation
**legat** (leh-*gaat*) *nt* legacy
**lege** (*lāy*-ger) *m* physician, doctor; *v* cure, heal; **allmennpraktiserende ~** general practitioner
**legekontor** (*lāy*-ger-koon-tōōr) *nt* surgery
**legeme** (*lāy*-ger-mer) *nt* body
**legemiddel** (*lāy*-ger-mi-derl) *nt* (pl -midler) remedy, medicine
**legevitenskap** (*lāy*-ger-vee-tern-skaap) *m* medical science
**legg** (lehgg) *m* calf

***legge** (*lehg*-ger) *v* *put, *lay; pave; **~ igjen** *leave; **~ sammen** add; **~ seg** *go to bed; **~ seg ned** *lie down
**lei av** (lay) fed up with, tired of
**leie** (*lay*-er) *v* hire, rent, lease; *m* rent; **~ ut** *let; lease; **til ~** for hire
**leieboer** (*lay*-er-b o͞o-err) *m* lodger, tenant
**leiegård** (*lay*-er-gawr) *m* block of flats; apartment house *Am*
**leiekontrakt** (*lay*-er-koon-trahkt) *m* tenancy agreement
**lei for** (lay) sorry
**leilighet** (*lay*-li-hay̅t) *c* flat, apartment *nAm*; occasion, opportunity
**leir** (layr) *m* camp
**leire** (*lay*-rer) *c* clay
**lek** (la̅yk) *m* play
**leke** (*la̅y*-ker) *v* play
**lekeplass** (*la̅y*-ker-plahss) *m* recreation ground, playground
**leketøy** (*la̅y*-ker-tur[ew]) *nt* toy
**leketøysforretning** (*la̅y*-ker-tur[ew]ss-fo-reht-ning) *c* toyshop
**lekk** (lehkk) *adj* leaky
**lekkasje** (leh-*kaa*-sher) *m* leak
**lekke** (*lehk*-ker) *v* leak
**lekker** (*lehk*-kerr) *adj* delicious, nice
**lekkerbisken** (*lehk*-kerr-biss-kern) *m* delicacy
**lekmann** (*la̅yk*-mahn) *m* (pl -menn) layman
**leksikon** (*lehk*-si-kon) *nt* (pl ~, ~er, -ka) encyclop(a)edia
**leksjon** (lehk-*sho͞on*) *m* lesson
**lektor** (*lehk*-toor) *m* master, teacher
**lem** (lehmm) *nt* (pl ~mer) limb
**lene seg** (*la̅y*-ner) *v* *lean
**lenestol** (*la̅y*-ner-sto͞ol) *m* armchair; easy chair
**lengde** (*lehng*-der) *c* length
**lengdegrad** (*lehng*-der-graad) *m* longitude
**lenge** (*lehng*-er) *adv* long
**lengsel** (*lehng*-serl) *m* (pl -sler) longing; wish
**lengte etter** (*lehng*-ter) long for
**lenke** (*lehn*-ker) *c* link
**leppe** (*lehp*-per) *c* lip
**leppepomade** (*lehp*-per-poo-maa-der) *m* lip balm
**leppestift** (*lehp*-per-stift) *m* lipstick
**lerke** (*lær*-ker) *c* lark
**lerret** (*lær*-rert) *nt* canvas; screen
**lesbisk** (*les*-bisk) *adj* lesbian
**lese** (*la̅y*-ser) *v* *read
**leselampe** (*la̅y*-ser-lahm-per) *c* reading lamp
**leselig** (*la̅y*-ser-li) *adj* legible

**lesesal** (*lāy*-ser-saal) *m* reading room
**lesning** (*lāyss*-ning) *m* reading
**lesse av** (*lehss*-ser) discharge, unload
**lete etter** (*lāy*-ter) look for, search; hunt for
**leting** (*lāy*-ting) *c* search
**lett** (lehtt) *adj* light; easy; gentle
**lette** (*leht*-ter) *v* *take off
**lettelse** (*leht*-terl-ser) *m* relief
**letthet** (*leht*-hāyt) *c* ease
**leve** (*lāy*-ver) *v* live
**levebrød** (*lāy*-ver-brūr) *nt* livelihood, living
**levende** (*lay*-ver-ner) *adj* alive, live
**lever** (*lehv*-verr) *c* liver
**leveranse** (leh-ver-*rahng*-ser) *m* delivery
**levere** (leh-*vāy*-rer) *v* deliver
**levering** (leh-*vāy*-ring) *c* delivery; supply
**levestandard** (*lāy*-ver-stahn-dahr) *m* standard of living
**levetid** (*lāy*-ver-teed) *c* lifetime
**levning** (*lehv*-ning) *m* remnant
**li** (lee) *c* hillside
**libaneser** (li-bah-*nāy*-serr) *m* Lebanese
**libanesisk** (li-bah-*nāy*-sisk) *adj* Lebanese
**Libanon** (*lee*-bah-non) Lebanon
**liberal** (li-beh-*raal*) *adj* liberal
**Liberia** (li-*bāy*-ri-ah) Liberia
**liberier** (li-*bāy*-ri-err) *m* Liberian
**liberisk** (li-*bāy*-risk) *adj* Liberian
***lide** (*lee*-der) *v* suffer
**lidelse** (*lee*-derl-ser) *m* suffering
**lidenskap** (*lee*-dern-skaap) *m* passion
**lidenskapelig** (lee-dern-*skaa*-per-li) *adj* passionate
**liga** (*lee*-gah) *m* league
***ligge** (*lig*-ger) *v* *lie
**lighter** (*ligh*-terr) *m* lighter
**lik**[1] (leek) *adj* alike, like; equal; ***være ~** equal
**lik**[2] (leek) *nt* corpse
**like** (*lee*-ker) *v* *be fond of, fancy, like; *adv* equally, as; *adj* even
**likedan** (*lee*-ker-dahn) *adv* alike; *adj* alike
**likefrem** (*lee*-ker-frehm) *adj* direct; simple
**likegyldig** (*lee*-ker-ʸewl-di) *adj* indifferent; careless
**likeledes** (*lee*-ker-lāy-derss) *adv* likewise; also
**likesinnet** (*lee*-ker-si-nert) *adj* like-minded
**likestrøm** (*lee*-ker-strurm) *m* direct current
**likeså** (*lee*-ker-so) *adv* likewise
**likevekt** (*lee*-ker-vehkt) *m*

balance
**likevel** (*lee*-ker-vehl) *adv* yet, however; still
**likhet** (*leek*-hayt) *c* equality; resemblance, similarity
**likne** (*lik*-ner) *v* resemble
**liknende** (*lik*-ner-ner) *adj* similar
**liksom** (*lik*-som) *conj* like, as
**liktorn** (*leek*-toon) *m* corn
**likør** (li-*kurr*) *m* liqueur
**lilje** (*lil*-ʸer) *c* lily
**lilla** (*lil*-lah) *adj* purple, mauve, violet
**lillefinger** (*lil*-ler-fi-ngerr) *m* (pl -gre) little finger
**lim** (leem) *nt* gum, glue
**limbånd** (*leem*-bon) *nt* (pl ~) adhesive tape
**limett** (li-*mehtt*) *m* lime
**limonade** (li-moo-*nau*-der) *m* lemonade
**lind** (linn) *m* lime
**lindetre** (*lin*-der-tray) *nt* (pl -trær) limetree
**lindre** (*lin*-drer) *v* relieve
**lindring** (*lin*-dring) *c* relief
**line** (*lee*-ner) *c* line
**linjal** (lin-*ʸaal*) *m* ruler
**linje** (*lin*-ʸer) *c* line; extension
**linse** (*lin*-ser) *c* lens
**lintøy** (*leen*-tur^ew) *nt* linen
**lisens** (li-*sehns*) *m* license *Am*, licence
**lisse** (*liss*-ser) *c* lace
**list** (list) *c* cunning, ruse
**liste** (*liss*-ter) *c* list
**lite** (*lee*-ter) *adj* little
**liten** (*lee*-tern) *adj* (pl små) small, little; short; petty, minor; **bitte ~** tiny, minute
**liter** (*lee*-terr) *m* (pl ~) liter *Am*, litre
**litt** (litt) *pron* some
**litteratur** (li-ter-rah-*tewr*) *m* literature
**litterær** (li-ter-*ræær*) *adj* literary
**liv** (leev) *nt* life
**livbelte** (*leev*-behl-ter) *nt* lifebelt
**livfull** (*leev*-fewl) *adj* vivid
**livlig** (*liv*-li) *adj* lively, brisk
**livmor** (*leev*-moor) *c* womb
**livsfarlig** (*lishs*-faa-li) *adj* perilous
**livsforsikring** (*lifs*-fo-shik-ring) *c* life insurance
**livvakt** (*leev*-vahkt) *m* bodyguard
**lodd** (lodd) *m* destiny, lot
**loddrett** (*lod*-reht) *adj* perpendicular
**loft** (loft) *nt* attic
**logikk** (loo-*gikk*) *m* logic
**logisk** (*loo*-gisk) *adj* logical
**lojal** (loo-*ʸaal*) *adj* loyal
**lokal** (loo-*kaal*) *adj* local
**lokalisere** (loo-kah-li-*say*-rer) *v* locate
**lokaltog** (loo-*kaal*-tawg) *nt* (pl ~) local train
**lokk** (lokk) *nt* cover, lid, top
**lokomotiv** (loo-koo-moo-*teev*) *nt* engine, locomotive
**lomme** (*loom*-mer) *c* pocket
**lommebok** (*loom*-mer-book) *c* (pl -bøker) wallet,

pocketbook
**lommekalkulator** (*loom*-mer-*kahl*-koo-lah-too) *m* (pocket) calculator
**lommekniv** (*loom*-mer-kneev) *m* penknife, pocket-knife
**lommelykt** (*loom*-mer-lewkt) *c* torch, flash-light
**lommeregner** (*loom*-mer-*ray*-nerr) *m* (pocket) calculator
**lommetørkle** (*loom*-mer-turr-kler) *nt* (pl -lær) handkerchief
**lord** (lord) *m* lord
**los** (looss) *m* pilot
**losji** (loo-*shee*) *nt* accommodation, lodgings *pl*
**loslitt** (*loo*-shlit) *adj* threadbare
**losse** (*loss*-ser) *v* discharge
**lotteri** (lo-ter-*ree*) *nt* lottery
**lov** (lawv) *m* law; permission; ***ha ~ til** *be allowed to
**love** (*law*-ver) *v* promise
**lovlig** (*lawv*-li) *adj* lawful, legitimate
**lubben** (*lewb*-bern) *adj* plump
**lue** (*lewer*) *c* cap
**luft** (lewft) *c* air; sky; **luft-** pneumatic
**lufte** (*lewf*-ter) *v* air; ventilate; **~ ut** ventilate
**lufthavn** (*lewft*- hahvn) *c* airport
**luftig** (*lewf*-ti) *adj* airy
**luftkondisjonering** (*lewft*-koon-di-shoo-nay-ring) *c* air conditioning
**luft-kondisjonert** (*lewft*-koon-di-shoo-nayt) *adj* air-conditioned
**luftpost** (*lewft*-post) *m* airmail
**luftsyke** (*lewft*-sew-ker) *m* air-sickness
**lufttett** (*lewf*-teht) *adj* airtight
**lufttrykk** (*lewft*-trewkk) *nt* (pl ~) atmospheric pressure
**lugar** (lew-*gaar*) *m* cabin
**luke** (*lew*-ker) *c* hatch
**lukke** (*look*-ker) *v* close, *shut; **~ opp** unlock
**lukket** (*look*-kert) *adj* closed, shut
**luksuriøs** (lewk-sew-ri-*urss*) *adj* luxurious
**luksus** (*lewk*-sewss) *m* luxury
**lukt** (lookt) *c* odo(u)r, smell
**lukte** (*look*-ter) *v* *smell
**lumbago** (loom-*baa*-goo) *m* lumbago
**lund** (lewnn) *m* grove
**lune** (*lew*-ner) *nt* mood, humo(u)r
**lunge** (*loong*-nger) *c* lung
**lungebetennelse** (*loong*-nger-beh-teh-nerl-ser) *m* pneumonia
**lunken** (*loong*-kern) *adj* lukewarm, tepid
**lunsj** (lurnsh) *m* luncheon, dinner, lunch

**lunte** (*lewn*-ter) *c* fuse
**lur** (lewr) *m* nap; *adj* smart, cunning
**lus** (lewss) *c* (pl ~) louse
**ly** (lew) *nt* shelter, cover; ***gi ~** shelter
**lyd** (lewd) *m* sound; noise
**lydbånd** (*lewd*-bonn) *nt* (pl ~) tape
***lyde** (*lew*-der) *v* sound
**lydig** (*lew*-di) *adj* obedient
**lydighet** (*lew*-di-hayt) *c* obedience
**lydpotte** (*lewd*-po-ter) *c* silencer; muffler *nAm*
**lydtett** (*lew*-d-teht) *adj* soundproof
**lykke** (*lewk*-ker) *c* happiness, fortune; **~ til!** good luck!
**lykkelig** (*lewk*-li) *adj* happy
**lykkes** (*lewk*-kerss) *v* manage, succeed
**lykkønskning** (*lewk*-kurnsk-ning) *m* congratulation
**lykt** (lewkt) *c* lantern
**lyn** (lewn) *nt* lightning
**lyng** (lewngng) *m* heather
**lynmelding** (*lewn*-mehl-ling) *c* instant message
**lys** (lewss) *nt* light; *adj* light; pale; **skarpt ~** glare
**lysbilde** (*lewss*-bil-der) *nt* slide
**lysende** (*lew*-ser-ner) *adj* luminous
**lyserød** (*lew*-ser-rur) *adj* pink
**lyshåret** (*lewss*-haw-rert) *adj* fair
**lyskaster** (*lewss*-kahss-terr) *m* searchlight
**lyske** (*lewss*-ker) *m* groin
**lysmåler** (*lewss*-maw-lerr) *m* exposure meter
**lysning** (*lewss*-ning) *m* clearing
**lyspære** (*lewss*-pææ-rer) *c* light bulb
**lyst** (lewst) *c* desire; zest; ***ha ~ til** *feel like, fancy
**lystbåt** (*lewst*-bawt) *m* yacht
**lystig** (*lewss*-ti) *adj* cheerful, jolly
**lystspill** (*lewst*-spil) *nt* (pl ~) comedy
**lytt** (lewtt) *adj* noisy
**lytte** (*lewt*-ter) *v* listen; eavesdrop
**lytter** (*lewt*-terr) *m* listener
***lyve** (*lew*-wer) *v* lie, *tell a lie
**lær** (læær) *nt* leather; **lær-** leather
**lærd** (læærd) *adj* scholarly
**lære** (*lææ*-rer) *v* *learn; *teach; *c* teachings *pl*; **~ utenat** memorize
**lærebok** (*lææ*-rer-book) *c* (pl -bøker) textbook
**lærer** (*lææ*-rerr) *m* master, teacher, schoolmaster, schoolteacher
**lærerik** (*lææ*-rer-reek) *adj* instructive
**lærling** (*læær*-ling) *m* apprentice; trainee
**løfte** (*lurf*-ter) *v* lift; *nt* vow; promise

**løgn** (lur$^{ew}$n) *c* lie
**løk** (lurk) *m* onion
**løkke** (*lurk*-ker) *c* loop
**lønn** (lurnn) *m* salary, pay, wages *pl*; maple
**lønne** (*lurn*-ner) *v* *pay; ~ **seg** *be worthwhile
**lønnsom** (*lurn*-som) *adj* profitable
**lønnstaker** (*lurns*-taa-kerr) *m* employee
**lønnstillegg** (*lurns*-ti-lehg) *nt* (pl ~) *pay rise; raise *nAm*
**løp** (lūrp) *nt* course
***løpe** (*lūr*-per) *v* *run
**løper** (*lūr*-perr) *m* runner
**lørdag** (*lūr*-dah) *m* Saturday
**løs** (lūrss) *adj* loose
**løse** (*lūr*-ser) *v* solve; unfasten; ~ **opp** *undo
**løsepenger** (*lūr*-ser-peh-ngerr) *pl* ransom
**løsne** (lurss-ner) *v* unfasten, detach; loosen
**løsning** (*lūrss*-ning) *m* solution
**løve** (*lūr*-ver) *m* lion
**løvetann** (*lūr*-ver-tahn) *c* dandelion
**lån** (lawn) *nt* loan
**låne** (*law*-ner) *v* borrow; ~ **bort** *lend
**lår** (lawr) *nt* thigh
**lås** (lawss) *m* lock
**låse** (*law*-ser) *v* lock; ~ **inne** lock up; ~ **opp** unlock
**låve** (*law*-ver) *m* barn

# M

**madrass** (mahd-*rahss*) *m* mattress
**mage** (*maa*-ger) *m* stomach; belly; **mage-** gastric
**mager** (*maa*-gerr) *adj* lean, thin
**magesår** (*maa*-ger-sawr) *nt* (pl ~) gastric ulcer
**magi** (mah-*gee*) *m* magic
**magisk** (*maa*-gisk) *adj* magic
**magnetisk** (mahng-*nāy*-tisk) *adj* magnetic
**mai** (migh) May
**mais** (mighss) *m* maize; corn *nAm*
**maiskolbe** (*mighss*-kol-ber) *m* corn on the cob
**major** (mah-$^{y}$*ōōr*) *m* major
**makrell** (mah-*krehll*) *m* mackerel
**makt** (mahkt) *c* might, power; rule
**maktesløs** (*mahk*-terss-lūrss) *adj* powerless
**malaria** (mah-*laa*-ri-ah) *m* malaria
**Malaysia** (mah-*ligh*-si-ah) Malaysia
**malaysier** (mah-*ligh*-s$^{y}$err) *m* Malay
**malaysisk** (mah-*ligh*-sisk) *adj* Malaysian
**male** (*maa*-ler) *v* paint;

*grind
**maler** (*maa*-lerr) *m* painter
**maleri** (mah-ler-*ree*) *nt* picture, painting
**malerisk** (*maa*-ler-risk) *adj* picturesque
**malerskrin** (*maa*-ler-shkreen) *nt* (pl ~) paint-box
**maling** (*maa*-ling) *c* paint
**malm** (mahlm) *m* ore
**malplassert** (*maal*-plah-sa͞yt) *adj* misplaced
**mamma** (*mahm*-mah) *f*mom, mommy
**man** (mahnn) *pron* one
**mandag** (*mahn*-dah) *m* Monday
**mandarin** (mahn-dah-*reen*) *m* tangerine, mandarin
**mandat** (mahn-*daat*) *nt* mandate
**mandel** (*mahn*-derl) *m* (pl -dler) almond
**mandler** (*mahn*-dlerr) *pl* tonsils *pl*; **betente ~** tonsilitis
**manerer** (mah-*na͞y*-rerr) *pl* manners *pl*
**manesje** (mah-*na͞y*-sher) *m* ring
**manet** (mah-*na͞yt*) *m* jelly-fish
**mange** (*mahng*-nger) *pron* many; much
**mangel** (*mahng*-ngerl) *m* (pl -gler), want, lack, deficiency; shortage
**mangelfull** (*mahng*-ngerl-fewl) *adj* faulty, defective
**mangle** (*mahng*-ler) *v* fail, lack
**manglende** (*mahng*-ler-ner) *adj* missing, lacking
**mani** (mah-*nee*) *m* craze
**manikyr** (mah-ni-*ke͞wr*) *m* manicure
**manikyrere** (mah-ni-kew-*ra͞y*-rer) *v* manicure
**mann** (mahnn) *m* (pl menn) man; husband
**mannekeng** (mah-ner-*kehngng*) *m* model
**mannskap** (*mahn*-skaap) *nt* crew
**mansjett** (mahn-*shehtt*) *m* cuff
**mansjettknapper** (mahn-*sheht*-knah-perr) *pl* cuff links *pl*
**manuskript** (mah-noo-*skript*) *nt* manuscript
**marg** (mahrg) *m* margin; marrow
**margarin** (mahr-gah-*reen*) *m* margarine
**marine-** (mah-*ree*-ner) naval
**maritim** (mah-ri-*teem*) *adj* maritime
**mark** (mahrk) *m* worm; *c* field
**marked** (*mahr*-kerd) *nt* market
**markere** (mahr-*ka͞y*-rer) *v* mark; score
**marmelade** (mahr-mer-*laa*-der) *m* marmalade
**marmor** (*mahr*-moor) *m* marble

**marokkaner** (mah-ro-*kaa*-nerr) *m* Moroccan
**marokkansk** (mah-ro-*kaansk*) *adj* Moroccan
**Marokko** (mah-*rok*-koo) Morocco
**mars** (mahshsh) March
**marsj** (mahshsh) *m* march
**marsjere** (mah-*shay*-rer) *v* march
**marsjfart** (*mahsh*-faht) *c* cruising speed
**marsvin** (*maa*-shveen) *nt* (pl ~) guinea pig
**martyr** (*maa*-tewr) *m* martyr
**mas** (maass) *nt* fuss
**maske** (*mahss*-ker) *c* mask; mesh
**maskin** (mah-*sheen*) *m* machine, engine
**maskineri** (mah-shi-ner-ree) *nt* machinery
**maskinskade** (mah-*sheen*-skaa-der) *m* breakdown
**maskulin** (*mahss*-kew-leen) *adj* masculine
**massasje** (mah-*saa*-sher) *m* massage
**masse** (*mahss*-ser) *m* bulk
**masseproduksjon** (*mahss*-ser-proo-dewk-shoon) *m* mass production
**massere** (mah-*say*-rer) *v* massage
**masseødeleggelsesvåpen** (*mahs*-ser-urd-eh-leh-gel-sehs-*vawp*-ehn) *nt* (pl ~) WMD
**massiv** (mah-*seev*) *adj* massive; solid
**massør** (mah-*surr*) *m* masseur
**mast** (mahst) *c* mast
**mat** (maat) *m* food; **lage ~** cook
**mate** (*maa*-ter) *v* *feed
**matematikk** (mah-ter-mah-*tikk*) *m* mathematics
**matematisk** (mah-ter-*maa*-tisk) *adj* mathematical
**materiale** (mah-ter-ri-*aa*-ler) *nt* material
**materiell** (mah-ter-ri-*ehll*) *adj* material
**matforgiftning** (*maat*-for-ʸift-ning) *m* food poisoning
**matlyst** (*maat*-lewst) *c* appetite
**matolje** (*maat*-ol-ʸer) *c* salad-oil
**matt** (mahtt) *adj* mat, dull, dim
**matte** (*maht*-ter) *c* mat
**matvareforretning** (*maat*-vaa-rer-fo-reht-ning) *c* grocer's
**matvarehandler** (*maat*-vaa-rer-hahnd-lerr) *m* grocer
**matvarer** (*maat*-vaa-rerr) *pl* foodstuffs *pl*, groceries *pl*
**maur** (mour) *m* ant
**mausoleum** (mou-soo-*lay*-ewm) *nt* (pl -eer) mausoleum
**med** (may) *prep* with; by; **~ mindre** unless
**medalje** (meh-*dahl*-ʸer) *m* medal
***medbringe** (*may*-bri-nger)

*v* *bring
**meddele** (*māy*-dāy-ler) *v* communicate, inform; notify
**meddelelse** (*māy*-dāy-lerl-ser) *m* information, communication
**medfødt** (*māy*-furt) *adj* inborn
**medfølelse** (*māyd*-fūr-lerl-ser) *m* sympathy
**medfølende** (*māyd*-fūr-leh-ner) *adj* sympathetic
**medisin** (meh-di-*seen*) *m* medicine; drug
**medisinsk** (meh-di-*seensk*) *adj* medical
**meditere** (meh-di-*tāy*-rer) *v* meditate
**medlem** (*māyd*-lehm) *nt* (pl ~mer) member, associate
**medlemskap** (*māyd*-lehm-skaap) *nt* membership
**medlidenhet** (mehd-*lee*-dern-hāyt) *c* pity; ***ha ~ med** pity
**medregne** (*māyd*-ray-ner) *v* include, count in
**medvirkning** (*māyd*-veerk-ning) *m* co-operation
**meg** (may) *pron* me, myself
**meget** (*māy*-gert) *adv* very; far
**megle** (*mehg*-ler) *v* mediate
**megler** (*mehg*-lerr) *m* mediator; broker
**meieri** (may-er-*ree*) *nt* dairy
**meisel** (*may*-serl) *m* (pl -sler) chisel
**mekaniker** (meh-*kaa*-ni-kerr) *m* mechanic
**mekanisk** (meh-*kaa*-nisk) *adj* mechanical
**mekanisme** (meh-kah-*niss*-mer) *m* mechanism
**meksikaner** (mehks-i-*kaa*-nerr) *m* Mexican
**meksikansk** (mehks-i-*kaansk*) *adj* Mexican
**mektig** (*mehk*-ti) *adj* powerful, mighty
**mel** (māyl) *nt* flour
**melankoli** (meh-lahng-koo-*lee*) *m* melancholy
**melde** (*mehl*-ler) *v* report; bid; **~ seg** report
**melding** (*mehl*-ling) *c* report
**melk** (mehlk) *c* milk
**melkaktig** (*mehl*-kahk-ti) *adj* milky
**mellom** (*mehl*-lom) *prep* between; among
**mellommann** (*mehl*-loo-mahn) *m* (pl menn) intermediary
**mellomrom** (*mehl*-loom-room) *nt* (pl ~) space
**mellomspill** (*mehl*-loom-spil) *nt* (pl ~) interlude
**mellomste** (*mehl*-loom-ster) *adj* middle
**mellomtid** (*mehl*-loom-teed) *c* interim; **i mellomtiden** meanwhile
**melodi** (meh-loo-*dee*) *m* tune; melody
**melodisk** (meh-*loo*-disk) *adj* tuneful
**melodrama** (meh-loo-*draa*-

mah) *nt* melodrama
**melon** (meh-*lōōn*) *m* melon
**membran** (mehm-*braan*) *m* diaphragm
**memorandum** (meh-moo-*rahn*-dewm) *nt* (pl -da) memo
**men** (mehnn) *conj* but; only
**mene** (*māy*-ner) *v* *mean; consider
**mened** (*māyn*-āyd) *m* perjury
**mengde** (*mehng*-der) *m* lot, amount, mass; crowd
**menighet** (*māy*-ni-hāyt) *c* congregation
**mening** (*māy*-ning) *m* opinion; meaning, sense
**meningsløs** (*māy*-nings-lūrss) *adj* meaningless, senseless
**meningsmåling** (*māy*-nings-maw-ling)*c* poll
**menneske** (*mehn*-sker) *nt* human being, man
**menneskehet** (*mehn*-sker-hāyt) *c* humanity, mankind
**menneskelig** (*mehn*-sker-li) *adj* human
**mens** (mehns) *conj* while
**menstruasjon** (mehn-strew-ah-*shōōn*) *m* menstruation
**mental** (mehn-*taal*) *adj* mental
**meny** (meh-*nēw*) *m* menu
**mer** (māyr) *adj* more; **litt ~** some more
**merkbar** (*mærk*-baar) *adj* perceptible, noticeable
**merke**[1] (*mær*-ker) *v* mark; *nt* tick, mark; brand
**merke**[2] (*mær*-ker) *v* sense; notice; ***legge ~ til** notice
**merkelapp** (*mær*-ker-lahp) *m* tag; ***sette ~ på** label
**merkelig** (*mær*-ker-li) *adj* funny, queer
**merknad** (*mærk*-nah) *m* note
**merkverdig** (mærk-*vær*-di) *adj* curious, strange
**meslinger** (*mehsh*-li-ngerr) *pl* measles
**messe** (*mehss*-ser) *m* Mass
**messing** (*mehss*-sing) *m* brass
**mester** (*mehss*-terr) *m* (pl ~e, -trer) master; champion
**mesterverk** (*mehss*-terr-vayrk) *nt* masterpiece
**mestre** (*mehss*-trer) *v* cope
**metall** (meh-*tahll*) *nt* metal;
**metall-** metal
**metalltråd** (meh-*tahl*-traw) *m* wire
**meter** (*māy*-terr) *m* (pl ~) metre
**metode** (meh-*tōō*-der) *m* method
**metodisk** (meh-*tōō*-disk) *adj* methodical
**metrisk** (*māyt*-risk) *adj* metric
**Mexico** (*mehk*-si-koo) Mexico
**middag** (*mid*-dah) *m* dinner; midday; **spise ~** dine

**middel** (*mid*-derl) *nt* (pl midler) means
**middelalderen** (*mid*-derl-ahld-rern) Middle Ages
**middelaldersk** (*mid*-derl-ahl-dershk) *adj* mediaeval
**Middelhavet** (*mid*-derl-haa-vert) Mediterranean
**middelklasse** (*mid*-derl-klah-ser) *c* middle class
**middelmådig** (*mid*-derl-maw-di) *adj* average, commonplace
**middels** (*mid*-derls) *adj* medium
**midje** (*mid*-ʸer) *c* waist
**midlertidig** (*mid*-ler-tee-di) *adj* temporary
**midnatt** (*mid*-nahtt) *c* midnight
**midte** (*mit*-ter) *m* midst, middle
**midtpunkt** (*mit*-poongt) *nt* center *Am*, centre
**midtsommer** (*mit*-so-merr) *m* midsummer
**migrene** (mig-*r͞ay*-ner) *m* migraine
**mikrobølgeovn** (*mik*-roo-burl-ge-ovnn) *m* microwave oven
**mikrofon** (mik-roo-*f͞oon*) *m* microphone
**mikser** (*mik*-serr) *m* mixer
**mild** (mill) *adj* mild; gentle
**milestein** (*mee*-ler-staynn) *m* milestone
**militær-** (mi-li-*tæær*) military
**miljø** (mil-ʸ*͞ur*) *nt* milieu; environment
**miljøvern** (mil-ʸ*͞ur*-vææn) *nt* environmental protection
**milliard** (mil-ʸ*ard*) *m* billion
**million** (mil-ʸ*͞oon*) *m* million
**millionær** (mil-ʸoo-*næær*) *m* millionaire
**min** (meen) *pron* my
**mindre** (*min*-drer) *adv* less; *adj* minor; **ikke desto ~** nevertheless
**mindretall** (*min*-drer-tahll) *nt* (pl ~) minority
**mindreverdig** (*min*-drer-vær-di) *adj* inferior
**mindreårig** (*min*-drer-aw-ri) *m* (pl ~e) minor
**mineral** (mi-ner-*raal*) *nt* mineral
**mineralvann** (mi-ner-*raal*-vahn) *nt* mineral water; soda (pop); lemonade
**miniatyr** (mi-ni-ah-*t͞ewr*) *m* miniature
**minibank** (*miin* i-bahnk) *c* automatic teller machine (ATM)
**minimum** (*mee*-ni-moom) *nt* (pl -ima) minimum
**mink** (mingk) *m* mink
**minke** (*ming*-ker) *v* decrease
**minne** (*min*-ner) *nt* remembrance, memory; **~ på** remind
**minnes** (*min*-nerss) *v* recall
**minnesmerke** (*min*-nerss-mær-ker) *nt* monument
**minnestein** (*min*-nerstayn) *m* memorial

**minneverdig** (*min*-ner-vær-di) *adj* memorable
**minoritet** (mi-noo-ri-*tayt*) *m* minority
**minske** (*min*-sker) *v* lessen, reduce, decrease
**minst** (minst) *adj* least; *adv* at least; **i det minste** at least
**minus** (*mee*-newss) *adv* minus
**minutt** (mi-*newtt*) *nt* minute
**mirakel** (mi-*raa*-kerl) *nt* (pl -kler) miracle
**mirakuløs** (mi-rah-kew-*lurss*) *adj* miraculous
**misbillige** (*miss*-bi-li-er) *v* disapprove
**misbruk** (*miss*-brewk) *nt* abuse, misuse
**misdannet** (*miss*-dahn-nert) *adj* deformed
**misfornøyd** (*miss*-fo-nur[ew]d) *adj* discontented
***misforstå** (*miss*-fo-shtaw) *v* *misunderstand
**misforståelse** (*miss*-fo-*shtaw*-erl-ser) *m* misunderstanding
**mislike** (*miss*-lee-ker) *v* dislike
**mislykkes** (*miss*-lew-kerss) *v* fail
**mislykket** (*miss*-lew-kert) *adj* unsuccessful
**mistanke** (*miss*-tahng-ker) *m* suspicion
**miste** (*miss*-ter) *v* miss; *lose
**mistenke** (*miss*-tehng-ker) *v* suspect
**mistenkelig** (miss-*tehng*-ker-li) *adj* suspicious
**mistenksom** (miss-*tehngk*-som) *adj* suspicious
**mistenksomhet** (*miss*-*tehngk*-som-hayt) *c* suspicion
**mistenkt** (*miss*-tehngt) *m* suspect
**mistro** (*miss*-troo) *v* mistrust
**mistroisk** (*miss*-troo-isk) *adj* distrustful
**misunne** (mi-*sewn*-ner) *v* envy; grudge
**misunnelig** (mi-*sewn*-li) *adj* envious
**misunnelse** (*mi*-*sewn*-nerl-ser) *m* envy
**mobil** (moo-*beel*) *adj* mobile
**mobil(-telefon)** (moo-*beel*-(teh-ler-foon)) *m* cellphone, mobile (phone)
**modell** (moo-*dehll*) *m* model
**modellere** (moo-der-*lay*-rer) *v* model
**modem** (*moo*-dem)*nt* modem
**moden** (*moo*-dern) *adj* ripe, mature
**modenhet** (*moo*-dern-hayt) *c* maturity
**moderat** (moo-der-*raat*) *adj* moderate
**moderne** (moo-*dææ*-ner) *adj* modern; fashionable; trendy

**modifisere** (moo-di-fi-*sāy*-rer) *v* modify
**modig** (*mōō*-di) *adj* courageous, brave, plucky
**moll** (*moll*) *m* minor
**molo** (*mōō*-loo) *m* jetty
**molte** (*mol*-ter) *c* cloudberry
**moms (merverdiomsetningsavgift)** (*mooms*) *m* purchase tax, turnover tax, sales tax
**monark** (moo-*nahrk*) *m* monarch, ruler
**monarki** (moo-nahr-*kee*) *nt* monarchy
**monolog** (moo-noo-*lawg*) *m* monologue
**monopol** (moo-noo-*pōōl*) *nt* monopoly
**monoton** (moo-noo-*tōōn*) *adj* monotonous
**monter** (*moon*-terr) *m* (pl -trer) show-case
**monument** (moo-new-*mehnt*) *nt* monument
**moped** (moo-*pāyd*) *m* moped; motorbike *nAm*
**mor** (mōōr) *c* (pl mødre) mother
**moral** (moo-*raal*) *m* morality; moral
**moralsk** (moo-*raalsk*) *adj* moral
**mord** (moord) *nt* assassination, murder
**morder** (*moor*-derr) *m* murderer
**more** (*mōō*-rer) *v* amuse; entertain
**morfar** (*moor*-faar) *m* (pl -fedre) grandfather
**morfin** (moor-*feen*) *m* morphine
**morgen** (*maw*-ern) *m* morning; **i ~** tomorrow; **i morges** this morning
**morgenavis** (*maw*-ern-ah-veess) *c* morning paper
**morgenkåpe** (*maw*-ern-kaw-per) *c* dressing gown
**morgenutgave** (*maw*-ern-ēwt-gaa-ver) *c* morning edition
**mormor** (*moor*-mōōr) *c* (pl -mødre) grandmother
**moro** (*moor*-roo) *c* fun
**morsmål** (*mōōsh*-mawl) *nt* mother tongue, native language
**morsom** (*moosh*-shom) *adj* enjoyable, entertaining; humorous
**mort** (moot) *m* roach
**mosaikk** (moo-sah-*ikk*) *m* mosaic
**mose** (*mōō*-ser) *m* moss; *v* mash
**moské** (mooss-*kāy*) *m* mosque
**moskito** (mooss-*kee*-too) *m* mosquito
**mot**[1] (mōōt) *prep* against; towards
**mot**[2] (mōōt) *nt* courage; **ta motet fra** *v* discourage
**motbydelig** (moot-*bēw*-der-li) *adj* disgusting, revolting
**mote** (*mōō*-ter) *m* fashion
**motell** (moo-*tehll*) *nt* motel

**motgang** (*moot*-gahng) *m* adversity, hardship
**motiv** (moo-*teev*) *nt* motive; pattern
**motivere** (moo-tee-*vay*-rer)) *v* motivate
**motor** (*moo*-toor) *m* motor, engine
**motorbåt** (*moo*-toor-bawt) *m* motor-boat
**motorstopp** (*moo*-toor-stop) *m/nt* (pl ~) breakdown
**motorsykkel** (*moo*-toor-sew-kerl) *m* (pl -sykler) motor-cycle
**motorvei** (*moo*-toor-vay) *m* motorway; highway *nAm*
**motsatt** (*moot*-saht) *adj* opposite, contrary; reverse; **det motsatte** the contrary
**motsetning** (*moot*-seht-ning) *m* contrast; reverse
***motsette seg** (*moot*-seh-ter) oppose
***motsi** (*moot*-see) *v* contradict
**motstand** (*moot*-stahn) *m* resistance
**motstander** (*moot*-stahn-derr) *m* opponent
**motstridende** (*moot*-stree-der-ner) *adj* contradictory
**motsvarende** (*moot*-svaa-rer-ner) *adj* equivalent
***motta** (*moo*-taa) *v* receive; accept
**mottakelse** (*moo*-taa-kerl-ser) *m* reception, receipt
**motto** (*moot*-too) *nt* motto
**motvilje** (*moot*-vil-ʸer) *m* aversion, dislike, antipathy
**mugg** (mewgg) *m* mildew
**mugge** (*mewg*-ger) *c* jug
**muggen** (*mewg*-gern) *adj* mouldy
**muldyr** (*mewl*-dewr) *nt* (pl ~) mule
**mulesel** (*mewl*-ay-serl) *nt* (pl -sler) mule
**mulig** (*mew*-li) *adj* possible; eventual; realizable
**muligens** (*mew*-li-erns) *adv* perhaps
**mulighet** (*mew*-li-hayt) *c* possibility
**mulkt** (mewlkt) *c* fine
**multe** (*mool*-ter) *c* cloudberry
**multikulturell** (mool-ti-*kewl*-tewr-*ehll*) *adj* multicultural
**multiplex** (*mool*-ti-plehks) *c* multiplex
**multiplikasjon** (mool-ti-pli-kah-*shoon*) *m* multiplication
**multiplisere** (mool-ti-pli-*say*-rer) *v* multiply
**munk** (moongk) *m* monk
**munkeorden** (*moong*-ker-*or*-dern) *m* monastic order
**munn** (mewnn) *m* mouth
**munning** (*mewn*-ning) *m* outlet; estuary; muzzle
**munnvann** (*mewn*-vahn) *nt* mouthwash
**munter** (*mewn*-terr) *adj* merry, gay

**muntlig** (*mewnt*-li) *adj* oral, verbal
**mur** (mēwr) *m* brick wall
**mure** (*mēw*-rer) *v* *lay bricks
**murer** (*mēw*-rerr) *m* bricklayer
**murpuss** (*mēwr*-pewss) *m* plaster
**murstein** (*mēw*-shtayn) *m* brick
**mus** (mēwss) *c* (pl ~) mouse; **~matte** *c* mouse pad
**museum** (mew-*sāy*-ewm) *nt* (pl -eer) museum
**musikal** (mēw-si-kaarl) *m* musical
**musikalsk** (mew-si-*kaalsk*) *adj* musical
**musiker** (*mēw*-si-kerr) *m* musician
**musikk** (mew-*sikk*) *m* music
**musikkinstrument** (mew-*sikk*-in-strew mehnt) *nt* musical instrument
**musikkspill** (mew-*sikk*-spil) *nt* (pl ~) musical comedy
**muskatnøtt** (mewss-*kaat*-nurt) *c* nutmeg
**muskel** (*mewss*-kerl) *m* (pl -kler) muscle
**muskuløs** (mewss-kew-*lūrss*) *adj* muscular
**muslim** (mewss-*lim*) *m* Muslim
**musserende** (mew-*sāy*-rer-ner) *adj* sparkling
**mutter** (*mewt*-terr) *m* (pl ~e, mutrer) nut
**mye** (*mēw*-er) *adj* much; *adv* much; **like ~** as much
**mygg** (mewgg) *m* (pl ~) mosquito
**myggnett** (*mewg*-neht) *nt* (pl ~) mosquito net
**myk** (mēwk) *adj* supple, smooth, soft; tender
**mynde** (*mewn*-der) *m* greyhound
**myndig** (*mewn*-di) *adj* of age
**myndighet** (*mewn*-di-hāyt) *c* authority; **utøvende ~** executive; **myndigheter** authorities *pl*
**mynt** (mewnt) *m* coin
**mynte** (*mewn*-ter) *c* mint
**myntenhet** (*mewnt*-āyn hāyt) *m* monetary unit
**myr** (mēwr) *c* swamp, bog
**myrde** (*mēwr*-der) *v* murder
**mysterium** (mewss-*tāy*-ri-ewm) *nt* (pl -ier) mystery
**mystisk** (*mewss*-tisk) *adj* mysterious
**myte** (*mēw*-ter) *m* myth
**mytteri** (mew-ter-*ree*) *nt* mutiny
**møbler** (*mūrb*-lerr) *pl* furniture
**møblere** (murb-*lāy*-rer) *v* furnish
**møll** (murll) *m* (pl ~) moth
**mølle** (*murl*-ler) *c* mill
**mønster** (*murn*-sterr) *nt* (pl -tre) pattern
**mør** (mūrr) *adj* tender
**mørk** (murrk) *adj* obscure,

dark
**mørke** (*murr*-ker) *nt* dark; gloom
**møte** (*mūr*-ter) *v* encounter, *meet; *nt* encounter, meeting; appointment
**møtende** (*mūr*-ter-ner) *adj* oncoming
**møtested** (*mūr*-ter-stāy) *nt* meeting place
**måke** (*maw*-ker) *c* gull
**mål** (mawl) *nt* measure; goal; target; tongue, language
**målbevisst** (*mawl*-beh-vist) *adj* determined
**måle** (*maw*-ler) *v* measure
**målebånd** (*maw*-ler-bon) *nt* (pl ~) tape measure
**måleinstrument** (*maw*-ler-in-strew-mehnt) *nt* gauge
**måler** (*maw*-lerr) *m* meter
**målestokk** (*maw*-ler-stok) *m* scale
**mållinje** (*mawl*-lin-ʸer) *c* finish
**målløs** (*mawl*-lūrss) *adj* speechless
**målmann** (*mawl*-mahn) *m* (pl -menn) goalkeeper
**måltid** (*mawl*-teed) *nt* meal
**måne** (*maw*-ner) *m* moon
**måned** (*maw*-nerd) *m* month
**månedlig** (*maw*-nerd-li) *adj* monthly
**måneskinn** (*maw*-ner-shin) *nt* moonlight
**måte** (*maw*-ter) *m* fashion, way, manner; **på hvilken som helst** ~ any way; **på ingen** ~ by no means
***måtte** (*mot*-ter) *v* *must, *have to; *be bound to; need, need to

# N

**nabo** (*naa*-boo) *m* neighbo(u)r
**nabolag** (*naa*-boo-laag) *nt* (pl ~) vicinity, neighbo(u)rhood
**naiv** (nah-*eev*) *adj* naïve
**naken** (*naa*-kern) *adj* nude, bare, naked
**nakke** (*nahk*-ker) *m* nape of the neck
**narkoman** (nahr-koo-*mahn*) *m* drug addict
**narkose** (nahr-*kōō*-ser) *m* narcosis
**narkotika** (nahr-*kōō*-ti-kah) *m* (pl ~) drug; **narkotisk middel** narcotic
**narre** (*nahr*-rer) *v* fool
**nasjon** (nah-*shōōn*) *m* nation
**nasjonal** (nah-shoo-*naal*) *adj* national
**nasjonaldrakt** (nah-shoo-*naal*-drahkt) *c* national dress
**nasjonalisere** (nah-shoo-

nah-li-*sāy*-rer) *v* nationalize
**nasjonalitet** (nah-shoo-nah-li-*tāyt*) *m* nationality
**nasjonalpark** (nah-shoo-*naal*-pahrk) *m* national park
**nasjonalsang** (nah-shoo-*naal*-sahng) *m* national anthem
**natt** (nahtt) *c* (pl netter) night; **i ~** tonight; **om natten** by night
**nattergal** (*naht*-terr-gaal) *m* nightingale
**nattklubb** (*naht*-klewb) *m* cabaret, nightclub
**nattkrem** (*naht*-krāym) *m* night cream
**nattlig** (*naht*-li) *adj* nightly
**natt-takst** (*naht*-tahkst) *m* night rate
**natt-tog** (*naht*-tawg) *nt* (pl ~) night train
**natur** (nah-*tewr*) *m* nature
**naturlig** (nah-*tēw*-li) *adj* natural
**naturligvis** (nah-*tēw*-li-veess) *adv* of course, naturally
**naturskjønn** (nah-*tēw*-shurn) *adj* scenic
**naturvitenskap** (nah-*tewr*-vee-tern-skaap) *m* natural science
**navigasjon** (nah-vi-gah-*shōōn*) *m* navigation
**navigere** (nah-vi-*gāy*-rer) *v* navigate
**navle** (*nahv*-ler) *m* navel
**navn** (nahvn) *nt* name; **i ...s ~** on behalf of, in the name of
**nebb** (nehbb) *nt* beak
**ned** (nāyd) *adv* down; downstairs
**nedbetale** (*nāyd*-beh-taa-ler) *v* *pay off
**nedbetaling** (*nāyd*-beh-taa-ling) *c* down payment
**nedbør** (*nāyd*-būrr) *m* precipitation
**nede** (*nāy*-der) *adv* below, downstairs
**nedenfor** (*nāy*-dern-for) *prep* under, below
**nedenunder** (*nāy*-dern-ew-nerr) *adv* underneath
**nederlag** (*nāy*-der-laag) *nt* (pl ~) defeat
**Nederland** (*nāy*-der-lahn) the Netherlands
**nederlandsk** (*nāy*-der-lahnsk) *adj* Dutch
**nederlender** (*nāy*-der-leh-nerr) *m* Dutchman
**nedgang** (*nāyd*-gahng) *m* decrease; depression
**nedkomst** (*nāyd*-komst) *m* delivery
**nedlasting** (nayd-*lahs*-ting) *c* download
**nedover** (*nāy*-do-verr) *adv* down, downwards
**nedre** (*nāyd*-rer) *adj* inferior, lower
**nedrivning** (*nāyd*-reev-ning) *m* demolition
**nedslått** (*nāyd*-shlot) *adj* down

**nedstemt** (*nayd*-stehmt) *adj* depressed
**nedstigning** (*nayd*-steeg-ning) *m* descent
**nedtrykt** (*nayd*-trewkt) *adj* depressed
**negativ** (*nay*-gah-teev) *adj* negative; *nt* negative
**negl** (nayl) *m* nail
**neglefil** (*nay*-ler-feel) *c* nail file
**neglelakk** (*nay*-ler-lahk) *m* nail polish
**neglesaks** (*nay*-ler-sahks) *c* nail scissors *pl*
**nei** (nay) no
**nekte** (*nehk*-ter) *v* deny
**nemlig** (*nehm*-li) *adv* namely
**neppe** (*nehp*-per) *adv* hardly
**nerve** (*nær*-ver) *m* nerve
**nervøs** (nær-*vūrss*) *adj* nervous
**nese** (*nay*-ser) *c* nose
**neseblod** (*nay*-ser-bloo) *nt* nosebleed
**nesebor** (*nay*-ser-boor) *nt* (pl ~) nostril
**nesevis** (*nay*-ser-veess) *adj* impertinent
**neshorn** (*nayss*-hoon) *nt* (pl ~) rhinoceros
**neste** (*nehss*-ter) *adj* next; following
**nesten** (*nehss*-tern) *adv* nearly, almost
**nestleder** (*nehsst-layd*-err) *c* (pl ~e) executive assistant
**nett** (nehtt) *nt* net; Internet; *adj* neat
**netthinne** (*neht*-hi-ner) *c* retina
**netto** (*neht*-too) *adv* net
**nettopp** (*neht*-top) *adv* just
**nettsted** (*nehtt*-stay) *nt* (pl ~er) website
**nettverk** (*neht*-værk) *nt* network
**nettverksbygging** (*neht*-værks-*bewgg*-ing) *c* networking
**nevne** (*nehv*-ner) *v* mention
**nevralgi** (nehv-rahl-*gee*) *m* neuralgia
**nevrose** (nehv-*roo*-ser) *m* neurosis
**nevø** (neh-*vūr*) *m* nephew
**ni** (nee) *num* nine
**niende** (*nee*-er-ner) *num* ninth
**niese** (ni-*ay*-ser) *c* niece
**nifs** (nifs) *adj* creepy
**Nigeria** (ni-*gay*-ri-ah) Nigeria
**nigerianer** (ni-geh-ri-*aa*-nerr) *m* Nigerian
**nigeriansk** (ni-geh-ri-*aansk*) *adj* Nigerian
**nikk** (nikk) *nt* nod
**nikke** (*nik*-ker) *v* nod
**nikkel** (*nik*-kerl) *m* nickel
**nikotin** (ni-koo-*teen*) *m* nicotine
**nitten** (*nit*-tern) *num* nineteen
**nittende** (*nit*-ter-ner) *num* nineteenth
**nitti** (*nit*-ti) *num* ninety
**nivellere** (ni-ver-*lay*-rer) *v*

level
**nivå** (ni-*vaw*) *nt* level
**noe** (*noo*-er) *pron* something
**noen** (*noo*-ern) *pron* somebody, someone; some; ~ **gang** ever
**nok** (nokk) *adv* enough
**også** (*nok*-so) *adv* fairly, somewhat
**nominasjon** (noo-mi-nah-*shoon*) *m* nomination
**nominell** (noo-mi-*nehll*) *adj* nominal
**nominere** (noo-mi-*nay*-rer) *v* nominate
**nonne** (*non*-ner) *c* nun
**nonsens** (*non*-sehns) *nt* nonsense
**nord** (noor) *m* north
**nordlig** (*noo*-li) *adj* north, northern
**nordmann** (*noor*-mahn) *m* (pl -menn) Norwegian
**Nordpolen** (*noor*-poo-lern) North Pole
**nordvest** (noor-*vehst*) *m* north-west
**nordøst** (noor-*urst*) *m* north-east
**Norge** (*nor*-ger) Norway
**norm** (norm) *m* standard
**normal** (noor-maal) *adj* normal; regular
**norsk** (noshk) *adj* Norwegian
**nota** (*noo*-tah) *m* bill
**notar** (noo-*taar*) *m* notary
**notat** (noo-*taat*) *nt* note
**notere** (noo-*tay*-rer) *v* note
**notis** (noo-*teess*) *m* note
**notisblokk** (noo-*teess*-blok) *c* note pad
**notisbok** (noo-*teess*-book) *c* (pl -bøker) notebook
**november** (noo-*vehm*-berr) November
**null** (newll) *nt* zero, nought
**nummer** (*noom*-merr) *nt* (pl numre) number; act
**nummerskilt** (*noom*-mer-shilt) *nt* registration plate; licence plate *Am*
**nummervisning** (*nomm*-ehr-*veess*-nee-ning) *c* caller id
**ny** (new) *adj* new; recent
**nyanse** (new-*ahng*-ser) *m* nuance; shade
**nybegynner** (*new*-beh-yew-nerr) *m* beginner; learner
**nybygger** (*new*-bew-gerr) *m* pioneer
**nyhet** (*new*-hayt) *c* news; **nyheter** *pl* news
**nykke** (*newk*-ker) *nt* whim
**nylig** (*new*-li) *adv* recently, lately
**nynne** (*newn*-ner) *v* hum
**nyre** (*new*-rer) *c* kidney
***nyse** (*new*-ser) *v* sneeze
**nysgjerrig** (new-*shær*-ri) *adj* curious; inquisitive; nosy *colloquial*
**nysgjerrighet** (new-*shær*-ri-hayt) *c* curiosity
***nyte** (*new*-ter) *v* enjoy
**nytelse** (*new*-terl-ser) *m* enjoyment
**nytte** (*newt*-ter) *c* utility,

use; *v* *be of use
**nytteløs** (*newt*-ter-lurss) *adj* idle
**nyttig** (*newt*-ti) *adj* useful
**nyttår** (*newt*-tawr) *nt* New Year
**Ny-Zealand** (new-*say*-lahn) New Zealand
**nær** (næær) *adv* near; *adj* close, near
**nærende** (*nææ*-rer-ner) *adj* nourishing, nutritious
**nærhet** (*nææ*r-hayt) *c* vicinity
**næring** (*nææ*r-ing) *c* nourishment; industry; economy; **næringsliv** economy
**nærliggende** (*nææ*-li-ger-ner) *adj* neighbo(u)ring, nearby
**nærme seg** (*nær*-mer) approach
**nærsynt** (*nææ*-shewnt) *adj* short-sighted
**nærvær** (*nææ*r-væær) *nt* presence
**nød** (nurd) *c* misery, distress
**nøde** (*nur*-der) *v* compel; ***være nødt til** *be obliged to
**nødsignal** (*nurd*-sing-naal) *nt* distress signal
**nødssituasjon** (*nurd*-si-tew-ah-shoon) *m* emergency
**nødstilfelle** (*nurds*-til-feh-ler) *nt* emergency
**nødtvunget** (*nurd*-tvoo-ngert) *adv* by force
**nødutgang** (*nurd*-ewt-gahng) *m* emergency exit
**nødvendig** (nurd-*vehn*-di) *adj* necessary
**nødvendighet** (nurd-*vehn*-di-hayt) *c* necessity, need
**nøkkel** (*nurk*-kerl) *m* (pl nøkler) key
**nøkkelhull** (*nurk*-kerl-hewl) *nt* keyhole
**nøktern** (*nurk*-tern) *adj* down-to-earth, sober
**nøle** (*nur*-ler) *v* hesitate
**nøtt** (nurtt) *c* nut
**nøtteknekker** (*nurt*-ter-kneh-kerr) *m* nutcrackers *pl*
**nøtteskall** (*nurt*-ter-skahl) *nt* (pl ~) nutshell
**nøyaktig** (nur$^{ew}$-*ahk*-ti) *adj* accurate, precise, exact; careful
**nøyaktighet** (nur$^{ew}$-*ahk*-ti-hayt) *c* correctness
**nøye seg med** (*nur*ew-er) *make do with
**nøytral** (nur$^{ew}$-*traal*) *adj* neutral
**nå**[1] (naw) *v* reach; *catch; *make
**nå**[2] (naw) *adv* now; **~ og da** occasionally, now and then
**nåde** (*naw*-der) *m* mercy, grace
**nål** (nawl) *c* needle
**nåletre** (*naw*-ler-tray) *nt* (pl -rær) firtree
**når** (norr) *adv* when; *conj* when; **~ enn** whenever
**nåtid** (*naw*-teed) *c* present

**nåtildags** (*naw*-til-dahks) *adv* nowadays
**nåværende** (*naw*-vææ-er-ner) *adj* current, present

## O

**oase** (oo-*aa*-ser) *m* oasis
**obduksjon** (ob-dewk-*sho̅o̅n*) *m* autopsy
**oberst** (*o̅o̅*-bersht) *m* colonel
**objekt** (oob-$^{y}$*ehkt*) *nt* object
**objektiv** (ob-$^{y}$ehk-*teev*) *adj* objective
**obligasjon** (ob-li-gah-*sho̅o̅n*) *m* bond
**obligatorisk** (oob-li-gah-*to̅o̅*-risk) *adj* obligatory, compulsory
**observasjon** (op-sehr-vah-*sho̅o̅n*) *m* observation
**observatorium** (op-sehr-vah-*to̅o̅*-ri-ewm) *nt* (pl -ier) observatory
**observere** (op-sehr-*va̅y̅*-rer) *v* observe
**offensiv** (*of*-fahng-seev) *adj* offensive; *m* offensive
**offentlig** (*of*-fernt-li) *adj* public
***offentliggjøre** (*o*-fernt-li-$^{y}$u̅r̅-rer) *v* publish
**offentliggjørelse** (*of*-fernt-li-$^{y}$u̅r̅-rerl-ser) *m* publication
**offer** (*of*-ferr) *nt* (pl ofre) victim; casualty; sacrifice
**offiser** (o-fi-*sa̅y̅r*) *m* (pl ~er) officer
**offisiell** (o-fi-si-*ehll*) *adj* official
**ofre** (*of*-rer) *v* sacrifice
**ofte** (*of*-ter) *adv* frequently, often
**og** (o) *conj* and
**også** (*oss*-so) *adv* also; as well, too
**okkupasjon** (o-kew-pah-*sho̅o̅n*) *m* occupation
**okse** (*ook*-ser) *m* ox
**oksekjøtt** (*ook*-ser-khurt) *nt* beef
**oksygen** (ok-sew-*ga̅y̅n*) *nt* oxygen
**oktober** (ok-*to̅o̅*-berr) October
**olabukse** (*o̅o̅*-lah-book-se) *c* jeans
**oliven** (oo-*lee*-vern) *m* (pl ~, ~er) olive
**olivenolje** (oo-*lee*-vern-ol-$^{y}$er) *c* olive oil
**olje** (*ol*-$^{y}$er) *c* oil
**oljebrønn** (*ol*-$^{y}$er-brurn) *m* oil well
**oljefilter** (*ol*-$^{y}$er-fil-terr) *nt* (pl -tre) oil filter
**oljemaleri** (*ol*-$^{y}$er-maa-ler-ree) *nt* oil painting
**oljeraffineri** (*ol*-$^{y}$er-rah-fi-ner-ree) *nt* oil refinery
**oljet** (*ol*-$^{y}$ert) *adj* oily
**oljetrykk** (*ol*-$^{y}$er-trewk) *nt* (pl ~) oil pressure

**om** (oomm) *prep* round; about; in; *conj* whether, if
**om bord** (om bo͞or) aboard
**omdanne** (*oom*-dah-ner) *v* transform
**omdreining** (*om*-dray-ning) *m* revolution
**omegn** (*oom*-mayn) *m* surroundings *pl*
**omelett** (oo-mer-*lehtt*) *m* omelette
**omfang** (*oom*-fahng) *nt* extent
**omfangsrik** (*oom*-fahngs-reek) *adj* big, bulky, extensive
**omfatte** (*oom*-fah-ter) *v* comprise, include
**omfattende** (*oom*-fah-ter-ner) *adj* comprehensive, extensive
**omfavne** (*oom*-fahv-ner) *v* embrace, hug
**omfavnelse** (*oom*-fahv-nerl-ser) *m* embrace
**omgang** (*oom*-gahng) *m* round; half time
***omgi** (*oom*-ʸee) *v* encircle, circle, surround
**omgivelser** (*oom*-ʸee-verl-serr) *pl* environment; setting
***omgå** (*oom*-gaw) *v* by-pass
**omgående** (*oom*-gaw-er-ner) *adj* prompt
***omgås** (*oom*-gawss) *v* associate with; ~ **med** mix with
**omhyggelig** (oom-*hew*-ger-li) *adj* careful, thorough
**omkjøring** (*oom*-khūr-ring) *c* detour, diversion
***omkomme** (*oom*-ko-mer) *v* perish
**omkostninger** (*oom*-kost-ni-ngerr) *pl* expenses *pl*
**omkring** (oom-*kringng*) *prep* round, around; *adv* about
**omkringliggende** (om-*kring*-li-ger-ner) *adj* surrounding
**omløp** (*oom*-lūrp) *nt* circulation; orbit
**omregne** (*oom*-ray-ner) *v* convert
**omregningstabell** (*oom*-ray-nings-tah-behll) *m* conversion chart
**omringe** (*oom*-ri-nger) *v* encircle, circle, surround
**omriss** (*oom*-riss) *nt* (pl ~) contour, outline; **gi et ~ av** outline
**område** (*oom*-raw-der) *nt* zone, area, territory, region; sphere
**omsetning** (*oom*-seht-ning) *m* turnover
**omslag** (*oom*-shlaag) *nt* reverse; sleeve, jacket
**omslutte** (*oom-shlewt*-ter) *v* envelop
**omsorg** (*oom*-sorg) *c* care
**omstendighet** (oom-*stehn*-di-hāyt) *c* condition, circumstance
**omstridt** (*oom*-strit) *adj* controversial
**omtale** (*oom*-taa-ler) *m*

mention
**omtanke** (*oom*-tahng-ker) *m* consideration
**omtenksom** (oom-*tehngk*-som) *adj* thoughtful
**omtrent** (oom-*trehnt*) *adv* approximately; about
**omtrentlig** (oom-*trehnt*-li) *adj* approximate
**omvei** (*oom*-vay) *m* detour
**omvende** (*oom*-veh-ner) *v* convert
**ond** (oonn) *adj* wicked, ill, evil
**ondartet** (*oon*-naa-tert) *adj* malignant
**onde** (*oon*-der) *nt* evil
**ondsinnet** (*oon*-si-nert) *adj* evil
**ondskapsfull** (*oon*-skaaps-fewl) *adj* vicious, spiteful, malicious
**onkel** (*oong*-kerl) *m* (pl onkler) uncle
**onsdag** (*oons*-dah) *m* Wednesday
**onyks** (*o͞o*-newks) *m* onyx
**opal** (oo-*paal*) *m* opal
**opera** (*oo*-per-rah) *m* opera; opera house
**operasjon** (oo-per-rah-*sho͞on*) *m* surgery, operation
**operatør** (oo-per-rah-*tu͞rr*) *m* operator
**operere** (oo-per-*ra͞y*-rer) *v* operate
**opp** (oopp) *adv* up
**oppblåsbar** (*oop*-blawss-baar) *adj* inflatable
**oppdage** (*oop*-daa-ger) *v* discover, detect; notice
**oppdagelse** (*oop*-daa-gerl-ser) *m* discovery
**oppdikte** (*oop*-dik-ter) *v* invent
***oppdra** (*oop*-draa) *v* educate; *bring up; raise; rear
**oppdrag** (*oop*-draag) *nt* (pl ~) assignment
**oppdragelse** (*oop*-draa-gerl-ser) *m* up-bringing
**oppdrette** (*oop*-dreh-ter) *v* *breed
**oppfatning** (*oop*-faht-ning) *m* opinion, view
**oppfatte** (*oop*-fah-ter) *v* conceive
***oppfinne** (*oop*-fi-ner) *v* invent
**oppfinnelse** (*oop*-fi-nerl-ser) *m* invention
**oppfinner** (*oop*-fi-nerr) *m* inventor
**oppfinnsom** (oop-*fin*-som) *adj* inventive
**oppfostre** (*oop*-foost-rer) *v* educate; *bring up; raise; rear
**oppføre** (*oop*-fu͞r-rer) *v* construct; ~ **seg** act, behave
**oppførelse** (*oop*-fu͞r-rerl-ser) *m* show; construction
**oppførsel** (*oop*-fur-sherl) *m* conduct, behavio(u)r
**oppgave** (*oop*-gaa-ver) *c* duty; task; exercise
***oppgi** (*oop*-ʸee) *v* declare;

*give up
**opphav** (*oop*-haav) *nt* origin
**opphisse** (*oop*-hi-ser) *v* excite
**opphisselse** (*oop*-hi-serl-ser) *m* excitement
**opphisset** (*oop*-hi-sert) *adj* excited
**opphold** (*oop*-hol) *nt* (pl ~) stay
***oppholde seg** (*oop*-ho-ler) stay
**oppholdstillatelse** (*oop*-hols-ti-laa-terl-ser) *m* residence permit
**opphøre** (*oop*-hūr-rer) *v* finish, cease, discontinue, expire, end
**oppkalle** (*oop*-kahl-ler) *v* name after
**opplag** (*oop*-laag) *nt* (pl ~) edition
**opplagt** (*oop*-lahkt) *adj* fit; self-evident
**oppleve** (*oop*-lāy-ver) *v* experience
**opplyse** (*oop*-lēw-ser) *v* inform; illuminate
**opplysning** (*oop*-lēwss-ning) *m* information
**oppløp** (*oop*-lūrp) *nt* (pl ~) riot
**oppløse** (*oop*-lūr-ser) *v* dissolve
**oppløselig** (oop-*lūr*-ser-li) *adj* soluble
**oppløsning** (*oop*-lūrss-ning) *m* solution
**oppmerksom** (oop-*mærk*-som) *adj* attentive; ***være ~** *pay attention; ***være ~ på** attend to, *pay attention to
**oppmerksomhet** (oop-*mærk*-som-hāyt) *c* notice, attention
**oppmuntre** (*oop*-mewn-trer) *v* encourage; cheer up
**oppnå** (*oop*-naw) *v* achieve, attain
**oppnåelig** (oop-*naw*-er-li) *adj* attainable; obtainable
**opponere** (oo-poo-*nāy*-rer) *v* oppose
**opposisjon** (oo-poo-si-*shōon*) *m* opposition
**oppover** (*oop*-paw-verr) *adv* up, upwards
**oppreist** (*oop*-rayst) *adj* erect
**opprette** (*oop*-reh-ter) *v* found; institute
***opprettholde** (*oop*-reht-ho-ler) *v* maintain
**oppriktig** (oop-*rik*-ti) *adj* sincere, honest
**oppringning** (*oop*-ring-ning) *m* call
**opprinnelig** (oop-*rin*-ner-li) *adj* original, initial
**opprinnelse** (oop-*rin*-nerl-ser) *m* origin, source
**opprør** (*oop*-rūrr) *nt* (pl ~) revolt, rebellion; ***gjøre ~** revolt
**opprørende** (*oop*-rūr-rer-ner) *adj* revolting
**opprørt** (*oop*-rūrt) *adj* *upset
**oppsiktsvekkende** (*oop*-sikts-veh-ker-ner) *adj*

sensational, striking
**oppskrift** (*oop*-skrift) *c* recipe
**oppslag** (*oop*-slag) *nt* bulletin
**oppslagstavle** (oop-shlaks-*tahv*-ler) *c* message board
**oppspore** (*oop*-spōō-rer) *v* trace
**oppstand** (*oop*-stahn) *m* rising, rebellion, revolt
**oppstigning** (*oop*-steeg-ning) *m* ascent; rise
**oppstyr** (*oop*-stēwr) *nt* fuss
***oppstå** (*oop*-staw) *v* *arise
**oppsyn** (*oop*-sēwn) *nt* (pl ~) supervision
**oppsynsmann** (*oop*-sēwns-mahn) *m* (pl -menn) warden
***oppta** (*oop*-taa) *v* *take up; occupy
**opptak**[1] (*oop*-taak) *nt* (pl ~) recording
**opptak**[2] (*oop*-taak) *nt* admission
**opptatt** (*oop*-taht) *adj* busy, engaged; occupied
**opptog** (*oop*-tawg) *nt* (pl ~) procession
**opptre** (*oop*-trāy) *v* perform
**opptreden** (*oop*-trāy-dern) *m* appearance
**oppvakt** (*oop*-vahkt) *adj* bright
**oppvarte** (*oop*-vah-ter) *v* wait on
**oppvask** (*oop*-vahsk) *m* washing-up; dirty dishes
**oppvaskmaskin** (*oop*-vahsk-mah-sheen) *m* dishwasher
**oppvise** (*oop*-vee-ser) *v* exhibit, show
**oppå** (*oop*-po) *prep* on top of
**optiker** (*oop*-ti-kerr) *m* optician
**optimisme** (oop-ti-*miss*-mer) *m* optimism
**optimist** (oop-t-*mist*) *m* optimist
**optimistisk** (oop-ti-*miss*-tisk) *adj* optimistic
**oransje** (oo-*rahng*-sher) *adj* orange
**ord** (ōōr) *nt* word
**ordbok** (*ōōr*-bōōk) *c* (pl -bøker) dictionary
**orden** (*o*-dern) *m* order; **i ~** in order
**ordentlig** (*o*-dernt-li) *adj* tidy; neat
**ordforråd** (*ōōr*-fo-rawd) *nt* vocabulary
**ordinær** (o-di-*næær*) *adj* vulgar
**ordliste** (*ōōr*-liss-ter) *c* word list
**ordne** (*oord*-ner) *v* arrange, settle; sort; fix
**ordning** (*oord*-ning) *c* arrangement, method; settlement
**ordre** (*oord*-rer) *m* order
**ordspill** (*ōōr*-spil) *nt* (pl ~) pun
**ordspråk** (*ōōr*-sprawk) *nt* (pl ~) proverb
**ordstrid** (*ōōr*-streed) *m*

dispute
**ordveksling** (*ōōr*-vehk-shling) *c* argument
**organ** (or-*gaan*) *nt* organ
**organisasjon** (or-gah-ni-sah-*shōōn*) *m* organization
**organisere** (or-gah-ni-*sāy*-rer) *v* organize
**organisk** (or-*gaa*-nisk) *adj* organic
**orgel** (*or*-gerl) *nt* (pl orgler) organ
**orientalsk** (o-ri-ehn-*taalsk*) *adj* oriental
**Orienten** (o-ri-*ehn*-tern) Orient
**orientere seg** (o-ri-ehn-*tāy*-rer) orientate
**original** (o-ri-gi-*naal*) *adj* original
**orkan** (or-*kaan*) *m* hurricane
**orke** (*or*-ker) *v* sustain
**orkester** (or-*kehss*-terr) *nt* (pl -tre) orchestra; band
**orkesterplass** (or-*kehss*-terr-plahss) *m* stall; orchestra seat *Am*
**ornament** (o-nah-*mehnt*) *nt* ornament
**ornamental** (o-nah-mehn-*taal*) *adj* ornamental
**ortodoks** (o-too-*doks*) *adj* orthodox
**oss** (oss) *pron* us, ourselves
**ost** (oost) *m* cheese
**outsource** (*awt*-sour-ser) *v* outsource
**ouverture** (oo-ver-*tēw*-rer) *m* overture
**oval** (oo-*vaal*) *adj* oval
**ovenfor** (*aw*-vern-for) *prep* above, over; *adv* above, overhead
**ovenpå** (*aw*-vern-paw) *adv* upstairs
**over** (*aw*-verr) *prep* across, over; *adv* over; **over-** upper; **~ ende** down, over
**overall** (*aw*-ver-rol) *m* overalls *pl*
**overalt** (o-ver-*rahlt*) *adv* everywhere, throughout
**overanstrenge** (*aw*-ver-rahn-streh-nger) *v* strain; **~ seg** overwork
**overbevise** (*aw*-verr-beh-vee-ser) *v* convince, persuade
**overbevisning** (*aw*-verr-beh-veess-ning) *m* conviction, persuasion
**overdreven** (*aw*-drāy-vern) *adj* extravagant, excessive
***overdrive** (*aw*-ver-dree-ver) *v* exaggerate; magnify; overdo
**overdrivelse** (*aw*-verr-driv-erl-ser) *m* exaggeration
**overenskomst** (*aw*-ver-rehns-komst) *m* settlement, agreement
**overensstemmelse** (*aw*-ver-rehns-steh-merl-ser) *m* agreement; **i ~ med** in accordance with, according to
**overfall** (*aw*-verr-fahl) *nt* (pl ~) attack; robbery; hold-up
**overfart** (*aw*-verr-faht) *m*

crossing, passage
**overfladisk** (*aw*-verr-flaa-disk) *adj* superficial
**overflate** (*aw*-verr-flaa-ter) *c* surface
**overflod** (*aw*-verr-flo͞od) *m* abundance; plenty
**overflødig** (*aw*-verr-flūr-di) *adj* superfluous; redundant
**overfor** (*aw*-verr-for) *prep* opposite, facing; towards
**overfylt** (*aw*-verr-fewlt) *adj* crowded
**overføre** (*aw*-verr-fūr-rer) *v* transfer; remit
**overgang** (*aw*-verr-gahng) *m* transition
***overgi seg** (*aw*-verr-ʸee) surrender
**overgivelse** (*aw*-verr-ʸee-verl-ser) *m* surrender
**overgrodd** (*aw*-verr-grood) *adj* overgrown
***overgå** (*aw*-verr-gaw) *v* exceed, *outdo
**overhale** (*aw*-verr-haa-ler) *v* overhaul
**overhodet** (o-verr-*ho͞o*-der) *adv* at all
**overlagt** (*aw*-ver-lahkt) *adj* deliberate
***overlate** (*aw*-ver-laa-ter) *v* *leave to; entrust
**overlegen** (*aw*-ver-lāy-gern) *adj* superior, haughty
**overleve** (*aw*-ver-lāy-ver) *v* survive
**overlærer** (*aw*-ver-læ-rerr) *m* headmaster, head teacher
**overmodig** (*aw*-verr-mo͞o-di) *adj* presumptuous
**overoppsyn** (*awv*-err-op-se͞wn) *nt* supervision
**overraske** (*aw*-ver-rahss-ker) *v* surprise
**overraskelse** (*aw*-ver-rahss-kerl-ser) *m* surprise
***overrekke** (*aw*-ver-reh-ker) *v* hand, *give
**overrumple** (*aw*-ver-roomp-ler) *v* *catch
***overse** (*aw*-ver-shāy) *v* overlook
***oversette** (*aw*-ver-sheh-ter) *v* translate
**oversettelse** (*aw*-ver-sheh-terl-ser) *m* translation; version
**oversetter** (*aw*-ver-sheh-terr) *m* translator
**overside** (*aw*-ver-shee-der) *c* top side, top
**oversikt** (*aw*-ver-shikt) *m* survey
**oversjøisk** (*aw*-ver-shūr-isk) *adj* overseas
***overskride** (*aw*-ver-shkree-der) *v* exceed
**overskrift** (*aw*-ver-shkrift) *c* heading; headline
**overskudd** (*aw*-ver-shkewd) *nt* (pl ~) surplus
**overskyet** (*aw*-ver-she͞w-ert) *adj* overcast, cloudy
**overspent** (*aw*-ver-shpehnt) *adj* overstrung
**overstrømmende** (*aw*-ver-shtrur-mer-ner) *adj* exuberant

**oversvømmelse** (*aw*-ver-shvur-merl-ser) *m* flood
***overta** (*aw*-ver-taa) *v* *take over
**overtale** (*aw*-ver-taa-ler) *v* persuade
**overtrekk** (*aw*-ver-trehkk)*nt* overdraft
**overtrett** (*aw*-ver-trehtt) *adj* over-tired
**overtro** (*aw*-ver-troo) *c* superstition
**overveie** (*aw*-verr-vay-er) *v* consider; deliberate
**overveielse** (*aw*-verr-vay-erl-ser) *m* consideration; deliberation
**overvekt** (*aw*-verr-vehkt) *c* overweight; predominance
**overvelde** (*aw*-verr-veh-ler) *v* overwhelm
***overvinne** (*aw*-verr-vi-ner) *v* *overcome; defeat
***overvære** (*aw*-verr-vææ-rer) *v* attend
**overvåke** (*awv*-err-vaw-ker) *v* supervise; patrol
**overvåking** (*awv*-err-vaw-king)*c*surveillance
**ovn** (ovnn) *m* stove, furnace
**ozon** (oo-soon) *nt* ozone

# P

**padde** (*pahd*-der) *c* toad
**padleåre** (*pahd*-ler-aw-rer) *c* paddle
**Pakistan** (pah-ki-*staan*) Pakistan
**pakistaner** (pah-ki-*staa*-nerr) *m* Pakistani
**pakistansk** (pah-ki-*staansk*) *adj* Pakistani
**pakke**[1] (*pahk*-ker) *c* package, parcel
**pakke**[2] (*pahk*-ker) *v* pack; ~ **inn** wrap; envelop ~ **ned** pack up; ~ **opp** unpack, unwrap
**pakkhus** (*pahk*-hewss) *nt* (pl ~) warehouse
**pakt** (pahkt)*c*pact
**palass** (pah-*lahss*) *nt* palace
**palme** (*pahl*-mer) *m* palm
**panel** (pah-*nayl*) *nt* panel
**panelverk** (pah-*nayl*-værk) *nt* panelling
**panikk** (pah-*nikk*) *m* scare, panic
**panne** (*pahn*-ner) *c* forehead; pan
**panser** (*pahn*-serr) *nt* bonnet; hood *nAm*
**pant** (pahnt) *m* deposit
**pantelån** (*pahn*-ter-lawn) *nt* mortgage
**pantelåner** (*pahn*-ter-lawnerr) *m* pawnbroker
***pantsette** (*pahnt*-seh-ter) *v* pawn
**papegøye** (pah-per-*gur*ew-er) *m* parrot; parakeet
**papir** (pah-*peer*) *nt* paper; **papir-** paper

**papirhandel** (pah-*peer*-hahn-derl) *m* (pl -dler) stationer's
**papirkniv** (pah-*peer*-kneev) *m* paper knife
**papirkurv** (pah-*peer*-kewrv) *m* wastepaper basket
**papirlommetørkle** (pah-*peer*-loo-mer-turr-kler) *nt* (pl -lær) tissue
**papirpose** (pah-*peer*-pōō-ser) *m* paper bag
**papirserviett** (pah-*peer*-sær-vi-eht) *m* paper napkin
**papirvarer** (pah-*peer*-vaa-rerr) *pl* stationery
**papp** (pahpp) *m* cardboard
**pappa** (*pahp* pah) *m* dad, daddy
**par** (paar) *nt* pair; couple
**parabol** (pah-rah-*bōōl*) *c* satellite dish
**parade** (pah-*raa*-der) *m* parade
**parabolantenne** (pah-raa-bōōl-ahn-*tehn*-ner) *c* satellite dish
**paradis** (pah-raa-*dis*) *nt* paradise
**parafin** (pah-rah-*feen*) *m* paraffin
**parallell** (pah-rah-*lehll*) *m* parallel; *adj* parallel
**paraply** (pah-rah-*plew*) *m* umbrella
**parasoll** (pah-rah-*soll*) *m* sunshade
**parat** (pah-*raat*) *adj* ready
**parfyme** (pahr-*few*-mer) *m* perfume
**park** (pahrk) *m* park; **offentlig parkanlegg** public garden
**parkere** (pahr-*kāy*-rer) *v* park
**parkering** (pahr-*kāy*-ring) *c* parking; **~ forbudt** no parking
**parkeringsavgift** (pahr-*kāy*-rings-aav-ʸift) *c* parking fee
**parkeringslys** (pahr-*kāy*-rings-lēwss) *nt* (pl ~) parking light
**parkeringsplass** (pahr-*kāy*-rings-plahss) *m* car park; parking lot *Am*
**parkeringssone** (pahr-*kāy*-ring sōō-ner) *c* parking zone
**parkometer** (pahr-koo-*māy*-terr) *nt* (pl ~, -tre) parking meter
**parlament** (pahr-lah-*mehnt*) *nt* parliament; **parlamentarisk** *adj* parliamentary
**parlør** (pah-*lurr*) *m* phrase book
**parti** (pah-*tee*) *nt* party; side
**partisk** (*paa*-tisk) *adj* partial
**partner** (*paat*-nerr) *m* partner; associate
**parykk** (pah-*rewkk*) *m* wig
**pasient** (pah-si-*ehnt*) *m* patient
**pasifisme** (pah-si-*fiss*-mer) *m* pacifism
**pasifist** (pah-si-*fist*) *m* pacifist

**pasifistisk** (pah-si-*fiss*-tisk) *adj* pacifist
**pass** (pahss) *nt* passport; mountain pass
**passasje** (pah-*saa*-sher) *m* passage
**passasjer** (pah-sah-*shayr*) *m* passenger
**passasjerbåt** (pah-sah-*shayr*-bawt) *m* liner
**passe** (*pahss*-ser) *v* fit, suit; tend; look after; ~ **på** mind, *take care of; ~ **seg for** mind, look out; ~ **til** match
**passende** (*pahss*-ser-ner) *adj* appropriate, convenient, adequate; proper, just
**passere** (pah-*say*-rer) *v* pass
**passfoto** (*pahss*-foo-too) *nt* (pl ~) passport photograph
**passiv** (*pahss*-seev) *adj* passive
**passkontroll** (*pahss*-koon-trol) *m* passport control
**passord** (*pahss*- *oor*) *m* password
**pasta** (*pahss*-tah) *m* paste; noodles
**patent** (pah-*tehnt*) *nt* patent
**pater** (*paa*-terr) *m* Father
**patriot** (paht-ri-*oot*) *m* patriot
**patron** (paht-*roon*) *m* cartridge
**patrulje** (paht-*rewl*-ʸer) *m* patrol
**patruljere** (pah-trewl-ʸ*ay*-rer) *v* patrol
**pattedyr** (*paht*-ter-dewr) *nt* (pl ~) mammal
**pause** (*pou*-ser) *m* pause; intermission, interval
**pave** (*paa*-ver) *m* pope
**paviljong** (pah-vil-ʸ*oangng*) *m* pavilion
**peanøtt** (*pee*-ah-nurt) *c* peanut
**pedal** (peh-*daal*) *m* pedal
**peis** (payss) *m* fireplace
**peke** (*pay*-ker) *v* point
**pekefinger** (*pay*-ker-fi-ngerr) *m* (pl -grer) index finger
**pelikan** (peh-li-*kaan*) *m* pelican
**pels** (pehls) *m* fur
**pelskåpe** (*pehls*-kaw-per) *c* fur coat
**pen** (payn) *adj* good--looking, handsome, pretty; fine, nice
**pendler** (*pehnd*-lerr) *m* commuter
**pengeanbringelse** (*pehng*-nger-ahn-bri-ngerl-ser) *m* investment
**pengepung** (*pehng*-nger-poong) *m* purse
**penger** (*pehng*-ngerr) *pl* money
**pengeseddel** (*pehng*-nger-seh-derl) *m* (pl -sedler) banknote
**pengeskap** (*pehng*-nger-skaap) *nt* (pl ~) safe
**pengeutpresning** (*pehng*-nger-ewt-prehss-ning) *m*

blackmail; **presse penger av** blackmail
**penicillin** (peh-ni-si-*leen*) *nt* penicillin
**penn** (pehnn) *m* pen
**pensel** (*pehn*-serl) *m* (pl -sler) paint-brush, brush
**pensjon** (pahng-*shōōn*) *m* pension; board; retirement; **full ~** full board, board and lodging, bed and board; **gå av med ~** retire
**pensjonat** (pahng-shoo-*naat*) *nt* boarding-house, guest-house, pension
**pensjonatskole** (pahng-shoo-*naat*-skōō-ler) *m* boarding school
**pensjonert** (pahng-shoo-*nāyt*) *adj* retired
**pepper** (*pehp*-perr) *m* pepper
**peppermynte** (peh-perr-*mewn*-ter) *c* peppermint
**pepperrot** (*pehp*-per-rōōt) *c* horseradish
**per, pr.** (pær) *prep* per
**perfeksjon** (pær-fehk-*shōōn*) *m* perfection
**perfekt** (pær-*fehkt*) *adj* perfect; faultless
**periode** (peh-ri-*ōō*-der) *m* period
**periodevis** (peh-ri-*ōō*-der-veess) *adj* periodical
**perle** (*pææ*-ler) *c* pearl, bead
**perlekjede** (*pææ*-ler-khāy-der) *nt* beads *pl*
**perlemor** (*pææ*-ler-mōōr) *nt* mother of pearl
**perm** (pærm) *m* cover
**permisjon** (pær-mi-*shōōn*) *m* leave; permit
**perrong** (peh-*rongng*) *m* platform
**perser** (*pæsh*-sherr) *m* Persian
**Persia** (*pæsh*-shi-ah) Persia
**persienne** (pæ-shi-*ehn*-ner) *m* blind, shutter
**persille** (pæ-*shil*-ler) *c* parsley
**persisk** (*pæsh*-shisk) *adj* Persian
**person** (pæ-*shōōn*) *m* person; **per ~** per person
**personale** (pæ-shoo-*naa*-ler) *nt* personnel, staff
**personlig** (pæ-*shōōn*-li) *adj* personal; private
**personlighet** (pæ-*shōōn*-li-hāyt) *c* personality
**persontog** (pæ-*shōōn*-tawg) *nt* (pl ~) passenger train
**perspektiv** (pæsh-pehk-*teev*) *nt* perspective
**pertentlig** (pæ-*tehnt*-li) *adj* precise
**pese** (*pāy*-ser) *v* pant
**pessimisme** (peh-si-*miss*-mer) *m* pessimism
**pessimist** (peh-si-*mist*) *m* pessimist
**pessimistisk** (peh-si-*miss*-tisk) *adj* pessimistic
**petisjon** (peh-ti-*shōōn*) *m* petition
**petroleum** (peht-*rōō*-leh-

ewm) *m* petroleum; kerosene
**pianist** (piah-*nist*) *m* pianist
**piano** (pi-*aa*-noo) *nt* piano
**pigg** (pigg) *m* spike; peak
**pigge** (*pigg*-ger) *v* spike; prod
**piggtråd** (*pigg*-traw) *m* barbed wire
**pikant** (pi-*kahnt*) *adj* savo(u)ry
**pike** (*pee*-ker) *m* girl
**pikenavn** (*pee*-ker-nahvn) *nt* (pl ~) maiden name
**pikkolo** (*pik*-koo-loo) *m* bellboy
**piknik** (*pik*-nik) *m* picnic; ***dra på ~** picnic
**pil** (peel) *c* arrow; willow
**pilegrim** (*pil*-grim) *m* pilgrim
**pilegrimsreise** (*pil*-grims-ray-ser) *m* pilgrimage
**pille** (*pil*-ler) *c* pill
**pilot** (pi-*lōōt*) *m* pilot
**pimpstein** (*pimp*-stayn) *m* pumice stone
**pine** (*pee*-ner) *v* torment; *c* torment
**pingvin** (ping-*veen*) *m* penguin
**PIN kode** (*pinn-kōō*-der) *c* PIN; personal identification number
**pinlig** (*peen*-li) *adj* embarrassing, awkward
**pinnsvin** (*pin*-sveen) *nt* (pl ~) hedgehog
**pinse** (*pin*-ser) *c* Pentecost
**pinsett** (pin-*sehtt*) *m* tweezers *pl*
**pipe** (*pee*-per) *c* pipe
**pipetobakk** (*pee*-per-too-bahk) *m* pipe tobacco
**pisk** (pisk) *m* whip
**pistol** (piss-*tōōl*) *m* pistol
**pittoresk** (pi-too-*rehsk*) *adj* picturesque
**plage** (*plaa*-ger) *v* bother; *m* nuisance
**plagg** (plahgg) *nt* garment
**plakat** (plah-*kaat*) *m* poster, placard
**plan** (plaan) *m* scheme, project, plan; map; *nt* level; *adj* even, flat, level
**planet** (plah-*nāyt*) *m* planet
**planetarium** (plah-neh-*taa*-ri-ewm) *nt* (pl -ier) planetarium
**planke** (*plahng*-ker) *m* board, plank
***planlegge** (*plaan*-leh-ger) *v* plan
**planovergang** (*plaa*-naw-verr-gahng) *m* level crossing
**plantasje** (plahn-*taa*-sher) *m* plantation
**plante** (*plahn*-ter) *m* plant; *v* plant
**planteskole** (*plahn*-ter-skōōler) *m* nursery
**plass** (plahss) *m* square; room; seat
**plassere** (plah-*sāy*-rer) *v* *put, *lay
**plaster** (*plah*-sterr) *nt* (pl ~, -tre) plaster
**plastikk** (plahss-*tikk*) *m*

plastic; **plastikk-** plastic
**plate** (*plaa*-ter) *c* plate; sheet; record
**platespiller** (*plaa*-ter-spi-lerr) *m* record player
**platina** (*plaa*-ti-nah) *m* platinum
**pleie** (*play*-er) *v* *be in the habit of; nurse
**pleieforeldre** (*play*-er-fo-rehl-drer) *pl* foster parents *pl*
**pleiehjem** (*play*-er-$^{y}$ehm) *nt* (pl ~) foster-home
**plettfri** (*pleht*-free) *adj* spotless, stainless
**plikt** (plikt) *c* duty
**plog** (plōōg) *m* plough
**plombe** (*ploom*-ber) *m* filling
**plomme** (*ploom*-mer) *c* plum
**plugge inn** (*plewg*-er-in) plug in
**plukke** (*plook*-ker) *v* pick
**pluss** (plewss) *adv* plus
**plutselig** (*plewt*-ser-li) *adj* suddenly; sudden
**plyndring** (*plewn*-dring) *c* robbery
**plystre** (*plewss*-trer) *v* whistle
**pløye** (*plur*ew-er) *v* plough
**poengsum** (po-*ehng*-sewm) *m* (pl ~mer) score
**poesi** (poo-eh-*see*) *m* poetry
**pokal** (poo-*kaal*) *m* cup
**Polen** (*pōō*-lern) Poland
**polere** (poo-*lāy*-rer) *v* polish
**polio** (*pōō*-li-oo) *m* polio
**polise** (poo-*lee*-ser) *m* policy
**politi** (poo-li-*tee*) *nt* police *pl*
**politibetjent** (poo-li-*tee*-beh-t$^{y}$ehnt) *m* policeman, policewoman
**politiker** (poo-*lee*-ti-kerr) *m* politician
**politikk** (poo-li-*tikk*) *m* politics; policy
**politisk** (poo-*lee*-tisk) *adj* political
**politistasjon** (poo li-*tee*-stah shōōn) *m* police station
**polsk** (pōōlsk) *adj* Polish
**polstre** (*pol*-strer) *v* upholster
**pommes frites** (pom fritt) chips; French fries *Am*
**ponni** (*pon*-ni) *m* pony
**popmusikk** (*pop*-mew-sik) *m* pop music
**populær** (poo-pew-*læær*) *adj* popular
**porselen** (poo-sher-*lāyn*) *nt* china, porcelain
**porsjon** (poo-*shōōn*) *m* portion; helping
**port** (poott) *m* gate
**portier** (poo-ti-*æær*) *m* (pl ~er) doorman
**portner** (*poot*-nerr) *m* porter
**porto** (*poot*-too) *m* postage
**portrett** (poot-*rehtt*) *nt* portrait
**Portugal** (*poo*-tew-gahl)

Portugal
**portugiser** (poo-tew-*gee*-serr) *m* Portuguese
**portugisisk** (poo-tew-*gee*-sisk) *adj* Portuguese
**pose** (*poo*-ser) *m* bag
**posisjon** (poo-si-*shoon*) *m* position; station
**positiv** (*poo*-si-teev) *adj* positive
**post** (post) *m* mail, post; item; **ledig ~** vacancy; **poste restante** poste restante
**postbud** (*post*-bewd) *nt* (pl ~) postman
**poste** (*poss*-ter) *v* mail, post
**postei** (*poewss*-tei) *m* pasty
**poster** (*poewss*-terr) *m* poster
**postkasse** (*post*-kah-ser) *c* pillar-box, letter-box; mailbox *nAm*
**postkontor** (*post*-koon-toor) *nt* post-office
**postkort** (*post*-kot) *nt* (pl ~) postcard
**postnummer** (*post*-noo-merr) *nt* (pl -numre) zip code *Am*
**postvesen** (*post*-vay-sern) *nt* postal service
**pote** (*poo*-ter) *m* paw
**potet** (poo-*tayt*) *m* potato; **~stappe** *c* mashed potatoes
**praksis** (*prahk*-siss) *m* practice
**prakt** (prahkt) *m* splendo(u)r
**praktfull** (*prahkt*-fewl) *adj* magnificent, gorgeous, splendid
**praktisere** (prahk-ti-*say*-rer) *v* practise
**praktisk** (*prahk*-tisk) *adj* practical; **~ talt** practically
**prat** (praat) *m*/*nt* chat
**prate** (*praa*-ter) *v* chat
**preke** (*pray*-ker) *v* preach
**preken** (*pray*-kern) *m* sermon
**prekestol** (*pray*-ker-stool) *m* pulpit
**premie** (*pray*-mi-er) *m* prize
**preposisjon** (preh-poo-si-*shoon*) *m* preposition
**presang** (preh-*sahngng*) *m* gift, present
**presentasjon** (preh-sahng-tah-*shoon*) *m* introduction, presentation
**presentere** (preh-sahng-*tay*-rer) *v* present, introduce
**president** (preh-si-*dehnt*) *m* president
**presis** (preh-*seess*) *adj* punctual, precise
**press** (prehss) *nt* pressure
**presse** (*prehss*-ser) *v* press; squeeze; *c* press
**pressekonferanse** (*prehss*-ser-koon-feh-rahng-ser) *m* press conference
**presserende** (preh-*say*-rer-ner) *adj* urgent, pressing
**prest** (prehst) *m* clergyman, parson; rector, minister; **katolsk ~** priest

**prestasjon** (prehss-tah-*shoon*) *m* feat, achievement
**prestegård** (*prehss*-ter-gawr) *m* vicarage, parsonage
**prestere** (prehss-*tay*-rer) *v* achieve
**prestisje** (prehss-*tee*-sher) *m* prestige
**prevensjonsmiddel** (preh-vahng-*shoons*-mi-derl) *nt* (pl -midler) contraceptive
**prikk** (prik) *m* dot
**primær** (pri-*mæær*) *adj* primary
**prins** (prins) *m* prince
**prinsesse** (prin-*sehss*-ser) *c* princess
**prinsipp** (prin-*sipp*) *nt* principle
**prioritet** (pri-oo-ri-*tayt*) *m* priority
**pris** (preess) *m* cost, price; charge, rate; award
**prisfall** (*preess*-fahl) *nt* drop in price, slump
**prisliste** (*preess*-liss-ter) *c* price list
**privat** (pri-*vaat*) *adj* private
**privatliv** (pri-*vaat*-leev) *nt* privacy
**privilegere** (pri-vi-leh-*gay*-rer) *v* favo(u)r
**privilegium** (pri-vi-*lay*-gi-ewm) *nt* (pl -ier) privilege
**problem** (proo-*blaym*) *nt* problem; question
**produksjon** (proo-dook-*shoon*) *m* production; output
**produkt** (proo-*dewkt*) *nt* product; produce
**produsent** (proo-dew-*sehnt*) *m* producer
**produsere** (proo-dew-*say*-rer) *v* produce
**profesjon** (proo-feh-*shoon*) *m* profession
**profesjonell** (proo-feh-shoo-*nehll*) *adj* professional
**professor** (proo-*fehss*-soor) *m* professor
**profet** (proo-*fayt*) *m* prophet
**program** (proo-*grahmm*) *nt* (pl ~mer) programme
**programvare** (proo-*grahmm*-vaarer) *m* software
**progressiv** (*proog*-reh-seev) *adj* progressive
**promenade** (proo-mer-*naa*-der) *m* promenade
**pronomen** (proo-*noo*-mern) *nt* pronoun
**propaganda** (proo-pah-*gahn*-dah) *m* propaganda
**propell** (proo-*pehll*) *m* propeller
**proporsjon** (proo-poo-*shoon*) *m* proportion
**prosent** (proo-*sehnt*) *m* percent
**prosentsats** (proo-*sehnt*-sahts) *m* percentage
**prosesjon** (proo-seh-*shoon*) *m* procession
**prosess** (proo-*sehss*) *m*

process
**prosjekt** (proo-*shehkt*) *nt* project
**prosjektør** (proo-shehk-*tūrr*) *m* spotlight
**prospekt** (proo-*spehkt*) *nt* prospectus
**prospektkort** (proo-*spehkt*-kot) *nt* (pl ~) picture postcard, postcard
**prostituert** (proo-sti-tew-*āyt*) *m* prostitute
**protein** (proo-teh-*een*) *nt* protein
**protest** (proo-*tehst*) *m* protest
**protestantisk** (proo-ter-*stahn*-tisk) *adj* Protestant
**protestere** (proo-ter-*stāy*-rer) *v* protest; object
**protokoll** (proo-too-*koll*) *m* record
**proviant** (proo-vi-*ahnt*) *m* provisions *pl*
**provins** (proo-*vins*) *m* province
**provinsiell** (proo-vin-si-*ehll*) *adj* provincial
**prute** (*prew*-ter) *v* bargain
**prøve** (*prūr*-ver) *v* try, attempt; try on; rehearse; *c* specimen; test; rehearsal
**prøverom** (*prūr*-ver-room) *nt* (pl ~) fitting room
**psykiater** (sew-ki-*aa*-terr) *m* psychiatrist
**psykisk** (*sēw*-kisk) *adj* psychic
**psykoanalytiker** (sew-koo-ah-nah-*lewt*-ti-kerr) *m* analyst, psychoanalyst
**psykolog** (sew-koo-*lawg*) *m* psychologist
**psykologi** (sew-koo-loo-*gee*) *m* psychology
**psykologisk** (sew-koo-*law*-gisk) *adj* psychological
**publikum** (*pewb*-li-kewm) *nt* audience, public
**publisitet** (pewb-li-si-*tāyt*) *m* publicity
**pudder** (*pewd*-derr) *nt* powder
**puff** (pewff) *nt* push
**pule** (*pew*-ler) *v vulgar* fuck
**puls** (pewls) *m* pulse
**pulsåre** (*pewls*-aw-rer) *c* artery
**pult** (pewlt) *m* desk
**pumpe** (*poom*-per) *v* pump; *c* pump
**pund** (pewnn) *nt* pound
**pung** (poongng) *m* purse; pouch
**punkt** (poongt) *nt* point; item
**punktering** (poong-*tāy*-ring) *c* puncture, blow-out; flat tyre
**punktert** (poong-*tāyt*) *adj* punctured
**punktlig** (*poongt*-li) *adj* punctual
**punktum** (*pewng*-tewm) *nt* full stop, period, dot
**pur** (pēwr) *adj* sheer
**purpurfarget** (*pewr*-pewr-fahr-gert) *adj* purple
**pusekatt** (*pēw*-ser-kaht) *m* pussy-cat

**pusle** (*pewsh*-ler) *v* potter; busy oneself
**puslespill** (*pewsh*-ler-spil) *nt* (pl ~) jigsaw puzzle
**pusse** (*pewss*-ser) *v* polish
**pussig** (*pewss*-si) *adj* funny
**pust** (pewst) *m* breath
**puste** (*pewss*-ter) *v* breathe; ~ **ut** expire, exhale
**pute** (*pew*-ter) *c* cushion; pillow; pad
**putevar** (*pew*-ter-vaar) *nt* (pl ~) pillow-case
**putte** (*pewt*-ter) *v* *put
**pyjamas** (pew-*shaa*-mahss) *m* pyjamas *pl*
**pynt** (pewnt) *m* decoration
**pynte** (*pewn*-ter) *v* decorate
**pytt** (pewtt) *m* puddle
**pære** (*pææ*-rer) *c* pear
**pæreholder** (*pææ*-rer-hoa-lerr) *m* socket
**pølse** (*purl*-ser) *c* sausage
**på** (paw) *prep* upon, on, at; to
***pådra seg** (*paw*-draa) contract
**påfallende** (*paw*-fah-ler-ner) *adj* striking
**påfugl** (*paw*-fewl) *m* peacock
**påkrevd** (*paw*-krehvd) *adj* requisite
**pålegg** (*paw*-lehg) *nt* (pl ~) rise; sandwich spread, cold cuts
***pålegge** (*paw*-lehg-er) *v* raise, charge
**pålitelig** (po-*lee*-ter-li) *adj* sound, reliable, trustworthy
**påske** (*pawss*-ker) *c* Easter
**påskelilje** (*pawss*-ker-lil-yer) *c* daffodil
**påskjønne** (*paw*-shur-ner) *v* appreciate
**påskudd** (*paw*-skewd) *nt* (pl ~) pretext, pretence
***påstå** (*paw*-staw) *v* claim
***påta seg** (*paw*-taa) *take charge of
**påvirke** (*paw*-veer-ker) *v* affect, influence

# R

**rabalder** (rah-*bahl*-derr) *nt* racket
**rabarbra** (rah-*bahr*-brah) *m* rhubarb
**rabatt** (rah-*bahtt*) *m* discount, rebate
**rabies** (*raa*-bi-ehss) *m* rabies
**racket** (*rehk*-ket) *m* racket
**rad** (raad) *m* row
**radering** (rah-*day*-ring) *c* etching
**radiator** (rah-di-*aa*-toor) *m* radiator
**radikal** (rah-di-*kaal*) *adj* radical
**radio** (*raa*-di-oo) *m* radio
**radius** (*raa*-di-ewss) *m* (pl

-ier) radius
**raffineri** (rah-fi-ner-*ree*) *nt* refinery
**rak** (raak) *adj* straight
**rake** (*raa*-ker) *c* rake
**rakett** (rah-*kehtt*) *m* rocket
**ramme** (*rahm*-mer) *c* frame; *v* *hit
**rampe** (*rahm*-per) *c* ramp
**ran** (raan) *nt* robbery
**rand** (rahnn) *m* (pl render) brim
**rane** (*raa*-ner) *v* rob
**rang** (rahngng) *m* rank
**ransake** (*rahn*-saa-ker) *v* search
**ransel** (*rahn*-serl) *m* (pl -sler) satchel
**ransmann** (*raans*-mahn) *m* (pl -menn) robber
**rap** (ræp) *c* rap
**rapphøne** (*rahp*-hūr-ner) *c* partridge
**rapport** (rah-*pott*) *m* report
**rapportere** (rah-po-*tāy*-rer) *v* report
**rar** (raar) *adj* odd
**rase** (*raa*-ser) *m* race; breed; *v* rage; **rase-** racial
**rasende** (*raa*-ser-ner) *adj* mad, furious
**raseri** (raa-ser-*ree*) *nt* rage, anger
**rasjon** (rah-*shōōn*) *m* ration
**rask** (rahsk) *adj* swift, fast; *nt* trash
**raspe** (*rahss*-per) *v* grate
**rastløs** (*rahst*-lūrss) *adj* restless
**rastløshet** (*rahst*-lūrss-hāyt) *c* unrest
**ratt** (rahtt) *nt* steering wheel
**rattstamme** (*raht*-stah-mer) *m* steering column
**rav** (raav) *nt* amber
**ravn** (rahvn) *m* raven
**reagere** (reh-ah-ga***y*-rer) *v* react
**reaksjon** (reh-ahk-*shōōn*) *m* reaction
**realisere** (reh-ah-li-*sāy*-rer) *v* realize
**realistisk** (reh-ah-*liss*-tisk) *adj* matter-of-fact
**redaktør** (reh-dahk-*tūrr*) *m* editor
**redd** (rehdd) *adj* afraid; ***være** ~ *be afraid
**redde** (*rehd*-der) *v* rescue, save
**reddik** (*rehd*-dik) *m* radish
**rede** (*rāy*-der) *nt* nest
**redegjørelse** (*rāy*-der-ʸūr-rerl-ser) *m* account
**redigere** (reh-dig-*ehrer*) *v* edit
**redning** (*rehd*-ning) *m* rescue
**redsel** (*reht*-serl) *m* (pl -sler) terror, horror
**redselsfull** (*reht*-serls-fewl) *adj* awful, horrible
**redskap** (*rehss*-kaap) *nt* utensil, tool
**reduksjon** (reh-dewk-*shōōn*) *m* reduction
**redusere** (reh-dew-*sāy*-rer) *v* reduce
**referanse** (reh-fer-*rahng*-ser) *m* reference

**referat** (reh-fer-raat) *nt* minutes
**refill** (ri-*fill*) *m* (pl ~) refill
**refleks** (reh-*flehks*) *m* reflection
**reflektere** (rehf-lehk-*tāy*-rer) *v* reflect
**reflektor** (reh-*flehk*-toor) *m* reflector
**Reformasjonen** (reh-for-mah-*shōō*-nern) the Reformation
**refundere** (reh-fewn-*dāy*-rer) *v* refund
**regatta** (reh-*gaht*-tah) *m* regatta
**regel** (*rāy*-gerl) *m* (pl regler) rule; regulation; **som** ~ in general, as a rule
**regelmessig** (*rāy*-gerl-meh-si) *adj* regular
**regent** (reh-*gehnt*) *m* ruler
**regi** (reh-*shee*) *m* direction, staging
**regime** (reh-*shee*-mer) *nt* régime
**regional** (reh-gi-oo-*naal*) *adj* regional
**regissere** (reh-shi-*sai*-rer) *v* direct
**regissør** (reh-shi-*sūrr*) *m* director
**register** (reh-*giss*-terr) *nt* (pl ~, -tre) index
**registrere** (reh-gi-*strāy*-rer) *v* record
**registrering** (reh-gi-*strāy*-ring) *c* registration
**registreringsnummer** (reh-gi-*strāy*-rings-noo-merr) *nt* (pl -numre) registration number; licence number *Am*
**regjere** (reh-*yāy*-rer) *v* govern, rule
**regjering** (reh-*yāy*-ring) *c* government; rule
**regjeringstid** (reh-*yāyrings*-teed) *c* reign
**regn** (rayn) *nt* rain
**regnbue** (*rayn*-bēw-er) *m* rainbow
**regne**[1] (*ray*-ner) *v* rain
**regne**[2] (*ray*-ner) *v* reckon; ~ **ut** calculate
**regnfrakk** (*rayn*-frahk) *m* raincoat, mackintosh
**regnfull** (*rayn*-fewl) *adj* rainy
**regning** (*ray*-ning) *c* arithmetic; bill; check *nAm*
**regnskur** (*rayn*-skōōr) *m* shower
**regulere** (reh-gew-*lāy*-rer) *v* regulate
**regulering** (reh-gew-*lāy*-ring) *c* regulation; brace
**rehabilitering** (reh-hah-bi-li-*tāy*-ring) *c* rehabilitation
**reinsdyr** (*rayns*-dēwr) *nt* (pl ~) reindeer
**reise**[1] (*ray*-ser) *v* travel; *c* voyage, journey, trip; ~ **bort** depart
**reise**[2] (*ray*-ser) *v* erect; ~ **seg** *rise
**reisebyrå** (*ray*-ser-bew-raw) *nt* travel agency, travel agent

**reiseforsikring** (*ray*-ser-fo-shik-ring) *c* travel insurance
**reisehåndbok** (*ray*-ser-hon-book) *c* (pl -bøker) travel guide
**reisende** (*ray*-ser-ner) *m* (pl ~) travel(l)er
**reiseplan** (*ray*-ser-plaan) *m* itinerary
**reiserute** (*ray*-ser-rew-ter) *c* itinerary
**reisesjekk** (*ray*-ser-shehk) *m* travel(l)er's cheque
**reiseutgifter** (*ray*-ser-ewt-yif-terr) *pl* travelling expenses
**reke** (*ray*-ker) *c* shrimp; prawn
**rekke** (*rehk*-ker) *c* rank, file; chain
***rekke** (*rehk*-ker) *v* pass, *catch
**rekkefølge** (*rehk*-ker-fur-ler) *m* sequence, order
**rekkevidde** (*rehk*-ker-vi-der) *c* reach; range
**rekkverk** (*rehk*-værk) *nt* railing
**reklame** (reh-*klaa*-mer) *m* advertising; commercial
**rekommandere** (reh-koo-mahn-*day*-rer) *v* register
**rekord** (reh-koord) *m* record
**rekreasjon** (rehk-reh-ah-*shoon*) *m* recreation
**rekreasjonssenter** (reh-kreh-ah-*shoon*-sehn-terr) *nt* (pl -trer) recreation centre (*Am* center)
**rekrutt** (rehk-*rewtt*) *m* recruit
**rektangel** (rehk-*tahng*-ngerl) *nt* (pl -gler) oblong, rectangle
**rektangulær** (rehk-tahng-gew-*læær*) *adj* rectangular
**rektor** (*rehk*-toor) *m* headmaster, principal
**relativ** (*rehl*-lah-teev) *adj* comparative, relative
**relieff** (reh-li-*ehff*) *nt* relief
**religion** (reh-li-gi-*oon*) *m* religion
**religiøs** (reh-li-gi-*urss*) *adj* religious
**relikvie** (reh-*leek*-vi-er) *m* relic
**rem** (rehmm) *c* (pl ~mer) strap
**remisse** (reh-*miss*-ser) *m* remittance
**ren** (rayn) *adj* clean; pure; **gjøre rent** clean
**rengjøring** (*rayn*-yur-ring) *c* cleaning
**rengjøringsmiddel** (*rayn*-yur-rings-mi-derl) *nt* (pl -midler) detergent
**rennestein** (*rehn*-ner-stayn) *m* gutter
**rense** (*rehn*-ser) *v* clean
**rensemiddel** (*rehn*-ser-mi-derl) *nt* (pl -midler) cleaning fluid
**renseri** (rehn-ser-*ree*) *nt* dry cleaner's
**renslig** (*rayn*-shli) *adj* clean, cleanly

**rente** (*rehn*-ter) *c* interest
**rep** (ra͞yp) *nt* rope
**reparasjon** (reh-pah-rah-*sho͞on*) *m* reparation, repair
**reparere** (reh-pah-*ra͞y*-rer) *v* repair; mend, fix
**repertoar** (reh-peh-too-*aar*) *nt* repertory
**reporter** (reh-*paw*-terr) *m* reporter
**representant** (reh-preh-sern-*tahnt*) *m* agent
**representasjon** (reh-preh-sern-tah-*sho͞on*) *m* representation
**representativ** (reh preh-*sehn*-tah-teev) *adj* representative
**representere** (reh-preh-sern-*ta͞y*-rer) *v* represent
**reproduksjon** (reh-proo-dewk-*sho͞on*) *m* reproduction
**reprodusere** (reh-proo-dew-*sa͞y*-rer) *v* reproduce
**republikansk** (reh-pewb-li-*kaansk*) *adj* republican
**republikk** (reh pew-*blikk*) *m* republic
**resepsjon** (reh-sehp-*sho͞on*) *m* reception office
**resepsjonist** (reh-sehp-*sho͞on-ist*) *m* receptionist
**resept** (reh-*sehpt*) *m* prescription
**reservasjon** (reh-sær-vah-*sho͞on*) *m* reservation, booking
**reserve** (reh-*sær*-ver) *m* reserve; **reserve-** spare
**reservedekk** (reh-*sær*-ver-dehk) *nt* (pl ~) spare tyre
**reservedel** (reh-*sær*-ver-da͞yl) *m* spare part
**reservehjul** (reh-*sær*-ver-ʸe͞wl) *nt* (pl ~) spare wheel
**reservere** (reh-sær-*va͞y*-rer) *v* reserve; book
**reservert** (reh-sær-*va͞yt*) *adj* reserved
**reservoar** (reh-sær-voo-*aar*) *nt* reservoir
**resirkulerbar** (*reh*-seer-kew-*la͞yr*-bahr) *adj* recyclable
**resirkulere** (*reh*-seer-kew-*la͞y*-rer) *v* recycle
**resonnere** (reh-soo-*na͞y*-rer) *v* reason
**respekt** (rehss-*pehkt*) *m* esteem, respect; regard
**respektabel** (rehss-pehk-*taa*-berl) *adj* respectable
**respektere** (rehss-pehk-*ta͞y*-rer) *v* respect
**respektiv** (*rehss*-pehk-teev) *adj* respective
**rest** (rehst) *m* rest; remainder, remnant
**restaurant** (rehss-tew-*rahngng*) *m* restaurant
**resterende** (rehss-*ta͞y*-rer-ner) *adj* remaining
**resultat** (reh-sewl-*taat*) *nt* result; outcome, issue
**resultere** (reh-sewl-*ta͞y*-rer) *v* result
**resymé** (reh-sew-*ma͞y*) *nt* résumé

**retning** (*reht*-ning) *m* direction; way
**retningslinje** (*rehtt*-nings-lin-ʸer) *c* guideline
**retningsnummer** (*rehtt*-nings-noom-merr) *nt* area code
**rett**[1] (rehtt) *m* dish, course
**rett**[2] (rehtt) *m* law, justice; *adj* right; appropriate; *adv* straight; ***ha ~** *be right; **~ frem** straight on, straight ahead
**rette**[1] (*reht*-ter) *v* correct; **med ~** rightly
**rette**[2] (*reht*-ter) *v* direct; **~ mot** aim at
**rettelse** (*reht*-terl-ser) *m* correction
**rettergang** (*reht*-terr-gahng) *m* trial
**rettferdig** (reht-*fær*-di) *adj* just, fair, right
**rettferdiggjøre** (reht-*fær*-di- ʸūr-rer) *v* justify
**rettferdighet** (reht-*fær*-di-hāyt) *c* justice
**rettighet** (*reht*-ti-hāyt) *c* right
**rettslig** (*reht*-shli) *adj* legal
**rettssak** (*reht*-saak) *c* lawsuit, trial
**returnere** (reh-tewr-*nāy*-rer) *v* *send back
**reumatisme** (rehv-mah-*tiss*-mer) rheumatism
**rev** (rāyv) *m* fox; *nt* reef
**revers** (reh-*væshsh*) *m* reverse
**revidere** (reh-vi-*dāy*-rer) *v* revise
**revisjon** (reh-vi-*shōōn*) *m* revision
**revolusjon** (reh-voo-lew-*shōōn*) *m* revolution
**revolusjonær** (reh-voo-lew-shoo-*nææ*r) *adj* revolutionary
**revolver** (reh-*vol*-verr) *m* gun, revolver
**revy** (reh-*vēw*) *m* revue
**revyteater** (reh-*vēw*-teh-aa-terr) *nt* (pl ~, -tre) music hall
**ribbein** (*rib*-bayn) *nt* (pl ~) rib
**ridder** (*rid*-derr) *m* knight
***ride** (*ree*-der) *v* *ride
**rideskole** (*ree*-der-skōō-ler) *m* riding school
**ridning** (*reed*-ning) *m* riding
**rift** (rift) *c* tear
**rik** (reek) *adj* wealthy, rich
**rikdom** (*reek*-dom) *m* (pl ~mer) wealth, riches *pl*
**rike** (*reeker*) *nt* kingdom
**rikelig** (*ree*-ker-li) *adj* plentiful; abundant
**rikelighet** (*reek*-li-hāyt) *c* plenty
**riksvei** (*riks*-vay) *m* highway
**riktig** (*rik*-ti) *adj* correct, just, right; proper; *adv* rather
**rim** (reem) *nt* rhyme
**rimelig** (*ree*-mer-li) *adj* reasonable
**ring** (ringng) *m* ring
**ringe** (*ring*-nger) *v* *ring; *adj* small; *v* call; ring up,

phone; call up *Am*
**ringeakt** (*ring*-nger-ahkt) *m* contempt, disdain
**ringeklokke** (*ring*-nger-klo-ker) *c* doorbell, bell
**ringvei** (*ring*-vay) *m* by-pass
**rips** (rips) *m* (pl ~) (red)currant
**ris** (reess) *m* rice
**risikabel** (ri-si-*kaa*-berl) *adj* risky; precarious, critical
**risikere** (ri-si-*kay*-rer) *v* risk
**risiko** (*riss*-si-koo) *m* risk; hazard, chance
**risp** (risp) *nt* scratch
**rispe** (*riss*-per) *v* scratch
**rist** (rist) *c* grate
**riste** (*riss*-ter) *v* roast; *shake; toast
**rival** (ri-*vaal*) *m* rival
**rivalisere** (ri-vah-li-*say*-rer) *v* rival
**rivalitet** (ri-vah-li-*tayt*) *m* rivalry
***rive** (*ree*-ver) *v* *tear; **~ i stykker** rip; **~ ned** demolish
**rivjern** (*reev*-ʸæn) *nt* (pl ~) grater
**ro**[1] (roo) *m* quiet; **falle til ~** calm down; **roe seg** calm down; **~ og mak** leisure
**ro**[2] (roo) *v* row
**robust** (roo-*bewst*) *adj* robust
**robåt** (*roo*-bawt) *m* rowing boat
**rogn** (rongn) *c* roe
**rolig** (*roo*-li) *adj* quiet, calm, tranquil; serene
**rom** (roomm) *nt* room, chamber; space
**roman** (roo-*maan*) *m* novel
**romanforfatter** (roo-*maan*-for-faht-terr) *m* novelist
**Romania** (roo-*maa*-ni-ah) Rumania
**romantisk** (roo-*mahn*-tisk) *adj* romantic
**romerbad** (*roo*-merr-baad) *nt* (pl ~) Turkish bath
**romersk-katolsk** (*roo*-mersh-kah-toolsk) *adj* Roman Catholic
**romferge** (*room*-fær-ger), **romferje** (*room*-fær-ʸer) *c* space shuttle
**romme** (*room*-mer) *v* contain
**rommelig** (*room*-mer li) *adj* spacious, roomy; large
**rop** (roop) *nt* call, cry; shout
**rope** (*roo*-per) *v* cry, call; shout
**ror** (roor) *nt* helm, rudder
**rorgjenger** (*roor*-ʸeh-ngerr) *m* helmsman
**rormann** (*roor*-mahn) *m* (pl -menn) helmsman
**ros** (rooss) *m* glory, praise
**rosa** (*roo*-sah) *adj* rose
**rose** (*roo*-ser) *c* rose; *v* praise
**rosenkrans** (*roo*-sern-krahns) *m* beads *pl*, rosary
**rosenkål** (*roo*-sern-kawl) *m* sprouts *pl*
**rosin** (roo-*seen*) *c* raisin
**rot**[1] (root) *c* (pl røtter) root
**rot**[2] (root) *nt* muddle, mess

**rote** (*roo*-ter) *v* muddle; ~ **til** mess up
**rotte** (*rot*-ter) *c* rat
**rouge** (roosh) *m* rouge
**rovdyr** (*rawv*-dewr) *nt* (pl ~) beast of prey
**ru** (rew) *adj* rough; harsh
**rubin** (rew-*been*) *m* ruby
**rubrikk** (rew-*brikk*) *m* column
**ruin** (rew-*een*) *m* ruins
**rulett** (rew-*lehtt*) *m* roulette
**rull** (rewll) *m* roll
**rulle** (*rewl*-ler) *v* roll
**rullegardin** (*rewl*-ler-gah-deen) *m/nt* blind
**rulleskøyteløping** (rewl-ler-shur$^{ew}$-ter-lurp-ing) *c* roller-skating
**rullestein** (*rewl*-ler-stayn) *m* boulder
**rullestol** (*rewl*-ler-stool) *m* wheelchair
**rulletrapp** (*rewl*-ler-trahp) *c* escalator
**rumener** (roo-*may*-nerr) *m* Rumanian
**rumensk** (roo-*maynsk*) *adj* Rumanian
**rumpeballe** (*room*-per-bah-ler) *m* buttock
**rund** (rewnn) *adj* round
**runde** (*rewn*-der) *m* round; lap
**rundhåndet** (*rewn*-ho-nert) *adj* generous
**rundkjøring** (*rewn*-khur-ring) *c* roundabout
**rundreise** (*rewn*-ray-ser) *c* tour
**rundspørring** (*rewn*-spur-ring) *c* enquiry; poll
**rundstykke** (*rewn*-stew-ker) *nt* roll; bun *nAm*
**rundt** (rewnt) *prep* about; *adv* around
**rushtid** (*rursh*-teed) *m* rush hour, peak hour
**russer** (*rewss*-serr) *m* Russian
**russisk** (*rewss*-sisk) *adj* Russian
**Russland** (*rewss*-lahn) Russia
**rust** (rewst) *m* rust
**rusten** (*rewss*-tern) *adj* rusty
**rustning** (*rewst*-ning) *m* armour
**rute** (*rew*-ter) *c* check; pane; route
**ruteplan** (*rew*-ter-plaan) *m* schedule
**rutine** (rew-*tee*-ner) *m* routine
**rutsjebane** (*rewt*-sher-baa-ner) *m* slide
**rydde opp** (*rewd*-der) tidy up
**rydde vekk** (*rewd*-der vehkk) *put away
**rye** (*rew*-er) *c* rug
**rygg** (rewgg) *m* back
**rygge** (*rewg*-ger) *v* reverse
**ryggrad** (*rewg*-raad) *m* spine, backbone
**ryggsekk** (*rewg*-sehk) *m* knapsack, rucksack
**ryggsmerter** (*rewg*-smæ-terr) *pl* backache
**rykk** (rewkk) *nt* wrench, tug

**rykte** (*rewk*-ter) *nt* rumour; reputation, fame
**rynke** (*rewng*-ker) *c* wrinkle; crease
**ryste** (*rewss*-ter) *v* *shake
**rytme** (*rewt*-mer) *m* rhythm
**rytter** (*rewt*-terr) *m* horseman, rider
**rød** (rūr) *adj* red
**rødbete** (*rūr*-bāy-ter) *c* beetroot
**rødme** (*rurd*-mer) *v* blush
**rødspette** (*rūr*-speh-ter) *c* plaice
**rødstrupe** (*rūr*-strēw-per) *m* robin
**røkelse** (*rūr*-kerl-ser) *m* incense
**rømling** (*rurm*-ling) *m* runaway
**rømme**[1] (*rurm*-mer) *m* sour cream
**rømme**[2] (*rurm*-mer) *v* escape, flee
**røntgenbilde** (*rurnt*-kern-bil-der) *nt* X-ray
**røntgenfotografere** (*rurnt*-kern-foo-too-grah-fāy-rer) *v* X-ray
**røpe** (*rūr*-per) *v* *give away
**rør** (rūrr) *nt* tube, pipe; cane
**røre** (*rūr*-rer) *v* touch; stir; ~ **seg** move
**rørende** (*rūr*-rer-ner) *adj* touching
**rørlegger** (*rūr*-leh-gerr) *m* plumber
**røyk** (rur$^{ew}$k) *m* smoke
**røyke** (*rur*ew-ker) *v* smoke; **røyking forbudt** no smoking
**røykekupé** (*rur*ew-ker-kew-pāy) *m* smoking compartment, smoker
**røyker** (*rur*ew-kerr) *m* smoker
**røykfri** (*rur*$^{ew}$*k*-frēe) *adj* smoke-free
**rå** (raw) *adj* raw
**råd** (rawd) *nt* advice; counsel, council; ***ha ~ til** *can afford
**råde** (*raw*-der) *v* advise
**rådgiver** (*rawd*-$^{y}$ee-verr) *m* counsellor
**rådhus** (*rawd*-hēwss) *nt* (pl ~) town hall
**rådslagning** (*rawd*-shlaag-ning) *m* deliberation
***rådslå** (*rawd*-shlaw) *v* deliberate
**rådsmedlem** (*rawds*-mayd-lerm) *nt* (pl ~mer) councillor
***rådspørre** (*rawd*-spur-rer) *v* consult
**råmateriale** (*raw*-mah-ter-ri-aa-ler) *nt* raw material
**råtten** (*rot*-tern) *adj* rotten

# S

**safe** (sayf) *m* safe
**safir** (sah-*feer*) *m* sapphire
**saft** (sahft) *c* juice
**saftig** (*sahf*-ti) *adj* juicy
**sag** (saag) *c* saw
**sagbruk** (*saag*-bro͞ok) *nt* (pl ~) sawmill
**sagflis** (*saag*-fleess) *c* sawdust
**sak** (saak) *c* matter, cause; case; issue
**sakfører** (*saak*-fūr-rerr) *m* solicitor
**sakkyndig** (*saak*-khewn-di) *adj* expert
**saks** (sahks) *c* scissors *pl*
**sakte** (*sahk*-ter) *adj* slow
**sal** (saal) *m* hall; saddle
**salat** (sah-*laat*) *m* salad, lettuce
**saldo** (*sahl*-doo) *m* balance
**salg** (sahlg) *nt* sale; **til salgs** for sale
**salgbar** (*sahlg*-baar) *adj* saleable
**salme** (*sahl*-mer) *m* hymn
**salmiakk** (sahl-mi-*ahkk*) *m* ammonia
**salong** (sah-*longng*) *m* salon; lounge, drawing room
**salt** (sahlt) *nt* salt; *adj* salty
**saltkar** (*sahlt*-kaar) *nt* (pl ~) salt cellar, salt shaker *Am*
**salve** (*sahl*-ver) *c* ointment
**samarbeid** (*sahm*-mahr-bayd) *nt* co-operation
**samarbeide** (*sahm*-mahr-bay-der) *v* collaborate
**samarbeidsvillig** (*sahm*-mahr-bayds-vi-li) *adj* co-operative
**same** (*saa*-mer) *m* Saami (aborigines of Northern Scandinavia)
**samfunn** (*sahm*-fewn) *nt* (pl ~) society; community; **samfunns-** social
**samle** (*sahm*-ler) *v* collect, gather; assemble; compile; ~ **inn** collect
**samler** (*sahm*-lerr) *m* collector
**samles** (*sahm*-lerss) *v* gather
**samling** (*sahm*-ling) *c* collection
**samme** (*sahm*-mer) *adj* same
**sammen** (*sahm*-mern) *adv* together
**sammendrag** (*sahm*-mern-draag) *nt* (pl ~) summary
**sammenføye** (*sahm*-mern-fur[ew]-er) *v* join
**sammenheng** (*sahm*-mern-hehng) *m* connection; coherence
**sammenkomst** (*sahm*-mern-komst) *m* meeting, assembly
**sammenligne** (*sahm*-mern-

ling-ner) *v* compare
**sammenligning** (*sahm*-mern-ling-ning) *m* comparison; **uten ~** by far
**sammensetning** (*sahm*-mern-seht-ning) *m* composition
**sammensmeltning** (*sahm*-mern-smehlt-ning) *m* merger
**sammenstille** (*sahm*-mern-sti-ler) *v* combine
**sammenstøt** (sahm-mern-stūrt) *nt* (pl ~) collision
**sammensvergelse** (*sahm*-mern-svær-gerl-ser) *m* plot
**sammensverge seg** (*sahm*-mern-svær-ger) conspire
**sammentreff** (sahm-mern-trehf) *nt* (pl ~) coincidence
**samordne** (*sahm*-mor-dner) *v* co-ordinate
**samtale** (*sahm*-taa-ler) *m* talk, conversation; discussion
**samtale venter** (*sahm* tāā-ler *vehn*-ter) *c* call waiting
**samtidig**[1] (*sahm*-tee-di) *adj* simultaneous; contemporary; *adv* simultaneously
**samtidig**[2] (*sahm*-tee-di) *m* (pl ~e) contemporary
**samtykke** (*sahm*-tew-ker) *v* consent; *nt* consent
**samvittighet** (sahm-*vit*-ti-hāyt) *c* conscience
**sanatorium** (sah-nah-*too*-ri-ewm) *nt* (pl -ier) sanatorium
**sand** (sahnn) *m* sand
**sandal** (sahn-*daal*) *m* sandal
**sanddyne** (*sahn*-dēw-ner) *c* dune
**sandet** (*sahn*-nert) *adj* sandy
**sandpapir** (*sahn*-pah-peer) *nt* sandpaper
**sang** (sahngng) *m* song
**sanger** (*sahng*-ngerr) *m* vocalist, singer
**sanitetsbind** (sah-ni-*tāyts*-bin) *nt* (pl ~) sanitary towel
**sanitær** (sah-ni-*tææ r*) *adj* sanitary
**sann** (sahnn) *adj* true
**sannferdig** (sahn-*fær*-di) *adj* truthful
**sannhet** (*sahn*-hāyt) *c* truth
**sannsynlig** (sahn-*sēwn*-li) *adj* probable, likely
**sannsynligvis** (sahn-*sēwn*-li-veess) *adv* probably
**sans** (sahns) *m* sense
**sardin** (sah-*deen*) *m* sardine
**satellitt** (sah-ter-*litt*) *m* satellite; **~-TV** satellite tv
**satellittoverføring** (sah-ter-*litt*-aw-verr-fūr-ing) *c* satellite television
**satelittradio** (sah-ter-*litt*-*rah*-di-oo) *c* satelite radio
**sateng** (sah-*tehngng*) *m* satin
**sau** (sou) *m* sheep
**Saudi-Arabia** (*sou*-di-ah-rah-bi-ah) Saudi Arabia
**saudiarabisk** (*sou*-di-ah-raa-bisk) *adj* Saudi

Arabian
**saus** (souss) *m* sauce
**savn** (sahvn) *nt* lack
**savne** (*sahv*-ner) *v* miss; lack; **savnet person** missing person
**scene** (*sāy*-ner) *m* stage; scene; shot
***se** (sāy) *v* *see; look; notice; ~ **opp** look out; ~ **på** look at; ~ **ut** look
**sebra** (*sāyb*-rah) *m* zebra
**seder** (*sāy*-derr) *pl* customs; morals
**sedvane** (*sāyd*-vaa-ner) *m* usage
**sedvanlig** (sehd-*vaan*-li) *adj* customary
**seer** (*sāy*-err) *m* spectator
**seg** (say) *pron* himself, herself, itself, oneself; themselves
**segl** (sayl) *nt* seal
**seier** (*say*-err) *m* victory
**seig** (say) *adj* tough
**seil** (sayl) *nt* sail
**seilbar** (*sayl*-baar) *adj* navigable
**seilbåt** (*sayl*-bawt) *m* sailing boat
**seilduk** (*sayl*-dēwk) *m* canvas
**seile** (*say*-ler) *v* sail
**seilforening** (*sayl*-fo-rāy-ning) *c* yacht club
**seilsport** (*sayl*-spot) *m* yachting
**sekk** (sehkk) *m* sack
**sekretær** (sehk-rer-*tæær*) *m* secretary; clerk
**seks** (sehks) *num* six
**seksjon** (sehk-*shōōn*) *m* section
**seksten** (*sayss*-tern) *num* sixteen
**sekstende** (*sayss*-ter-ner) *num* sixteenth
**seksti** (*sehks*-ti) *num* sixty
**seksualitet** (sehk-sew-ah-li-*tāyt*) *m* sexuality
**seksuell** (sehk-sew-*ehll*) *adj* sexual
**sekund** (seh-*kewnn*) *nt* second
**sekundær** (seh-kewn-*dæær*) *adj* secondary; subordinate
**sel** (sāyl) *m* seal
***selge** (*sehl*-ler) *v* *sell
**selleri** (seh-ler-*ree*) *m* celery
**selskap** (*sehl*-skaap) *nt* party, company; society
**selskapsantrekk** (*sehl*-skaap-sahn-trehk) *nt* (pl ~) evening dress
**selters** (*sehl*-tersh) *m* soda water
**selv** (sehll) *pron* myself, yourself, herself, himself, itself, oneself, ourselves, yourselves, themselves; self, selves; ~ **om** though, although
**selvbetjening** (*sehl*-beh-t$^y$āy-ning) *c* self-service
**selvbetjeningsvaskeri** (*sehl*-beh-t$^y$āy-nings-vahss-ker-ree) *nt* launderette
**selvfølgelig** (sehl-*furl*-ger-li) *adv* naturally, of course

**selvgod** (*sehl*-goo) *adj* conceited
**selvisk** (*sehl*-visk) *adj* selfish
**selvmord** (*sehl*-moord) *nt* (pl ~) suicide
**selvmordsangrep** (sehl-morts-*ahn*-grāyp) *nt* (pl ~) suicide attack
**selvmordsbomber** (sehl-morts-*boom*-ber) *c* (pl ~e) suicide bomber
**selvopptatt** (*sehl*-lop-taht) *adj* self-centered *Am*, self--centred
**selvstendig** (sehl-*stehn*-di) *adj* independent; self--employed
**selvstyre** (*sayl*-stēw-rer) *nt* self-government
**selvstyrt** (*sehl*-stēwt) *adj* autonomous
**sement** (seh-*mehnt*) *m* cement
**semikolon** (seh-mi-*kōō*-lon) *nt* semi colon
**sen** (sāyn) *adj* late; **for sent** too late; **senere** afterwards
**senat** (seh-*naat*) *nt* senate
**senator** (seh-*naa*-toor) *m* senator
**sende** (sehn-ner) *v* *send; transmit; ~ **av sted** dispatch, *send off; ~ **bort** dismiss; ~ **tilbake** *send back
**sendemann** (*sehn*-ner-mahn) *m* (pl -menn) envoy
**sender** (*sehn*-nerr) *m* transmitter
**sending** (*sehn*-ning) *c* consignment; transmission
**sene** (*sāy*-ner) *c* sinew, tendon
**seng** (sehngng) *c* bed
**sengeteppe** (*sehng*-nger-teh-per) *nt* bedspread
**sengetøy** (*sehng*-nger-tur[ew]) *nt* bedding
**senil** (seh-*neel*) *adj* senile
**senit** (*sāy*-nit) *nt* zenith
**senke** (*sehng*-ker) *v* lower
**sennep** (*sehn*-nerp) *m* mustard
**sensasjon** (sehn-sah-*shoon*) *m* sensation
**sensasjonell** (sehn-sah-shoo-*nehll*) *adj* sensational
**sensur** (sehn-*sēwr*) *m* censorship
**sentimental** (sehn-ti-mehn-*taal*) *adj* sentimental
**sentral** (sehn-*traal*) *adj* central
**sentralbord** (sehn-*traal*-bōōr) *nt* (pl ~) switchboard
**sentralfyring** (sehn-*traal*-fēw-ring) *c* central heating
**sentralisere** (sehn-trah-li-*sāy*-rer) *v* centralize
**sentralstasjon** (sehn-*traal*-stah-shōōn) *m* central station
**sentrum** (*sehn*-trewm) *nt* (pl -ra) town center *Am*, town centre, center *Am*, centre
**separat** (seh-pah-*raat*) *adv* apart, separately
**separere** (seh-pah-*rāy*-rer) *v* separate

**september** (sehp-*tehm*-berr) September
**septisk** (*sehp*-tisk) *adj* septic
**seremoni** (seh-reh-moo-*nee*) *m* ceremony
**serie** (*sāy*-ri-er) *m* series, sequence
**seriøs** (seh-ri-*ūrss*) *adj* serious
**servere** (sær-*vāy*-rer) *v* serve
**serveringsavgift** (sær-*vāy*-ring-saav-ʸift) *c* service charge
**serviett** (sær-vi-*ehtt*) *m* napkin, serviette
**servise** (sær-*vee*-ser) *nt* dinner service
**servitør** (sær-vi- *thūr*) *m* waiter, waitress
**sesjon** (seh-*shōōn*) *m* session
**sesong** (seh-*songng*) *m* season; **utenfor sesongen** off season
**sesongkort** (seh-*song*-kot) *nt* (pl ~) season ticket
**sete** (*sāy*-ter) *nt* seat; chair
**setning** (*seht*-ning) *m* sentence
**sett** (sehtt) *nt* set
***sette** (*seht*-ter) *v* *lay, place, *set; ~ **i gang** launch; ~ **inn** insert; ~ **i stand** enable; ~ **opp** *make up; *draw up; ~ **på** turn on; ~ **sammen** compose, assemble; ~ **seg** *sit down
**severdighet** (*sāy*-*vær*-di-hāyt) *c* sight; scenic place
**sex** (sehks) *m* sex
**shorts** (shawts) *m* (pl ~) shorts *pl*
***si** (see) *v* *say, *tell
**siamesisk** (si-ah-*māy*-sisk) *adj* Siamese
**side** (*see*-der) *c* page; side; **på den andre siden** across; **på den andre siden av** across, beyond; **til** ~ aside; **til siden** sideways; aside; **ved siden av** next to, beside
**sidegate** (*see*-der-gaa-ter) *c* sidestreet
**siden** (*see*-dern) *adv* since; *prep* since; *conj* since; **for ... siden** ago
**siffer** (*sif*-ferr) *nt* (pl ~, sifre) digit
**sigar** (si-*gaar*) *m* cigar
**sigarett** (si-gah-*rehtt*) *m* cigarette
**sigarettetui** (si-gah-*reht*-teh-tew-ee) *nt* cigarette case
**sigarettobakk** (si-gah-*reht*-too-bahk) *m* cigarette tobacco
**signal** (sing-naal) *nt* signal
**signalement** (sing-nah-ler-*mahngng*) *nt* description
**signalere** (sing-nah-*lāy*-rer) *v* signal
**signatur** (sing-nah-*tewr*) *m* signature
**sikker** (*sik*-kerr) *adj* secure, safe; certain, sure

**sikkert** (*sik*-kerrt) *adv* certainly
**sikkerhet** (*sik*-kerr-hayt) *c* security, safety
**sikkerhetsbelte** (*sik*-kerr-hayts-behl-ter) *nt* seat belt, safety belt
**sikkerhetsforanstaltning** (*sik*-kerr-hayts-fo-rahn-stahlt-ning) *m* precaution
**sikkerhetsnål** (*sik*-kerr-hayts-nawl) *c* safety pin
**sikkert** (*sik*-kert) *adv* surely; **helt ~** without fail
**sikre seg** (*sik*-rer) secure
**sikring** (*sik* ring) *c* fuse
**sikt** (sikt) *m* visibility
**sikte**[1] (*sik*-ter) *nt* aim; ***ta ~ på** aim at
**sikte**[2] (*sik*-ter) *v* aim; **~ på** aim at
**sil** (seel) *m* sieve, strainer
**sild** (sill) *c* (pl **~**) herring
**sile** (*see*-ler) *v* strain
**silke** (*sil*-ker) *m* silk
**simpel** (*sim*-perl) *adj* common; vulgar
**simpelthen** (*sim*-pehlt-hehn) *adv* simply
**simulere** (si-mew-*lay*-rer) *v* simulate
**sindig** (*sin*-di) *adj* sedate, soberminded
**sink** (singk) *m* zinc
**sinke** (*sing*-ker) *v* impede
**sinn** (sinn) *nt* mind
**sinne** (*sin*-ner) *nt* anger, temper
**sinnsbevegelse** (*sins*-beh-vay-gerl-ser) *m* emotion
**sinnsforvirring** (*sins*-for-vi-ring) *c* insanity
**sinnssyk** (*sin*-sewk) *adj* insane, mad, crazy
**sint** (sint) *adj* cross, angry
**sirene** (si-*ray*-ner) *c* siren
**siriss** (si-*riss*) *m* cricket
**sirkel** (*seer*-kerl) *m* (pl -kler) circle
**sirkulasjon** (seer-kew-lah-*shoon*) *m* circulation
**sirkus** (*seer*-kewss) *nt* circus
**sirup** (*seer*-rewp) *m* syrup
**sist** (sist) *adj* last
**siste** (*siss*-ter) *adj* ultimate; **i det ~** lately
**sitat** (si-*taat*) *nt* quotation
**sitere** (si-*tay*-rer) *v* quote
**sitron** (si-*troon*) *m* lemon
***sitte** (*sit*-ter) *v* *sit
**sitteplass** (*sit*-ter-plahss) *m* seat
**situasjon** (si-tew-ah-*shoon*) *m* position, situation
**siv** (seev) *nt* rush, reed
**sivil** (si-*veel*) *adj* civil; civilian
**sivilisasjon** (si-vi-li-sah-*shoon*) *m* civilization
**sivilisert** (si-vi-li-*sayt*) *adj* civilized
**sivilperson** (si-*veel*-pæ-shoon) *m* civilian
**sivilrett** (si-*veel* reht) *m* civil law
**sjakk** (shahkk) *m* chess; **sjakk!** check!
**sjakkbonde** (*shahk*-boo-ner) *m* (pl -bønder) pawn
**sjakkbrett** (*shahk*-breht) *nt*

(pl ~) chessboard; checkerboard *nAm*
**sjal** (shaal) *nt* shawl
**sjalu** (shah-*lew*) *adj* jealous; envious
**sjalusi** (shah-lew-*see*) *m* jealousy
**sjampinjong** (shahm-pin-*yongng*) *m* mushroom
**sjampo** (*shahm*-poo) *m* shampoo
**sjanse** (*shahng*-ser) *m* chance
**sjargong** (shaa-*gongng*) *m* slang; jargon
**sjarlatan** (*shaa*-lah-tahn) *m* quack
**sjarm** (shahrm) *m* charm; glamour, attraction
**sjarmerende** (shahr-*may*-rer-ner) *adj* charming
**sjef** (shayf) *m* manager, boss, chief
**sjekk** (shehkk) *m* cheque; check *nAm*
**sjekke** (*shehk*-ker) *v* check
**sjel** (shayl) *c* soul
**sjelden** (*shehl*-dern) *adv* rarely, seldom; *adj* rare, uncommon, infrequent
**sjenere** (sheh-*nay*-rer) *v* embarrass
**sjenert** (sheh-*nayt*) *adj* shy
**sjenerthet** (sheh-*nayt*-hayt) *c* timidity
**sjetong** (sheh-*tong*) *m* token
**sjette** (*sheht*-ter) *num* sixth
**sjofel** (*shoof*-erl) *adj* mean
**sjokk** (shokk) *nt* shock
**sjokkere** (sho-*kay*-rer) *v* shock
**sjokkerende** (sho-*kay*-rer-ner) *adj* shocking
**sjokolade** (shoo-koo-*laa*-der) *m* chocolate
**sju** (shew) *num* seven
**sjuende** (*shew*-er-ner) *num* seventh
**sjusket** (*shewss*-kert) *adj* slovenly
**sjø** (shur) *m* sea
**sjøfugl** (*shur*-fewl) *m* sea-bird
**sjøkart** (*shurkaht*) *nt* chart
**sjømann** (*shur*-mahn) *m* (pl -menn) sailor, seaman
**sjøpinnsvin** (*shur*-pin-sveen) *nt* (pl ~) sea urchin
**sjøreise** (*shur*-ray-ser) *c* cruise
**sjørøver** (*shur*-rur-verr) *m* pirate
**sjøsetning** (*shur*-seht-ning) *m* launching
**sjøsyk** (*shur*-sewk) *adj* seasick
**sjøsyke** (*shur*-sew-ker) *m* seasickness
**sjøvann** (*shur*-vahn) *nt* sea water
**sjåfør** (sho-*furr*) *m* chauffeur
**skade** (*skaa*-der) *m* injury, damage; harm, mischief; *v* *hurt, harm, injure; damage
**skadelig** (*skaa*-der-li) *adj* harmful, hurtful
**skadeserstatning** (*skaa*-

der-sææsh-taht-ning) *m* compensation, indemnity
**skadet** (*skaa*-dert) *adj* injured
**skaffe** (*skahf*-fer) *v* provide, furnish
**skaft** (skahft) *nt* handle
**skala** (*skaa*-lah) *m* scale
**skall** (skahll) *nt* shell; skin
**skalldyr** (*skahl*-dewr) *nt* (pl ~) shellfish
**skalle** (*skahl*-ler) *m* skull
**skallet** (*skahl*-lert) *adj* bald
**skam** (skahmm) *c* shame, disgrace
**skamfull** (*skahm*-fewl) *adj* ashamed
**skamme seg** (*skahm*-mer) *be ashamed
**skandale** (skahn-*daa*-ler) *m* scandal
**skandinav** (skahn-di-*naav*) *m* Scandinavian
**Skandinavia** (skahn-di-*naa*-vi-ah) Scandinavia
**skandinavisk** (skahn-di-*naa*-visk) *adj* Scandinavian
**skanne** (*skahn*-ner) *v* scan
**skanner** (*skahn*-nerr) *c* (pl ~e) scanner
**skap** (skaap) *nt* cupboard; closet; locker
**skape** (*skaaper*) *v* create
**skapende** (*skaa*-pene) *adj* creative
**skapning** (*skaap*-ning) *m* creature
**skarlagenrød** (skah-*laa*-gern-rur) *adj* scarlet
**skarp** (skahrp) *adj* sharp; keen; bright
**skatt** (skahtt) *m* treasure; tax; darling
**skattefri** (*skaht*-ter-free) *adj* tax-free
***skattlegge** (*skaht*-leh-ger) *v* tax
**ski** (shee) *c* (pl ~) ski; ***gå på ~** ski
**skibukse** (*shee*-book-ser) *c* ski pants
**skifer** (*shee*-ferr) *m* slate
**skift** (shift) *nt* shift
**skifte** (*shif*-ter) *v* switch; change
**skiftenøkkel** (*shif*-ter-nur-kerl) *m* (pl nøkler) monkey wrench *Am*
**skiheis** (*shee*-hayss) *m* ski lift
**skihopp** (*shee*-hop) *nt* (pl ~) ski jump
**skikk** (shikk) *m* custom
**skikkelse** (*shi*-kerl-ser) *m* figure
**skille** (*shil*-ler) *v* separate, part; divide
**skilles** (*shil*-lerss) *v* divorce
**skillevegg** (*shil*-ler-vehg) *m* partition
**skillevei** (*shil*-ler-vay) *m* road fork
**skilpadde** (*shil*-pah-der) *c* turtle
**skilsmisse** (*shils*-mi-ser) *m* divorce
**skiløper** (*shee*-lūr-perr) *m* skier
**skiløping** (*shee*-lūr-ping) *c* skiing

**skimte** (*shim*-ter) *v* glimpse
**skinke** (*shing*-ker) *c* ham
**skinn** (shinn) *nt* skin; hide; glare; **semsket ~** suede; **skinn-** leather
**skinne**[1] (*shin*-ner) *v* *shine
**skinne**[2] (*shin*-ner) *c* rail; track
**skinnende** (*shin*-ner-ner) *adj* bright
**skinnhellig** (*shin*-heh-li) *adj* hypocritical
**skip** (sheep) *nt* boat, ship
**skipe** (*shee*-per) *v* ship
**skipsfart** (*ships*-faht) *m* navigation, navigation; shipping
**skipsreder** (*ships*-rāy-derr) *m* shipowner
**skipsverft** (*ships*-værft) *nt* shipyard
**skisse** (*shiss*-ser) *c* sketch
**skissere** (shi-*sāy*-rer) *v* sketch
**skistaver** (*shee*-staa-verr) *pl* ski sticks; ski poles *Am*
**skistøvler** (*shee*-sturv-lerr) *pl* ski boots
**skitt** (shitt) *m* dirt
**skitten** (*shit*-tern) *adj* filthy, dirty, foul; soiled
**skive** (*shee*-ver) *c* disc; slice
**skiveprolaps** (*shee*-ver-pro-lahps) *m* slipped disc
**skje**[1] (shāy) *v* occur, happen
**skje**[2] (shāy) *c* spoon
**skjebne** (*shāyb*-ner) *m* destiny, fate; fortune, luck
**skjebnesvanger** (*shāyb*-ner-svah-ngerr) *adj* fatal
**skjefull** (*shāy*-fewl) *m* spoonful
**skjegg** (shehgg) *nt* beard
**skjelett** (*sheh-lehtt*) *nt* skeleton
**skjell** (shehll) *nt* shell, sea--shell; scale
**skjelle** (*shehl*-ler) *v* scold; **~ ut** call names
**skjelne** (*shehl*-ner) *v* distinguish
***skjelve** (*shehl*-ver) *v* tremble, shiver
**skjeløyd** (*shāyl*-ur$^{ew}$d) *adj* cross-eyed
**skjema** (*shāy*-mah) *nt* scheme; form
**skjemme bort** (*shehm*-mer boot) *spoil
**skjenke** (*shehng*-ker) *v* pour; donate
**skjenne på** (*shehn*-ner) *v* scold
**skjerf** (shærf) *nt* scarf
**skjerm** (shærm) *m* screen
**skjermbrett** (*shærm*-breht) *nt* folding screen
**skjev** (shāyv) *adj* slanting
**skjorte** (*shoot*-ter) *c* shirt
**skjul** (shēwl) *nt* cover
**skjule** (*shēw*-ler) *v* *hide, conceal
**skjær** (shæær) *adj* sheer; *nt* rock
***skjære** (*shææ*-rer) *v* *cut; carve; **~ av** *cut off; **~ i** carve; **~ ned** *cut; **~ ut** carve
**skjødesløs** (*shūr*-derss-lūrss) *adj* careless

**skjønn** (shurnn) *adj* wonderful, lovely
**skjønne** (*shurn*-ner) *v* *understand, *see
**skjønnhet** (*shurn*-hayt) *c* beauty
**skjønnhetspleie** (*shurn*-hayts-play-er) *m* beauty treatment
**skjønnhetssalong** (*shurn*-hayt-sah-long) *m* beauty parlo(u)r, beauty salon
**skjønt** (shurnt) *conj* though, although
**skjør** (shurr) *adj* fragile
**skjørt** (shurtt) *nt* skirt
**skjøteledning** (*shur*-ter-layd-ning) *m* extension cord
**skli** (sklee) *v* slip
**sko** (skoo) *m* (pl ~) shoe
**skog** (skoog) *m* wood, forest
**skogkledd** (*skoog*-klehd) *adj* wooded
**skogsområde** (*skoogs*-oom raw-der) *nt* woodland
**skokrem** (*skoo*-kraym) *m* shoe polish
**skole** (*skoo*-ler) *m* school; **videregående** ~ secondary school
**skolebestyrer** (*skoo*-ler-beh-stew-rerr) *m* principal
**skolegutt** (*skoo*-ler-gewt) *m* schoolboy
**skolepike** (*skoo*-ler-pee-ker) *m* schoolgirl
**skolisse** (*skoo*-li-ser) *c* shoe-lace
**skomaker** (*skoo*-maa-kerr) *m* shoemaker
**skorpe** (*skor*-per) *c* crust
**skorstein** (*skosh*-tayn) *m* chimney
**skotsk** (skotsk) *adj* Scottish
**Skottland** (*skot*-lahn) Scotland
**skotøy** (*skoo*-tur$^{ew}$) *nt* footwear
**skotøyforretning** (*skoo*-tur$^{ew}$-fo-reht-ning) *c* shoe shop
**skramme** (*skrahm*-mer) *c* scratch
**skrap** (skraap) *nt* junk
**skrape** (*skraa*-per) *v* scrape, scratch
**skravle** (*skrahv*-ler) *v* chat
**skravlebøtte** (*skrahv*-ler-bur-ter) *c* chatterbox
**skredder** (*skrehd*-derr) *m* tailor
**skreddersydd** (*skrehd*-der-shewd) *adj* tailor-made
**skrekk** (skrehkk) *m* fright
**skrekkelig** (skreh-ker-li) *adj* horrible, grim
**skrell** (skrehll) *nt* peel
**skrelle** (*skrehl*-ler) *v* peel
**skremme** (*skrehm*-mer) *v* scare, terrify
**skremmende** (*skrehm*-mer-ner) *adj* terrifying
**skremt** (skrehmt) *adj* frightened
**skrifte** (*skrif*-ter) *v* confess
**skriftemål** (*skrif*-ter-mawl) *nt* (pl ~) confession
**skriftlig** (*skrift*-li) *adj* in

writing; written
**skrik** (skreek) *nt* scream, cry
***skrike** (*skree*-ker) *v* shout, scream, cry; shriek
**skritt** (skritt) *nt* step, pace, move
***skrive** (*skree*-ver) *v* *write; ~ **inn** book; ~ **ned** *write down; ~ **på data** type; ~ **seg inn** check in; ~ **ut** print out
**skriveblokk** (*skree*-ver-blok) *c*; writing pad
**skrivebord** (*skree*-ver-bo͞or) *nt* desk, bureau
**skrivemaskin** (*skree*-ver-mah-sheen) *m* typewriter
**skrivemaskinpapir** (*skree*-ver-mah-sheen-pah-peer) *nt* typing paper
**skrivepapir** (*skree*-ver-pah-peer) *nt* writing paper
**skriver** (*skree*-verr) *m* printer
**skru** (skre͞w) *v* screw; ~ **av** turn off; ~ **på** turn on
**skrubbe** (*skrewb*-ber) *v* scrub
**skrubbsår** (*skrewb*-sawr) *nt* (pl ~) graze
**skrue** (*skre͞w*-er) *m* screw
**skruestikke** (*skre͞w*-er-sti-ker) *m* clamp
**skrujern** (*skre͞w*-ʸææn) *nt* (pl ~) screw-driver
**skrukke** (*skrook*-ker) *v* crease
**skrunøkkel** (*skre͞w*-nur-kerl) *m* (pl -nøkler) wrench
***skryte** (*skre͞w*-ter) *v* boast
**skrøne** (*skrur͞*-ner) *v* *tell tall tales
**skrøpelig** (*skrur͞*-per-li) *adj* fragile
**skrå** (skraw) *adj* slanting
**skråne** (*skraw*-ner) *v* slant
**skrånende** (*skraw*-ner-ner) *adj* sloping, slanting
**skråning** (*skraw*-ning) *m* incline, slope
**skudd** (skewdd) *nt* shot
**skuddår** (*skewd*-dawr) *nt* (pl ~) leap year
**skue** (*sko͞o*-er) *nt* sight
**skuespill** (*ske͞w*-er-spil) *nt* (pl ~) drama
**skuespiller** (*ske͞w*-er-spi-lerr) *m* actor, actress *m*; comedian
**skuespillforfatter** (*ske͞w*-er-spil-for-fah-terr) *m* playwright
**skuff** (skooff) *m* drawer
**skuffe** (*skewf*-fer) *v* disappoint; ***være skuffet** *be disappointed
**skuffelse** (*skewf*-ferl-ser) *m* disappointment
**skulder** (*skewl*-derr) *c* (pl -drer) shoulder
**skulke** (*skewl*-ker) *v* play truant
***skulle** (*skewl*-ler) *v* *shall; *should
**skulptur** (skewlp-*te͞wr*) *m* sculpture
**skum** (skoomm) *nt* foam, lather
**skumgummi** (*skoom*-gew-

mi) *m* foam rubber
**skumme** (*skoom*-mer) *v* foam
**skumring** (*skoom*-ring) *c* twilight
**skur** (skew̄r) *nt* shed; *m* shower
**skurd** (skewrd) *m* carving
**skurk** (skewrk) *m* bastard, villain, rascal
**skvette** (*skveht*-ter) *v* splash
**sky** (shēw) *c* cloud; *adj* shy
**skyet** (*shēw*-ert) *adj* cloudy
**skyffel** (*shewf*-ferl) *m* (pl skyfler) shovel
**skygge** (*shewg*-ger) *m* shadow, shade
**skyggefull** (*shewg*-ger-fewl) *adj* shady
**skyggelue** (*shewg*-er-*lew*-er) *c* cap
**skyhet** (*shēw*-hāyt) *c* shyness
**skyld** (shewll) *c* blame, guilt
**skylde** (*shewl*-ler) *v* owe
**skyldig** (*shewl*-di) *adj* guilty; due; ***være ~** owe
**skylle** (*shewl*-ler) rinse
**skylling** (*shewl*-ling) *c* rinse
**skynde seg** (*shewn*-ner) hurry, hasten
**skyskraper** (*shēw*-skraa-perr) *m* skyscraper
***skyte** (*shēw*-ter) *v* fire, *shoot
**skyteskive** (*shēw*-ter-shee-ver) *c* mark, target
***skyve** (*shēw*-ver) *v* push
**skyvedør** (*shēw*-ver-dūrr) *c* sliding door
**skøyeraktig** (*skur*ew-er-rahk-ti) *adj* mischievous
**skøyte** (*shur*ew-ter) *c* skate; ***gå på skøyter** skate
**skøytebane** (*shur*ew-ter-baa-ner) *m* skating rink
**skøyteløping** (*shur*ew-ter-lūr-ping) *c* skating
**skål** (skawl) *c* saucer; *m* toast
**sladder** (*shlahd*-derr) *m* gossip
**sladre** (*shlahd*-rer) *v* gossip
**slag** (shlaag) *nt* blow; smash; breed; battle; lapel
**slaganfall** (*shlaagahn*-fahl) *nt* (pl ~) stroke
**slagord** (*shlaa*-gōor) *nt* (pl ~) slogan
**slags** (shlahks) *m*/*nt* sort; **alle ~** all sorts of
**slakter** (*shlahk*-terr) *m* butcher
**slange** (*shlahng*-nger) *m* snake
**slang** (shlahng) *m* slang
**slank** (shlahngk) *adj* slender, slim
**slanke seg** (shlahng-ker) slim
**slapp** (shlahpp) *adj* limp
**slappe av** (*shlahp*-per) relax
**slave** (*shlaa*-ver) *m* slave
**slede** (*shlāy*-er) *m* sleigh, sledge
**sleip** (shlayp) *adj* slippery
**slekt** (shlehkt) *m* family; relatives
**slektning** (*shlehkt*-ning) *m*

relation, relative
**slem** (shlehmm) *adj* naughty, bad
**slenge** (*shlehng*-nger) *v* *throw
**slentre** (*shlehn*-trer) *v* stroll
**slepe** (*shlay*-per) *v* haul, drag
**slepebåt** (*shlay*-per-bawt) *m* tug
**slette** (*shleht*-ter) *c* plain
**slettvar** (*shleht*-vaar) *m* brill
**slik** (shleek) *pron* such; *adv* thus, so, such; **~ at** so that; **~ som** such as
**slikke** (*shlik*-ker) *v* lick, lap
**slips** (shlips) *nt* tie, necktie
***slite** (*shlee*-ter) *v* labo(u)r; **~ ut** wear out
**sliten** (*shlee*-tern) *adj* weary, worn out
**slitt** (shlitt) *adj* worn
**slokke** (*shlook*-ker) *v* *put out, extinguish
**slott** (shlott) *nt* castle
**slu** (shlew) *adj* sly, cunning
**sludder** (*shlewd*-derr) *nt* rubbish
**sluke** (*shlew*-ker) *v* swallow
**slukt** (shlewkt) *m* gorge
**slum** (shlewmm) *m* slum
**slump** (shloomp) *m* chance; **på ~** by chance
**slurk** (shlewrk) *m* sip
**slurvet** (*shlewr*-vert) *adj* sloppy
**sluse** (*shlew*-ser) *m* lock
**slutning** (*shlewt*-ning) *m* conclusion; end
**slutt** (shlewtt) *m* finish, end; **til ~** at last; eventually
**slutte** (*shlewt*-ter) *v* finish, end; quit; **~ seg til** join
**sluttresultat** (*shlewt*-reh-sewl-taat) *nt* final result
**slyngel** (*shlewng*-ngerl) *m* (pl -gler) rascal
**slør** (shlurr) *nt* veil
**sløse bort** (*shlur*-ser boot) waste
**sløseri** (shlur-ser-*ree*) *nt* waste
**sløv** (shlurv) *adj* dull, blunt
**sløyfe** (*shlur*ew-fer) *c* bow; bow tie
**slå** (shlaw) *m* bolt
***slå** (shlaw) *v* *strike, *beat, *hit; punch; bruise; dial; **~ av** switch off; **~ hakk i** chip; **~ igjen** slam; **~ i hjel** kill; **~ i stykker** crack; **~ ned** knock down; **~ opp** look up; **~ på** switch on; **~ seg ned** settle down; **~ til** *strike
**slående** (*shlaw*-er-ner) *adj* striking
***slåss** (shloss) *v* *fight; struggle
**smak** (smaak) *m* taste; flavo(u)r; ***sette ~ på** flavo(u)r
**smake** (*smaa*-ker) *v* taste; **~ på** taste
**smakløs** (*smaak*-lurss) *adj* tasteless
**smal** (smaal) *adj* narrow
**smaragd** (smah-*rahgd*) *m* emerald
**smart** (smaat) *adj* smart, lur

**smed** (smay) *m* smith
**smekke** (*smehk*-ker) *v* smack
**smell** (smehll) *nt* crack
***smelle** (*smehl*-ler) *v* crack
**smelte** (*smehl*-ter) *v* melt, thaw
**smerte** (*smæt*-ter) *m* pain; grief, sorrow
**smertefri** (*smæt*-ter-free) *adj* painless
**smertefull** (*smæ*-ter-fool) *adj* painful
**smertestillende middel** (*smæ*-ter-stil-lene *mid*-del) *nt* painkiller
***smette** (*smeht*-ter) *v* slip
**smidig** (*smee*-di) *adj* supple
**smil** (smeel) *nt* smile
**smile** (*smee*-ler) *v* smile
**sminke** (*sming*-ker) *c* make-up
**smitte** (*smit*-ter) *v* infect
**smittende** (*smi*-ter-ner) *adj* contagious
**smittsom** (*smit*-som) *adj* infectious, contagious
**smoking** (*smaw*-king) *m* dinner jacket; tuxedo *nAm*
**smug** (smewg) *nt* alley, lane
**smugle** (*smewg*-ler) *v* smuggle
**smul** (smewl) *adj* smooth
**smule** (*smew*-ler) *m* crumb; bit
**smykke** (*smewk*-ker) *nt* piece of jewellery (*Am* jewelry)
**smør** (smurr) *nt* butter
**smørbrød** (*smurr*-brur) *nt* (pl ~) open sandwich
***smøre** (*smur*-rer) *v* grease; lubricate
**smøreolje** (*smur*-rer-ol-[y]er) *c* lubrication oil
**smøring** (*smur*-ring) *c* lubrication
**små** (*smaw*) (pl liten) *adj* small
**småbarn** (*smaw*-baan) *nt* toddler
**smågris** (*smaw*-greess) *m* piglet
**småkake** (*smaw*-kaa-ker) *c* biscuit; cookie *nAm*
**smålig** (*smaw*-li) *adj* stingy
**småpenger** (*smaw*-peh-ngerr) *pl* petty cash, change
**småstein** (*smaw*-stayn) *m* pebble
**snakke** (*snahk*-ker) *v* *speak, talk
**snakkesalig** (*snahk*-ker-saa-li) *adj* talkative
**snart** (snaat) *adv* presently, soon, shortly; **så ~ som** as soon as
**snegl** (snayl) *m* snail
**snekker** (*snehk*-kerr) *m* carpenter
**snever** (*snay*-verr) *adj* narrow, restricted
**sneversynt** (*snay*-ver-shewnt) *adj* narrow-minded
**snikskytter** (*sneek*-shew-terr) *m* sniper
**snill** (snill) *adj* good, nice, kind

**snitte** (*snit*-ter) *v* *cut, slice
**snitsel** (*snit*-tsel) *m* cutlet
**sno** (snoo) *v* twist; ~ **seg** *wind
**snor** (snoor) *c* string; cord
**snorke** (*snor*-ker) *v* snore
**snorkel** (*snor*-kerl) *m* (pl -kler) snorkel
**snu** (snew) *v* turn round; ~ **om** invert; ~ **seg** turn round
**snuble** (*snewb*-ler) *v* stumble
**snurre** (*snewr*-rer) *v* *spin
**snute** (*snew*-ter) *c* snout
***snyte** (*snew*-ter) *v* cheat
**snø** (snur) *v* snow; *m* snow
**snøskred** (*snur*-skrayd) *nt* (pl ~) avalanche
**snøslaps** (*snur*-shlahps) *nt* slush
**snøstorm** (*snur*-storm) *m* blizzard, snowstorm
**sodavann** (*soo*-dah-vahn) *nt* soda water
**sofa** (*soof*-fah) *m* sofa
**software** (*sooft*-vehr) *m* software
**sogn** (songn) *nt* parish
**sogneprest** (*song*-ner-prehst) *m* rector, vicar
**sokk** (sokk) *m* sock
**sol** (sool) *c* sun
**solbrent** (*sool*-brehnt) *adj* sunburned
**solbriller** (*sool*-bri-lerr) *pl* sun-glasses *pl*
**solbær** (*sool*-bæær) *nt* (pl ~) black-currant
**soldat** (sool-*daat*) *m* soldier
**sole seg** (*soo*-ler) sunbathe
**solid** (soo-*leed*) *adj* solid, firm
**solistkonsert** (soo-*list*-koon-sæt) *m* recital
**sollys** (*sool*-lewss) *nt* sunlight
**solnedgang** (*sool*-nay-gahng) *m* sunset
**sololje** (*soo*-lol-ʸer) *c* suntan oil
**soloppgang** (*soo*-lop-gahng) *m* sunrise
**solrik** (*sool*-reek) *adj* sunny
**solseil** (*sool*-sayl) *nt* (pl ~) awning
**solskinn** (*sool*-shin) *nt* sunshine
**solstikk** (*sool*-stik) *nt* (pl ~) sunstroke
**solsystem** (*sool*-sewss-*taym*) *nt* solar system
**som** (somm) *pron* who, that, which; *conj* as; ~ **om** as if
**somletog** (*soom*-ler-tawg) *nt* (pl ~) slow train; milk train *Am*
**sommer** (*som*-merr) *m* (pl somrer) summer
**sommerfugl** (*som*-merr-fewl) *m* butterfly
**sommertid** (*som*-mer-teed) *c* summer time
**sone** (*soo*-ner) *c* zone; **trådløs** ~ wireless internet hotspot
**sopp** (sopp) *m* mushroom; toadstool
**sorg** (sorg) *c* sorrow, grief; mourning

**sort** (sott) *m* kind, sort
**sortere** (so-*tāy*-rer) *v* sort, assort
**sortiment** (so-ti-*mahngng*) *nt* assortment
**sosial** (soo-si-*aal*) *adj* social
**sosialisme** (soo-si-ah-*liss*-mer) *m* socialism
**sosialist** (soo-si-ah-*list*) *m* socialist
**sosialistisk** (soo-si-ah-*liss*-tisk) *adj* socialist
**sosiologi** (soo-si-oo-loo-*gee*) *m* sociology
***sove** (*saw*-ver) *v* *sleep
**sovende** (*saw*-ver-ner) *adj* asleep
**sovepille** (*saw*-ver-pi-ler) *c* sleeping pill
**sovepose** (*saw*-ver-pōō-ser) *m* sleeping bag
**sovesal** (*saw*-ver-saal) *m* dormitory
**sovevogn** (*saw*-ver-vongn) *c* sleeping car; Pullman
**soveværelse** (*saw*-ver-vææ-rerl-ser) *nt* bedroom
**sovne** (*sov*-ner) *v* *fall asleep
**spade** (*spaa*-er) *m* spade
**spalte** (*spahl*-ter) *c* column
**spandere** (spahn-*dāy*-rer) *v* *spend
**Spania** (*spaa*-ni-ah) Spain
**spanier** (*spaa*-ni-err) *m* Spaniard
**spanjol** (spahn-*ʸōōl*) *m* Spaniard
**spann** (spahnn) *nt* pail, bucket
**spansk** (spahnsk) *adj* Spanish
**spare** (*spaa*-rer) *v* save; economize
**sparebank** (*spaa*-rer-bahngk) *m* savings bank
**sparegris** (*spaa*-rer-gris) *m* piggy bank
**sparepenger** (*spaa*-rer-peh-ngerr) *pl* savings *pl*
**spark** (spahrk) *nt* kick
**sparke** (*spahr*-ker) *v* kick; ***gi sparken** dismiss
**sparsommelig** (spaa-*shom*-mer-li) *adj* thrifty, economical
**spasere** (spah-*sāy*-rer) *v* walk
**spaserstokk** (spah-*sāy*-shtok) *m* walking stick
**spasertur** (spah-*sāy*-tēwr) *m* stroll, walk
**spedalskhet** (speh-*daalsk*-hāyt) *c* leprosy
**spedbarn** (*spāy*-baan) *nt* (pl ~) infant
**speider** (*spuy*-derr) *m* girl scout; boy scout
**speil** (spayl) *nt* looking-glass, mirror
**speilbilde** (*spayl*-bil-der) *nt* reflection
**spekulere** (speh-kew-*lāy*-rer) *v* speculate
**spenne** (*spayn*-ner) *c* buckle
**spennende** (*spehn*-ner-ner) *adj* exciting
**spenning** (*spehn*-ning) *m* tension; voltage

**sperre** (*spehr*-rer) *v* block; ~ **inne** lock up
**spesialisere seg** (speh-si-ah-li-*sāy*-rer) specialize
**spesialist** (speh-si-ah-*list*) *m* specialist
**spesialitet** (speh-si-ah-li-*tāyt*) *m* speciality
**spesiell** (speh-si-*ehll*) *adj* particular, special
**spesifikk** (speh-si-*fikk*) *adj* specific
**spidd** (spidd) *nt* spit
**spiker** (*spee*-kerr) *m* (pl ~, -krer) nail
**spill** (spill) *nt* game
**spille** (*spil*-ler) *v* play; act
**spillemerke** (*spil*-ler-mær-ker) *nt* chip
**spiller** (*spil*-lerr) *m* player
**spillkort** (*spil*-kot) *nt* (pl ~) playing card
**spillopper** (spi-*lop*-perr) *pl* mischief
**spinat** (spi-*naat*) *m* spinach
**spindelvev** (*spin*-derl-vāyv) *m* (pl ~) spider's web
***spinne** (*spin*-ner) *v* *spin
**spion** (spi-*ōōn*) *m* spy
**spir** (speer) *nt* spire
**spirituosa** (spi-ri-tew-*ōō*-sah) *pl* spirits
**spise** (*spee*-ser) *v* *eat
**spisekart** (*spee*-ser-kaht) *nt* menu
**spiselig** (*spee*-ser-li) *adj* edible
**spisesal** (*spee*-ser-saal) *m* dining room
**spiseskje** (*spee*-ser-shāy) *c* tablespoon
**spisestue** (*spee*-ser-stēw-er) *c* dining room
**spisevogn** (*spee*-ser-vongn) *c* dining car
**spiss** (spiss) *adj* pointed, sharp; *m* tip, point
**spissborgerlig** (*spiss*-bor-ger-li) *adj* bourgeois
**spisse** (*spiss*-ser) *v* sharpen
**splint** (splint) *m* splinter
**splinter ny** (*splin*-terr nēw) brand-new
**spole** (*spōō*-ler) *m* spool
**spor** (spōōr) *nt* trace; trail, track
**sport** (spott) *m* sport
**sports og nyttekjøretøy** (*spotts*-aw-*newt*-teh-*khur*-er-turew) *nt* (pl ~) SUV
**sportsbil** (*spotsh*-beel) *m* sports car
**sportsklær** (*spotsh*-klæær) *pl* sportswear
**sprang** (sprahng) *nt* jump
**spray** (spray) *m* atomizer; spray
**sprayflaske** (*spray*-flahss-ker) *c* atomizer
**spre** (sprāy) *v* *spread; scatter; *shed
**sprekk** (sprehkk) *m* crack
***sprekke** (*sprehk*-ker) *v* *burst; crack
**sprenge** (*sprehng*-er) *v* blow up
**sprengstoff** (*sprehng*-stof) *nt* explosive
**springvann** (*spring*-vahn) *nt* (pl ~) fountain

**sprit** (spreet) *m* liquor
**spritapparat** (*spree*-tah-pah-raat) *nt* spirit stove
**sprut** (sprewt) *m* squirt
**sprute** (sprewt-er) *v* squirt; spray
**sprø** (sprur) *adj* crisp
**sprøyte** (*sprur*ew-ter) *c* syringe; shot
**språk** (sprawk) *nt* language
**spurv** (spewrv) *m* sparrow
**spyd** (spewd) *nt* spear
**spytt** (spewtt) *nt* spit
**spytte** (*spewt*-ter) *v* *spit
**spøk** (spurk) *m* joke
**spøkelse** (*spur*-kerl-ser) *nt* ghost; spirit
***spørre** (*spurr*-rer) *v* ask
**spørrelek** (*spurr*-rer-layk) *m* quiz
**spørsmål** (*spursh*-mawl) *nt* (pl ~) question; matter, issue
**spørsmålstegn** (*spursh*-mawls-tayn) *nt* (pl ~) question mark
**spå** (spaw) *v* predict, tell fortunes
**sta** (staa) *adj* head-strong, stubborn, pig-headed, obstinate
**stabel** (*staa*-berl) *m* (pl -bler) stack
**stabil** (stah-*beel*) *adj* stable
**stable** (*stahb*-ler) *v* pile
**stadig** (*staa*-di) *adj* continual, frequent
**stadion** (*staa*-di-oon) *nt* stadium
**stadium** (*staa*-di-ewm) *nt* (pl -ier) stage, phase
**stakitt** (stah-*kitt*) *nt* picket fence
**stall** (stahll) *m* stable
**stallkar** (*stahll*-kahrr) *m* groom
**stamme** (*stahm*-mer) *m* trunk; tribe; *v* stammer
**stamcelle** (*stahm*-sehl-ler) *c* stem cell
**stampe** (*stahm*-per) *v* stamp
**stand**[1] (stahnn) *m* (pl stender) state; ***gjøre i ~** mend; **i ~ til** able
**stand**[2] (stahnn) *m* stand
**standard-** (*stahn*-dahr) standard
**standhaftig** (stahn-*hahf*-ti) *adj* steadfast
**stang** (stahngng) *c* (pl stenger) bar, pole; rod
**stanse** (*stahn*-ser) *v* stop, halt, pull up
**start** (staat) *m* take-off; beginning, start
**startbane** (*staat*-baa-ner) *m* runway
**starte** (*staht*-ter) *v* start, *begin
**stasjon** (stah-*shoon*) *m* station; depot *nAm*
**stat** (staat) *m* state; **stats-** national
**statistikk** (stah-ti-*stikk*) *m* statistics *pl*
**statsborgerskap** (*staats*-bor-ger-shkaap) *nt* citizenship
**statskasse** (*staats*-kahs-ser) *c* treasury

**statsminister** (*staats*-mi-niss-terr) *m* (pl ~e, -trer) premier, Prime Minister
**statsoverhode** (*staat*-saw-verr-ho͞o-der) *nt* head of state
**statsråd** (*staats*-rawd) *m* minister
**statstjenestemann** (*staats*-tʸa͞y-ner-ster-mahn) *m* (pl -menn) civil servant
**statue** (*staa*-tew-er) *m* statue
**stave** (*staa*-ver) *v* *spell
**stavelse** (*staa*-verl-ser) *m* syllable
**stavemåte** (*staa*-ver-maw-ter) *m* spelling
**stearinlys** (steh-ah-*reen*-le͞wss) *nt* (pl ~) candle
**stebarn** (*sta͞y*-baan) *nt* (pl ~) stepchild
**sted** (sta͞y) *nt* spot, site, place; locality
**stedfortreder** (*sta͞y*-fo-tra͞y-derr) *m* substitute; deputy
**stedlig** (*sta͞yd*-li) *adj* local; resident
**stefar** (*sta͞y*-faar) *m* (pl -fedre) stepfather
**steg** (sta͞yg) *nt* step
**steil** (stayl) *adj* steep
**stein** (stayn) *m* stone; **stein-**stone
**steinbrudd** (*stayn*-brewd) *nt* (pl ~) quarry
**steinet** (*stay*-nert) *adj* rocky
**steintøy** (*stayn*-turᵉʷ) *nt* stoneware, crockery
**steke** (*sta͞y*-ker) *v* fry; roast
**stekeovn** (*sta͞y*-ker-ovn) *m* oven
**stekepanne** (*sta͞y*-ker-pah-ner) *c* frying pan
**stemme** (*stehm*-mer) *m* voice; vote; *v* vote; ~ **overens** agree
**stemmerett** (*stehm*-mer-reht) *m* franchise, suffrage
**stemning** (*stehm*-ning) *m* atmosphere; mood
**stemor** (*sta͞y*-mo͞or) *c* (pl -mødre) stepmother
**stempel** (*stehm*-perl) *nt* (pl ~, -pler) stamp; piston
**stenge** (*stehng*-nger) *v* close; ~ **av** turn off; *cut off; ~ **inne** *shut in
**stengt** (stehngt) *adj* closed, shut
**stereo** (*sta͞yh*-ra͞yoo) *m* stereo
**stereoanlegg** (*sta͞yh*-ra͞yoo-ahn-lehg) *nt* stereo (unit)
**steril** (steh-*reel*) *adj* sterile
**sterilisere** (steh-ri-li-*sa͞y*-rer) *v* sterilize
**sterk** (stærk) *adj* strong; powerful
**sti** (stee) *m* trail, path
**stift** (stift) *m* staple
**stifte** (*stif*-ter) *v* found, institute
**stiftelse** (*stif*-terl-ser) *m* foundation
**stige** (*stee*-ger) *m* ladder
***stige** (*stee*-ger) *v* ascend, *rise; ~ **av** *get off; ~ **opp** ascend; ~ **på** *get on
**stigning** (*steeg*-ning) *m*

increase; ascent
**stikk** (stikk) *nt* bite, sting; picture, engraving
***stikke** (*stik*-ker) *v* *sting
**stikkelsbær** (*stik*-kerls-bææ) *nt* (pl ~) gooseberry
**stikkontakt** (*stik*-koon-tahkt) *m* plug
**stikkord** (*stikk*-o͞or) *nt* catchword
**stikkpille** (*stik*-pi-ler) *c* suppository
**stil** (steel) *m* style; essay
**stilk** (stilk) *m* stem
**stillas** (sti-*laass*) *nt* scaffolding
**stille** (*stil*-ler) *adj* calm, quiet, still; silent; *v* place, *put; **~ inn** tune in
**Stillehavet** (*stil*-ler-haa-ver) Pacific Ocean
**stillestående** (*stil*-ler-staw-er-ner) *adj* stationary
**stilferdig** (stil-*fææɒdi*) *adj* quiet
**stillhet** (*stil*-ha͞yt) *c* silence, quiet
**stilling** (*stil*-ling) *c* position; job
**stimulans** (sti-mew-*lahngs*) *m* stimulant
**stimulere** (sti-mew-*la͞y*-rer) *v* stimulate
**sting** (stingng) *nt* stitch
***stinke** (*sting*-ker) *v* *smell, *stink
**stipend** (sti-*pehnd*) *nt* grant, scholarship
**stirre** (*steer*-rer) *v* stare, gaze
**stiv** (steev) *adj* stiff
***stjele** (*st^y^a͞y*-ler) *v* *steal
**stjerne** (*st^y^ææ*-ner) *c* star
**stoff** (stoff) *nt* cloth, material, fabric; matter
**stokk** (stokk) *m* cane, stick
**stokke** (*stok*-ker) *v* shuffle
**stol** (sto͞ol) *m* chair
**stola** (*sto͞o*-lah) *m* stole
**stole på** (*sto͞o*-ler) trust; rely on
**stolpe** (*stol*-per) *m* post; pillar
**stolt** (stolt) *adj* proud
**stolthet** (*stolt*-ha͞yt) *c* pride
**stopp!** (stopp) stop!
**stoppe** (*stop*-per) *v* stop; quit; darn
**stor** (sto͞or) *adj* great, major, big; large
**storartet** (*sto͞o*-raa-tert) *adj* superb, grand, terrific
**Storbritannia** (*sto͞or*-bri-tah-ni-ah) Great Britain
**stork** (stork) *m* stork
**storm** (storm) *m* gale; storm
**stormagasin** (*sto͞or*-mah-gah-seen) *nt* department store
**stormfull** (*storm*-fewl) *adj* stormy
**stormlykt** (*storm*-lewkt) *c* hurricane lamp
**storslått** (*sto͞o*-shlot) *adj* magnificent
**Stortinget** (*sto͞or*-ti-nger) Norwegian Parliament
**stortingsrepresentant** (*sto͞o*-tings-reh-preh-sern-*tahnt*) *m* Member of (the

Norwegian) Parliament
**straff** (strahff) *m* punishment; penalty
**straffe** (*strahf*-fer) *v* punish
**strafferett** (*strahf*-fer-reht) *m* criminal law
**straffespark** (*strahf*-fer-spahrk) *nt* (pl ~) penalty kick
**straks** (strahks) *adv* instantly, at once, immediately
**stram** (strahmm) *adj* tight
**stramme** (*strahm*-mer) *v* tighten; **strammes** to be tightened
**strand** (strahnn) *c* (pl strender) beach
**strebe** (*stray*-ber) *v* aspire; ~ **etter** pursue, aim at
**streife omkring** (*stray*-fer) roam
**streik** (strayk) *m* strike
**streike** (stray-ker) *v* *strike
**strek** (strayk) *m* line
**strekning** (*strehk*-ning) *m* stretch; distance
**streng** (strehngng) *adj* strict, severe, harsh; *m* string
**stress** (strehss) *nt* stress
**strid** (streed) *m* contest; fight, battle, struggle
***strides** (*stree*-derss) *v* dispute
**strikk** (strikk) *m* rubber band
**strikke** (*strik*-ker) *v* *knit
**strimmel** (*strim*-merl) *m* (pl strimler) strip
**stripe** (*stree*-per) *c* stripe
**stripet** (*stree*-pert) *adj* striped
**strofe** (*stroo*-fer) *m* stanza
**struktur** (strewk-*tewr*) *m* structure; texture, fabric
**strupekatarr** (*strewper*-kah-tahr) *m* laryngitis
**struts** (strewts) *m* ostrich
***stryke** (*strew*-ker) *v* iron; *strike; fail an exam
**strykefri** (*strew*-ker-free) *adj* drip-dry, wash and wear
**strykejern** (*strew*-ker-ʸææn) *nt* (pl ~) iron
**strøm** (strurmm) *m* (pl ~mer) electricity; current, stream; **med strømmen** downstream; **mot strømmen** upstream
**strømfordeler** (*strurm*-fo-day-lerr) *m* distributor
**strømme** (*strurm*-mer) *v* flow, stream
**strømpe** (*strurm*-per) *c* stocking
**strømpebukse** (*strurm*-per-book-ser) *c* tights *pl*, panty hose
**stråle** (*straw*-ler) *m* beam, ray; spout, jet; *v* *shine
**strålende** (*straw*-ler-ner) *adj* brilliant; glorious
**student** (stew-*dehnt*) *m* student
**studere** (stew-*day*-rer) *v* study
**studium** (*stew*-di-oom) *nt* (pl -ier) study; studies
**stue** (*stew*-er) *c* sitting room

**stuert** (*stoo*-ert) *m* steward
**stum** (stewmm) *adj* mute, dumb
**stund** (stewnn) *c* while
**stup** (stewp) *nt* precipice
**stupe** (*stew*-per) *v* dive
**stusse** (*stewss*-ser) *v* trim
**stygg** (stewgg) *adj* ugly
**stykke** (*stewk*-ker) *nt* piece, fragment, lump, part; ***gå i stykker** *break down; **i stykker** broken; **stort ~** chunk
**styrbord** (*stewr*-boor) starboard
**styre** (*stew*-rer) *v* direct; steer; *nt* board, direction; government; rule
**styrke** (*stewr*-ker) *m* power, strength; force; **væpnede styrker** armed forces
**styrte** (*stewt*-ter) *v* crash; rush, dash
**stær** (stæær) *m* starling
**stø** (stur) *adj* steady
**stønne** (*sturn*-ner) *v* groan
**støpejern** (*stur*-per-ʸææn) *nt* (pl ~) cast iron
**størkne** (*sturr*-kner) *v* harden
**størrelse** (*sturr*-rerl-ser) *m* size; **stor ~** outsize
**størsteparten** (*stursh*-ter-pah-tern) *m* bulk, the greater part of
**støt** (sturt) *nt* bump
**støtdemper** (*sturt*-dehm-perr) *m* shock absorber
**støte** (*stur*-ter) *v* bump; **~ på** run into, *come across; knock against; **~ sammen** bump
**støtfanger** (*sturt*-fah-ngerr) *m* bumper
**støtte** (*sturt*-ter) *v* *hold **up**; *m* support
**støv** (sturv) *nt* dust
**støvel** (*sturv*-verl) *m* (pl -vler) boot
**støvet** (*stur*-vert) *adj* dusty
**støvsuge** (*sturv*-sew-ger) *v* hoover; vacuum *vAm*
**støvsuger** (*sturv*-sew-gerr) *m* vacuum cleaner
**støy** (sturᵉʷ) *m* noise
**støyende** (*sture*w-er-ner) *adj* noisy
***stå** (staw) *v* *stand; **~ opp** *get up; *rise
**stående** (*staw*-er-ner) *adj* erect
**stål** (stawl) *nt* steel; **rustfritt ~** stainless steel
**ståltråd** (*stawl*-traw) *m* wire
**subjekt** (sewb-*ʸehkt*) *nt* subject
**substans** (sewb-*stahns*) *m* substance
**substansiell** (sewb-stahn-si-*ehl*) *adj* substantial
**substantiv** (*sewp*-stahn-teev) *nt* noun
**subtil** (sewb-*teel*) *adj* subtle
**suge** (*sew*-ger) *v* suck
**suite** (*svit*-ter) *m* suite
**sukke** (*sewk*-ker) *v* sigh
**sukker** (*sook*-kerr) *nt* sugar
**sukkerbit** (*sook*-kerr-beet) *m* lump of sugar
**sukkersyke** (*sook*-ker-

shew-ker) *m* diabetes
**sukkersykepasient** (*sook*-ker-shew-ker-pah-si-ehnt) *m* diabetic
**sukkertøy** (*sook*-ker-tur[ew]) *nt* sweet; candy *nAm*
**sukre** (*sook*-rer) *v* sweeten
**suksess** (sewk-*sehss*) *m* success; hit
**sult** (sewlt) *m* hunger
**sulten** (*sewl*-tern) *adj* hungry
**sum** (sewmm) *m* (pl ~mer) sum; amount
**summing** (*sewm*-ming) *c* buzz
**sump** (soomp) *m* marsh
**sunn** (sewnn) *adj* healthy; wholesome
**superlativ** (sew-*pæl*-lah-teev) *m* superlative
**supermarked** (*sew*-perr-mahr-kerd) *nt* supermarket
**suppe** (*sewp*-per) *c* soup
**suppeskje** (*sewp*-per-shay) *c* soup spoon
**suppetallerken** (*sewp*-per-tah-lær-kern) *m* soup plate
**sur** (sewr) *adj* sour
**surfe** (*sewr*-fer) *v* surf
**surfingbrett** (*surr*-fing-breht) *nt* surf-board
**surstoff** (*sew*-shtof) *nt* oxygen
**suspendere** (sewss-pahng-*day*-rer) *v* suspend
**suvenir** (sew-ver-*neer*) *m* souvenir
**svak** (svaak) *adj* weak, feeble; faint; slight
**svakhet** (*svaak*-hayt) *c* weakness
**svale** (*svaa*-ler) *c* swallow
**svamp** (svahmp) *m* sponge
**svane** (*svaa*-ner) *c* swan
**svangerskap** (*svahng*-ngerr-skaap) *nt* pregnancy
**svar** (svaar) *nt* answer, reply; **som ~** in reply
**svare** (*svaa*-rer) *v* answer, reply; **~ til** correspond
**svart** (svahtt) *adj* dirty; black
**svartebørs** (*svaht*-ter-bursh) *m* black market
**svarttrost** (*svaht*-rost) *m* blackbird
**sveise** (*svay*-ser) *v* weld
**Sveits** (svayts) Switzerland
**sveitser** (*svayt*-serr) *m* Swiss
**sveitsisk** (*svayt*-sisk) *adj* Swiss
**svelge** (*svehl*-ger) *v* swallow
**svelle** (*svehl*-ler) *v* *swell
**svensk** (svehnsk) *adj* Swedish
**svenske** (*svehn*-sker) *m* Swede
**sverd** (særd) *nt* sword
***sverge** (*svær*-ger) *v* vow, *swear
**Sverige** (*svær*-[y]er) Sweden
**svette** (*sveht*-ter) *v* perspire, sweat; *m* perspiration, sweat
***svi** (svee) *v* *burn
**svigerdatter** (*svee*-gerr-dah-terr) *c* daughter-in-law
**svigerfar** (*svee*-gerr-faar) *m*

(pl -fedre) father-in-law
**svigerforeldre** (*svee*-gerr-fo-rehl-drer) *pl* parents-in-law *pl*
**svigerinne** (svee-ger-*rin*-ner) *c* sister-in-law
**svigermor** (*svee*-gerr-moor) *c* (pl -mødre) mother-in-law
**svigersønn** (*svee*-ger-shurn) *m* son-in-law
**svikte** (*svik*-ter) *v* *let down
**svimmel** (*svim*-merl) *adj* dizzy, giddy
**svimmelhet** (*svim*-merl-hayt) *c* dizziness, giddiness
**svindel** (*svin*-derl) *m* swindle
**svindle** (*svin*-dler) *v* swindle
**svindler** (*svin*-dlerr) *m* swindler
**svinekjøtt** (*svee*-ner-khurt) *nt* pork
**svinelær** (*svee*-ner-læær) *nt* pigskin
**sving** (svingng) *m* turning, bend, turn
**svingdør** (*sving*-durr) *c* revolving door
**svinge** (*sving*-nger) *v* turn; *swing
**sviske** (*sviss*-ker) *c* prune
**svoger** (*svaw*-gerr) *m* (pl ~e, -grer) brother-in-law
**svulst** (svewlst) *m* tumo(u)r, growth
**svær** (svæær) *adj* huge
**svært** (svææt) *adv* very
**svømme** (*svurm*-mer) *v* *swim
**svømmebasseng** (*svurm*-mer-bah-sehng) *nt* swimming pool
**svømmer** (*svurm*-merr) *m* swimmer
**svømmevest** (*svurm*-me-vest) *m* life jacket
**svømming** (*svurm*-ming) *c* swimming
**swahili** (svah-*hee*-li) *m* Swahili
**sy** (sew) *v* *sew; ~ **sammen** *sew up
**syd** (sewd) *m* south
**sydlig** (*sewd*-li) *adj* southerly
**Sydpolen** (*sewd*-poo-lern) South Pole
**syk** (sewk) *adj* sick, ill
**sykdom** (*sewk*-dom) *m* (pl ~mer) sickness, illness; disease
**sykebil** (*sew*-ker-beel) *m* ambulance
**sykehus** (*sew*-ker-hewss) *nt* (pl ~) hospital
**sykepleier** (*sew*-ker-play-er) *m* nurse
**sykkel** (*sewk*-kerl) *m* (pl sykler) bicycle, cycle, bike
**sykle** (*sewk*-kler) *v* bicycle, cycle, bike
**syklist** (sewk-*list*) *m* cyclist
**syklus** (*sewk*-lewss) *m* cycle
**sylinder** (sew-*lin*-derr) *m* (pl ~e, -drer) cylinder
**syltetøy** (*sewl*-ter-tur[ew]) *nt* jam
**symaskin** (*sew*-mah-sheen)

*m* sewing machine
**symbol** (sewm-*bool*) *nt* symbol
**symfoni** (sewm-foo-*nee*) *m* symphony
**sympati** (sewm-pah-*tee*) *m* sympathy
**sympatisk** (sewm-*paa*-tisk) *adj* nice
**symptom** (sewm-*toom*) *nt* symptom
**syn** (sewn) vision; outlook, view; sight, spectacle
**synagoge** (sew-nah-*goo*-ger) *m* synagogue
**synd** (sewnn) *m* sin; **så synd!** what a pity!; **synes ~ på** pity
**synde** (*sewnn*-der) *v* sin
**syndebukk** (*sewn*-der-book) *m* scapegoat
**synder** (*sewnn*-derr) *m* sinner
**synes** (*sew*-nerss) *v* appear, look, seem; **jeg ~** I think; I find
***synge** (*sewng*-nger) *v* *sing
***synke** (*sewng*-ker) *v* *sink
**synlig** (*sewn*-li) *adj* visible
**synonym** (sew-noo-*newm*) *nt* synonym
**synspunkt** (*sewns*-poongt) *nt* point of view
**syntetisk** (sewn-*tay*-tisk) *adj* synthetic
**syrer** (*sew*-rerr) *m* Syrian
**Syria** (*sew*-ri-ah) Syria
**syrisk** (*sew*-risk) *adj* Syrian
**system** (sewss-*taym*) *nt* system
**systematisk** (sewss-teh-*maa*-tisk) *adj* systematic
**sytten** (*surt*-tern) *num* seventeen
**syttende** (*surt*-ter-ner) *num* seventeenth
**sytti** (*surt*-ti) *num* seventy
**syv** (sewv) *num* seven
**syvende** (*sew*-ver-ner) *num* seventh
**sær** (sæær) *adj* queer
**særdeles** (sæ-*day*-lerss) *adv* quite
**særdeleshet: i ~** (ee sæ-***ay*-lerss-hayt) in particular
**særegen** (*sææ*-reh-gern) *adj* particular
**særlig** (*sæær*-li) *adv* especially
**særskilt** (*sææ*-shilt) *adj* separate
**søke** (*sur*-ker) *v* *seek, apply
**søker** (*sur*-kerr) *m* view-finder
**søknad** (*surk*-nah) *m* application
**søle** (*sur*-ler) *v* *spill; *m* mud
**sølet** (*sur*-lert) *adj* muddy
**sølv** (surll) *nt* silver; **sølv-** silver
**sølvsmed** (*surl*-smay) *m* silversmith
**sølvtøy** (*surl*-tur$^{ew}$) *nt* silverware
**søm** (surmm) *m* (pl ~mer) seam
**sømmelig** (*surm*-mer-li) *adj*

proper
**søndag** (*surn*-daa) *m* Sunday
**sønn** (surnn) *m* son
**søppel** (*surp*-perl) *nt* garbage, litter
**søppelbøtte** (*surp*-perl-bur-ter) *c* rubbish bin; waste basket *Am*
**søppelkasse** (*surp*-perl-kah-ser) *c* dustbin; trash can *Am*
**sør** (sūrr) *m* south
**Sør-Afrika** (*sūr*-rahf-ri-kah) South Africa
**sørge** (*surr*-ger) *v* grieve; mourn; ~ **for** see to, look after
**sørlig** (*sūr*-li) *adj* southern
**sørvest** (surr-*vehst*) *m* south-west
**sørøst** (surr-*urst*) *m* south-east
**søster** (*surss*-terr) *c* (pl -tre) sister
**søt** (sūrt) *adj* sweet
**søtsaker** (*sūrt*-saa-kerr) *pl* candy *nAm*
**søvn** (survn) *m* sleep
**søvnig** (*surv*-ni) *adj* sleepy
**søvnløs** (*survn*-lūrss) *adj* sleepless
**søvnløshet** (*survn*-lūrss-hāyt) *c* insomnia
**søyle** (*sure*w-ler) *c* column
**så** (saw) *adv* so; then; *conj* so, so that; *v* *sow; ~ **vel som** as well as; ~ **vidt** barely; as much
**såkalt** (*saw*-kahlt) *adj* so--called
**såle** (*saw*-ler) *m* sole
**sånn** (sonn) *adj* such
**såpe** (*saw*-per) *c* soap
**sår** (sawr) *nt* wound; ulcer, sore; *adj* sore
**sårbar** (*sawr*-baar) *adj* vulnerable
**såre** (*saw*-rer) *v* wound; *hurt
***ta** (taa) *v* *take; ~ **bort** *take out; ~ **ille opp** resent; * ~ **imot** accept; ~ **inn** stay; ~ **med** *bring; ~ **med seg** *take away; ~ **opp** pick up; *bring up; ~ **på** *put on; ~ **seg av** attend to, *deal with; ~ **vare på** *take care of; ~ **vekk** *take away

# T

**tabell** (tah-*behll*) *m* chart, table
**tablett** (tahb-*lehtt*) *m* tablet
**tabu** (*taa*-bew) *nt* taboo
**tak** (taak) *nt* roof; ceiling; grip
**takk** (tahkk) thank you
**takke** (*tahk*-ker) *v* thank; ***ha å ~ for** owe
**takknemlig** (tahk-*nehm*-li) *adj* grateful, thankful
**takknemlighet** (tahk-*nehm*-

li-hāyt) *c* gratitude
**taksameter** (tahk-sah-*māy*-terr) *nt* (pl ~, -tre) taxi--meter
**taksere** (tahk-*sāy*-rer) *v* value, estimate
**takstein** (*taak*-stayn) *m* tile
**taktikk** (tahk-*tikk*) *m* tactics *pl*
**tale** (*taa*-ler) *m* speech
**talent** (tah-*lehnt*) *nt* talent
**talerstol** (*taa*-ler-shtōōl) *m* pulpit
**talkum** (*tahl*-kewm) *m* talc powder
**tall** (tahll) *nt* figure, number
**tallerken** (tah-*lær*-kern) *m* plate, dish
**tallord** (*tahl*-lōōr) *nt* (pl ~) numeral
**tallrik** (*tahl*-reek) *adj* numerous
**tam** (tahmm) *adj* tame
**tampong** (tahm-*pongng*) *m* tampon
**tang** (tahngng) *c* (pl tenger) tongs *pl*, pliers *pl*
**tank** (tahngk) *m* tank
**tankbåt** (*tahngk*-bawt) *m* tanker
**tanke** (*tahng*-ker) *m* thought, idea
**tankefull** (*tahng*-ker-fewl) *adj* thoughtful
**tankestrek** (*tahng*-ker-strāyk) *m* dash
**tann** (tahnn) *c* (pl tenner) tooth
**tannbørste** (*tahn*-bursh-ter) *m* toothbrush
**tannkjøtt** (*tahn*-khurt) *nt* gum
**tannkrem** (*tahnn*-krāym) *m* toothpaste
**tannlege** (*tahn*-lāy-ger) *m* dentist
**tannpasta** (*tahn*-pahss-tah) *m* toothpaste
**tannpine** (*tahn*-pee-ner) *c* toothache
**tannpirker** (*tahn*-peer-kerr) *m* toothpick
**tannregulering** (*tahn*-reh-gew-*lāy*-ring) *c* brace
**tannverk** (*tahn*-værk) *m* toothache
**tante** (*tahn*-ter) *c* aunt
**tap** (taap) *nt* loss
**tape** (*taa*-per) *v* *lose
**taper** (*taa*-perr) *m* loser
**tapet** (tah-*pāyt*) *nt* wallpaper
**tapper** (*tahp*-perr) *adj* brave, courageous
**tapperhet** (*tahp*-perr-hāyt) *c* courage
**tariff** (tah-*riff*) *m* rate, tariff
**tarm** (tahrm) *m* intestine, gut; **tarmer** bowels *pl*, intestines
**tast** (tahst) *m* key
**tastatur** (tahsta-*tēwr*) *nt* keyboard
**taste** (*tahs*-ter) *v* dial, type
**tau** (tou) *nt* cord
**taue** (*tou*-er) *v* tow, tug
**taus** (touss) *adj* silent
**tavle** (*tahv*-ler) *c* blackboard; board
**taxi** (*tahk*-si) *m* taxi

**te** (*ta͞y*) *m* tea
**teater** (teh-*aa*-terr) *nt* (pl ~, -tre) theater *Am*, theatre
**teaterstykke** (teh-*aa*-ter-shtew-ker) *nt* play
**tegn** (tayn) *nt* sign, token, signal; indication
**tegne** (*tay*-ner) *v* *draw; sketch; ~ **opp** design
**tegnefilm** (*tay*-ner-film) *m* cartoon
**tegnestift** (*tay*-ner-stift) *m* drawing pin; thumbtack *nAm*
**tegning** (*tay*-ning) *c* sketch, drawing
**tekanne** (*ta͞y*-kah-ner) *c* teapot
**tekniker** (*tehk*-ni-kerr) *m* technician
**teknikk** (tehk-*nikk*) *m* technique
**teknisk** (*tehk*-nisk) *adj* technical
**teknisk støtte** (*tehk*-nisk *sturt*-ter) *c* technical support
**teknologi** (tehk-noo-loo-*gee*) *m* technology
**teknologisk** (tehk-noo-*loo*-*gee*) *adj* technological
**tekopp** (*ta͞y*-kop) *m* teacup
**tekst** (tehkst) *m* text; subtitle
**tekstil** (tehk-*steel*) *m*/*nt* textile
**telefaks** (*teh*-ler-fahks) *m* fax; **sende en** ~ send a fax
**telefon** (teh-ler-*fo͞on*) *m* phone, telephone
**telefonere** (teh-ler-foo-*na͞y*-rer) *v* phone
**telefonkatalog** (teh-ler-*fo͞on*-kah-tah-lawg) *m* telephone directory; telephone book *Am*
**telefonkiosk** (teh-ler-*fo͞on*-khosk) *m* telephone booth
**telefonkort** (teh-ler-*fo͞on*-kot)*nt* phone card
**telefonrør** (teh-ler-*fo͞on*-ru͞rr) *nt* (pl ~) receiver
**telefonsamtale** (teh-ler-*fo͞on*-sahm-taa-ler) *m* telephone call
**telefonsentral** (teh-ler-*fo͞on*-sehn-traal) *m* telephone exchange
**telefonsvarer** (teh-ler-*fo͞on*-*svaa*-rerr) *m* answering machine
**telekommunikasjon** (*teh*-ler-koo-mewn-ni-kah-*sho͞on*) *c* telecommunications
**telekort** (*tel*-ler-*ko͞ot*) *nt* (pl ~) phone card
**teleobjektiv** (*ta͞y*-ler-ob-yehk-teev) *nt* telephoto lens
**telepati** (teh-ler-pah-*tee*) *m* telepathy
***telle** (*tehl*-ler) *v* count; ~ **opp** count
**telt** (tehlt) *nt* tent
**tema** (*ta͞y*-mah) *nt* theme
**temme** (*tehm*-mer) *v* tame
**temmelig** (*tehm*-mer-li) *adv* rather, pretty, fairly, quite
**tempel** (*tehm*-perl) *nt* (pl ~,

-pler) temple
**temperatur** (tehm-per-rah-*tewr*) *m* temperature
**tempo** (*tehm*-poo) *nt* pace
**tendens** (tehn-*dehns*) *m* tendency; ***ha ~ til** tend
**tenke** (*tehng*-ker) *v* *think; **~ over** *think over; **~ på** *think of; **~ seg** imagine, fancy; **~ ut** conceive
**tenker** (*tehng*-kerr) *m* thinker
**tenne** (*tehn*-ner) *v* *light
**tenning** (*tehn*-ning) *c* ignition
**tennis** (*tehn*-niss) *m* tennis
**tennisbane** (*tehn*-niss-baa-ner) *m* tennis court
**tennissko** (*tehn*-ni-skoo) *pl* tennis shoes
**tennplugg** (*tehn*-plewg) *m* sparking plug
**tennspole** (*tehn*-spoo-ler) *m* ignition coil
**tenåring** (*tay*-naw-ring) *m* teenager
**teologi** (teh-oo-loo-*gee*) *m* theology
**teoretisk** (teh-oo-*ray*-tisk) *adj* theoretical
**teori** (teh-oo-*ree*) *m* theory
**teppe** (*tehp*-per) *nt* blanket; carpet; curtain
**terapi** (teh-rah-*pee*) *m* therapy
**termin** (tær-*meen*) *m* term
**termometer** (tær-moo-*may*-terr) *nt* (pl ~, -tre) thermometer
**termosflaske** (*tær*-mooss-flahss-ker) *c* thermos flask
**termostat** (tær-moo-*staat*) *m* thermostat
**terning** (*tææ*-ning) *m* cube; dice *pl*
**terpentin** (tær-pehn-*teen*) *m* turpentine
**terrasse** (tæ-*rahss*-ser) *m* terrace
**terreng** (tæ-*rehngng*) *nt* terrain
**terror** (*tær*-roor) *m* terror
**terrorisme** (tæ-roo-*riss*-mer) *m* terrorism
**terrorist** (tæ-roo-*rist*) *m* terrorist
**terskel** (*tæsh*-kerl) *m* threshold
**tesalong** (*tay*-sah-long) *m* tea-shop
**tese** (*tay*-ser) *m* thesis
**teservise** (*tay*-sær-vee-ser) *nt* tea set
**teskje** (*tay*-shay) *c* teaspoon
**test** (tehst) *m* test
**testamente** (tehss-tah-*mehn*-ter) *nt* will
**teste** (*tehss*-ter) *v* test
**tett** (tehtt) *adj* dense, thick
**tettpakket** (*teht*-pah-kert) *adj* crowded
**Thailand** (*tigh*-lahn) Thailand
**thailandsk** (*tigh*-lahnsk) *adj* Thai
**thailender** (*tigh*-leh-nerr) *m* Thai
**ti** (tee) *num* ten
**tid** (teed) *c* time; period; **hele tiden** all the time; **i**

**tide** in time
**tidevann** (*tee*-der-vahn) *nt* tide
**tidlig** (*tee*-li) *adj* early; **tidligere** before, former, previous, formerly, *adv* before; past
**tidsbesparende** (*tits*-beh-spaa-rer-ner) *adj* time--saving
**tidsfordriv** (*tits*-for-driv)*nt* pastime
**tidsskrift** (*tit*-skrift) *nt* magazine, periodical, review, journal
**tie** (*tee*-er) *v* *be silent, *keep quiet
**tiende** (*tee*-er-ner) *num* tenth
**tiger** (*tee*-gerr) *m* tiger
**tigge** (*tig*-ger) *v* beg
**tigger** (*tig*-gerr) *m* beggar
**til** (till) *prep* to; for; until, till; **en ~** another; **~ og med** even
**tilbake** (til-*baa*-ker) *adv* back; ***gå ~** *get back
**tilbakebetale** (til-*baa*-ker-beh-taa-ler) *v* reimburse, *repay
**tilbakebetaling** (til-*baa*-ker-beh-taa-ling) *c* repayment, refund
**tilbakegang** (til-*baa*-ker-gahng) *m* recession
**tilbakekalle** (til-*baa*-ker-kah-ler) *v* recall
**tilbakekomst** (til-*baa*-ker-komst) *m* return
**tilbakereise** (til-*baa*-ker-ray-ser) *c* return journey
**tilbakevei** (til-*baa*-ker-vay) *m* way back
**tilbakevise** (til-*baa*-ker-vee-ser) *v* reject
***tilbe** (*til*-bay) *v* worship
**tilbehør** (*til*-beh-hurr) *nt* accessories *pl*
**tilberede** (*til*-beh-ray-der) *v* prepare; cook
***tilbringe** (*til*-bri-nger) *v* *spend
**tilbud** (*til*-bewd) *nt* (pl ~) offer; supply; bid
***tilby** (*til*-bew) *v* offer; *bid
**tilbøyelig** (til-*burew*-er-li) *adj* inclined; ***være ~ til** tend to
**tilbøyelighet** (til-*burew*-er-li-hayt) *c* inclination, tendency
**tildele** (*til*-day-ler) *v* award; assign to; administer
**tilfeldig** (til-*fehl*-di) *adj* incidental, accidental, casual
**tilfeldighet** (til-*fehl*-di-hayt) *c* chance, coincidence
**tilfeldigvis** (til-*fehl*-di-veess) *adv* by chance
**tilfelle** (*til*-feh-ler) *nt* case, instance; chance; coincidence; **i ~ av** in case of
**tilfluktssted** (*til*-flewkt-steh) *nt* shelter
**tilfreds** (til-*frehts*) *adj* content; satisfied
**tilfredshet** (til-*frehts*-hayt) *c* contentment

**tilfredsstille** (*til*-freht-sti-ler) *v* satisfy
**tilfredsstillelse** (*til*-freht-sti-lerl-ser) *m* satisfaction
**tilfredsstillende** (*til*-freht-sti-lerl-ner) *adj* satisfactory
**tilfredsstilt** (*til*-freht-stilt) *adj* satisfied
**tilførsel** (*til*-fur-sherl) *m* (pl -sler) supply
**tilføye** (*til*-fur^ew-er) *v* add; inflict
**tilføyelse** (*til*-fur^ew-erl-ser) *m* addition
**tilgang** (*til*-gahng) *m* access
***tilgi** (*til*-^y^ee) *v* *forgive
**tilgivelse** (*til*-^y^ee-verl-ser) *m* pardon
**tilgjengelig** (til-^y^*ehng*-nger-li) *adj* available; accessible
**tilhenger** (*til*-heh-ngerr) *m* trailer; supporter
**tilhøre** (*til*-hūr-rer) *v* belong, belong to
**tilhører** (*til*-hūr-rerr) *m* auditor
***tilintetgjøre** (ti-*lin*-tert-^y^ūr-rer) *v* destroy; ruin
***tillate** (*til*-laa-ter) *v* permit, allow; ***være tillatt** *be allowed
**tillatelse** (*til*-laa-terl-ser) *m* permission, authorization; permit; ***gi ~** license
**tillegg** (*til*-lehg) *nt* (pl ~) supplement; surcharge; annex
**tillit** (*til*-leet) *m* faith, confidence, trust
**tillitsfull** (*til*-leets-fewl) *adj* confident
**tilpasse** (*til*-pah-ser) *v* adapt, suit; adjust; accommodate
**tilrettevise** (til-*reht*-ter-vee-ser) *v* reprimand
**tilråde** (*til*-raw-der) *v* recommend
**tilsiktet** (*til*-sik-tert) *adj* intentional
***tilskrive** (*til*-skree-ver) *v* assign to
**tilskudd** (*til*-skewd) *nt* (pl ~) subsidy; grant
**tilskuer** (*til*-skēw-err) *m* spectator
**tilsluttet** (*til*-shlew-tert) *adj* affiliated
**tilstand** (*til*-stahn) *m* condition
**tilstedeværelse** (til-*stāy*-der-vææ-rerl-ser) *m* presence
**tilstedeværende** (til-*stāy*-der-vææ-rer-ner) *adj* present
**tilstrekkelig** (til-*streh*-ker-li) *adj* enough, sufficient; adequate; ***være ~** suffice; *do
**tilstøtende** (*til*-stūr-ter-ner) *adj* neighbo(u)ring, adjacent
***tilstå** (*til*-staw) *v* confess, admit
**tilståelse** (*til*-staw-erl-ser) *m* confession
**tilsvare** (*til*-svaa-rer) *v* correspond
**tilsvarende** (*til*-svaa-rer-

ner) *adj* equivalent
**tilsynelatende** (til-*sew*-ner-laa-ter-ner) *adj* apparent
***tilta** (*til*-taa) *v* increase
**tiltakende** (*til*-taa-ker-ner) *adj* progressive
***tiltrekke** (*til*-treh-ker) *v* attract
**tiltrekkende** (*til*-treh-ker) *adj* attractive
**tiltrekning** (*til*-trehk-ning) *m* attraction
**time** (*tee*-mer) *m* hour; lesson; **hver ~** hourly
**timeplan** (*ti*-mer-plaan) *m* schedule
**timian** (*tee*-mi-ahn) *m* thyme
**tind** (tinn) *m* peak
**tine** (*tee*-ner) *v* thaw
**ting** (tingng) *m* (pl ~) thing
**tinn** (tinn) *nt* pewter, tin
**tinning** (tin-ning) *m* temple
**tirsdag** (*teesh*-dah) *m* Tuesday
**tispe** (*tiss*-per) *c* bitch
**tistel** (*tiss*-terl) *m* (pl -tler) thistle
**tittel** (*tit*-terl) *m* (pl titler) title
**tiur** (*tee*-ewr) *m* wood grouse
**tjene** (*tyay*-ner) *v* earn; *make
**tjener** (*tyay*-nerr) *m* boy, servant, domestic
**tjeneste** (*tyay*-nerss-ter) *m* favo(u)r; service
**tjue** (*khew*-er) *num* twenty
**tjuende** (*khew*-er-ner) *num* twentieth
**tjære** (*khææ*-rer) *c* tar
**to** (too) *num* two
**toalett** (too-ah-*lehtt*) *nt* bathroom, lavatory, toilet; washroom, rest room *Am*
**toalettpapir** (too-ah-*leht*-pah-peer) *nt* toilet paper
**toalettsaker** (too-ah-*leht*-saa-kerr) *pl* toiletry
**toalettveske** (too-ah-*leht*-vehss-ker) *c* toilet case
**tobakk** (too-*bahkk*) *m* tobacco
**tobakksforretning** (too-*bahks*-fo-reht-ning) *c* tobacconist's
**todelt** (*too*-dehlt) *adj* two--piece
**tog** (tawg) *nt* train, parade
**tolk** (tolk) *m* interpreter
**tolke** (*tol*-ker) *v* interpret
**toll** (toll) *m* customs duty; customs *pl*
**tollavgift** (*tol*-laav-yift) *c* customs duty
**toller** (*tol*-lerr) *m* customs officer
**tollfri** (*toll*-free) *adj* duty--free
**tolv** (toll) *num* twelve
**tolvte** (*tol*-ter) *num* twelfth
**tom** (tomm) *adj* empty
**tomat** (too-*maat*) *m* tomato
**tomme** (*tom*-me) *m* inch
**tommelfinger** (*tom*-merl-fi-ngerr) *m* (pl -gre) thumb
**tomt** (tomt) *c* grounds, plot
**tone** (*too*-ner) *m* note, tone
**tonn** (tonn) *nt* ton

**topp** (topp) *m* summit, top; peak
**topplokk** (*top*-lok) *nt* (pl ~) cylinder head
**torden** (*too*-dern) *m* thunder
**tordenvær** (*too*-dern-væær) *nt* (pl ~) thunderstorm
**tordne** (*tood*-ner) *v* thunder
***tore** (*too*-rer) *v* dare
**torg** (torg) *nt* market-place
**torn** (toon) *m* thorn
**torsdag** (*tawsh*-dah) *m* Thursday
**torsk** (toshk) *m* (pl ~) cod
**tortur** (too-*tewr*) *m* torture
**torturere** (too-tew-*ray*-rer) *v* torture
**tosk** (tosk) *m* fool
**tospråklig** (*too*-sprawk-li) *adj* bilingual
**total** (too-*taal*) *adj* total; overall; utter
**totalisator** (too-tah-li-*saa*-toor) *m* bookmaker
**totalitær** (too-tah-li-*tæær*) *adj* totalitarian
**totalsum** (too-*taal*-sewm) *m* (pl ~mer) total
**totalt** (too-*taalt*) *adv* completely
**tradisjon** (trah-di-*shoon*) *m* tradition
**tradisjonell** (trah-di-shoo-*nehll*) *adj* traditional
**trafikk** (trah-*fikk*) *m* traffic
**trafikk-kork** (trah-*fik*-kork) *m* jam, traffic jam
**trafikklys** (trah-*fik*-lewss) *nt* (pl ~) traffic light
**trafikkraseri** (trah-*fikk*-raa-ser-*ree*) *nt* road rage
**tragedie** (trah-*gay*-di-er) *m* tragedy
**tragisk** (*traa*-gisk) *adj* tragic
**trakt** (trahkt) *c* region; funnel
**traktat** (trahk-*taat*) *m* treaty
**traktor** (*trahk*-toor) *m* tractor
**trang** (trahngng) *adj* tight, narrow; *m* urge
**transaksjon** (trahn-sahk-*shoon*) *m* deal, transaction
**transatlantisk** (*trahn*-saht-lahn-tisk) *adj* transatlantic
**transformator** (trahns-for-*maa*-toor) *m* transformer
**transpirasjon** (trahn-spi-rah-*shoon*) *m* perspiration
**transpirere** (trahn-spi-*ray*-rer) *v* perspire
**transport** (trahns-*pott*) *m* transport, transportation
**transportabel** (trahns-po-*taa*-berl) *adj* portable
**transportere** (trahns-po-*tay*-rer) *v* transport
**trapp** (trahpp) *c* stairs *pl*, staircase
**travel** (*traa*-verl) *adj* busy
**travelhet** (*traa*-verl-hayt) *c* bustle
***tre** (tray) *v* step; thread
**tre**[1] (tray) *num* three
**tre**[2] (tray) *nt* (pl trær) tree; wood; **tre-** wooden
**tredje** (*trayd*-[y]er) *num* third
***treffe** (*trehf*-fer) *v* *hit; *meet

**treg** (trayg) *adj* slack
**trekant** (*tray*-kahnt) *m* triangle
**trekantet** (*tray*-kahn-tert) *adj* triangular
**trekk** (trehkk) *nt* move; trait; *m* draught
***trekke** (*trehk*-ker) *v* pull, *draw; upholster; ~ **fra** deduct; subtract; ~ **opp** *wind; uncork; ~ **tilbake** *withdraw; ~ **ut** extract
**trekning** (*trehk*-ning) *m* draw
**trekull** (*tray*-kewl) *nt* charcoal
**trene** (*tray*-ner) *v* drill; train
**trener** (*tray*-nerr) *m* coach; trainer
**trenge** (*trehng*-nger) *v* need; ~ **seg frem** push
**trening** (*tray*-ning) *c* training
**treskjærerarbeid** (*tray*-shææ-rerr-ahr-bayd) *nt* wood carving
**tresko** (*tray*-skoo) *m* (pl ~) wooden shoe
**trett** (trehtt) *adj* tired, weary
**trette** (*treht*-ter) *v* argue, quarrel; tire; *m* quarrel
**tretten** (*treht*-tern) *num* thirteen
**trettende** (*treht*-ter-ner) *num* thirteenth; *adj* tiring
**tretti** (*treht*-ti) *num* thirty
**trettiende** (*treht*-ti-er-ner) *num* thirtieth
**trevle opp** (*trehv*-ler) fray
**tribune** (tri-*bew*-ner) *m* stand
**trick** (trikk) *nt* trick
**trikk** (trikk) *m* tram; streetcar *nAm*
**trillebår** (*tril*-ler-bawr) *c* wheelbarrow
**trinn** (trinn) *nt* step
**trinse** (*trin*-ser) *c* pulley
**trist** (trist) *adj* sad
**triumf** (tri-*ewmf*) *m* triumph
**triumfere** (tri-ewm-*fay*-rer) *v* triumph
**triumferende** (tri-ewm-*fay*-rer-ner) *adj* triumphant
**tro** (troo) *v* believe; reckon; *c* belief, faith; *adj* faithful
**trofast** (*troo*-fahst) *adj* faithful, true
**trolig** (*troo*-li) *adj* credible
**trolldom** (*trol*-dom) *m* magic
**tromme** (*troom*-mer) *c* drum
**trommehinne** (*troom*-mer-hi-ner) *c* ear-drum
**trompet** (troom-*payt*) *m* trumpet
**trone** (*troo*-ner) *c* throne
**tropene** (*troo*-per-ner) *pl* tropics *pl*
**tropisk** (*troo*-pisk) *adj* tropical
**tropper** (*trop*-perr) *pl* troops *pl*
**tross** (tross) *prep* in spite of, despite; **til ~ for** in spite of
**trost** (trost) *m* thrush
**true** (*trew*-er) *v* threaten
**truende** (*trew*-er-ner) *adj*

threatening
**trumf** (trewmf) *m* trump, trump card
**trupp** (trewpp) *m* band; company
**truse** (trew-ser) *c* briefs *pl*, panties *pl*; underpants *plAm*
**trussel** (*trewss*-serl) *m* (pl -sler) threat
**trygle** (*trew*-ger-ler) *v* plead, beseech, beg
**trykk**[1] (trewkk) *nt* pressure
**trykk**[2] (trewkk) *nt* engraving, print
**trykk**[3] (trewkk) *nt* stress; ***legge ~ på** stress
**trykke**[1] (*trewk*-ker) *v* press; **~ på** press
**trykke**[2] (*trewk*-ker) *v* print
**trykkende** (*trewk*-ker-ner) *adj* stuffy
**trykknapp** (*trewk*-knahp) *m* push button; press-stud
**trykkoker** (trewk-koo-kerr) *m* pressure cooker
**tryllekunstner** (*trewl*-ler-kewnst-nerr) *m* magician
**trøbbel** (*trurb*-berl) *nt* trouble
**trøffel** (*trur*-ferl) *m* truffle
**trøst** (trurst) *c* comfort
**trøste** (*trurss*-ter) *v* comfort
**trøstepremie** (*trurss*-ter-pray-mi-er) *m* consolation prize
**trå** (traw) *v* step
**tråd** (traw) *m* thread
**trådløs** (*trawd*-lurss) *adj* wireless
**tube** (*tew*-ber) *m* tube
**tuberkulose** (tew-bær-kew-*loo*-ser) *m* tuberculosis
**tulipan** (tew-li-*paan*) *m* tulip; **~-løk** tulip bulb
**tull** (tewll) *nt* rubbish
**tunfisk** (*tewn*-fisk) *m* tuna
**tung** (toongng) *adj* heavy
**tunge** (*toong*-nger) *c* tongue
**tungnem** (*toong*-nehm) *adj* slow
**tunika** (*tew*-ni-kah) *m* tunic
**Tunisia** (tew-*nee*-si-ah) Tunisia
**tunisier** (tew-*nee*-si-err) *m* Tunisian
**tunisisk** (tew-*nee*-sisk) *adj* Tunisian
**tunnel** (tew-*nehll*) *m* tunnel
**tur** (tewr) *m* ride, trip; turn
**turbin** (tewr-*been*) *m* turbine
**turbojet** (*tewr*-boo-ʸeht) *m* turbojet
**turgjenger** (*tewr*-ʸeh-ngerr) *m* walker
**turist** (tew-*rist*) *m* tourist
**turistklasse** (tew-*rist*-klah-ser) *c* tourist class
**turistkontor** (tew-*rist*-koon-toor) *nt* tourist office
**turisttrafikk** (tew-*riss*-trah-fik) *m* tourism
**turner** (*tew*-nerr) *m* gymnast
**turnering** (tew-*nay*-ring) *c* tournament
**turnsko** (*tewn*-skoo) *pl* gym shoes; sneakers *plAm*
**tur-retur** (*tewr*-reh-tewr)

round trip
**tusen** (*tew*-sern) *num* thousand
**tusmørke** (*tewss*-murr-ker) *nt* dusk
**tut** (tewt) *m* nozzle
**tute** (*tew*-ter) *v* hoot; honk *vAm*, toot *vAm*
**TV** (*te***wehr) *m colloquial* TV
**tvang** (tvahng) *m* constraint; force
**tverr** (tværr) *adj* cross
**tvert imot** (*tvæt* i-*moot*) on the contrary
**tvert om** (*tvæt* om) the other way round
**tvetydig** (*tvay*-tew-di) *adj* ambiguous
**tvil** (tveel) *m* doubt; **uten ~** without doubt
**tvile** (*tvee*-ler) *v* doubt
**tvillinger** (*tvil*-li-ngerr) *pl* twins *pl*
**tvilsom** (*tveel*-som) *adj* doubtful
***tvinge** (*tving*-nger) *v* force
**tvist** (tvist) *m* dispute
**tydelig** (*tew*-der-li) *adj* clear, distinct, plain; evident, apparent; explicit
**tyfus** (*tew*-fewss) *m* typhoid
**tygge** (*tewg*-ger) *v* chew
**tyggegummi** (*tewg*-ger-gew-mi) *m* chewing gum
**tykk** (tewkk) *adj* thick; corpulent, big
**tykkelse** (*tewk*-kerl-ser) *m* thickness
**tykkfallen** (*tewk*-fah-lern) *adj* stout
**tykne** (*tewk*-ner) *v* thicken
**tyngde** (*tewng*-der) *m* weight
**tyngdekraft** (*tewng*-der-krahft) *c* gravity
**tynge** (*tewng*-nger) *v* oppress
**tynn** (tewnn) *adj* thin; sheer; weak
**type** (*tew*-per) *m* type
**typisk** (*tew*-pisk) *adj* typical
**tyr** (tewr) *m* bull
**tyrann** (tew-*rahnn*) *m* tyrant
**tyrefektning** (*tew*-rer-fehkt-ning) *m* bullfight
**Tyrkia** (*tewr*-ki-ah) Turkey
**tyrkisk** (*tewr*-kisk) *adj* Turkish
**tysk** (tewsk) *adj* German
**tysker** (*tewss*-kerr) *m* German
**Tyskland** (*tewsk*-lahn) Germany
**tyv** (tewv) *m* thief
**tyve** (*tew*-ver) *num* twenty
**tyvende** (*tew*-ver-ner) *num* twentieth
**tyveri** (tew-ver-*ree*) *nt* robbery, theft
**tøffel** (*turf*-ferl) *m* (pl tøfler) slipper
**tømme** (*turm*-mer) *v* empty
**tømmer** (*turm*-merr) *nt* timber
**tømmermenn** (*turm*-merr-mehn) *pl* hangover
**tømming** (*turm*-ming) *c* emptying
**tønne** (*turn*-ner) *c* cask,

barrel
**tørke** (*turr*-ker) *c* drought; *v* wipe, dry; ~ **av** wipe; ~ **bort** wipe
**tørkeapparat** (*turr*-ker-ah-pah-raat) *nt* dryer
**tørr** (turrr) *adj* dry
**tørst** (tursht) *adj* thirsty; *m* thirst
**tøvær** (*tūr*-vær) *nt* thaw
**tøye** (*tu*rew-er) *v* stretch
**tøyelig** (*tu*rew-er-li) *adj* elastic
**tøyelighet** (*tu*rew-er-li-hāyt) *c* elasticity
**tøyle** (*tu*rew-ler) *v* curb; restrain
**tå** (taw) *c* (pl tær) toe
**tåke** (*taw*-ker) *c* mist, fog
**tåkelykt** (*taw*-ker-lewkt) *c* foglamp
**tåket** (*taw*-kert) *adj* foggy
**tålmodig** (tol-*mōō*-di) *adj* patient
**tålmodighet** (tol-*mōō*-di-hāyt) *c* patience
**tåpelig** (*taw*-per-li) *adj* silly, foolish; crazy
**tåre** (*taw*-rer) *c* tear
**tårn** (tawn) *nt* tower

# U

**uakseptabel** (*ēw*-ahk-sep-taabel) *adj* unacceptable
**ualminnelig** (ew-ahl-*mi*-ner-li) *adj* unusual
**uanselig** (ew-ahn-*sāy*-li) *adj* inconspicuous, insignificant
**uanstendig** (*ēw*-ahn-stehn-di) *adj* indecent; obscene
**uavbrutt** (*ēw*-ahv-brewt) *adj* continuous
**uavhengig** (*ēw*-ahv-heh-ngi) *adj* independent
**uavhengighet** (*ēwahv*-heh-ngi-hāyt) *c* independence
**ubebodd** (*ēw*-beh-bood) *adj* uninhabited
**ubeboelig** (ēw-beh-*bōō*-er-li) *adj* uninhabitable
**ubegrenset** (*ēw*-beh-grehn-sert) *adj* unlimited
**ubehagelig** (*ēw*-beh-haa-ger-li) *adj* disagreeable, unpleasant; nasty
**ubekvem** (*ēw*-beh-kvehm) *adj* uncomfortable
**ubekymret** (*ēw*-beh-khewm-rert) *adj* carefree
**ubeleilig** (*ēw*-beh-lay-li) *adj* inconvenient
**ubeleilighet** (*ēw*-beh-lay-li-hāyt) *c* inconvenience
**ubesindig** (*ēw*-beh-sin-di) *adj* rash
**ubeskjeden** (*ēw*-beh-shāy-dern) *adj* immodest
**ubeskyttet** (*ēw*-beh-shew-tert) *adj* unprotected
**ubestemt** (*ēw*-beh-stehmt) *adj* indefinite
**ubesvart** (*ēw*-beh-svaat) *adj* unanswered

**ubetydelig** (ew̅-beh-*tew̅*-der-li) *adj* insignificant; slight, petty
**ubevisst** (*ew*-ber-vist) *adj* unconscious
**ubotelig** (ew-*bo͞o*-ter-li) *adj* irreparable
**ubåt** (*ew*-bawt) *m* submarine
**udugelig** (ew-*dew̅*-ger-li) *adj* incapable
**udyrket** (*ew*-dewr-kert) *adj* uncultivated
**uegnet** (ew̅-ay-nert) *adj* unsuitable, unfit
**uekte** (ew̅-ehk-ter) *adj* false
**uendelig** (ew-*ehn*-ner-li) *adj* endless, infinite
**uenig:** ***være ~** (*vææ*-rer ew-*ay̅*-ni) disagree
**uerfaren** (ew̅-ær-faa-rorn) *adj* inexperienced
**ufaglært** (ew̅-faag-lært) *adj* unskilled
**uflaks** (ew̅-flahks) *m* bad luck
**uforklarlig** (ew̅-for-*klaa*-li) *adj* unaccountable
**uformell** (ew̅-for-mehll) *adj* casual, informal
**uforskammet** (ew̅-fo-shkah-mert) *adj* insolent, impertinent, impudent; rude, *colloquial* cheeky
**uforskammethet** (ew̅-fo-shkah-mert-hay̅t) *c* insolence
**uforståelig** (ew̅-fo-shtaw-er-li) *adj* puzzling
**ufortjent** (ew̅-fo-t^yay̅nt) *adj* unearned
**ufremkommelig** (ew̅-frehm-ko-mer-li) *adj* impassable
**ufullkommen** (ew̅-fewl-ko-mern) *adj* imperfect
**ufullstendig** (ew̅-fewl-stehn-di) *adj* incomplete
**ufølsom** (ew̅-fur-l-som) *adj* insensitive
**ufør** (ew̅-fur) *adj* disabled
**ugift** (ew̅-^yift) *adj* single
**ugjenkallelig** (ew-^yehn-*kahl*-ler-li) *adj* irrevocable
**ugle** (*ewg*-ler) *c* owl
**ugress** (ew̅-grehss) *nt* weed
**ugunstig** (ew̅-gewn-sti) *adj* unfavo(u)rable
**ugyldig** (ew̅-^yewl-di) *adj* invalid, void
**uhelbredelig** (ew̅-hehl-*bray̅*-der-li) *adj* incurable
**uheldig** (ew-*hehl*-di) *adj* unfortunate, unlucky
**uheldigvis** (ew-*hehl*-di-veess) *adv* unfortunately
**uhell** (ew̅-hehl) *nt* misfortune; accident, mishap
**uhyggelig** (ew-*hew*-ger-li) *adj* creepy; ominous
**uhøflig** (ew-*hurf*-li) *adj* impolite
**ujevn** (ew̅-^yehvn) *adj* uneven
**uke** (ew̅-ker) *c* week
**ukentlig** (ew̅-kernt-li) *adj* weekly
**ukjent** (ew̅-khehnt) *adj* unknown, unfamiliar
**uklar** (ew̅-klaar) *adj* obscure, dim

**uklok** (e̅w̅-klo̅o̅k) *adj* unwise
**uknuselig** (ew-*kne̅w̅*-ser-li) *adj* unbreakable
**ukvalifisert** (e̅w̅-kvah-li-fi-sa̅y̅t) *adj* unqualified
**uleilighet** (ew-*lay*-li-ha̅y̅t) *c* trouble
**ulempe** (e̅w̅-lehm-per) *m* disadvantage
**uleselig** (ew-*la̅y̅*-ser-li) *adj* illegible
**ulik** (e̅w̅-leek) *adj* unequal, uneven
**ulike** (e̅w̅-lee-ker) *adj* odd
**ull** (ewll) *c* wool; **ull-** wool(l)en
**ulljakke** (*ewl*-$^{y}$ah-ker) *c* sweater, cardigan
**ulovlig** (e̅w̅-lawv-li) *adj* illegal, unlawful
**ultrafiolett** (*ewl*-trah-fi-oo-leht) *adj* ultraviolet
**ulv** (ewlv) *m* wolf
**ulykke** (e̅w̅-lew-ker) *c* accident, misfortune; calamity, disaster; misery
**ulykkelig** (ew-*lewk*-ker-li) *adj* unhappy; miserable
**ulærd** (e̅w̅-læærd) *adj* uneducated
**umake** (e̅w̅-maa-ker) *m* pains; ***være umaken verd** *be worthwhile
**umiddelbart** (e̅w̅-mi-derl-baat) *adv* immediately, instantly
**umoderne** (e̅w̅-moo-dææ-ner) *adj* out of date; old--fashioned
**umulig** (ew-*me̅w̅*-li) *adj* impossible
**umyndig** (e̅w̅-mewn-di) *adj* under age
**umåtelig** (ew-*maw*-ter-li) *adj* vast, immense
**under**[1] (*ewn*-derr) *nt* wonder
**under**[2] (*ewn*-nerr) *prep* below, during, beneath, under; *adv* beneath
**underbukse** (*ewn*-nerr-book-ser) *c* panties *pl*, drawers, pants *pl*; shorts *plAm*
**underdrive** (*ewn*-nerr-driver) *v* understate
**underdrivelse** (*ewn*-nerr-driv-erl-ser) *n* understatement
**underernæring** (*ewn*-nerr-æ-nææ-ring) *c* malnutrition
**undergang** (*ewn*-nerr-gahng) *m* ruin, destruction
**undergrunnsbane** (*ewn*-nerr-grewns-baa-ner) *m* underground; subway *nAm*
***underholde** (*ewn*-nerr-ho-ler) *v* entertain, amuse
**underholdende** (*ewn*-nerr-ho-ler-ner) *adj* entertaining
**underholdning** (*ewn*-nerr-hol-ning) *m* entertainment
**underjordisk** (*ewn*-nerr-$^{y}$oor-disk) *adj* underground
**underkaste seg** (*ewn*-nerr-kahss-ter) submit
**underkue** (*ewn*-nerr-ke̅w̅-

er) *v* subject
**underlegen** (*ewn*-ner-lay-gern) *adj* inferior
**underlig** (*ewn*-der-li) *adj* odd, strange, queer; peculiar
**underordnet** (*ewn*-ner-oord-nert) *adj* subordinate; minor, secondary; additional
**underretning** (*ewn*-ner-reht-ning) *m* notice
**underrette** (*ewn*-ner-reh-ter) *v* inform; notify
**underskrift** (*ewn*-nerr-skrift) *c* signature
**underskudd** (*ewn*-ner-shkewd) *nt* (pl ~) deficit
**understreke** (*ewn*-ner-shtray-ker) *v* underline; emphasize
**understrøm** (*ewn*-ner-shtrurm) *m* (pl ~mer) undercurrent
**undersøke** (*ewn*-ner-shur-ker) *v* enquire; examine
**undersøkelse** (*ewn*-ner-shur-kerl-ser) *m* investigation, enquiry; check-up, examination
**undersått** (*ewn*-ner-shot) *m* subject
**undertegne** (*ewn*-ner-tay-ner) *v* sign
**undertrykke** (*ewn*-ner-trew-ker) *v* oppress, suppress
**undertøy** (*ewn*-ner-tur^ew^) *pl* underwear
**undervanns-** (*ewn*-nerr-vahns) underwater
**undervise** (*ewn*-nerr-vee-ser) *v* *teach; instruct
**undervisning** (*ewn*-nerr-veess-ning) *c* tuition, instruction
**undervurdere** (*ewn*-nerr-vew-day-rer) *v* underestimate
**undre seg** (*ewn*-drer) wonder; marvel
**ung** (oongng) *adj* young
**ungarer** (*oong*-gaa-rerr) *m* Hungarian
**Ungarn** (*ewng*-gaan) Hungary
**ungarsk** (*ewng*-gaashk) *adj* Hungarian
**ungdom** (*oong*-dom) *m* (pl ~mer) youth; **ungdoms-** juvenile
**ungdomsherberge** (*oong*-doms-hær-bær-ger) *nt* youth hostel
**unge** (*oong*-nger) *m* kid
**ungkar** (*oong*-kaar) *m* bachelor
**uniform** (ew-ni-*form*) *c* uniform
**union** (ew-ni-*oon*) *m* union
**univers** (ew-ni-*væshsh*) *nt* universe
**universell** (ew-ni-væ-*shehll*) *adj* universal
**universitet** (ew-ni-væ-shi-*tayt*) *nt* university
***unngå** (*ewn*-gaw) *v* avoid; escape
**unnskyld!** (*ewn*-shewl) sorry!
**unnskylde** (*ewn*-shew-ler) *v*

excuse
**unnskyldning** (*ewn*-shewl-ning) *m* apology, excuse; ***be om ~** apologize
***unnslippe** (*ewn*-shli-per) *v* escape
**unntak** (*ewn*-taak) *nt* (pl ~) exception
**unntaksvis** (*ewn*-taaks-vis) *adv* for a change
**unntatt** (*ewn*-taht) *prep* except
***unnvike** (*ewn*-vee-ker) *v* avoid
***unnvære** (*ewn*-vææ-rer) *v* spare
**unyttig** ($\overline{ew}$-new-ti) *adj* useless
**unødvendig** ($\overline{ew}$-nurd-vern-di) *adj* unnecessary
**unøyaktig** ($\overline{ew}$-nur$^{ew}$-ahk-ti) *adj* inaccurate
**uoffisiell** ($\overline{ew}$-o-fi-si-erl) *adj* unofficial
**uopphørlig** ($\overline{ew}$-oop-$\overline{\text{hur}}$-li) *adv* continually
**uorden** ($\overline{ew}$-o-dern) *m* disorder; **i ~** out of order; broken
**uordentlig** ($\overline{ew}$-ont-li) *adj* untidy
**uoverkommelig** ($\overline{ew}$-o-verr-ko-mer-li) *adj* prohibitive, insurmountable
**uovertruffen** ($\overline{ew}$-o-ver-troo-fern) *adj* unsurpassed
**upartisk** ($\overline{ew}$-paa-tisk) *adj* impartial
**upassende** ($\overline{ew}$-pah-ser-ner) *adj* improper
**upersonlig** ($\overline{ew}$-pæ-sh$\overline{\text{oo}}$n-li) *adj* impersonal
**upopulær** ($\overline{ew}$-poo-pew-lær) *adj* unpopular
**upålitelig** ($\overline{ew}$-po-lee-ter-li) *adj* unreliable, untrustworthy
**ur** ($\overline{\text{ewr}}$) *nt* watch
**uregelmessig** ($\overline{ew}$-r$\overline{\text{ay}}$-gerl-meh-si) *adj* irregular
**urett** ($\overline{ew}$-reht) *m* wrong, injustice; ***gjøre ~** wrong; ***ha ~** *be wrong
**urettferdig** ($\overline{ew}$-reht-fæ-di) *adj* unfair, unjust
**uriktig** (ew-*rik*-ti) *adj* incorrect, wrong
**urimelig** (ew-*ree*-mer-li) *adj* unreasonable; absurd
**urin** (ew-*reen*) *m* urine
**urmaker** ($\overline{ewr}$-maa-kerr) *m* watch-maker
**uro** ($\overline{ew}$-r$\overline{\text{oo}}$) *m* unrest
**urolig** (ew-*r$\overline{oo}$*-li) *adj* restless; uneasy
**urskog** ($\overline{ew}$-shk$\overline{\text{oo}}$g) *m* jungle; primeval forest
**urt** (ewtt) *c* herb
**urtids-** ($\overline{ew}$-tits) ancient
**Uruguay** (ew-rew-gew-*igh*) Uruguay
**uruguayaner** (ew-rew-gew-igh-*aa*-nerr) *m* Uruguayan
**uruguayansk** (ew-rew-gew-igh-*aansk*) *adj* Uruguayan
**usann** ($\overline{ew}$-sahn) *adj* untrue
**usannsynlig** ($\overline{ew}$-sahn-s$\overline{\text{ewn}}$-li) *adj* improbable, unlikely
**usedvanlig** (ew-sehd-*vaan*-

li) *adj* uncommon, extraordinary, exceptional
**uselvisk** (ew̄-sehl-visk) *adj* unselfish
**usikker** (ew̄-si-kerr) *adj* uncertain; doubtful; unsafe
**uskadd** (ew̄-skahd) *adj* unhurt; whole
**uskadelig** (ew-*skaa*-der-li) *adj* harmless
**uskikkelig** (ew-*shik*-ker-li) *adj* naughty
**uskyld** (ew̄-shewl) *c* innocence
**uskyldig** (ew-*shewl*-di) *adj* innocent
**uspiselig** (ew-*spee*-ser-li) *adj* inedible
**ustabil** (ew̄-stah-beel) *adj* unstable
**ustadig** (ew-*staa*-di) *adj* unsteady
**ustø** (ew̄-stūr) *adj* unsteady
**usunn** (ew̄-sewn) *adj* unhealthy, unsound
**usympatisk** (ew̄-sewm-paa-tisk) *adj* unpleasant
**usynlig** (ew-*sew̄n*-li) *adj* invisible
**ut** (ew̄t) *adv* out; ***gå** ~ *go out; ~ **over** beyond
**utad** (ew̄-taad) *adv* outwards
**utakknemlig** (ew̄-tahk-nehm-li) *adj* ungrateful
**utbre** (ew̄t-brāy) *v* expand
**utbredelse** (ew̄t-bred-ehl-ser) *m* expansion
**utbrudd** (ew̄t-brewd) *nt* (pl ~) outbreak
***utbryte** (ew̄t-brew̄-ter) *v* exclaim
**utbytte** (ew̄t-bew-ter) *nt* benefit; profit; ***ha ~ av** profit
**utdanne** (ew̄t-dah-ner) *v* educate
**utdannelse** (ew̄t-dah-nerl-ser) *m* education; background
**utdele** (ew̄t-dāy-ler) *v* distribute
**utdrag** (ew̄t-draag) *nt* (pl ~) extract, excerpt
**utdype** (ew̄t-dew̄-per) *v* elaborate
**ute** (ew̄-ter) *adv* out
***utelate** (ew̄-ter-laa-ter) *v* omit, *leave out
**utelukke** (ew̄-ter-loo-ker) *v* exclude
**utelukkende** (ew̄-ter-loo-ker-ner) *adv* solely, exclusively
**uten** (ew̄-tern) *prep* without
**utenat** (ew̄-ter-naht) *adv* by heart
**utendørs** (ew̄-tern-dūrsh) *adv* outdoors
**utenfor** (ew̄-tern-for) *prep* outside; *adv* outside
**utenkelig** (ew-*tehng*-ker-li) *adj* inconceivable
**utenlands** (ew̄-tern-lahns) *adv* abroad
**utenlandsk** (ew̄-tern-lahnsk) *adj* alien, foreign
**utflukt** (ew̄t-flookt) *c* trip, excursion, outing
**utfolde** (ew̄t-fo-ler) *v*

unfold, display
**utfordre** (ewt-foord-rer) *v* challenge; dare; **utfordrende** challenging, defiant
**utforske** (ewt-fosh-ker) *v* explore
**utføre** (ewt-fur-rer) *v* execute, perform, implement, carry out; export
**utførlig** (ewt-*fur*-li) *adj* detailed
**utførsel** (ewt-fur-sherl) *m* (pl -sler) export
**utgang** (ewt-gahng) *m* way out, exit; outcome
**utgangspunkt** (ewt-gahngs-poongt) *nt* starting point
**utgave** (ewt-gaa-ver) *c* edition
***utgi** (ewt-yee) *v* publish; issue; edit
**utgift** (ewt-yift) *c* expense; **utgifter** expenditure
**utgravning** (ewt-graav-ning) *m* excavation
***utgyte** (ewt-yew-ter) *v* *shed
***utholde** (ewt-ho-ler) *v* endure
**utholdelig** (ewt-ho-ler-li) *adj* tolerable
**utilfreds** (ew-til-frehts) *adj* dissatisfied
**utilfredsstillende** (ew-til-freht-sti-ler-ner) *adj* unsatisfactory
**utilgjengelig** (ew-til-yeh-nger-li) *adj* inaccessible
**utilsiktet** (ew-til-sik-tert) *adj* unintentional
**utilstrekkelig** (ew-til-streh-ker-li) *adj* insufficient; inadequate
**utiltalende** (ew-til-taa-ler-ner) *adj* unpleasant
**utjevne** (ewt-yehv-ner) *v* equalize
**utkant** (ewt-kahnt) *m* outskirts *pl*
**utkast** (ewt-kahst) *nt* draft
**utkjørsel** (ewt-khur-sherl) *m* exit, driveway
**utkople** (ewt-kop-ler) *v* disconnect
**utlede** (ewt-lay-der) *v* deduce, infer
**utlending** (ewt-lehn-ing) *m* alien, foreigner
**utligne** (ewt-ling-ner) *v* level
**utluftning** (ewt-lewft-ning) *m* ventilation
**utløp** (ewt-lurp) *nt* (pl ~) expiry
***utløpe** (ewt-lur-per) *v* expire
**utløpt** (ewt-lurpt) *adj* expired
**utmatte** (ewt-mah-ter) *v* exhaust
**utmattet** (ewt-mah-tert) *adj* tired
**utmerke seg** (ewt-mær-ker) excel
**utmerket** (ewt-mær-kert) *adj* fine, excellent
**utnevne** (ewt-nehv-ner) *v* appoint
**utnevnelse** (ewt-nehv-nerl-

ser) *m* nomination, appointment
**utnytte** (*ewt*-new-ter) *v* exploit
**utpresse** (*ewt*-preh-ser) *v* extort
**utpressing** (*ewt*-preh-sing) *c* extortion
**utregning** (*ewt*-ray-ning) *c* calculation
**utrivelig** (ew-*tree*-ver-li) *adj* unpleasant
**utro** (*ew*-troo) *adj* unfaithful
**utrolig** (ew-*troo*-li) *adj* incredible; amazing
**utrop** (*ewt*-roop) *nt* (pl ~) exclamation
**utruste** (*ewt*-rewss-ter) *v* equip
**utrustning** (*ewt*-rewst-ning) *m* outfit
**utsalg** (*ewt*-sahlg) *nt* (pl ~) sales
**utseende** (*ewt*-say-er-ner) *nt* look, appearance; semblance
**utsending** (*ewt*-seh-ning) *m* delegate
***utsette** (*ewt*-seh-ter) *v* postpone; expose; **utsatt for** liable to; subject to
**utsettelse** (*ewt*-seh-terl-ser) *m* delay
**utside** (*ewt*-seeer) *c* outside; exterior
**utsikt** (*ewt*-sikt) *m* view; prospect, outlook
**utskeielse** (*ewt*-shay-erl-ser) *m* excess
**utskrift** (*ewt*-skrift) *c* printout
**utslett** (*ewt*-sleht) *nt* rash
**utslitt** (*ewt*-shlit) *adj* worn-out
**utsolgt** (*ewt*-solt) *adj* sold out
**utstedelse** (*ewt*-stay-derl-ser) *m* issue
**utstikker** (*ewt*-sti-kerr) *m* pier
**utstille** (*ewt*-sti-ler) *v* *show, exhibit; display
**utstilling** (*ewt*-sti-ling) *c* exposition, exhibition, show, display
**utstillingsdukke** (*ewt*-sti-lings-dew-ker) *c* mannequin
**utstillingslokale** (*ewt*-sti-lings-loo-kaa-ler) *nt* showroom
**utstillingsvindu** (*ewt*-sti-lings-vin-dew) *nt* shop-window
**utstrakt** (*ewt*-strahkt) *adj* extensive, broad
**utstyr** (*ewt*-stewr) *nt* equipment; kit, gear
**utstyre** (*ewt*-stew-rer) *v* equip
**utsøkt** (*ewt*-surkt) *adj* exquisite, select
**uttale** (*ew*-taa-ler) *m* pronunciation; *v* pronounce; ~ **galt** mispronounce
**uttrykk** (*ew*-trewk) *nt* (pl ~) expression; phrase; term; ***gi ~ for** express
**uttrykke** (*ew*-trew-ker) *v*

express
**uttrykkelig** (ew-*trewk*-ker-li) *adj* explicit, express
**utvalg** (*ewt*-vahlg) *nt* (pl ~) choice, selection; variety, assortment; committee
**utvalgt** (*ewt*-vahlt) *adj* select
**utvandre** (*ewt*-vahn-drer) *v* emigrate
**utvei** (*ewt*-vay) *m* way out; course
**utveksle** (*ewt*-vehk-shler) *v* exchange
**utveksling** (*ewt*-vehk-shling) *c* exchange
***utvelge** (*ewt*-vehl-ger) *v* select
**utvendig** (*ewt*-vehn-di) *adj* external, outward
**utvide** (*ewt*-vee-der) *v* widen; extend, expand, enlarge
**utvidelse** (*ewt*-vee-derl-ser) *m* extension; expansion
**utvikle** (*ewt*-vik-ler) *v* develop
**utvikling** (*ewt*-vik-ling) *c* development
**utvilsomt** (ew-*tveel*-somt) *adv* undoubtedly
**utvise** (*ewt*-vee-ser) *v* expel
**utvungenhet** (*ew*-tvoo-ngern-hayt) *c* ease
**utydelig** (ew-*tew*-der-li) *adj* dim
**utøve** (*ew*-tur-ver) *v* exercise
**utålelig** (ew-*taw*-ler-li) *adj* intolerable
**utålmodig** (*ew*-tol-moo-di) *adj* eager, impatient
**uunngåelig** (ew-ewng-*gaw*-er-li) *adj* unavoidable, inevitable
**uunnværlig** (ew-ewn-*vææ*-li) *adj* essential
**uutholdelig** (ew-ewt-*hol*-ler-li) *adj* unbearable
**uvanlig** (ew-*vahn*-li) *adj* unusual
**uvant** (*ew*-vahnt) *adj* unaccustomed
**uvedkommende** (*ew*-vayd-ko-mer-ner) *m* (pl ~) trespasser
**uvel** (*ew*-vehl) *adj* unwell
**uvennlig** (*ew*-vehn-li) *adj* unkind, unfriendly
**uventet** (*ew*-vehn-tert) *adj* unexpected
**uvesentlig** (ew-*vay*-sernt-li) *adj* insignificant
**uviktig** (*ew*-vik-ti) *adj* unimportant
**uvillig** (*ew*-vi-li) *adj* unwilling; averse
**uvirkelig** (*ew*-veer-ker-li) *adj* unreal
**uvirksom** (*ew*-veerk-som) *adj* idle
**uviss** (*ew*-viss) *adj* uncertain
**uvitende** (*ew*-vi-ter-ner) *adj* ignorant
**uvurderlig** (ew-vew-*day*-li) *adj* priceless
**uvær** (*ew*-væær) *nt* (pl ~) tempest
**uærlig** (*ew*-ææ-li) *adj* dishonest; crooked
**uønsket** (*ew*-urn-skert) *adj* undesirable

# V

**vaffel** (*vahf*-ferl) *m* (pl vafler) waffle
**vag** (vaag) *adj* vague, faint
**vakker** (*vahk*-kerr) *adj* handsome, fair, beautiful
**vakle** (*vahk*-ler) *v* falter
**vaklende** (*vahk*-ler-ner) *adj* shaky
**vaksinasjon** (vahk-si-nah-*shoon*) *m* inoculation
**vaksinere** (vahk-si-*nay*-rer) *v* vaccinate, inoculate
**vaksinering** (vahk-si-*nay*-ring) *c* vaccination
**vakt** (vahkt) *m* guard; attendant
**vaktel** (*vahk*-terl) *m* (pl -tler) quail
**vaktmester** (*vahkt*-mehss-terr) *m* (pl ~e, -trer) caretaker, janitor
**vakuum** (*vaa*-kewm) *nt* vacuum
**valen** (*vaa*-lern) *adj* numb
**valg** (vahlg) *nt* choice, pick; election
**valgfri** (*vahlg*-free) *adj* optional
**valgkrets** (*vahlg*-krehts) *m* constituency
**valgspråk** (*vahlg*-sprawk) *nt* (pl ~) slogan
**valmue** (*vahl*-mewer) *m* poppy
**valnøtt** (*vaal*-nurt) *c* walnut
**vals** (vahls) *m* waltz
**valuta** (vah-*lewt*-tah) *m* currency
**valutakurs** (vah-*lewt*-tah-kewsh) *m* rate of exchange, exchange rate
**vandre** (*vahn*-drer) *v* wander
**vandrerhjem** (*vahn*-drer-ʸehmm) *nt* youth hostel
**vane** (*vaa*-ner) *m* custom, habit
**vanilje** (vah-*nil*-ʸer) *m* vanilla
**vanlig** (*vaan*-li) *adj* common, usual, ordinary, habitual; customary, regular, simple
**vanligvis** (*vaan*-li-veess) *adv* as a rule, usually
**vann** (vahnn) *nt* water; **innlagt** ~ running water
**vannfarge** (*vahn*-fahr-ger) *m* watercolo(u)r
**vannkopper** (*vahn*-ko-perr) *pl* chickenpox
**vannkran** (*vahn*-kraan) *c* faucet *nAm*
**vannmelon** (*vahn*-meh-loon) *m* watermelon
**vannski** (*vahn*-shee) *c* water ski
**vannstoff** (*vahn*-stof) *nt* hydrogen; ~ **hyperoksyd** peroxide
**vanntett** (*vahn*-teht) *adj* waterproof

**vanskapt** (*vahn*-skahpt) *adj* deformed
**vanskelig** (*vahn*-sker-li) *adj* difficult; hard
**vanskelighet** (*vahn*-sker-li-hāyt) *c* difficulty
**vant** (vahnt) *adj* accustomed; ***være ~ til** *be used to
**vanvidd** (*vahn*-vid) *nt* lunacy
**vanvittig** (*vahn*-vi-ti) *adj* mad
**vaporisator** (vah-poo-ri-*saa*-toor) *m* atomizer
**vare** (*vaa*-rer) *v* last; *c* ware
**varebil** (*vaa*-rer-beel) *m* pick-up van, van, delivery van
**varehus** (*vaa*-rer-hēwss) *nt* (pl **~**) department store
**varemerke** (*vaa*-rer-mær-ker) *nt* trademark
**varemesse** (*vaa*-rer-meh-ser) *c* fair
**vareopptelling** (*vaa*-rer-oop-teh-ling) *c* inventory
**vareprøve** (*vaarer*-prūr-ver) *c* sample
**varer** (*vaa*-rerr) *pl* merchandise, wares *pl*, goods *pl*
**varetekt** (*vaa*-rer-tehkt) *c* custody
**variabel** (vah-ri-*aa*-berl) *adj* variable
**variere** (vah-ri-*āy*-rer) *v* vary
**variert** (vah-ri-*āyt*) *adj* varied
**varig** (*vaa*-ri) *adj* lasting; permanent
**varighet** (*vaa*-ri-hāyt) *c* duration
**varm** (vahrm) *adj* hot, warm
**varme** (*vahr*-mer) *m* heat, warmth; *v* warm; **~ opp** heat
**varmeflaske** (*vahr*-mer-flahss-ker) *c* hot-water bottle
**varmeovn** (*vahr*-mer-ovn) *m* heater
**varmepute** (*vahr*-mer-pēw-ter) *c* heating pad
**varsle** (*vahsh*-ler) *v* forecast; notify
**vase** (*vaa*-ser) *m* vase
**vask** (vahsk) *m* washing; laundry; sink
**vaskbar** (*vahsk*-baar) *adj* washable
**vaske** (*vahss*-ker) *v* wash; **~ opp** wash up
**vaskemaskin** (*vahss*-ker-mah-sheen) *m* washing machine
**vaskepulver** (*vahss*-ker-pewl-verr) *nt* washing powder
**vaskeri** (vahss-ker-*ree*) *nt* laundry
**vasse** (*vahss*-ser) *v* wade
**vatt** (vahtt) *m* cotton wool
**vatt-teppe** *nt* quilt
**ved** (vāy) *m* firewood; *prep* by; on; **~ siden av** beside, next to
**vedde** (*vehd*-der) *v* *bet
**veddeløp** (*vehd*-der-lūrp) *nt*

race
**veddeløpsbane** (*vehd*-der-lūrps-baa-ner) *m* race--course; racetrack
**veddeløpshest** (*vehd*-der-lūrps-hehst) *m* race-horse
**veddemål** (*vehd*-der-mawl) *nt* (pl ~) bet
**vedlegg** (*vāy*-lehg) *nt* enclosure; attachment
***vedlegge** (*vāy*-leh-ger) *v* attach, enclose
**vedlikehold** (veh-*lee*-ker-hol) *nt* maintenance, upkeep
**vedrøre** (*vāy*-rūr-rer) *v* affect
**vedrørende** (*vāy*-rūr-rer-ner) *prep* with reference to, concerning
***vedta** (*vāy*-taa) *v* adopt, decide
**vedvarende** (*vāy*-vaa-rer-ner) *adj* permanent
**veg** (vay) *m* road; way
**vegetarianer** (veh-ger-tah-ri-*aa*-nerr) *m* vegetarian
**vegg** (vehgg) *m* wall
**veggedyr** (*vehg*-ger-dēwr) *nt* (pl ~) bug
**vei** (vay) *m* road; way; **på ~ til** bound for
**veiarbeid** (*vay*-ahr-bayd) *nt* road work
**veidekke** (*vay*-deh-ker) *nt* pavement
**veie** (*vay*-er) *v* weigh
**veikant** (*vay*-kahnt) *m* roadside, wayside
**veikart** (*vay*-kaht) *nt* road map
**veikryss** (*vay*-krewss) *nt* (pl ~) intersection, junction
**veilede** (*vay*-lāy-der) *v* direct
**veinett** (*vay*-neht) *nt* (pl ~) road system
**veiskilt** (*vay*-shilt) *nt* road sign
**veiviser** (*vay*-vee-serr) *m* signpost
**vekk** (vehkk) *adv* off; away
**vekke** (*vehk*-ker) *v* *wake, *awake
**vekkeklokke** (*vehk*-ke-klo-ker) *c* alarm-clock
**vekselstrøm** (*vehk*-serl-strurm) *m* alternating current
**vekselvis** (*vehk*-sherl-veess) *adv* alternate
**veksle** (*vehk*-shler) *v* change; exchange
**vekslepenger** (*vehk*-shler-peh-ngerr) *pl* change
**vekslingskontor** (*vehk*-shlings-koon tōor) *nt* money exchange, exchange office
**vekst** (vehkst) *m* growth
**vekt** (vehkt) *c* weight; scales *pl*; ***legge ~ på** stress
**vektstang** (*vehkt*-stahng) *c* (pl -tenger) lever
**velbegrunnet** (*vehl*-beh-grew-nert) *adj* well--founded
**velbehag** (*vehl*-beh-haag) *nt* pleasure
**veldig** (*vehl*-di) *adj* huge;

immense
**velferd** (*vehl*-fææer) *m* welfare
***velge** (*vehl*-ger) *v* *choose; pick; elect; ~ **ut** select
**velgjørenhet** (*vehl*-yurrern-hayt) *c* charity
**velhavende** (*vehl*-haa-ver-ner) *adj* well-to-do
**velkjent** (*vehl*-khehnt) *adj* familiar; well-known
**velkommen** (vehl-kom-mern) *adj* welcome; **hilse ~** welcome
**velkomst** (*vehl*-komst) *m* welcome
**vellykket** (*vehl*-lew-kert) *adj* successful
**velsigne** (vehl-sing-ner) *v* bless
**velsignelse** (vehl-sing-nerl-ser) *m* blessing
**velsmakende** (*vehl*-smaa-ker-ner) *adj* tasty, savo(u)ry
**velstand** (*vehl*-stahn) *m* prosperity
**velstående** (*vehl*-stawer-ner) *adj* prosperous
**velvære** (*vehl*-vææ-rer) *nt* comfort
**vemmelig** (*vehm*-mer-li) *adj* nasty
**vemod** (*vay*-mood) *nt* sadness
**vemodig** (*vay*-moo-di) *adj* sad
**vende** (*vehn*-ner) *v* turn; **~ om** turn over; **~ tilbake** return; *go back, turn back
**vendepunkt** (*vehn*-ner-pewngt) *nt* turning point
**vending** (*vehn*-ning) *c* turn
**Venezuela** (veh-neh-sew-*ay*-lah) Venezuela
**venezuelaner** (veh-neh-sew-eh-*laa*-nerr) *m* Venezuelan
**venezuelansk** (veh-neh-sew-eh-*laansk*) *adj* Venezuelan
**venn** (vehnn) *m* (male, female) friend
**venne** (*vehn*-ner) *v* accustom
**venninne** (veh-*nin*-ner) *c* (female) friend
**vennlig** (*vehn*-li) *adj* kind, friendly; **med ~ hilsen, mvh** best regards; yours sincerely
**vennligst** (*vehn*-likst) please
**vennskap** (*vehn*-skaap) *nt* friendship
**vennskapelig** (vehn-*skaa*-per-li) *adj* friendly
**venstre** (*vehn*-strer) *adj* left; left-hand
**vente** (*vehn*-ter) *v* wait; expect; **~ på** await
**venteliste** (*vehn*-ter-liss-ter) *c* waitinglist
**ventet** (*vehn*-tert) *adj* due
**venteværelse** (*vehn*-ter-vææ-rerl-ser) *nt* waiting room
**ventil** (vehn-*teel*) *m* valve
**ventilasjon** (vehn-ti-lah-*shoon*) *m* ventilation

**ventilator** (vehn-ti-*laa*-toor) *m* ventilator
**ventilere** (vehn-ti-*lay*-rer) *v* ventilate
**venting** (*vehn*-ting) *m* waiting
**veps** (vehps) *m* wasp
**veranda** (væ-*rahn*-dah) *m* veranda
**verb** (værb) *nt* verb
**verd** (værd) *nt* worth; ***være** ~ *be worth
**verden** (*vær*-dern) *m* world
**verdensberømt** (*vær*-derns-beh-rurmt) *adj* world-famous
**verdensdel** (*vær*-derns-dayl) *m* continent
**verdenskrig** (*vær*-derns-kreeg) *m* world war
**verdensomfattende** (*vær*-dern-soom-fah-ter-ner) *adj* global
**verdensomspennende** (*vær*-dern-soom-speh-ner-ner) *adj* world-wide
**verdensrom** (*vær*-derns-room) *nt* space
**verdi** (vædee) *m* value
**verdifull** (væ-*dee*-fewl) *adj* valuable
**verdig** (*væ*-di) *adj* dignified; worthy of
**verdighet** (*væ*-di-hayt) *c* dignity
**verdiløs** (væ-*dee*-lurss) *adj* worthless
**verdipapirer** (væ-*dee*-pah-pee-rerr) *pl* stocks and shares
**verdisaker** (væ-*dee*-saa-kerr) *pl* valuables *pl*
***verdsette** (*værd*-seh-ter) *v* appreciate estimate
**verdsettelse** (*værd*-seh-terl-ser) *m* appreciation
**verk** (værk) *m* ache; pus
**verke** (*vær*-ker) *v* ache
**verken ... eller** (*vær*-kern ... ehl-err) neither ... nor
**verksted** (*værk*-stay) *nt* workshop
**verktøy** (*værk*-tur^ew^) *nt* implement, tool
**vern** (vææn) *nt* defense *Am*, defence
**vernepliktig** (*vææ*-ner-plik-ti) *m* conscript
**verre** (*vær*-rer) *adv* worse; *adj* worse; **verst** worst
**vers** (væshsh) *nt* verse
**versjon** (væ-*shoon*) *m* version
**vert** (vætt) *m* host; landlord
**vertikal** (væ-ti-*kaal*) *adj* vertical
**vertinne** (væ *tin*-ner) *c* hostess; landlady
**vertshus** (*væts*-hewss) *nt* (pl ~) public house; inn; *m* roadside restaurant
**vesen** (*vay*-sern) *nt* being; essence
**vesentlig** (*vay*-sernt-li) *adj* essential; vital
**veske** (*vehss*-ker) *c* bag
**vest** (vehst) *m* west; waistcoat; vest *nAm*
**vestlig** (*vehst*-li) *adj* western, westerly

**veterinær** (veh-ter-ri-*næær*) *m* veterinary surgeon
**vett** (vehtt) *nt* brains, sense
**vev** (va̅y̅v) *m* loom; *nt* tissue
**veve** (*va̅y̅*-ver) *v* *weave
**vi** (vee) *pron* we
**via** (*vee*-ah) *prep* via
**viadukt** (vi-ah-*dewkt*) *m* viaduct
**vibrasjon** (vi-brah-*sho̅o̅n*) *m* vibration
**vibrere** (vi-*bra̅y̅*-rer) *v* vibrate
**vid** (vee) *adj* wide
**vidd** (vidd) *nt* wit
**vidde** (vee-er) *c* plateau
**videokamera** (*vid*-eoo-kah-meh-raa) *nt* video camera
**videokassett** (*vid*-eoo-kah-*sehtt*) *m* video cassette
**videospiller** (*vid*-eoo-spil-lerr) *m* video recorder
**videre** (*vee*-der-rer) *adj* further; farther; **og så ~** and so on, etcetera
**vidstrakt** (*vee*-strahkt) *adj* vast, broad
**vidunder** (vi-*dewn*-derr) *nt* (pl ~, ~e) marvel
**vidunderlig** (vi-*dewn*-der-li) *adj* wonderful, marvel(l)ous
**vie** (*vee*-er) *v* marry; devote; dedicate
**vielse** (*vee*-erl-ser) *m* wedding
**vielsesring** (*vee*-erl-serss-ring) *m* wedding ring
**vifte** (*vif*-ter) *c* fan
**vifterem** (*vif*-ter-rehm) *c* fan belt
**vik** (veek) *c* inlet, creek
**vikle** (*vik*-ler) *v* *wind
**viktig** (*vik*-ti) *adj* important; big, capital
**viktighet** (*vik*-ti-ha̅y̅t) *c* importance
**vilje** (*vil*-ʸer) *m* will; **med ~** on purpose
**viljestyrke** (*vil*-ʸer-stewr-ker) *m* will-power
**vilkår** (*vil*-kawr) *nt* condition
**vilkårlig** (vil-*kaw*-li) *adj* arbitrary
**vill** (vill) *adj* savage, wild; fierce; **gått ~** lost
**villa** (*vil*-lah) *m* villa
***ville** (*vil*-ler) *v* *will, want
**villig** (*vil*-li) *adj* willing
**vilt** (vilt) *nt* game, quarry
**vin** (veen) *m* wine
**vind** (vinn) *m* wind
**vindebro** (*vin*-ner-bro̅o̅) *c* drawbridge
**vindhard** (*vin*-haar) *adj* windy
**vindkast** (*vin*-kahst) *nt* (pl ~) blow, gust
**vindmølle** (*vin*-mur-ler) *c* windmill
**vindu** (*vin*-dew) *nt* window
**vindusvisker** (*vin*-dewss-viss-kerr) *m* windscreen wiper; windshield wiper *Am*
**vinge** (vingng-er) *m* wing
**vink** (vingk) *nt* sign
**vinkart** (*veen*-kaht) *nt* wine list

**vinke** (*ving*-ker) *v* wave
**vinkel** (*ving*-kerl) *m* (pl -kler) angle
**vinkjeller** (*veen*-kheh-lerr) *m* wine cellar
**vinmonopol** (*veen*-moo-noo-pōōl) *nt* off-licence, *Am* liquor store
***vinne** (*vin*-ner) *v* gain, *win
**vinnende** (*vin*-ner-ner) *adj* winning
**vinner** (*vin*-nerr) *m* winner
**vinranke** (*veen*-rahng-ker) *m* vine
**vinter** (*vin*-terr) *m* (pl -trer) winter
**vintersport** (*vin*-ter-shpot) *m* winter sports
**vipe** (*vee*-per) *c* pewit
**vippe** (*vip*-per) *c* seesaw
**virke** (*veer*-ker) *v* work; operate
**virkelig** (*veer*-ker-li) *adj* actual, real; very, true; substantial; *adv* indeed, really
**virkelighet** (*veer*-ker-li-hāyt) *c* reality; **i virkeligheten** as a matter of fact
**virkemåte** (*veer*-ker-maw-ter) *m* mode of operation
**virkning** (*veerk*-ning) *m* effect
**virkningsfull** (*veerk*-nings-fewl) *adj* effective, efficient
**virkningsløs** (*veerk*-nings-lūrss) *adj* inefficient, ineffective
**virksom** (*veerk*-som) *adj* active
**virksomhet** (*veerk*-som-hāyt) *c* enterprise, business
**virus** (*vēēr*-rews) *nt* (pl ~) virus
**virvar** (*veer*-vahr) *nt* muddle
**vis** (veess) *adj* wise; *nt* way, manner
**visdom** (*veess*-dom) *m* wisdom
**vise** (*vee*-ser) *v* *show; point out; display; **~ frem** *show; **~ seg** appear; prove
**visepresident** (*vee*-ser-preh-si-dehnt) *m* vice president
**visitere** (vi-si-*tāy*-rer) *v* search
**visitt** (vi-*sitt*) *m* call, visit
**visittkort** (vi-*sitt*-kot) *nt* (pl ~) card, business card
**viskelær** (*viss*-ker-læær) *nt* (pl ~) rubber, eraser
**vispe** (*viss*-per) *v* whip
**viss** (viss) *adj* certain
**visse** (*viss*-ser) *pron* some
**visum** (*vee*-sewm) *nt* (pl visa) visa
**vitamin** (vi-tah-*meen*) *nt* vitamin
***vite** (*vee*-ter) *v* *know
**vitebegjærlig** (*vee*-ter-beh-ʸææ-li) *adj* curious
**vitenskap** (*vee*-tern-skaap) *m* science
**vitenskapelig** (*vee*-tern-skaaper-li) *adj* scientific
**vitenskapskvinne** (*vee*-

tern-skaaps-kvin-ner) *c* (female) scientist
**vitenskapsmann** (*vee*-tern-skaaps-mahn ) *m* (pl -menn) (male) scientist
**vitne** (*vit*-ner) *nt* witness; *v* testify
**vitnesbyrd** (*vit*-nerss-bewrd) *nt* certificate
**vits** (vits) *m* joke
**vittig** (*vit*-ti) *adj* humorous, witty
**vogn** (voangn) *c* carriage
**vokal** (voo-*kaal*) *m* vowel; *adj* vocal
**voks** (voks) *m* wax
**vokse** (*vok*-ser) *v* *grow
**voksen**[1] (*vok*-sern) *m* (pl -sne) adult, grown-up
**voksen**[2] (*vok*-sern) *adj* adult, grown-up
**vokskabinett** (*voks*-kah-bi-neht) *nt* waxworks *pl*
**vokte seg** (*vok*-ter) beware
**vold** (voll) *m* violence; force
**volde** (*vol*-ler) *v* cause
**voldsom** (*vol*-som) *adj* violent
***voldta** (*vol*-taa) *v* rape
**voldtekt** (*vol*-tekt) *c* rape
**vollgrav** (*vol*-graav) *c* moat
**volt** (volt) *m* volt
**volum** (voo-*lewm*) *nt* volume
**vond** (voonn) *adj* bad, painful; evil; ***gjøre vondt** *hurt; ***ha vondt** *have a pain
**vorte** (*vor*-ter) *c* wart
**votter** (*vot*-terr) *pl* mittens
*pl*
**vrak** (vraak) *nt* wreck
**vrengt** (vrehngt) *adj* inside out
***vri** (vree) *v* twist, wrench; ~ **om** turn
**vridning** (*vreed*-ning) *m* twist
**vrien** (*vree*-ern) *adj* difficult
**vrøvle** (*vrurv*-ler) *v* talk rubbish
**vugge** (*vewg*-ger) *c* cradle
**vulgær** (vewl-*gæær*) *adj* vulgar
**vulkan** (vewl-*kaan*) *m* volcano
**vurdere** (vew-*dāy*-rer) *v* evaluate; value, estimate
**vurdering** (vew-*dāy*-ring) *c* estimate; appreciation
**vær** (væær) *nt* weather
***være** (*vææ*-rer) *v* *be; **vær så god** here you are
**værelse** (*vææ*-rerl-ser) *nt* room; ~ **med frokost** bed and breakfast
**værelsesbetjening** (*vææ*-rerl-serss-beh-t^y^āy-ning) *c* room service
**værelsestemperatur** (*vææ*-rerl-serss-tehm-peh-rah-tewr) *m* room temperature
**værmelding** (*væær*-meh-ling) *c* weather forecast
**væske** (*vehss*-ker) *c* fluid
**våge** (*vaw*-ger) *v* dare; venture
**vågemot** (*vaw*-ger-mōōt) *nt* guts
**våken** (*vaw*-kern) *adj* awake

**våkne** (*vok*-ner) *v* wake up
**våningshus** (*vaw*-nings-hewss) *nt* (pl ~) farmhouse
**våpen** (*vaw*-pern) *nt* (pl ~) arm, weapon
**våpenstillstand** (*vaw*-pern-still-stann) *m* ceasefire
**vår**[1] (vawr) *pron* our; ours
**vår**[2] (vawr) *m* spring; springtime
**våt** (vawt) *adj* wet; moist

## W

**watt** (vahtt) *m* watt

## Y

**ydmyk** (*ewd*-mewk) *adj* humble
**ynde** (*ewn*-der) *m* grace
**yndig** (*ewn*-di) *adj* lovely, graceful
**yndling** (*ewnd*-ling) *m* favo(u)rite; **yndlings-** pet, favo(u)rite
**ynkelig** (*ewng*-ker-li) *adj* lamentable
**yrke** (*ewr*-ker) *nt* trade; occupation
**yte** (*ew*-ter) *v* yield, produce
**ytre** (*ewt*-rer) *v* utter; express; *adj* exterior
**ytterlig** (*ewt*-ter-li) *adj* extreme
**ytterligere** (*ewt*-ter-li-er-rer) *adj* additional, further
**ytterlighet** (*ewt*-ter-li-hayt) *c* extreme
**ytterside** (*ewt*-ter-shee-der) *c* outside
**ytterst** (*ewt*-tersht) *adj* utmost, extreme

## Z

**zoo** (soo) *m* zoo; **zoologisk hage** zoological gardens
**zoologi** (soo-loo-*gi*) *m* zoology
**zoomlinse** (*soom*-lin-ser) *c* zoom lens

# Æ

**ærbødig** (ær-*būr*-di) *adj* respectful
**ærbødighet** (ær-*būr*-di-hāyt) *c* respect
**ære** (*ææ*-rer) *c* honour; glory; *v* honour
**ærefull** (*ææ*-rer-fewl) *adj* honourable
**ærend** (*ææ*-rern) *nt* errand
**æresfølelse** (*ææ*-rerss-fūr-erl-ser) *m* sense of honour
**ærgjerrig** (ær-*ʸær*-ri) *adj* ambitious
**ærgjerrighet** (ær-*ʸær*-ri-hāyt) *c* ambition
**ærlig** (*ææ*-li) *adj* honest; straight
**ærlighet** (*ææ*-li-hāyt) *c* honesty
**ærverdig** (ær-*vær*-di) *adj* venerable

# Ø

**øde** (*ūr*-der) *adj* desert; waste
***ødelegge** (*ūr*-der-leh-ger) *v* wreck; smash; destroy; ruin; *spoil
**ødeleggelse** (*ūr*-der-leh-gerl-ser) *m* destruction
**ødsel** (*urt*-serl) *adj* wasteful; lavish
**øke** (*ūr*-ker) *v* increase; raise
**økning** (*ūrk*-ning) *m* increase
**økologi** (ur-koo-loo-*gee*) *m* ecology
**økologisk** (ur-koo-*loo*-gisk) *adj* ecologic; ecological
**økonom** (ur-koo-*nōōm*) *m* economist
**økonomi** (ur-koo-noo-*mee*) *m* economy
**økonomisk** (ur-koo-*nōō*-misk) *adj* economic; economical
**økoturist** (*ūr*-koo-tēw-*rist*) *c* eco-tourist
**øks** (urks) *c* axe
**øl** (urll) *nt* beer; ale
**øm** (urmm) *adj* sore; gentle, tender
**ønske** (*urns*-ker) *v* wish, want, desire; *nt* wish, desire; **~ til lykke** congratulate
**ønskelig** (*urns*-ker-li) *adj* desirable
**øre** (*ūr*-rer) *nt* ear
**øredobb** (*ūr*-rer-dob) *m* earring
**øreverk** (*ūr*-rer-værk) *m* earache
**ørken** (*urr*-kern) *m* desert

**ørn** (ūrn) *c* eagle
**ørret** (*urr*-rert) *m* trout
**øsregn** (*ūrss*-rayn) *nt* downpour
**øst** (urst) *m* east
**Østerrike** (*urss*-ter-ree-ker) Austria
**østerriker** (*urss*-ter-ree-kerr) *m* Austrian
**østerriksk** (*urss*-ter-reeksk) *adj* Austrian
**østers** (*urss*-tersh) *m* (pl ~) oyster
**østlig** (*urst*-li) *adj* eastern
**østre** (*urst*-rer) *adj* eastern
**øve** (*ūr*-ver) *v* exercise; ~ **seg** practise
**øvelse** (*ūrv*-erl-ser) *m* exercise
**øverst** (*ūr*-versht) *adj* top
**øvre** (*ūrv*-rer) *adj* upper
**for øvrig** (for *ūrv*-ri) moreover
**øy** (ur$^{ew}$) *c* island
**øye** (*urew*-er) *nt* (pl øyne) eye
**øyeblikk** (*urew*-er-blik) *nt* instant, second, moment
**øyeblikkelig** (ur$^{ew}$-er-*blik*-li) *adv* instantly, immediately; *adj* immediate
**øyenbryn** (*urew*-ern-brēwn) *nt* (pl ~) eyebrow
**øyenbrynsblyant** (*urew*-ern-brēwns-blew-ahnt) *m* eyebrow pencil
**øyenlege** (*urew*-ern-lāy-ger) *m* oculist
**øyenlokk** (*urew*-ern-lok) *nt* eyelid
**øyenskygge** (*urew*-ern-shew-ger) *m* eye shadow
**øyensverte** (*urew*-ern-svæ-ter) *c* mascara
**øyensynlig** (ur$^{ew}$-ern-*sēwn*-li) *adv* apparently
**øyenvippe** (*urew*-ern-vi-per) *m* eyelash
**øyenvitne** (*urew*-ern-vit-ner) *nt* eye-witness

# Å

**åbor** (*ob*-boor) *m* bass, perch
**åk** (awk) *nt* yoke
**åker** (*aw*-kerr) *m* (pl åkrer) field
**ål** (awl) *m* eel
**ånd** (onn) *m* spirit; ghost
**åndedrett** (*on*-der-dreht) *nt* breathing, respiration
**åndelig** (*on*-der-li) *adj* spiritual
**åpen** (*aw*-pern) *adj* open
**åpenbare** (*aw*-pern-baa-rer) *v* reveal
**åpenbart** (*aw*-pern-baat) *adv* apparently
**åpenhjertig** (*aw*-pern-$^{y}$æ-ti) *adj* open
**åpne** (*awp*-ner) *v* open; *undo

**åpning** (*awp*-ning) *c* opening; breach, gap
**åpningstid** (*awp*-nings-teed) *c* business hours
**år** (awr) *nt* year; **per ~** per annum
**årbok** (*awr*-bo͞ok) *c* (pl -bøker) annual
**åre** (*aw*-rer) *m* oar; vein
**åreknute** (*aw*-rer-kne͞w-ter) *m* varicose vein
**århundre** (*awr*-hewn-drer) *nt* century
**årlig** (*aw*-li) *adj* yearly, annual
**årsak** (*aw*-shaak) *c* reason, cause
**årsdag** (*awsh*-daag) *m* anniversary
**årstid** (*awsh*-teed) *c* season
**årvåken** (*awr*-vaw-kern) *adj* vigilant
**åtte** (*ot*-ter) *num* eight
**åttende** (*ot*-ter-ner) *num* eighth
**åtti** (*ot*-ti) *num* eighty

# English – Norwegian
# Engelsk – Norsk

## A

**a** [ei, ə] *art* (an) en; ei; et *art*
**abbey** ['æbi] *n* abbedi *nt*
**abbreviation** [əˌbriːvi'eiʃən] *n* forkortelse *m*
**ability** [ə'biləti] *n* dyktighet *c*; evne *c*
**able** ['eibəl] *adj* i stand til, dyktig; ***be ~ to** *være i stand til; *kunne
**aboard** [ə'bɔːd] *adv* om bord
**abolish** [ə'bɔliʃ] *v* avskaffe
**abortion** [ə'bɔːʃən] *n* abort *m*
**about** [ə'baut] *prep* om; angående; rundt; *adv* omtrent, omkring
**above** [ə'bʌv] *prep* over, ovenfor; *adv* over; ovenfor
**abroad** [ə'brɔːd] *adv* utenlands
**abscess** ['æbses] *n* byll *m*
**absence** ['æbsəns] *n* fravær *nt*
**absent** ['æbsənt] *adj* fraværende
**absolutely** ['æbsəluːtli] *adv* absolutt
**abstain from** [əb'stein] *avholde seg fra
**abstract** ['æbstrækt] *adj* abstrakt
**absurd** [əb'səːd] *adj* urimelig, absurd
**abundance** [ə'bʌndəns] *n* overflod *m*
**abundant** [ə'bʌndənt] *adj* rikelig
**abuse** [ə'bjuːs] *n* misbruk *nt*
**academy** [ə'kædəmi] *n* akademi *nt*
**accelerate** [ək'seləreit] *v* akselerere, øke farten
**accelerator** [ək'seləreitə] *n* gasspedal *m*
**accent** ['æksənt] *n* aksent *m*; betoning *c*
**accept** [ək'sept] *v* akseptere, *ta imot, *motta
**access** ['ækses] *n* tilgang *m*
**accessible** [ək'sesəbəl] *adj* tilgjengelig
**accessories** [ək'sesəriz] *pl* tilbehør *nt*
**accident** ['æksidənt] *n* ulykke *c*, uhell *nt*
**accidental** [ˌæksi'dentəl] *adj* tilfeldig
**accommodate** [ə'kɔmədeit] *v* tilpasse; skaffe husrom
**accommodation** [əˌkɔmə'deiʃən] *n* husrom

*nt*, losji *nt*
**accompany** [ə'kʌmpəni] *v* følge; akkompagnere
**accomplish** [ə'kʌmpliʃ] *v* fullende; fullføre
**accordance: in ~ with** [in ə'kɔːdəns wið] i overensstemmelse med
**according to** [ə'kɔːdiŋ tuː] ifølge; i overensstemmelse med
**account** [ə'kaunt] *n* konto *m*; redegjørelse *m*; **~ for** avlegge regnskap for; **on ~ of** på grunn av
**accurate** ['ækjurət] *adj* nøyaktig
**accuse** [ə'kjuːz] *v* beskylde; anklage
**accused** [ə'kjuːzd] *n* anklagede *m*
**accustom** [ə'kʌstəm] *v* venne; **accustomed** vant
**ache** [eik] *v* verke; *n* verk *m*
**achieve** [ə'tʃiːv] *v* oppnå; prestere
**achievement** [ə'tʃiːvmənt] *n* prestasjon *m*
**acknowledge** [ək'nɔlidʒ] *v* erkjenne; innrømme; bekrefte
**acne** ['ækni] *n* filipens *m*
**acorn** ['eikɔːn] *n* eikenøtt *c*
**acquaintance** [ə'kweintəns] *n* bekjent *m*
**acquire** [ə'kwaiə] *v* erverve
**acquisition** [ˌækwi'ziʃən] *n* ervervelse *m*
**acquittal** [ə'kwitəl] *n* frifinnelse *m*
**across** [ə'krɔs] *prep* over; på den andre siden av; *adv* på den andre siden
**act** [ækt] *n* handling *c*; akt *m*; nummer *nt*; *v* handle, oppføre seg; spille
**action** ['ækʃən] *n* handling *c*, aksjon *m*
**active** ['æktiv] *adj* aktiv; virksom
**activewear** ['æktivˌweə] *n* sportsklær *pl*
**activity** [æk'tivəti] *n* aktivitet *m*
**actor** ['æktə] *n* skuespiller *m*
**actress** ['æktris] *n* skuespiller *m*
**actual** ['æktʃuəl] *adj* faktisk, virkelig
**actually** ['æktʃuəli] *adv* faktisk
**acute** [ə'kjuːt] *adj* akutt
**adapt** [ə'dæpt] *v* tilpasse
**adaptor** [ə'dæptə] *n* adapter *m*
**add** [æd] *v* *legge sammen; tilføye
**addition** [ə'diʃən] *n* addisjon *m*; tilføyelse *m*
**additional** [ə'diʃənəl] *adj* ekstra; ytterligere
**address** [ə'dres] *n* adresse *c*; *v* adressere; henvende seg til
**addressee** [ˌædre'siː] *n* adressat *m*
**adequate** ['ædikwət] *adj* tilstrekkelig; passende, adekvat

**adjective** ['ædʒiktiv] *n* adjektiv *nt*
**adjust** [ə'dʒʌst] *v* justere; tilpasse
**administer** [əd'ministə] *v* bestyre; tildele
**administration** [əd,mini'streiʃən] *n* administrasjon *m*; ledelse *m*
**administrative** [əd'ministrətiv] *adj* administrerende; forvaltende; ~ **law** forvaltningsrett *m*
**admiration** [,ædmə'reiʃən] *n* beundring *c*
**admire** [əd'maiə] *v* beundre
**admission** [əd'miʃən] *n* adgang *m*; opptak *nt*
**admit** [əd'mit] *v* *oppta; innrømme, erkjenne
**admittance** [əd'mitəns] *n* adgang *m*; **no** ~ adgang forbudt
**adopt** [ə'dɔpt] *v* adoptere; *vedta
**adorable** [ə'dɔːrəbəl] *adj* henrivende
**adult** ['ædʌlt] *n* voksen *m*; *adj* voksen
**advance** [əd'vɑːns] *n* fremskritt *nt*; forskudd *nt*; *v* *gjøre fremskritt; betale på forskudd; **in** ~ på forhånd, på forskudd
**advanced** [əd'vɑːnst] *adj* avansert
**advantage** [əd'vɑːntidʒ] *n* fordel *m*
**advantageous** [,ædvən'teidʒəs] *adj* fordelaktig
**adventure** [əd'ventʃə] *n* eventyr *nt*
**adverb** ['ædvəːb] *n* adverb *nt*
**advertisement** [əd'vəːtismənt] *n* annonse *m*
**advertising** ['ædvətaiziŋ] *n* reklame *m*
**advice** [əd'vais] *n* råd *nt*
**advise** [əd'vaiz] *v* råde
**advocate** ['ædvəkət] *n* talsmann *m*
**aerial** ['ɛəriəl] *n* antenne *c*
**aeroplane** ['ɛərəplein] *n* fly *nt*
**affair** [ə'fɛə] *n* anliggende *nt*; affære *m*, forhold *nt*
**affect** [ə'fekt] *v* påvirke; vedrøre
**affected** [ə'fektid] *adj* affektert
**affection** [ə'fekʃən] *n* hengivenhet *c*
**affectionate** [ə'fekʃənit] *adj* hengiven, kjærlig
**affiliated** [ə'filieitid] *adj* tilsluttet
**affirm** [ə'fəːm] *v* bedyre; bekrefte
**affirmative** [ə'fəːmətiv] *adj* bekreftende
**afford** [ə'fɔːd] *v* *ha råd til
**afraid** [ə'freid] *adj* redd, engstelig; ***be** ~ *være redd
**Africa** ['æfrikə] Afrika
**African** ['æfrikən] *adj*

afrikansk; *n* afrikaner *m*
**after** ['ɑːftə] *prep* etter; *conj* etter at
**afternoon** [ˌɑːftə'nuːn] *n* ettermiddag *m*; **this ~** i ettermiddag
**afterwards** ['ɑːftəwədz] *adv* senere; etterpå
**again** [ə'gen] *adv* igjen; **~ and again** gang på gang
**against** [ə'genst] *prep* mot
**age** [eidʒ] *n* alder *m*; alderdom *m*; **of ~** myndig; **under ~** umyndig
**aged** ['eidʒid] *adj* gammel
**agency** ['eidʒənsi] *n* agentur *nt*; byrå *nt*
**agenda** [ə'dʒendə] *n* dagsorden *m*
**agent** ['eidʒənt] *n* agent *m*, representant *m*
**aggressive** [ə'gresiv] *adj* aggressiv
**ago** [ə'gou] *adv* for ... siden
**agree** [ə'griː] *v* *være enig; *gå med på; stemme overens
**agreeable** [ə'griːəbəl] *adj* behagelig
**agreement** [ə'griːmənt] *n* kontrakt *m*; overenskomst *m*, avtale *m*; overensstemmelse *m*
**agriculture** ['ægrikʌltʃə] *n* jordbruk *nt*
**ahead** [ə'hed] *adv* fremover; **~ of** foran; ***go ~** *gå videre; **straight ~** rett frem
**aid** [eid] *n* hjelp *c*; *v* *hjelpe, *bistå
**AIDS** [eidz] *n* AIDS
**aim** [eim] *n* sikte *nt*; **~ at** rette mot, sikte på; strebe etter, *ta sikte på
**air** [ɛə] *n* luft *c*; *v* lufte
**airbag** ['ɛə bæg] *n* airbag *m*
**air conditioning** ['ɛəkən,diʃəniŋ] *n* luftkondisjonering *c*; **air-conditioned** *adj* luftkondisjonert
**airfield** ['ɛəfiːld] *n* flyplass *m*
**airline** ['ɛəlain] *n* flyselskap *nt*
**airmail** ['ɛəmeil] *n* luftpost *m*
**airplane** ['ɛəplein] *nAm* fly *nt*
**airport** ['ɛəpɔːt] *n* lufthavn *c*, flyplass *m*
**airsickness** ['ɛəˌsiknəs] *n* luftsyke *m*
**airtight** ['ɛətait] *adj* lufttett
**airy** ['ɛəri] *adj* luftig
**aisle** [ail] *n* sideskip *nt*; midtgang *m*
**alarm** [ə'lɑːm] *n* alarm *m*; *v* alarmere, forurolige; **~ clock** vekkeklokke *c*
**album** ['ælbəm] *n* album *nt*
**alcohol** ['ælkəhɔl] *n* alkohol *m*
**alcoholic** [ˌælkə'hɔlik] *adj* alkoholholdig
**ale** [eil] *n* øl *nt*
**algebra** ['ældʒibrə] *n* algebra *m*
**Algeria** [æl'dʒiəriə] Algerie
**Algerian** [æl'dʒiəriən] *adj*

algerisk; *n* algerier *m*
**alien** ['eiliən] *n* utlending *m*; *adj* utenlandsk
**alike** [ə'laik] *adj* likedan, lik; *adv* likedan
**alive** [ə'laiv] *adj* levende
**all** [ɔːl] *adj* all; ~ **in** alt inkludert; ~ **right!** fint!, ålreit; **at** ~ overhodet
**allergic** [ə'ləːdʒik] *adj* allergisk
**allergy** ['ælədʒi] *n* allergi *m*
**alley** ['æli] *n* smug *nt*
**alliance** [ə'laiəns] *n* allianse *m*
**allow** [ə'lau] *v* *tillate, bevilge; ~ **to** *la; ***be allowed** *være tillatt; ***be allowed to** *ha lov til
**allowance** [ə'lauəns] *n* bidrag *nt*
**almond** ['ɑːmənd] *n* mandel *m*
**almost** ['ɔːlmoust] *adv* nesten
**alone** [ə'loun] *adv* alene
**along** [ə'lɔŋ] *prep* langs
**aloud** [ə'laud] *adv* høyt
**alphabet** ['ælfəbet] *n* alfabet *nt*
**already** [ɔːl'redi] *adv* allerede
**also** ['ɔːlsou] *adv* også; dessuten, likeledes
**altar** ['ɔːltə] *n* alter *nt*
**alter** ['ɔːltə] *v* forandre, endre
**alteration** [ˌɔːltə'reiʃən] *n* forandring *c*, endring *c*
**alternate** [ɔːl'təːnət] *adj* vekselvis
**alternative** [ɔːl'təːnətiv] *n* alternativ *nt*
**although** [ɔːl'ðou] *conj* skjønt
**altitude** ['æltitjuːd] *n* høyde *m*
**alto** ['æltou] *n* (pl ~s) alt *m*
**altogether** [ˌɔːltə'geðə] *adv* fullstendig; i det hele
**always** ['ɔːlweiz] *adv* alltid
**am** [æm] *v* (pr be)
**amaze** [ə'meiz] *v* forbause, forundre
**amazement** [ə'meizmənt] *n* forbauselse *m*
**amazing** [ə'meiziŋ] *adj* forbausende
**ambassador** [æm'bæsədə] *n* ambassadør *m*
**amber** ['æmbə] *n* rav *nt*
**ambiguous** [æm'bigjuəs] *adj* tvetydig
**ambition** [æm'biʃən] *n* ærgjerrighet *c*
**ambitious** [æm'biʃəs] *adj* ærgjerrig
**ambulance** ['æmbjuləns] *n* ambulanse *m*, sykebil *m*
**ambush** ['æmbuʃ] *n* bakhold *nt*
**America** [ə'merikə] Amerika
**American** [ə'merikən] *adj* amerikansk; *n* amerikaner *m*
**amethyst** ['æmiθist] *n* ametyst *m*
**amid** [ə'mid] *prep* blant, midt i

**ammonia** [ə'mouniə] *n* salmiakk *m*
**amnesty** ['æmnisti] *n* amnesti *nt*
**among** [ə'mʌŋ] *prep* blant, mellom; ~ **other things** blant annet
**amount** [ə'maunt] *n* mengde *m*; beløp *nt*, sum *m*; ~ **to** *beløpe seg til
**amuse** [ə'mju:z] *v* more, *underholde
**amusement** [ə'mju:zmənt] *n* fornøyelse *m*, atspredelse *m*
**amusing** [ə'mju:ziŋ] *adj* morsom, gøyal
**anaemia** [ə'ni:miə] *n* anemi *m*
**anaesthesia** [ˌænis'θi:ziə] *n* bedøvelse *m*
**anaesthetic** [ˌænis'θetik] *n* bedøvelsesmiddel *nt*
**analyse** ['ænəlaiz] *v* analysere
**analysis** [ə'næləsis] *n* (pl -ses) analyse *m*
**analyst** ['ænəlist] *n* analytiker *m*; psykoanalytiker *m*
**anarchy** ['ænəki] *n* anarki *nt*
**anatomy** [ə'nætəmi] *n* anatomi *m*
**ancestor** ['ænsestə] *n* forfader *m*
**anchor** ['æŋkə] *n* anker *nt*
**anchovy** ['æntʃəvi] *n* ansjos *m*
**ancient** ['einʃənt] *adj* gammel; foreldet, gammeldags; urtids-
**and** [ænd, ənd] *conj* og
**angel** ['eindʒəl] *n* engel *m*
**anger** ['æŋgə] *n* sinne *nt*; raseri *nt*
**angle** ['æŋgəl] *v* fiske; *n* vinkel *m*
**angry** ['æŋgri] *adj* sint
**animal** ['æniməl] *n* dyr *nt*
**ankle** ['æŋkəl] *n* ankel *m*
**annex**[1] ['æneks] *n* anneks *nt*; tillegg *nt*
**annex**[2] [ə'neks] *v* annektere
**anniversary** [ˌæni'və:səri] *n* årsdag *m*, bryllupsdag *m*
**announce** [ə'nauns] *v* *kunngjøre, *bekjentgjøre
**announcement** [ə'naunsmənt] *n* kunngjøring *c*, bekjentgjørelse *m*
**annoy** [ə'nɔi] *v* ergre, irritere
**annoyance** [ə'nɔiəns] *n* ergrelse *m*
**annoying** [ə'nɔiiŋ] *adj* ergerlig, irriterende
**annual** ['ænjuəl] *adj* årlig; *n* årbok *c*
**anonymous** [ə'nɔniməs] *adj* anonym
**another** [ə'nʌðə] *adj* en til; en annen
**answer** ['ɑ:nsə] *v* svare; besvare; *n* svar *nt*
**answering machine** ['ɑ:nsəriŋ mə'ʃi:n] *n* telefonsvarer *m*
**ant** [ænt] *n* maur *m*
**antibiotic** [ˌæntibai'ɔtik] *n*

antibiotikum *nt*
**anticipate** [æn'tisipeit] *v* *forutse, *foregripe
**antifreeze** ['æntifri:z] *n* frysevæske *c*
**antipathy** [æn'tipəθi] *n* motvilje *m*
**antique** [æn'ti:k] *adj* antikk; *n* antikvitet *m*; ~ **dealer** antikvitetshandler *m*
**anxiety** [æŋ'zaiəti] *n* bekymring *c*
**anxious** ['æŋkʃəs] *adj* ivrig; engstelig
**any** ['eni] *adj* hvilke som helst
**anybody** ['enibɔdi] *pron* hvem som helst
**anyhow** ['enihau] *adv* på hvilken som helst måte
**anyone** ['eniwʌn] *pron* enhver
**anything** ['eniθiŋ] *pron* hva som helst
**anyway** ['eniwei] *adv* i hvert fall
**anywhere** ['eniwεə] *adv* hvor som helst
**apart** [ə'pɑ:t] *adv* atskilt, separat; ~ **from** bortsett fra
**apartment** [ə'pɑ:tmənt] *nAm* leilighet *c*; ~ **house** *Am* leiegård *m*
**aperitif** [ə'perətiv] *n* aperitiff *m*
**apologize** [ə'pɔlədʒaiz] *v* *be om unnskyldning
**apology** [ə'pɔlədʒi] *n* unnskyldning *m*
**apparatus** [,æpə'reitəs] *n* apparat *nt*
**apparent** [ə'pærənt] *adj* tilsynelatende; tydelig
**apparently** [ə'pærəntli] *adv* åpenbart; øyensynlig
**appeal** [ə'pi:l] *n* appell *m*
**appear** [ə'piə] *v* *se ut til, synes; *fremgå; vise seg; *fremtre
**appearance** [ə'piərəns] *n* fremtoning *m*; utseende *nt*; opptreden *m*
**appendicitis** [ə,pendi'saitis] *n* blindtarmbetennelse *m*
**appendix** [ə'pendiks] *n* (pl -dices, -dixes) blindtarm *m*
**appetite** ['æpətait] *n* matlyst *c*, appetitt *m*
**appetizer** ['æpətaizə] *n* appetittvekker *m*
**appetizing** ['æpətaiziŋ] *adj* appetittlig
**applause** [ə'plɔ:z] *n* applaus *m*
**applaud** [ə'plɔ:d] *v* applaudere
**apple** ['æpəl] *n* eple *nt*
**appliance** [ə'plaiəns] *n* apparat *nt*
**application** [,æpli'keiʃən] *n* anvendelse *m*; søknad *m*
**apply** [ə'plai] *v* anvende, bruke; søke; *gjelde
**appoint** [ə'pɔint] *v* utnevne
**appointment** [ə'pɔintmənt] *n* avtale *m*, møte *nt*; utnevnelse *m*
**appreciate** [ə'pri:ʃieit] *v* *verdsette; påskjønne

**appreciation** [əˌpriːʃi'eiʃən] *n* vurdering *c*; verdsettelse *m*
**apprentice** [ə'prentis] *n* lærling *m*
**approach** [ə'proutʃ] *v* nærme seg; *n* fremgangsmåte *m*
**appropriate** [ə'proupriət] *adj* formålstjenlig, passende, rett
**approval** [ə'pruːvəl] *n* godkjennelse *m*; billigelse *m*
**approve** [ə'pruːv] *v* godkjenne
**approximate** [ə'prɔksimət] *adj* omtrentlig
**approximately** [ə'prɔksimətli] *adv* cirka, omtrent
**apricot** ['eiprikɔt] *n* aprikos *m*
**April** ['eiprəl] april
**apron** ['eiprən] *n* forkle *nt*
**Arab** ['ærəb] *adj* arabisk; *n* araber *m*
**arbitrary** ['ɑːbitrəri] *adj* vilkårlig
**arcade** [ɑː'keid] *n* buegang *m*, arkade *m*
**arch** [ɑːtʃ] *n* bue *m*; hvelv *nt*
**archaeologist** [ˌɑːki'ɔlədʒist] *n* arkeolog *m*
**archaeology** [ˌɑːki'ɔlədʒi] *n* arkeologi *m*
**arched** [ɑːtʃt] *adj* bueformet
**architect** ['ɑːkitekt] *n* arkitekt *m*
**architecture** ['ɑːkitektʃə] *n* byggekunst *m*, arkitektur *m*
**archives** ['ɑːkaivz] *pl* arkiv *nt*
**are** [ɑː] *v* (pr be)
**area** ['ɛəriə] *n* område *nt*; areal *nt*; ~ **code** retningsnummer *nt*
**Argentina** [ˌɑːdʒən'tiːnə] Argentina
**Argentinian** [ˌɑːdʒən'tiniən] *adj* argentinsk; *n* argentiner *m*
**argue** ['ɑːgjuː] *v* diskutere, debattere, argumentere; trette
**argument** ['ɑːgjumənt] *n* argument *nt*; diskusjon *m*
***arise** [ə'raiz] *v* *oppstå
**arithmetic** [ə'riθmətik] *n* regning *c*
**arm** [ɑːm] *n* arm *m*; våpen *nt*; *v* bevæpne
**armchair** ['ɑːmtʃɛə] *n* lenestol *m*
**armed** [ɑːmd] *adj* bevæpnet; ~ **forces** væpnede styrker
**armour** ['ɑːmə] *n* rustning *m*
**army** ['ɑːmi] *n* armé *m*
**aroma** [ə'roumə] *n* aroma *m*
**around** [ə'raund] *prep* omkring; *adv* rundt
**arrange** [ə'reindʒ] *v* ordne; arrangere
**arrangement** [ə'reindʒmənt] *n* ordning *c*
**arrest** [ə'rest] *v* arrestere; *n* arrestasjon *m*, pågripelse

*m*
**arrival** [ə'raivəl] *n* ankomst *m*
**arrive** [ə'raiv] *v* *ankomme
**arrow** ['ærou] *n* pil *c*
**art** [ɑːt] *n* kunst *m*; kunstferdighet *m*; ~ **collection** kunstsamling *m*; ~ **exhibition** kunstutstilling *c*; ~ **gallery** kunstgalleri *nt*; ~ **history** kunsthistorie *c*; **arts and crafts** kunst og håndverk; ~ **school** kunstakademi *nt*
**artery** ['ɑːtəri] *n* pulsåre *c*
**artichoke** ['ɑːtitʃouk] *n* artisjokk *m*
**article** ['ɑːtikəl] *n* gjenstand *m*; artikkel *m*
**artificial** [ˌɑːti'fiʃəl] *adj* kunstig
**artist** ['ɑːtist] *n* kunstner *m*
**artistic** [ɑː'tistik] *adj* kunstnerisk, artistisk
**as** [æz] *conj* liksom, som; like; fordi, ettersom; ~ **from** fra; fra og med; ~ **if** som om
**asbestos** [æz'bestɔs] *n* asbest *m*
**ascend** [ə'send] *v* *stige; *stige opp; *bestige
**ascent** [ə'sent] *n* stigning *m*; oppstigning *m*
**ascertain** [ˌæsə'tein] *v* konstatere; forvisse seg om, *fastslå
**ash** [æʃ] *n* aske *c*
**ashamed** [ə'ʃeimd] *adj* skamfull; ***be** ~ skamme seg
**ashore** [ə'ʃɔː] *adv* i land
**ashtray** ['æʃtrei] *n* askebeger *nt*
**Asia** ['eiʃə] Asia
**Asian** ['eiʃən] *adj* asiatisk; *n* asiat *m*
**aside** [ə'said] *adv* til siden, til side
**ask** [ɑːsk] *v* *spørre; *be; *innby
**asleep** [ə'sliːp] *adj* sovende
**asparagus** [ə'spærəgəs] *n* asparges *m*
**aspect** ['æspekt] *n* utseende *nt*; aspekt *nt*
**asphalt** ['æsfælt] *n* asfalt *m*
**aspire** [ə'spaiə] *v* strebe
**aspirin** ['æspərin] *n* aspirin *m*
**assassination** [əˌsæsi'neiʃən] *n* mord *nt*
**assault** [ə'sɔːlt] *v* *angripe; *overfalle
**assemble** [ə'sembəl] *v* samle, *sette sammen
**assembly** [ə'sembli] *n* forsamling *c*, sammenkomst *m*
**assignment** [ə'sainmənt] *n* oppdrag *nt*
**assign to** [ə'sain] *v* tildele; *tilskrive
**assist** [ə'sist] *v* *bistå, *hjelpe; ~ **at** *hjelpe til med
**assistance** [ə'sistəns] *n* hjelp *c*; assistanse *m*, understøttelse *m*
**assistant** [ə'sistənt] *n*

assistent *m*
**associate**[1] [ə'souʃiət] *n* partner *m*, kompanjong *m*; forbundsfelle *m*; medlem *nt*
**associate**[2] [ə'souʃieit] *v* *forbinde; ~ **with** *omgås
**association** [əˌsousi'eiʃən] *n* forening *c*
**assort** [ə'sɔːt] *v* sortere
**assortment** [ə'sɔːtmənt] *n* utvalg *nt*, sortiment *nt*
**assume** [ə'sjuːm] *v* *anta, formode
**assure** [ə'ʃuə] *v* forsikre
**asthma** ['æsmə] *n* astma *m*
**astonish** [ə'stɔniʃ] *v* forbløffe, forbause
**astonishing** [ə'stɔniʃiŋ] *adj* forbausende
**astonishment** [ə'stɔniʃmənt] *n* forbauselse *m*
**astronaut** ['æstrənɔːt] *n* astronaut *m*
**astronomy** [ə'strɔnəmi] *n* astronomi *m*
**asylum** [ə'sailəm] *n* asyl *nt*
**at** [æt] *prep* på, hos, i
**ate** [et] *v* (p eat)
**atheist** ['eiθiist] *n* ateist *m*
**athlete** ['æθliːt] *n* idrettsutøver *m*
**athletics** [æθ'letiks] *pl* friidrett *m*
**Atlantic** [ət'læntik] Atlanterhavet
**ATM** [ˌeiti'em] *n* minibank *m*
**atmosphere** ['ætməsfiə] *n* atmosfære *m*; stemning *m*
**atom** ['ætəm] *n* atom *nt*
**atomic** [ə'tɔmik] *adj* atom-
**atomizer** ['ætəmaizə] *n* sprayflaske *c*; spray *m*, vaporisator *m*
**attach** [ə'tætʃ] *v* feste; *vedlegge; **attached to** knyttet til
**attachment** [ə'tætʃmənt] *n* vedlegg *m*
**attack** [ə'tæk] *v* *angripe; *n* angrep *nt*
**attain** [ə'tein] *v* oppnå
**attainable** [ə'teinəbəl] *adj* oppnåelig
**attempt** [ə'tempt] *v* forsøke, prøve; *n* forsøk *nt*
**attend** [ə'tend] *v* *overvære; ~ **on** betjene; ~ **to** *ta hånd om, *ta seg av; *være oppmerksom på
**attendance** [ə'tendəns] *n* deltakelse *m*
**attendant** [ə'tendənt] *n* vakt *c*
**attention** [ə'tenʃən] *n* oppmerksomhet *c*; ***pay** ~ *være oppmerksom
**attentive** [ə'tentiv] *adj* oppmerksom
**attest** [ə'test] *v* attestere, bevitne
**attic** ['ætik] *n* loft *nt*
**attitude** ['ætitjuːd] *n* holdning *m*
**attorney** [ə'təːni] *n* advokat *m*
**attract** [ə'trækt] *v* *tiltrekke
**attraction** [ə'trækʃən] *n*

attraksjon *m*; tiltrekning *m*, sjarm *m*
**attractive** [ə'træktiv] *adj* tiltrekkende
**auction** ['ɔːkʃən] *n* auksjon *m*
**audible** ['ɔːdibəl] *adj* hørbar
**audience** ['ɔːdiəns] *n* publikum *nt*
**auditor** ['ɔːditə] *n* tilhører *m*
**auditorium** [ˌɔːdi'tɔːriəm] *n* auditorium *nt*
**August** ['ɔːgəst] august
**aunt** [ɑːnt] *n* tante *c*
**Australia** [ɔ'streiliə] Australia
**Australian** [ɔ'streiliən] *adj* australsk; *n* australier *m*
**Austria** ['ɔstriə] Østerrike
**Austrian** ['ɔstriən] *adj* østerriksk; *n* østerriker *m*
**authentic** [ɔː'θentik] *adj* autentisk; ekte
**author** ['ɔːθə] *n* forfatter *m*
**authoritarian** [ɔːˌθɔri'tɛəriən] *adj* autoritær
**authority** [ɔː'θɔrəti] *n* autoritet *m*; myndighet *c*
**authorization** [ˌɔːθərai'zeiʃən] *n* tillatelse *m*; autorisasjon *m*
**automatic** [ˌɔːtə'mætik] *adj* automatisk; ~ **teller** minibank *m*
**automation** [ˌɔːtə'meiʃən] *n* automatisering *c*
**automobile** ['ɔːtəməbiːl] *n* bil *m*; ~ **club** automobilklubb *m*
**autonomous** [ɔː'tɔnəməs] *adj* selvstyrt
**autopsy** ['ɔːtɔpsi] *n* obduksjon *m*
**autumn** ['ɔːtəm] *n* høst *m*
**available** [ə'veiləbəl] *adj* tilgjengelig, disponibel, for hånden
**avalanche** ['ævəlɑːnʃ] *n* snøskred *nt*
**avenue** ['ævənjuː] *n* aveny *m*; gate *c*
**average** ['ævəridʒ] *adj* gjennomsnittlig; *n* gjennomsnitt *nt*; **on the** ~ i gjennomsnitt
**averse** [ə'vəːs] *adj* uvillig
**aversion** [ə'vəːʃən] *n* motvilje *m*
**avoid** [ə'vɔid] *v* *unngå; *unnvike
**await** [ə'weit] *v* vente på, avvente
**awake** [ə'weik] *adj* våken
***awake** [ə'weik] *v* vekke
**award** [ə'wɔːd] *n* pris *m*; *v* tildele
**aware** [ə'wɛə] *adj* klar over
**away** [ə'wei] *adv* bort; ***go** ~ reise bort
**awful** ['ɔːfəl] *adj* forferdelig, redselsfull
**awkward** ['ɔːkwəd] *adj* pinlig; klosset
**awning** ['ɔːniŋ] *n* markise *m*
**axe** [æks] *n* øks *c*
**axle** ['æksəl] *n* aksel *m*

# B

**baby** ['beibi] *n* baby *m*; ~ **carriage** *Am* barnevogn *c*
**babysitter** ['beibi,sitə] *n* barnevakt *c*
**bachelor** ['bætʃələ] *n* ungkar *m*
**back** [bæk] *n* rygg *m*; *adv* tilbake; ***go** ~ vende tilbake
**backache** ['bækeik] *n* ryggsmerter *pl*
**backbone** ['bækboun] *n* ryggrad *m*
**background** ['bækgraund] *n* bakgrunn *m*
**backwards** ['bækwədz] *adv* baklengs
**bacon** ['beikən] *n* bacon *nt*
**bacterium** [bæk'tiːriəm] *n* (pl -ria) bakterie *m*
**bad** [bæd] *adj* dårlig; alvorlig; slem
**bag** [bæg] *n* pose *m*; veske *c*, håndveske *c*; reiseveske *c*
**baggage** ['bægidʒ] *n* bagasje *m*; ~ **deposit office** *Am* bagasjeoppbevaring *c*; **hand** ~ håndbagasje *m*
**bail** [beil] *n* kausjon *m*
**bait** [beit] *n* agn *nt*
**bake** [beik] *v* bake
**baker** ['beikə] *n* baker *m*
**bakery** ['beikəri] *n* bakeri *nt*
**balance** ['bæləns] *n* likevekt *c*; balanse *m*; saldo *m*
**balcony** ['bælkəni] *n* balkong *m*
**bald** [bɔːld] *adj* skallet
**ball** [bɔːl] *n* ball *m*; ball *nt*
**ballet** ['bælei] *n* ballett *m*
**balloon** [bə'luːn] *n* ballong *m*
**ballpoint pen** ['bɔːlpɔintpen] *n* kulepenn *m*
**banana** [bə'nɑːnə] *n* banan *m*
**band** [bænd] *n* orkester *nt*; bånd *nt*
**bandage** ['bændidʒ] *n* bandasje *m*
**bank** [bæŋk] *n* bredd *m*; bank *m*; *v* *sette i banken; ~ **account** bankkonto *m*
**banknote** ['bæŋknout] *n* pengeseddel *m*
**bank rate** ['bæŋkreit] *n* diskonto *m*
**bankrupt** ['bæŋkrʌpt] *adj* konkurs, fallitt
**banner** ['bænə] *n* banner *nt*
**banquet** ['bæŋkwit] *n* bankett *m*
**baptism** ['bæptizəm] *n* dåp *m*
**baptize** [bæp'taiz] *v* døpe
**bar** [bɑː] *n* bar *m*; stang *c*
**barbecue** ['bɑːbikjuː] *n* grillfest *m*, grilling *c*; *v* grille
**barbed wire** ['bɑːbd waiə] *n* piggtråd *m*
**barber** ['bɑːbə] *n* frisør *m*

**bare** [bɛə] *adj* naken, bar
**barely** ['bɛəli] *adv* så vidt
**bargain** ['bɑːgin] *n* godt kjøp; *v* *kjøpslå, prute
**baritone** ['bæritoun] *n* baryton *m*
**bark** [bɑːk] *n* bark *m*; *v* gjø
**barley** ['bɑːli] *n* bygg *m*
**barn** [bɑːn] *n* låve *m*
**barometer** [bə'rɔmitə] *n* barometer *nt*
**baroque** [bə'rɔk] *adj* barokk
**barracks** ['bærəks] *pl* kaserne *m*
**barrel** ['bærəl] *n* fat *nt*, tønne *c*
**barrier** ['bæriə] *n* barriere *m*; bom *m*
**barrister** ['bæristə] *n* advokat *m*
**bartender** ['bɑːˌtendə] *n* bartender *m*
**base** [beis] *n* base *m*, basis *m*; fundament *nt*; *v* basere
**baseball** ['beisbɔːl] *n* baseball *m*
**basement** ['beismənt] *n* kjelleretasje *m*
**basic** ['beisik] *adj* grunnleggende; **basics** *npl* grunnlag *nt* / *pl*
**basilica** [bə'zilikə] *n* basilika *m*
**basin** ['beisən] *n* bolle *m*
**basis** ['beisis] *n* (pl bases) basis *m*, grunnlag *nt*
**basket** ['bɑːskit] *n* kurv *m*
**bass**[1] [beis] *n* bass *m*
**bass**[2] [bæs] *n* (pl ~) åbor *m*
**bastard** ['bɑːstəd] *n* bastard *m*; skurk *m*
**batch** [bætʃ] *n* bunke *m*
**bath** [bɑːθ] *n* bad *nt*; **~ towel** badehåndkle *nt*
**bathe** [beið] *v* bade
**bathing cap** ['beiðiŋkæp] *n* badehette *c*
**bathing suit** ['beiðiŋsuːt] *n* badedrakt *c*; badebukse *c*
**bathrobe** ['bɑːθroub] *n* badekåpe *c*
**bathroom** ['bɑːθruːm] *n* bad *nt*, baderværelse *nt*; toalett *nt*
**batter** ['bætə] *n* deig *m*
**battery** ['bætəri] *n* batteri *nt*
**battle** ['bætəl] *n* slag *nt*; kamp *m*, strid *m*; *v* kjempe
**bay** [bei] *n* bukt *c*; *v* gjø
***be** [biː] *v* *være
**beach** [biːtʃ] *n* strand *c*; **nudist ~** nudistbadestrand *c*
**bead** [biːd] *n* perle *c*; **beads** *pl* perlekjede *nt*; rosenkrans *m*
**beak** [biːk] *n* nebb *nt*
**beam** [biːm] *n* stråle *m*; bjelke *m*
**bean** [biːn] *n* bønne *c*
**bear** [bɛə] *n* bjørn *m*
***bear** [bɛə] *v* *bære; tåle; *holde ut
**beard** [biəd] *n* skjegg *nt*
**bearer** ['bɛərə] *n* innehaver *m*
**beast** [biːst] *n* dyr *nt*; **~ of prey** rovdyr *nt*
**beat** [biːt] *n* rytme *m*; slag *nt*
***beat** [biːt] *v* *slå

**beautiful** ['bjuːtifəl] *adj* vakker
**beauty** ['bjuːti] *n* skjønnhet *c*; ~ **parlo(u)r** skjønnhetssalong *m*; ~ **treatment** skjønnhetspleie *m*
**beaver** ['biːvə] *n* bever *m*
**because** [bi'kɔz] *conj* fordi; ettersom; ~ **of** på grunn av
***become** [bi'kʌm] *v* *bli; kle
**bed** [bed] *n* seng *c*; ~ **and board** kost og losji, helpensjon *m*; ~ **and breakfast** værelse med frokost
**bedding** ['bediŋ] *n* sengetøy *nt*
**bedroom** ['bedruːm] *n* soveværelse *nt*
**bee** [biː] *n* bie *c*
**beech** [biːtʃ] *n* bøk *m*
**beef** [biːf] *n* oksekjøtt *nt*
**beefburger** [biːfbəːgə] *n* hamburger *m*
**beehive** ['biːhaiv] *n* bikube *m*
**been** [biːn] *v* (pp be)
**beer** [biə] *n* øl *nt*
**beetle** ['biːtəl] *n* bille *m*
**beetroot** ['biːtruːt] *n* rødbete *c*
**before** [bi'fɔː] *prep* før; foran; *conj* før; *adv* tidligere
**beg** [beg] *v* tigge; *bønnfalle; *be
**beggar** ['begə] *n* tigger *m*
***begin** [bi'gin] *v* begynne; starte
**beginner** [bi'ginə] *n* nybegynner *m*
**beginning** [bi'giniŋ] *n* begynnelse *m*; start *m*
**behalf: on** ~ **of** [ɔn bi'hɑːf ɔv] på vegne av; til fordel for
**behave** [bi'heiv] *v* oppføre seg
**behavio(u)r** [bi'heivjə] *n* oppførsel *m*
**behind** [bi'haind] *prep* bak; *adv* bak
**beige** [beiʒ] *adj* beige
**being** ['biːiŋ] *n* vesen *nt*
**Belgian** ['beldʒən] *adj* belgisk; *n* belgier *m*
**Belgium** ['beldʒəm] Belgia
**belief** [bi'liːf] *n* tro *c*
**believe** [bi'liːv] *v* tro
**bell** [bel] *n* klokke *c*; ringeklokke *c*
**bellboy** ['belbɔi] *n* pikkolo *m*
**belly** ['beli] *n* mage *m*
**belong** [bi'lɔŋ] *v* tilhøre
**belongings** [bi'lɔŋiŋz] *pl* eiendeler
**beloved** [bi'lʌvd] *adj* elsket
**below** [bi'lou] *prep* nedenfor; under; *adv* nede
**belt** [belt] *n* belte *nt*
**bench** [bentʃ] *n* benk *m*
**bend** [bend] *n* sving *m*, bøyning *m*; krumning *m*
***bend** [bend] *v* bøye; ~ **down** bøye seg
**beneath** [bi'niːθ] *prep* under; *adv* under
**benefit** ['benifit] *n* utbytte

*nt*; fordel *m*; *v* *ha fordel av
**bent** [bent] *adj* (pp bend) bøyd
**berry** ['beri] *n* bær *nt*
**beside** [bi'said] *prep* ved siden av
**besides** [bi'saidz] *adv* dessuten; forresten; *prep* foruten
**best** [best] *adj* best
**bet** [bet] *n* veddemål *nt*; innsats *m*
***bet** [bet] *v* vedde
**betray** [bi'trei] *v* forråde
**better** ['betə] *adj* bedre
**between** [bi'twi:n] *prep* mellom
**beverage** ['bevəridʒ] *n* drikk *m*
**beware** [bi'wɛə] *v* vokte seg
**beyond** [bi'jɔnd] *prep* hinsides; på den andre siden av, ut over; *adv* bortenfor
**bible** ['baibəl] *n* bibel *m*
**bicycle** ['baisikəl] *n* sykkel *m*
**bid** [bid] *n* bud *nt*; tilbud *nt*
***bid** [bid] *v* *tilby; *by
**big** [big] *adj* stor; omfangsrik; tykk; viktig
**bike** [baik] *n colloquial* sykkel *m*; *v* sykle
**bile** [bail] *n* galle *m*
**bilingual** [bai'liŋgwəl] *adj* tospråklig
**bill** [bil] *n* regning *c*, nota *m*; *v* fakturere
**billiards** ['biljədz] *pl* biljard *m*
**billion** ['biljən] *n* milliard *m*
***bind** [baind] *v* *binde
**binding** ['baindiŋ] *n* bokbind *nt*
**binoculars** [bi'nɔkjələz] *pl* kikkert *m*
**biodegradable** [,baioudi'greidəbəl] *adj* biologisk nedbrytbar
**biology** [bai'ɔlədʒi] *n* biologi *m*
**bipolar** [,bai'poulə] *adj* bipolar
**birch** [bə:tʃ] *n* bjørk *c*
**bird** [bə:d] *n* fugl *m*
**birth** [bə:θ] *n* fødsel *m*
**birthday** ['bə:θdei] *n* fødselsdag *m*
**biscuit** ['biskit] *n* småkake *c*
**bishop** ['biʃəp] *n* biskop *m*
**bit** [bit] *n* bit *m*; smule *m*
**bitch** [bitʃ] *n* tispe *c*
**bite** [bait] *n* bit *m*; stikk *nt*
***bite** [bait] *v* *bite
**bitter** ['bitə] *adj* bitter
**black** [blæk] *adj* svart; ~ **market** svartebørs *m*
**blackberry** ['blækbəri] *n* bjørnebær *nt*
**BlackBerry®** ['blækbəri] *n* Blackberry *c*
**blackbird** ['blækbə:d] *n* svarttrost *m*
**blackboard** ['blækbɔ:d] *n* tavle *c*
**blackcurrant** [,blæk'kʌrənt] *n* solbær *nt*
**blackmail** ['blækmeil] *n* pengeutpresning *m*; *v*

presse penger av
**blacksmith** ['blæksmiθ] *n* grovsmed *m*
**bladder** ['blædə] *n* blære *c*
**blade** [bleid] *n* blad *nt*; ~ **of grass** gresstrå *nt*
**blame** [bleim] *n* skyld *c*; bebreidelse *m*; *v* klandre, bebreide
**blank** [blæŋk] *adj* blank
**blanket** ['blæŋkit] *n* ullteppe *nt*; teppe *nt*
**blast** [blɑːst] *n* eksplosjon *m*
**bleach** [bliːtʃ] *v* bleke
**bleak** [bliːk] *adj* ødslig, barsk
***bleed** [bliːd] *v* blø; flå
**bless** [bles] *v* velsigne
**blessing** ['blesiŋ] *n* velsignelse *m*
**blind** [blaind] *n* persienne *m*, rullegardin *c* / *nt*; *adj* blind; *v* blende
**blister** ['blistə] *n* blemme *c*, gnagsår *nt*
**blizzard** ['blizəd] *n* snøstorm *m*
**block** [blɔk] *v* sperre, blokkere; *n* kloss *m*; kvartal *nt*; ~ **of flats** leiegård *m*
**blog** [blɔg] *n* (Nett)blogg *c*
**blond** [blɔnd] *adj* blond
**blonde** [blɔnd] *n* blondine *c*, blond person *m*
**blood** [blʌd] *n* blod *nt*; ~ **poisoning** blodforgiftning *m*; ~ **pressure** blodtrykk *nt*; ~ **vessel** blodkar *nt*
**bloody** [blʌdi] *adj* blodig; *colloquial* fordømt
**blossom** ['blɔsəm] *n* blomst *m*; *v* blomstre
**blot** [blɔt] *n* flekk *m*
**blouse** [blauz] *n* bluse *c*
**blow** [blou] *n* fik *m*, slag *nt*; vindkast *nt*
***blow** [blou] *v* blåse; ~ **up** sprenge; eksplodere
**blowout** ['blouaut] *n* punktering *c*; utblåsning *m*
**blue** [bluː] *adj* blå; nedtrykt
**blunt** [blʌnt] *adj* sløv; butt
**blush** [blʌʃ] *v* rødme
**board** [bɔːd] *n* planke *m*; tavle *c*; oppslagstavle *c*; pensjon *m*; styre *nt*; ~ **and lodging** kost og losji, helpensjon *m*
**boardinghouse** ['bɔːdiŋhaus] *n* pensjonat *nt*
**boarding school** ['bɔːdiŋskuːl] *n* pensjonatskole *m*
**boast** [boust] *v* *skryte
**boat** [bout] *n* båt *m*, skip *nt*
**body** ['bɔdi] *n* kropp *m*; legeme *nt*
**bodyguard** ['bɔdigɑːd] *n* livvakt *c*
**body-work** ['bɔdiwəːk] *n* karosseri *nt*
**bog** [bɔg] *n* myr *c*
**boil** [bɔil] *v* koke; *n* byll *m*
**bold** [bould] *adj* dristig; frekk
**Bolivia** [bə'liviə] Bolivia
**Bolivian** [bə'liviən] *adj* boliviansk; *n* bolivianer *m*

**bolt** [boult] *n* slå *c*; bolt *m*
**bomb** [bɔm] *n* bombe *c*; *v* bombardere
**bond** [bɔnd] *n* obligasjon *m*
**bone** [boun] *n* bein *nt*; fiskebein *nt*; *v* skjære ut bein
**bonnet** ['bɔnit] *n* bilpanser *nt*
**book** [buk] *n* bok *c*; *v* reservere, bestille; bokføre
**booking** ['bukiŋ] *n* bestilling *c*, reservasjon *m*
**bookmaker** ['buk,meikə] *n* totalisator *m*
**bookseller** ['buk,selə] *n* bokhandler *m*
**bookstand** ['bukstænd] *n* bokstand *m*
**bookstore** ['bukstɔ:] *n* bokhandel *m*
**boot** [bu:t] *n* støvel *m*; bagasjerom *nt*
**booth** [bu:ð] *n* bu *c*; bås *m*
**booze** [bu:z] *n colloquial* alkohol *m*; *v* drikke alkohol
**border** ['bɔ:də] *n* grense *c*; kant *m*
**bore**[1] [bɔ:] *v* kjede; bore; *n* kjedelig person *m*
**bore**[2] [bɔ:] *v* (p bear)
**boring** ['bɔ:riŋ] *adj* kjedelig
**born** [bɔ:n] *adj* født
**borrow** ['bɔrou] *v* låne
**bosom** ['buzəm] *n* barm *m*; bryst *nt*
**boss** [bɔs] *n* boss *m*, sjef *m*
**botany** ['bɔtəni] *n* botanikk *m*
**both** [bouθ] *adj* begge; **both ... and** både ... og
**bother** ['bɔðə] *v* plage; bry seg; *n* bry *nt*
**bottle** ['bɔtəl] *n* flaske *c*; **~ opener** flaskeåpner *m*; **hot-water ~** varmeflaske *c*
**bottleneck** ['bɔtəlnek] *n* flaskehals *m*
**bottom** ['bɔtəm] *n* bunn *m*; akterspeil *nt*, bak *m*; *adj* underste
**bought** [bɔ:t] *v* (p, pp buy)
**boulder** ['bouldə] *n* rullestein *m*
**bound** [baund] *n* grense *c*; ***be ~ to** *måtte; **~ for** på vei til
**boundary** ['baundəri] *n* grense *c*
**bouquet** [bu'kei] *n* bukett *m*
**bourgeois** ['buəʒwɑ:] *adj* spissborgerlig
**boutique** [bu'ti:k] *n* butikk *m*
**bow**[1] [bau] *v* bukke
**bow**[2] [bou] *n* bue *m*; **~ tie** sløyfe *c*
**bowels** [bauəlz] *pl* tarmer
**bowl** [boul] *n* bolle *m*
**bowling** ['bouliŋ] *n* bowling *m*; **~ alley** bowlingbane *m*
**box**[1] [bɔks] *v* bokse; **boxing match** boksekamp *m*
**box**[2] [bɔks] *n* eske *c*
**box office** ['bɔks,ɔfis] *n* billettluke *c*, billettkontor *nt*
**boy** [bɔi] *n* gutt *m*; tjener *m*
**boyfriend** ['bɔifrend] *n*

kjæreste *m*
**bra** [brɑː] *n* brystholder *m*, behå *m*
**brace** ['breis] *n* (tann-)regulering *c*
**bracelet** ['breislit] *n* armbånd *nt*
**braces** ['breisiz] *pl* bukseseler *pl*;
**brain** [brein] *n* hjerne *m*; forstand *m*; ~ **wave** innfall *nt*
**brake** [breik] *n* brems *m*; ~ **drum** bremsetrommel *m*; ~ **lights** bremselys *pl*
**branch** [brɑːntʃ] *n* gren *m*; filial *m*
**brand** [brænd] *n* merke *nt*; brennemerke *nt*
**brand-new** [ˌbrænd'njuː] *adj* splinter ny
**brass** [brɑːs] *n* messing *m*; ~ **band** hornorkester *nt*
**brave** [breiv] *adj* modig, tapper
**Brazil** [brə'zil] Brasil
**Brazilian** [brə'ziljən] *adj* brasiliansk; *n* brasilianer *m*
**breach** [briːtʃ] *n* åpning *c*
**bread** [bred] *n* brød *nt*; **wholemeal** ~ helkornbrød *nt*
**breadth** [bredθ] *n* bredde *m*
**break** [breik] *n* brudd *nt*; *m* pause *m*; frikvarter *nt*
***break** [breik] *v* *bryte; ~ **down** *gå i stykker; inndele
**breakdown** ['breikdaun] *n* maskinskade *m*, motorstopp *m* / *nt*
**breakfast** ['brekfəst] *n* frokost *m*
**breast** [brest] *n* bryst *nt*
**breaststroke** ['breststrouk] *n* brystsvømming *c*
**breath** [breθ] *n* pust *m*
**breathe** [briːð] *v* puste
**breathing** ['briːðiŋ] *n* åndedrett *nt*
**breed** [briːd] *n* rase *m*; slag *nt*
***breed** [briːd] *v* ale opp, oppdrette
**breeze** [briːz] *n* bris *m*
**brew** [bruː] *v* brygge
**brewery** ['bruːəri] *n* bryggeri *nt*
**bribe** [braib] *v* *bestikke
**bribery** ['braibəri] *n* bestikkelse *m*
**brick** [brik] *n* murstein *m*
**bricklayer** ['brikleiə] *n* murer *m*
**bride** [braid] *n* brud *c*
**bridegroom** ['braidgruːm] *n* brudgom *m*
**bridge** [bridʒ] *n* bro *c*; bridge *m*
**brief** [briːf] *adj* kort; kortfattet
**briefcase** ['briːfkeis] *n* dokumentmappe *c*
**briefs** [briːfs] *pl* truse *c*
**bright** [brait] *adj* skinnende; oppvakt
**brighten** ['braitən] *v* lyse opp
**brill** [bril] *n* slettvar *m*
**brilliant** ['briljənt] *adj*

strålende; begavet
**brim** [brim] *n* rand *m*
***bring** [briŋ] *v* *ta med, *bringe; *medbringe; ~ **back** *bringe tilbake; ~ **up** *oppdra; *ta opp
**brisk** [brisk] *adj* livlig
**Britain** ['britən] Britannia
**British** ['britiʃ] *adj* britisk
**Briton** ['britən] *n* brite *m*
**broad** [brɔːd] *adj* bred; utstrakt, vidstrakt; allmenn
**broadband** ['brɔːdæbænd] *n* bredbånd *nt*
**broadcast** ['brɔːdkɑːst] *n* sending *c*
***broadcast** ['brɔːdkɑːst] *v* kringkaste
**brochure** ['brouʃuə] *n* brosjyre *m*
**broke**[1] [brouk] *v* (p break)
**broke**[2] [brouk] *adj* blakk
**broken** ['broukən] *adj* (pp break) knust, i stykker; i uorden
**broker** ['broukə] *n* megler *m*
**bronchitis** [brɔŋ'kaitis] *n* bronkitt *m*
**bronze** [brɔnz] *n* bronse *m*; *adj* bronse-
**brooch** [broutʃ] *n* brosje *c*
**brook** [bruk] *n* bekk *m*
**broom** [bruːm] *n* kost *m*
**brothel** ['brɔθəl] *n* bordell *nt*
**brother** ['brʌðə] *n* bror *m*
**brother-in-law** ['brʌðərinlɔː] *n* (pl brothers-) svoger *m*
**brought** [brɔːt] *v* (p, pp bring)
**brown** [braun] *adj* brun
**bruise** [bruːz] *n* blått merke; *v* *slå
**brunette** [bruː'net] *n* brunette *m*
**brush** [brʌʃ] *n* børste *m*; pensel *m*; *v* børste
**brutal** ['bruːtəl] *adj* brutal
**bubble** ['bʌbəl] *n* boble *c*
**buck** [bʌk] *n* bukk *m*; *colloquial* dollar *m*
**bucket** ['bʌkit] *n* spann *nt*
**buckle** ['bʌkəl] *n* spenne *c*
**bud** [bʌd] *n* knopp *m*
**buddy** ['bʌdi] *n colloquial* kamerat *m*
**budget** ['bʌdʒit] *n* budsjett *nt*
**buffet** ['bufei] *n* koldtbord *nt*
**bug** [bʌg] *n* veggedyr *nt*; bille *m*; insekt *nt*
***build** [bild] *v* bygge
**building** ['bildiŋ] *n* bygning *m*
**bulb** [bʌlb] *n* blomsterløk *m*; **light** ~ lyspære *c*
**Bulgaria** [bʌl'gɛəriə] Bulgaria
**Bulgarian** [bʌl'gɛəriən] *adj* bulgarsk; *n* bulgarer *m*
**bulk** [bʌlk] *n* last *c*; masse *m*; størsteparten *m*
**bulky** ['bʌlki] *adj* fyldig, omfangsrik
**bull** [bul] *n* tyr *m*, okse *m*
**bullet** ['bulit] *n* kule *c*
**bulletin** ['bulitin] *n* bekjentgjørelse *m*, oppslag *nt*

**bullfight** ['bulfait] *n* tyrefektning *m*
**bump** [bʌmp] *v* støte; støte sammen; dunke; *n* støt *nt*
**bumper** ['bʌmpə] *n* støtfanger *m*
**bumpy** ['bʌmpi] *adj* humpet
**bun** [bʌn] *n* hvetebolle *m*
**bunch** [bʌntʃ] *n* bukett *m*; flokk *m*
**bundle** ['bʌndəl] *n* bunt *m*; *v* bunte, *binde sammen
**bunk** [bʌŋk] *n* køye *c*
**buoy** [bɔi] *n* bøye *m*
**burden** ['bə:dən] *n* byrde *m*
**bureau** ['bjuərou] *n* (pl ~x, ~s) skrivebord *nt*; kommode *m*
**bureaucracy** [bjuə'rɔkrəsi] *n* byråkrati *nt*
**burger** [bə:gə] *n* hamburger
**burglar** ['bə:glə] *n* innbruddstyv *m*
**burgle** ['bə:gəl] *v* *begå innbrudd
**burial** ['beriəl] *n* begravelse *m*
**burn** [bə:n] *n* brannsår *nt*
***burn** [bə:n] *v* *brenne; *svi
***burst** [bə:st] *v* *sprekke; *briste
**bury** ['beri] *v* begrave; grave ned
**bus** [bʌs] *n* buss *m*
**bush** [buʃ] *n* busk *m*
**business** ['biznəs] *n* forretninger *pl*, handel *m*; virksomhet *c*, forretning *c*; yrke *nt*; ~ **card** visittkort *nt*; ~ **hours** åpningstid *c*, kontortid *c*; ~ **trip** forretningsreise *c*; **on** ~ i forretninger
**business-like** ['biznislaik] *adj* forretningsmessig
**businessman** ['biznəsmən] *n* (pl -men) forretningsmann *m*
**businesswoman** ['biznəswumən] *n* (pl -women) forretningskvinne *c*
**bust** [bʌst] *n* byste *c*
**bustle** ['bʌsəl] *n* travelhet *c*
**busy** ['bizi] *adj* opptatt; travel
**but** [bʌt] *conj* men; dog; *prep* unntatt
**butcher** ['butʃə] *n* slakter *m*
**butter** ['bʌtə] *n* smør *nt*
**butterfly** ['bʌtəflai] *n* sommerfugl *m*; ~ **stroke** butterfly *m*
**buttock** ['bʌtək] *n* rumpeballe *m*
**button** ['bʌtən] *n* knapp *m*; *v* knappe
***buy** [bai] *v* kjøpe; anskaffe
**buyer** ['baiə] *n* kjøper *m*
**buzz** [bʌs] *n* summing *c*
**by** [bai] *prep* av; med; ved
**bye-bye** [bai'bai] *colloquial* ha det!
**by-pass** ['baipɑ:s] *n* ringvei *m*; bypass *m*; *v* *omgå

# C

**cab** [kæb] *n* drosje *c*, taxi *m*
**cabaret** ['kæbərei] *n* kabaret *m*; nattklubb *m*
**cabbage** ['kæbidʒ] *n* kål *m*
**cab driver** ['kæbˌdraivə] *n* drosjesjåfør *m*, taxisjåfør *m*
**cabin** ['kæbin] *n* kabin *m*; hytte *c*; omkledningskabin *m*; lugar *m*
**cable** ['keibəl] *n* kabel *m*; ~ **tv** kabelfjernsyn, *nt* kabel-TV *nt*
**café** ['kæfei] *n* kafé *m*
**cafeteria** [ˌkæfə'tiəriə] *n* kafeteria *m*
**caffeine** ['kæfi:n] *n* kaffein *m*
**cage** [keidʒ] *n* bur *nt*
**cake** [keik] *n* kake *c*
**calamity** [kə'læməti] *n* ulykke *c*, katastrofe *m*
**calcium** ['kælsiəm] *n* kalsium *nt*
**calculate** ['kælkjuleit] *v* regne ut
**calculation** [ˌkælkju'leiʃən] *n* utregning *c*
**calculator** ['kælkjuleitə] *n* kalkulator *m*, lommeregner *m*
**calendar** ['kæləndə] *n* kalender *m*
**calf** [kɑ:f] *n* (pl calves) kalv *m*; legg *m*; **~skin** kalveskinn *nt*
**call** [kɔ:l] *v* rope; kalle; ringe opp; *n* rop *nt*; besøk *nt*, visitt *m*; oppringning *m*; ***be called** *hete; ~ **names** skjelle ut; ~ **on** besøke; ~ **up** *Am* ringe opp
**call waiting** ['kɔ:l‿'weitiŋ] *n* samtale venter *c*
**caller ID** ['kɔ:lər‿ai'di:] *n* nummervisning *c*
**calm** [kɑ:m] *adj* stille, rolig; ~ **down** berolige; roe seg, falle til ro
**calorie** ['kæləri] *n* kalori *m*
**came** [keim] *v* (p come)
**camel** ['kæməl] *n* kamel *m*
**camera** ['kæmərə] *n* fotografiapparat *nt*; filmkamera *nt*; ~ **shop** fotoforretning *c*
**camp** [kæmp] *n* leir *m*; *v* campe; ~ **bed** feltseng *c*
**campaign** [kæm'pein] *n* kampanje *m*
**camper** ['kæmpə] *n* campinggjest *m*; bobil *m*
**camping** ['kæmpiŋ] *n* camping *m*; ~ **site** campingplass *m*
**can** [kæn] *n* boks *m*; ~ **opener** boksåpner *m*
***can** [kæn] *v* *kan
**Canada** ['kænədə] Canada
**Canadian** [kə'neidiən] *adj* kanadisk; *n* kanadier *m*
**canal** [kə'næl] *n* kanal *m*
**canary** [kə'nɛəri] *n*

kanarifugl *m*
**cancel** ['kænsəl] *v* annullere; avbestille
**cancellation** [ˌkænsə'leiʃən] *n* avbestilling *c*
**cancer** ['kænsə] *n* kreft *m*
**candid** ['kændid] *adj* åpen, oppriktig
**candidate** ['kændidət] *n* kandidat *m*
**candle** ['kændəl] *n* stearinlys *nt*
**candy** ['kændi] *nAm* sukkertøy *nt*; godter *pl*, søtsaker *pl*
**cane** [kein] *n* rør *nt*; stokk *m*
**canister** ['kænistə] *n* boks *m*
**canoe** [kə'nuː] *n* kano *m*
**canteen** [kæn'tiːn] *n* kantine *c*
**canvas** ['kænvəs] *n* lerret *nt*, seilduk *m*
**cap** [kæp] *n* lue *c*, skyggelue *c*
**capable** ['keipəbəl] *adj* dyktig, kompetent
**capacity** [kə'pæsəti] *n* kapasitet *m*; evne *c*
**cape** [keip] *n* cape *m*; kapp *nt*
**capital** ['kæpitəl] *n* hovedstad *m*; kapital *m*; *adj* viktig, hoved-; **~ letter** stor bokstav
**capitalism** ['kæpitəlizəm] *n* kapitalisme *m*
**capitulation** [kəˌpitju'leiʃən] *n* kapitulasjon *m*
**capsule** ['kæpsjuːl] *n* kapsel *m*
**captain** ['kæptin] *n* kaptein *m*; flykaptein *m*
**capture** ['kæptʃə] *v* fange, *ta til fange; erobre; *n* arrestasjon *m*; erobring *c*
**car** [kɑː] *n* bil *m*; **~ hire** bilutleie *m*; **~ park** parkeringsplass *m*; **~ rental** *Am* bilutleie *c*
**carjacking** ['kɑːˌdʒækiŋ] *n* biltyveri *nt*
**caramel** ['kærəməl] *n* karamell *m*
**carat** ['kærət] *n* karat *m*
**caravan** ['kærəvæn] *n* bobil *m*
**carburettor** [ˌkɑːbju'retə] *n* forgasser *m*
**card** [kɑːd] *n* kort *nt*; visittkort *nt*
**cardboard** ['kɑːdbɔːd] *n* papp *m*; *adj* kartong-
**cardigan** ['kɑːdigən] *n* ulljakke *c*
**cardinal** ['kɑːdinəl] *n* kardinal *m*; *adj* hoved-; **~ number** grunntall *nt*
**care** [kɛə] *n* omsorg *c*; bekymring *c*; **~ about** bekymre seg om; **~ for** bry seg om; ***take ~ of** passe på, *ta vare på
**career** [kə'riə] *n* karriere *m*
**carefree** ['kɛəfriː] *adj* ubekymret
**careful** ['kɛəfəl] *adj* forsiktig; omhyggelig, nøyaktig

**careless** ['kɛələs] *adj* likegyldig, skjødesløs
**caretaker** ['kɛə,teikə] *n* vaktmester *m*
**cargo** ['ka:gou] *n* (pl ~es) last *c*, frakt *c*
**carnival** ['ka:nivəl] *n* karneval *nt*
**carp** [ka:p] *n* (pl ~) karpe *m*
**carpenter** ['ka:pintə] *n* snekker *m*
**carpet** ['ka:pit] *n* gulvteppe *nt*, teppe *nt*
**carriage** ['kæridʒ] *n* hestevogn *c*, vogn *c*
**carriageway** ['kæridʒwei] *n* kjørebane *m*
**carrot** ['kærət] *n* gulrot *c*
**carry** ['kæri] *v* *bære; føre; ~ **on** *fortsette; ~ **out** utføre
**carrycot** ['kærikɔt] *n* babybag *m*
**cart** [ka:t] *n* kjerre *c*
**cartilage** ['ka:tilidʒ] *n* brusk *m*
**carton** ['ka:tən] *n* kartong *m*
**cartoon** [ka:'tu:n] *n* tegnefilm *m*
**cartridge** ['ka:tridʒ] *n* patron *m*
**carve** [ka:v] *v* *skjære; *skjære i, *skjære ut
**carving** ['ka:viŋ] *n* utskjæring *c*, skurd *m*
**case** [keis] *n* tilfelle *nt*; sak *c*; koffert *m*; etui *nt*; **attaché** ~ dokumentmappe *c*; **in** ~ hvis
**cash** [kæʃ] *n* kontanter *pl*; *v* innkassere, heve; ~ **dispenser** minibank *m*
**cashier** [kæ'ʃiə] *n* kasserer *m*
**cashmere** ['kæʃmiə] *n* kasjmir *m*
**casino** [kə'si:nou] *n* (pl ~s) kasino *nt*
**cask** [ka:sk] *n* fat *nt*, tønne *c*
**cassette** [kə'set] *n* kassett *m*
**cast** [ka:st] *n* kast *nt*
***cast** [ka:st] *v* kaste; **cast iron** støpejern *nt*
**castle** ['ka:səl] *n* slott *nt*, borg *c*
**casual** ['kæʒuəl] *adj* uformell; tilfeldig, flyktig
**casualty** ['kæʒuəlti] *n* ulykke *c*; offer *nt*
**cat** [kæt] *n* katt *m*
**catacomb** ['kætəkoum] *n* katakombe *m*
**catalogue** ['kætəlɔg] *n* katalog *m*
**catarrh** [kə'ta:] *n* katarr *m*
**catastrophe** [kə'tæstrəfi] *n* katastrofe *m*
***catch** [kætʃ] *v* fange; *gripe; overrumple; nå, *rekke
**catchword** [kætʃwə:d] *n* stikkord *nt*
**category** ['kætigəri] *n* kategori *m*
**caterer** [,keitərər] *n* catering *m*
**cathedral** [kə'θi:drəl] *n* katedral *m*, domkirke *c*
**catheter** [kə'θi:dər] *n*

kateter *nt*
**catholic** ['kæθəlik] *adj* katolsk
**cattle** ['kætəl] *pl* kveg *nt*
**caught** [kɔːt] *v* (p, pp catch)
**cauliflower** ['kɔliflauə] *n* blomkål *m*
**cause** [kɔːz] *v* forårsake; volde; *n* årsak *c*; grunn *m*; sak *c*; ~ **to** *få til å
**caution** ['kɔːʃən] *n* forsiktighet *c*; *v* advare
**cautious** ['kɔːʃəs] *adj* forsiktig
**cave** [keiv] *n* grotte *c*; hule *c*
**cavern** ['kævən] *n* hule *c*
**caviar** ['kæviɑː] *n* kaviar *m*
**cavity** ['kævəti] *n* hulrom *nt*
**CD** [siː'diː] *n* CD *m*; ~ **player** CD-spiller
**CD (-ROM)** [siː'diː(rɔm)] *n* CD-ROM *m*
**cease** [siːs] *v* opphøre
**ceasefire** [siːsfaiə] *n* våpenstillstand *m*
**ceiling** ['siːliŋ] *n* tak *nt*
**celebrate** ['selibreit] *v* feire
**celebration** [ˌseli'breiʃən] *n* feiring *c*
**celebrity** [si'lebrəti] *n* berømmelse *m*
**celery** ['seləri] *n* selleri *m*
**cell** [sel] *n* celle *c*
**cellar** ['selə] *n* kjeller *m*
**cellphone** ['selfoun] *n* mobil(-telefon) *m*
**cement** [si'ment] *n* sement *m*
**cemetery** ['semitri] *n* gravlund *m*
**censorship** ['sensəʃip] *n* sensur *m*
**center** ['sentə] *nAm* sentrum *nt*; midtpunkt *nt*
**centigrade** ['sentigreid] celsius
**centimeter** *Am*, **centimetre** ['sentimiːtə] *n* centimeter *m*
**central** ['sentrəl] *adj* sentral; ~ **heating** sentralfyring *c*; ~ **station** sentralstasjon *m*
**centralize** ['sentrəlaiz] *v* sentralisere
**centre**, **center** *Am* ['sentə] *n* sentrum *nt*; midtpunkt *nt*
**century** ['sentʃəri] *n* århundre *nt*
**ceramics** [si'ræmiks] *pl* keramikk *m*
**ceremony** ['serəməni] *n* seremoni *m*
**certain** ['səːtən] *adj* sikker; viss
**certainly** ['səːtənli] *adv* sikkert; klart
**certificate** [sə'tifikət] *n* attest *m*; vitnesbyrd *nt*, diplom *nt*, dokument *nt*
**chain** [tʃein] *n* kjede *nt* , kjetting *m*
**chair** [tʃɛə] *n* stol *m*; sete *nt*
**chairman** ['tʃɛəmən] *n* (pl -men) formann *m*, leder *m*
**chairwoman** ['tʃɛəwumən] *n* (pl -women) formann *m*, leder *m*
**chalet** ['ʃælei] *n* hytte *c*
**chalk** [tʃɔːk] *n* kritt *nt*
**challenge** ['tʃæləndʒ] *v*

utfordre; *n* utfordring *c*
**chamber** ['tʃeimbə] *n* rom *nt*
**champagne** [ʃæm'pein] *n* champagne *m*
**champion** ['tʃæmpjən] *n* mester *m*; forkjemper *m*
**chance** [tʃɑ:ns] *n* slump *m*; sjanse *m*, anledning *m*; risiko *m*; tilfelle *nt*; **by ~** tilfeldigvis
**change** [tʃeindʒ] *v* forandre; veksle; kle seg om; skifte; *n* forandring *c*, endring *c*; småpenger *pl*, vekslepenger *pl*; vekslepenger *pl*; **for a ~** til avveksling; unntaksvis
**channel** ['tʃænəl] *n* kanal *m*; **English Channel** Den engelske kanal
**chaos** ['keiɔs] *n* kaos *nt*
**chaotic** [kei'ɔtik] *adj* kaotisk
**chap** [tʃæp] *n* fyr *m*
**chapel** ['tʃæpəl] *n* kapell *nt*, kirke *c*
**chaplain** ['tʃæplin] *n* kapellan *m*
**character** ['kærəktə] *n* karakter *m*
**characteristic** [,kærəktə'ristik] *adj* betegnende, karakteristisk; *n* kjennetegn *nt*; karaktertrekk *nt*
**characterize** ['kærəktəraiz] *v* karakterisere
**charcoal** ['tʃɑ:koul] *n* trekull *nt*
**charge** [tʃɑ:dʒ] *v* kreve; *pålegge; anklage; laste; *n* pris *m*; ladning *m*, byrde *m*, belastning *m*; anklage *m*; **free of ~** kostfri; **in ~ of** ansvarlig for; ***take ~ of** *påta seg
**charity** ['tʃærəti] *n* velgjørenhet *c*
**charm** [tʃɑ:m] *n* sjarm *m*; amulett *m*
**charming** ['tʃɑ:miŋ] *adj* sjarmerende
**chart** [tʃɑ:t] *n* tabell *m*; diagram *nt*; sjøkart *nt*; **conversion ~** omregningstabell *m*
**chase** [tʃeis] *v* *forfølge; jage bort, *fordrive; *n* jakt *c*
**chasm** ['kæzəm] *n* kløft *c*
**chassis** ['ʃæsi] *n* (pl ~) chassis *nt*
**chaste** [tʃeist] *adj* kysk
**chat** [tʃæt] *v* prate, skravle; *n* prat *m* / *nt*
**chatterbox** ['tʃætəbɔks] *n* skravlebøtte *c*
**chauffeur** ['ʃoufə] *n* sjåfør *m*
**cheap** [tʃi:p] *adj* billig; gunstig
**cheat** [tʃi:t] *v* jukse, *snyte
**check** [tʃek] *v* sjekke, kontrollere; *n* rute *c*; regning *c*; sjekk *m*; **check!** sjakk!; **~ in** sjekke inn; **~ out** sjekke ut
**checkbook** ['tʃekbuk] *nAm* sjekkhefte *nt*

**checkerboard** ['tʃekəbɔːd] *nAm* sjakkbrett *nt*
**checkers** ['tʃekəz] *plAm* damspill *nt*
**checkroom** ['tʃekruːm] *nAm* garderobe *m*
**checkup** ['tʃekʌp] *n* undersøkelse *m*
**cheek** [tʃiːk] *n* kinn *nt*
**cheekbone** ['tʃiːkboun] *n* kinnbein *nt*
**cheeky** [tʃiːki] *adj colloquial* frekk, uforskammet
**cheer** [tʃiə] *v* hylle, juble; ~ **up** oppmuntre
**cheerful** ['tʃiəfəl] *adj* lystig, glad
**cheese** [tʃiːz] *n* ost *m*
**chef** [ʃef] *n* kjøkkensjef *m*
**chemical** ['kemikəl] *adj* kjemisk
**chemist** ['kemist] *n* apoteker *m*; **chemist's** apotek *nt*
**chemistry** ['kemistri] *n* kjemi *m*
**cheque** [tʃek] *n* sjekk *m*
**cherry** ['tʃeri] *n* kirsebær *nt*
**chess** [tʃes] *n* sjakk *m*
**chest** [tʃest] *n* bryst *nt*; brystkasse *c*; kiste *c*; ~ **of drawers** kommode *m*
**chestnut** ['tʃesnʌt] *n* kastanje *m*
**chew** [tʃuː] *v* tygge
**chewing gum** ['tʃuːiŋgʌm] *n* tyggegummi *m*
**chicken** ['tʃikin] *n* kylling *m*
**chickenpox** ['tʃikinpɔks] *n* vannkopper *pl*
**chief** [tʃiːf] *n* sjef *m*; *adj* hoved-, over-
**chieftain** ['tʃiːftən] *n* høvding *m*
**child** [tʃaild] *n* (pl children) barn *nt*
**childbirth** ['tʃaildbəːθ] *n* fødsel *m*
**childhood** ['tʃaildhud] *n* barndom *m*
**Chile** ['tʃili] Chile
**Chilean** ['tʃiliən] *adj* chilensk; *n* chilener *m*
**chill** [tʃil] *n* kuldegysning *m*
**chilly** ['tʃili] *adj* kjølig
**chimes** [tʃaimz] *pl* klokkespill *nt*
**chimney** ['tʃimni] *n* skorstein *m*
**chin** [tʃin] *n* hake *c*
**China** ['tʃainə] Kina
**china** ['tʃainə] *n* porselen *nt*
**Chinese** [tʃai'niːz] *adj* kinesisk; *n* kineser *m*
**chip** [tʃip] *n* flis *c*; chip *m*; brikke *c*; *v* *slå hakk i, snitte; **chips** pommes frites
**chisel** ['tʃizəl] *n* meisel *m*
**chives** [tʃaivz] *pl* gressløk *m*
**chlorine** ['klɔːriːn] *n* klor *m*
**chocolate** ['tʃɔklət] *n* sjokolade *m*; konfekt *m*
**choice** [tʃɔis] *n* valg *nt*; utvalg *nt*
**choir** [kwaiə] *n* kor *nt*
**choke** [tʃouk] *v* kveles; kvele; *n* choke *m*
***choose** [tʃuːz] *v* *velge

**chop** [tʃɔp] *n* kotelett *m*; *v* hakke
**Christ** [kraist] Kristus
**christen** ['krisən] *v* døpe
**christening** ['krisəniŋ] *n* dåp *m*
**Christian** ['kristʃən] *adj* kristen; ~ **name** fornavn *nt*
**Christmas** ['krisməs] *n* jul *c*
**chronic** ['krɔnik] *adj* kronisk
**chronological** [ˌkrɔnə'lɔdʒikəl] *adj* kronologisk
**chuckle** ['tʃʌkəl] *v* klukke, *le
**chunk** [tʃʌŋk] *n* stort stykke
**church** [tʃə:tʃ] *n* kirke *c*
**churchyard** ['tʃə:tʃjɑ:d] *n* kirkegård *m*
**cigar** [si'gɑ:] *n* sigar *m*
**cigarette** [ˌsigə'ret] *n* sigarett *m*; ~ **case** sigarettetui *nt*; ~ **lighter** [ˌsigə'retˌlaitə] *n* lighter *m*
**cinema** ['sinəmə] *n* kino *m*
**cinnamon** ['sinəmən] *n* kanel *m*
**circle** ['sə:kəl] *n* sirkel *m*; krets *m*; balkong *m*; *v* *omgi, omringe
**circulation** [ˌsə:kju'leiʃən] *n* sirkulasjon *m*; blodomløp *nt*; omløp *nt*
**circumstance** ['sə:kəmstæns] *n* omstendighet *c*
**circus** ['sə:kəs] *n* sirkus *nt*
**citizen** ['sitizən] *n* borger *m*
**citizenship** ['sitizənʃip] *n* statsborgerskap *nt*
**city** ['siti] *n* by *m*
**civic** ['sivik] *adj* borger-
**civil** ['sivəl] *adj* sivil; høflig; ~ **law** sivilrett *m*; ~ **servant** statstjenestemann *m*
**civilian** [si'viljən] *adj* sivil; *n* sivilperson *m*
**civilization** [ˌsivəlai'zeiʃən] *n* sivilisasjon *m*
**civilized** ['sivəlaizd] *adj* sivilisert
**claim** [kleim] *v* kreve; *påstå; *n* krav *nt*, fordring *c*
**clamp** [klæmp] *n* krampe *m*; skruestikke *c*
**clap** [klæp] *v* klappe, applaudere
**clarify** ['klærifai] *v* *klarlegge, *klargjøre
**class** [klɑ:s] *n* klasse *c*
**classical** ['klæsikəl] *adj* klassisk
**classify** ['klæsifai] *v* gruppere
**classmate** ['klɑ:smeit] *n* klassekamerat *m*
**classroom** ['klɑ:sru:m] *n* klasseværelse *nt*
**clause** [klɔ:z] *n* klausul *m*
**claw** [klɔ:] *n* klo *c*
**clay** [klei] *n* leire *c*
**clean** [kli:n] *adj* ren; *v* rense, gjøre rent
**cleaning** ['kli:niŋ] *n* rengjøring *c*; ~ **fluid** vaskemiddel *nt*
**clear** [kliə] *adj* klar; tydelig; *v* rydde
**clearing** ['kliəriŋ] *n* lysning

*m*
**cleft** [kleft] *n* kløft *c*
**clergyman** ['klə:dʒimən] *n* (pl -men) prest *m*
**clerk** [klɑ:k] *n* sekretær *m*, kontorpersonale *nt*
**clever** ['klevə] *adj* intelligent; flink, begavet, klok
**click** [klik] *v* klikke; ~ **into place** klikke på plass
**client** ['klaiənt] *n* kunde *m*; klient *m*
**cliff** [klif] *n* klippe *m*
**climate** ['klaimit] *n* klima *nt*
**climb** [klaim] *v* klatre; *n* klatring *c*
**cling** ['kliŋ] *v* klistre, klenge; ~ **to** klamre seg til
**clinic** ['klinik] *n* klinikk *m*
**cloak** [klouk] *n* kappe *c*
**cloakroom** ['kloukru:m] *n* garderobe *m*
**clock** [klɔk] *n* klokke *c*; **at ... o'clock** klokken / klokka ...
**cloister** ['klɔistə] *n* kloster *nt*
**clone** [kloun] *v* klone; *n* kloning *c*
**close**[1] [klouz] *v* lukke; **closed** *adj* stengt, lukket
**close**[2] [klous] *adj* nær
**closet** ['klɔzit] *nAm* skap *nt*; garderobeskap *nt*
**close-up** ['klousʌp] *n* nærbilde *nt*
**cloth** [klɔθ] *n* stoff *nt*; klut *m*
**clothes** [klouðz] *pl* klær *pl*
**clothing** ['klouðiŋ] *n* klær *pl*
**cloud** [klaud] *n* sky *c*
**cloudberry** [klaudbəri] *n* molte *c*, multe *c*
**cloudy** ['klaudi] *adj* skyet, overskyet
**clover** ['klouvə] *n* kløver *m*
**clown** [klaun] *n* klovn *m*
**club** [klʌb] *n* klubb *m*, forening *c*; kølle *c*, klubbe *c*
**clumsy** ['klʌmzi] *adj* klosset
**clutch** [klʌtʃ] *n* clutch *m*; grep *nt*
**coach** [koutʃ] *n* buss *m*; jernbanevogn *c*; trener *m*
**coal** [koul] *n* kull *nt*
**coarse** [kɔ:s] *adj* grov
**coast** [koust] *n* kyst *m*
**coat** [kout] *n* frakk *m*, kåpe *c*; kappe *c*; ~ **hanger** kleshenger *m*
**cocaine** [kou'kein] *n* kokain *m / nt*
**cock** [kɔk] *n* hane *m*
**cocktail** ['kɔkteil] *n* cocktail *m*
**coconut** ['koukənʌt] *n* kokosnøtt *c*
**cod** [kɔd] *n* (pl ~) torsk *m*
**code** [koud] *n* kode *m*
**coffee** ['kɔfi] *n* kaffe *m*
**cognac** ['kɔnjæk] *n* konjakk *m*
**coherence** [kou'hiərəns] *n* sammenheng *m*
**coin** [kɔin] *n* mynt *m*
**coincide** [ˌkouin'said] *v* *falle sammen med
**coincidence** [ˌkouin'sidens]

*m* tilfelle *nt*, tilfeldighet *c*
**cold** [kould] *adj* kald; *n* kulde *c*; forkjølelse *m*; ***catch a ~** *bli forkjølet
**collaborate** [kə'læbəreit] *v* samarbeide
**collapse** [kə'læps] *v* *bryte sammen
**collar** ['kɔlə] *n* halsbånd *nt*; krage *m*
**collarbone** ['kɔləboun] *n* kragebein *nt*
**colleague** ['kɔli:g] *n* kollega *m*
**collect** [kə'lekt] *v* samle; hente, avhente; samle inn
**collection** [kə'lekʃən] *n* samling *c*; kolleksjon *m*
**collective** [kə'lektiv] *adj* kollektiv
**collector** [kə'lektə] *n* samler *m*; innsamler *m*
**college** ['kɔlidʒ] *n* høyere læreinstitusjon; høyskole *m*
**collide** [kə'laid] *v* kollidere
**collision** [kə'liʒən] *n* sammenstøt *nt*, kollisjon *m*
**Colombia** [kə'lɔmbiə] Colombia
**Colombian** [kə'lɔmbiən] *adj* colombiansk; *n* colombianer *m*
**colonel** ['kə:nəl] *n* oberst *m*
**colony** ['kɔləni] *n* koloni *m*
**colo(u)r** ['kʌlə] *n* farge *m*; *v* farge
**colo(u)r-blind** ['kʌləblaind] *adj* fargeblind
**colo(u)red** ['kʌləd] *adj* farget
**colo(u)rful** ['kʌləfəl] *adj* fargerik
**column** ['kɔləm] *n* søyle *c*, spalte *c*; kolonne *m*
**coma** ['koumə] *n* koma *m*
**comb** [koum] *v* gre; *n* kam *m*
**combat** ['kɔmbæt] *n* kamp *m*; *v* bekjempe, kjempe
**combination** [ˌkɔmbi'neiʃən] *n* kombinasjon *m*
**combine** [kəm'bain] *v* kombinere; sammenstille
***come** [kʌm] *v* *komme; **~ across** støte på; *komme over
**comedian** [kə'mi:diən] *n* skuespiller *m*; komiker *m*
**comedy** ['kɔmədi] *n* komedie *m*, lystspill *nt*
**comfort** ['kʌmfət] *n* komfort *m*, bekvemmelighet *c*, velvære *nt*; trøst *m*; *v* trøste
**comfortable** ['kʌmfətəbəl] *adj* bekvem, komfortabel
**comic** ['kɔmik] *adj* komisk
**comics** ['kɔmiks] *pl* tegneserie *m*
**coming** ['kʌmiŋ] *n* komme *nt*; *adj* kommende
**comma** ['kɔmə] *n* komma *nt*
**command** [kə'ma:nd] *v* befale; *n* befaling *c*
**commander** [kə'ma:ndə] *n* befalshavende *m*
**commemoration** [kəˌmemə'reiʃən] *n* minnefest *m*; **in ~ of** til

minne om
**commence** [kə'mens] *v* begynne
**comment** ['kɔment] *n* kommentar *m*; *v* kommentere
**commerce** ['kɔmə:s] *n* handel *m*
**commercial** [kə'mə:ʃəl] *adj* handels-, kommersiell; *n* reklame *m*; ~ **law** handelsrett *m*
**commission** [kə'miʃən] *n* kommisjon *m*
**commit** [kə'mit] *v* *overlate, betro; *begå
**committee** [kə'miti] *n* komité *m*
**common** ['kɔmən] *adj* felles; vanlig, alminnelig; simpel
**commune** ['kɔmju:n] *n* kommune *m*
**communicate** [kə'mju:nikeit] *v* meddele
**communication** [kəˌmju:ni'keiʃən] *n* kommunikasjon *m*; meddelelse *m*
**communism** ['kɔmjunizəm] *n* kommunisme *m*
**communist** ['kɔmjunist] *n* kommunist *m*
**community** [kə'mju:nəti] *n* samfunn *nt*
**commuter** [kə'mju:tə] *n* pendler *m*
**compact** ['kɔmpækt] *adj* kompakt
**companion** [kəm'pænjən] *n* ledsager *m* ; guide *m*
**company** ['kʌmpəni] *n* selskap *nt*, firma *nt*
**comparative** [kəm'pærətiv] *adj* relativ
**compare** [kəm'pɛə] *v* sammenligne
**comparison** [kəm'pærisən] *n* sammenligning *c*
**compartment** [kəm'pɑ:tmənt] *n* kupé *m*
**compass** ['kʌmpəs] *n* kompass *m* / *nt*; passer *m*
**compel** [kəm'pel] *v* tvinge; nøde
**compensate** ['kɔmpənseit] *v* kompensere, erstatte
**compensation** [ˌkɔmpən'seiʃən] *n* kompensasjon *m*; skadeserstatning *m*
**compete** [kəm'pi:t] *v* konkurrere
**competition** [ˌkɔmpə'tiʃən] *n* konkurranse *m*
**competitor** [kəm'petitər] *n* konkurrent *m*
**compile** [kəm'pail] *v* samle
**complain** [kəm'plein] *v* klage
**complaint** [kəm'pleint] *n* klage *c*
**complete** [kəm'pli:t] *adj* fullstendig, komplett; *v* fullende
**completely** [kəm'pli:tli] *adv* helt, totalt
**complex** ['kɔmpleks] *n* kompleks *nt*; *adj* innviklet
**complexion** [kəm'plekʃən]

*n* hudfarge *m*
**complicated** ['kɔmplikeitid] *adj* komplisert, innviklet
**compliment** ['kɔmplimənt] *n* kompliment *m*; *v* komplimentere
**compose** [kəm'pouz] *v* *sette sammen; komponere
**composer** [kəm'pouzə] *n* komponist *m*
**composition** [ˌkɔmpə'ziʃən] *n* komposisjon *m*; sammensetning *m*
**comprehensive** [ˌkɔmpri'hensiv] *adj* omfattende
**comprise** [kəm'praiz] *v* innbefatte, omfatte
**compromise** ['kɔmprəmaiz] *n* kompromiss *nt*
**compulsory** [kəm'pʌlsəri] *adj* obligatorisk
**computer** [kɔm'pjutə] *n* datamaskin *m*, PC *m*
**conceal** [kən'si:l] *v* skjule
**conceited** [kən'si:tid] *adj* selvgod; innbilsk *colloquial*
**conceive** [kən'si:v] *v* oppfatte, tenke ut; forestille seg
**concentrate** ['kɔnsəntreit] *v* konsentrere
**concentration** [ˌkɔnsən'treiʃən] *n* konsentrasjon *m*
**conception** [kən'sepʃən] *n* forestilling *c*; befruktning *m*
**concern** [kən'sə:n] *v* *gjelde, *angå; *n* bekymring *c*; anliggende *nt*; bedrift *m*, foretak *nt*, konsern *nt*
**concerned** [kən'sə:nd] *adj* bekymret; innblandet
**concerning** [kən'sə:niŋ] *prep* angående, vedrørende
**concert** ['kɔnsət] *n* konsert *m*; ~ **hall** konsertsal *m*
**concession** [kən'seʃən] *n* konsesjon *m*
**concierge** [ˌkɔ̃ˌsi'ɛəʒ] *n* portner *m*
**concise** [kən'sais] *adj* konsis
**conclusion** [kəŋ'klu:ʒən] *n* konklusjon *m*, slutning *m*
**concrete** ['kɔŋkri:t] *adj* konkret; *n* betong *m*
**concurrence** [kəŋ'kʌrəns] *n* overensstemmelse *m*
**concussion** [kəŋ'kʌʃən] *n* hjernerystelse *m*
**condition** [kən'diʃən] *n* vilkår *nt*; kondisjon *m*, tilstand *m*; omstendighet *c*
**conditional** [kən'diʃənəl] *adj* betinget
**conditioner** [kən'diʃənə] *n* hårbalsam *m*
**condom** ['kɔndɔm] *n* kondom *nt*
**conduct**[1] ['kɔndʌkt] *n* oppførsel *m*
**conduct**[2] [kən'dʌkt] *v* ledsage; dirigere
**conductor** [kən'dʌktə] *n* leder *m*; dirigent *m*

**conference** ['kɔnfərəns] *n* konferanse *m*
**confess** [kən'fes] *v* *tilstå; skrifte; bekjenne
**confession** [kən'feʃən] *n* tilståelse *m*; skriftemål *nt*
**confidence** ['kɔnfidəns] *n* tillit *m*
**confident** ['kɔnfidənt] *adj* tillitsfull
**confidential** [ˌkɔnfi'denʃəl] *adj* konfidensiell
**confirm** [kən'fəːm] *v* bekrefte
**confirmation** [ˌkɔnfə'meiʃən] *n* bekreftelse *m*
**confiscate** ['kɔnfiskeit] *v* *beslaglegge, konfiskere
**conflict** ['kɔnflikt] *n* konflikt *m*
**confuse** [kən'fjuːz] *v* forvirre
**confusion** [kən'fjuːʒən] *n* forvirring *c*
**congratulate** [kəŋ'grætʃuleit] *v* gratulere
**congratulation** [kəŋˌgrætʃu'leiʃən] *n* gratulasjon *m*, lykkønskning *m*
**congregation** [ˌkɔŋgri'geiʃən] *n* menighet *c*; forsamling *c*
**congress** ['kɔŋgres] *n* kongress *m*
**connect** [kə'nekt] *v* *forbinde; kople; kople til
**connection** [kə'nekʃən] *n* forbindelse *m*; sammenheng *m*
**connoisseur** [ˌkɔnə'səː] *n* kjenner *m*
**conquer** ['kɔŋkə] *v* erobre; beseire
**conqueror** ['kɔŋkərə] *n* erobrer *m*
**conquest** ['kɔŋkwest] *n* erobring *c*
**conscience** ['kɔnʃəns] *n* samvittighet *c*
**conscious** ['kɔnʃəs] *adj* bevisst
**consciousness** ['kɔnʃəsnəs] *n* bevissthet *c*
**conscript** ['kɔnskript] *n* vernepliktig *m*
**consent** [kən'sent] *v* samtykke; bifalle; *n* samtykke *nt*
**consequence** ['kɔnsikwəns] *n* følge *m*, konsekvens *m*
**consequently** ['kɔnsikwəntli] *adv* altså
**conservative** [kən'səːvətiv] *adj* konservativ
**consider** [kən'sidə] *v* betrakte; overveie; *anse, mene
**considerable** [kən'sidərəbəl] *adj* betraktelig; betydelig, anselig
**considerate** [kən'sidərət] *adj* hensynsfull
**consideration** [kənˌsidə'reiʃən] *n* overveielse *m*; omtanke *m*;

hensyn *nt*
**considering** [kən'sidəriŋ] *prep* i betraktning av
**consignment** [kən'sainmənt] *n* sending *c*
**consist of** [kən'sist] *bestå av
**conspire** [kən'spaiə] *v* sammensverge seg
**constant** ['kɔnstənt] *adj* konstant
**constipation** [ˌkɔnsti'peiʃən] *n* forstoppelse *m*
**constituency** [kən'stitʃuənsi] *n* valgkrets *m*
**constitution** [ˌkɔnsti'tju:ʃən] *n* grunnlov *m*
**construct** [kən'strʌkt] *v* konstruere; bygge, oppføre
**construction** [kən'strʌkʃən] *n* konstruksjon *m*; oppførelse *m*, bygning *m*
**consul** ['kɔnsəl] *n* konsul *m*
**consulate** ['kɔnsjulət] *n* konsulat *nt*
**consult** [kən'sʌlt] *v* *rådspørre
**consultation** [ˌkɔnsəl'teiʃən] *n* konsultasjon *m*
**consume** [kən'sju:m] *v* konsumere, forbruke; *ødelegge
**consumer** [kən'sju:mə] *n* forbruker *m*
**consumption** [kən'sumpʃən] *n* forbruk *nt*, konsum *nt*
**contact** ['kɔntækt] *n* kontakt *m*; *v* kontakte; ~ **lenses** kontaktlinser *pl*
**contagious** [kən'teidʒəs] *adj* smittsom, smittende
**contain** [kən'tein] *v* *inneholde; romme
**container** [kən'teinə] *n* beholder *m*; container *m*
**contemporary** [kən'tempərəri] *adj* samtidig
**contempt** [kən'tempt] *n* ringeakt *m*, forakt *m*
**content** [kən'tent] *adj* tilfreds
**contentment** [kən'tentmənt] *n* tilfredshet *c*
**contents** ['kɔntents] *pl* innhold *nt*
**contest** ['kɔntest] *n* strid *m*; konkurranse *m*
**continent** ['kɔntinənt] *n* kontinent *nt*, verdensdel *m*
**continental** [ˌkɔnti'nentəl] *adj* kontinental
**continual** [kən'tinjuəl] *adj* stadig; **continually** *adv* uopphørlig
**continue** [kən'tinju:] *v* *fortsette
**continuous** [kən'tinjuəs] *adj* uavbrutt, kontinuerlig
**contour** ['kɔntuə] *n* omriss *nt*
**contraceptive** [ˌkɔntrə'septiv] *n*

prevensjonsmiddel *nt*
**contract**[1] ['kɔntrækt] *n* kontrakt *m*
**contract**[2] [kən'trækt] *v* *pådra seg
**contractor** [kən'træktə] *n* entreprenør *m*
**contradict** [ˌkɔntrə'dikt] *v* *motsi
**contradictory** [ˌkɔntrə'diktəri] *adj* motstridende
**contrary** ['kɔntrəri] *n* det motsatte; *adj* motsatt; **on the ~** tvert imot
**contrast** ['kɔntrɑːst] *n* kontrast *m*, motsetning *m*
**contribution** [ˌkɔntri'bjuːʃən] *n* bidrag *nt*
**control** [kən'troul] *n* kontroll *m*; *v* kontrollere
**controversial** [ˌkɔntrə'vəːʃəl] *adj* kontroversiell, omstridt
**convenience** [kən'viːnjəns] *n* bekvemmelighet *c*
**convenient** [kən'viːnjənt] *adj* bekvem; passende, egnet, beleilig
**convent** ['kɔnvənt] *n* nonnekloster *nt*
**conversation** [ˌkɔnvə'seiʃən] *n* samtale *m*
**convert** [kən'vəːt] *v* omvende; omregne
**convict**[1] [kən'vikt] *v* *finne skyldig
**convict**[2] ['kɔnvikt] *n* domfelt *m*
**conviction** [kən'vikʃən] *n* overbevisning *m*; domfellelse *m*
**convince** [kən'vins] *v* overbevise
**convulsion** [kən'vʌlʃən] *n* krampetrekning *m*
**cook** [kuk] *n* kokk *m*; *v* lage mat, tilberede
**cookbook** ['kukbuk] *nAm* kokebok *c*
**cooker** ['kukə] *n* komfyr *m*; **gas ~** gasskomfyr *m*
**cookery book** ['kukəribuk] *n* kokebok *c*
**cookie** ['kuki] *nAm* småkake *c*
**cool** [kuːl] *adj* kjølig
**cooperation** [kouˌɔpə'reiʃən] *n* samarbeid *nt*; medvirkning *m*
**co-operative** [kou'ɔpərətiv] *adj* kooperativ; samarbeidsvillig
**coordinate** [kou'ɔːdineit] *v* samordne
**coordination** [kouˌɔːdi'neiʃən] *n* koordinasjon *m*
**cope** [koup] *v* greie, mestre
**copper** ['kɔpə] *n* kopper *nt*
**copy** ['kɔpi] *n* kopi *m*; eksemplar *nt*; *v* kopiere; etterligne
**coral** ['kɔrəl] *n* korall *m*
**cord** [kɔːd] *n* tau *nt*; snor *c*
**cordial** ['kɔːdiəl] *adj* hjertelig

**corduroy** ['kɔːdərɔi] *n* kordfløyel *m*
**core** [kɔː] *n* kjerne *m*; kjernehus *nt*
**cork** [kɔːk] *n* kork *m*
**corkscrew** ['kɔːkskruː] *n* korketrekker *m*
**corn** [kɔːn] *n* korn *nt*; liktorn *m*; ~ **on the cob** maiskolbe *m*
**corner** ['kɔːnə] *n* hjørne *nt*
**cornfield** ['kɔːnfiːld] *n* kornåker *m*
**corpse** [kɔːps] *n* lik *nt*
**corpulent** ['kɔːpjulənt] *adj* korpulent; tykk, fyldig
**correct** [kə'rekt] *adj* korrekt, riktig; *v* rette, korrigere
**correction** [kə'rekʃən] *n* rettelse *m*
**correctness** [kə'rektnəs] *n* nøyaktighet *c*
**correspond** [ˌkɔri'spɔnd] *v* brevveksle; svare til, tilsvare
**correspondence** [ˌkɔri'spɔndəns] *n* korrespondanse *m*, brevveksling *c*
**correspondent** [ˌkɔri'spɔndənt] *n* korrespondent *m*
**corridor** ['kɔridɔː] *n* korridor *m*
**corrupt** [kə'rʌpt] *adj* korrupt; *v* *bestikke
**corruption** [kə'rʌpʃən] *n* bestikkelse *m*
**corset** ['kɔːsit] *n* korsett *nt*
**cosmetics** [kɔz'metiks] *pl* kosmetika *pl*
**cost** [kɔst] *n* kostnad *m*; pris *m*
***cost** [kɔst] *v* koste
**cosy** ['kouzi] *adj* koselig
**cot** [kɔt] *nAm* feltseng *c*
**cottage** ['kɔtidʒ] *n* hytte *c*
**cotton** ['kɔtən] *n* bomull *m*; bomulls-; ~ **wool** *n* vatt *m*
**couch** [kautʃ] *n* sofa *m*
**cough** [kɔf] *n* hoste *m*; *v* hoste
**could** [kud] *v* (p can)
**council** ['kaunsəl] *n* råd *nt*; rådsforsamling *c*
**councillor** ['kaunsələ] *n* rådsmedlem *nt*
**counsel** ['kaunsəl] *n* råd *nt*
**counsellor** ['kaunsələ] *n* rådgiver *m*
**count** [kaunt] *v* *telle; *telle opp; medregne; *anse; *n* greve *m*
**counter** ['kauntə] *n* disk *m*
**counterfeit** ['kauntəfiːt] *v* forfalske
**countess** ['kauntis] *n* grevinne *c*
**country** ['kʌntri] *n* land *nt*; landområde *nt*; ~ **house** landsted *nt*
**countryman** ['kʌntrimən] *n* (pl -men) landsmann *m*
**county** ['kaunti] *n* grevskap *nt*
**couple** ['kʌpəl] *n* par *nt*
**coupon** ['kuːpɔn] *n* kupong *m*
**courage** ['kʌridʒ] *n*

tapperhet *c*, mot *nt*
**courageous** [kə'reidʒəs] *adj* tapper, modig
**course** [kɔ:s] *n* kurs *m*; rett *m*; løp *nt*; kurs *nt*; **intensive ~** intensivkurs *nt*; **of ~** naturligvis, selvfølgelig
**court** [kɔ:t] *n* domstol *m*; hoff *nt*; gårdsplass *m*
**courteous** ['kə:tiəs] *adj* høflig
**cousin** ['kʌzən] *n* kusine *c*, fetter *m*
**cover** ['kʌvə] *v* dekke; *n* ly *nt*, skjul *nt*; lokk *nt*; perm *m*; **~ charge** kuvertavgift *c*
**cow** [kau] *n* ku *c*
**coward** ['kauəd] *n* feiging *m*
**cowardly** ['kauədli] *adj* feig
**crab** [kræb] *n* krabbe *c*
**crack** [kræk] *n* smell *nt*; sprekk *m*; *v* *smelle; *slå i stykker, *knekke, *sprekke
**cracker** ['krækə] *nAm* kjeks *m*
**cradle** ['kreidəl] *n* vugge *c*
**cramp** [kræmp] *n* krampe *m*
**crane** [krein] *n* kran *c*
**crap** [kræp] *n vulgar* dritt *m*
**crash** [kræʃ] *n* kollisjon *m*; *v* kollidere; styrte; **~ barrier** barriere *m*
**crate** [kreit] *n* kasse *c*
**crater** ['kreitə] *n* krater *nt*
**crawl** [krɔ:l] *v* krabbe; *n* crawl *m*
**craze** [kreiz] *n* mani *m*
**crazy** ['kreizi] *adj* gal; sinnssyk
**creak** [kri:k] *v* knirke
**cream** [kri:m] *n* krem *m*; fløte *m*; *adj* kremgul
**creamy** ['kri:mi] *adj* fløteaktig
**crease** [kri:s] *v* skrukke, krølle; *n* fold *m*; rynke *c*; press *m*
**create** [kri'eit] *v* skape; kreere
**creative** [kri'eitiv] *adj* kreativ, skapende
**creature** ['kri:tʃə] *n* skapning *m*
**credible** ['kredibəl] *adj* troverdig
**credit** ['kredit] *n* kreditt *m*; *v* *godskrive; **~ card** kredittkort *nt*
**creditor** ['kreditə] *n* kreditor *m*
**credulous** ['kredjuləs] *adj* godtroende
**creek** [kri:k] *n* vik *c*
***creep** [kri:p] *v* *krype
**creepy** ['kri:pi] *adj* nifs, uhyggelig
**cremate** [kri'meit] *v* kremere
**crew** [kru:] *n* mannskap *nt*
**cricket** ['krikit] *n* cricket *m*; siriss *m*
**crime** [kraim] *n* forbrytelse *m*
**criminal** ['kriminəl] *n* forbryter *m*; *adj* forbrytersk, kriminell; **~ law** strafferett *m*
**criminality** [ˌkrimi'næləti] *n* kriminalitet *m*
**crimson** ['krimzən] *adj*

høyrød
**crisis** ['kraisis] *n* (pl crises) krise *c*
**crisp** [krisp] *adj* sprø
**critic** ['kritik] *n* kritiker *m*
**critical** ['kritikəl] *adj* kritisk; risikabel
**criticism** ['kritisizəm] *n* kritikk *m*
**criticize** ['kritisaiz] *v* kritisere
**crochet** ['krouʃei] *v* hekle
**crockery** ['krɔkəri] *n* steintøy *nt*
**crocodile** ['krɔkədail] *n* krokodille *c*
**crooked** ['krukid] *adj* kroket, fordreid; uærlig
**crop** [krɔp] *n* avling *c*
**cross** [krɔs] *v* *gå over; *adj* tverr, sint; *n* kors *nt*
**cross-eyed** ['krɔsaid] *adj* skjeløyd
**crossing** ['krɔsiŋ] *n* overfart *m*; kryss *nt*; fotgjengerovergang *m*; jernbaneovergang *m*
**crossroads** ['krɔsroudz] *n* gatekryss *nt*
**crosswalk** ['krɔswɔːk] *nAm* fotgjengerovergang *m*
**crow** [krou] *n* kråke *c*
**crowbar** ['kroubɑː] *n* brekkjern *nt*
**crowd** [kraud] *n* mengde *m*, folkemengde *m*
**crowded** ['kraudid] *adj* overfylt; tettpakket
**crown** [kraun] *n* krone *c*; *v* krone
**crucifix** ['kruːsifiks] *n* krusifiks *nt*
**crucifixion** [ˌkruːsi'fikʃən] *n* korsfestelse *m*
**crucify** ['kruːsifai] *v* korsfeste
**cruel** [kruəl] *adj* grusom
**cruise** [kruːz] *n* sjøreise *c*, cruise *nt*
**crumb** [krʌm] *n* smule *m*
**crusade** [kruː'seid] *n* korstog *nt*
**crust** [krʌst] *n* skorpe *c*
**crutch** [krʌtʃ] *n* krykke *c*
**cry** [krai] *v* *gråte; *skrike; rope; *n* skrik *nt*; rop *nt*
**crystal** ['kristəl] *n* krystall *m* / *nt*; *adj* krystall-
**Cuba** ['kjuːbə] Cuba
**Cuban** ['kjuːbən] *adj* kubansk; *n* kubaner *m*
**cube** [kjuːb] *n* kube *m*; terning *m*
**cuckoo** ['kukuː] *n* gjøk *m*
**cucumber** ['kjuːkəmbə] *n* agurk *m*
**cuddle** ['kʌdəl] *v* kjæle med; klemme
**cuff** [kʌf] *n* mansjett *m*; ~ **links** *pl* mansjettknapper *pl*
**cul-de-sac** ['kʌldəsæk] *n* blindgate *c*
**cultivate** ['kʌltiveit] *v* dyrke
**culture** ['kʌltʃə] *n* kultur *m*
**cultured** ['kʌltʃəd] *adj* kultivert
**cunning** ['kʌniŋ] *adj* slu
**cup** [kʌp] *n* kopp *m*; pokal *m*

**cupboard** ['kʌbəd] *n* skap *nt*
**curb** [kə:b] *n* fortauskant *m*; *v* tøyle
**cure** [kjuə] *v* helbrede, lege; *n* kur *m*; helbredelse *m*
**curiosity** [ˌkjuəri'ɔsəti] *n* nysgjerrighet *c*
**curious** ['kjuəriəs] *adj* vitebegjærlig, nysgjerrig; merkverdig
**curl** [kə:l] *v* krølle; *n* krøll *m*
**curly** ['kə:li] *adj* krøllet
**currant** ['kʌrənt] *n* rips *m*; solbær *nt*
**currency** ['kʌrənsi] *n* valuta *m*; **foreign ~** utenlandsk valuta
**current** ['kʌrənt] *n* strøm *m*; *adj* nåværende, aktuell; **alternating ~** vekselstrøm *m*; **direct ~** likestrøm *m*
**curry** ['kʌri] *n* karri *m*
**curse** [kə:s] *v* banne; forbanne; *n* banning *c*; forbannelse *m*
**curtain** ['kə:tən] *n* gardin *m* / *nt*; teppe *nt*
**curve** [kə:v] *n* kurve *m*; krumning *m*
**curved** [kə:vd] *adj* krum, buet
**cushion** ['kuʃən] *n* pute *c*
**custody** ['kʌstədi] *n* varetekt *c*; forvaring *c*; formynderskap *nt*
**custom** ['kʌstəm] *n* vane *m*; skikk *m*
**customary** ['kʌstəməri] *adj* alminnelig, sedvanlig, vanlig
**customer** ['kʌstəmə] *n* kunde *m*
**customs** ['kʌstəmz] *pl* toll *m*; **~ duty** tollavgift *c*; **~ officer** toller *m*
**cut** [kʌt] *n* kutt *nt*
***cut** [kʌt] *v* *skjære; klippe; *skjære ned; **~ off** *skjære av; klippe av; stenge av
**cutlery** ['kʌtləri] *n* bestikk *nt*
**cutlet** ['kʌtlət] *n* snitsel *m*
**cycle** ['saikəl] *n* sykkel *m*; kretsløp *nt*, syklus *m*
**cycling** ['saikliŋ] *n* sykling *c*
**cyclist** ['saiklist] *n* syklist *m*
**cylinder** ['silində] *n* sylinder *m*; **~ head** topplokk *nt*

# D

**dad** [dæd], **daddy** ['dædi] *n* pappa *m*
**daffodil** ['dæfədil] *n* påskelilje *c*
**daily** ['deili] *adj* daglig; *n* dagsavis *c*
**dairy** ['dɛəri] *n* meieri *nt*; melkebutikk *m*
**dam** [dæm] *n* demning *m*
**damage** ['dæmidʒ] *n* skade *m*; *v* skade
**damn** [dæm] *v* forbanne; **~!**

faen *colloquial*
**damp** [dæmp] *adj* fuktig; *n* fuktighet *c*; *v* fukte
**dance** [dɑ:ns] *v* danse; *n* dans *m*
**dandelion** ['dændilaiən] *n* løvetann *c*
**dandruff** ['dændrəf] *n* flass *nt*
**Dane** [dein] *n* danske *m*
**danger** ['deindʒə] *n* fare *m*
**dangerous** ['deindʒərəs] *adj* farlig
**Danish** ['deiniʃ] *adj* dansk; **~ pastry** wienerbrød *nt*
**dare** [dɛə] *v* *tore, våge; utfordre
**daring** ['dɛəriŋ] *adj* dristig
**dark** [dɑ:k] *adj* mørk; *n* mørke *nt*
**darling** ['dɑ:liŋ] *n* kjæreste *m*, skatt *m*
**darn** [dɑ:n] *v* stoppe
**dash** [dæʃ] *v* styrte; *n* tankestrek *m*
**dashboard** ['dæʃbɔ:d] *n* instrumentbord *nt*
**data** ['deitə] *pl* data *pl*
**date**[1] [deit] *n* dato *m*; avtale *m*; stevnemøte *nt*; *v* datere; **out of ~** umoderne
**date**[2] [deit] *n* daddel *m*
**daughter** ['dɔ:tə] *n* datter *c*
**daughter-in-law** ['dɔ:tərinlɔ] *n* (pl daughters-) svigerdatter *c*
**dawn** [dɔ:n] *n* daggry *nt*
**day** [dei] *n* dag *m*; **by ~** om dagen; **~ trip** dagstur *m*; **per ~** per dag; **the ~ before yesterday** i forgårs
**daybreak** ['deibreik] *n* daggry *nt*
**daylight** ['deilait] *n* dagslys *nt*; **~ saving time** sommertid *c*
**day spa** ['dei‿ˌspɑ:] *n* dagspa *c*
**dead** [ded] *adj* død
**deaf** [def] *adj* døv
**deal** [di:l] *n* transaksjon *m*, handel *m*
***deal** [di:l] *v* dele ut; **~ with** *ta seg av; handle med
**dealer** ['di:lə] *n* forhandler *m*; dealer *m*
**dear** [diə] *adj* kjær; dyr; dyrebar
**death** [deθ] *n* død *m*; **~ penalty** dødsstraff *m*
**debate** [di'beit] *n* debatt *m*
**debit** ['debit] *n* debet *m*
**debit card** ['debit‿ˌkɑ:d] *n* debetkort *nt*
**debt** [det] *n* gjeld *c*
**decaffeinated** [di:'kæfineitid] *adj* kaffeinfri
**deceit** [di'si:t] *n* bedrag *nt*
**deceive** [di'si:v] *v* *bedra
**December** [di'sembə] desember
**decency** ['di:sənsi] *n* anstendighet *c*
**decent** ['di:sənt] *adj* anstendig
**decide** [di'said] *v* *avgjøre
**decision** [di'siʒən] *n* beslutning *m*, avgjørelse *m*
**deck** [dek] *n* dekk *nt*; **~**

**chair** fluktstol *m*
**declaration** [,deklə'reiʃən] *n* erklæring *c*; deklarasjon *m*
**declare** [di'klɛə] *v* erklære; *oppgi; deklarere
**decorate** [,dekə'reit] *v* pynte; innrede
**decoration** [,dekə'reiʃən] *n* dekorasjon *m*
**decrease** [di:'kri:s] *v* minke, minske; *avta; *n* nedgang *m*
**dedicate** ['dedikeit] *v* vie
**deduce** [di'dju:s] *v* utlede; avlede; konkludere
**deduct** [di'dʌkt] *v* *trekke fra
**deed** [di:d] *n* handling *c*, gjerning *c*
**deep** [di:p] *adj* dyp
**deep-freeze** [,di:p'fri:z] *n* dypfryser *m*
**deer** [diə] *n* (pl ~) hjort *m*
**defeat** [di'fi:t] *v* *overvinne; *n* nederlag *nt*
**defective** [di'fektiv] *adj* mangelfull
**defence, defense** *Am* [di'fens] *n* forsvar *nt*; vern *nt*
**defend** [di'fend] *v* forsvare
**deficiency** [di'fiʃənsi] *n* mangel *m*
**deficit** ['defisit] *n* underskudd *nt*
**define** [di'fain] *v* bestemme, definere
**definite** ['definit] *adj* bestemt
**definition** [,defi'niʃən] *n* definisjon *m*
**deformed** [di'fɔ:md] *adj* misdannet, vanskapt
**degree** [di'gri:] *n* grad *m*
**delay** [di'lei] *v* forsinke; *utsette; *n* forsinkelse *m*; utsettelse *m*
**delegate** ['deligət] *n* utsending *m*
**delegation** [,deli'geiʃən] *n* delegasjon *m*
**deliberate**[1] [di'libəreit] *v* overveie, *rådslå
**deliberate**[2] [di'libərət] *adj* overlagt
**deliberation** [di,libə'reiʃən] *n* overveielse *m*, rådslagning *m*
**delicacy** ['delikəsi] *n* lekkerbisken *m*; finfølelse *m*
**delicate** ['delikət] *adj* delikat
**delicatessen** [,delikə'tesən] *n* delikatesse *m*; matvareforretning *c*
**delicious** [di'liʃəs] *adj* deilig, lekker
**delight** [di'lait] *n* glede *c*, fryd *m*; *v* glede; **I'm ~ed** gleder meg
**delightful** [di'laitfəl] *adj* henrivende, herlig
**deliver** [di'livə] *v* levere, avlevere
**delivery** [di'livəri] *n* levering *c*, leveranse *m*; nedkomst *m*; **~ van** varebil *m*

**demand** [di'mɑːnd] *v* behøve, forlange; *n* krav *nt*; etterspørsel *m*
**democracy** [di'mɔkrəsi] *n* demokrati *nt*
**democratic** [ˌdemə'krætik] *adj* demokratisk
**demolish** [di'mɔliʃ] *v* *rive ned; *ødelegge
**demolition** [ˌdemə'liʃən] *n* nedrivning *m*
**demonstrate** ['demənstreit] *v* bevise; demonstrere
**demonstration** [ˌdemən'streiʃən] *n* demonstrasjon *m*
**den** [den] *n* hi *nt*; hule *c*
**Denmark** ['denmɑːk] Danmark
**denomination** [diˌnɔmi'neiʃən] *n* benevnelse *m*; trosretning *m*, verdienhet *m*
**dense** [dens] *adj* tett
**dent** [dent] *n* bulk *m*
**dentist** ['dentist] *n* tannlege *m*
**denture** ['dentʃə] *n* gebiss *nt*
**deny** [di'nai] *v* benekte; nekte
**deodorant** [diː'oudərənt] *n* deodorant *m*
**depart** [di'pɑːt] *v* reise bort, *gå sin vei; *avgå ved døden
**department** [di'pɑːtmənt] *n* avdeling *c*, departement *nt*; **~ store** stormagasin *nt*, varehus *nt*
**departure** [di'pɑːtʃə] *n* avreise *c*; avgang *m*
**dependant** [di'pendənt] *adj* avhengig
**depend on** [di'pend] bero på; **that depends** det kommer an på
**deposit** [di'pɔzit] *n* depositum *nt*; pant *m*; bunnfall *nt*, avleiring *c*; *v* deponere
**depot** ['depou] *n* lagerplass *m*; stasjon *m*
**depress** [di'pres] *v* tynge ned
**depressing** [di'presiŋ] *adj* deprimerende
**depression** [di'preʃən] *n* depresjon *m*; lavtrykk *nt*; nedgang *m*
**deprive of** [di'praiv] *frata
**depth** [depθ] *n* dybde *m*
**deputy** ['depjuti] *n* deputert *m*; stedfortreder *m*
**descend** [di'send] *v* *gå ned
**descendant** [di'sendənt] *n* etterkommer *m*
**descent** [di'sent] *n* nedstigning *m*
**describe** [di'skraib] *v* *beskrive
**description** [di'skripʃən] *n* beskrivelse *m*; signalement *nt*
**desert**[1] ['dezət] *n* ørken *m*; *adj* øde
**desert**[2] [di'zəːt] *v* desertere; *forlate
**deserve** [di'zəːv] *v* fortjene
**design** [di'zain] *v* tegne opp; *n* design *m*; utkast *nt*;

hensikt *m*
**designate** ['dezigneit] *v* peke ut
**desirable** [di'zaiərəbəl] *adj* attråverdig, ønskelig
**desire** [di'zaiə] *n* ønske *nt*; lyst *c*, begjær *nt*; *v* ønske, begjære
**desk** [desk] *n* skrivebord *nt*; kateter *nt*; pult *m*
**despair** [di'spɛə] *n* håpløshet *c*; *v* fortvile
**despatch** [di'spætʃ] *v* avsende
**desperate** ['despərət] *adj* fortvilet
**despise** [di'spaiz] *v* forakte
**despite** [di'spait] *prep* tross
**dessert** [di'zəːt] *n* dessert *m*
**destination** [ˌdesti'neiʃən] *n* bestemmelsessted *nt*
**destine** ['destin] *v* bestemme
**destiny** ['destini] *n* skjebne *m*, lodd *m*
**destroy** [di'strɔi] *v* *ødelegge, *tilintetgjøre
**destruction** [di'strʌkʃən] *n* ødeleggelse *m*; undergang *m*
**detach** [di'tætʃ] *v* løsne
**detail** ['diːteil] *n* detalj *m*
**detailed** ['diːteild] *adj* detaljert, utførlig
**detect** [di'tekt] *v* oppdage
**detective** [di'tektiv] *n* detektiv *m*; ~ **story** krim *m*
**detergent** [di'təːdʒənt] *n* vaskepulver *nt*
**determine** [di'təːmin] *v* *fastsette, bestemme
**determined** [di'təːmind] *adj* bestemt
**detest** [di'test] *v* avsky, hate
**detour** ['diːtuə] *n* omvei *m*; omkjøring *c*
**devaluation** [ˌdiːvælju'eiʃən] *n* devaluering *c*
**devalue** [ˌdiː'væljuː] *v* devaluere
**develop** [di'veləp] *v* utvikle; fremkalle
**development** [di'veləpmənt] *n* utvikling *c*
**deviate** ['diːvieit] *v* *avvike
**devil** ['devəl] *n* djevel *m*
**devote** [di'vout] *v* *hengi
**dew** [djuː] *n* dugg *m*
**diabetes** [ˌdaiə'biːtiːz] *n* sukkersyke *m*, diabetes *m*
**diabetic** [ˌdaiə'betik] *n* diabetiker *m*, sukkersykepasient *m*
**diagnose** [ˌdaiəg'nouz] *v* stille en diagnose; konstatere
**diagnosis** [ˌdaiəg'nousis] *n* (pl -ses) diagnose *m*
**diagonal** [dai'ægənəl] *n* diagonal *m*; *adj* diagonal
**diagram** ['daiəgræm] *n* diagram *nt*; grafisk fremstilling
**dial** ['daiəl] *n* urskive *c*; *v* slå, taste
**dialect** ['daiəlekt] *n* dialekt *m*
**diamond** ['daiəmənd] *n*

diamant *m*
**diaper** ['daiəpə] *nAm* bleie *c*
**diaphragm** ['daiəfræm] *n* mellomgulv *nt*
**diarrh(o)ea** [daiə'riə] *n* diaré *m*
**diary** ['daiəri] *n* almanakk *m*; dagbok *c*
**dictate** [dik'teit] *v* diktere
**dictator** [dik'teitə] *n* diktator *m*
**dictionary** ['dikʃənəri] *n* ordbok *c*
**did** [did] *v* (p do)
**die** [dai] *v* dø
**diesel** ['di:zəl] *n* diesel *m*
**diet** ['daiət] *n* diett *m*
**differ** ['difə] *v* *være forskjellig
**difference** ['difərəns] *n* forskjell *m*
**different** ['difərənt] *adj* forskjellig; annerledes
**difficult** ['difikəlt] *adj* vanskelig; vrien
**difficulty** ['difikəlti] *n* vanskelighet *c*
***dig** [dig] *v* grave
**digest** [di'dʒest] *v* fordøye
**digestible** [di'dʒestəbəl] *adj* fordøyelig
**digestion** [di'dʒestʃən] *n* fordøyelse *m*
**digit** ['didʒit] *n* siffer *nt*
**digital** ['diʒitəl] *adj* digital
**digital camera** ['didʒitəl‿'kæmərə] *n* digitalkamera *nt*
**digital photo** ['didʒitəl‿'foutou] *n* digitalbilde *nt*
**digital projector** ['didʒitəl‿prə'jektə] *n* Digital prosjektør *c*
**dignified** ['dignifaid] *adj* verdig
**dignity** ['digniti] *n* verdighet *c*
**dilapidated** [di'læpideitid] *adj* forfallen
**diligence** ['dilidʒəns] *n* flid *m*
**diligent** ['dilidʒənt] *adj* flittig
**dilute** [dai'lju:t] *v* fortynne
**dim** [dim] *adj* dunkel, matt; uklar, utydelig
**din** [din] *v* bråk *nt*
**dine** [dain] *v* spise middag
**dinghy** ['diŋgi] *n* jolle *c*
**dining car** ['dainiŋka:] *n* spisevogn *c*
**dining room** ['dainiŋru:m] *n* spisestue *c*; spisesal *m*
**dinner** ['dinə] *n* middag *m*; lunsj *m*, aftensmat *m*; ~ **jacket** smoking *m*; ~ **service** servise *nt*
**diphtheria** [dif'θiəriə] *n* difteri *m*
**diploma** [di'ploumə] *n* diplom *nt*
**diplomat** ['dipləmæt] *n* diplomat *m*
**direct**[1] ['direkt] *adj* direkte, likefrem
**direct**[2] [di'rekt] *v* rette; veilede; styre; regissere
**direction** [di'rekʃən] *n* retning *m*; direktiv *nt*; regi

*m*; styre *nt*, veiledning *m*; **directional signal** *Am* retningsviser *m*; **directions for use** bruksanvisning *m*
**directive** [di'rektiv] *n* direktiv *nt*
**director** [di'rektə] *n* direktør *m*; regissør *m*
**directory** [di'rektəri] *n* adressebok *c*; telefonkatalog *m*
**dirt** [də:t] *n* skitt *m*
**dirty** ['də:ti] *adj* skitten, svart
**disabled** [di'seibəld] *adj* funksjonshemmet, ufør
**disadvantage** [ˌdisəd'vɑ:ntidʒ] *n* ulempe *m*
**disagree** [ˌdisə'gri:] *v* *være uenig
**disagreeable** [ˌdisə'gri:əbəl] *adj* ubehagelig
**disappear** [ˌdisə'piə] *v* *forsvinne
**disappoint** [ˌdisə'pɔint] *v* skuffe
**disappointment** [ˌdisə'pɔintmənt] *n* skuffelse *m*
**disapprove** [ˌdisə'pru:v] *v* misbillige
**disaster** [di'zɑ:stə] *n* katastrofe *m*; ulykke *c*
**disastrous** [di'zɑ:strəs] *adj* katastrofal
**disc** [disk] *n* skive *c*; plate *c*; **slipped ~** skiveprolaps *m*
**discard** [di'skɑ:d] *v* kassere
**discharge** [dis'tʃɑ:dʒ] *v* lesse av, losse; **~ of** *frita for
**discipline** ['disiplin] *n* disiplin *m*
**discolo(u)r** [di'skʌlə] *v* farge av
**disconnect** [ˌdiskə'nekt] *v* utkople; *ta ut kontakten
**discontented** [ˌdiskən'tentid] *adj* misfornøyd
**discontinue** [ˌdiskən'tinju:] *v* stanse, opphøre
**discount** ['diskaunt] *n* rabatt *m*, avslag *nt*
**discourage** ['diskʌrədʒ] *v* *ta motet fra, avskrekke
**discover** [di'skʌvə] *v* oppdage
**discovery** [di'skʌvəri] *n* oppdagelse *m*
**discuss** [di'skʌs] *v* diskutere; debattere
**discussion** [di'skʌʃən] *n* diskusjon *m*; samtale *m*, debatt *m*
**disease** [di'zi:z] *n* sykdom *m*
**disembark** [ˌdisim'bɑ:k] *v* *gå fra borde, *gå i land
**disgrace** [dis'greis] *n* skam *c*
**disguise** [dis'gaiz] *v* forkle seg; *n* forkledning *m*
**disgust** [dis'gʌst] *n* avsky *m*
**disgusting** [dis'gʌstiŋ] *adj* motbydelig, avskyelig
**dish** [diʃ] *n* tallerken *m*; fat *nt*; rett *m*; **dirty dishes**

oppvask *m*
**dishonest** [di'sɔnist] *adj* uærlig
**dishwasher** [di'swɔʃə] *n* oppvaskmaskin *m*
**disinfect** [ˌdisin'fekt] *v* desinfisere
**disinfectant** [ˌdisin'fektənt] *n* desinfiserende middel
**disk drive** ['disk‿ˌdraiv] *n* diskstasjon *c*
**dislike** [di'slaik] *v* mislike, avsky; *n* motvilje *m*, avsky *m*, antipati *m*
**dislocated** ['disləkeitid] *adj* gått av ledd
**dismiss** [dis'mis] *v* sende bort; *gi sparken, avskjedige
**disorder** [di'sɔːdə] *n* uorden *m*
**dispatch** [di'spætʃ] *v* avsende, sende av sted
**display** [di'splei] *v* utstille; vise; *n* utstilling *c*
**disposable** [di'spouzəbəl] *adj* engangs-
**disposal** [di'spouzəl] *n* disposisjon *m*
**dispose of** [di'spouz] kvitte seg med
**dispute** [di'spjuːt] *n* ordstrid *m*; krangel *m / nt*, tvist *m*; *v* *strides, *bestride
**dissatisfied** [di'sætisfaid] *adj* utilfreds
**dissolve** [di'zolv] *v* oppløse
**dissuade from** [di'sweid] fraråde
**distance** ['distəns] *n* avstand *m*; strekning *m*; ~ **in kilometres (kilometers** *Am*) kilometertall *nt*
**distant** ['distənt] *adj* fjern
**distinct** [di'stiŋkt] *adj* tydelig; forskjellig
**distinction** [di'stiŋkʃən] *n* forskjell *m*
**distinguish** [di'stiŋgwiʃ] *v* skjelne, *gjøre forskjell
**distinguished** [di'stiŋgwiʃt] *adj* fremstående
**distress** [di'stres] *n* nød *c*; bedrøvelse *m*; ~ **signal** nødsignal *nt*
**distribute** [di'stribjuːt] *v* utdele
**distributor** [di'stribjutə] *n* eneforhandler *m*; strømfordeler *m*
**district** ['distrikt] *n* distrikt *nt*; kvartal *nt*
**disturb** [di'stəːb] *v* forstyrre
**disturbance** [di'stəːbəns] *n* forstyrrelse *m*; forvirring *c*
**ditch** [ditʃ] *n* grøft *c*
**dive** [daiv] *v* dukke, stupe
**diversion** [dai'vəːʃən] *n* omkjøring *c*; atspredelse *m*
**divide** [di'vaid] *v* dele; fordele; skille
**divine** [di'vain] *adj* guddommelig
**division** [di'viʒən] *n* deling *c*; atskillelse *m*; avdeling *c*
**divorce** [di'vɔːs] *n* skilsmisse *m*; *v* skilles
**dizziness** ['dizinəs] *n*

svimmelhet *c*
**dizzy** ['dizi] *adj* svimmel
***do** [du:] *v* *gjøre; *være tilstrekkelig
**dock** [dɔk] *n* dokk *m*; kai *c*; *v* *dokksette; *legge til kai
**docker** ['dɔkə] *n* havnearbeider *m*
**doctor** ['dɔktə] *n* lege *m*; doktor *m*
**document** ['dɔkjumənt] *n* dokument *nt*
**dog** [dɔg] *n* hund *m*
**doll** [dɔl] *n* dukke *c*
**dollar** [dɔl] *n* dollar *m*
**dome** [doum] *n* kuppel *m*
**domestic** [də'mestik] *adj* hus-; innenlands; **~ animal** husdyr *nt*
**domicile** ['dɔmisail] *n* bopel *m*
**dominate** [ˌdɔmi'neit] *v* dominere
**dominion** [də'minjən] *n* herredømme *nt*
**donate** [dou'neit] *v* skjenke
**donation** [dou'neiʃən] *n* donasjon *m*
**done** [dʌn] *v* (pp do)
**donkey** ['dɔŋki] *n* esel *nt*
**donor** ['dounə] *n* donator *m*; giver *m*
**door** [dɔ:] *n* dør *c*; **revolving ~** svingdør *c*; **sliding ~** skyvedør *c*
**doorbell** ['dɔ:bel] *n* ringeklokke *c*
**doorkeeper** ['dɔ:ˌki:pə] *n* dørvokter *m*
**doorman** ['dɔ:mən] *n* (pl -men) portier *m*
**dormitory** ['dɔ:mitri] *n* sovesal *m*
**dose** [dous] *n* dose *m*
**dot** [dɔt] *n* punkt *nt*, punktum *nt*, prikk *m*
**double** ['dʌbəl] *adj* dobbel; **~ bed** dobbeltseng *c*
**doubt** [daut] *v* tvile, betvile; *n* tvil *m*; **without ~** uten tvil
**doubtful** ['dautfəl] *adj* tvilsom; usikker
**dough** [dou] *n* deig *m*; *colloquial* penger *pl*
**down**[1] [daun] *adv* ned, nedover; over ende; *adj* nedslått; *prep* nedover, langs; **~ payment** nedbetaling *c*
**down**[2] [daun] *n* dun *nt*
**download** ['daunˌloud] *n* nedlasting *c*
**downpour** ['daunpɔ:] *n* øsregn *nt*
**downstairs** [ˌdaun'stɛəz] *adv* ned; nede
**downstream** [ˌdaun'stri:m] *adv* med strømmen
**down-to-earth** [ˌdauntu'ə:θ] *adj* nøktern
**downwards** ['daunwədz] *adv* nedover
**dozen** ['dʌzən] *n* (pl ~, ~s) dusin *nt*
**draft** [drɑ:ft] *n* utkast *nt*
**drag** [dræg] *v* slepe
**dragon** ['drægən] *n* drake *m*
**drain** [drein] *v* drenere; *n* avløp *nt*
**drama** ['drɑ:mə] *n* drama *nt*;

skuespill *nt*
**dramatic** [drə'mætik] *adj* dramatisk
**drank** [dræŋk] *v* (p drink)
**draught** [drɑːft] *n* trekk *m*; ~ **beer** fatøl *nt*; **draughts** damspill *nt*
**draw** [drɔː] *n* trekning *m*
***draw** [drɔː] *v* tegne; *trekke; heve; ~ **up** avfatte, *sette opp
**drawbridge** ['drɔːbridʒ] *n* vindebro *c*
**drawer** ['drɔːə] *n* skuff *m*; **drawers** underbukse *c*
**drawing** ['drɔːiŋ] *n* tegning *c*; ~ **pin** tegnestift *m*; ~ **room** salong *m*
**dread** [dred] *v* frykte; *n* frykt *m*
**dreadful** ['dredfəl] *adj* fryktelig, forferdelig
**dream** [driːm] *n* drøm *m*
***dream** [driːm] *v* drømme
**dress** [dres] *v* kle på; kle på seg, kle seg; *forbinde; *n* kjole *m*
**dressing gown** ['dresiŋgaun] *n* morgenkåpe *c*
**dressmaker** ['dres,meikə] *n* skredder *m*
**drill** [dril] *v* bore; trene; *n* bor *nt*; **drilling platform** boreplattform *nt*
**drink** [driŋk] *n* drink *m*; drikk *m*
***drink** [driŋk] *v* *drikke
**drinking water** ['driŋkiŋ,wɔːtə] *n* drikkevann *nt*
**drip-dry** [,drip'drai] *adj* strykefri
**drive** [draiv] *n* vei *m*; kjøretur *m*
***drive** [draiv] *v* kjøre; føre
**driver** ['draivə] *n* fører *m*, sjåfør *m*
**driver's license** *nAm*, **driving licence** *n* førerkort *nt*
**drizzle** ['drizəl] *n* duskregn *nt*
**drop** [drɔp] *v* *la falle; *n* dråpe *m*
**drought** [draut] *n* tørke *c*
**drown** [draun] *v* drukne; ***be drowned** drukne
**drug** [drʌg] *n* narkotika *m*; medisin *m*; ~ **addict** narkoman *m*
**drugstore** ['drʌgstɔː] *nAm* apotek *nt*
**drum** [drʌm] *n* tromme *c*
**drunk** [drʌŋk] *adj* (pp drink) full, beruset
**dry** [drai] *adj* tørr; *v* tørke
**dry-clean** [,drai'kliːn] *v* rense
**dry cleaner's** [,drai'kliːnəz] *n* renseri *nt*
**dryer** ['draiə] *n* tørketrommel *m*, tørkeapparat *nt*
**duchess** [dʌtʃis] *n* hertuginne *c*
**duck** [dʌk] *n* and *c*
**due** [djuː] *adj* ventet; skyldig; forfalt til betaling
**dues** [djuːz] *pl* avgifter *pl*

**dug** [dʌg] *v* (p, pp dig)
**duke** [dju:k] *n* hertug *m*
**dull** [dʌl] *adj* kjedelig; matt; sløv
**dumb** [dʌm] *adj* stum; dum
**dune** [dju:n] *n* sanddyne *c*
**dung** [dʌŋ] *n* gjødsel *c*
**duration** [dju'reiʃən] *n* varighet *c*
**during** ['djuəriŋ] *prep* under, i løpet av
**dusk** [dʌsk] *n* tusmørke *nt*
**dust** [dʌst] *n* støv *nt*
**dustbin** ['dʌstbin] *n* søppelkasse *c*
**dusty** ['dʌsti] *adj* støvet
**Dutch** [dʌtʃ] *adj* hollandsk, nederlandsk
**Dutchman** ['dʌtʃmən] *n* (pl -men) nederlender *m*, hollender *m*
**duty** ['dju:ti] *n* plikt *m*; oppgave *c*; innførselstoll *m*; **customs ~** tollavgift *c*
**duty-free** [,dju:ti'fri:] *adj* tollfri
**DVD** [divi'di:] *n* DVD *m*
**DVD-ROM** ['di:vi:di:'rɔm] *n* DVD-rom *c*
**dwarf** [dwɔ:f] *n* dverg *m*
**dye** [dai] *v* farge; *n* farge *m*
**dynamo** ['dainəmou] *n* (pl ~s) dynamo *m*

# E

**each** [i:tʃ] *adj* hver; **~ other** hverandre
**eager** ['i:gə] *adj* ivrig, utålmodig
**eagle** ['i:gəl] *n* ørn *c*
**ear** [iə] *n* øre *nt*
**earache** ['iəreik] *n* øreverk *m*
**eardrum** ['iədrʌm] *n* trommehinne *c*
**earl** [ə:l] *n* greve *m*
**early** ['ə:li] *adj* tidlig
**earn** [ə:n] *v* tjene; fortjene
**earnest** ['ə:nist] *n* alvor *nt*
**earnings** ['ə:niŋz] *pl* inntekt *c*
**earring** ['iəriŋ] *n* øredobb *m*
**earth** [ə:θ] *n* jord *c*; bakke *m*
**earthquake** ['ə:θkweik] *n* jordskjelv *m* / *nt*
**ease** [i:z] *n* letthet *c*, utvungenhet *c*
**east** [i:st] *n* øst *m*
**Easter** ['i:stə] påske *c*
**eastern** ['i:stən] *adj* østlig, østre
**easy** ['i:zi] *adj* lett; bekvem; **~ chair** lenestol *m*
**easy-going** ['i:zi,gouiŋ] *adj* avslappet
***eat** [i:t] *v* spise
**eavesdrop** ['i:vzdrɔp] *v* sniklytte
**ebony** ['ebəni] *n* ibenholt *m* / *nt*
**eccentric** [ik'sentrik] *adj* eksentrisk
**echo** ['ekou] *n* (pl ~es)

gjenlyd *m*, ekko *nt*
**eclipse** [i'klips] *n* formørkelse *m*
**economic** [ˌiːkə'nɔmik] *adj* økonomisk
**economical** [ˌiːkə'nɔmikəl] *adj* økonomisk, sparsommelig
**economist** [i'kɔnəmist] *n* økonom *m*
**economize** [i'kɔnəmaiz] *v* spare
**economy** [i'kɔnəmi] *n* økonomi *m*; næring *c*, næringsliv *nt*
**eco-tourist** ['iːkouˌtuːrist] *n* økoturist *c*
**ecstasy** ['ekstəzi] *n* ekstase *m*
**Ecuador** ['ekwədɔː] Ecuador
**Ecuadorian** [ˌekwə'dɔːriən] *n* ecuadorianer *m*
**eczema** ['eksimə] *n* eksem *m / nt*
**edge** [edʒ] *n* kant *m*
**edible** ['edibəl] *adj* spiselig
**edit** ['edit] *v* utgi, redigere
**edition** [i'diʃən] *n* utgave *c*; opplag *nt*; **morning ~** morgenutgave *c*
**editor** ['editə] *n* redaktør *m*
**educate** ['edʒukeit] *v* *oppdra, utdanne
**education** [ˌedʒu'keiʃən] *n* utdannelse *m*; oppdragelse *m*
**eel** [iːl] *n* ål *m*
**effect** [i'fekt] *n* effekt *m*, virkning *m*; *v* *frembringe; in ~ faktisk
**effective** [i'fektiv] *adj* effektiv, virkningsfull
**efficient** [i'fiʃənt] *adj* virkningsfull, effektiv
**effort** ['efət] *n* anstrengelse *m*; bestrebelse *m*; prestasjon *m*
**egg** [eg] *n* egg *nt*; **~ yolk** eggeplomme *c*
**eggplant** ['egplɑːnt] *n* aubergine *m*
**Egypt** ['iːdʒipt] Egypt
**Egyptian** [i'dʒipʃən] *adj* egyptisk; *n* egypter *m*
**eiderdown** ['aidədaun] *n* ederdun *nt*; dyne *c*
**eight** [eit] *num* åtte
**eighteen** [ˌei'tiːn] *num* atten
**eighteenth** [ˌei'tiːnθ] *num* attende
**eighth** [eitθ] *num* åttende
**eighty** ['eiti] *num* åtti
**either** ['aiðə] *pron* den ene eller den andre; **either ... or** enten ... eller
**elaborate** [i'læbəreit] *v* utdype
**elastic** [i'læstik] *adj* elastisk; tøyelig; **~ band** strikk *m*
**elasticity** [ˌelæ'stisəti] *n* tøyelighet *c*
**elbow** ['elbou] *n* albue *m*
**elder** ['eldə] *adj* eldre
**elderly** ['eldəli] *adj* eldre
**elect** [i'lekt] *v* *velge
**election** [i'lekʃən] *n* valg *nt*
**electric** [i'lektrik] *adj* elektrisk; **~ cord** ledning

*m*; ~ **razor** barbermaskin *m*
**electrician** [ˌilek'triʃən] *n* elektriker *m*
**electricity** [ˌilek'trisəti] *n* elektrisitet *m*
**electronic** [ilek'trɔnik] *adj* elektronisk
**elegance** ['eligəns] *n* eleganse *m*
**elegant** ['eligənt] *adj* elegant
**element** ['elimənt] *n* element *nt*, bestanddel *m*
**elephant** ['elifənt] *n* elefant *m*
**elevator** ['eliveitə] *nAm* heis *m*
**eleven** [i'levən] *num* elleve
**eleventh** [i'levənθ] *num* ellevte
**elf** [elf] *n* (pl elves) alv *m*
**eliminate** [i'limineit] *v* fjerne; avskaffe
**elm** [elm] *n* alm *m*
**else** [els] *adv* ellers
**elsewhere** [ˌel'swɛə] *adv* annetsteds
**elucidate** [i'luːsideit] *v* *klargjøre
**e-mail** ['iː meil] *n* e-post *m*; *v* sende (med) e-post
**emancipation** [iˌmænsi'peiʃən] *n* frigjøring *c*
**embankment** [im'bæŋkmənt] *n* bredd *m*; demning *m*
**embargo** [em'bɑːgou] *n* (pl ~es) beslag *nt*; handelsforbud *nt*
**embark** [im'bɑːk] *v* *gå om bord
**embarkation** [ˌembɑː'keiʃən] *n* innskipning *m*
**embarrass** [im'bærəs] *v* *gjøre brydd, *gjøre forlegen; sjenere; **embarrassed** brydd, flau, forlegen; **embarrassing** pinlig; **embarrassment** forlegenhet *c*
**embassy** ['embəsi] *n* ambassade *m*
**emblem** ['embləm] *n* emblem *nt*; symbol *nt*
**embrace** [im'breis] *v* omfavne; *n* omfavnelse *m*
**embroider** [im'brɔidə] *v* brodere
**embroidery** [im'brɔidəri] *n* broderi *nt*
**emerald** ['emərəld] *n* smaragd *m*
**emergency** [i'məːdʒənsi] *n* krisesituasjon *m*, nødstilfelle *nt*; ~ **exit** nødutgang *m*
**emigrant** ['emigrənt] *n* utvandrer *m*
**emigrate** ['emigreit] *v* utvandre
**emigration** [ˌemi'greiʃən] *n* emigrasjon *m*
**emotion** [i'mouʃən] *n* sinnsbevegelse *m*, følelse *m*
**emperor** ['empərə] *n* keiser *m*
**emphasize** ['emfəsaiz] *v*

understreke
**empire** ['empaiə] *n* imperium *nt*, keiserdømme *nt*
**employ** [im'plɔi] *v* *ansette; anvende
**employee** [ˌemplɔi'iː] *n* lønnstaker *m*, ansatt *m*
**employer** [im'plɔiə] *n* arbeidsgiver *m*
**employment** [im'plɔimənt] *n* beskjeftigelse *m*, arbeid *nt*; ~ **exchange** arbeidsformidling *c*
**empress** ['empris] *n* keiserinne *c*
**empty** ['empti] *adj* tom; *v* tømme
**enable** [i'neibəl] *v***sette i stand
**enamel** [i'næməl] *n* emalje *m*
**enamelled** [i'næməld] *adj* emaljert
**enchanting** [in'tʃɑːntiŋ] *adj* bedårende, henrivende
**encircle** [in'səːkəl] *v* omringe, *omgi; innsirkle
**enclose** [iŋ'klouz] *v* *vedlegge
**enclosure** [iŋ'klouʒə] *n* vedlegg *nt*
**encounter** [iŋ'kauntə] *v* møte; *n* møte *nt*
**encourage** [iŋ'kʌridʒ] *v* oppmuntre
**encyclop(a)edia** [enˌsaiklə'piːdiə] *n* leksikon *nt*
**end** [end] *n* ende *m*, slutt *m*; *v* slutte; opphøre
**ending** ['endiŋ] *n* avslutning *m*
**endless** ['endləs] *adj* uendelig
**endorse** [in'dɔːs] *v* endossere
**endure** [in'djuə] *v* *utholde
**enemy** ['enəmi] *n* fiende *m*
**energetic** [ˌenə'dʒetik] *adj* energisk
**energy** ['enədʒi] *n* energi *m*; kraft *c*
**engage** [iŋ'geidʒ] *v* *ansette; bestille; forplikte seg; **engaged** forlovet; opptatt
**engagement** [iŋ'geidʒmənt] *n* forlovelse *m*; forpliktelse *m*; avtale *m*; ~ **ring** forlovelsesring *m*
**engine** ['endʒin] *n* maskin *m*, motor *m*; lokomotiv *nt*
**engineer** [ˌendʒi'niə] *n* ingeniør *m*
**England** ['iŋglənd] England
**English** ['iŋgliʃ] *adj* engelsk
**Englishman** ['iŋgliʃmən] *n* (pl -men) engelskmann *m*
**engrave** [iŋ'greiv] *v* gravere
**engraving** [iŋ'greiviŋ] *n* trykk *nt*; kopperstikk *nt*
**enigma** [i'nigmə] *n* gåte *c*
**enjoy** [in'dʒɔi] *v* *nyte, *ha glede av
**enjoyable** [in'dʒɔiəbəl] *adj* behagelig, hyggelig, morsom; deilig
**enjoyment** [in'dʒɔimənt] *n* nytelse *m*

**enlarge** [in'lɑːdʒ] *v* forstørre; utvide
**enlargement** [in'lɑːdʒmənt] *n* forstørrelse *m*
**enormous** [i'nɔːməs] *adj* enorm, kolossal
**enough** [i'nʌf] *adv* nok; *adj* tilstrekkelig
**enquire** [iŋ'kwaiə] *v* *forespørre; undersøke
**enquiry** [iŋ'kwaiəri] *n* forespørsel *m*; undersøkelse *m*; rundspørring *c*
**enter** ['entə] *v* *gå inn, *tre inn i; *innskrive
**enterprise** ['entəpraiz] *n* virksomhet *c*; driftighet *c*
**entertain** [ˌentə'tein] *v* *underholde, more; beverte
**entertainer** [ˌentə'teinə] *n* underholder *m*
**entertaining** [ˌentə'teiniŋ] *adj* morsom, underholdende
**entertainment** [ˌentə'teinmənt] *n* underholdning *m*, forlystelse *m*
**enthusiasm** [in'θjuːziæzəm] *n* entusiasme *m*
**enthusiastic** [in,θjuːzi'æstik] *adj* entusiastisk
**entire** [in'taiə] *adj* hel
**entirely** [in'taiəli] *adv* helt
**entrails** ['entreilz] *n* innvoller
**entrance** ['entrəns] *n* inngang *m*; adgang *m*; inntreden *m*; **~ fee** inngangspenger *pl*
**entry** ['entri] *n* inngang *m*, adgang *m*; oppføring *c*; **no ~** adgang forbudt
**envelop** [in'velɔp] *v* pakke inn, omslutte
**envelope** ['envəloup] *n* konvolutt *m*
**envious** ['enviəs] *adj* sjalu, misunnelig
**environment** [in'vaiərənmənt] *n* miljø *nt*; omgivelser *pl*;
**environmental protection** miljøvern *nt*
**envoy** ['envɔi] *n* sendemann *m*
**envy** ['envi] *n* misunnelse *m*; *v* misunne
**epic** ['epik] *n* epos *nt*; *adj* episk
**epidemic** [ˌepi'demik] *n* epidemi *m*
**epilepsy** ['epilepsi] *n* epilepsi *m*
**epilogue** ['epilɔg] *n* epilog *m*
**episode** ['episoud] *n* episode *m*
**equal** ['iːkwəl] *adj* lik; *n* likemann *m*; *v* måle seg med
**equality** [i'kwɔləti] *n* likhet *c*
**equalize** ['iːkwəlaiz] *v* utjevne
**equally** ['iːkwəli] *adv* like

**equator** [i'kweitə] *n* ekvator *m*
**equip** [i'kwip] *v* utruste, utstyre
**equipment** [i'kwipmənt] *n* utstyr *nt*
**equivalent** [i'kwivələnt] *adj* motsvarende, tilsvarende
**eraser** [i'reizə] *n* viskelær *nt*
**erect** [i'rekt] *v* reise; *adj* oppreist, stående
**err** [ə:] *v* feile
**errand** ['erənd] *n* ærend *nt*
**error** ['erə] *n* feiltakelse *m*, feil *m*
**escalator** ['eskəleitə] *n* rulletrapp *c*
**escape** [i'skeip] *v* *unnslippe; *unngå, flykte; *n* flukt *c*
**escort**[1] ['eskɔ:t] *n* eskorte *m*
**escort**[2] [i'skɔ:t] *v* ledsage
**especially** [i'speʃəli] *adv* især, først og fremst, særlig
**essay** ['esei] *n* essay *nt*; stil *m*, avhandling *c*
**essence** ['esəns] *n* essens *m*; vesen *nt*, kjerne *m*
**essential** [i'senʃəl] *adj* uunnværlig; vesentlig
**essentially** [i'senʃəli] *adv* først og fremst
**establish** [i'stæbliʃ] *v* etablere; *fastslå
**estate** [i'steit] *n* eiendom *m*
**esteem** [i'sti:m] *n* aktelse *m*, respekt *m*; *v* akte
**estimate**[1] ['estimeit] *v* vurdere, taksere, *verdsette
**estimate**[2] ['estimət] *n* vurdering *c*
**estuary** ['estʃuəri] *n* elvemunning *m*
**etcetera** [et'setərə] og så videre
**etching** ['etʃiŋ] *n* radering *c*
**eternal** [i'tə:nəl] *adj* evig
**eternity** [i'tə:nəti] *n* evighet *c*
**ether** ['i:θə] *n* eter *m*
**Ethiopia** [iθi'oupiə] Etiopia
**Ethiopian** [iθi'oupiən] *adj* etiopisk; *n* etiopier *m*
**e-ticket** ['i:,tikət] *n* e-billett *c*
**EU** ['i:'ju] EU, den europeiske union *m*
**Euro** ['ju:rou] *n* euro *m*
**Europe** ['juərəp] Europa
**European** [,juərə'pi:ən] *adj* europeisk; *n* europeer *m*
**evacuate** [i'vækjueit] *v* evakuere
**evaluate** [i'væljueit] *v* vurdere
**evaporate** [i'væpəreit] *v* fordampe
**even** ['i:vən] *adj* jevn, like, plan; konstant; *adv* til og med
**evening** ['i:vniŋ] *n* kveld *m*; ~ **dress** selskapsantrekk *nt*
**event** [i'vent] *n* begivenhet *c*
**eventual** [i'ventʃuəl] *adj* mulig; endelig
**eventually** [i'ventʃuəli] *adv* endelig; til slutt
**ever** ['evə] *adv* noen gang;

alltid
**every** ['evri] *adj* hver
**everybody** ['evri,bɔdi] *pron* enhver
**everyday** ['evridei] *adj* daglig
**everyone** ['evriwʌn] *pron* enhver
**everything** ['evriθiŋ] *pron* alt
**everywhere** ['evriwɛə] *adv* overalt
**evidence** ['evidəns] *n* bevis *nt*
**evident** ['evidənt] *adj* tydelig
**evil** ['i:vəl] *n* onde *nt*; *adj* ondsinnet, ond
**evolution** [,i:və'lu:ʃən] *n* evolusjon *m*
**exact** [ig'zækt] *adj* nøyaktig
**exactly** [ig'zæktli] *adv* akkurat
**exaggerate** [ig'zædʒəreit] *v* *overdrive
**exam** [ig'zæm] *colloquial*, **examination** [ig,zæmi'neiʃən] *n* eksamen *m*; undersøkelse *m*; forhør *nt*
**examine** [ig'zæmin] *v* undersøke
**example** [ig'zɑ:mpəl] *n* eksempel *nt*; **for ~** for eksempel
**excavation** [,ekskə'veiʃən] *n* utgravning *m*
**exceed** [ik'si:d] *v* *overskride; *overgå
**excel** [ik'sel] *v* utmerke seg
**excellent** ['eksələnt] *adj* fremragende, utmerket
**except** [ik'sept] *prep* unntatt
**exception** [ik'sepʃən] *n* unntak *nt*
**exceptional** [ik'sepʃənəl] *adj* usedvanlig, enestående
**excerpt** ['eksə:pt] *n* utdrag *nt*
**excess** [ik'ses] *n* utskeielse *m*; overdrivelse *m*
**excessive** [ik'sesiv] *adj* overdreven
**exchange** [iks'tʃeindʒ] *v* bytte, veksle, utveksle; *n* bytte *nt*; børs *m*; **~ office** vekslingskontor *nt*; **~ rate** valutakurs *m*
**excite** [ik'sait] *v* opphisse
**excited** [ik'saitəd] *adj* opphisset
**excitement** [ik'saitmənt] *n* opphisselse *m*; spenning *m*
**exciting** [ik'saitiŋ] *adj* spennende
**exclaim** [ik'skleim] *v* *utbryte
**exclamation** [,eksklə'meiʃən] *n* utrop *nt*
**exclude** [ik'sklu:d] *v* utelukke
**exclusive** [ik'sklu:siv] *adj* eksklusiv
**exclusively** [ik'sklu:sivli] *adv* utelukkende
**excursion** [ik'skə:ʃən] *n* utflukt *c*
**excuse**[1] [ik'skju:s] *n* unnskyldning *m*

**excuse**[2] [ik'skju:z] *v* unnskylde
**execute** ['eksikju:t] *v* utføre
**execution** [ˌeksi'kju:ʃən] *n* henrettelse *m*
**executioner** [ˌeksi'kju:ʃənə] *n* bøddel *m*
**executive** [ig'zekjutiv] *adj* administrerende; *n* utøvende makt; direktør *m*
**exempt** [ig'zempt] *v* *frita; *adj* fritatt
**exemption** [ig'zempʃən] *n* fritak *nt*
**exercise** ['eksəsaiz] *n* øvelse *m*; oppgave *c*; *v* øve; utøve
**exhale** [eks'heil] *v* puste ut
**exhaust** [ig'zɔ:st] *n* eksosrør *nt*; *v* utmatte; **~ gases** eksos *m*
**exhibit** [ig'zibit] *v* utstille; fremvise, oppvise
**exhibition** [ˌeksi'biʃən] *n* utstilling *c*
**exile** ['eksail] *n* eksil *nt*; landflyktig *m*
**exist** [ig'zist] *v* eksistere
**existence** [ig'zistəns] *n* eksistens *m*
**exit** ['eksit] *n* utgang *m*; utkjørsel *m*
**exotic** [ig'zɔtik] *adj* eksotisk
**expand** [ik'spænd] *v* utvide; utbre; utfolde
**expansion** [ik'spænʃən] *n* utbredelse; utvidelse, ekspansjon
**expect** [ik'spekt] *v* vente
**expectation** [ˌekspek'teiʃən] *n* forventning *m*
**expedition** [ˌekspə'diʃən] *n* ekspedisjon *m*
**expel** [ik'spel] *v* utvise
**expenditure** [ik'spenditʃə] *n* forbruk *nt*
**expense** [ik'spens] *n* utgift *c*; **expenses** *pl* omkostninger *pl*, kostnader *pl*
**expensive** [ik'spensiv] *adj* dyr; kostbar
**experience** [ik'spiəriəns] *n* erfaring *c*; *v* oppleve, erfare; **experienced** erfaren
**experiment** [ik'sperimənt] *n* eksperiment *nt*, forsøk *nt*; *v* eksperimentere
**expert** ['ekspə:t] *n* fagmann *m*, ekspert *m*; *adj* sakkyndig
**expire** [ik'spaiə] *v* *utløpe, opphøre; utånde; **expired** utløpt
**explain** [ik'splein] *v* forklare
**explanation** [ˌeksplə'neiʃən] *n* forklaring *c*
**explicit** [ik'splisit] *adj* tydelig, uttrykkelig
**explode** [ik'sploud] *v* eksplodere
**exploit** [ik'splɔit] *v* utnytte
**explore** [ik'splɔ:] *v* utforske
**explosion** [ik'splouʒən] *n* eksplosjon *m*
**explosive** [ik'splousiv] *adj*

eksplosiv; *n* sprengstoff *nt*
**export**[1] [ik'spɔːt] *v* eksportere, utføre
**export**[2] ['ekspɔːt] *n* eksport *m*, utførsel *m*
**expose** [ik'spous] *v* utsette; avsløre; eksponere
**exposition** [ˌekspə'ziʃən] *n* utstilling *c*
**exposure** [ik'spouʒə] *n* utsatthet *c*; eksponering *c*; **~ meter** lysmåler *m*
**express** [ik'spres] *v* uttrykke; *gi uttrykk for, ytre; *adj* ekspress-; uttrykkelig; **~ train** hurtigtog *nt*
**expression** [ik'spreʃən] *n* uttrykk *nt*
**exquisite** [ik'skwizit] *adj* utsøkt
**extend** [ik'stend] *v* forlenge; utvide; bevilge
**extension** [ik'stenʃən] *n* forlengelse *m*; utvidelse *m*; linje *c*; **~ cord** skjøteledning *m*
**extensive** [ik'stensiv] *adj* omfangsrik; utstrakt, omfattende
**extent** [ik'stent] *n* omfang *nt*
**exterior** [ek'stiəriə] *adj* ytre; *n* utside *c*
**external** [ek'stəːnəl] *adj* utvendig
**extinguish** [ik'stiŋgwiʃ] *v* slokke
**extort** [ik'stɔːt] *v* utpresse
**extortion** [ik'stɔːʃən] *n* utpressing *c*
**extra** ['ekstrə] *adj* ekstra
**extract**[1] [ik'strækt] *v* *trekke ut
**extract**[2] ['ekstrækt] *n* utdrag *nt*
**extradite** ['ekstrədait] *v* utlevere en forbryter
**extraordinary** [ik'strɔːdənri] *adj* usedvanlig
**extravagant** [ik'strævəgənt] *adj* ekstravagant, overdreven
**extreme** [ik'striːm] *adj* ekstrem; ytterst, ytterlig; *n* ytterlighet *c*
**exuberant** [ig'zjuːbərənt] *adj* overstrømmende
**eye** [ai] *n* øye *nt*; **~ shadow** øyenskygge *m*
**eyebrow** ['aibrau] *n* øyenbryn *nt*
**eyelash** ['ailæʃ] *n* øyenvippe *m*
**eyelid** ['ailid] *n* øyenlokk *nt*
**eyewitness** ['aiˌwitnəs] *n* øyenvitne *nt*

# F

**fable** ['feibəl] *n* fabel *m*; sagn *nt*
**fabric** ['fæbrik] *n* stoff *nt*; struktur *m*
**façade** [fə'sɑːd] *n* fasade *m*
**face** [feis] *n* ansikt *nt*; *v* konfrontere; ~ **cream** ansiktskrem *m*
**facilities** [fə'silətis] *pl* innretning(er) *pl*; **cooking** ~ mulighet til å lage mat
**facing** overfor
**fact** [fækt] *n* kjensgjerning *c*, faktum *nt*; **in** ~ faktisk
**factor** ['fæktə] *n* faktor *m*
**factory** ['fæktəri] *n* fabrikk *m*
**factual** ['fæktʃuəl] *adj* faktisk
**faculty** ['fækəlti] *n* evne *c*; begavelse *m*, anlegg *nt*; fakultet *nt*
**fade** [feid] *v* blekne, falme
**fail** [feil] *v* mislykkes; mangle; forsømme; dumpe, *stryke; **without** ~ helt sikkert
**failure** ['feiljə] *n* fiasko *m*
**faint** [feint] *v* besvime; *adj* svak, vag
**fair** [fɛə] *n* basar *m*; varemesse *c*; *adj* rettferdig; lyshåret, blond; vakker
**fairly** ['fɛəli] *adv* nokså, temmelig, ganske
**fairy** ['fɛəri] *n* fe *m*
**fairytale** ['fɛəriteil] *n* eventyr *nt*
**faith** [feiθ] *n* tro *c*; tillit *m*
**faithful** ['feiθful] *adj* trofast
**fake** [feik] *n* forfalskning *m*
**fall** [fɔːl] *n* fall *nt*; høst *m*
***fall** [fɔːl] *v* *falle
**false** [fɔːls] *adj* falsk; gal, uekte; ~ **teeth** gebiss *nt*
**falter** ['fɔːltə] *v* vakle; stamme
**fame** [feim] *n* berømmelse *m*; rykte *nt*
**familiar** [fə'miljə] *adj* velkjent; fortrolig
**family** ['fæməli] *n* familie *m*; slekt *c*; ~ **name** etternavn *nt*
**famous** ['feiməs] *adj* berømt
**fan** [fæn] *n* vifte *c*; beundrer *m*; ~ **belt** vifterem *c*
**fanatical** [fə'nætikəl] *adj* fanatisk
**fancy** ['fænsi] *v* *ha lyst til, like; tenke seg, forestille seg; *n* lune *nt*; fantasi *m*
**fantastic** [fæn'tæstik] *adj* fantastisk
**fantasy** ['fæntəzi] *n* fantasi *m*
**far** [fɑː] *adj* fjern; *adv* meget; **by** ~ uten sammenligning; **so** ~ hittil; ~ **away** langt borte
**fare** [fɛə] *n* billettpris *m*;

kost *m*
**farm** [fɑːm] *n* bondegård *m*
**farmer** ['fɑːmə] *n* bonde *m*
**farmhouse** ['fɑːmhaus] *n* våningshus *nt*
**far-off** ['fɑːrɔf] *adj* fjern
**farther** ['fɑːðə] *adj* videre
**fascinate** ['fæsineit] *v* fengsle, fjetre
**fascism** ['fæʃizəm] *n* fascisme *m*
**fascist** ['fæʃist] *adj* fascistisk; *n* fascist *m*
**fashion** ['fæʃən] *n* mote *m*; måte *m*
**fashionable** ['fæʃənəbəl] *adj* moderne
**fast** [fɑːst] *adj* rask, hurtig; fast
**fasten** ['fɑːsən] *v* feste; stenge
**fastener** ['fɑːsənə] *n* festeinnretning *m*
**fat** [fæt] *adj* tykk, fet; *n* fett *nt*; ~ **free** *adj* fettfri
**fatal** ['feitəl] *adj* dødelig, skjebnesvanger, fatal
**fate** [feit] *n* skjebne *m*
**father** ['fɑːðə] *n* far *m*; pater *m*
**father-in-law** ['fɑːðərinlɔː] *n* (pl fathers-) svigerfar *m*
**fatigue** [fəti:g] *n* utmattelse *m*, tretthet *c*
**fatty** ['fæti] *adj* fettholdig
**faucet** ['fɔːsit] *nAm* vannkran *c*
**fault** [fɔːlt] *n* feil *m*, defekt *m*
**faultless** ['fɔːltləs] *adj* feilfri; perfekt
**faulty** ['fɔːlti] *adj* defekt, mangelfull
**favo(u)r** ['feivə] *n* tjeneste *m*; *v* privilegere, begunstige
**favo(u)rable** ['feivərəbəl] *adj* gunstig
**favo(u)rite** ['feivərit] *n* favoritt *m*, yndling *m*; *adj* yndlings-
**fax** [fæks] *n* telefaks *m*, faks *m*; **send a** ~ sende en faks
**fear** [fiə] *n* frykt *m*, engstelse *m*; *v* frykte
**feasible** ['fiːzəbəl] *adj* mulig, gjennomførbart
**feast** [fiːst] *n* fest *m*
**feat** [fiːt] *n* prestasjon *m*
**feather** ['feðə] *n* fjær *c*
**feature** ['fiːtʃə] *n* kjennemerke *nt*; ansiktstrekk *nt*
**February** ['februəri] februar
**federal** ['fedərəl] *adj* forbunds-
**federation** [ˌfedə'reiʃən] *n* forbundsstat *m*
**fee** [fiː] *n* honorar *nt*; gebyr *nt*
**feeble** ['fiːbəl] *adj* svak
***feed** [fiːd] *v* mate; **fed up with** lei av
***feel** [fiːl] *v* føle; ~ **like** *ha lyst til
**feeling** ['fiːliŋ] *n* følelse *m*
**feet** (pl foot)
**fell** [fel] *v* (p fall)
**fellow** ['felou] *n* fyr *m*
**felt**[1] [felt] *n* filt *m*

**felt²** [felt] *v* (p, pp feel)
**female** ['fi:meil] *adj* hunn-
**feminine** ['feminin] *adj* feminin
**fence** [fens] *n* gjerde *nt*; stakitt *nt*; *v* fekte
**ferment** [fə:'ment] *v* gjære
**ferry-boat** ['feribout] *n* ferge *c*; ferje *c*
**fertile** ['fə:tail] *adj* fruktbar
**festival** ['festivəl] *n* festival *m*
**festive** ['festiv] *adj* festlig
**fetch** [fetʃ] *v* hente *innbringe
**feudal** ['fju:dəl] *adj* føydal
**fever** ['fi:və] *n* feber *m*
**feverish** ['fi:vəriʃ] *adj* feberaktig
**few** [fju:] *adj* få
**fiancé** [fi'ɑ̃:sei] *n* forlovede *m*
**fiancée** [fi'ɑ̃:sei] *n* forlovede *m*
**fibre** ['faibə] *n* fiber *m*
**fiction** ['fikʃən] *n* skjønnlitteratur *m*, oppdiktning *m*
**field** [fi:ld] *n* mark *c*, åker *m*; felt *nt*; ~ **glasses** feltkikkert *m*
**fierce** [fiəs] *adj* vill; heftig
**fifteen** [ˌfif'ti:n] *num* femten
**fifteenth** [ˌfif'ti:nθ] *num* femtende
**fifth** [fifθ] *num* femte
**fifty** ['fifti] *num* femti
**fig** [fig] *n* fiken *m*
**fight** [fait] *n* strid *m*, kamp *m*
***fight** [fait] *v* kjempe, *slåss
**figure** ['figə] *n* skikkelse *m*, figur *m*; tall *nt*
**file** [fail] *n* kartotek *nt*, fil *m*; dokumentsamling *c*; rekke *c*
**fill** [fil] *v* fylle; ~ **in** fylle ut; ~ **out** *Am* fylle ut; ~ **up** fylle opp; **filling station** bensinstasjon *m*
**filling** ['filiŋ] *n* plombe *m*; fyll *nt*
**film** [film] *n* film *m*; *v* filme
**filter** ['filtə] *n* filter *nt*
**filthy** ['filθi] *adj* skitten
**final** ['fainəl] *adj* endelig
**finally** ['fainəli] *adv* endelig, til slutt
**finance** [fai'næns] *v* finansiere
**finances** [fai'nænsiz] *pl* finanser *pl*
**financial** [fai'nænʃəl] *adj* finansiell
**finch** [fintʃ] *n* finke *m*
***find** [faind] *v* *finne
**fine** [fain] *n* mulkt *c*; *adj* fin; pen; skjønn, utmerket; ~ **arts** skjønne kunster
**finger** ['fiŋgə] *n* finger *m*; **little** ~ lillefinger *m*
**fingerprint** ['fiŋgəprint] *n* fingeravtrykk *nt*
**finish** ['finiʃ] *v* fullende, avslutte, slutte; opphøre; *n* slutt *m*; mållinje *c*; **finished** ferdig
**Finland** ['finlənd] Finland
**Finn** [fin] *n* finne *m*
**Finnish** ['finiʃ] *adj* finsk

**fire** [faiə] *n* ild *m*; brann *m*; *v* *skyte; avskjedige; **~ alarm** brannalarm *m*; **~ brigade** brannvesen *nt*; **~ escape** branntrapp *c*; **~ extinguisher** brannslokker *m*
**firefighter** ['faiə,faitə] *n* brannmannskap *nt*
**fireplace** ['faiəpleis] *n* peis *m*
**fireproof** ['faiəpru:f] *adj* brannsikker; ildfast
**firewall** ['faiə‿,wɔ:l] *n* brannmur *c*
**firm** [fə:m] *adj* fast; solid; *n* firma *nt*
**first** [fə:st] *num* første; **at ~** først; i begynnelsen; **~ name** fornavn *nt*
**first aid** [,fə:st'eid] *n* førstehjelp *c*; **~ kit** førstehjelpsutstyr *nt*; **~ post** førstehjelpsstasjon *m*
**first-class** [,fə:st'klɑ:s] *adj* førsteklasses
**first-rate** [,fə:st'reit] *adj* førsteklasses, førsterangs
**fir tree** ['fə:tri:] *n* nåletre *nt*, gran *c*
**fish**[1] [fiʃ] *n* (pl ~, ~es) fisk *m*; **~ shop** fiskeforretning *c*
**fish**[2] [fiʃ] *v* fiske; **fishing gear** fiskeutstyr *nt*; **fishing hook** fiskekrok *m*; **fishing industry** fiskeri *nt*; **fishing license** *Am*, **fishing licence** fiskekort *nt*; **fishing line** fiskesnøre *nt*; **fishing net** fiskegarn *nt*;
**fishing rod** fiskestang *c*; **fishing tackle** fiskeredskap *nt*
**fishbone** ['fiʃboun] *n* fiskebein *nt*
**fisherman** ['fiʃəmən] *n* (pl -men) fisker *m*
**fist** [fist] *n* knyttneve *m*
**fit** [fit] *adj* egnet; *n* anfall *nt*; *v* passe; **fitting room** prøverom *nt*
**five** [faiv] *num* fem
**fix** [fiks] *v* reparere, ordne
**fixed** [fikst] *adj* fast
**fizz** [fiz] *n* brusing *c*
**fjord** [fjɔ:d] *n* fjord
**flag** [flæg] *n* flagg *nt*
**flame** [fleim] *n* flamme *m*
**flamingo** [flə'miŋgou] *n* (pl ~s, ~es) flamingo *m*
**flannel** ['flænəl] *n* flanell *m*
**flash** [flæʃ] *n* glimt *nt*; **~ bulb** blitzlampe *c*
**flashlight** ['flæʃlait] *n* lommelykt *c*
**flask** [flɑ:sk] *n* flaske *c*; **thermos ~** termosflaske *c*
**flat** [flæt] *adj* flat, plan; *n* leilighet *c*; **~ tyre** punktering *c*
**flavo(u)r** ['fleivə] *n* smak *m*; *v* *sette smak på
**flaw** [flɔ:] *n* sprekk *m*; svakhet *c*
**flee** [fli:] *v* flykte, rømme
**fleet** [fli:t] *n* flåte *m*
**flesh** [fleʃ] *n* kjøtt *nt*
**flew** [flu:] *v* (p fly)
**flex** [fleks] *n* ledning *m*; *v* bøye

**flexible** ['fleksibəl] *adj* bøyelig
**flight** [flait] *n* flytur *m*; **charter ~** chartertur *m*
**flint** [flint] *n* flintstein *m*
**float** [flout] *v* *flyte; *n* flottør *m*
**flock** [flɔk] *n* flokk *m*
**flood** [flʌd] *n* oversvømmelse *m*; flo *m*
**floor** [flɔː] *n* gulv *nt*; etasje *m*; **first ~** annen etasje; *Am* første etasje; **~ show** floor-show *nt*
**florist** ['flɔrist] *n* blomsterhandler *m*
**flour** [flauə] *n* mel *nt*
**flow** [flou] *v* strømme, *flyte
**flower** [flauə] *n* blomst *m*; **~ shop** blomsterforretning *c*
**flowerbed** ['flauəbed] *n* blomsterbed *nt*
**flown** [floun] *v* (pp fly)
**flu** [fluː] *n* influensa *m*
**fluent** ['fluːənt] *adj* flytende
**fluid** ['fluːid] *adj* flytende; *n* væske *c*
**flute** [fluːt] *n* fløyte *c*
**fly** [flai] *n* flue *c*; buksesmekk *m*
***fly** [flai] *v* *fly
**foam** [foum] *n* skum *nt*; *v* skumme; **~ rubber** skumgummi *m*
**focus** ['foukəs] *n* brennpunkt *nt*
**fog** [fɔg] *n* tåke *c*
**foggy** ['fɔgi] *adj* tåket
**foglamp** ['fɔglæmp] *n* tåkelykt *c*
**fold** [fould] *v* brette, folde; folde sammen; *n* fold *m*
**folk** [fouk] *n* folk *nt*; **~ dance** folkedans *m*; **~ song** folkevise *c*
**folklore** ['fouklɔː] *n* folklore *m*
**follow** ['fɔlou] *v* *følge; **following** *adj* neste, følgende
**fond: *be ~ of** [biː fɔnd ɔv] like
**food** [fuːd] *n* mat *m*; føde *c*; **~ poisoning** matforgiftning *m*
**foodstuffs** ['fuːdstʌfs] *pl* matvarer *pl*
**fool** [fuːl] *n* tosk *m*; *v* narre
**foolish** ['fuːliʃ] *adj* fjollet, tåpelig; dum
**foot** [fut] *n* (pl feet) fot *m*; **on ~** til fots
**football** ['futbɔːl] *n* fotball *m*; **~ match** fotballkamp *m*
**foot brake** ['futbreik] *n* fotbrems *m*
**footpath** ['futpɑːθ] *n* gangsti *m*
**footwear** ['futwɛə] *n* skotøy *nt*
**for** [fɔː, fə] *prep* til; i; på grunn av, av, for; *conj* for
***forbid** [fə'bid] *v* *forby
**force** [fɔːs] *v* *tvinge; forsere; *n* kraft *c*, styrke *m*; vold *m*; **by ~** nødtvunget; **driving ~** drivkraft *c*
**forecast** ['fɔːkɑːst] *n* varsel *nt*; *v* *forutsi, varsle
**foreground** ['fɔːgraund] *n*

forgrunn *m*
**forehead** ['fɔred] *n* panne *c*
**foreign** ['fɔrin] *adj* utenlandsk; fremmed
**foreigner** ['fɔrinə] *n* utlending *m*
**foreman** ['fɔːmən] *n* (pl -men) formann *m*
**foremost** ['fɔːmoust] *adj* fremst, forrest
**forest** ['fɔrist] *n* skog *m*
**forester** ['fɔristə] *n* forstmann *m*
**forever**, **for ever** [fɔ'revə] *adv* for alltid; stadig
**forge** [fɔːdʒ] *v* forfalske
***forget** [fə'get] *v* glemme
**forgetful** [fə'getfəl] *adj* glemsom
***forgive** [fə'giv] *v* *tilgi
**fork** [fɔːk] *n* gaffel *m*; skillevei *m*; *v* dele seg
**form** [fɔːm] *n* form *c*; blankett *m*; skjema *nt*; klasse *c*; *v* forme
**formal** ['fɔːməl] *adj* formell
**formality** [fɔː'mæləti] *n* formalitet *m*
**former** ['fɔːmə] *adj* forhenværende; tidligere; **formerly** før i tiden
**formula** ['fɔːmjulə] *n* (pl ~e, ~s) formel *m*
**fortnight** ['fɔːtnait] *n* fjorten dager
**fortress** ['fɔːtris] *n* festning *m*
**fortunate** ['fɔːtʃənət] *adj* heldig
**fortunately** ['fɔːtʃənətli] *adv* heldigvis
**fortune** ['fɔːtʃuːn] *n* formue *m*; skjebne *m*, lykke *c*
**forty** ['fɔːti] *num* førti
**forward** ['fɔːwəd] *adv* frem, fremad; *v* ettersende
**foster parents** ['fɔstə,pɛərənts] *pl* pleieforeldre *pl*
**fought** [fɔːt] *v* (p, pp fight)
**foul** [faul] *adj* skitten; gemen
**found**[1] [faund] *v* (p, pp find)
**found**[2] [faund] *v* *grunnlegge, opprette, stifte
**foundation** [faun'deiʃən] *n* grunnlag *nt*; stiftelse *m*
**fountain** ['fauntin] *n* springvann *nt*; kilde *m*
**fountain pen** ['fauntinpen] *n* fyllepenn *m*
**four** [fɔː] *num* fire
**fourteen** [,fɔː'tiːn] *num* fjorten
**fourteenth** [,fɔː'tiːnθ] *num* fjortende
**fourth** [fɔːθ] *num* fjerde
**fowl** [faul] *n* (pl ~s, ~) fjærkre *nt*
**fox** [fɔks] *n* rev *m*
**foyer** ['fɔiei] *n* foajé *m*
**fraction** ['frækʃən] *n* brøkdel *m*
**fracture** ['fræktʃə] *v* *brekke; *n* brudd *nt*
**fragile** ['frædʒail] *adj* skjør; skrøpelig
**fragment** ['frægmənt] *n*

bruddstykke *nt*; stykke *nt*
**frame** [freim] *n* ramme *c*; innfatning *m*
**France** [frɑːns] Frankrike
**franchise** ['fræntʃaiz] *n* stemmerett *m*
**frank** [fræŋk] *adj* oppriktig
**fraternity** [frə'təːnəti] *n* brorskap *m* / *nt*
**fraud** [frɔːd] *n* bedrageri *nt*
**fray** [frei] *v* trevle opp
**free** [friː] *adj* fri; gratis; **~ of charge** gratis; **~ ticket** fribillett *m*
**freedom** ['friːdəm] *n* frihet *c*
***freeze** [friːz] *v* *fryse; fryse
**freezer** [friːzə] *n* fryser *m*, fryseboks *m*
**freezing** ['friːziŋ] *adj* iskald
**freezing point** ['friːziŋpɔint] *n* frysepunkt *nt*
**freight** [freit] *n* last *c*, frakt *c*
**freight train** ['freittrein] *nAm* godstog *nt*
**French** [frentʃ] *adj* fransk; **the ~** *pl* franskmennene; **~ fries** *pl* pommes frites
**Frenchman** ['frentʃmən] *n* (pl -men) franskmann *m*
**frequency** ['friːkwənsi] *n* frekvens *m*; hyppighet *c*
**frequent** ['friːkwənt] *adj* stadig, hyppig; **frequently** ofte
**fresh** [freʃ] *adj* fersk; forfriskende; **~ water** ferskvann *nt*
**friction** ['frikʃən] *n* friksjon *m*
**Friday** ['fraidi] fredag *m*
**fridge** [fridʒ] *n* kjøleskap *nt*
**friend** [frend] *n* venn *m*; venninne *c*
**friendly** ['frendli] *adj* vennlig; vennskapelig
**friendship** ['frendʃip] *n* vennskap *nt*
**fright** [frait] *n* skrekk *m*, angst *m*
**frighten** ['fraitən] *v* forskrekke
**frightened** ['fraitənd] *adj* skremt; ***be ~** *bli forskrekket
**frightful** ['fraitfəl] *adj* forferdelig, forskrekkelig
**fringe** [frindʒ] *n* frynse *c*
**frock** [frɔk] *n* kjole *m*
**frog** [frɔg] *n* frosk *m*
**from** [frɔm] *prep* fra; av; fra og med
**front** [frʌnt] *n* forside *c*; **in ~ of** foran
**frontier** ['frʌntiə] *n* grense *c*
**frost** [frɔst] *n* frost *m*
**frozen** ['frouzən] *adj* frossen; **~ food** dypfryst mat
**fruit** [fruːt] *n* frukt *c*
**fry** [frai] *v* steke
**frying pan** ['fraiiŋpæn] *n* stekepanne *c*
**fuck** [fʌk] *v vulgar* knulle, pule
**fuel** ['fjuːəl] *n* brensel *nt*; bensin *m*; **~ pump** *Am* bensinpumpe *c*
**full** [ful] *adj* full; **~ board** helpensjon *m*; **~ stop**

punktum *nt*; ~ **up** fullsatt
**fun** [fʌn] *n* moro *c*, gøy *m* / *nt*
**function** ['fʌŋkʃən] *n* funksjon *m*
**fund** [fʌnd] *n* fond *nt*
**fundamental** [ˌfʌndə'mentəl] *adj* fundamental
**funeral** ['fjuːnərəl] *n* begravelse *m*
**funnel** ['fʌnəl] *n* trakt *c*
**funny** ['fʌni] *adj* pussig, komisk; merkelig
**fur** [fəː] *n* pels *m*; ~ **coat** pelskåpe *c*
**furious** ['fjuəriəs] *adj* rasende
**furnace** ['fəːnis] *n* ovn *m*
**furnish** ['fəːniʃ] *v* forsyne, skaffe; møblere, innrette; ~ **with** forsyne med
**furniture** ['fəːnitʃə] *n* møbler *pl*
**furrier** ['fʌriə] *n* buntmaker *m*
**further** ['fəːðə] *adj* videre; ytterligere
**furthermore** ['fəːðəmɔː] *adv* dessuten
**furthest** ['fəːðist] *adj* fjernest; lengst
**fuse** [fjuːz] *n* sikring *c*; lunte *c*
**fuss** [fʌs] *n* bråk *nt*; oppstyr *nt*, mas *nt*
**future** ['fjuːtʃə] *n* fremtid *c*; *adj* fremtidig

# G

**gable** ['geibəl] *n* gavl *m*
**gadget** ['gædʒit] *n* innretning *m*, apparat *nt*
**gain** [gein] *v* *vinne; *n* fortjeneste *m*
**gale** [geil] *n* storm *m*
**gall** [gɔːl] *n* galle *m*; ~ **bladder** galleblære *c*
**gallery** ['gæləri] *n* galleri *nt*; kunstgalleri *nt*
**gallon** ['gælən] *n* gallon *m* (Brit 4,55 l; Am 3,79 l)
**gallop** ['gæləp] *n* galopp *m*
**gallows** ['gælouz] *pl* galge *m*
**gallstone** ['gɔːlstoun] *n* gallestein *m*
**game** [geim] *n* spill *nt*; vilt *nt*
**gang** [gæŋ] *n* bande *m*; gjeng *m*
**gangway** ['gæŋwei] *n* landgang *m*
**gap** [gæp] *n* åpning *c*
**garage** ['gærɑːʒ] *n* garasje *m*; *v* *sette i garasje
**garbage** ['gɑːbidʒ] *n* avfall *nt*, søppel *nt*
**garden** ['gɑːdən] *n* hage *m*; **public** ~ offentlig parkanlegg; **zoological gardens** zoologisk hage
**gardener** ['gɑːdənə] *n* gartner *m*

**gargle** ['gɑːgəl] *v* gurgle
**garlic** ['gɑːlik] *n* hvitløk *m*
**garment** [ˌgɑːmənt] *n* klesplagg *nt*
**gas** [gæs] *n* gass *m*; bensin *m*; ~ **cooker** gasskomfyr *m*; ~ **pump** *Am* bensinpumpe *c*; ~ **station** bensinstasjon *m*; ~ **stove** gasovn *m*
**gasoline** ['gæsəliːn] *nAm* bensin *m*
**gastric** ['gæstrik] *adj* mage-; ~ **ulcer** magesår *nt*
**gasworks** ['gæswəːks] *n* gassverk *nt*
**gate** [geit] *n* port *m*; grind *c*
**gather** ['gæðə] *v* samle; samles; høste
**gauge** [geidʒ] *n* måleinstrument *nt*
**gave** [geiv] *v* (p give)
**gay** [gei] *adj* munter; fargerik; *colloquial* homofil
**gaze** [geiz] *v* stirre
**gear** [giə] *n* gir *nt*; utstyr *nt*; **change** ~ skifte gir; ~ **lever** girstang *c*
**gearbox** ['giəbɔks] *n* girkasse *c*
**geese** [dʒiːz] *n* (pl goose) gjess *pl*
**gem** [dʒem] *n* edelstein *m*, juvel *m*; klenodie *nt*
**gender** ['dʒendə] *n* kjønn *nt*
**general** ['dʒenərəl] *adj* generell; *n* general *m*; ~ **practitioner** allmennpraktiserende lege; **in** ~ som regel
**generate** ['dʒenəreit] *v* *frembringe
**generation** [ˌdʒenə'reiʃən] *n* generasjon *m*
**generator** ['dʒenəreitər] *n* generator *m*
**generosity** [ˌdʒenə'rɔsəti] *n* gavmildhet *c*
**generous** ['dʒenərəs] *adj* gavmild
**genital** ['dʒenitəl] *adj* kjønns-
**genius** ['dʒiːniəs] *n* geni *nt*
**gentle** ['dʒentəl] *adj* mild; lett, øm; forsiktig
**gentleman** ['dʒentəlmən] *n* (pl -men) herre *m*
**genuine** ['dʒenjuin] *adj* ekte
**geography** [dʒi'ɔgrəfi] *n* geografi *m*
**geology** [dʒi'ɔlədʒi] *n* geologi *m*
**geometry** [dʒi'ɔmətri] *n* geometri *m*
**germ** [dʒəːm] *n* basill *m*; kim *m*
**German** ['dʒəːmən] *adj* tysk; *n* tysker *m*
**Germany** ['dʒəːməni] Tyskland
**gesticulate** [dʒi'stikjuleit] *v* gestikulere
**get-together** sammenkomst *m*
***get** [get] *v* *få; hente; *bli; ~ **back** *gå tilbake; ~ **off** *stige av; ~ **on** *stige på; *gjøre fremskritt; ~ **up** *stå opp

**ghost** [goust] *n* spøkelse *nt*; ånd *m*
**giant** ['dʒaiənt] *n* kjempe *m*
**giddiness** ['gidinəs] *n* svimmelhet *c*
**giddy** ['gidi] *adj* svimmel
**gift** [gift] *n* presang *m*, gave *c*; evne *c*; ~ **card** *n* gavekort *nt*
**gifted** ['giftid] *adj* begavet
**gigantic** [dʒai'gæntik] *adj* enorm
**giggle** ['gigəl] *v* fnise
**gill** [gil] *n* gjelle *c*
**gilt** [gilt] *adj* forgylt
**ginger** ['dʒindʒə] *n* ingefær *m*
**girl** [gəːl] *n* pike *m*
**girlfriend** ['gəːlfrend] *n* kjæreste *m*
***give** [giv] *v* *gi; *overrekke; ~ **away** røpe; ~ **in** *gi seg, *gi etter; ~ **up** *oppgi, *gi opp
**glacier** ['glæsiə] *n* isbre *m*
**glad** [glæd] *adj* fornøyd, glad; **gladly** med glede, gjerne
**gladness** ['glædnəs] *n* glede *c*
**glamorous** ['glæmərəs] *adj* betagende, fortryllende
**glamour** ['glæmə] *n* sjarm *m*
**glance** [glɑːns] *n* blikk *nt*; *v* kaste et blikk
**gland** [glænd] *n* kjertel *m*
**glare** [glɛə] *n* skarpt lys; skinn *nt*
**glaring** ['glɛəriŋ] *adj* blendende
**glass** [glɑːs] *n* glass *nt*; glass-; **glasses** briller *pl*; **magnifying** ~ forstørrelsesglass *nt*
**glaze** [gleiz] *v* glasere
**glide** [glaid] *v* *gli
**glider** ['glaidə] *n* glidefly *nt*
**glimpse** [glimps] *n* glimt *nt*; *v* skimte
**global** ['gloubəl] *adj* verdensomfattende; ~ **warming** *n* global oppvarming *c*
**globalization** [ˌgloubəli'zeiʃən] *n* globalisering *c*
**globalize** ['gloubəˌlaiz] *v* globalisere
**globe** [gloub] *n* globus *m*, jordklode *m*
**gloom** [gluːm] *n* mørke *nt*
**gloomy** ['gluːmi] *adj* dyster
**glorious** ['glɔːriəs] *adj* strålende
**glory** ['glɔːri] *n* ære *c*, berømmelse *m*; ros *m*, heder *m*
**gloss** [glɔs] *n* glans *m*
**glossy** ['glɔsi] *adj* blank
**glove** [glʌv] *n* hanske *m*
**glow** [glou] *v* gløde; *n* glød *m*
**glue** [gluː] *n* lim *nt*
***go** [gou] *v* *gå; reise; ~ **ahead** *fortsette; ~ **away** reise bort; ~ **back** vende tilbake; ~ **home** *gå hjem; ~ **in** *gå inn; ~ **on** *fortsette, *gå videre; ~ **out**

*gå ut; ~ **through** *gjennomgå, *gå igjennom
**goal** [goul] *n* mål *nt*
**goalkeeper** ['goul,ki:pə] *n* målmann *m*
**goat** [gout] *n* geit *c*
**god** [gɔd] *n* gud *m*
**goddess** ['gɔdis] *n* gudinne *c*
**godmother** ['gɔd,mʌðə] *n* gudmor *c*; fadder *m*
**godfather** ['gɔd,fa:ðə] *n* gudfar *m*; fadder *m*
**goggles** ['gɔgəlz] *pl* dykkerbriller *pl*, snøbriller *pl*
**gold** [gould] *n* gull *nt*; ~ **leaf** bladgull *nt*
**golden** ['gouldən] *adj* gyllen
**goldsmith** ['gouldsmiθ] *n* gullsmed *m*
**golf** [gɔlf] *n* golf *m*; ~ **course** golfbane *m*; ~ **links** golfbane *m*
**golfclub** ['gɔlfklʌb] *n* golfkølle *c*; golfklubb *m*
**gondola** ['gɔndələ] *n* gondol *m*
**gone** [gɔn] *adv* (pp go) borte
**good** [gud] *adj* bra, god; snill
**goodbye** [,gud'bai] adjø
**good-humo(u)red** [,gud'hju:məd] *adj* godlynt
**good-looking** [,gud'lukiŋ] *adj* pen
**good-natured** [,gud'neitʃəd] *adj* godmodig
**goods** [gudz] *pl* varer *pl*; ~ **train** godstog *nt*
**good-tempered** [,gud'tempəd] *adj* godmodig
**goodwill** [,gud'wil] *n* godvilje *m*
**goose** [gu:s] *n* (pl geese) gås *c*; ~ **flesh** gåsehud *c*
**gooseberry** ['guzbəri] *n* stikkelsbær *nt*
**gorge** [gɔ:dʒ] *n* kløft *c*; *v* proppe seg
**gorgeous** ['gɔ:dʒəs] *adj* praktfull
**gospel** ['gɔspəl] *n* evangelium *nt*
**gossip** ['gɔsip] *n* sladder *m*; *v* sladre
**got** [gɔt] *v* (p, pp get)
**gout** [gaut] *n* gikt *c*
**govern** ['gʌvən] *v* regjere
**government** ['gʌvənmənt] *n* styre *nt*, regjering *c*
**governor** ['gʌvənə] *n* guvernør *m*
**gown** [gaun] *n* kjole *m*
**GPS** ['dʒi:pi:'es], **global positioning system** *n* GPS *nt*, globalt posisjonsystem *nt*
**grace** [greis] *n* ynde *m*; nåde *m*
**graceful** ['greisfəl] *adj* yndig, grasiøs
**grade** [greid] *n* grad *m*; klasse *c*, *v* klassifisere; gradere
**gradient** ['greidiənt] *n* helling *c*

**gradual** ['grædʒuəl] *adj* gradvis
**graduate** ['grædʒueit] *v* *ta avsluttende eksamen
**grain** [grein] *n* korn *nt*
**gram** [græm] *n* gram *nt*
**grammar** ['græmə] *n* grammatikk *m*; ~ **book** grammatikk *m*
**grammatical** [grə'mætikəl] *adj* grammatisk
**grand** [grænd] *adj* storartet
**grandchild** ['græn,tʃaild] *n* barnebarn *nt*
**granddad** ['grændæd], **grandfather** ['græn,fɑːðə] *n* farfar *m*; morfar *m*; bestefar *m*
**grandma** ['grænmɑ], **grandmother** ['græn,mʌðə] *n* farmor *c*; mormor *c*; bestemor *c*
**grandparents** ['græn,pɛərənts] *pl* besteforeldre *pl*
**granite** ['grænit] *n* granitt *m*
**grant** [grɑːnt] *v* bevilge; innvilge; *n* stipend *nt*, tilskudd *nt*
**grapefruit** ['greipfruːt] *n* grapefrukt *c*
**grapes** [greips] *pl* druer *pl*
**graph** [græf] *n* diagram *nt*
**graphic** ['græfik] *adj* grafisk
**grasp** [grɑːsp] *v* *gripe; *n* grep *nt*
**grass** [grɑːs] *n* gress *nt*
**grasshopper** ['grɑːs,hɔpə] *n* gresshoppe *c*
**grate** [greit] *n* rist *c*; *v* raspe
**grateful** ['greitfəl] *adj* takknemlig
**grater** ['greitə] *n* rivjern *nt*; rasp *c*
**gratis** ['grætis] *adj* gratis
**gratitude** ['grætitjuːd] *n* takknemlighet *c*
**gratuity** [grə'tjuːəti] *n* drikkepenger *pl*
**grave** [greiv] *n* grav *c*; *adj* alvorlig
**gravel** ['grævəl] *n* grus *m*
**gravestone** ['greivstoun] *n* gravstein *m*
**graveyard** ['greivjɑːd] *n* kirkegård *m*
**gravity** ['grævəti] *n* tyngdekraft *c*; alvor *nt*
**gravy** ['greivi] *n* saus *m*
**graze** [greiz] *v* beite; *n* skrubbsår *nt*
**grease** [griːs] *n* fett *nt*; *v* *smøre
**greasy** ['griːsi] *adj* fettet
**great** [greit] *adj* stor; **Great Britain** Storbritannia
**Greece** [griːs] Hellas
**greed** [griːd] *n* griskhet *c*
**greedy** ['griːdi] *adj* grisk; grådig
**Greek** [griːk] *adj* gresk; *n* greker *m*
**green** [griːn] *adj* grønn; ~ **card** grønt kort
**greengrocer** ['griːn,grousə] *n* grønnsakhandler *m*
**greenhouse** ['griːnhaus] *n* drivhus *nt*
**greens** [griːnz] *pl* grønnsaker *pl*

**greet** [griːt] *v* hilse
**greeting** ['griːtiŋ] *n* hilsen *m*
**grey** [grei] *adj* grå
**greyhound** ['greihaund] *n* mynde *m*
**grief** [griːf] *n* sorg *c*; smerte *m*
**grieve** [griːv] *v* sørge
**grill** [gril] *n* grill *m*; *v* grille
**grim** [grim] *adj* grusom, skrekkelig
**grin** [grin] *v* glise, smile bredt; *n* glis *nt*
***grind** [graind] *v* male; finmale
**grip** [grip] *v* *gripe; *n* grep *nt*, tak *nt*
**grit** [grit] *n* grus *m*; fasthet *c*
**groan** [groun] *v* stønne
**grocer** ['grousə] *n* matvarehandler *m*; **grocer's** matvareforretning *c*
**groceries** ['grousəriz] *pl* matvarer *pl*
**groin** [grɔin] *n* lyske *m*
**groom** [gruːm] *n* hestepleier *m*, stallkar *m*; brudgom *m*; *v* pleie
**groove** [gruːv] *n* fure *m*
**gross** [grous] *adj* grov; brutto
**grotto** ['grɔtou] *n* (pl ~es, ~s) grotte *c*
**ground**[1] [graund] *n* jord *c*, grunn *m*; ~ **floor** første etasje; **grounds** tomt *m*
**ground**[2] [graund] *v* (p, pp grind)
**group** [gruːp] *n* gruppe *c*
**grouse** [graus] *n* (pl ~) rype *c*
**grove** [grouv] *n* lund *m*
***grow** [grou] *v* vokse; dyrke; *bli
**growl** [graul] *v* brumme
**grown-up** ['grounʌp] *adj* voksen; *n* voksen *m*
**growth** [grouθ] *n* vekst *m*; svulst *m*
**grudge** [grʌdʒ] *v* misunne
**grumble** ['grʌmbəl] *v* knurre, klage
**guarantee** [ˌgærən'tiː] *n* garanti *m*; kausjon *m*; *v* garantere
**guard** [gɑːd] *n* vakt *c*; *v* bevokte
**guardian** ['gɑːdiən] *n* formynder *m*
**guess** [ges] *v* gjette; *anta; *n* formodning *m*
**guest** [gest] *n* gjest *m*; ~ **room** gjesteværelse *nt*
**guesthouse** ['gesthaus] *n* pensjonat *nt*
**guide** [gaid] *n* guide *m*; *v* vise vei
**guidebook** ['gaidbuk] *n* reisehåndbok *c*
**guide dog** ['gaiddɔg] *n* førerhund *m*
**guideline** ['gaidlain] *n* retningslinje *c*
**guilt** [gilt] *n* skyld *c*
**guilty** ['gilti] *adj* skyldig
**guinea pig** ['ginipig] *n* marsvin *nt*; forsøksdyr *nt*
**guitar** [gi'tɑː] *n* gitar *m*

**gulf** [gʌlf] *n* golf *m*; vik *c*
**gull** [gʌl] *n* måke *c*
**gum** [gʌm] *n* tannkjøtt *nt*; gummi *m*; lim *nt*
**gun** [gʌn] *n* revolver *m*, gevær *nt*; kanon *m*
**gunpowder** ['gʌn,paudə] *n* krutt *nt*
**gust** [gʌst] *n* vindkast *nt*
**gusty** ['gʌsti] *adj* blåsende
**gut** [gʌt] *n* tarm *m*; **guts** vågemot *nt*
**gutter** ['gʌtə] *n* rennestein *m*
**guy** [gai] *n* kar *m*
**gymnasium** [dʒim'neiziəm] *n* (pl ~s, -sia) gymnastikksal *m*
**gymnast** ['dʒimnæst] *n* turner *m*
**gymnastics** [dʒim'næstiks] *pl* gymnastikk *m*
**gynaecologist** [,gainə'kɔlədʒist] *n* kvinnelege *m*, gynekolog *m*

# H

**habit** ['hæbit] *n* vane *m*
**habitable** ['hæbitəbəl] *adj* beboelig
**habitual** [hə'bitʃuəl] *adj* vanemessig
**had** [hæd] *v* (p, pp have)
**haddock** ['hædək] *n* (pl ~) kolje *c*
**h(a)emorrhage** ['hemərídʒ] *n* blødning *m*
**haemorrhoids** ['hemərɔidz] *pl* hemorroider *pl*
**hail** [heil] *n* hagl *nt*
**hair** [hɛə] *n* hår *nt*; ~ **gel** hårgelé
**hairbrush** ['hɛəbrʌʃ] *n* hårbørste *m*
**haircut** ['hɛəkʌt] *n* hårklipp *m*
**hairdo** ['hɛədu:] *n* frisyre *m*
**hairdresser** ['hɛə,dresə] *n* frisør *m*
**hairdrier, hairdryer** ['hɛədraiə] *n* hårtørrer *m*
**hairpin** ['hɛəpin] *n* hårspenne *c*
**hair spray** ['hɛəsprei] *n* hårlakk *m*
**hairy** ['hɛəri] *adj* håret
**half**[1] [hɑ:f] *adj* halv
**half**[2] [hɑ:f] *n* (pl halves) halvdel *m*
**half time** [,hɑ:f'taim] *n* halvtid *c*
**halfway** [,hɑ:f'wei] *adv* halvveis
**halibut** ['hælibət] *n* (pl ~) kveite *c*
**hall** [hɔ:l] *n* vestibyle *m*; sal *m*
**halt** [hɔ:lt] *v* stanse
**halve** [hɑ:v] *v* halvere
**ham** [hæm] *n* skinke *c*
**hamlet** ['hæmlət] *n* liten landsby
**hammer** ['hæmə] *n* hammer

*m*
**hammock** ['hæmək] *n* hengekøye *c*
**hamper** ['hæmpə] *n* kurv *m*
**hand** [hænd] *n* hånd *c*; *v* *overrekke; ~ **cream** håndkrem *m*
**handbag** ['hændbæg] *n* håndveske *c*
**handbook** ['hændbuk] *n* håndbok *c*
**handbrake** ['hændbreik] *n* håndbrems *m*
**handcuffs** ['hændkʌfs] *pl* håndjern *pl*
**handful** ['hændful] *n* håndfull *m*
**handheld** ['hand,held] *adj* håndholdt
**handicraft** ['hændikrɑ:ft] *n* håndverk *nt*; kunsthåndverk *nt*
**handicap** ['hændikæp] *n* handikap *nt*; funksjonshemming *c*
**handkerchief** ['hæŋkətʃif] *n* lommetørkle *nt*
**handle** ['hændəl] *n* skaft *nt*, håndtak *nt*; *v* håndtere; behandle
**hand-made** [,hænd'meid] *adj* håndlaget
**handshake** ['hændʃeik] *n* håndtrykk *nt*
**handsome** ['hænsəm] *adj* pen
**handwork** ['hændwə:k] *n* håndarbeid *nt*
**handwriting** ['hænd,raitiŋ] *n* håndskrift *c*
**handy** ['hændi] *adj* hendig
***hang** [hæŋ] *v* *henge
**hanger** ['hæŋə] *n* henger *m*
**hangover** ['hæŋ,ouvə] *n* bakrus *m*, tømmermenn *pl*
**happen** ['hæpən] *v* hende, skje
**happening** ['hæpəniŋ] *n* hendelse *m*, begivenhet *c*
**happiness** ['hæpinəs] *n* lykke *c*
**happy** ['hæpi] *adj* lykkelig, glad
**harbour** ['hɑ:bə] *n* havn *c*
**hard** [hɑ:d] *adj* hard; vanskelig; ~ **disk** harddisk;
**hardly** neppe
**hardware** ['hɑ:dwεə] *n* jernvarer *pl*; ~ **store** jernvarehandel *m*
**hare** [hεə] *n* hare *m*
**harm** [hɑ:m] *n* skade *m*; fortred *m*; *v* skade
**harmful** ['hɑ:mfəl] *adj* skadelig
**harmless** ['hɑ:mləs] *adj* uskadelig; harmløs
**harmony** ['hɑ:məni] *n* harmoni *m*
**harp** [hɑ:p] *n* harpe *c*
**harpsichord** ['hɑ:psikɔ:d] *n* cembalo *m*
**harsh** [hɑ:ʃ] *adj* streng; grusom
**harvest** ['hɑ:vist] *n* avling *c*
**has** [hæz] *v* (pr have)
**haste** [heist] *n* hast *m*
**hasten** ['heisən] *v* skynde seg
**hasty** ['heisti] *adj* hurtig;

forhastet
**hat** [hæt] *n* hatt *m*
**hatch** [hætʃ] *n* luke *c*; *v* ruge ut
**hate** [heit] *v* avsky; hate; *n* hat *nt*
**hatred** ['heitrid] *n* hat *nt*
**haughty** ['hɔːti] *adj* hovmodig
**haul** [hɔːl] *v* slepe
***have** [hæv] *v* *ha; *få; **~ to** *måtte
**hawk** [hɔːk] *n* hauk *m*; falk *m*
**hay** [hei] *n* høy *nt*; **~ fever** høysnue *m*
**hazard** ['hæzəd] *n* risiko *m*
**haze** [heiz] *n* dis *m*
**hazelnut** ['heizəlnʌt] *n* hasselnøtt *c*
**hazy** ['heizi] *adj* disig
**he** [hiː] *pron* han
**head** [hed] *n* hode *nt*; *v* lede; **~ of state** statsoverhode *nt*; **~ teacher** overlærer *m*; **~ waiter** hovmester *m*
**headache** ['hedeik] *n* hodepine *c*
**heading** ['hediŋ] *n* overskrift *c*
**headlamp** ['hedlæmp] *n* frontlys *nt*
**headlight** ['hedlait] *n* frontlys *nt*
**headline** ['hedlain] *n* overskrift *c*
**headmaster** [ˌhed'mɑːstə] *n* overlærer *m*; rektor *m*
**headquarters** [ˌhed'kwɔːtəz] *pl* hovedkvarter *nt*
**headrest** ['hedrest] *n* nakkestøtte *c*
**head-strong** ['hedstrɔŋ] *adj* sta
**heal** [hiːl] *v* hele, lege
**health** [helθ] *n* helse *c*; **~ certificate** helseattest *m*
**healthy** ['helθi] *adj* sunn
**heap** [hiːp] *n* hop *m*, haug *m*
***hear** [hiə] *v* høre
**hearing** ['hiəriŋ] *n* hørsel *m*
**heart** [hɑːt] *n* hjerte *nt*; kjerne *m*; **by ~** utenat; **~ attack** hjerteanfall *nt*
**heartburn** ['hɑːtbəːn] *n* halsbrann *m*
**hearth** [hɑːθ] *n* ildsted *nt*
**heartless** ['hɑːtləs] *adj* hjerteløs
**hearty** ['hɑːti] *adj* hjertelig
**heat** [hiːt] *n* hete *m*, varme *m*; *v* varme opp; **heating pad** varmepute *c*
**heater** ['hiːtə] *n* varmeovn *m*
**heath** [hiːθ] *n* hei *c*
**heathen** ['hiːðən] *n* hedning *m*; *adj* hedensk
**heather** ['heðə] *n* lyng *m*
**heating** ['hiːtiŋ] *n* fyring *c*
**heaven** ['hevən] *n* himmel *m*
**heavy** ['hevi] *adj* tung
**Hebrew** ['hiːbruː] *n* hebraisk *nt*
**hedge** [hedʒ] *n* hekk *m*
**hedgehog** ['hedʒhɔg] *n* pinnsvin *nt*

**heel** [hiːl] *n* hæl *m*
**height** [hait] *n* høyde *m*; høydepunkt *nt*
**heir** [ɛə] *n* arving *m*
**heiress** [ɛəres] *n* kvinnelig arving *m*
**helicopter** ['helikʌptə] *n* helikopter *nt*
**hell** [hel] *n* helvete *nt*
**hello!** [he'lou] hei!, hallo!; **say hello to** hilse på
**helm** [helm] *n* ror *nt*
**helmet** ['helmit] *n* hjelm *m*
**helmsman** ['helmzmən] *n* rormann *m*
**help** [help] *v* *hjelpe; *n* hjelp *c*
**helper** ['helpə] *n* hjelper *m*
**helpful** ['helpfəl] *adj* hjelpsom
**helping** ['helpiŋ] *n* porsjon *m*
**hem** [hem] *n* fald *m*, søm *m*
**hemp** [hemp] *n* hamp *m*
**hen** [hen] *n* høne *c*
**her** [həː] *pron* henne; hennes
**herb** [həːb] *n* urt *c*
**herd** [həːd] *n* flokk *m*; bøling *m*
**here** [hiə] *adv* her; **~ you are!** vær så god!
**hereditary** [hi'reditəri] *adj* arvelig
**hernia** ['həːniə] *n* brokk *m* / *nt*
**hero** ['hiərou] *n* (pl ~es) helt *m*
**heron** ['herən] *n* hegre *m*
**herring** ['heriŋ] *n* (pl ~, ~s) sild *c*
**herself** [həː'self] *pron* seg; selv
**hesitate** ['heziteit] *v* nøle
**heterosexual** [ˌhetərə'sekʃuəl] *adj* heteroseksuell
**hiccup** ['hikʌp] *n* hikke *m*
**hide** [haid] *n* skinn *nt*
***hide** [haid] *v* gjemme; skjule
**hideous** ['hidiəs] *adj* avskyelig
**hierarchy** ['haiərɑːki] *n* hierarki *nt*
**high** [hai] *adj* høy
**highway** ['haiwei] *n* riksvei *m*; motorvei *m*
**hijack** ['haidʒæk] *v* kapre
**hijacker** ['haidʒækə] *n* kaprer *m*
**hike** [haik] *v* *gå fottur
**hill** [hil] *n* bakke *m*
**hillside** ['hilsaid] *n* li *c*; bakke *m*
**hilltop** ['hiltɔp] *n* bakketopp *m*
**hilly** ['hili] *adj* kupert
**him** [him] *pron* han, ham
**himself** [him'self] *pron* seg; selv
**hinder** ['hində] *v* hindre
**hinge** [hindʒ] *n* hengsel *nt*
**hint** [hint] *n* hint; antydning
**hip** [hip] *n* hofte *c*
**hip-hop** ['hipˌhɔp] *n* hiphop *c*
**hire** [haiə] *v* leie; **for ~** til leie
**hire purchase**

[ˌhaiəˈpəːtʃəs] *n* avbetalingskjøp *nt*
**his** [hiz] *adj* hans
**historian** [hiˈstɔːriən] *n* historiker *m*
**historic** [hiˈstɔrik] *adj* historisk
**historical** [hiˈstɔrikəl] *adj* historisk
**history** [ˈhistəri] *n* historie *c*
**hit** [hit] *n* suksess *m*; slag *nt*; treff *nt*
***hit** [hit] *v* *slå; ramme, *treffe
**hitchhike** [ˈhitʃhaik] *v* haike
**hitchhiker** [ˈhitʃˌhaikə] *n* haiker *m*
**hoarse** [hɔːs] *adj* hes
**hobby** [ˈhɔbi] *n* hobby *m*
**hobbyhorse** [ˈhɔbihɔːs] *n* kjepphest *m*
**hockey** [ˈhɔki] *n* hockey *m*
**hoist** [hɔist] *v* heise
**hold** [hould] *n* lasterom *nt*
***hold** [hould] *v* *holde, *holde på; *beholde; **~ on** *holde seg fast; **~ up** *holde oppe, støtte
**hold-up** [ˈhouldʌp] *n* overfall *nt*
**hole** [houl] *n* hull *nt*
**holiday** [ˈhɔlədi] *n* ferie *m*; helligdag *m*; **~ camp** ferieleir *m*; **~ resort** feriested *nt*; **on ~** på ferie
**Holland** [ˈhɔlənd] Holland
**hollow** [ˈhɔlou] *adj* hul
**holy** [ˈhouli] *adj* hellig
**homage** [ˈhɔmidʒ] *n* hyllest *m*
**home** [houm] *n* hjem *nt*; pleiehjem *nt*; *adv* hjemover, hjemme; **at ~** hjemme
**homework** [ˈhoumwəːk] *n* hjemmelekser *pl*, lekser *pl*
**home-made** [ˌhoumˈmeid] *adj* hjemmelaget
**homesickness** [ˈhoumˌsiknəs] *n* hjemlengsel *m*
**homosexual** [ˌhouməˈsekʃuəl] *adj* homoseksuell; homofil
**honest** [ˈɔnist] *adj* ærlig; oppriktig
**honesty** [ˈɔnisti] *n* ærlighet *c*
**honey** [ˈhʌni] *n* honning *m*
**honeymoon** [ˈhʌnimuːn] *n* hvetebrødsdager *pl*, bryllupsreise *c*
**honk** [hʌŋk] *vAm* tute
**honour** [ˈɔnə] *n* ære *c*; *v* hedre, ære
**honourable** [ˈɔnərəbəl] *adj* ærefull, hederlig; rettskaffen
**hood** [hud] *n* hette *c*; motorpanser *nt*
**hoof** [huːf] *n* hov *m*
**hook** [huk] *n* krok *m*
**hoot** [huːt] *v* tute
**hooter** [ˈhuːtə] *n* bilhorn *nt*
**hop**[1] [hɔp] *v* hoppe; *n* hopp *nt*
**hop**[2] [hɔp] *n* humle *m*
**hope** [houp] *n* håp *nt*; *v* håpe
**hopeful** [ˈhoupfəl] *adj*

håpefull
**hopeless** ['houpləs] *adj* håpløs
**horizon** [hə'raizən] *n* horisont *m*
**horizontal** [ˌhɔri'zɔntəl] *adj* horisontal
**horn** [hɔːn] *n* horn *nt*; signalhorn *nt*
**horrible** ['hɔribəl] *adj* redselsfull; grusom, avskyelig, skrekkelig
**horror** ['hɔrə] *n* gru *m*, redsel *m*
**hors d'œuvre** [ɔː'dəːvr] *n* forrett *m*
**horse** [hɔːs] *n* hest *m*
**horseman** ['hɔːsmən] *n* (pl -men) rytter *m*
**horsepower** ['hɔːsˌpauə] *n* hestekraft *c*
**horserace** ['hɔːsreis] *n* hesteveddeløp *nt*
**horseradish** ['hɔːsˌrædiʃ] *n* pepperrot *c*
**horseshoe** ['hɔːsʃuː] *n* hestesko *m*
**hospitable** ['hɔspitəbəl] *adj* gjestfri
**hospital** ['hɔspitəl] *n* sykehus *nt*, hospital *nt*
**hospitality** [ˌhɔspi'tæləti] *n* gjestfrihet *c*
**host** [houst] *n* vert *m*
**hostage** ['hɔstidʒ] *n* gissel *nt*
**hostess** ['houstis] *n* vertinne *c*
**hostile** ['hɔstail] *adj* fiendtlig
**hot** [hɔt] *adj* het, varm
**hotel** [hou'tel] *n* hotell *nt*
**hotspot** ['hɔtˌspɔt] *n* (*internet*) trådløs sone *c*
**hot-tempered** [ˌhɔt'tempəd] *adj* hissig
**hour** [auə] *n* time *m*
**hourly** ['auəli] *adj* hver time
**house** [haus] *n* hus *nt*; bolig *m*; ~ **agent** eiendomsmegler *m*; ~ **block** *Am* kvartal *nt*; **public** ~ vertshus *nt*
**houseboat** ['hausbout] *n* husbåt *m*
**household** ['haushould] *n* husstand *m*
**housekeeper** ['hausˌkiːpə] *n* husholderske *c*
**housekeeping** ['hausˌkiːpiŋ] *n* husholdning *m*
**housemaid** ['hausmeid] *n* hushjelp *c*
**housewife** ['hauswaif] *n* husmor *c*
**housework** ['hauswəːk] *n* husarbeid *nt*
**how** [hau] *adv* hvordan; hvor; ~ **many** hvor mange; ~ **much** hvor mye
**however** [hau'evə] *conj* likevel
**hug** [hʌg] *v* omfavne; klemme; *n* klem *m*
**huge** [hjuːdʒ] *adj* svær, veldig, enorm
**hum** [hʌm] *v* nynne
**human** ['hjuːmən] *adj* menneskelig; ~ **being**

menneske *nt*
**humanity** [hju'mænəti] *n* menneskehet *c*
**humble** ['hʌmbəl] *adj* ydmyk
**humid** ['hju:mid] *adj* fuktig
**humidity** [hju'midəti] *n* fuktighet *c*
**humorous** ['hju:mərəs] *adj* vittig, morsom, humoristisk
**humo(u)r** ['hju:mə] *n* humor *m*
**hundred** ['hʌndrəd] *n* hundre
**Hungarian** [hʌŋ'gɛəriən] *adj* ungarsk; *n* ungarer *m*
**Hungary** ['hʌŋgəri] Ungarn
**hunger** ['hʌŋgə] *n* sult *m*
**hungry** ['hʌŋgri] *adj* sulten
**hunt** [hʌnt] *v* jakte; *n* jakt *c*; ~ **for** lete etter
**hunter** ['hʌntə] *n* jeger *m*
**hurricane** ['hʌrikən] *n* orkan *m*; ~ **lamp** stormlykt *c*
**hurry** ['hʌri] *v* forte seg, skynde seg; *n* hastverk *nt*; **in a** ~ i full fart
***hurt** [hə:t] *v* *gjøre vondt, skade; såre
**hurtful** ['hə:tfəl] *adj* skadelig
**husband** ['hʌzbənd] *n* ektemann *m*; mann *m*
**hut** [hʌt] *n* hytte *c*
**hygiene** ['haidʒi:n] *n* hygiene *m*
**hygienic** [hai'dʒi:nik] *adj* hygienisk
**hymn** [him] *n* hymne *m*, salme *m*
**hyphen** ['haifən] *n* bindestrek *m*
**hypocrisy** [hi'pɔkrəsi] *n* hykleri *nt*
**hypocrite** ['hipəkrit] *n* hykler *m*
**hypocritical** [ˌhipə'kritikəl] *adj* hyklersk, skinnhellig
**hysterical** [hi'sterikəl] *adj* hysterisk

# I

**I** [ai] *pron* jeg
**ice** [ais] *n* is *m*; ~ **cream** iskrem *m*
**Iceland** ['aislənd] Island
**Icelander** ['aisləndə] *n* islending *m*
**Icelandic** [ais'lændik] *adj* islandsk
**icon** ['aikɔn] *n* ikon *m* / *nt*
**ID** [ai'di:] *n* identitetskort *nt*
**idea** [ai'diə] *n* idé *m*; tanke *m*, innfall *nt*; begrep *nt*, forestilling *c*
**ideal** [ai'diəl] *adj* ideell; *n* ideal *nt*
**identical** [ai'dentikəl] *adj* identisk
**identification** [aiˌdentifi'keiʃən] *n* identifisering *c*

**identify** [ai'dentifai] *v* identifisere
**identity** [ai'dentəti] *n* identitet *m*; ~ **card** identitetskort *nt*
**idiom** ['idiəm] *n* idiom *nt*
**idiomatic** [ˌidiə'mætik] *adj* idiomatisk
**idiot** ['idiət] *n* idiot *m*
**idiotic** [ˌidi'ɔtik] *adj* idiotisk
**idle** ['aidəl] *adj* uvirksom; lat; nytteløs
**idol** ['aidəl] *n* avgud *m*; idol *nt*
**if** [if] *conj* hvis; om
**ignition** [ig'niʃən] *n* tenning *c*; ~ **coil** tennspole *m*
**ignorant** ['ignərənt] *adj* uvitende
**ignore** [ig'nɔː] *v* ignorere
**ill** [il] *adj* syk; dårlig
**illegal** [i'liːgəl] *adj* illegal, ulovlig
**illegible** [i'ledʒəbəl] *adj* uleselig
**illiterate** [i'litərət] *n* analfabet *m*
**illness** ['ilnəs] *n* sykdom *m*
**illuminate** [i'luːmineit] *v* opplyse, belyse
**illumination** [iˌluːmi'neiʃən] *n* belysning *m*
**illusion** [i'luːʒən] *n* illusjon *m*; fantasifoster *nt*
**illustrate** ['iləstreit] *v* illustrere
**illustration** [ˌilə'streiʃən] *n* illustrasjon *m*
**image** ['imidʒ] *n* bilde *nt*
**imaginary** [i'mædʒinəri] *adj* innbilt
**imagination** [iˌmædʒi'neiʃən] *n* fantasi *m*
**imagine** [i'mædʒin] *v* forestille seg; innbille seg; tenke seg
**imitate** ['imiteit] *v* imitere, etterligne
**imitation** [ˌimi'teiʃən] *n* imitasjon *m*, etterligning *c*
**immediate** [i'miːdjət] *adj* øyeblikkelig
**immediately** [i'miːdjətli] *adv* straks, øyeblikkelig, umiddelbart
**immense** [i'mens] *adj* enorm, veldig, umåtelig
**immigrant** ['imigrənt] *n* innvandrer *m*
**immigrate** ['imigreit] *v* immigrere
**immigration** [ˌimi'greiʃən] *n* immigrasjon *m*
**immodest** [i'mɔdist] *adj* ubeskjeden
**immunity** [i'mjuːnəti] *n* immunitet *m*
**immunize** ['imjunaiz] *v* *gjøre immun
**impartial** [im'pɑːʃəl] *adj* upartisk
**impassable** [im'pɑːsəbəl] *adj* ufremkommelig
**impatient** [im'peiʃənt] *adj* utålmodig
**impede** [im'piːd] *v* hindre, sinke
**impediment** [im'pedimənt] *n* hindring *c*

**imperfect** [im'pəːfikt] *adj* ufullkommen
**imperial** [im'piəriəl] *adj* keiserlig; riks-
**impersonal** [im'pəːsənəl] *adj* upersonlig
**impertinence** [im'pəːtinəns] *n* frekkhet *c*
**impertinent** [im'pəːtinənt] *adj* uforskammet, nesevis
**implement**[1] ['implimənt] *n* verktøy *nt*
**implement**[2] ['impliment] *v* iverksette, implementere
**imply** [im'plai] *v* antyde; *innebære
**impolite** [ˌimpə'lait] *adj* uhøflig
**import**[1] [im'pɔːt] *v* importere, innføre
**import**[2] ['impɔːt] *n* innførsel *m*, importvarer *pl*, import *m*; ~ **duty** importavgift *c*
**importance** [im'pɔːtəns] *n* viktighet *c*, betydning *m*
**important** [im'pɔːtənt] *adj* betydningsfull, viktig
**importer** [im'pɔːtə] *n* importør *m*
**imposing** [im'pouziŋ] *adj* imponerende
**impossible** [im'pɔsəbəl] *adj* umulig
**impotence** ['impətəns] *n* impotens *m*
**impotent** ['impətənt] *adj* impotent; avmektig
**impress** [im'pres] *v* *gjøre inntrykk på, imponere
**impression** [im'preʃən] *n* inntrykk *nt*
**impressive** [im'presiv] *adj* imponerende
**imprison** [im'prizən] *v* fengsle
**imprisonment** [im'prizənmənt] *n* fangenskap *nt*
**improbable** [im'prɔbəbəl] *adj* usannsynlig
**improper** [im'prɔpə] *adj* upassende
**improve** [im'pruːv] *v* forbedre
**improvement** [im'pruːvmənt] *n* forbedring *c*
**improvise** ['imprəvaiz] *v* improvisere
**impudent** ['impjudənt] *adj* uforskammet
**impulse** ['impʌls] *n* impuls *m*; innskytelse *m*
**impulsive** [im'pʌlsiv] *adj* impulsiv
**in** [in] *prep* i; om; *adv* inn
**inaccessible** [iˌnæk'sesəbəl] *adj* utilgjengelig
**inaccurate** [i'nækjurət] *adj* unøyaktig
**inadequate** [i'nædikwət] *adj* utilstrekkelig
**incapable** [iŋ'keipəbəl] *adj* udugelig
**incense** ['insens] *n* røkelse *m*
**inch** ['intʃ] *n* tomme *m* (2,54 cm)
**incident** ['insidənt] *n*

hendelse *m*
**incidental** [ˌinsi'dentəl] *adj* tilfeldig
**incite** [in'sait] *v* anspore, egge
**inclination** [ˌiŋkli'neiʃən] *n* tilbøyelighet *c*
**incline** [iŋ'klain] *n* skråning *m*
**inclined** [iŋ'klaind] *adj* tilbøyelig
**include** [iŋ'klu:d] *v* innbefatte, omfatte; **included** inkludert
**inclusive** [iŋ'klu:siv] *adj* inklusive
**income** ['iŋkəm] *n* inntekt *c*; **~ tax** inntektsskatt *m*
**incompetent** [iŋ'kɔmpətənt] *adj* inkompetent; udugelig
**incomplete** [ˌinkəm'pli:t] *adj* ufullstendig
**inconceivable** [ˌiŋkən'si:vəbəl] *adj* utenkelig
**inconspicuous** [ˌiŋkən'spikjuəs] *adj* uanselig
**inconvenience** [ˌiŋkən'vi:njəns] *n* ubeleilighet *c*, besvær *nt*
**inconvenient** [ˌiŋkən'vi:njənt] *adj* ubeleilig; besværlig
**incorrect** [ˌiŋkə'rekt] *adj* uriktig, feil
**increase**[1] [iŋ'kri:s] *v* øke; forsterke, *tilta
**increase**[2] ['iŋkri:s] *n* vekst *m*; stigning *m*
**incredible** [iŋ'kredəbəl] *adj* utrolig
**incurable** [iŋ'kjuərəbəl] *adj* uhelbredelig
**indecent** [in'di:sənt] *adj* uanstendig
**indeed** [in'di:d] *adv* virkelig
**indefinite** [in'definit] *adj* ubestemt; uklar
**indemnity** [in'demnəti] *n* skadeserstatning *m*; erstatning *m*
**independence** [ˌindi'pendəns] *n* uavhengighet *c*
**independent** [ˌindi'pendənt] *adj* uavhengig; selvstendig
**index** ['indeks] *n* fortegnelse *m*, register *nt*; **~ finger** pekefinger *m*
**India** ['indiə] India
**Indian** ['indiən] *adj* indisk; indiansk; *n* inder *m*; indianer *m*
**indicate** ['indikeit] *v* antyde, anvise, *angi
**indication** [ˌindi'keiʃən] *n* tegn *nt*
**indicator** ['indikeitə] *n* blinklys *nt*
**indifferent** [in'difərənt] *adj* likegyldig
**indigestion** [ˌindi'dʒestʃən] *n* dårlig fordøyelse
**indignation** [ˌindig'neiʃən] *n* forargelse *m*
**indirect** [ˌindi'rekt] *adj* indirekte

**individual** [ˌindi'vidʒuəl] *adj* individuell, enkelt; *n* enkeltperson *m*, individ *nt*
**Indonesia** [ˌində'niːziə] Indonesia
**Indonesian** [ˌində'niːziən] *adj* indonesisk; *n* indonesier *m*
**indoor** ['indɔː] *adj* innendørs
**indoors** [ˌin'dɔːz] *adv* inne
**indulge** [in'dʌldʒ] *v* *gi etter; *hengi seg til
**industrial** [in'dʌstriəl] *adj* industriell; ~ **area** industriområde *nt*
**industrious** [in'dʌstriəs] *adj* flittig
**industry** ['indəstri] *n* industri *m*; næring *c*
**inedible** [i'nedibəl] *adj* uspiselig
**inefficient** [ˌini'fiʃənt] *adj* udugelig; ineffektiv
**inevitable** [i'nevitəbəl] *adj* uunngåelig
**inexpensive** [ˌinik'spensiv] *adj* billig
**inexperienced** [ˌinik'spiəriənst] *adj* uerfaren
**infant** ['infənt] *n* spedbarn *nt*
**infantry** ['infəntri] *n* infanteri *nt*
**infect** [in'fekt] *v* infisere, smitte
**infection** [in'fekʃən] *n* smitte *m*
**infectious** [in'fekʃəs] *adj* smittsom
**infer** [in'fəː] *v* utlede
**inferior** [in'fiəriə] *adj* dårligere, underlegen; mindreverdig; nedre
**infinite** ['infinət] *adj* uendelig
**infinitive** [in'finitiv] *n* infinitiv *m*
**inflammable** [in'flæməbəl] *adj* ildsfarlig
**inflammation** [ˌinflə'meiʃən] *n* betennelse *m*
**inflatable** [in'fleitəbəl] *adj* oppblåsbar
**inflate** [in'fleit] *v* blåse opp
**inflation** [in'fleiʃən] *n* inflasjon *m*
**inflict** [in'flikt] *v* tilføye
**influence** ['influəns] *n* innflytelse *m*; *v* påvirke
**influential** [ˌinflu'enʃəl] *adj* innflytelsesrik
**influenza** [ˌinflu'enzə] *n* influensa *m*
**inform** [in'fɔːm] *v* opplyse, informere; underrette, meddele
**informal** [in'fɔːməl] *adj* uformell
**information** [ˌinfə'meiʃən] *n* informasjon *m*; meddelelse *m*, opplysning *m*; ~ **bureau** informasjonskontor *nt*
**infra-red** [ˌinfrə'red] *adj* infrarød
**infrequent** [in'friːkwənt] *adj* sjelden

**ingredient** [iŋ'gri:diənt] *n* bestanddel *m*, ingrediens *m*
**inhabit** [in'hæbit] *v* bebo
**inhabitable** [in'hæbitəbəl] *adj* beboelig
**inhabitant** [in'hæbitənt] *n* innbygger *m*; beboer *m*
**inhale** [in'heil] *v* innånde
**inherit** [in'herit] *v* arve
**inheritance** [in'heritəns] *n* arv *m*
**inhibit** [in'hibit] *v* hemme; forhindre
**initial** [i'niʃəl] *adj* opprinnelig, begynnelses-; *n* forbokstav *m*; *v* merke med initialer
**initiate** [i'niʃieit] *v* innføre; *ta initiativet til
**initiative** [i'niʃətiv] *n* initiativ *nt*
**inject** [in'dʒekt] *v* innsprøyte
**injection** [in'dʒekʃən] *n* injeksjon *m*
**injure** ['indʒə] *v* skade, kveste; krenke
**injury** ['indʒəri] *n* skade *m*; krenkelse *m*
**injustice** [in'dʒʌstis] *n* urett *m*
**ink** [iŋk] *n* blekk *nt*
**inlet** ['inlet] *n* vik *c*
**inn** [in] *n* vertshus *nt*
**inner** ['inə] *adj* indre
**innkeeper** ['in,ki:pə] *n* vertshusholder *m*
**innocence** ['inəsəns] *n* uskyld *c*
**innocent** ['inəsənt] *adj* uskyldig
**inoculate** [i'nɔkjuleit] *v* vaksinere
**inoculation** [i,nɔkju'leiʃən] *n* vaksinasjon *m*
**inquire** [iŋ'kwaiə] *v* *forespørre, forhøre seg
**inquiry** [iŋ'kwaiəri] *n* forespørsel *m*; etterforskning *m*; ~ **office** informasjonskontor *nt*
**inquisitive** [iŋ'kwizətiv] *adj* nysgjerrig
**insane** [in'sein] *adj* sinnssyk
**inscription** [in'skripʃən] *n* inskripsjon *m*
**insect** ['insekt] *n* insekt *nt*; ~ **repellent** insektmiddel *nt*
**insecticide** [in'sektisaid] *n* insektmiddel *nt*
**insensitive** [in'sensətiv] *adj* ufølsom
**insert** [in'sə:t] *v* *sette inn, *innskyte
**inside** [,in'said] *n* innside *c*; *adj* indre; *adv* inne; inni; *prep* innen, innenfor; ~ **out** vrengt; **insides** innvoller *pl*
**insight** ['insait] *n* innsikt *m*
**insignificant** [,insig'nifikənt] *adj* ubetydelig; intetsigende, uanselig; uvesentlig
**insist** [in'sist] *v* insistere; *fastholde
**insolence** ['insələns] *n* uforskammethet *c*
**insolent** ['insələnt] *adj* uforskammet, frekk

**insomnia** [in'sɔmniə] *n* søvnløshet *c*
**inspect** [in'spekt] *v* inspisere
**inspection** [in'spekʃən] *n* inspeksjon *m*; kontroll *m*
**inspector** [in'spektə] *n* inspektør *m*
**inspire** [in'spaiə] *v* inspirere
**install** [in'stɔːl] *v* installere
**installation** [ˌinstə'leiʃən] *n* installasjon *m*
**instal(l)ment** [in'stɔːlmənt] *n* avdrag *nt*; **installment plan** *Am* avbetalingskjøp *nt*
**instance** ['instəns] *n* eksempel *nt*; tilfelle *nt*; **for ~** for eksempel
**instant** ['instənt] *n* øyeblikk *nt*
**instant message** ['instənt‿'mesədʒ] *n* lynmelding *c*
**instantly** ['instəntli] *adv* øyeblikkelig, straks, umiddelbart
**instead of** [in'sted ɔv] istedenfor
**instinct** ['instiŋkt] *n* instinkt *nt*
**institute** ['institjuːt] *n* institutt *nt*; forordning *m*; *v* opprette, stifte
**institution** [ˌinsti'tjuːʃən] *n* institusjon *m*, stiftelse *m*
**instruct** [in'strʌkt] *v* undervise
**instruction** [in'strʌkʃən] *n* undervisning *c*; veiledning *m*
**instructive** [in'strʌktiv] *adj* lærerik
**instructor** [in'strʌktə] *n* instruktør *m*
**instrument** ['instrumənt] *n* instrument *nt*; **musical ~** musikkinstrument *nt*
**insufficient** [ˌinsə'fiʃənt] *adj* utilstrekkelig
**insulate** ['insjuleit] *v* isolere
**insulation** [ˌinsju'leiʃən] *n* isolasjon *m*
**insulator** ['insjuleitə] *n* isolator *m*
**insult**[1] [in'sʌlt] *v* fornærme
**insult**[2] ['insʌlt] *n* fornærmelse *m*
**insurance** [in'ʃuərəns] *n* forsikring *c*; **~ policy** forsikringspolise *m*
**insure** [in'ʃuə] *v* forsikre
**intact** [in'tækt] *adj* intakt
**integrate** ['intəgreit] integrere; innlemme
**intellect** ['intəlekt] *n* intellekt *nt*, forstand *m*
**intellectual** [ˌintə'lektʃuəl] *adj* intellektuell
**intelligence** [in'telidʒəns] *n* intelligens *m*
**intelligent** [in'telidʒənt] *adj* intelligent
**intend** [in'tend] *v* *ha til hensikt
**intense** [in'tens] *adj* intens
**intention** [in'tenʃən] *n* hensikt *m*
**intentional** [in'tenʃənəl] *adj* tilsiktet

**intercourse** ['intəkɔːs] *n* omgang *m*
**interest** ['intrəst] *n* interesse *m*; rente *c*; *v* interessere
**interested** ['intristid] *adj* interessert
**interesting** ['intrəstiŋ] *adj* interessant
**interfere** [ˌintə'fiə] *v* *gripe inn; ~ **with** blande seg inn i
**interference** [ˌintə'fiərəns] *n* innblanding *c*
**interim** ['intərim] *n* mellomtid *c*; *adj* foreløpig
**interior** [in'tiəriə] *n* innside *c*
**interlude** ['intəluːd] *n* mellomspill *nt*
**intermediary** [ˌintə'miːdjəri] *n* mellommann *m*
**intermission** [ˌintə'miʃən] *n* pause *m*
**internal** [in'təːnəl] *adj* indre
**international** [ˌintə'næʃənəl] *adj* internasjonal
**Internet** [in'tənet] *n* Internett *nt*, nett *nt*
**interpret** [in'təːprit] *v* tolke
**interpreter** [in'təːpritə] *n* tolk *m*
**interrogate** [in'terəgeit] *v* forhøre
**interrogation** [inˌterə'geiʃən] *n* forhør *nt*
**interrupt** [ˌintə'rʌpt] *v* *avbryte
**interruption** [ˌintə'rʌpʃən] *n* avbrytelse *m*
**intersection** [ˌintə'sekʃən] *n* veikryss *nt*
**interval** ['intəvəl] *n* pause *m*; intervall *nt*
**intervene** [ˌintə'viːn] *v* *gripe inn
**interview** ['intəvjuː] *n* intervju *nt*
**intestine** [in'testin] *n* tarm *m*; **intestines** tarmer
**intimate** ['intimət] *adj* intim
**into** ['intu] *prep* inn i
**intolerable** [in'tɔlərəbəl] *adj* utålelig
**intoxicated** [in'tɔksikeitid] *adj* beruset
**intrigue** [in'triːg] *n* intrige *m*
**introduce** [ˌintrə'djuːs] *v* introdusere, presentere, innføre
**introduction** [ˌintrə'dʌkʃən] *n* presentasjon *m*; innledning *m*
**invade** [in'veid] *v* trenge inn
**invalid**[1] ['invəliːd] *n* funksjonshemmet *m*, ufør *m*; *adj* funksjonshemmet, ufør
**invalid**[2] [in'vælid] *adj* ugyldig
**invasion** [in'veiʒən] *n* invasjon *m*
**invent** [in'vent] *v* *oppfinne; oppdikte
**invention** [in'venʃən] *n* oppfinnelse *m*
**inventive** [in'ventiv] *adj* oppfinnsom

**inventor** [in'ventə] *n* oppfinner *m*
**inventory** ['invəntri] *n* inventar *nt*; inventarliste *c*
**invert** [in'və:t] *v* snu om
**invest** [in'vest] *v* investere
**investigate** [in'vestigeit] *v* etterforske
**investigation** [in,vesti'geiʃən] *n* undersøkelse *m*; etterforskning *m*
**investment** [in'vestmənt] *n* investering *c*; kapitalanbringelse *m*, pengeanbringelse *m*
**invisible** [in'vizəbəl] *adj* usynlig
**invitation** [,invi'teiʃən] *n* innbydelse *m*
**invite** [in'vait] *v* *innby, invitere
**invoice** ['invɔis] *n* faktura *m*
**involve** [in'vɔlv] *v* innblande
**inwards** ['inwədz] *adv* innover
**iodine** ['aiədi:n] *n* jod *m*
**Iran** [i'rɑ:n] Iran
**Iranian** [i'reiniən] *adj* iransk; *n* iraner *m*
**Iraq** [i'rɑ:k] Irak
**Iraqi** [i'rɑ:ki] *adj* irakisk; *n* iraker *m*
**Ireland** ['aiələnd] Irland
**Irish** ['aiəriʃ] *adj* irsk
**iron** ['aiən] *n* jern *nt*; strykejern *nt*; jern-; *v* *stryke
**ironical** [ai'rɔnikəl] *adj* ironisk
**irony** ['aiərəni] *n* ironi *m*
**irregular** [i'regjulə] *adj* uregelmessig
**irreparable** [i'repərəbəl] *adj* ubotelig
**irrevocable** [i'revəkəbəl] *adj* ugjenkallelig
**irritable** ['iritəbəl] *adj* irritabel
**irritate** ['iriteit] *v* irritere, ergre
**is** [iz] *v* (pr be)
**island** ['ailənd] *n* øy *c*
**isolate** ['aisəleit] *v* isolere
**isolation** [,aisə'leiʃən] *n* isolasjon *m*
**Israel** ['izreil] Israel
**Israeli** [iz'reili] *adj* israelsk; *n* israeler *m*
**issue** ['iʃu:] *v* utstede; *utgi; *n* utstedelse *m*; utgivelse *m*; spørsmål *nt*, sak *c*; utgang *m*, resultat *nt*, følge *m*, sluttresultat *nt*; utvei *m*
**it** [it] *pron* det
**Italian** [i'tæljən] *adj* italiensk; *n* italiener *m*
**Italy** ['itəli] Italia
**itch** [itʃ] *n* kløe *m*; *v* klø
**item** ['aitəm] *n* post *m*; punkt *nt*
**itinerary** [ai'tinərəri] *n* reiserute *c*, reiseplan *m*
**its** [its] *pron* dens, dets
**itself** [it'self] *pron* seg; seg selv; selv; **by ~** alene; av seg selv
**ivory** ['aivəri] *n* elfenbein *nt*
**ivy** ['aivi] *n* eføy *m*

# J

**jack** [dʒæk] *n* jekk *m*
**jacket** ['dʒækit] *n* dressjakke *c*, jakke *c*; omslag *nt*
**jade** [dʒeid] *n* jade *m*
**jail** [dʒeil] *n* fengsel *nt*
**jam** [dʒæm] *n* syltetøy *nt*; trafikkkork *m*
**janitor** ['dʒænitə] *n* vaktmester *m*
**January** ['dʒænjuəri] januar
**Japan** [dʒə'pæn] Japan
**Japanese** [ˌdʒæpə'ni:z] *adj* japansk; *n* japaner *m*
**jar** [dʒɑ:] *n* krukke *c*
**jargon** [dʒɑ:gən] *n* sjargong *m*
**jaundice** ['dʒɔ:ndis] *n* gulsott *m*
**jaw** [dʒɔ:] *n* kjeve *m*
**jealous** ['dʒeləs] *adj* sjalu
**jealousy** ['dʒeləsi] *n* sjalusi *m*
**jeans** [dʒi:nz] *pl* dongeribukse *c*, jeans *m*, olabukse *c*
**jelly** ['dʒeli] *n* gelé *m*
**jellyfish** ['dʒelifiʃ] *n* manet *m*
**jersey** ['dʒə:zi] *n* jersey *m*; genser *m*
**jet** [dʒet] *n* stråle *m*; jetfly *nt*
**jet lag** ['jet‿ˌlæg] *n* jetlag *c*
**jetty** ['dʒeti] *n* molo *m*
**Jew** [dʒu:] *n* jøde *m*
**jewel** ['dʒu:əl] *n* smykke *nt*
**jewelry** ['dʒu:əlri] *nAm* smykker *pl*
**jeweller** ['dʒu:ələ] *n* gullsmed *m*
**jewellery** ['dʒu:əlri] *n* smykker *pl*
**Jewish** ['dʒu:iʃ] *adj* jødisk
**job** [dʒɔb] *n* jobb *m*; stilling *c*
**jobless** ['dʒɔbles] *adj* arbeidsløs
**jockey** ['dʒɔki] *n* jockey *m*
**join** [dʒɔin] *v* *forbinde; slutte seg til; forene, sammenføye
**joint** [dʒɔint] *n* ledd *nt*; *adj* felles, forent; ~ **venture** fellesprosjekt *nt*
**jointly** ['dʒɔintli] *adv* i fellesskap
**joke** [dʒouk] *n* vits *m*, spøk *m*
**jolly** ['dʒɔli] *adj* lystig
**Jordan** ['dʒɔ:dən] Jordan
**Jordanian** [dʒɔ:'deiniən] *adj* jordansk; *n* jordaner *m*
**journal** ['dʒə:nəl] *n* tidsskrift *nt*
**journalism** ['dʒə:nəlizəm] *n* journalistikk *m*
**journalist** ['dʒə:nəlist] *n* journalist *m*
**journey** ['dʒə:ni] *n* reise *c*
**joy** [dʒɔi] *n* glede *c*, fryd *m*
**joyful** ['dʒɔifəl] *adj* glad
**jubilee** ['dʒu:bili:] *n*

jubileum *nt*
**judge** [dʒʌdʒ] *n* dommer *m*; *v* dømme; bedømme
**judgment** ['dʒʌdʒmənt] *n* dom *m*
**jug** [dʒʌg] *n* mugge *c*
**juice** [dʒuːs] *n* saft *m*
**juicy** ['dʒuːsi] *adj* saftig
**July** [dʒu'lai] juli
**jump** [dʒʌmp] *v* hoppe; *n* hopp *nt*, sprang *nt*
**junction** ['dʒʌŋkʃən] *n* veikryss *nt*; knutepunkt *nt*
**June** [dʒuːn] juni
**jungle** ['dʒʌŋgəl] *n* urskog *m*, jungel *m*
**junior** ['dʒuːnjə] *adj* junior
**junk** [dʒʌŋk] *n* skrap *nt*
**jurisdiction** [dʒuərisdikʃən] *n* jurisdiksjon *m*
**jury** ['dʒuəri] *n* jury *m*
**just** [dʒʌst] *adj* rettferdig, passende; riktig; *adv* nettopp; akkurat
**justice** ['dʒʌstis] *n* rett *m*; rettferdighet *c*
**justify** ['dʒʌstifai] *v* rettferdiggjøre
**juvenile** ['dʒuːvənail] *adj* ungdoms-

# K

**kangaroo** [ˌkæŋgə'ruː] *n* kenguru *m*
**kayak** ['kaijæk] *n* kajakk *m*
**keel** [kiːl] *n* kjøl *m*
**keen** [kiːn] *adj* begeistret; skarp
***keep** [kiːp] *v* *holde; bevare; *holde på med; ~ **away from** m̥m̥holde seg borte fra; ~ **off** *la være; ~ **on** *fortsette; ~ **quiet** tie; ~ **up** *holde ut; ~ **up with** *holde følge med
**kennel** ['kenəl] *n* hundehus *nt*; kennel *m*
**Kenya** ['kenjə] Kenya
**kerosene** ['kerəsiːn] *n* petroleum *m*; kerosin *m*, flybensin *m*
**kettle** ['ketəl] *n* kjele *m*
**key** [kiː] *n* nøkkel *m*
**keyhole** ['kiːhoul] *n* nøkkelhull *nt*
**khaki** ['kɑːki] *n* kaki *m*
**kick** [kik] *v* sparke; *n* spark *nt*
**kickoff** [ˌki'kɔf] *n* avspark *nt*
**kid** [kid] *n* barn *nt*, unge *m*; *v* skrøne
**kidney** ['kidni] *n* nyre *c*
**kill** [kil] *v* drepe, *slå i hjel
**kilogram** ['kiləgræm] *n* kilo *m* / *nt*
**kilometer** *Am*, **kilometre** ['kiləˌmiːtə] *n* kilometer *m*
**kind** [kaind] *adj* snill, vennlig; god; *n* sort *m*
**kindergarten** ['kindəˌgɑːtən] *n* barnehage *m*, førskole *m*
**king** [kiŋ] *n* konge *m*
**kingdom** ['kiŋdəm] *n*

kongerike *nt*; rike *nt*
**kiosk** ['ki:ɔsk] *n* kiosk *m*
**kiss** [kis] *n* kyss *nt*; *v* kysse
**kit** [kit] *n* utstyr *nt*
**kitchen** ['kitʃin] *n* kjøkken *nt*; ~ **garden** kjøkkenhage *m*; ~ **towel** kjøkkenhåndkle *nt*
**knapsack** ['næpsæk] *n* ryggsekk *m*; ransel *m*
**knave** [neiv] *n* knekt *m*
**knee** [ni:] *n* kne *nt*
**kneecap** ['ni:kæp] *n* kneskål *c*
***kneel** [ni:l] *v* knele
**knew** [nju:] *v* (p know)
**knife** [naif] *n* (pl knives) kniv *m*
**knight** [nait] *n* ridder *m*
***knit** [nit] *v* strikke; **knitting wool** garn *nt*
**knob** [nɔb] *n* knott *m*
**knock** [nɔk] *v* banke; *n* bank *nt*; ~ **against** støte på; ~ **down** *slå ned
**knot** [nɔt] *n* knute *m*; *v* knytte
***know** [nou] *v* *vite; *kunne, kjenne
**knowledge** ['nɔlidʒ] *n* kjennskap *nt*; kunnskap *m*
**knuckle** ['nʌkəl] *n* knoke *m*

# L

**label** ['leibəl] *n* etikett *m*; *v* *sette merkelapp på
**laboratory** [lə'bɔrətəri] *n* laboratorium *nt*
**labo(u)r** ['leibə] *n* arbeid *nt*; fødselsveer *pl*; *v* *slite, anstrenge seg; **labor permit** *Am* arbeidstillatelse *m*
**labo(u)rer** ['leibərə] *n* arbeider *m*
**labo(u)r-saving** ['leibə,seiviŋ] *adj* arbeidsbesparende
**labyrinth** ['læbərinθ] *n* labyrint *m*
**lace** [leis] *n* kniplinger *pl*; lisse *c*
**lack** [læk] *n* savn *nt*, mangel *m*; *v* mangle
**lacquer** ['lækə] *n* lakk *m*
**lactose** ['læktous] *n* laktose *c*
**lactose intolerant** ['læktous,in'tɔlərənt] *adj* laktoseintolerant
**lad** [læd] *n* gutt *m*
**ladder** ['lædə] *n* stige *m*
**lady** ['leidi] *n* dame *c*; **ladies' room** dametoalett *nt*
**lagoon** [lə'gu:n] *n* lagune *m*
**lake** [leik] *n* innsjø *m*
**lamb** [læm] *n* lam *nt*; lammekjøtt *nt*
**lame** [leim] *adj* lam, halt
**lamentable** ['læməntəbəl] *adj* beklagelig
**lamp** [læmp] *n* lampe *c*
**lampshade** ['læmpʃeid] *n*

lampeskjerm *m*
**land** [lænd] *n* land *nt*; *v* lande; *gå i land
**landlady** ['lænd,leidi] *n* vertinne *c*
**landlord** ['lændlɔːd] *n* vert *m*, huseier *m*; husvert *m*
**landmark** ['lændmɑːk] *n* landemerke *nt*
**landscape** ['lændskeip] *n* landskap *nt*
**lane** [lein] *n* smug *nt*, smal vei; fil *m*
**language** ['læŋgwidʒ] *n* språk *nt*
**lantern** ['læntən] *n* lykt *c*
**lap** [læp] *n* fang *nt*; runde *m*; *v* slikke
**lapel** [lə'pel] *n* jakkeslag *nt*
**laptop** ['læp,tɔp] *n* bærbar PC *c*
**large** [lɑːdʒ] *adj* stor; rommelig
**lark** [lɑːk] *n* lerke *c*
**laryngitis** [,lærin'dʒaitis] *n* strupekatarr *m*
**last** [lɑːst] *adj* sist; forrige; *v* vare; **at ~** til slutt
**lasting** ['lɑːstiŋ] *adj* varig
**latchkey** ['lætʃkiː] *n* entrénøkkel *m*
**late** [leit] *adj* sen; for sent
**lately** ['leitli] *adv* i det siste, nylig
**lather** ['lɑːðə] *n* skum *nt*
**Latin America** ['lætin ə'merikə] Latin-Amerika
**Latin-American** [,lætinə'merikən] *adj* latinamerikansk
**latitude** ['lætitjuːd] *n* breddegrad *m*
**laugh** [lɑːf] *v* *le; *n* latter *m*
**laughter** ['lɑːftə] *n* latter *m*
**launch** [lɔːntʃ] *v* *sette i gang; *skyte opp; *n* motorbåt *m*
**launching** ['lɔːntʃiŋ] *n* sjøsetning *m*
**launderette** [,lɔːndə'ret] *n* selvbetjeningsvaskeri *nt*
**laundry** ['lɔːndri] *n* vaskeri *nt*; vask *m*
**lavatory** ['lævətəri] *n* toalett *nt*
**lavish** ['læviʃ] *adj* ødsel
**law** [lɔː] *n* lov *m*; rett *m*; **~ court** domstol *m*
**lawful** ['lɔːfəl] *adj* lovlig
**lawn** [lɔːn] *n* gressplen *m*
**lawsuit** ['lɔːsuːt] *n* rettssak *c*
**lawyer** ['lɔːjə] *n* advokat *m*; jurist *m*
**laxative** ['læksətiv] *n* avføringsmiddel *nt*
***lay** [lei] *v* plassere, *legge, *sette; **~ bricks** mure
**layer** [leiə] *n* lag *nt*
**layman** ['leimən] *n* lekmann *m*
**lazy** ['leizi] *adj* doven; lat
***lead** [liːd] *v* lede
**lead**[1] [liːd] *n* forsprang *nt*; ledelse *m*; hunderem *c*
**lead**[2] [led] *n* bly *nt*
**leader** ['liːdə] *n* fører *m*, anfører *m*
**leadership** ['liːdəʃip] *n* ledelse *m*; lederskap *nt*
**leading** ['liːdiŋ] *adj* ledende

**leaf** [li:f] *n* (pl leaves) blad *nt*
**league** [li:g] *n* forbund *nt*; liga *m*
**leak** [li:k] *v* lekke; *n* lekkasje *m*
**leaky** ['li:ki] *adj* lekk
**lean** [li:n] *adj* mager
***lean** [li:n] *v* lene seg
**leap** [li:p] *n* hopp *nt*
***leap** [li:p] *v* hoppe
**leap year** ['li:pjiə] *n* skuddår *nt*
***learn** [lə:n] *v* lære
**learner** ['lə:nə] *n* nybegynner *m*
**lease** [li:s] *n* leiekontrakt *m*; forpaktning *m*; *v* forpakte bort, leie ut; leie; lease
**leash** [li:ʃ] *n* koppel *nt*, bånd *nt*
**least** [li:st] *adj* minst; **at ~** i det minste; minst
**leather** ['leðə] *n* lær *nt*; skinn-, lær-
**leave** [li:v] *n* permisjon *m*
***leave** [li:v] *v* *forlate, *gå bort; *legge igjen, *etterlate; **~ behind** *etterlate; **~ out** *utelate
**Lebanese** [,lebə'ni:z] *adj* libanesisk; *n* libaneser *m*
**Lebanon** ['lebənən] Libanon
**lecture** ['lektʃə] *n* foredrag *nt*, forelesning *m*
**left**[1] [left] *adj* venstre
**left**[2] [left] *v* (p, pp leave)
**left-hand** ['lefthænd] *adj* venstre
**left-handed** [,left'hændid] *adj* keivhendt
**leg** [leg] *n* bein *nt*
**legacy** ['legəsi] *n* legat *nt*
**legal** ['li:gəl] *adj* legal; rettslig; juridisk
**legalization** [,li:gəlai'zeiʃən] *n* legalisering *c*
**legation** [li'geiʃən] *n* legasjon *m*
**legible** ['ledʒibəl] *adj* leselig
**legitimate** [li'dʒitimət] *adj* lovlig
**leisure** ['leʒə] *n* fritid *c*; ro og mak
**lemon** ['lemən] *n* sitron *m*
**lemonade** [,lemə'neid] *n* limonade *m*; brus *m*
***lend** [lend] *v* låne bort
**length** [leŋθ] *n* lengde *c*
**lengthen** ['leŋθən] *v* forlenge
**lengthways** ['leŋθweiz] *adv* på langs
**lens** [lenz] *n* linse *c*; **telephoto ~** teleobjektiv *nt*; **zoom ~** zoomlinse *c*
**leprosy** ['leprəsi] *n* spedalskhet *c*
**lesbian** ['lesbiən] *adj* lesbisk
**less** [les] *adv* mindre
**lessen** ['lesən] *v* minske, forminske
**lesson** ['lesən] *n* leksjon *m*, time *m*
***let** [let] *v* *la; leie ut; **~ down** svikte
**lethal** ['li:ðəl] *adj* dødelig
**letter** ['letə] *n* brev *nt*;

bokstav *m*; ~ **of credit** akkreditiv *nt*; ~ **of recommendation** anbefalingsbrev *nt*
**letterbox** ['letəbɔks] *n* postkasse *c*
**lettuce** ['letis] *n* bladsalat *m*
**level** ['levəl] *adj* jevn; plan; *n* plan *nt*, nivå *nt*; *v* nivellere, utligne; ~ **crossing** planovergang *m*
**lever** ['li:və] *n* vektstang *c*
**liability** [ˌlaiə'biləti] *n* ansvar *nt*; forpliktelse *m*
**liable** ['laiəbəl] *adj* ansvarlig; ~ **to** utsatt for
**liar** ['laiə] *n* løgner *m*
**liberal** ['libərəl] *adj* liberal; rundhåndet, gavmild
**liberation** [ˌlibə'reiʃən] *n* befrielse *m*
**Liberia** [lai'biəriə] Liberia
**Liberian** [lai'biəriən] *adj* liberisk; *n* liberier *m*
**liberty** ['libəti] *n* frihet *c*
**library** ['laibrəri] *n* bibliotek *nt*
**licence** ['laisəns] *n*, **license** *nAm* bevilling *c*; tillatelse *m*; **driving** ~, **driver's** ~ *Am* førerkort *nt*; ~ **number** *Am* registreringsnummer *nt*; ~ **plate** nummerskilt *nt*
**license** ['laisəns] *v* *gi tillatelse
**lick** [lik] *v* slikke
**lid** [lid] *n* lokk *nt*
**lie** [lai] *v* lyve; *n* løgn *c*
***lie** [lai] *v* *ligge; ~ **down** *legge seg ned
**life** [laif] *n* (pl lives) liv *nt*; ~ **insurance** livsforsikring *c*; ~ **jacket** svømmevest *m*
**lifebelt** ['laifbelt] *n* livbelte *nt*
**lifetime** ['laiftaim] *n* levetid *c*
**lift** [lift] *v* løfte; *n* heis *m*
**light** [lait] *n* lys *nt*; *adj* lett; lys; ~ **bulb** lyspære *c*
***light** [lait] *v* tenne
**lighter** ['laitə] *n* lighter *m*
**lighthouse** ['laithaus] *n* fyrtårn *nt*
**lighting** ['laitiŋ] *n* belysning *m*
**lightning** ['laitniŋ] *n* lyn *nt*
**like** [laik] *v* like; *adj* lik; *conj* liksom; *prep* liksom
**likely** ['laikli] *adj* sannsynlig
**like-minded** [ˌlaik'maindid] *adj* likesinnet
**likewise** ['laikwaiz] *adv* likeså, likeledes
**lily** ['lili] *n* lilje *c*
**limb** [lim] *n* lem *nt*; gren *c*
**lime** [laim] *n* kalk *m*; lind *m*; limett *m*
**limetree** ['laimtri:] *n* lindetre *nt*
**limit** ['limit] *n* grense *c*; *v* begrense
**limp** [limp] *v* halte; *adj* slapp
**line** [lain] *n* linje *c*; strek *m*; line *c*; kø *m*; **stand in** ~ *Am* stå i kø
**linen** ['linin] *n* lin *nt*, lintøy *nt*
**liner** ['lainə] *n* passasjerbåt *m*

**lingerie** ['lɔ̃ʒəri:] *n* dameundertøy *nt*
**lining** ['lainiŋ] *n* fôr *nt*
**link** [liŋk] *v* *forbinde; *n* (*computer*) lenke *m*; ledd *nt*; link *m*
**lion** ['laiən] *n* løve *m*
**lip** [lip] *n* leppe *c*; ~ **balm** leppepomade *m*
**liposuction** ['lipou,sʌkʃən] *n* fettsuging *c*
**lipstick** ['lipstik] *n* leppestift *m*
**liqueur** [li'kjuə] *n* likør *m*
**liquid** ['likwid] *adj* flytende; *n* væske *c*
**liquor** ['likə] *n* sprit *m*, brennevin *nt*; ~ **store** *Am* alkoholutsalg *nt*
**liquorice** ['likəris] *n* lakris *m*
**list** [list] *n* liste *c*; *v* *innskrive, regne opp
**listen** ['lisən] *v* lytte
**listener** ['lisnə] *n* lytter *m*
**liter** ['li:tə] *nAm* liter *m*
**literary** ['litrəri] *adj* litterær
**literature** ['litrətʃə] *n* litteratur *m*
**litre** ['li:tə] *n* liter *m*
**litter** ['litə] *n* avfall *nt*, søppel *nt*; kull *nt*
**little** ['litəl] *adj* liten; lite
**live**[1] [liv] *v* leve; bo
**live**[2] [laiv] *adj* levende; direkte
**livelihood** ['laivlihud] *n* levebrød *nt*
**lively** ['laivli] *adj* livlig
**liver** ['livə] *n* lever *c*
**living** ['liviŋ] *n* liv *nt*; levebrød *nt*; *adj* levende; ~ **room** dagligstue *c*; stue *c*
**lizard** ['lizəd] *n* firfisle *c*
**load** [loud] *n* last *c*; bør *c*; *v* laste
**loaf** [louf] *n* (pl loaves) brød *nt*
**loan** [loun] *n* lån *nt*
**lobby** ['lɔbi] *n* vestibyle *m*; foajé *m*; lobby *m*
**lobster** ['lɔbstə] *n* hummer *m*
**local** ['loukəl] *adj* lokal, stedlig; ~ **call** lokalsamtale *m*; ~ **train** lokaltog *nt*
**locality** [lou'kæləti] *n* sted *nt*
**locate** [lou'keit] *v* lokalisere
**location** [lou'keiʃən] *n* beliggenhet *c*
**lock** [lɔk] *v* låse; *n* lås *m*; sluse *c*; ~ **up** låse opp, sperre inne
**locker** ['lɔkə] *n* skap *nt*
**locomotive** [,loukə'moutiv] *n* lokomotiv *nt*
**lodge** [lɔdʒ] *v* huse; *n* hytte *c*
**lodger** ['lɔdʒə] *n* leieboer *m*
**lodgings** ['lɔdʒiŋz] *pl* losji *nt*
**log** [lɔg] *n* kubbe *m*; ~ **in** *v* logge inn; ~ **off** *v* logge ut
**logic** ['lɔdʒik] *n* logikk *m*
**logical** ['lɔdʒikəl] *adj* logisk
**lonely** ['lounli] *adj* ensom
**long** [lɔŋ] *adj* lang; langvarig; ~ **for** lengte etter; **no longer** ikke

lenger
**longing** ['lɔŋiŋ] *n* lengsel *m*
**longitude** ['lɔndʒitju:d] *n* lengdegrad *m*
**look** [luk] *v* *se; synes, *se ut; *n* blikk *nt*; utseende *nt*; ~ **after** sørge for, passe; ~ **at** *se på; ~ **for** lete etter; ~ **out** *se opp, passe seg for; ~ **up** *slå opp
**looking-glass** ['lukiŋglɑ:s] *n* speil *nt*
**loop** [lu:p] *n* løkke *c*
**loose** [lu:s] *adj* løs
**loosen** ['lu:sən] *v* løsne
**lord** [lɔ:d] *n* lord *m*; herre *m*
**lorry** ['lɔri] *n* lastebil *m*
***lose** [lu:z] *v* tape, miste
**loser** ['lu:z ə] *n* taper *m*
**loss** [lɔs] *n* tap *nt*
**lost** [lɔst] *adj* gått vill; forsvunnet; ~ **and found** hittegods *nt*; ~ **property office** hittegodskontor *nt*
**lot** [lɔt] *n* lodd *m*; mengde *m*, hop *m*
**lotion** ['louʃən] *n* hudkrem *m*; **aftershave** ~ barbervann *nt*
**lottery** ['lɔtəri] *n* lotteri *nt*
**loud** [laud] *adj* høylydt, høy
**loudspeaker** [ˌlaud'spi:kə] *n* høyttaler *m*
**lounge** [laundʒ] *n* salong *m*; vestibyle *m*
**louse** [laus] *n* (pl lice) lus *c*
**love** [lʌv] *v* elske, *være glad i; *n* kjærlighet *c*; **in** ~ forelsket
**lovely** ['lʌvli] *adj* yndig, herlig, skjønn
**lover** ['lʌvə] *n* elsker *m*
**love story** ['lʌvˌstɔ:ri] *n* kjærlighetshistorie *c*
**low** [lou] *adj* lav; dyp; nedstemt; ~ **tide** fjære *c*
**lower** ['louə] *v* senke; *adj* lavere
**lowlands** ['louləndz] *pl* lavland *nt*
**loyal** ['lɔiəl] *adj* lojal
**lubricate** ['lu:brikeit] *v* *smøre
**lubrication** [ˌlu:bri'keiʃən] *n* smøring *c*; ~ **oil** smøreolje *c*
**luck** [lʌk] *n* hell *nt*; tilfeldighet *c*; **bad** ~ uflaks *m*; **good** ~! lykke til!
**lucky** ['lʌki] *adj* heldig; ~ **charm** amulett *m*
**ludicrous** ['lu:dikrəs] *adj* latterlig
**luggage** ['lʌgidʒ] *n* bagasje *m*; **hand** ~ håndbagasje *m*; **left** ~ **office** bagasjeoppbevaring *c*; ~ **rack** bagasjehylle *c*; ~ **van** bagasjevogn *c*
**lukewarm** ['lu:kwɔ:m] *adj* lunken
**lumbago** [lʌm'beigou] *n* lumbago *m*
**luminous** ['lu:minəs] *adj* lysende
**lump** [lʌmp] *n* klump *m*, stykke *nt*; kul *m*; ~ **of sugar** sukkerbit *m*; ~ **sum** rund sum
**lumpy** ['lʌmpi] *adj* klumpet

**lunch** [lʌntʃ] *n* formiddagsmat *m*, lunsj *m*
**luncheon** ['lʌntʃən] *n* lunsj *m*
**lung** [lʌŋ] *n* lunge *c*
**lust** [lʌst] *n* begjær *nt*
**luxurious** [lʌg'ʒuəriəs] *adj* luksuriøs
**luxury** ['lʌkʃəri] *n* luksus *m*

# M

**machine** [mə'ʃiːn] *n* maskin *m*, apparat *nt*
**machinery** [mə'ʃiːnəri] *n* maskineri *nt*
**mackerel** ['mækrəl] *n* (pl ~) makrell *m*
**mackintosh** ['mækintɔʃ] *n* regnfrakk *m*
**mad** [mæd] *adj* gal, vanvittig, rasende
**madam** ['mædəm] *n* frue *c*
**madness** ['mædnəs] *n* galskap *m*
**magazine** [,mægə'ziːn] *n* tidsskrift *nt*
**magic** ['mædʒik] *n* magi *m*, trolldom *m*; *adj* magisk
**magician** [mə'dʒiʃən] *n* tryllekunstner *m*
**magistrate** ['mædʒistreit] *n* dommer *m*
**magnetic** [mæg'netik] *adj* magnetisk
**magnificent** [mæg'nifisənt] *adj* praktfull, storslått
**magnify** [mæg'nifai] *v* forstørre, overdrive
**maid** [meid] *n* hushjelp *c*
**maiden name** ['meidən neim] pikenavn *nt*
**mail** [meil] *n* post *m*; *v* poste; ~ **order** *Am* postanvisning *m*
**mailbox** ['meilbɔks] *nAm* postkasse *c*
**main** [mein] *adj* hoved-; størst; ~ **deck** øverste dekk *nt*; ~ **road** hovedvei *m*; ~ **street** hovedgate *c*
**mainland** ['meinlənd] *n* fastland *nt*
**mainly** ['meinli] *adv* hovedsakelig
**mains** [meinz] *pl* hovedledning *m*
**maintain** [mein'tein] *v* *opprettholde
**maintenance** ['meintənəns] *n* vedlikehold *nt*
**maize** [meiz] *n* mais *m*
**major** ['meidʒə] *adj* større; eldre; *n* major *m*; dur *m*
**majority** [mə'dʒɔrəti] *n* flertall *nt*
***make** [meik] *v* lage; tjene; nå; ~ **do with** nøye seg med; ~ **good** *godtgjøre; ~ **up** *sette opp
**make-up** ['meikʌp] *n* sminke *c*
**malaria** [mə'lɛəriə] *n* malaria *m*

**Malay** [mə'lei] *n* malaysier *m*
**Malaysia** [mə'leiziə] Malaysia
**Malaysian** [mə'leiziən] *adj* malaysisk
**male** [meil] *adj* hann-
**malicious** [mə'liʃəs] *adj* ondskapsfull
**malignant** [mə'lignənt] *adj* ondartet
**mall** [mɔːl] *nAm* kjøpesenter *nt*
**mallet** ['mælit] *n* kølle *c*
**malnutrition** [ˌmælnju'triʃən] *n* underernæring *c*
**mammal** ['mæməl] *n* pattedyr *nt*
**man** [mæn] *n* (pl men) mann *m*; menneske *nt*; **men's room** herretoalett *nt*
**manage** ['mænidʒ] *v* bestyre; lykkes
**manageable** ['mænidʒəbəl] *adj* håndterlig
**management** ['mænidʒmənt] *n* ledelse *m*; administrasjon *m*
**manager** ['mænidʒə] *n* sjef *m*, direktør *m*
**mandarin** ['mændərin] *n* mandarin *m*
**mandate** ['mændeit] *n* mandat *nt*
**manger** ['meindʒə] *n* krybbe *c*
**manicure** ['mænikjuə] *n* manikyr *m*
**mankind** [mæn'kaind] *n* menneskehet *c*
**mannequin** ['mænəkin] *n* utstillingsdukke *c*
**manner** ['mænə] *n* måte *m*, vis *nt*; **manners** *pl* manerer *pl*
**man-of-war** [ˌmænəv'wɔː] *n* krigsskip *nt*
**manor house** ['mænəhaus] *n* herregård *m*
**mansion** ['mænʃən] *n* herregård *m*
**manual** ['mænjuəl] *adj* hånd-, manuell
**manufacture** [ˌmænju'fæktʃə] *v* fabrikkere
**manufacturer** [ˌmænju'fæktʃərə] *n* fabrikant *m*
**manure** [mə'njuə] *n* gjødsel *c*
**manuscript** ['mænjuskript] *n* manuskript *nt*
**many** ['meni] *adj* mange
**map** [mæp] *n* kart *nt*
**maple** ['meipəl] *n* lønn *c*
**marble** ['mɑːbəl] *n* marmor *m*; klinkekule *c*
**March** [mɑːtʃ] mars
**march** [mɑːtʃ] *v* marsjere; *n* marsj *m*
**mare** [mɛə] *n* hoppe *c*
**margarine** [ˌmɑːdʒə'riːn] *n* margarin *m*
**margin** ['mɑːdʒin] *n* marg *m*
**maritime** ['mæritaim] *adj* maritim
**mark** [mɑːk] *v* markere; merke; kjennetegne; *n*

merke *nt*; karakter *m*; skyteskive *c*
**market** ['ma:kit] *n* marked *nt*
**marketplace** ['ma:kitpleis] *n* torg *nt*
**marmalade** ['ma:məleid] *n* marmelade *m*
**marriage** ['mæridʒ] *n* ekteskap *nt*
**marrow** ['mærou] *n* marg *m*
**marry** ['mæri] *v* gifte seg; **married couple** ektepar *nt*
**marsh** [ma:ʃ] *n* sump *m*
**martyr** ['ma:tə] *n* martyr *m*
**marvel** ['ma:vəl] *n* vidunder *nt*; *v* undre seg
**marvel(l)ous** ['ma:vələs] *adj* vidunderlig
**mascara** [mæ'ska:rə] *n* øyensverte *c*
**masculine** ['mæskjulin] *adj* maskulin
**mash** [mæʃ] *v* mose; **mashed potatoes** *npl* potetstappe *c*
**mask** [ma:sk] *n* maske *c*
**Mass** [mæs] *n* messe *m*
**mass** [mæs] *n* mengde *m*; ~ **production** masseproduksjon *m*
**massage** ['mæsa:ʒ] *n* massasje *m*; *v* massere
**masseur** [mæ'sə:] *n* massør *m*
**massive** ['mæsiv] *adj* massiv
**mast** [ma:st] *n* mast *c*
**master** ['ma:stə] *n* mester *m*; lektor *m*, lærer *m*; *v* mestre, beherske
**masterpiece** ['ma:stəpi:s] *n* mesterverk *nt*
**mat** [mæt] *n* matte *c*; *adj* glansløs, matt
**match** [mætʃ] *n* fyrstikk *m*; kamp *m*; *v* passe til
**matchbox** ['mætʃbɔks] *n* fyrstikkeske *c*
**material** [mə'tiəriəl] *n* materiale *nt*; stoff *nt*; *adj* materiell
**mathematical** [,mæθə'mætikəl] *adj* matematisk
**mathematics** [,mæθə'mætiks] *n* matematikk *m*
**matrimony** ['mætriməni] *n* ekteskap *nt*
**matter** ['mætə] *n* stoff *nt*; spørsmål *nt*, sak *c*; *v* *være av betydning; **as a ~ of fact** faktisk, i virkeligheten
**matter-of-fact** [,mætərəv'fækt] *adj* realistisk
**mattress** ['mætrəs] *n* madrass *m*
**mature** [mə'tjuə] *adj* moden
**maturity** [mə'tjuərəti] *n* modenhet *c*
**mausoleum** [,mɔ:sə'li:əm] *n* mausoleum *nt*
**mauve** [mouv] *adj* lilla
**May** [mei] mai
***may** [mei] *v* *kunne
**maybe** ['meibi:] *adv* kanskje
**mayor** [mɛə] *n* borgermester *m*

**maze** [meiz] *n* labyrint *m*
**me** [mi:] *pron* meg
**meadow** ['medou] *n* eng *c*
**meal** [mi:l] *n* måltid *nt*
**mean** [mi:n] *adj* sjofel; *n* gjennomsnitt *nt*
***mean** [mi:n] *v* bety; mene
**meaning** ['mi:niŋ] *n* mening *m*
**meaningless** ['mi:niŋləs] *adj* meningsløs
**means** [mi:nz] *n* middel *nt*; **by no ~** på ingen måte
**meantime: in the ~** [in ðə 'mi:ntaim] i mellomtiden, imens
**meanwhile** ['mi:nwail] *adv* i mellomtiden, imens
**measles** ['mi:zəlz] *n* meslinger *pl*
**measure** ['meʒə] *v* måle; *n* mål *nt*; foranstaltning *m*
**meat** [mi:t] *n* kjøtt *nt*
**mechanic** [mi'kænik] *n* mekaniker *m*
**mechanical** [mi'kænikəl] *adj* mekanisk
**mechanism** ['mekənizəm] *n* mekanisme *m*
**medal** ['medəl] *n* medalje *m*
**media** ['mi:diə] *pl* media *pl*
**mediaeval** [ˌmedi'i:vəl] *adj* middelaldersk
**mediate** ['mi:dieit] *v* megle
**mediator** ['mi:dieitə] *n* megler *m*
**medical** ['medikəl] *adj* medisinsk
**medicine** ['medsin] *n* medisin *m*; legevitenskap *m*
**meditate** ['mediteit] *v* meditere
**Mediterranean** [ˌmeditə'reiniən] Middelhavet
**medium** ['mi:diəm] *adj* gjennomsnittlig, middels
***meet** [mi:t] *v* møte; *treffe
**meeting** ['mi:tiŋ] *n* møte *nt*, sammenkomst *m*
**meeting place** ['mi:tiŋpleis] *n* møtested *nt*
**melancholy** ['meləŋkəli] *n* melankoli *m*
**mellow** ['melou] *adj* bløt; moden
**melodrama** ['meləˌdrɑ:mə] *n* melodrama *nt*
**melody** ['melədi] *n* melodi *m*
**melon** ['melən] *n* melon *m*
**melt** [melt] *v* smelte
**member** ['membə] *n* medlem *nt*; **Member of Parliament** parlamentsrepresentant *m*
**membership** ['membəʃip] *n* medlemskap *nt*
**memo** ['memou] *n* (pl ~s) memorandum *nt*
**memorable** ['memərəbəl] *adj* minneverdig
**memorial** [mə'mɔ:riəl] *n* minnestein *m*
**memorize** ['meməraiz] *v* lære utenat
**memory** ['meməri] *n* hukommelse *m*; minne *nt*
**mend** [mend] *v* reparere,

*gjøre i stand
**menstruation** [ˌmenstru'eiʃən] *n* menstruasjon *m*
**mental** ['mentəl] *adj* mental
**mention** ['menʃən] *v* nevne; *n* omtale *m*
**menu** ['menjuː] *n* spisekart *nt*, meny *m*
**merchandise** ['məːtʃəndaiz] *n* varer *pl*, handelsvare *m*
**merchant** ['məːtʃənt] *n* kjøpmann *m*
**merciful** ['məːsifəl] *adj* barmhjertig
**mercury** ['məːkjuri] *n* kvikksølv *nt*
**mercy** ['məːsi] *n* barmhjertighet *c*, nåde *m*
**merely** ['miəli] *adv* bare
**merge** ['məːdʒ] *v* sammensmelte; fusjonere
**merger** ['məːdʒə] *n* sammensmeltning *m*; fusjon *m*
**merit** ['merit] *v* fortjene; *n* fortjeneste *m*
**merry** ['meri] *adj* munter
**merry-go-round** ['merigouˌraund] *n* karusell *m*
**mesh** [meʃ] *n* nett *nt*, maske *c*
**mess** [mes] *n* rot *nt*; ~ **up** rote til
**message** ['mesidʒ] *n* beskjed *m*
**message board** ['mesədʒ‿ˌbɔːd] *n* oppslagstavle *c*
**messenger** ['mesindʒə] *n* budbringer *m*
**metal** ['metəl] *n* metall *nt*; metall-
**meter** ['miːtə] *n* måler *m*
**method** ['meθəd] *n* metode *m*, fremgangsmåte *m*; ordning *c*
**methodical** [mə'θɔdikəl] *adj* metodisk
**metre** ['miːtə] *n* meter *m*
**metric** ['metrik] *adj* metrisk
**Mexican** ['meksikən] *adj* meksikansk; *n* meksikaner *m*
**Mexico** ['meksikou] Mexico
**mice** (pl mouse)
**microphone** ['maikrəfoun] *n* mikrofon *m*
**microwave oven** ['maikrəweiv 'ʌvən] *n* mikrobølgeovn *m*
**midday** ['middei] *n* middag *m*; midt på dagen
**middle** ['midəl] *n* midte *m*; *adj* mellomste; **Middle Ages** middelalderen; ~ **class** middelklasse *c*; **middle-class** *adj* borgerlig
**midnight** ['midnait] *n* midnatt *c*
**midst** [midst] *n* midte *m*
**midsummer** ['midˌsʌmə] *n* midtsommer *m*
**midwife** ['midwaif] *n* (pl -wives) jordmor *c*
**might** [mait] *n* makt *c*
***might** [mait] *v* *kunne
**mighty** ['maiti] *adj* mektig

**migraine** ['migrein] *n* migrene *m*
**mild** [maild] *adj* mild
**mildew** ['mildju] *n* mugg *m*
**mile** [mail] *n* engelsk mil
**milage** ['mailidʒ] *n* distanse *m*
**milepost** ['mailpoust] *n* veiskilt *nt*
**milestone** ['mailstoun] *n* milestein *m*
**milieu** ['miːljəː] *n* miljø *nt*
**military** ['militəri] *adj* militær-; ~ **force** krigsmakt *c*
**milk** [milk] *n* melk *c*
**milkshake** ['milkʃeik] *n* milkshake *m*
**milky** ['milki] *adj* melkaktig
**mill** [mil] *n* mølle *c*; fabrikk *m*
**million** ['miljən] *n* million *m*
**millionaire** [ˌmiljə'nɛə] *n* millionær *m*
**mince** [mins] *v* finhakke
**mind** [maind] *n* sinn *nt*; *v* *ha noe imot; passe på, passe seg for, bry seg om
**mine** [main] *n* gruve *c*
**miner** ['mainə] *n* gruvearbeider *m*
**mineral** ['minərəl] *n* mineral *nt*; ~ **water** naturlig mineralvann *nt*
**mingle** ['mingl] *v* blande (seg) med; blande seg inn
**miniature** ['minjətʃə] *n* miniatyr *m*
**minimum** ['minimәm] *n* minimum *nt*
**mining** ['mainiŋ] *n* gruvedrift *c*
**minister** ['ministə] *n* statsråd *m*; prest *m*; **Prime Minister** statsminister *m*
**ministry** ['ministri] *n* departement *nt*; prestegjerning *c*
**mink** [miŋk] *n* mink *m*
**minor** ['mainə] *adj* mindre, liten; underordnet; *n* mindreårig *m*; moll *m*
**minority** [mai'nɔrəti] *n* mindretall *nt*
**mint** [mint] *n* mynte *c*
**minus** ['mainəs] *prep* minus
**minute**[1] ['minit] *n* minutt *nt*; **minutes** referat *nt*
**minute**[2] [mai'njuːt] *adj* bitte liten
**miracle** ['mirəkəl] *n* mirakel *nt*
**miraculous** [mi'rækjuləs] *adj* mirakuløs
**mirror** ['mirə] *n* speil *nt*
**misbehave** [ˌmisbi'heiv] *v* oppføre seg dårlig
**miscarriage** [mis'kæridʒ] *n* spontan abort *m*
**miscellaneous** [ˌmisə'leiniəs] *adj* diverse
**mischief** ['mistʃif] *n* spillopper *pl*; ugagn *m*, skade *m*
**mischievous** ['mistʃivəs] *adj* skøyeraktig
**miserable** ['mizərəbəl] *adj* elendig, ulykkelig
**misery** ['mizəri] *n* elendighet *c*, ulykke *c*; nød

c
**misfortune** [mis'fɔːtʃen] *n* ulykke *c*, uhell *nt*
**mishap** ['mishæp] *n* ulykke *c*, uhell *nt*
***mislay** [mis'lei] *v* *forlegge
**misplaced** [mis'pleist] *adj* malplassert; mistet
**mispronounce** [ˌmisprə'nauns] *v* uttale galt
**miss** [mis] *v* miste
**missing** ['misiŋ] *adj* manglende; ~ **person** savnet person
**mist** [mist] *n* dis *m*, tåke *c*
**mistake** [mi'steik] *n* feiltakelse *m*, feil *m*
***mistake** [mi'steik] *v* forveksle
**mistaken** [mi'steikən] *adj* feilaktig; ***be** ~ *ta feil
**mister** ['mistə] herr, herre *m* (*obsolete*)
**mistress** ['mistrəs] *n* frue *c*; bestyrer *m*; elskerinne *c*
**mistrust** [mis'trʌst] *v* mistro
**misty** ['misti] *adj* disig
***misunderstand** [ˌmisʌndə'stænd] *v* *misforstå
**misunderstanding** [ˌmisʌndə'stændiŋ] *n* misforståelse *m*
**misuse** [mis'juːs] *n* misbruk *nt*
**mitten** ['mitən] *n* vott *m*
**mix** [miks] *v* blande; ~ **with** *omgås med
**mixed** [mikst] *adj* blandet
**mixer** ['miksə] *n* mikser *m*
**mixture** ['mikstʃə] *n* blanding *c*
**moan** [moun] *v* jamre
**moat** [mout] *n* vollgrav *c*
**mobile** ['moubail] *adj* bevegelig, mobil; ~ (**phone**) mobil(telefon) *m*
**mock** [mɔk] *v* håne
**mockery** ['mɔkəri] *n* hån *m*
**model** ['mɔdəl] *n* modell *m*; mannekeng *m*; *v* modellere, forme
**modem** ['moudem] *n* modem *nt*
**moderate** ['mɔdərət] *adj* moderat; middelmådig
**modern** ['mɔdən] *adj* moderne
**modest** ['mɔdist] *adj* beskjeden
**modesty** ['mɔdisti] *n* beskjedenhet *c*
**modify** ['mɔdifai] *v* modifisere, endre
**moist** [mɔist] *adj* fuktig, våt
**moisten** ['mɔisən] *v* fukte
**moisture** ['mɔistʃə] *n* fuktighet *c*; **moisturizing cream** fuktighetskrem *m*
**molar** ['moulə] *n* jeksel *m*
**mom** ['mɔm], **mommy** ['mɔmi] mamma *m*
**moment** ['moumənt] *n* øyeblikk *nt*
**momentary** ['mouməntəri] *adj* kortvarig
**monarch** ['mɔnək] *n* monark *m*

**monarchy** ['mɔnəki] *n* monarki *nt*
**monastery** ['mɔnəstri] *n* kloster *nt*
**Monday** ['mʌndi] mandag *m*
**monetary** ['mʌnitəri] *adj* penge-; ~ **unit** myntenhet *m*
**money** ['mʌni] *n* penger *pl*; ~ **exchange** vekslingskontor *nt*; ~ **order** postanvisning *m*
**monk** [mʌŋk] *n* munk *m*
**monkey** ['mʌŋki] *n* ape *c*
**monologue** ['mɔnəlɔg] *n* monolog *m*
**monopoly** [mə'nɔpəli] *n* monopol *nt*
**monotonous** [mə'nɔtənəs] *adj* monoton
**month** [mʌnθ] *n* måned *m*
**monthly** ['mʌnθli] *adj* månedlig
**monument** ['mɔnjumənt] *n* monument *nt*, minnesmerke *nt*
**mood** [mu:d] *n* humør *nt*, stemning *m*
**moon** [mu:n] *n* måne *m*
**moonlight** ['mu:nlait] *n* måneskinn *nt*
**moose** [mu:s] *n* (pl ~, ~s) elg *m*
**moped** ['mouped] *n* moped *m*
**moral** ['mɔrəl] *n* moral *m*; *adj* moralsk, sedelig
**morality** [mə'ræləti] *n* moral *m*
**more** [mɔ:] *adj* mer; **once ~** en gang til
**moreover** [mɔ:'rouvə] *adv* dessuten, for øvrig
**morning** ['mɔ:niŋ] *n* morgen *m*, formiddag *m*; ~ **paper** morgenavis *c*; **this ~** i morges
**Moroccan** [mə'rɔkən] *adj* marokkansk; *n* marokkaner *m*
**Morocco** [mə'rɔkou] Marokko
**morphine** ['mɔ:fi:n] *n* morfin *m*
**morsel** ['mɔ:səl] *n* bit *m*
**mortal** ['mɔ:təl] *adj* dødelig
**mortgage** ['mɔ:gidʒ] *n* pantelån *nt*
**mosaic** [mə'zeiik] *n* mosaikk *m*
**mosque** [mɔsk] *n* moské *m*
**mosquito** [mə'ski:tou] *n* (pl ~es) mygg *m*; moskito *m*; ~ **net** myggnett *nt*
**moss** [mɔs] *n* mose *m*
**most** [moust] *adj* flest; **at ~** høyst; ~ **of all** mest
**mostly** ['moustli] *adv* for det meste
**motel** [mou'tel] *n* motell *nt*
**moth** [mɔθ] *n* møll *m*; nattsvermer *m*
**mother** ['mʌðə] *n* mor *c*; ~ **of pearl** perlemor *m*; ~ **tongue** morsmål *nt*
**mother-in-law** ['mʌðərinlɔ:] *n* (pl mothers-) svigermor *c*
**motion** ['mouʃən] *n* bevegelse *m*; forslag *nt*
**motive** ['moutiv] *n* motiv *nt*

**motivate** ['moutiveit] *v* motivere
**motor** ['moutə] *n* motor *m*; *v* bile; ~ **body** *nAm* karosseri *nt*; **starter** ~ starter *m*
**motorbike** ['moutəbaik] *nAm* moped *m*
**motorboat** ['moutəbout] *n* motorbåt *m*
**motorcycle** ['moutə,saikəl] *n* motorsykkel *m*
**motoring** ['moutəriŋ] *n* bilkjøring *c*
**motorist** ['moutərist] *n* bilist *m*
**motorway** ['moutəwei] *n* motorvei *m*
**motto** ['mɔtou] *n* (pl ~es, ~s) motto *nt*
**mouldy** ['mouldi] *adj* muggen
**mound** [maund] *n* haug *m*
**mount** [maunt] *v* *bestige; *n* berg *nt*
**mountain** ['mauntin] *n* fjell *nt*; ~ **pass** pass *nt*; ~ **range** fjellkjede *m*
**mountaineering** [,maunti'niəriŋ] *n* fjellklatring *c*
**mountainous** ['mauntinəs] *adj* fjellendt
**mourning** ['mɔːniŋ] *n* sorg *c*
**mouse** [maus] *n* (pl mice) mus *c*; ~ **pad** musmatte *c*
**moustache** [mə'stɑːʃ] *n* bart *m*
**mouth** [mauθ] *n* munn *m*; kjeft *m*, gap *nt*; munning *m*
**mouthwash** ['mauθwɔʃ] *n* munnvann *nt*
**movable** ['muːvəbəl] *adj* flyttbar
**move** [muːv] *v* bevege; flytte; røre seg; *n* trekk *nt*, skritt *nt*; flytting *c*
**movement** ['muːvmənt] *n* bevegelse *m*; sats *m*
**movie** ['muːvi] *n* film *m*; **movies** *plAm* kino *m*; ~ **theater** kino *m*
**much** [mʌtʃ] *adj* mange, mye; *adv* mye; **as** ~ like mye; så vidt
**mud** [mʌd] *n* søle *c*
**muddle** ['mʌdəl] *n* forvirring *c*, rot *nt*, virvar *nt*; *v* rote
**muddy** ['mʌdi] *adj* sølet
**muffler** ['mʌflə] *nAm* lydpotte *c*
**mug** [mʌg] *n* krus *nt*
**mule** [mjuːl] *n* mulesel *nt*, muldyr *nt*
**multicultural** [,mʌlti'kʌltʃərəl] *adj* multikulturell
**multiplex** ['mʌlti,pleks] *n* multiplex *nt*
**multiplication** [,mʌltipli'keiʃən] *n* multiplikasjon *m*
**multiply** ['mʌltiplai] *v* multiplisere
**mumps** [mʌmps] *n* kusma *m*
**municipal** [mjuː'nisipəl] *adj* kommunal, by-
**municipality**

[mjuːˌnisi'pæləti] *n* kommune *m*
**murder** ['məːdə] *n* mord *nt*; *v* myrde
**murderer** ['məːdərə] *n* morder *m*
**muscle** ['mʌsəl] *n* muskel *m*
**muscular** ['mʌskjulə] *adj* muskuløs
**museum** [mjuː'ziːəm] *n* museum *nt*
**mushroom** ['mʌʃruːm] *n* sjampinjong *m*; sopp *m*
**music** ['mjuːzik] *n* musikk *m*; ~ **academy** konservatorium *nt*; ~ **hall** revyteater *nt*
**musical** ['mjuːzikəl] *adj* musikalsk; *n* musikal *m*
**musician** [mjuː'ziʃən] *n* musiker *m*
**mussel** ['mʌsəl] *n* blåskjell *nt*
**Muslim** ['mʌslim] *n* muslim *m*
***must** [mʌst] *v* *måtte
**mustard** ['mʌstəd] *n* sennep *m*
**mute** [mjuːt] *adj* stum
**mutiny** ['mjuːtini] *n* mytteri *nt*
**mutton** ['mʌtən] *n* fårekjøtt *nt*
**mutual** ['mjuːtʃuəl] *adj* gjensidig
**my** [mai] *adj* min
**myself** [mai'self] *pron* meg; selv
**mysterious** [mi'stiəriəs] *adj* gåtefull, mystisk
**mystery** ['mistəri] *n* mysterium *nt*
**myth** [miθ] *n* myte *m*

## N

**nail** [neil] *n* negl *m*; spiker *m*; ~ **file** neglefil *c*; ~ **polish** neglelakk *m*; ~ **scissors** *pl* neglesaks *c*
**naïve** [nɑː'iːv] *adj* naiv
**naked** ['neikid] *adj* naken; bar
**name** [neim] *n* navn *nt*; *v* oppkalle, kalle; **in the ~ of** i …s navn
**namely** ['neimli] *adv* nemlig
**nap** [næp] *n* lur *m*
**napkin** ['næpkin] *n* serviett *m*
**nappy** ['næpi] *n* bleie *c*
**narcosis** [nɑː'kousis] *n* (pl -ses) narkose *m*
**narcotic** [nɑː'kɔtik] *n* narkotisk middel
**narrow** ['nærou] *adj* trang, smal, snever
**narrow-minded** [ˌnærou'maindid] *adj* sneversynt
**nasty** ['nɑːsti] *adj* ubehagelig, vemmelig; ekkel
**nation** ['neiʃən] *n* nasjon *m*;

folk *nt*
**national** ['næʃənəl] *adj* nasjonal; folke-; stats-; **~ anthem** nasjonalsang *m*; **~ dress** nasjonaldrakt *c*; bunad *m*; **~ park** nasjonalpark *m*
**nationality** [ˌnæʃə'næləti] *n* nasjonalitet *m*
**nationalize** ['næʃənəlaiz] *v* nasjonalisere
**native** ['neitiv] *n* innfødt *m*; *adj* født; **~ country** fedreland *nt*; hjemland *nt*; **~ language** morsmål *nt*
**natural** ['nætʃərəl] *adj* naturlig; medfødt
**naturally** ['nætʃərəli] *adv* selvfølgelig, naturligvis
**nature** ['neitʃə] *n* natur *m*
**naughty** ['nɔ:ti] *adj* uskikkelig, slem
**nausea** ['nɔ:siə] *n* kvalme *m*
**naval** ['neivəl] *adj* marine-
**navel** ['neivəl] *n* navle *m*
**navigable** ['nævigəbəl] *adj* seilbar
**navigate** ['nævigeit] *v* navigere
**navigation** [ˌnævi'geiʃən] *n* navigasjon *m*; seilas *m*
**navy** ['neivi] *n* flåte *m*
**near** [niə] *prep* nær; *adj* nær
**nearby** ['niəbai] *adj* nærliggende, tilstøtende
**nearly** ['niəli] *adv* nesten
**neat** [ni:t] *adj* nett, ordentlig
**necessary** ['nesəsəri] *adj* nødvendig
**necessity** [nə'sesəti] *n* nødvendighet *c*
**neck** [nek] *n* hals *m*; **nape of the ~** nakke *m*
**necklace** ['nekləs] *n* halskjede *nt*
**necktie** ['nektai] *n* slips *nt*
**need** [ni:d] *v* behøve, trenge; *n* behov *nt*; nødvendighet *c*; **~ to** *måtte
**needle** ['ni:dəl] *n* nål *c*
**needlework** ['ni:dəlwɔ:k] *n* håndarbeid *nt*
**negative** ['negətiv] *adj* negativ, benektende; *n* negativ *nt*
**neglect** [ni'glekt] *v* forsømme; *n* forsømmelse *m*
**negligee** ['negliʒei] *n* neglisjé *m* / *nt*
**negotiate** [ni'gouʃieit] *v* forhandle
**negotiation** [niˌgouʃi'eiʃən] *n* forhandling *c*
**neighbo(u)r** ['neibə] *n* granne *m*, nabo *m*
**neighbo(u)rhood** ['neibəhud] *n* nabolag *nt*
**neighbo(u)ring** ['neibəriŋ] *adj* tilstøtende, nærliggende
**neither** ['naiðə] *pron* ingen av dem; **neither ... nor** verken ... eller
**nephew** ['nefju:] *n* nevø *m*
**nerve** [nə:v] *n* nerve *m*; dristighet *c*
**nervous** ['nə:vəs] *adj* nervøs

**nest** [nest] *n* rede *nt*
**net** [net] *n* nett *nt*; *adj* netto
**Netherlands: the ~** ['neðələndz] Nederland
**network** ['netwə:k] *n* nettverk *nt*
**networking** ['net,wə:kiŋ] *n* nettverksbygging *c*
**neuralgia** [njuə'rældʒə] *n* nevralgi *m*
**neurosis** [njuə'rousis] *n* nevrose *m*
**neuter** ['nju:tə] *adj* intetkjønns-
**neutral** ['nju:trəl] *adj* nøytral
**never** ['nevə] *adv* aldri
**nevertheless** [,nevəðə'les] *adv* ikke desto mindre
**new** [nju:] *adj* ny; **New Year** nyttår *nt*
**news** [nju:z] *n* nyheter *pl*, nyhet *c*
**newspaper** ['nju:z,peipə] *n* avis *c*
**newsstand** ['nju:zstænd] *n* aviskiosk *m*
**New Zealand** [nju: 'zi:lənd] Ny-Zealand
**next** [nekst] *adj* neste; **~ to** ved siden av
**next-door** [,nekst'dɔ:] *adv* ved siden av, nabo-
**nice** [nais] *adj* koselig, snill, pen; lekker; sympatisk
**nickel** ['nikəl] *n* nikkel *m*; 5-cent-mynt
**nickname** ['nikneim] *n* kjælenavn *nt*
**nicotine** ['nikəti:n] *n* nikotin *m*
**niece** [ni:s] *n* niese *c*
**Nigeria** [nai'dʒiəriə] Nigeria
**Nigerian** [nai'dʒiəriən] *adj* nigeriansk; *n* nigerianer *m*
**night** [nait] *n* natt *c*; kveld *m*; **by ~** om natten; **~ rate** natt-takst *m*; **~ train** natt--tog *nt*
**nightclub** ['naitklʌb] *n* nattklubb *m*
**night cream** ['naitkri:m] *n* nattkrem *m*
**nightingale** ['naitiŋgeil] *n* nattergal *m*
**nightly** ['naitli] *adj* nattlig
**nil** [nil] ingenting; null
**nine** [nain] *num* ni
**nineteen** [,nain'ti:n] *num* nitten
**nineteenth** [,nain'ti:nθ] *num* nittende
**ninety** ['nainti] *num* nitti
**ninth** [nainθ] *num* niende
**nitrogen** ['naitrədʒən] *n* kvelstoff *nt*
**no** [nou] nei; *adj* ingen; **~ one** ingen
**nobility** [nou'biləti] *n* adel *m*
**noble** ['noubəl] *adj* adelig; edel
**nobody** ['noubɔdi] *pron* ingen
**nod** [nɔd] *n* nikk *nt*; *v* nikke
**noise** [nɔiz] *n* lyd *m*; bulder *nt*, larm *m*, støy *m*
**noisy** ['nɔizi] *adj* støyende
**nominal** ['nɔminəl] *adj* nominell

**nominate** ['nɔmineit] *v* nominere
**nomination** [ˌnɔmi'neiʃən] *n* nominasjon *m*; utnevnelse *m*
**none** [nʌn] *pron* ingen
**nonsense** ['nɔnsəns] *n* nonsens *nt*
**non-smoker** [ˌnɔn'smoukə] *n* ikke-røyker *m*
**noodles** [nu:dəls] *pl* nudler *pl*, pasta *m*
**noon** [nu:n] *n* klokken (klokka) tolv
**normal** ['nɔ:məl] *adj* normal
**north** [nɔ:θ] *n* nord *m*; *adj* nordlig; **North Pole** Nordpolen
**north-east** [ˌnɔ:θ'i:st] *n* nordøst *m*
**northern** ['nɔ:ðən] *adj* nordlig
**north-west** [ˌnɔ:θ'west] *n* nordvest *m*
**Norway** ['nɔ:wei] Norge
**Norwegian** [nɔ:'wi:dʒən] *adj* norsk; *n* nordmann (pl –menn) *m*
**nose** [nouz] *n* nese *c*
**nosebleed** ['nouzbli:d] *n* neseblod *nt*
**nostril** ['nɔstril] *n* nesebor *nt*
**nosy** ['nouzi] *adj colloquial* nysgjerrig
**not** [nɔt] *adv* ikke
**notary** ['noutəri] *n* notar *m*
**note** [nout] *n* merknad *m*, notis *m*; notat *nt*; tone *m*; *v* notere; bemerke, konstatere
**notebook** ['noutbuk] *n* notisbok *c*
**noted** ['noutid] *adj* kjent
**notepaper** ['nout,peipə] *n* brevpapir *nt*
**nothing** ['nʌθiŋ] *n* ingenting, intet *nt*
**notice** ['noutis] *v* merke, bemerke, *legge merke til, oppdage; *se; *n* underretning *m*, kunngjøring *c*; oppmerksomhet *c*
**noticeable** ['noutisəbəl] *adj* merkbar; bemerkelsesverdig
**notify** ['noutifai] *v* meddele; underrette; varsle
**notion** ['nouʃən] *n* anelse *m*, begrep *nt*
**notorious** [nou'tɔ:riəs] *adj* beryktet
**nought** [nɔ:t] *n* null *m* / *nt*
**noun** [naun] *n* substantiv *nt*
**nourishing** ['nʌriʃiŋ] *adj* nærende
**nourishment** ['nʌriʃment] *n* næring *c*
**novel** ['nɔvəl] *n* roman *m*
**novelist** ['nɔvəlist] *n* romanforfatter *m*
**November** [nou'vembə] november
**now** [nau] *adv* nå; **from ~ on** heretter; **~ and then** nå og da
**nowadays** ['nauədeiz] *adv* nåtildags
**nowhere** ['nouwɛə] *adv*

ingensteds, ingen steder
**nozzle** ['nɔzəl] *n* tut *m*
**nuance** [nju:'ɑ̃:s] *n* nyanse *m*
**nuclear** ['nju:kliə] *adj* kjerne-; ~ **energy** kjernekraft *c*
**nucleus** ['nju:kliəs] *n* kjerne *m*
**nude** [nju:d] *adj* naken; *n* akt *m*
**nuisance** ['nju:səns] *n* plage *m*
**numb** [nʌm] *adj* følelsesløs; valen
**number** ['nʌmbə] *n* nummer *nt*; tall *nt*, antall *nt*
**numeral** ['nju:mərəl] *n* tallord *nt*
**numerous** ['nju:mərəs] *adj* tallrik
**nun** [nʌn] *n* nonne *c*
**nurse** [nə:s] *n* sykepleier *m*; barnepike *m*; *v* pleie; amme
**nursery** ['nə:səri] *n* barneværelse *nt*; planteskole *m*
**nut** [nʌt] *n* nøtt *c*; mutter *m*
**nutcrackers** ['nʌt,krækəz] *pl* nøtteknekker *m*
**nutmeg** ['nʌtmeg] *n* muskatnøtt *c*
**nutritious** [nju:'triʃəs] *adj* nærende
**nutshell** ['nʌtʃel] *n* nøtteskall *nt*

# O

**oak** [ouk] *n* eik *c*
**oar** [ɔ:] *n* åre *c*
**oasis** [ou'eisis] *n* (pl oases) oase *m*
**oath** [ouθ] *n* ed *m*
**oats** [outs] *pl* havre *m*
**obedience** [ə'bi:diəns] *n* lydighet *c*
**obedient** [ə'bi:diənt] *adj* lydig
**obese** [ou'bi:s] *adj* fet
**obesity** [ou'bi:siti] *n* fedme *m*
**obey** [ə'bei] *v* *adlyde
**object**[1] ['ɔbdʒikt] *n* objekt *nt*; gjenstand *m*; formål *nt*
**object**[2] [əb'dʒekt] *v* protestere, innvende
**objection** [əb'dʒekʃən] *n* innvending *c*
**objective** [əb'dʒektiv] *adj* objektiv; *n* formål *nt*
**obligatory** [ə'bligətəri] *adj* obligatorisk
**oblige** [ə'blaidʒ] *v* forplikte; ***be obliged to** *være forpliktet til; *være nødt til
**obliging** [ə'blaidʒiŋ] *adj* imøtekommende
**oblong** ['ɔblɔŋ] *adj* avlang; *n* rektangel *nt*
**obscene** [əb'si:n] *adj* uanstendig; obskøn
**obscure** [əb'skjuə] *adj*

uklar, mørk
**observation** [ˌɔbzə'veiʃən] *n* iakttakelse *m*, observasjon *m*
**observatory** [əb'zə:vətri] *n* observatorium *nt*
**observe** [əb'zə:v] *v* *iaktta, observere
**obsession** [əb'seʃən] *n* besettelse *m*
**obstacle** ['ɔbstəkəl] *n* hindring *c*
**obstinate** ['ɔbstinət] *adj* sta; hardnakket
**obtain** [əb'tein] *v* erverve, *få
**obtainable** [əb'teinəbəl] *adj* oppnåelig
**obvious** ['ɔbviəs] *adj* innlysende
**occasion** [ə'keiʒən] *n* tilfelle *nt*; foranledning *m*
**occasionally** [ə'keiʒənəli] *adv* av og til, nå og da
**occupant** ['ɔkjupənt] *n* beboer *m*
**occupation** [ˌɔkju'peiʃən] *n* beskjeftigelse *m*; okkupasjon *m*
**occupy** ['ɔkjupai] *v* *besette; beskjeftige; **occupied** *adj* opptatt
**occur** [ə'kə:] *v* hende, *forekomme, skje
**occurrence** [ə'kʌrəns] *n* hendelse *m*
**ocean** ['ouʃən] *n* hav *nt*
**October** [ɔk'toubə] oktober
**octopus** ['ɔktəpəs] *n* blekksprut *m*
**oculist** ['ɔkjulist] *n* øyenlege *m*
**odd** [ɔd] *adj* underlig, rar; ulike
**odo(u)r** ['oudə] *n* lukt *c*
**of** [ɔv, əv] *prep* av; fra; i
**off** [ɔf] *adv* av; vekk; *prep* av
**offence** [ə'fens] *n* forseelse *m*; krenkelse *m*; anstøt *nt*, fornærmelse *m*
**offend** [ə'fend] *v* krenke, fornærme; *forgå seg
**offense** [ə'fens] *nAm* forseelse *m*; krenkelse *m*; anstøt *nt*, fornærmelse *m*
**offensive** [ə'fensiv] *adj* offensiv; støtende, krenkende
**offer** ['ɔfə] *v* *tilby; yte; *n* tilbud *nt*
**office** ['ɔfis] *n* kontor *nt*; embete *nt*; ~ **hours** kontortid *c*
**officer** ['ɔfisə] *n* offiser *m*
**official** [ə'fiʃəl] *adj* offisiell
**off-licence** ['ɔfˌlaisəns] *n* alkoholutsalg *nt*
**often** ['ɔfən] *adv* ofte
**oil** [ɔil] *n* olje *c*; **fuel** ~ brenselolje *c*; ~ **drilling platform** boreplattform *nt*; ~ **filter** oljefilter *nt*; ~ **painting** oljemaleri *nt*; ~ **pressure** oljetrykk *nt*; ~ **refinery** oljeraffineri *nt*; ~ **well** oljebrønn *m*
**oily** ['ɔili] *adj* oljet; glatt
**ointment** ['ɔintmənt] *n* salve *c*
**okay!**, **OK!** [ˌou'kei] greit!

ok!
**old** [ould] *adj* gammel; ~ **age** alderdom *m*
**old-fashioned** [ˌould'fæʃənd] *adj* gammeldags
**olive** ['ɔliv] *n* oliven *m*; ~ **oil** olivenolje *c*
**omelette** ['ɔmlət] *n* omelett *m*
**ominous** ['ɔminəs] *adj* illevarslende
**omit** [ə'mit] *v* *utelate
**omnipotent** [ɔm'nipətənt] *adj* allmektig
**on** [ɔn] *prep* på; ved
**once** [wʌns] *adv* en gang; **at** ~ straks; **for** ~ for en gangs skyld; ~ **more** en gang til
**oncoming** ['ɔnˌkʌmiŋ] *adj* kommende; møtende
**one** [wʌn] *num* en; *pron* man
**oneself** [wʌn'self] *pron* selv
**one-way** ['wʌn-wei] *adj* enkel
**only** ['ounli] *adj* eneste; *adv* bare, alene, kun; *conj* men
**onwards** ['ɔnwədz] *adv* fremover
**onyx** ['ɔniks] *n* onyks *m*
**opal** ['oupəl] *n* opal *m*
**open** ['oupən] *v* åpne; *adj* åpen; åpenhjertig
**opener** ['oupənə] *n* (flaske-)åpner *m*; åpningsnummer *nt*
**opening** ['oupəniŋ] *n* åpning *c*
**opera** ['ɔpərə] *n* opera *m*; ~ **house** opera *m*
**operate** ['ɔpəreit] *v* virke, *drive; operere
**operation** [ˌɔpə'reiʃən] *n* virksomhet *c*; operasjon *m*
**operator** ['ɔpəreitə] *n* operatør *m*
**opinion** [ə'pinjən] *n* oppfatning *m*, mening *m*
**opponent** [ə'pounənt] *n* motstander *m*
**opportunity** [ˌɔpə'tju:nəti] *n* leilighet *c*, anledning *m*
**oppose** [ə'pouz] *v* *motsette seg, opponere
**opposite** ['ɔpəzit] *prep* overfor; *adj* motsatt
**opposition** [ˌɔpə'ziʃən] *n* opposisjon *m*
**oppress** [ə'pres] *v* undertrykke, knuge
**optician** [ɔp'tiʃən] *n* optiker *m*
**optimism** ['ɔptimizəm] *n* optimisme *m*
**optimist** ['ɔptimist] *n* optimist *m*
**optimistic** [ˌɔpti'mistik] *adj* optimistisk
**optional** ['ɔpʃənəl] *adj* valgfri
**or** [ɔ:] *conj* eller
**oral** ['ɔ:rəl] *adj* muntlig
**orange** ['ɔrindʒ] *n* appelsin *m*; *adj* oransje
**orbit** ['ɔ:bit] *n* omløp *nt*
**orchard** ['ɔ:tʃəd] *n* frukthage *m*
**orchestra** ['ɔ:kistrə] *n* orkester *nt*; ~ **seat** *Am*

orkesterplass *m*
**order** ['ɔːdə] *v* beordre; bestille; *n* rekkefølge *m*, orden *m*; ordre *m*, befaling *c*; bestilling *c*; **in ~** i orden; **in ~ to** for å; **made to ~** laget på bestilling; **out of ~** i uorden
**ordinary** ['ɔːdənri] *adj* vanlig, dagligdags
**ore** [ɔː] *n* malm *m*
**organ** ['ɔːgən] *n* organ *nt*; orgel *nt*
**organic** [ɔː'gænik] *adj* organisk
**organization** [ˌɔːgənai'zeiʃən] *n* organisasjon *m*
**organize** ['ɔːgənaiz] *v* organisere
**Orient** ['ɔːriənt] *n* Orienten
**oriental** [ˌɔːri'entəl] *adj* orientalsk
**orientate** ['ɔːriənteit] *v* orientere seg
**origin** ['ɔridʒin] *n* avstamning *m*, opphav *nt*; herkomst *m*
**original** [ə'ridʒinəl] *adj* original, opprinnelig
**originally** [ə'ridʒinəli] *adv* i begynnelsen
**ornament** ['ɔːnəmənt] *n* utsmykning *m*
**ornamental** [ˌɔːnə'mentəl] *adj* dekorativ
**orphan** ['ɔːfən] *n* foreldreløst barn
**orthodox** ['ɔːθədɔks] *adj* ortodoks
**ostrich** ['ɔstritʃ] *n* struts *m*
**other** ['ʌðə] *adj* annen
**otherwise** ['ʌðəwaiz] *conj* ellers; *adv* annerledes
***ought to** [ɔːt] *burde
**ounce** ['auns] *n* vektenhet, ca 30 g
**our**, **ours** [auə] *adj* vår
**ourselves** [auə'selvz] *pron* oss; selv
**out** [aut] *adv* ute, ut; **~ of** sluppet opp for
**outbreak** ['autbreik] *n* utbrudd *nt*
**outcome** ['autkʌm] *n* resultat *nt*
***outdo** [ˌaut'duː] *v* *overgå
**outdoors** [ˌaut'dɔːz] *adv* utendørs
**outer** ['autə] *adj* ytre
**outfit** ['autfit] *n* utrustning *m*; klesdrakt *c*
**outing** ['autiŋ] *n* utflukt *c*
**outline** ['autlain] *n* kontur *m*, omriss *nt*; *v* gi et omriss av
**outlook** ['autluk] *n* utsikt *m*; syn *nt*
**output** ['autput] *n* produksjon *m*
**outrage** ['autreidʒ] *n* fornærmelse *m*; krenkelse *m*
**outside** [ˌaut'said] *adv* utenfor; *prep* utenfor; *n* utside *c*, ytterside *c*
**outsize** ['autsaiz] *n* stor størrelse
**outskirts** ['autskəːts] *pl* utkant *m*

**outstanding** [ˌaut'stændiŋ] *adj* fremtredende, fremragende
**outward** ['autwəd] *adj* utvendig
**outwards** ['autwədz] *adv* utad
**oval** ['ouvəl] *adj* oval
**oven** ['ʌvən] *n* stekeovn *m*
**over** ['ouvə] *prep* over, ovenfor; *adv* over; over ende; ~ **there** der borte
**overall** ['ouvərɔːl] *adj* total
**overalls** ['ouvərɔːlz] *pl* overall *m*
**overcast** ['ouvəkɑːst] *adj* overskyet
**overcoat** ['ouvəkout] *n* frakk *m*
***overcome** [ˌouvə'kʌm] *v* *overvinne
**overdo** [ˌouvə'duː] *v* overdrive
**overdraft** ['ouvədrɑːft] *n* overtrekk *nt*
**overdue** [ˌouvə'djuː] *adj* forsinket; forfalt
**overgrown** [ˌouvə'groun] *adj* overgrodd
**overhaul** [ˌouvə'hɔːl] *v* overhale
**overhead** [ˌouvə'hed] *adv* ovenfor
**overlook** [ˌouvə'luk] *v* *overse
**overnight** [ˌouvə'nait] *adv* natten over
**overseas** [ˌouvə'siːz] *adj* oversjøisk
**oversight** ['ouvəsait] *n* forglemmelse *m*
***oversleep** [ˌouvə'sliːp] *v* *forsove seg
**overstrung** [ˌouvə'strʌŋ] *adj* overspent
***overtake** [ˌouvə'teik] *v* kjøre forbi; **no overtaking** forbikjøring forbudt
**over-tired** [ˌouvə'taiəd] *adj* overtrett
**overture** ['ouvətʃə] *n* ouverture *m*
**overweight** ['ouvəweit] *n* overvekt *c*; *adj* overvektig
**overwhelm** [ˌouvə'welm] *v* overvelde
**overwork** [ˌouvə'wəːk] *v* overanstrenge seg
**owe** [ou] *v* *være skyldig, skylde; *ha å takke for; **owing to** på grunn av
**owl** [aul] *n* ugle *c*
**own** [oun] *v* eie; *adj* egen
**owner** ['ounə] *n* eier *m*, innehaver *m*
**ox** [ɔks] *n* (pl oxen) okse *m*
**oxygen** ['ɔksidʒən] *n* surstoff *nt*
**oyster** ['ɔistə] *n* østers *m*
**ozone** ['ouzoun] *n* ozon *nt*

# P

**pace** [peis] *n* skritt *nt*; tempo *nt*
**Pacific Ocean** [pə'sifik 'ouʃən] Stillehavet
**pacifism** ['pæsifizəm] *n* pasifisme *m*
**pacifist** ['pæsifist] *n* pasifist *m*; pasifistisk
**pack** [pæk] *v* pakke; *nAm* kortstokk *m*; ~ **up** pakke ned
**package** ['pækidʒ] *n* pakke *c*
**packet** ['pækit] *n* liten pakke, småpakke *c*
**packing** ['pækiŋ] *n* innpakning *m*
**pact** [pækt] *n* pakt *c*; kontrakt *m*
**pad** [pæd] *n* pute *m*; notisblokk *c*
**paddle** ['pædəl] *n* padleåre *c*
**padlock** ['pædlɔk] *n* hengelås *m* / *nt*
**pagan** ['peigən] *adj* hedensk; *n* hedning *m*
**page** [peidʒ] *n* side *c*
**pail** [peil] *n* spann *nt*
**pain** [pein] *n* smerte *m*; **pains** umake *m*
**painful** ['peinfəl] *adj* smertefull
**painkiller** ['peinkilə] *n* smertestillende middel *nt*
**painless** ['peinləs] *adj* smertefri
**paint** [peint] *n* maling *c*; *v* male
**paintbox** ['peintbɔks] *n* malerskrin *nt*
**paintbrush** ['peintbrʌʃ] *n* pensel *m*
**painter** ['peintə] *n* maler *m*
**painting** ['peintiŋ] *n* maleri *nt*
**pair** [pεə] *n* par *nt*
**Pakistan** [,pɑːki'stɑːn] Pakistan
**Pakistani** [,pɑːki'stɑːni] *adj* pakistansk; *n* pakistaner *m*
**palace** ['pæləs] *n* palass *nt*
**pale** [peil] *adj* blek; lyse-
**palm** [pɑːm] *n* palme *m*; håndflate *c*
**palpable** ['pælpəbəl] *adj* følelig, merkbar
**palpitation** [,pælpi'teiʃən] *n* hjerteklapp *m*
**pan** [pæn] *n* panne *c*; kasserolle *m*
**pane** [pein] *n* vindusrute *c*
**panel** ['pænəl] *n* panel *nt*
**panelling** ['pænəliŋ] *n* panelverk *nt*
**panic** ['pænik] *n* panikk *m*
**pant** [pænt] *v* pese
**panties** ['pæntiz] *pl* underbukse *c*, truse *c*
**pants** [pænts] *pl* underbukse *c*; bukse *c*
**pant suit** ['pæntsuːt] *n* buksedrakt *c*, buksedress

*m*
**panty hose** ['pæntihouz] *n* strømpebukse *c*
**paper** ['peipə] *n* papir *nt*; avis *c*; papir-; ~ **bag** papirpose *m*; ~ **knife** papirkniv *m*; ~ **napkin** papirserviett *m*; **wrapping** ~ innpakningspapir *nt*
**paperback** ['peipəbæk] *n* billigbok *c*
**parade** [pə'reid] *n* parade *m*; tog *nt*
**paradise** [pærədais] *n* paradis *nt*
**paraffin** ['pærəfin] *n* parafin *m m*
**paragraph** ['pærəgra:f] *n* avsnitt *nt*; paragraf *m*
**parakeet** ['pærəki:t] *n* papegøye *m*
**parallel** ['pærəlel] *adj* parallell; *n* parallell *m*
**paralyse** ['pærəlaiz] *v* lamme
**parcel** ['pa:səl] *n* pakke *c*
**pardon** ['pa:dən] *n* tilgivelse *m*; benådning *m*
**parent** ['pɛərənt] *n* forelder *m*
**parents** ['pɛərənts] *pl* foreldre *pl*
**parents-in-law** ['pɛərəntsinlɔ:] *pl* svigerforeldre *pl*
**parish** ['pæriʃ] *n* sogn *nt*
**park** [pa:k] *n* park *m*; *v* parkere
**parking** ['pa:kiŋ] *n* parkering *c*; **no** ~ parkering forbudt; ~ **fee** parkeringsavgift *c*; ~ **light** parkeringslys *nt*; ~ **lot** *Am* parkeringsplass *m*; ~ **meter** parkometer *nt*; ~ **zone** parkeringssone *c*
**parliament** ['pa:ləmənt] *n* parlament *nt*
**parliamentary** [,pa:lə'mentəri] *adj* parlamentarisk
**parrot** ['pærət] *n* papegøye *m*
**parsley** ['pa:sli] *n* persille *c*
**parson** ['pa:sən] *n* prest *m*
**parsonage** ['pa:sənidʒ] *n* prestegård *m*
**part** [pa:t] *n* del *m*; stykke *nt*; *v* skille; **spare** ~ reservedel *m*
**partial** ['pa:ʃəl] *adj* delvis; partisk
**participant** [pa:'tisipənt] *n* deltaker *m*
**participate** [pa:'tisipeit] *v* *delta
**particular** [pə'tikjulə] *adj* spesiell, særegen; kresen; **in** ~ i særdeleshet
**parting** ['pa:tiŋ] *n* avskjed *m*; hårskill *m*
**partition** [pa:'tiʃən] *n* skillevegg *m*
**partly** ['pa:tli] *adv* delvis
**partner** ['pa:tnə] *n* partner *m*; kompanjong *m*
**partridge** ['pa:tridʒ] *n* rapphøne *c*
**party** ['pa:ti] *n* parti *nt*; selskap *nt*; gruppe *c*

**pass** [pɑːs] *v* *forløpe, passere; *rekke; *bestå; **no passing** *Am* forbikjøring forbudt; **~ by** *gå forbi; **~ through** *gå gjennom
**passage** ['pæsidʒ] *n* passasje *m*; overfart *m*; avsnitt *nt*; gjennomreise *c*
**passenger** ['pæsəndʒə] *n* passasjer *m*; **~ train** persontog *nt*
**passer-by** [ˌpɑːsə'bai] *n* forbipasserende *m*
**passion** ['pæʃən] *n* lidenskap *m*
**passionate** ['pæʃənət] *adj* lidenskapelig
**passive** ['pæsiv] *adj* passiv
**passport** ['pɑːspɔːt] *n* pass *nt*; **~ control** passkontroll *m*; **~ photograph** passfoto *nt*
**password** ['pɑːswəːd] *n* passord *nt*
**past** [pɑːst] *n* fortid *c*; *adj* forrige, tidligere; *prep* forbi, langs
**paste** [peist] *n* lim *nt*; *v* klistre
**pastime** ['pɑːstaim] *n* tidsfordriv *nt*
**pastry** ['peistri] *n* finere bakverk *nt*; **~ shop** konditori *nt*
**pasture** ['pɑːstʃə] *n* beite *nt*
**pasty** ['peisti] *n* postei *m*
**patch** [pætʃ] *n* lapp *m*
**patent** ['peitənt] *n* patent *nt*
**path** [pɑːθ] *n* sti *m*
**patience** ['peiʃəns] *n* tålmodighet *c*
**patient** ['peiʃənt] *adj* tålmodig; *n* pasient *m*
**patriot** ['peitriət] *n* patriot *m*
**patrol** [pə'troul] *n* patrulje *m*; *v* patruljere; overvåke
**pattern** ['pætən] *n* mønster *nt*, motiv *nt*
**pause** [pɔːz] *n* pause *m*; *v* *holde pause
**pave** [peiv] *v* *legge veidekke; *brolegge
**pavement** ['peivmənt] *n* fortau *nt*; veidekke *nt*
**pavilion** [pə'viljən] *n* paviljong *m*
**paw** [pɔː] *n* pote *m*
**pawn** [pɔːn] *v* *pantsette; *n* sjakkbonde *m*
**pawnbroker** ['pɔːnˌbroukə] *n* pantelåner *m*
**pay** [pei] *n* gasje *m*, lønn *c*
***pay** [pei] *v* betale; lønne seg; **~ attention to** *være oppmerksom på; **~ off** nedbetale; **~ on account** avbetale; **paying** lønnsom
**pay desk** ['peidesk] *n* kasse *c*
**payment** ['peimənt] *n* betaling *c*
**pea** [piː] *n* ert *c*
**peace** [piːs] *n* fred *m*
**peaceful** ['piːsfəl] *adj* fredelig
**peach** [piːtʃ] *n* fersken *m*
**peacock** ['piːkɔk] *n* påfugl *m*
**peak** [piːk] *n* tind *m*; topp

*m*; ~ **hour** rushtid *c*; ~ **season** høysesong *m*
**peanut** ['pi:nʌt] *n* peanøtt *m c*
**pear** [pɛə] *n* pære *c*
**pearl** [pə:l] *n* perle *c*
**peasant** ['pezənt] *n* bonde *m*
**pebble** ['pebəl] *n* småstein *m*
**peculiar** [pi'kju:ljə] *adj* underlig; eiendommelig
**peculiarity** [pi,kju:li'ærəti] *n* eiendommelighet *c*
**pedal** ['pedəl] *n* pedal *m*
**pedestrian** [pi'destriən] *n* fotgjenger *m*; ~ **crossing** fotgjengerovergang *m*; **no pedestrians** ikke for fotgjengere
**peel** [pi:l] *v* skrelle; *n* skrell *nt*
**peep** [pi:p] *v* kikke
**peg** [peg] *n* knagg *m*
**pelican** ['pelikən] *n* pelikan *m*
**pelvis** ['pelvis] *n* bekken *nt*
**pen** [pen] *n* penn *m*
**penalty** ['penəlti] *n* bot *c*; straff *m*; ~ **kick** straffespark *nt*
**pencil** ['pensəl] *n* blyant *m*; ~ **sharpener** blyantspisser *m*
**penetrate** ['penitreit] *v* trenge gjennom
**penguin** ['peŋgwin] *n* pingvin *m*
**penicillin** [,peni'silin] *n* penicillin *nt*
**peninsula** [pə'ninsjulə] *n* halvøy *c*
**penknife** ['pennaif] *n* (pl -knives) lommekniv *m*
**penny** ['peni] *n* (pl pennies, pence) penny *m*
**pension**[1] ['pɑ̃:siɔ̃:] *n* pensjonat *nt*
**pension**[2] ['penʃən] *n* pensjon *m*
**Pentecost** ['pentikast] *n* pinse *c*
**people** ['pi:pəl] *pl* folk *pl*; *n* folk *nt*, folkeslag *nt*
**pepper** ['pepə] *n* pepper *m*
**peppermint** ['pepəmint] *n* peppermynte *c*
**per** [pə:] *prep* per, pr.; ~ **cent** prosent
**perceive** [pə'si:v] *v* fornemme
**percent** [pə'sent] *n* prosent *m*
**percentage** [pə'sentidʒ] *n* prosentsats *m*
**perceptible** [pə'septibəl] *adj* merkbar
**perception** [pə'sepʃən] *n* fornemmelse *m*
**perch** [pə:tʃ] (pl ~) åbor *m*
**percolator** ['pə:kəleitə] *n* kaffetrakter *m*
**perfect** ['pə:fikt] *adj* fullkommen, perfekt
**perfection** [pə'fekʃən] *n* perfeksjon *m*, fullkommenhet *c*
**perform** [pə'fɔ:m] *v* utføre; *opptre; utøve
**performance** [pə'fɔ:məns]

*n* forestilling *c*
**perfume** ['pə:fju:m] *n* parfyme *m*
**perhaps** [pə'hæps] *adv* kanskje; muligens
**peril** ['peril] *n* fare *m*
**perilous** ['periləs] *adj* livsfarlig
**period** ['piəriəd] *n* periode *m*, tid *c*; punktum *nt*
**periodical** [ˌpiəri'ɔdikəl] *n* tidsskrift *nt*; *adj* periodevis
**perish** ['periʃ] *v* *omkomme; *forgå
**perishable** ['periʃəbəl] *adj* bedervelig
**perjury** ['pə:dʒəri] *n* mened *m*
**permanent** ['pə:mənənt] *adj* varig, permanent, vedvarende, fast
**permission** [pə'miʃən] *n* tillatelse *m*; lov *m*
**permit**[1] [pə'mit] *v* *tillate
**permit**[2] ['pə:mit] *n* tillatelse *m*, permisjon *m*
**peroxide** [pə'rɔksaid] *n* vannstoff hyperoksyd
**perpendicular** [ˌpə:pən'dikjulə] *adj* loddrett
**persecute** ['pə:sikju:t] *v* *forfølge, plage
**Persia** ['pə:ʃə] Persia
**Persian** ['pə:ʃən] *adj* persisk; *n* perser *m*
**person** ['pə:sən] *n* person *m*; **per** ~ per person
**personal** ['pə:sənəl] *adj* personlig
**personality** [ˌpə:sə'næləti] *n* personlighet *c*
**personnel** [ˌpə:sə'nel] *n* personale *nt*
**perspective** [pə'spektiv] *n* perspektiv *nt*
**perspiration** [ˌpə:spə'reiʃən] *n* svette *m*
**perspire** [pə'spaiə] *v* transpirere, svette
**persuade** [pə'sweid] *v* overtale; overbevise
**persuasion** [pə'sweiʒən] *n* overbevisning *m*; overtaling *c*
**pessimism** ['pesimizəm] *n* pessimisme *m*
**pessimist** ['pesimist] *n* pessimist *m*
**pessimistic** [ˌpesi'mistik] *adj* pessimistisk
**pet** [pet] *n* kjæledyr *nt*; kjæledegge *m*; *adj* yndlings-
**petal** ['petəl] *n* kronblad *nt*
**petition** [pi'tiʃən] *n* bønn *m*; petisjon *m*
**petrol** ['petrəl] *n* bensin *m*; **unleaded** ~ blyfri bensin; ~ **pump** bensinpumpe *c*; ~ **station** bensinstasjon *m*; ~ **tank** bensintank *m*
**petroleum** [pi'trouliəm] *n* petroleum *m*
**petty** ['peti] *adj* smålig, ubetydelig, liten; ~ **cash** småpenger *pl*
**phantom** ['fæntəm] *n* fantasibilde *nt*; gjenferd *nt*
**pharmacology**

[ˌfɑːmə'kɔlədʒi] *n* farmakologi *m*
**pharmacy** ['fɑːməsi] *n* apotek *nt*
**phase** [feiz] *n* fase *m*
**Philippine** ['filipain] *adj* filippinsk
**Philippines** ['filipiːnz] *pl* Filippinene
**philosopher** [fi'lɔsəfə] *n* filosof *m*
**philosophy** [fi'lɔsəfi] *n* filosofi *m*
**phone** [foun] *n* telefon *m*; *v* telefonere, ringe; ~ **card** telefonkort *nt*
**phonetic** [fə'netik] *adj* fonetisk
**phoney** ['founi] *adj* falsk; *n* bløffmaker *m*
**photo** ['foutou] *n* (pl ~s) fotografi *nt*
**photo message** ['foutou‿ˌmesədʒ] *n* bildemelding *c*
**photocopy** ['foutəkɔpi] *n* fotokopi *m*; *v* (foto)kopiere
**photograph** ['foutəgrɑːf] *n* fotografi *nt*; *v* fotografere
**photographer** [fə'tɔgrəfə] *n* fotograf *m*
**photography** [fə'tɔgrəfi] *n* fotografering *c*
**phrase** [freiz] *n* uttrykk *nt*
**phrase book** ['freizbuk] *n* parlør *m*
**physical** ['fizikəl] *adj* fysisk
**physician** [fi'ziʃən] *n* lege *m*
**physicist** ['fizisist] *n* fysiker *m*
**physics** ['fiziks] *n* fysikk *m*
**physiology** [ˌfizi'ɔlədʒi] *n* fysiologi *m*
**pianist** ['piːənist] *n* pianist *m*
**piano** [pi'ænou] *n* piano *nt*; **grand** ~ flygel *nt*
**pick** [pik] *v* plukke; *velge; *n* valg *nt*; ~ **up** *ta opp; hente; **pick-up van** varebil *m*
**picnic** ['piknik] *n* piknik *m*; *v* *dra på piknik
**picture** ['piktʃə] *n* maleri *nt*; illustrasjon *m*, stikk *nt*; bilde *nt*; ~ **postcard** prospektkort *nt*; **pictures** kino *m*
**picturesque** [ˌpiktʃə'resk] *adj* pittoresk, malerisk
**piece** [piːs] *n* stykke *nt*, bit *m*; brikke *c*
**pier** [piə] *n* utstikker *m*
**pierce** [piəs] *v* gjennombore
**pig** [pig] *n* gris *m*
**pigeon** ['pidʒən] *n* due *c*
**piggy bank** ['pigibæŋk] *n* sparegris *m*
**pig-headed** [ˌpig'hedid] *adj* sta
**piglet** ['piglət] *n* smågris *m*
**pigskin** ['pigskin] *n* svinelær *nt*
**pike** [paik] (pl ~) gjedde *c*
**pile** [pail] *n* haug *m*; *v* stable; **piles** *pl* hemorroider *pl*
**pilgrim** ['pilgrim] *n* pilegrim *m*

**pilgrimage** ['pilgrimidʒ] *n* pilegrimsreise *c*
**pill** [pil] *n* pille *c*
**pillar** ['pilə] *n* søyle *c*
**pillar-box** ['pilәbɔks] *n* postkasse *c*
**pillow** ['pilou] *n* pute *c*, hodepute *c*
**pillowcase** ['piloukeis] *n* putevar *nt*
**pilot** ['pailət] *n* pilot *m*; los *m*
**pimple** ['pimpәl] *n* kvise *c*
**pin** [pin] *n* knappenål *c*; *v* feste med nål; **bobby ~** *Am* hårspenne *c*
**PIN** [pin], **personal identification number** *n* PIN, kode *c*
**pincers** ['pinsəz] *pl* knipetang *c*
**pinch** [pintʃ] *v* *klype
**pineapple** ['pai,næpәl] *n* ananas *m*
**ping-pong** ['piŋpɔŋ] *n* bordtennis *m*
**pink** [piŋk] *adj* lyserød, rosa
**pioneer** [,paiə'niə] *n* nybygger *m*; pioner *m*
**pious** ['paiəs] *adj* from
**pip** [pip] *n* kjerne *m*
**pipe** [paip] *n* pipe *c*; rør *nt*; **~ cleaner** piperenser *m*; **~ tobacco** pipetobakk *m*
**pirate** ['paiərət] *n* sjørøver *m*
**pistol** ['pistәl] *n* pistol *m*
**piston** ['pistən] *n* stempel *nt*
**pit** [pit] *n* grop *c*; gruve *c*
**pitcher** ['pitʃə] *n* krukke *c*
**pity** ['piti] *n* medlidenhet *c*; *v* synes synd på, *ha medlidenhet med; **what a pity!** så synd!
**placard** ['plækɑːd] *n* plakat *m*
**place** [pleis] *n* sted *nt*; *v* *sette, stille; **~ of birth** fødested *nt*; ***take ~** *finne sted
**plague** [pleig] *n* plage *c*; pest *m*
**plaice** [pleis] (pl ~) rødspette *c*
**plain** [plein] *adj* tydelig; alminnelig, enkel; *n* slette *c*
**plan** [plæn] *n* plan *m*; *v* *planlegge
**plane** [plein] *adj* flat; *n* fly *nt*; **~ crash** flyulykke *c*
**planet** ['plænit] *n* planet *m*
**planetarium** [,plæni'tɛəriəm] *n* planetarium *nt*
**plank** [plæŋk] *n* planke *m*
**plant** [plɑːnt] *n* plante *c*; fabrikk *m*; *v* plante
**plantation** [plæn'teiʃən] *n* plantasje *m*
**plaster** ['plɑːstə] *n* murpuss *m*, gips *m*; plaster *nt*
**plastic** ['plæstik] *adj* plastikk-; *n* plastikk *m*
**plate** [pleit] *n* tallerken *m*; plate *c*
**plateau** ['plætou] *n* (pl ~x, ~s) vidde *c*; høyslette *c*
**platform** ['plætfɔːm] *n* perrong *m*
**platinum** ['plætinəm] *n*

platina *m*
**play** [plei] *n* lek *m*; teaterstykke *nt*; *v* leke; spille; **one-act ~** enakter *m*; **~ truant** skulke
**player** [pleiə] *n* spiller *m*
**playground** ['pleigraund] *n* lekeplass *m*
**playing card** ['pleiiŋkɑːd] *n* spillkort *nt*
**playwright** ['pleirait] *n* skuespillforfatter *m*
**plea** [pliː] *n* påstand *m*; bønn *m*
**plead** [pliːd] *v* føre en sak; trygle
**pleasant** ['plezənt] *adj* hyggelig, deilig
**please** [pliːz] vennligst; *v* glede; **pleased** fornøyd; **pleasing** behagelig
**pleasure** ['pleʒə] *n* behag *nt*, fornøyelse *m*
**plentiful** ['plentifəl] *adj* rikelig
**plenty** ['plenti] *n* rikelighet *c*; overflod *m*
**pliers** [plaiəz] *pl* tang *c*
**plot** [plɔt] *n* komplott *nt*, sammensvergelse *m*; handling *c*; tomt *c*
**plough** [plau] *n* plog *m*; *v* pløye
**plucky** ['plʌki] *adj* modig
**plug** [plʌg] *n* stikkontakt *m*; **~ in** sette i kontakten, plugge inn
**plum** [plʌm] *n* plomme *c*
**plumber** ['plʌmə] *n* rørlegger *m*
**plump** [plʌmp] *adj* lubben
**plural** ['pluərəl] *n* flertall *nt*
**plus** [plʌs] *prep* pluss
**pneumatic** [njuː'mætik] *adj* luft..., pneumatisk
**pneumonia** [njuː'mouniə] *n* lungebetennelse *m*
**poach** [poutʃ] *v* **~ed eggs** pocherte egg
**pocket** ['pɔkit] *n* lomme *c*
**pocketbook** ['pɔkitbuk] *nAm* lommebok *c*
**pocketknife** ['pɔkitnaif] *n* (pl -knives) lommekniv *m*
**poem** ['pouim] *n* dikt *nt*
**poet** ['pouit] *n* dikter *m*
**poetry** ['pouitri] *n* poesi *m*
**point** [pɔint] *n* punkt *nt*; spiss *m*; *v* peke; **~ of view** synspunkt *nt*; **~ out** vise
**pointed** ['pɔintid] *adj* spiss
**poison** ['pɔizən] *n* gift *c*; *v* forgifte
**poisonous** ['pɔizənəs] *adj* giftig
**Poland** ['poulənd] Polen
**pole** [poul] *n* stang *c*
**police** [pə'liːs] *pl* politi *nt*; **~ station** politistasjon *m*
**policeman** [pə'liːsmən] *n* (pl -men) politibetjent *m*
**policewoman** [pə'liːswumən] *n* (pl -women) politibetjent *m*
**policy** ['pɔlisi] *n* politikk *m*; polise *m*
**Polish** ['pouliʃ] *adj* polsk
**polish** ['pɔliʃ] *v* pusse, polere
**polite** [pə'lait] *adj* høflig

**political** [pə'litikəl] *adj* politisk
**politician** [ˌpɔli'tiʃən] *n* politiker *m*
**politics** ['pɔlitiks] *n* politikk *m*
**poll** [poul] *n* meningsmåling *c*; valg; **go to the polls** velge
**pollute** [pə'luːt] *v* forurense
**pollution** [pə'luːʃən] *n* forurensning *m*
**pond** [pɔnd] *n* dam *m*
**pony** ['pouni] *n* ponni *m*
**pool** [puːl] *n* dam *m*; svømmebasseng *nt*; **~ attendant** badevakt *c*
**poor** [puəl] *adj* fattig; fattigslig; dårlig
**pope** [poup] *n* pave *m*
**pop music** [pɔp 'mjuːzik] popmusikk *m*
**poppy** ['pɔpi] *n* valmue *m*
**popular** ['pɔpjulə] *adj* populær; folke-
**population** [ˌpɔpju'leiʃən] *n* befolkning *m*
**populous** ['pɔpjuləs] *adj* folkerik
**porcelain** ['pɔːsəlin] *n* porselen *nt*
**porcupine** ['pɔːkjupain] *n* pinnsvin *nt*
**pork** [pɔːk] *n* svinekjøtt *nt*
**port** [pɔːt] *n* havn *c*; babord
**portable** ['pɔːtəbəl] *adj* transportabel
**porter** ['pɔːtə] *n* bærer *m*; portier *m*
**porthole** ['pɔːthoul] *n* kuøye *nt*
**portion** ['pɔːʃən] *n* porsjon *m*
**portrait** ['pɔːtrit] *n* portrett *nt*
**Portugal** ['pɔːtjugəl] Portugal
**Portuguese** [ˌpɔːtju'giːz] *adj* portugisisk; *n* portugiser *m*
**position** [pə'ziʃən] *n* posisjon *m*; situasjon *m*; holdning *m*; stilling *c*
**positive** ['pɔzətiv] *adj* positiv; *n* positivt bilde
**possess** [pə'zes] *v* eie; **possessed** *adj* besatt
**possession** [pə'zeʃən] *n* besittelse *m*; **possessions** eiendeler *pl*
**possibility** [ˌpɔsə'biləti] *n* mulighet *c*
**possible** ['pɔsəbəl] *adj* mulig; eventuell
**post** [poust] *n* stolpe *m*; post *m*; *v* poste; **post-office** postkontor *nt*
**postage** ['poustidʒ] *n* porto *m*; **~ paid** portofri; **~ stamp** frimerke *nt*
**postcard** ['poustkaːd] *n* postkort *nt*; prospektkort *nt*
**poster** ['poustə] *n* plakat *m*
**poste restante** [poust re'staːt] poste restante
**postman** ['poustmən] *n* (pl -men) postbud *nt*
**post-paid** [ˌpoust'peid] *adj* frankert

**postpone** [pə'spoun] *v* *utsette
**pot** [pɔt] *n* gryte *c*
**potato** [pə'teitou] *n* (pl ~es) potet *m*
**pottery** ['pɔtəri] *n* keramikk *m*; steintøy *nt*
**pouch** [pautʃ] *n* pung *m*
**poultry** ['poultri] *n* fjærkre *nt*
**pound** [paund] *n* pund *nt*
**pour** [pɔː] *v* helle, skjenke
**poverty** ['pɔvəti] *n* fattigdom *m*
**powder** ['paudə] *n* pudder *nt*
**power** [pauə] *n* kraft *c*, styrke *m*; energi *m*; makt *c*; ~ **station** kraftverk *nt*
**powerful** ['pauəfəl] *adj* mektig; sterk
**powerless** ['pauələs] *adj* maktesløs
**practical** ['præktikəl] *adj* praktisk
**practically** ['præktikli] *adv* praktisk talt
**practice** ['præktis] *n* praksis *m*
**practise** ['præktis] *v* praktisere; øve seg
**praise** [preiz] *v* rose; *n* ros *m*
**pram** [præm] *n* barnevogn *c*
**prawn** [prɔːn] *n* reke *c*
**pray** [prei] *v* *be
**prayer** [prɛə] *n* bønn *m*
**preach** [priːtʃ] *v* preke
**precarious** [pri'kɛəriəs] *adj* risikabel; utrygg
**precaution** [pri'kɔːʃən] *n* forsiktighet *c*; sikkerhetstiltak *nt*
**precede** [pri'siːd] *v* *gå forut for
**preceding** [pri'siːdiŋ] *adj* foregående
**precious** ['preʃəs] *adj* kostbar; dyrebar; ~ **stone** edelstein *m*
**precipice** ['presipis] *n* stup *nt*
**precipitation** [pri,sipi'teiʃən] *n* nedbør *m*
**precise** [pri'sais] *adj* presis, nøyaktig; pertentlig
**predecessor** ['priːdisesə] *n* forgjenger *m*
**predict** [pri'dikt] *v* spå
**prefer** [pri'fəː] *v* *foretrekke
**preferable** ['prefərəbəl] *adj* til å foretrekke
**preference** ['prefərəns] *n* forkjærlighet *c*
**prefix** ['priːfiks] *n* forstavelse *m*
**pregnant** ['pregnənt] *adj* gravid
**pregnancy** ['pregnənsi] *n* svangerskap *nt*
**prejudice** ['predʒədis] *n* fordom *m*
**preliminary** [pri'liminəri] *adj* innledende; forberedende
**premature** ['prematʃuə] *adj* forhastet; for tidlig
**premier** ['premiə] *n* statsminister *m*

**premises** ['premisiz] *pl* eiendom *m*
**premium** ['pri:miəm] *n* forsikringspremie *m*
**prepaid** [ˌpri:'peid] *adj* forhåndsbetalt
**preparation** [ˌprepə'reiʃən] *n* forberedelse *m*
**prepare** [pri'pɛə] *v* forberede; tilberede
**prepared** [pri'pɛəd] *adj* beredt
**preposition** [ˌprepə'ziʃən] *n* preposisjon *m*
**prescribe** [pri'skraib] *v* *foreskrive
**prescription** [pri'skripʃən] *n* resept *m*
**presence** ['prezəns] *n* nærvær *nt*; tilstedeværelse *m*
**present**[1] ['prezənt] *n* presang *m*, gave *c*; nåtid *c*; *adj* nåværende; tilstedeværende
**present**[2] [pri'zent] *v* presentere; *forelegge
**presentation** [pri'zent'eiʃən] *v* presentasjon
**presently** ['prezəntli] *adv* snart
**preservation** [ˌprezə'veiʃən] *n* konservering *c*
**preserve** [pri'zə:v] *v* konservere; hermetisere
**president** ['prezidənt] *n* president *m*; formann *m*
**press** [pres] *n* presse *m*; *v* trykke på, trykke; presse; ~ **conference** pressekonferanse *m*
**pressing** ['presiŋ] *adj* presserende, inntrengende
**pressure** ['preʃə] *n* trykk *nt*; press *nt*; **atmospheric ~** lufttrykk *nt*; **~ cooker** trykkoker *m*
**prestige** [pre'sti:ʒ] *n* prestisje *m*
**presumable** [pri'zju:məbəl] *adj* antakelig
**presumptuous** [pri'zʌmpʃəs] *adj* overmodig; anmassende
**pretence** [pri'tens] *n* påskudd *nt*
**pretend** [pri'tend] *v* *foregi, *late som
**pretext** ['pri:tekst] *n* påskudd *nt*
**pretty** ['priti] *adj* pen; *adv* ganske, temmelig
**prevent** [pri'vent] *v* avverge, forhindre; forebygge
**preventive** [pri'ventiv] *adj* forebyggende
**preview** ['privju:] *n* forhåndsvisning *m*
**previous** ['pri:viəs] *adj* foregående, tidligere, forrige
**price** [prais] *n* pris *m*; *v* prise
**priceless** ['praisləs] *adj* uvurderlig
**price list** ['praisˌlist] *n* prisliste *c*
**pride** [praid] *n* stolthet *c*

**priest** [pri:st] *n* katolsk prest
**primary** ['praiməri] *adj* primær; hoved-, første; elementær
**primeval forest** [praim'i:vəl 'fɔrist] *n* urskog *m*
**prince** [prins] *n* prins *m*
**princess** [prin'ses] *n* prinsesse *c*
**principal** ['prinsəpəl] *adj* hoved-; *n* rektor *m*, skolebestyrer *m*
**principle** ['prinsəpəl] *n* prinsipp *nt*, grunnsetning *m*
**print** [print] *v* trykke; *n* avtrykk *nt*; trykk *nt*
**printer** ['printə] *n* printer *m*, skriver *m*
**printout** ['printaut] *n* utskrift *c*
**prior** ['praiə] *adj* forutgående
**priority** [prai'ɔrəti] *n* fortrinnsrett *m*, prioritet *m*
**prison** ['prizən] *n* fengsel *nt*
**prisoner** ['prizənə] *n* fange *m*, innsatt *m*; ~ **of war** krigsfange *m*
**privacy** ['praivəsi] *n* privatliv *nt*
**private** ['praivit] *adj* privat; personlig
**privilege** ['privilidʒ] *n* privilegium *nt*
**prize** [praiz] *n* premie *m*; belønning *c*
**probable** ['prɔbəbəl] *adj* sannsynlig
**probably** ['prɔbəbli] *adv* sannsynligvis
**problem** ['prɔbləm] *n* problem *nt*; spørsmål *nt*
**procedure** [prə'si:dʒə] *n* fremgangsmåte *m*
**proceed** [prə'si:d] *v* *fortsette; *gå til verks
**process** ['prouses] *n* prosess *m*, fremgangsmåte *m*; rettergang *m*
**procession** [prə'seʃən] *n* opptog *nt*, prosesjon *m*
**proclaim** [prə'kleim] *v* *kunngjøre
**produce**[1] [prə'dju:s] *v* fremstille, produsere
**produce**[2] ['prɔdju:s] *n* landbruksprodukter *pl*; avling *c*
**producer** [prə'dju:sə] *n* produsent *m*
**product** ['prɔdʌkt] *n* produkt *nt*
**production** [prə'dʌkʃən] *n* produksjon *m*
**profession** [prə'feʃən] *n* yrke *nt*; fag *nt*
**professional** [prə'feʃənəl] *adj* profesjonell
**professor** [prə'fesə] *n* professor *m*
**profit** ['prɔfit] *n* fortjeneste *c*, fordel *m*; *v* *ha utbytte av
**profitable** ['prɔfitəbəl] *adj* innbringende
**profound** [prə'faund] *adj* dypsindig; grundig
**programme** ['prougræm] *n*

program *nt*
**progress**[1] ['prougres] *n* fremskritt *nt*
**progress**[2] [prə'gres] *v* *gjøre fremskritt
**progressive** [prə'gresiv] *adj* progressiv, fremadstrebende; tiltagende
**prohibit** [prə'hibit] *v* *forby
**prohibition** [ˌproui'biʃən] *n* forbud *nt*
**prohibitive** [prə'hibitiv] *adj* uoverkommelig
**project** ['prɔdʒekt] *n* plan *m*, prosjekt *nt*
**promenade** [ˌprɔmə'nɑːd] *n* promenade *m*
**promise** ['prɔmis] *n* løfte *nt*; *v* love
**promote** [prə'mout] *v* forfremme, fremme
**promotion** [prə'mouʃən] *n* forfremmelse *m*
**prompt** [prɔmpt] *adj* omgående, straks
**pronoun** ['prounaun] *n* pronomen *nt*
**pronounce** [prə'nauns] *v* uttale
**pronunciation** [ˌprənʌnsi'eiʃən] *n* uttale *m*
**proof** [pruːf] *n* bevis *nt*
**propaganda** [ˌprɔpə'gændə] *n* propaganda *m*
**propel** [prə'pel] *v* *drive frem
**propeller** [prə'pelə] *n* propell *m*
**proper** ['prɔpə] *adj* passende; sømmelig, riktig
**property** ['prɔpəti] *n* eiendeler *pl*, eiendom *m*; egenskap *m*
**prophet** ['prɔfit] *n* profet *m*
**proportion** [prə'pɔːʃən] *n* proporsjon *m*
**proportional** [prə'pɔːʃənəl] *adj* forholdsmessig
**proposal** [prə'pouzəl] *n* forslag *nt*
**propose** [prə'pouz] *v* *foreslå
**proposition** [ˌprɔpə'ziʃən] *n* forslag *nt*
**proprietor** [prə'praiətə] *n* eier *m*
**prosecute** ['prɔsikjuːt] *v* saksøke, anklage
**prospect** ['prɔspekt] *n* utsikt *m*
**prosperity** [prɔ'sperəti] *n* fremgang *m*, velstand *m*
**prosperous** ['prɔspərəs] *adj* velstående
**prostitute** ['prɔstitjuːt] *n* prostituert *m*
**protect** [prə'tekt] *v* beskytte
**protection** [prə'tekʃən] *n* beskyttelse *m*
**protein** ['proutiːn] *n* protein *nt*
**protest**[1] ['proutest] *n* protest *m*
**protest**[2] [prə'test] *v* protestere
**Protestant** ['prɔtistənt] *adj* protestantisk
**proud** [praud] *adj* stolt;

hovmodig
**prove** [pru:v] *v* bevise; vise seg
**proverb** ['prɔvə:b] *n* ordspråk *nt*
**provide** [prə'vaid] *v* forsyne, skaffe; **provided that** forutsatt at
**province** ['prɔvins] *n* fylke *nt*; provins *m*
**provincial** [prə'vinʃəl] *adj* provinsiell
**provisional** [prə'viʒənəl] *adj* foreløpig
**provisions** [prə'viʒənz] *pl* proviant *m*
**prudent** ['pru:dənt] *adj* klok; varsom
**prune** [pru:n] *n* sviske *c*
**psychiatrist** [sai'kaiətrist] *n* psykiater *m*
**psychic** ['saikik] *adj* psykisk
**psychoanalyst** [ˌsaikou'ænəlist] *n* psykoanalytiker *m*
**psychological** [ˌsaikɔ'lɔdʒikəl] *adj* psykologisk
**psychologist** [sai'kɔlədʒist] *n* psykolog *m*
**psychology** [sai'kɔlədʒi] *n* psykologi *m*
**pub** [pʌb] *n* kro *c*, kneipe *c*, pub *m*
**public** ['pʌblik] *adj* offentlig; allmenn; *n* publikum *nt*; ~ **garden** offentlig parkanlegg; ~ **house** vertshus *nt*
**publication** [ˌpʌbli'keiʃən] *n* offentliggjørelse *m*
**publicity** [pʌ'blisəti] *n* publisitet *m*
**publish** ['pʌbliʃ] *v* *utgi, *offentliggjøre
**publisher** ['pʌbliʃə] *n* forlegger *m*
**puddle** ['pʌdəl] *n* pytt *m*
**pull** [pul] *v* *trekke; ~ **out** *trekke seg; *dra av sted; ~ **up** stanse
**pulley** ['puli] *n* (pl ~s) trinse *c*
**Pullman** ['pulmən] *n* sovevogn *c*
**pullover** ['puˌlouvə] *n* genser *m*
**pulpit** ['pulpit] *n* prekestol *m*, talerstol *m*
**pulse** [pʌls] *n* puls *m*
**pump** [pʌmp] *n* pumpe *c*; *v* pumpe
**pun** [pʌn] *n* ordspill *nt*
**punch** [pʌntʃ] *v* *slå; *n* knyttneveslag *nt*; punsj *m*
**punctual** ['pʌŋktʃuəl] *adj* punktlig, presis
**puncture** ['pʌŋktʃə] *n* punktering *c*
**punctured** ['pʌŋktʃəd] *adj* punktert
**punish** ['pʌniʃ] *v* straffe
**punishment** ['pʌniʃmənt] *n* straff *m*
**pupil** ['pju:pəl] *n* elev *m*
**puppet-show** ['pʌpitʃou] *n* dukketeater *nt*
**purchase** ['pə:tʃəs] *v* kjøpe; *n* kjøp *nt*, anskaffelse *m*; ~ **price** kjøpesum *m*; ~ **tax**

moms *m*
**purchaser** ['pəːtʃəsə] *n* kjøper *m*
**pure** [pjuə] *adj* ren
**purple** ['pəːpəl] *adj* purpurfarget, lilla
**purpose** ['pəːpəs] *n* hensikt *m*, formål *nt*; **on ~** med vilje
**purse** [pəːs] *n* pengepung *m*, håndveske *c*
**pursue** [pə'sjuː] *v* *forfølge; strebe etter
**pus** [pʌs] *n* verk *m*; materie *m*
**push** [puʃ] *n* dytt *m*, støt *nt*; *v* *skyve; trenge seg frem
**push button** ['puʃ,bʌtən] *n* trykknapp *m*
***put** [put] *v* stille, *legge, plassere; putte; **~ away** rydde vekk; **~ off** *utsette; **~ on** *ta på; **~ out** slokke
**puzzle** ['pʌzəl] *n* puslespill *nt*; gåte *c*; *v* volde hodebry; **jigsaw ~** puslespill *nt*
**puzzling** ['pʌzliŋ] *adj* uforståelig
**pyjamas** [pə'dʒɑːməz] *pl* pyjamas *m*

# Q

**quack** [kwæk] *n* sjarlatan *m*, kvakksalver *m*
**quail** [kweil] *n* (pl ~, ~s) vaktel *m*
**quaint** [kweint] *adj* eiendommelig; gammeldags
**qualification** [,kwɔlifi'keiʃən] *n* kvalifikasjon *m*; forbehold *nt*, innskrenkning *m*
**qualified** ['kwɔlifaid] *adj* kvalifisert; kompetent
**qualify** ['kwɔlifai] *v* kvalifisere seg
**quality** ['kwɔləti] *n* kvalitet *m*; egenskap *m*
**quantity** ['kwɔntəti] *n* kvantitet *m*; antall *nt*
**quarantine** ['kwɔrəntiːn] *n* karantene *m*
**quarrel** ['kwɔrəl] *v* trette, krangle; *n* krangel *m* / *nt*, trette *c*
**quarry** ['kwɔri] *n* steinbrudd *nt*
**quarter** ['kwɔːtə] *n* kvart; kvartal *nt*; kvarter *nt*; *Am* 25-cent-mynt; **~ of an hour** kvarter *nt*
**quarterly** ['kwɔːtəli] *adj* kvartals-
**quay** [kiː] *n* kai *c*
**queen** [kwiːn] *n* dronning *c*
**queer** [kwiə] *adj* merkelig, underlig; sær
**query** ['kwiəri] *n* forespørsel *m*; *v* *forespørre; betvile
**question** ['kwestʃən] *n* spørsmål *nt*, problem *nt*; *v* *spørre ut; *dra i tvil; **~ mark** spørsmålstegn *nt*

**queue** [kjuː] *n* kø *m*; *v* *stå i kø
**quick** [kwik] *adj* hurtig
**quick-tempered** [ˌkwik'tempəd] *adj* hissig
**quiet** ['kwaiət] *adj* stille, rolig, stillferdig; *n* stillhet *c*, ro *m*
**quilt** [kwilt] *n* vatt-teppe *nt*
**quit** [kwit] *v* slutte, stoppe
**quite** [kwait] *adv* helt; ganske, temmelig, særdeles
**quiz** [kwiz] *n* (pl ~zes) spørrelek *m*; prøve *c*
**quota** ['kwoutə] *n* kvote *m*
**quotation** [kwou'teiʃən] *n* sitat *nt*; ~ **marks** anførselstegn *pl*
**quote** [kwout] *v* sitere

# R

**rabbit** ['ræbit] *n* kanin *m*
**rabies** ['reibiz] *n* hundegalskap *m*, rabies *m*
**race** [reis] *n* kappløp *nt*, veddeløp *nt*; rase *m*
**racecourse** ['reiskɔːs] *n* veddeløpsbane *m*
**racehorse** ['reishɔːs] *n* veddeløpshest *m*
**racetrack** ['reistræk] *n* veddeløpsbane *m*
**racial** ['reiʃəl] *adj* rase-
**racket** ['rækit] *n* rabalder *nt*; racket *m*
**radiator** ['reidieitə] *n* radiator *m*
**radical** ['rædikəl] *adj* radikal
**radio** ['reidiou] *n* radio *m*
**radish** ['rædiʃ] *n* reddik *m*
**radius** ['reidiəs] *n* (pl radii) radius *m*
**raft** [rɑːft] *n* flåte *m*
**rag** [ræg] *n* fille *c*
**rage** [reidʒ] *n* raseri *nt*; *v* rase
**raid** [reid] *n* angrep *nt*
**rail** [reil] *n* gelender *nt*, rekkverk *nt*
**railing** ['reiliŋ] *n* gelender *nt*
**railroad** ['reilroud] *nAm* jernbane *m*
**railway** ['reilwei] *n* jernbane *m*; skinnegang *m*
**rain** [rein] *n* regn *nt*; *v* regne
**rainbow** ['reinbou] *n* regnbue *m*
**raincoat** ['reinkout] *n* regnfrakk *m*
**rainy** ['reini] *adj* regnfull
**raise** [reiz] *v* heve; øke; dyrke, *oppdra, ale opp; *pålegge; *nAm* lønnstillegg *nt*
**raisin** ['reizən] *n* rosin *c*
**rake** [reik] *n* rake *m*
**rally** ['ræli] *n* rally *nt*; opptog *nt*; *v* samle seg
**ramp** [ræmp] *n* rampe *c*
**ramshackle** ['ræmˌʃækəl] *adj* falleferdig
**rancid** ['rænsid] *adj* harsk
**rang** [ræŋ] *v* (p ring)

**range** [reindʒ] *n* rekkevidde *c*; ~ **finder** avstandsmåler *m*
**rank** [ræŋk] *n* rang *m*; rekke *c*
**ransom** ['rænsəm] *n* løsepenger *pl*
**rap** [ræp] *n* rap *c*
**rape** [reip] *v* *voldta; *n* voldtekt *c*
**rapid** ['ræpid] *adj* hurtig
**rapids** ['ræpidz] *pl* elvestryk *nt*
**rare** [rɛə] *adj* sjelden; lettstekt, blodig
**rarely** ['rɛəli] *adv* sjelden
**rascal** ['rɑːskəl] *n* skurk *m*, slyngel *m*
**rash** [ræʃ] *n* utslett *nt*; *adj* forhastet, ubesindig
**raspberry** ['rɑːzbəri] *n* bringebær *nt*
**rat** [ræt] *n* rotte *c*
**rate** [reit] *n* tariff *m*, pris *m*; fart *m*; **at any** ~ i alle fall, i hvert fall; ~ **of exchange** valutakurs *m*
**rather** ['rɑːðə] *adv* temmelig, ganske, riktig; heller
**ration** ['ræʃən] *n* rasjon *m*
**raven** ['reivən] *n* ravn *m*
**raw** [rɔː] *adj* rå; ~ **material** råmateriale *nt*
**ray** [rei] *n* stråle *m*
**razor** ['reizə] *n* barberhøvel *m*; ~ **blade** barberblad *nt*
**reach** [riːtʃ] *v* nå; *n* rekkevidde *c*
**react** [ri'ækt] *v* reagere
**reaction** [ri'ækʃən] *n* reaksjon *m*
***read** [riːd] *v* lese
**reading** ['riːdiŋ] *n* lesning *m*
**reading lamp** ['riːdiŋlæmp] *n* leselampe *c*
**reading room** ['riːdiŋruːm] *n* lesesal *m*
**ready** ['redi] *adj* klar, parat; ferdig
**real** [riəl] *adj* virkelig
**reality** [ri'æləti] *n* virkelighet *c*
**realizable** ['riəlaizəbəl] *adj* mulig
**realize** ['riəlaiz] *v* *innse, *ha klart for seg; realisere
**really** ['riəli] *adv* virkelig, faktisk; egentlig
**rear** [riə] *n* bakside *c*; *v* *oppdra; heve; ~ **light** baklykt *c*
**reason** ['riːzən] *n* årsak *c*, grunn *m*; fornuft *m*, forstand *m*; *v* resonnere
**reasonable** ['riːzənəbəl] *adj* fornuftig; rimelig
**reassure** [ˌriːə'ʃuə] *v* berolige
**rebate** ['riːbeit] *n* fradrag *nt*, rabatt *m*
**rebellion** [ri'beljən] *n* oppstand *m*, opprør *nt*
**recall** [ri'kɔːl] *v* erindre, minnes; tilbakekalle; annullere
**receipt** [ri'siːt] *n* kvittering *c*; mottakelse *m*
**receive** [ri'siːv] *v* *få, *motta

**receiver** [ri'siːvə] *n* telefonrør *nt*
**recent** ['riːsənt] *adj* ny
**recently** ['riːsəntli] *adv* forleden, nylig
**reception** [ri'sepʃən] *n* mottakelse *m*; ~ **office** resepsjon *m*
**receptionist** [ri'sepʃənist] *n* resepsjonist *m*
**recession** [ri'seʃən] *n* tilbakegang *m*
**recipe** ['resipi] *n* oppskrift *c*
**recital** [ri'saitəl] *n* solistkonsert *m*
**reckon** ['rekən] *v* regne; tro
**recognition** [ˌrekəg'niʃən] *n* anerkjennelse *m*; gjenkjennelse *m*
**recognize** ['rekəgnaiz] *v* kjenne igjen; anerkjenne
**recollect** [ˌrekə'lekt] *v* huske
**recommend** [ˌrekə'mend] *v* anbefale; tilråde
**recommendation** [ˌrekəmen'deiʃən] *n* anbefaling *c*
**reconciliation** [ˌrekənsili'eiʃən] *n* forsoning *c*
**record**[1] ['rekɔːd] *n* plate *c*; rekord *m*; protokoll *m*
**record**[2] [ri'kɔːd] *v* registrere
**recorder** [ri'kɔːdə] *n* kassettspiller *m*
**recording** [ri'kɔːdiŋ] *n* opptak *nt*
**recover** [ri'kʌvə] *v* *finne igjen; bli frisk, *komme seg
**recovery** [ri'kʌvəri] *n* helbredelse *m*, bedring *c*
**recreation** [ˌrekri'eiʃən] *n* atspredelse *m*, rekreasjon *m*; ~ **center** *Am*, ~ **centre** rekreasjonssenter *nt*
**recruit** [ri'kruːt] *n* rekrutt *m*
**rectangle** ['rektæŋgəl] *n* rektangel *nt*
**rectangular** [rek'tæŋgjulə] *adj* rektangulær
**rector** ['rektə] *n* sogneprest *m*
**rectum** ['rektəm] *n* endetarm *m*
**recyclable** [ri'saikləbəl] *adj* resirkulerbar
**recycle** [ri'saikəl] *v* resirkulere
**red** [red] *adj* rød; **red tape** papirmølle *c*, byråkrati *nt*
**redeem** [ri'diːm] *v* frelse
**reduce** [ri'djuːs] *v* redusere, minske
**reduction** [ri'dʌkʃən] *n* reduksjon *m*, avslag *nt*
**redundant** [ri'dʌndənt] *adj* overflødig
**reed** [riːd] *n* siv *nt*
**reef** [riːf] *n* rev *nt*
**reference** ['refrəns] *n* referanse *m*, henvisning *m*; forbindelse *m*; **with** ~ **to** vedrørende
**refer to** [ri'fəː] henvise til
**referee** [ˌrefə'riː] *n* dommer *m*
**refill** ['riːfil] *n* refill *m*
**refinery** [ri'fainəri] *n*

raffineri *nt*
**reflect** [ri'flekt] *v* reflektere; gjenspeile
**reflection** [ri'flekʃən] *n* refleks *m*; speilbilde *nt*
**reflector** [ri'flektə] *n* reflektor *m*
**refresh** [ri'freʃ] *v* forfriske
**refreshment** [ri'freʃmənt] *n* forfriskning *m*
**refrigerator** [ri'fridʒəreitə] *n* kjøleskap *nt*
**refugee** [ˌrefju'dʒiː] *n* flyktning *m*
**refund**[1] [ri'fʌnd] *v* refundere
**refund**[2] ['riːfʌnd] *n* tilbakebetaling *c*
**refusal** [ri'fjuːzəl] *n* avslag *nt*
**refuse**[1] [ri'fjuːz] *v* *avslå
**refuse**[2] ['refjuːs] *n* avfall *nt*
**regard** [ri'gɑːd] *v* *anse; betrakte; *n* respekt *m*; **as regards** angående, med hensyn til; **best ~** med vennlig hilsen, mvh
**regarding** [ri'gɑːdiŋ] *prep* med hensyn til; angående
**regatta** [ri'gætə] *n* regatta *m*
**régime** [rei'ʒiːm] *n* regime *nt*
**region** ['riːdʒən] *n* egn *m*; område *nt*
**regional** ['riːdʒənəl] *adj* regional
**register** ['redʒistə] *v* *innskrive seg; bokføre; **registered letter** rekommandert brev
**registration** [ˌredʒi'streiʃən] *n* registrering *c*; **~ number** registreringsnummer *nt*; **~ plate** nummerskilt *nt*
**regret** [ri'gret] *v* beklage; *n* beklagelse *m*
**regular** ['regjulə] *adj* regelmessig; normal, vanlig
**regulate** ['regjuleit] *v* regulere
**regulation** [ˌregju'leiʃən] *n* regel *m*, bestemmelse *m*; regulering *c*
**rehabilitation** [ˌriːhəˌbili'teiʃən] *n* rehabilitering *c*
**rehearsal** [ri'həːsəl] *n* prøve *c*; øvelse *m*
**rehearse** [ri'həːs] *v* prøve; øve
**reign** [rein] *n* regjeringstid *c*; *v* herske
**reimburse** [ˌriːim'bəːs] *v* tilbakebetale
**reindeer** ['reindiə] *n* (pl ~) reinsdyr *nt*
**reject** [ri'dʒekt] *v* tilbakevise, avvise; forkaste
**relate** [ri'leit] *v* *fortelle
**related** [ri'leitid] *adj* beslektet
**relation** [ri'leiʃən] *n* forhold *nt*, forbindelse *m*; slektning *m*
**relative** ['relətiv] *n* slektning *m*; *adj* relativ
**relax** [ri'læks] *v* slappe av
**relaxation** [ˌrilæk'seiʃən] *n* avslapning *m*

**reliable** [ri'laiəbəl] *adj* pålitelig
**relic** ['relik] *n* relikvie *m*
**relief** [ri'li:f] *n* lindring *c*, lettelse *m*; hjelp *c*; relieff *nt*
**relieve** [ri'li:v] *v* lindre; avløse
**religion** [ri'lidʒən] *n* religion *m*
**religious** [ri'lidʒəs] *adj* religiøs
**rely on** [ri'lai] stole på
**remain** [ri'mein] *v* *forbli; *bli igjen
**remainder** [ri'meində] *n* rest *m*
**remaining** [ri'meiniŋ] *adj* resterende
**remark** [ri'mɑ:k] *n* bemerkning *m*; *v* bemerke
**remarkable** [ri'mɑ:kəbəl] *adj* bemerkelsesverdig
**remedy** ['remədi] *n* legemiddel *nt*; botemiddel *nt*
**remember** [ri'membə] *v* huske
**remembrance** [ri'membrəns] *n* erindring *c*, minne *nt*
**remind** [ri'maind] *v* minne
**remit** [ri'mit] *v* overføre
**remittance** [ri'mitəns] *n* remisse *m*
**remnant** ['remnənt] *n* rest *m*, levning *m*
**remote** [ri'mout] *adj* fjern, avsides
**remote control** [ri'mout‿kən'troul] *n* fjernkontroll *c*
**removal** [ri'mu:vəl] *n* fjerning *c*
**remove** [ri'mu:v] *v* fjerne
**remuneration** [ri,mju:nə'reiʃən] *n* godtgjørelse *m*
**renew** [ri'nju:] *v* fornye
**renewable** [ri'nju:əbəl] *adj* fornybar
**rent** [rent] *v* leie; *n* leie *c*
**repair** [ri'pɛə] *v* reparere; *n* reparasjon *m*
**reparation** [,repə'reiʃən] *n* reparasjon *m*
***repay** [ri'pei] *v* tilbakebetale
**repayment** [ri'peimənt] *n* tilbakebetaling *c*
**repeat** [ri'pi:t] *v* *gjenta
**repellent** [ri'pelənt] *adj* frastøtende
**repentance** [ri'pentəns] *n* anger *m*
**repertory** ['repətəri] *n* repertoar *nt*
**repetition** [,repə'tiʃən] *n* gjentakelse *m*
**replace** [ri'pleis] *v* erstatte
**reply** [ri'plai] *v* svare; *n* svar *nt*; **in ~** som svar
**report** [ri'pɔ:t] *v* rapportere; melde; melde seg; *n* rapport *m*, melding *c*
**reporter** [ri'pɔ:tə] *n* reporter *m*
**represent** [,repri'zent] *v* representere; forestille
**representation**

[ˌreprizen'teiʃən] *n* representasjon *m*
**representative** [ˌrepri'zentətiv] *adj* representativ
**reprimand** ['reprimɑ:nd] *v* *irettesette
**reproach** [ri'proutʃ] *n* bebreidelse *m*; *v* bebreide
**reproduce** [ˌri:prə'dju:s] *v* reprodusere
**reproduction** [ˌri:prə'dʌkʃən] *n* reproduksjon *m*
**reptile** ['reptail] *n* krypdyr *nt*
**republic** [ri'pʌblik] *n* republikk *m*
**republican** [ri'pʌblikən] *adj* republikansk
**repulsive** [ri'pʌlsiv] *adj* frastøtende
**reputation** [ˌrepju'teiʃən] *n* rykte *nt*; anseelse *m*
**request** [ri'kwest] *n* anmodning, bønn *m*; *v* anmode, be*
**require** [ri'kwaiə] *v* kreve; behøve
**requirement** [ri'kwaiəmənt] *n* krav *nt*
**requisite** ['rekwizit] *adj* påkrevd
**rescue** ['reskju:] *v* redde; *n* redning *m*
**research** [ri'sə:tʃ] *n* forskning *m*
**resemblance** [ri'zembləns] *n* likhet *c*
**resemble** [ri'zembəl] *v* likne
**resent** [ri'zent] *v* *ta ille opp
**reservation** [ˌrezə'veiʃən] *n* reservasjon *m*; forbehold *nt*
**reserve** [ri'zə:v] *v* reservere; bestille; *n* reserve *m*
**reserved** [ri'zə:vd] *adj* reservert
**reservoir** ['rezəvwɑ:] *n* reservoar *nt*
**reside** [ri'zaid] *v* bo
**residence** ['rezidəns] *n* bolig *m*; ~ **permit** oppholdstillatelse *m*
**resident** ['rezidənt] *n* fastboende *m*; *adj* bosatt; stedlig
**resign** [ri'zain] *v* *fratre; *gå av
**resignation** [ˌrezig'neiʃən] *n* avskjedssøknad *m*; avskjed *m*
**resist** [ri'zist] *v* *gjøre motstand mot
**resistance** [ri'zistəns] *n* motstand *m*
**resolute** ['rezəlu:t] *adj* bestemt, beslutsom
**respect** [ri'spekt] *n* respekt *m*; ærbødighet *c*, aktelse *m*; *v* respektere
**respectable** [ri'spektəbəl] *adj* respektabel
**respectful** [ri'spektfəl] *adj* ærbødig
**respective** [ri'spektiv] *adj* respektiv
**respiration** [ˌrespə'reiʃən] *n* åndedrett *nt*
**respite** ['respait] *n* henstand

*m*
**responsibility** [riˌspɔnsəˈbiləti] *n* ansvar *nt*
**responsible** [riˈspɔnsəbəl] *adj* ansvarlig
**rest** [rest] *n* hvile *m*; rest *m*; *v* hvile
**restaurant** [ˈrestərɔ̃ː] *n* restaurant *m*
**restful** [ˈrestfəl] *adj* beroligende
**rest home** [ˈresthoum] *n* hvilehjem *nt*
**restless** [ˈrestləs] *adj* urolig; rastløs
**restrain** [riˈstrein] *v* tøyle
**restriction** [riˈstrikʃən] *n* innskrenkning *m*
**rest room** [ˈrestruːm] *nAm* toalett *nt*
**result** [riˈzʌlt] *n* resultat *nt*; følge *m*; *v* resultere
**resume** [riˈzjuːm] *v* *gjenoppta
**résumé** [ˈrezjumei] *n* resymé *nt*
**retail** [ˈriːteil] *n* ~ **trade** detaljhandel *m*
**retina** [ˈretinə] *n* netthinne *c*
**retire** [riˈtaiə] *v* trekke seg tilbake; gå av med pensjon
**retired** [riˈtaiəd] *adj* pensjonert
**retirement** [riˈtaiəment] *n* pensjon *m*
**return** [riˈtəːn] *v* vende tilbake, *komme tilbake; *n* tilbakekomst *m*; ~ **flight** tilbaketur *m*; ~ **journey** hjemreise *m*, tilbakereise *c*
**reunite** [ˌriːjuːˈnait] *v* gjenforene
**reveal** [riˈviːl] *v* åpenbare, avsløre
**revelation** [ˌrevəˈleiʃən] *n* avsløring *c*
**revenge** [riˈvendʒ] *n* hevn *m*
**revenue** [ˈrevənjuː] *n* inntekter *pl*, toll *m*
**reverse** [riˈvəːs] *n* motsetning *m*; bakside *c*; revers *m*; motgang *m*; omslag *nt*; *adj* motsatt; *v* rygge
**review** [riˈvjuː] *n* anmeldelse *m*; tidsskrift *nt*
**revise** [riˈvaiz] *v* revidere
**revision** [riˈviʒən] *n* revisjon *m*
**revival** [riˈvaivəl] *n* gjenopplivelse *m*
**revolt** [riˈvoult] *v* *gjøre opprør; *n* oppstand *m*, opprør *nt*
**revolting** [riˈvoultiŋ] *adj* motbydelig, frastøtende, opprørende
**revolution** [ˌrevəˈluːʃən] *n* revolusjon *m*; omdreining *m*
**revolutionary** [ˌrevəˈluːʃənəri] *adj* revolusjonær
**revolver** [riˈvɔlvə] *n* revolver *m*
**revue** [riˈvjuː] *n* revy *m*
**reward** [riˈwɔːd] *n* belønning *c*; *v* belønne
**rheumatism** [ˈruːmətizəm]

*n* reumatisme *m*
**rhinoceros** [rai'nɔsərəs] *n* (pl ~, ~es) neshorn *nt*
**rhubarb** ['ru:bɑ:b] *n* rabarbra *m*
**rhyme** [raim] *n* rim *nt*
**rhythm** ['riðəm] *n* rytme *m*
**rib** [rib] *n* ribbein *nt*
**ribbon** ['ribən] *n* bånd *nt*
**rice** [rais] *n* ris *m*
**rich** [ritʃ] *adj* rik
**riches** ['ritʃiz] *pl* rikdom *m*
**rid** [rid] *v* befri (of fra), **get ~ of** bli kvitt
**riddle** ['ridəl] *n* gåte *c*
**ride** [raid] *n* tur *m*
***ride** [raid] *v* kjøre; *ride
**rider** ['raidə] *n* rytter *m*
**ridge** [ridʒ] *n* høydedrag *nt*
**ridicule** ['ridikju:l] *v* *latterliggjøre
**ridiculous** [ri'dikjuləs] *adj* latterlig
**riding** ['raidiŋ] *n* ridning *m*; **~ school** rideskole *m*
**rifle** ['raifəl] *v* gevær *nt*
**right** [rait] *n* rettighet *c*; *adj* rett, riktig; høyre; rettferdig; **all right!** bra!; ***be ~** *ha rett; **~ of way** forkjørsrett *m*
**righteous** ['raitʃəs] *adj* rettskaffen
**right-hand** ['raithænd] *adj* på høyre side, høyre
**rightly** ['raitli] *adv* med rette
**rim** [rim] *n* felg *m*; kant *m*
**ring** [riŋ] *n* ring *m*; krets *m*; manesje *m*
***ring** [riŋ] *v* ringe; **~ up** ringe opp
**rinse** [rins] *v* skylle; *n* skylling *c*
**riot** ['raiət] *n* oppløp *nt*
**rip** [rip] *v* *rive i stykker
**ripe** [raip] *adj* moden
**rise** [raiz] *n* pålegg *nt*, høyde *m*; oppstigning *m*; opprinnelse *m*
***rise** [raiz] *v* reise seg; *stå opp; *stige
**rising** ['raiziŋ] *n* oppstand *m*
**risk** [risk] *n* risiko *m*; fare *m*; *v* risikere
**risky** ['riski] *adj* risikabel, dristig
**rival** ['raivəl] *n* rival *m*; konkurrent *m*; *v* rivalisere
**rivalry** ['raivəlri] *n* rivalitet *m*; konkurranse *m*
**river** ['rivə] *n* elv *m*; **~ bank** elvebredd *m*
**riverside** ['rivəsaid] *n* elvebredd *m*
**roach** [routʃ] *n* (pl ~) mort *m*
**road** [roud] *n* gate *c*, vei *m*; **~ fork** veiskille *m*; **~ map** veikart *nt*; **~ system** veinett *nt*; **~ up** veiarbeid *nt*
**roadhouse** ['roudhaus] *n* veikro *c*
**roadrage** ['roud,reidʒ] *n* trafikkraseri *nt*
**roadside** ['roudsaid] *n* veikant *m*; **~ restaurant** vertshus *m*
**roadway** ['roudwei] *nAm*

kjørebane *m*
**roam** [roum] *v* streife omkring
**roar** [rɔː] *v* brøle, bruse; *n* dur *m*, brøl *nt*
**roast** [roust] *v* steke, riste; *n* stek *c*
**rob** [rɔb] *v* rane
**robber** ['rɔbə] *n* ransmann *m*
**robbery** ['rɔbəri] *n* plyndring *c*, ran *nt*, tyveri *nt*; overfall *nt*
**robe** [roub] *n* lang kjole; embetsdrakt *c*
**robin** ['rɔbin] *n* rødstrupe *m*
**robust** [rou'bʌst] *adj* robust
**rock** [rɔk] *n* klippe *m*; *v* gynge
**rocket** ['rɔkit] *n* rakett *m*
**rocky** ['rɔki] *adj* steinet
**rod** [rɔd] *n* stang *c*
**roe** [rou] *n* rogn *c*
**roll** [roul] *v* rulle; *n* rull *m*; rundstykke *nt*
**Rollerblade®** ['roulə,bleid] *n* (inline) rulleskøyter *c*
**roller-skating** ['roulə,skeitiŋ] *n* rulleskøyteløping *c*
**Roman Catholic** ['roumən 'kæθəlik] romersk-katolsk
**romance** [rə'mæns] *n* romanse *m*
**romantic** [rə'mæntik] *adj* romantisk
**roof** [ruːf] *n* tak *nt*; **thatched ~** halmtak *nt*
**room** [ruːm] *n* rom *nt*, værelse *nt*; plass *m*; **~ and board** kost og losji; **~ service** værelsesbetjening *c*; **~ temperature** værelsestemperatur *m*
**roomy** ['ruːmi] *adj* rommelig
**root** [ruːt] *n* rot *c*
**rope** [roup] *n* rep *nt*
**rosary** ['rouzəri] *n* rosenkrans *m*
**rose** [rouz] *n* rose *c*; *adj* rosa
**rotten** ['rɔtən] *adj* råtten
**rouge** [ruːʒ] *n* rouge *m*
**rough** [rʌf] *adj* ru
**roulette** [ruː'let] *n* rulett *m*
**round** [raund] *adj* rund; *prep* om, omkring; *n* runde *m*; **~ trip** *Am* tur-retur
**roundabout** ['raundəbaut] *n* rundkjøring *c*
**rounded** ['raundid] *adj* avrundet
**route** [ruːt] *n* rute *c*
**routine** [ruː'tiːn] *n* rutine *m*
**row**[1] [rou] *n* rad *m*; *v* ro
**row**[2] [rau] *n* krangel *m* / *nt*
**rowdy** ['raudi] *adj* ståkende, voldsom
**rowing boat** ['rouiŋbout] *n* robåt *m*
**royal** ['rɔiəl] *adj* kongelig
**rub** [rʌb] *v* *gni
**rubber** ['rʌbə] *n* gummi *m*; viskelær *nt*; **~ band** strikk *m*
**rubbish** ['rʌbiʃ] *n* avfall *nt*; tull *nt*, sludder *nt*; **talk ~** vrøvle; **~ bin** søppelbøtte *c*
**ruby** ['ruːbi] *n* rubin *m*
**rucksack** ['rʌksæk] *n*

ryggsekk *m*
**rudder** ['rʌdə] *n* ror *nt*
**rude** [ru:d] *adj* uforskammet
**rug** [rʌg] *n* rye *m*
**ruin** ['ru:in] *v* *ødelegge; *n* undergang *m*; **ruins** ruin *m*
**rule** [ru:l] *n* regel *m*; styre *nt*, makt *c*, regjering *c*; *v* regjere, herske; **as a ~** som regel, vanligvis
**ruler** ['ru:lə] *n* regent *m*, monark *m*; linjal *m*
**Rumania** [ru:'meiniə] Romania
**Rumanian** [ru:'meiniən] *adj* rumensk; *n* rumener *m*
**rumour** ['ru:mə] *n* rykte *nt*
***run** [rʌn] *v* *løpe; *renne; **~ into** støte på
**runaway** ['rʌnəwei] *n* rømling *m*
**rung** [rʌn] *v* (pp ring)
**runner** ['rʌnə] *n* løper *m*
**runway** ['rʌnwei] *n* startbane *m*
**rural** ['ruərəl] *adj* landlig
**ruse** [ru:z] *n* list *c*
**rush** [rʌʃ] *v* styrte; *n* siv *nt*
**rush hour** ['rʌʃauə] *n* rushtid *c*
**Russia** ['rʌʃə] Russland
**Russian** ['rʌʃən] *adj* russisk; *n* russer *m*
**rust** [rʌst] *n* rust *m*
**rustic** ['rʌstik] *adj* landsens, rustikal
**rusty** ['rʌsti] *adj* rusten

# S

**sack** [sæk] *n* sekk *m*
**sacred** ['seikrid] *adj* hellig
**sacrifice** ['sækrifais] *n* offer *nt*; *v* ofre
**sacrilege** ['sækrilidʒ] *n* helligbrøde *m*
**sad** [sæd] *adj* bedrøvet; vemodig, bedrøvelig, trist
**saddle** ['sædəl] *n* sal *m*
**sadness** ['sædnəs] *n* vemod *nt*
**safe** [seif] *adj* sikker; *n* safe *m*, pengeskap *nt*
**safety** ['seifti] *n* sikkerhet *c*; **~ belt** sikkerhetsbelte *nt*; bilbelte *nt*; **~ pin** sikkerhetsnål *c*; **~ razor** barberhøvel *m*
**sail** [seil] *v* seile; *n* seil *nt*
**sailing boat** ['seiliŋbout] *n* seilbåt *m*
**sailor** ['seilə] *n* sjømann *m*
**saint** [seint] *n* helgen *m*
**salad** ['sæləd] *n* salat *m*
**salad-oil** ['sælədɔil] *n* matolje *c*
**salary** ['sæləri] *n* gasje *m*, lønn *c*
**sale** [seil] *n* salg *nt*; **for ~** til salgs; **sales** utsalg *nt*; **sales tax** moms *m*
**saleable** ['seiləbəl] *adj* salgbar
**salesman** ['seilzmən] *n* (pl

-men) ekspeditør *m*, butikkselger *m*
**salmon** ['sæmən] *n* (pl ~) laks *m*
**salon** ['sælɔ̃ː] *n* salong *m*
**saloon** [sə'luːn] *n* bar *m*
**salt** [sɔːlt] *n* salt *nt*; ~ **cellar**, *Am* ~ **shaker** *n* saltkar *nt*
**salty** ['sɔːlti] *adj* salt
**salute** [sə'luːt] *v* hilse
**same** [seim] *adj* samme
**sample** ['sɑːmpəl] *n* vareprøve *c*
**sanatorium** [ˌsænə'tɔːriəm] *n* (pl ~s, -ria) sanatorium *nt*
**sand** [sænd] *n* sand *m*
**sandal** ['sændəl] *n* sandal *m*
**sandpaper** ['sændˌpeipə] *n* sandpapir *nt*
**sandy** ['sændi] *adj* sandet
**sanitary** ['sænitəri] *adj* sanitær; ~ **towel**, *Am* ~ **napkin** (sanitets)bind *nt*
**sapphire** ['sæfaiə] *n* safir *m*
**sardine** [sɑː'diːn] *n* sardin *m*
**satchel** ['sætʃəl] *n* ransel *m*
**satellite** ['sætəlait] *n* satellitt *m*; ~ **dish** parabolantenne *c*; ~ **radio** *n* satelittradio *c*; ~ **tv** satellittoverføring *c*, satellitt-TV *m*
**satin** ['sætin] *n* sateng *m*
**satisfaction** [ˌsætis'fækʃən] *n* tilfredsstillelse *m*, tilfredshet *c*
**satisfactory** [ˌsætis'fæktəri] *adj* tilfredsstillende
**satisfy** ['sætisfai] *v* tilfredsstille; **satisfied** tilfreds, tilfredsstilt
**Saturday** ['sætədi] lørdag *m*
**sauce** [sɔːs] *n* saus *m*
**saucepan** ['sɔːspən] *n* kasserolle *m*, gryte *c*
**saucer** ['sɔːsə] *n* skål *c*
**Saudi Arabia** [ˌsaudiə'reibiə] Saudi--Arabia
**Saudi Arabian** [ˌsaudiə'reibiən] *adj* saudiarabisk
**sauna** ['sɔːnə] *n* badstue *c*
**sausage** ['sɔsidʒ] *n* pølse *c*
**savage** ['sævidʒ] *adj* vill
**save** [seiv] *v* redde; spare
**savings** ['seiviŋz] *pl* sparepenger *pl*; ~ **bank** sparebank *m*
**saviour** ['seivjə] *n* frelser *m*
**savo(u)ry** ['seivəri] *adj* velsmakende; pikant
**saw¹** [sɔː] *v* (p see)
**saw²** [sɔː] *n* sag *c*
**sawdust** ['sɔːdʌst] *n* sagflis *c*
**sawmill** ['sɔːmil] *n* sagbruk *nt*
***say** [sei] *v* *si
**scaffolding** ['skæfəldiŋ] *n* stillas *nt*
**scale** [skeil] *n* målestokk *m*; skala *m*; skjell *nt*; **scales** *pl* vekt *c*
**scan** [skæn] *v* skanne
**scandal** ['skændəl] *n* skandale *m*
**Scandinavia** [ˌskændi'neiviə]

Skandinavia
**Scandinavian** [ˌskændi'neiviən] *adj* skandinavisk; *n* skandinav *m*
**scanner** ['skænə] *n* skanner *c*
**scapegoat** ['skeipgout] *n* syndebukk *m*
**scar** [skɑː] *n* arr *nt*
**scarce** [skɛəs] *adj* knapp
**scarcely** ['skɛəsli] *adv* knapt
**scarcity** ['skɛəsəti] *n* knapphet *c*
**scare** [skɛə] *v* skremme; *n* panikk *m*
**scarf** [skɑːf] *n* (pl ~s, scarves) skjerf *nt*
**scarlet** ['skɑːlət] *adj* skarlagenrød
**scary** ['skɛəri] *adj* foruroligende; nifs
**scatter** ['skætə] *v* spre
**scene** [siːn] *n* scene *m*
**scenery** ['siːnəri] *n* landskap *nt*
**scenic** ['siːnik] *adj* naturskjønn
**scent** [sent] *n* duft *m*
**schedule** ['ʃedjuːl] *n* ruteplan *m*, timeplan *m*
**scheme** [skiːm] *n* skjema *nt*; plan *m*
**scholar** ['skɔlə] *n* akademiker; student *m*; elev *m*
**scholarship** ['skɔləʃip] *n* stipend *nt*
**school** [skuːl] *n* skole *m*
**schoolboy** ['skuːlbɔi] *n* skolegutt *m*
**schoolgirl** ['skuːlgəːl] *n* skolepike *m*
**schoolmaster** ['skuːlˌmɑːstə] *n* lærer *m*
**schoolteacher** ['skuːlˌtiːtʃə] *n* lærer *m*
**science** ['saiəns] *n* (natur)vitenskap *m*
**scientific** [ˌsaiən'tifik] *adj* vitenskapelig
**scientist** ['saiəntist] *n* vitenskapskvinne *c*; vitenskapsmann (pl –menn) *m*
**scissors** ['sizəz] *pl* saks *c*
**scold** [skould] *v* skjenne på; skjelle
**scooter** ['skuːtə] *n* scooter *m*; sparksykkel *m*
**score** [skɔː] *n* poengsum *m*; *v* markere
**scorn** [skɔːn] *n* hån *m*, forakt *m*; *v* forakte
**Scotland** ['skɔtlənd] Skottland
**Scottish** ['skɔtiʃ] *adj* skotsk
**scout** [skaut] *n* speider *m*
**scrap** [skræp] *n* bit *m*
**scrape** [skreip] *v* skrape
**scratch** [skrætʃ] *v* skrape, rispe; *n* risp *nt*, skramme *c*
**scream** [skriːm] *v* *skrike, hyle; *n* hyl *nt*, skrik *nt*
**screen** [skriːn] *n* skjermbrett *nt*; skjerm *m*, filmlerret *nt*
**screw** [skruː] *n* skrue *m*; *v* skru

**screwdriver** ['skru:ˌdraivə] *n* skrujern *nt*
**scrub** [skrʌb] *v* skrubbe; *n* kratt *nt*
**sculptor** ['skʌlptə] *n* billedhogger *m*
**sculpture** ['skʌlptʃə] *n* skulptur *m*
**sea** [si:] *n* sjø *m*; ~ **urchin** sjøpinnsvin *nt*; ~ **water** sjøvann *nt*
**seabird** ['si:bə:d] *n* sjøfugl *m*
**seacoast** ['si:koust] *n* kyst *m*
**seagull** ['si:gʌl] *n* havmåke *c*
**seal** [si:l] *n* segl *nt*; sel *m*, kobbe *m*
**seam** [si:m] *n* søm *m*
**seaman** ['si:mən] *n* (pl -men) sjømann *m*
**seaport** ['si:pɔ:t] *n* havneby *m*
**search** [sə:tʃ] *v* lete etter; ransake; *n* leting *c*
**searchlight** ['sə:tʃlait] *n* lyskaster *m*
**seascape** ['si:skeip] *n* bilde med maritimt motiv
**seashell** ['si:ʃel] *n* skjell *nt*
**seashore** ['si:ʃɔ:] *n* strand *c*; kyst *m*
**seasick** ['si:sik] *adj* sjøsyk
**seasickness** ['si:ˌsiknəs] *n* sjøsyke *m*
**seaside** ['si:said] *n* kyst *m*; ~ **resort** badested *nt*
**season** ['si:zən] *n* sesong *m*, årstid *c*; **high** ~ høysesong *m*; **low** ~ lavsesong *m*; **off** ~ utenfor sesongen; ~ **ticket** sesongkort *nt*
**seat** [si:t] *n* sete *nt*; plass *m*, sitteplass *m*; ~ **belt** sikkerhetsbelte *nt*
**second** ['sekənd] *num* annen; *n* sekund *nt*; øyeblikk *nt*
**secondary** ['sekəndəri] *adj* sekundær, underordnet; ~ **school** høyere skole
**second-hand** [ˌsekənd'hænd] *adj* brukt
**secret** ['si:krət] *n* hemmelighet *c*; *adj* hemmelig
**secretary** ['sekrətri] *n* sekretær *m*
**section** ['sekʃən] *n* seksjon *m*, avdeling *c*
**secure** [si'kjuə] *adj* sikker; *v* sikre seg
**security** [si'kjuərəti] *n* sikkerhet *c*; kausjon *m*
**sedative** ['sedətiv] *n* beroligende middel
**seduce** [si'dju:s] *v* forføre
***see** [si:] *v* *se; *innse, *begripe, *forstå; ~ **to** sørge for
**seed** [si:d] *n* frø *nt*
***seek** [si:k] *v* søke
**seem** [si:m] *v* *late til, synes
**seen** [si:n] *v* (pp see)
**seesaw** ['si:sɔ:] *n* vippe *c*
**seize** [si:z] *v* *gripe
**seldom** ['seldəm] *adv* sjelden
**select** [si'lekt] *v* *utvelge,

*velge ut; *adj* utsøkt, utvalgt
**selection** [si'lekʃən] *n* utvalg *nt*
**self** [self] selves; *n* selv, jeg; selv...
**self-centered** *Am*, **self--centred** [ˌself'sentəd] *adj* selvopptatt
**self-employed** [ˌselfim'plɔid] *adj* selvstendig næringsdrivende
**self-evident** [ˌsel'fevidənt] *adj* opplagt
**self-government** [ˌself'gʌvəmənt] *n* selvstyre *nt*
**selfish** ['selfiʃ] *adj* selvisk
**selfishness** ['selfiʃnəs] *n* egoisme *m*
**self-service** [ˌself'sə:vis] *n* selvbetjening *c*; ~ **restaurant** kafeteria *m*
***sell** [sel] *v* *selge
**semblance** ['sembləns] *n* utseende *nt*; likhet *c*
**semi-** ['semi] halv-
**semicircle** ['semiˌsə:kəl] *n* halvsirkel *m*
**semicolon** [ˌsemi'koulən] *n* semikolon *nt*
**senate** ['senət] *n* senat *nt*
**senator** ['senətə] *n* senator *m*
***send** [send] *v* sende; ~ **back** sende tilbake, returnere; ~ **for** sende bud etter; ~ **off** sende av sted
**sender** ['sendə] *n* sender *m*; avsender *m*
**senile** ['si:nail] *adj* senil
**sensation** [sen'seiʃən] *n* sensasjon *m*; fornemmelse *m*, følelse *m*
**sensational** [sen'seiʃənəl] *adj* sensasjonell, oppsiktsvekkende
**sense** [sens] *n* sans *m*; fornuft *m*; mening *m*, betydning *m*; *v* merke; ~ **of honour** æresfølelse *m*
**senseless** ['sensləs] *adj* meningsløs
**sensible** ['sensəbəl] *adj* fornuftig
**sensitive** ['sensitiv] *adj* følsom
**sentence** ['sentəns] *n* setning *m*; dom *m*; *v* dømme
**sentimental** [ˌsenti'mentəl] *adj* sentimental
**separate**[1] ['sepəreit] *v* skille, separere
**separate**[2] ['sepərət] *adj* særskilt, atskilt
**separately** ['sepərətli] *adv* separat
**September** [sep'tembə] september
**septic** ['septik] *adj* septisk; ***become** ~ *gå betennelse i
**sequel** ['si:kwəl] *n* fortsettelse *m*
**sequence** ['si:kwəns] *n* rekkefølge *m*; serie *m*
**serene** [sə'ri:n] *adj* rolig; klar

**series** ['siəri:z] *n* (pl ~) serie *m*
**serious** ['siəriəs] *adj* seriøs, alvorlig
**seriousness** ['siəriəsnəs] *n* alvor *nt*
**sermon** ['sə:mən] *n* preken *m*
**servant** ['sə:vənt] *n* tjener *m*
**serve** [sə:v] *v* servere
**service** ['sə:vis] *n* tjeneste *m*; betjening *c*; ~ **charge** serveringsavgift *c*; ~ **station** bensinstasjon *m*
**serviette** [ˌsə:vi'et] *n* serviett *m*
**session** ['seʃən] *n* sesjon *m*
**set** [set] *n* klikk *m*; sett *nt*
***set** [set] *v* *sette; ~ **menu** fast meny; ~ **out** *dra av sted
**setting** ['setiŋ] *n* omgivelser *pl*
**settle** ['setəl] *v* ordne, avslutte; ~ **down** *slå seg ned
**settlement** ['setəlmənt] *n* ordning *c*, overenskomst *m*
**seven** ['sevən] *num* sju, syv
**seventeen** [ˌsevən'ti:n] *num* sytten
**seventeenth** [ˌsevən'ti:nθ] *num* syttende
**seventh** ['sevənθ] *num* sjuende, syvende
**seventy** ['sevənti] *num* sytti
**several** ['sevərəl] *adj* atskillige, flere
**severe** [si'viə] *adj* heftig, streng
***sew** [sou] *v* sy; ~ **up** sy sammen
**sewer** ['su:ə] *n* kloakk *m*
**sewing machine** ['souiŋməˌʃi:n] *n* symaskin *m*
**sex** [seks] *n* kjønn *nt*; sex *m*
**sexual** ['sekʃuəl] *adj* seksuell
**sexuality** [ˌsekʃu'æləti] *n* seksualitet *m*
**shade** [ʃeid] *n* skygge *m*; nyanse *m*
**shadow** ['ʃædou] *n* skygge *m*
**shady** ['ʃeidi] *adj* skyggefull
***shake** [ʃeik] *v* riste, ryste
**shaky** ['ʃeiki] *adj* vaklende
***shall** [ʃæl] *v* *skal
**shallow** ['ʃælou] *adj* grunn
**shame** [ʃeim] *n* skam *c*; **shame!** fy!
**shampoo** [ʃæm'pu:] *n* sjampo *m*
**shape** [ʃeip] *n* form *c*; *v* forme
**share** [ʃɛə] *v* dele; *n* del *m*; aksje *m*
**shark** [ʃɑ:k] *n* hai *m*
**sharp** [ʃɑ:p] *adj* spiss
**sharpen** ['ʃɑ:pən] *v* spisse
**shave** [ʃeiv] *v* barbere seg
**shaver** ['ʃeivə] *n* barbermaskin *m*
**shaving brush** ['ʃeiviŋbrʌʃ] *n* barberkost *m*
**shaving foam** ['ʃeiviŋfoum] *n* barberskum *nt*
**shawl** [ʃɔ:l] *n* sjal *nt*

**she** [ʃiː] *pron* hun
**shed** [ʃed] *n* skur *nt*
***shed** [ʃed] *v* *utgyte; spre
**sheep** [ʃiːp] *n* (pl ~) sau *m*
**sheer** [ʃiə] *adj* pur, absolutt; skjær, gjennomsiktig, tynn
**sheet** [ʃiːt] *n* laken *nt*; ark *nt*; plate *c*
**shelf** [ʃelf] *n* (pl shelves) hylle *c*
**shell** [ʃel] *n* skjell *nt*; skall *nt*
**shellfish** ['ʃelfiʃ] *n* skalldyr *nt*
**shelter** ['ʃeltə] *n* ly *nt*, tilfluktssted *nt*; *v* *gi ly
**shepherd** ['ʃepəd] *n* gjeter *m*
**shift** [ʃift] *n* skift *nt*
***shine** [ʃain] *v* skinne; glinse, stråle
**ship** [ʃip] *n* skip *nt*; *v* skipe
**shipowner** ['ʃi,pounə] *n* skipsreder *m*
**shipyard** ['ʃipjaːd] *n* skipsverft *nt*
**shirt** [ʃəːt] *n* skjorte *c*
**shiver** ['ʃivə] *v* *skjelve, hutre; *n* skjelven *m*
**shock** [ʃɔk] *n* sjokk *nt*; *v* sjokkere; ~ **absorber** støtdemper *m*
**shocking** ['ʃɔkiŋ] *adj* sjokkerende
**shoe** [ʃuː] *n* sko *m*; ~ **polish** skokrem *m*; ~ **shop** skotøyforretning *c*; **gym shoes** turnsko *pl*
**shoelace** ['ʃuːleis] *n* skolisse *c*
**shoemaker** ['ʃuː,meikə] *n* skomaker *m*
**shook** [ʃuk] *v* (p shake)
***shoot** [ʃuːt] *v* *skyte
**shop** [ʃɔp] *n* forretning *c*; *v* handle; ~ **assistant** ekspeditør *m*, butikkselger *m*; **shopping bag** handlebag *m*; **shopping centre** kjøpesenter *nt*
**shopkeeper** ['ʃɔp,kiːpə] *n* kjøpmann *m*
**shopwindow** [,ʃɔp'windou] *n* utstillingsvindu *nt*
**shore** [ʃɔː] *n* bredd *m*, kyst *m*
**short** [ʃɔːt] *adj* kort; liten; ~ **circuit** kortslutning *m*
**shortage** ['ʃɔːtidʒ] *n* knapphet *c*, mangel *m*
**shorten** ['ʃɔːtən] *v* forkorte
**shortly** ['ʃɔːtli] *adv* snart, i nær fremtid
**shorts** [ʃɔːts] *pl* shorts *m*; underbukse *c*
**short-sighted** [,ʃɔːt'saitid] *adj* nærsynt
**shot** [ʃɔt] *n* skudd *nt*; sprøyte *c*; scene *m*
***should** [ʃud] *v* *skulle
**shoulder** ['ʃouldə] *n* skulder *c*
**shout** [ʃaut] *v* *skrike, rope; *n* rop *nt*
**shovel** ['ʃʌvəl] *n* skuffe *c*
**show** [ʃou] *n* oppførelse *m*, forestilling *c*; utstilling *c*
***show** [ʃou] *v* vise; utstille, vise frem; bevise
**showcase** ['ʃoukeis] *n* monter *m*

**shower** [ʃauə] *n* dusj *m*; regnskur *m*, skur *m*
**showroom** ['ʃouru:m] *n* utstillingslokale *nt*
**shriek** [ʃri:k] *v* *skrike; *n* hvin *nt*
**shrimp** [ʃrimp] *n* reke *c*
**shrine** [ʃrain] *n* helgenskrin *nt*, helligdom *m*
***shrink** [ʃriŋk] *v* krympe
**shrinkproof** ['ʃriŋkpru:f] *adj* krympefri
**shrub** [ʃrʌb] *n* busk *m*
**shudder** ['ʃʌdə] *n* gys *nt*
**shuffle** ['ʃʌfəl] *v* stokke
***shut** [ʃʌt] *v* lukke; **shut** stengt, lukket; ~ **in** stenge inne
**shutter** ['ʃʌtə] *n* vinduslem *m*, skodde *m*
**shy** [ʃai] *adj* sjenert, sky
**shyness** ['ʃainəs] *n* skyhet *c*
**Siamese** [ˌsaiə'mi:z] *adj* siamesisk
**sick** [sik] *adj* syk; kvalm
**sickness** ['siknəs] *n* sykdom *m*; kvalme *m*
**side** [said] *n* side *c*; parti *nt*; **one-sided** *adj* ensidig
**sideburns** ['saidbə:nz] *pl* kinnskjegg *nt*
**side street** ['saidstri:t] *n* sidegate *c*
**sidewalk** ['saidwɔ:k] *nAm* fortau *nt*
**sideways** ['saidweiz] *adv* til siden
**siege** [si:dʒ] *n* beleiring *c*
**sieve** [siv] *n* sil *m*; *v* sikte, sile
**sight** [sait] *n* syne *nt*; skue *nt*, syn; severdighet *c*
**sign** [sain] *n* tegn *nt*; vink *nt*, gest *m*; *v* undertegne
**signal** ['signəl] *n* signal *nt*; tegn *nt*; *v* signalisere
**signature** ['signətʃə] *n* underskrift *c*, signatur *m*
**significant** [sig'nifikənt] *adj* betydningsfull
**signpost** ['sainpoust] *n* veiviser *m*
**silence** ['sailəns] *n* stillhet *c*; *v* få til å tie
**silencer** ['sailənsə] *n* lydpotte *c*
**silent** ['sailənt] *adj* stille, taus; ***be** ~ tie
**silk** [silk] *n* silke *m*
**silly** ['sili] *adj* dum, tåpelig
**silver** ['silvə] *n* sølv *nt*; sølv-
**silversmith** ['silvəsmiθ] *n* sølvsmed *m*
**silverware** ['silvəwɛə] *n* sølvtøy *nt*
**similar** ['similə] *adj* liknende
**similarity** [ˌsimi'lærəti] *n* likhet *c*
**simple** ['simpəl] *adj* likefrem, enkel; vanlig
**simply** ['simpli] *adv* simpelthen
**simulate** ['simjuleit] *v* etterligne
**simultaneous** [ˌsiməl'teiniəs] *adj* samtidig
**sin** [sin] *n* synd *c*
**since** [sins] *prep* siden; *adv*

siden; *conj* siden; fordi
**sincere** [sin'siə] *adj* oppriktig; **yours sincerely** med vennlig hilsen, mvh
**sinew** ['sinju:] *n* sene *c*
***sing** [siŋ] *v* *synge
**singer** ['siŋə] *n* sanger *m*; sangerinne *c*
**single** ['siŋgəl] *adj* enkel; ugift; ~ **room** enkeltrom *nt*
**singular** ['siŋgjulə] *n* entall *nt*; *adj* enestående
**sinister** ['sinistə] *adj* illevarslende
**sink** [siŋk] *n* vask *m*
***sink** [siŋk] *v* *synke
**sip** [sip] *n* slurk *m*
**sir** [sə:] min herre
**siren** ['saiərən] *n* sirene *c*
**sister** ['sistə] *n* søster *c*
**sister-in-law** ['sistərinlɔ:] *n* (pl sisters-) svigerinne *c*
***sit** [sit] *v* *sitte; ~ **down** *sette seg
**site** [sait] *n* sted *nt*; beliggenhet *c*
**sitting room** ['sitiŋru:m] *n* stue *c*
**situated** ['sitʃueitid] *adj* beliggende
**situation** [ˌsitʃu'eiʃən] *n* situasjon *m*; stilling *c*
**six** [siks] *num* seks
**sixteen** [ˌsiks'ti:n] *num* seksten
**sixteenth** [ˌsiks'ti:nθ] *num* sekstende
**sixth** [siksθ] *num* sjette
**sixty** ['siksti] *num* seksti
**size** [saiz] *n* størrelse *m*, dimensjon *m*; format *nt*
**skate** [skeit] *v* *gå på skøyter; *n* skøyte *c*
**skating** ['skeitiŋ] *n* skøyteløping *c*; ~ **rink** skøytebane *m*
**skeleton** ['skelitən] *n* skjelett *nt*
**sketch** [sketʃ] *n* skisse *c*, utkast *nt*; *v* tegne, skissere
**ski**[1] [ski:] *v* *gå på ski
**ski**[2] [ski:] *n* (pl ~, ~s) ski *c*; ~ **boots** skistøvler *pl*; ~ **jump** skihopp *nt*; hoppbakke *m*; ~ **lift** skiheis *m*; ~ **pants** skibukse *c*, ~ **poles** *Am* skistaver *pl*; ~ **sticks** skistaver *pl*
**skid** [skid] *v* *gli
**skier** ['ski:ə] *n* skiløper *m*
**skiing** ['ski:iŋ] *n* skiløping *c*
**skil(l)ful** ['skilfəl] *adj* kyndig, flink, dyktig
**skill** [skil] *n* dyktighet *c*
**skilled** [skild] *adj* kyndig, dreven; faglært
**skin** [skin] *n* hud *c*, skinn *nt*; skall *nt*
**skip** [skip] *v* hoppe; hoppe over
**skirt** [skə:t] *n* skjørt *nt*
**skull** [skʌl] *n* skalle *m*
**sky** [skai] *n* himmel *m*; luft *c*
**skyscraper** ['skaiˌskreipə] *n* skyskraper *m*
**slack** [slæk] *adj* treg; slapp
**slacks** [slæks] *pl* bukse *c*, bukser *pl*
**slam** [slæm] *v* *slå igjen
**slander** ['sla:ndə] *n*

bakvaskelse *m*
**slang** [slæŋ] *n* slang *m*; sjargong *m*
**slant** [slɑːnt] *v* skråne
**slanting** ['slaːntiŋ] *adj* skjev, skrånende, skrå
**slap** [slæp] *v* fike; *n* fik *m*
**slate** [sleit] *n* skifer *m*
**slave** [sleiv] *n* slave *m*
**sledge** [sledʒ] *n* slede *m*, kjelke *m*
**sleep** [sliːp] *n* søvn *m*
***sleep** [sliːp] *v* *sove
**sleeping bag** ['sliːpiŋbæg] *n* sovepose *m*
**sleeping car** ['sliːpiŋkaː] *n* sovevogn *c*
**sleeping pill** ['sliːpiŋpil] *n* sovepille *c*
**sleepless** ['sliːpləs] *adj* søvnløs
**sleepy** ['sliːpi] *adj* søvnig
**sleet** [sliːt] *n* sludd *nt*
**sleeve** [sliːv] *n* erme *nt*; omslag *nt*
**sleigh** [slei] *n* kjelke *m*, slede *m*
**slender** ['slendə] *adj* slank
**slice** [slais] *n* skive *c*
**slide** [slaid] *n* rutsjebane *m*; lysbilde *nt*
***slide** [slaid] *v* *gli
**slight** [slait] *adj* ubetydelig; svak
**slim** [slim] *adj* slank; *v* slanke seg
**slip** [slip] *v* *gli, skli; *smette; *n* feiltrinn *nt*
**slipper** ['slipə] *n* tøffel *m*
**slippery** ['slipəri] *adj* glatt, sleip
**slogan** ['slougən] *n* slagord *nt*, valgspråk *nt*
**slope** [sloup] *n* skråning *m*; *v* helle
**sloping** ['sloupiŋ] *adj* skrånende
**sloppy** ['slɔpi] *adj* slurvet
**slot** [slɔt] *n* myntsprekk *m*; åpning *c*; **~ machine** automat *m*
**slovenly** ['slʌvənli] *adj* sjusket
**slow** [slou] *adj* tungnem, langsom, sakte; **~ down** *sette ned farten, saktne farten; bremse
**slum** [slʌm] *n* slum *m*
**slump** [slʌmp] *n* prisfall *nt*
**slush** [slʌʃ] *n* snøslaps *nt*
**sly** [slai] *adj* slu
**smack** [smæk] *v* smekke; *n* dask *m*
**small** [smɔːl] *adj* liten; ringe
**smallpox** ['smɔːlpɔks] *n* kopper *pl*
**smart** [smɑːt] *adj* fiks; smart, flink, lur
**smash** [smɑʃ] *n* hardt slag *m*; *v* knuse; ødelegge
**smell** [smel] *n* lukt *c*
***smell** [smel] *v* lukte; *stinke
**smelly** ['smeli] *adj* illeluktende
**smile** [smail] *v* smile; *n* smil *nt*
**smith** [smiθ] *n* smed *m*
**smoke** [smouk] *v* røyke; *n* røyk *m*; **no smoking**

røyking forbudt
**smoke-free** ['smouk,fri:] *adj* røykfri
**smoker** ['smoukə] *n* røyker *m*; røykekupé *m*
**smoking compartment** ['smoukiŋkəm,pa:tmənt] *n* røykekupé *m*
**smooth** [smu:ð] *adj* jevn, smul, glatt; myk
**smuggle** ['smʌgəl] *v* smugle
**snack** [snæk] *n* matbit *m*
**snail** [sneil] *n* snegl *m*
**snake** [sneik] *n* slange *m*
**snapshot** ['snæpʃɔt] *n* øyeblikksfotografi *nt*, snapshot *nt*
**sneakers** ['sni:kəz] *plAm* tennissko *pl*, joggesko *pl*
**sneeze** [sni:z] *v* *nyse
**sniper** ['snaipə] *n* snikskytter *m*
**snooty** ['snu:ti] *adj* hoven
**snore** [snɔ:] *v* snorke
**snorkel** ['snɔ:kəl] *n* snorkel *m*
**snout** [snaut] *n* snute *c*
**snow** [snou] *n* snø *m*; *v* snø
**snowstorm** ['snoustɔ:m] *n* snøstorm *m*
**so** [sou] *conj* så; *adv* slik; så, i den grad; **and ~ on** og så videre; **~ far** hittil; **~ that** så, slik at
**soak** [souk] *v* gjennombløte, bløte
**soap** [soup] *n* såpe *c*
**sober** ['soubə] *adj* edru; nøktern
**so-called** [,sou'kɔ:ld] *adj* såkalt
**soccer** ['sɔkə] *n* fotball *m*; **~ team** fotball-lag *nt*
**social** ['souʃəl] *adj* samfunns-, sosial
**socialism** ['souʃəlizəm] *n* sosialisme *m*
**socialist** ['souʃəlist] *adj* sosialistisk; *n* sosialist *m*
**society** [sə'saiəti] *n* samfunn *nt*; selskap *nt*, forening *c*
**sock** [sɔk] *n* sokk *m*
**socket** ['sɔkit] *n* pæreholder *m*; stikkontakt *m*
**soda** ['soudə]: **~ pop** *nAm colloquial* brus *m*; **~ water** soda *m*, selters *m*; naturlig mineralvann *m*
**sofa** ['soufə] *n* sofa *m*
**soft** ['sɔft] *adj* myk; **~ drink** alkoholfri drikk
**soften** ['sɔfən] *v* *bløtgjøre
**software** ['sɔftweə] *n* programvare *m*
**soil** [sɔil] *n* jord *m*; jordbunn *m*; jordsmonn *nt*
**soiled** [sɔild] *adj* skitten
**solar** ['soulə] *adj* sol...; **~ system** solsystem *nt*
**sold** [sould] *v* (p, pp sell); **~ out** utsolgt
**soldier** ['souldʒə] *n* soldat *m*
**sole**[1] [soul] *adj* eneste
**sole**[2] [soul] *n* såle *m*; flyndre *c*
**solely** ['soulli] *adv* utelukkende
**solemn** ['sɔləm] *adj*

høytidelig
**solicitor** [sə'lisitə] *n* sakfører *m*, advokat *m*
**solid** ['sɔlid] *adj* solid; massiv; *n* fast stoff
**soluble** ['sɔljubəl] *adj* oppløselig
**solution** [sə'luːʃən] *n* løsning *c*; oppløsning *c*
**solve** [sɔlv] *v* løse
**somber** *Am*, **sombre** ['sɔmbə] *adj* dyster
**some** [sʌm] *adj* noen; *pron* visse, enkelte; litt; ~ **day** en gang; ~ **more** litt mer; ~ **time** en gang
**somebody** ['sʌmbədi] *pron* noen
**somehow** ['sʌmhau] *adv* på en eller annen måte
**someone** ['sʌmwʌn] *pron* noen
**something** ['sʌmθiŋ] *pron* noe
**sometimes** ['sʌmtaimz] *adv* av og til
**somewhat** ['sʌmwɔt] *adv* nokså
**somewhere** ['sʌmwɛə] *adv* etsteds
**son** [sʌn] *n* sønn *m*
**song** [sɔŋ] *n* sang *m*
**son-in-law** ['sʌninlɔː] *n* (pl sons-) svigersønn *m*
**soon** [suːn] *adv* fort, snart; **as ~ as** så snart som
**sooner** ['suːnə] *adv* heller
**sore** [sɔː] *adj* sår, øm; *n* ømt sted; sår *nt*; ~ **throat** halsesyke *m*
**sorrow** ['sɔrou] *n* sorg *c*
**sorry** ['sɔri] *adj* lei for; **sorry!** unnskyld!, beklager!
**sort** [sɔːt] *v* ordne, sortere; *n* sort *m*, slags *m* / *nt*; **all sorts of** alle slags
**soul** [soul] *n* sjel *c*
**sound** [saund] *n* klang *m*, lyd *m*; *v* *lyde; *adj* sunn; pålitelig
**soundproof** ['saundpruːf] *adj* lydtett
**soup** [suːp] *n* suppe *c*; ~ **plate** suppetallerken *m*; ~ **spoon** suppeskje *c*
**sour** [sauə] *adj* sur
**source** [sɔːs] *n* kilde *m*
**south** [sauθ] *n* syd *m*, sør *m*; **South Pole** Sydpolen
**South Africa** [sauθ 'æfrikə] Sør-Afrika
**South America** [sauθ ə'merikə] Sør-Amerika
**southeast** [ˌsauθ'iːst] *n* sørøst *m*
**southerly** ['sʌðəli] *adj* sørlig
**southern** ['sʌðən] *adj* sørlig
**southwest** [ˌsauθ'west] *n* sørvest *m*
**souvenir** ['suːvəniə] *n* suvenir *m*
**sovereign** ['sɔvrin] *n* hersker *m*
***sow** [sou] *v* så
**spa** [spɑː] *n* kursted *nt*
**space** [speis] *n* rom *nt*; verdensrom *nt*; avstand *m*, mellomrom *nt*; *v* sette mellomrom; ~ **shuttle** romferge *c*

**spacious** ['speiʃəs] *adj* rommelig
**spade** [speid] *n* spade *m*
**Spain** [spein] Spania
**Spaniard** ['spænjəd] *n* spanjol *m*, spanier *m*
**Spanish** ['spæniʃ] *adj* spansk
**spanking** ['spæŋkiŋ] *n* juling *c*; ris *nt*
**spare** [spɛə] *adj* reserve-, ekstra; *v* *unnvære; ~ **part** reservedel *m*; ~ **room** gjesteværelse *nt*; ~ **time** fritid *c*; ~ **tyre** reservedekk *nt*; ~ **wheel** reservehjul *nt*
**spark** [spɑ:k] *n* gnist *m*
**spark(ing) plug** ['spɑ:kiŋplʌg] *n* tennplugg *m*
**sparkling** ['spɑ:kliŋ] *adj* funklende; musserende
**sparrow** ['spærou] *n* spurv *m*
***speak** [spi:k] *v* snakke
**speaker phone** ['spi:kə‿ˌfoun] *n* høytalertelefon *c*
**spear** [spiə] *n* spyd *nt*
**special** ['speʃəl] *adj* spesiell; ~ **delivery** ekspress
**specialist** ['speʃəlist] *n* spesialist *m*
**speciality** [ˌspeʃi'æləti] *n* spesialitet *m*
**specialize** ['speʃəlaiz] *v* spesialisere seg
**specially** ['speʃəli] *adv* i særdeleshet
**species** ['spi:ʃi:z] *n* (pl ~) art *m*
**specific** [spə'sifik] *adj* spesifikk
**specimen** ['spesimən] *n* prøve *c*, eksemplar *nt*
**speck** [spek] *n* flekk *m*
**spectacle** ['spektəkəl] *n* skue *nt*, syn *nt*; **spectacles** briller *pl*
**spectator** [spek'teitə] *n* tilskuer *m*
**speculate** ['spekjuleit] *v* spekulere
**speech** [spi:tʃ] *n* tale *m*
**speechless** ['spi:tʃləs] *adj* målløs
**speed** [spi:d] *n* hastighet *c*; fart *m*; **cruising** ~ marsjfart *m*; ~ **dial(ing)** *n* hurtigtaster *c*; ~ **limit** fartsgrense *c*
***speed** [spi:d] *v* kjøre fort; kjøre for fort
**speeding** ['spi:diŋ] *n* råkjøring *c*
**speedometer** [spi:'dɔmitə] *n* fartsmåler *m*
**spell** [spel] *n* fortryllelse *m*
***spell** [spel] *v* stave
**spelling** ['speliŋ] *n* stavemåte *m*
***spend** [spend] *v* bruke, spandere; *tilbringe
**sphere** [sfiə] *n* kule *c*; område *nt*
**spice** [spais] *n* krydder *nt*; **spices** krydderier *pl*
**spiced** [spaist] *adj* krydret
**spicy** ['spaisi] *adj* krydret

**spider** ['spaidə] *n* edderkopp *m*; **spider's web** spindelvev *m*
***spill** [spil] *v* søle
***spin** [spin] *v* *spinne; snurre
**spinach** ['spinidʒ] *n* spinat *m*
**spine** [spain] *n* ryggrad *m*
**spire** [spaiə] *n* spir *nt*
**spirit** ['spirit] *n* ånd *m*; spøkelse *nt*; ~ **stove** spritapparat *nt*; **spirits** spirituosa *pl*, alkoholholdige drikker; humør *nt*
**spiritual** ['spiritʃuəl] *adj* åndelig
**spit** [spit] *n* spytt *nt*; spidd *nt*
***spit** [spit] *v* spytte
**spite** [spait] *n* ondskapsfullhet *c*; *v* være ekkel mot; **in ~ of** til tross for
**spiteful** ['spaitfəl] *adj* ondskapsfull
**splash** [splæʃ] *v* skvette
**splendid** ['splendid] *adj* praktfull, glimrende
**splendo(u)r** ['splendə] *n* prakt *m*
**splint** [splint] *n* beinskinne *c*
**splinter** ['splintə] *n* splint *m*
***split** [split] *v* kløyve
***spoil** [spɔil] *v* *ødelegge; skjemme bort
**spoke**[1] [spouk] *v* (p speak)
**spoke**[2] [spouk] *n* eike *c*
**sponge** [spʌndʒ] *n* svamp *m*
**spool** [spu:l] *n* spole *m*
**spoon** [spu:n] *n* skje *c*
**spoonful** ['spu:nful] *n* skjefull *m*
**sport** [spɔ:t] *n* sport *m*
**sports car** ['spɔ:tska:] *n* sportsbil *m*
**sportsman** ['spɔ:tsmən] *n* (pl -men) idrettsmann *m*
**sportswear** ['spɔ:tswεə] *n* sportsklær *pl*
**sportswoman** ['spɔ:tswumən] *n* (pl -women) idrettskvinne *c*
**spot** [spɔt] *n* flekk *m*; sted *nt*
**spotless** ['spɔtləs] *adj* plettfri
**spotlight** ['spɔtlait] *n* prosjektør *m*
**spotted** ['spɔtid] *adj* flekket
**spout** [spaut] *n* tut *m*
**sprain** [sprein] *v* forstue; *n* forstuing *c*
**spray** [sprei] *n* sprut *m*; spray *m*; *v* sprøyte (planter), sprute; spraye
***spread** [spred] *v* spre
**spring** [spriŋ] *n* vår *m*; fjær *c*; kilde *m*
**springtime** ['spriŋtaim] *n* vår *m*
**sprouts** [sprauts] *pl* rosenkål *m*
**spy** [spai] *n* spion *m*
**square** [skwεə] *adj* kvadratisk; *n* kvadrat *nt*; plass *m*
**squash** [skwɔʃ] *n* fruktsaft

c; squash *m*; *v* kryste
**squeeze** [skwi:z] *v* presse (saft); trykke
**squirrel** ['skwirəl] *n* ekorn *nt*
**squirt** [skwə:t] *n* sprut *m*
**stable** ['steibəl] *adj* stabil; *n* stall *m*
**stack** [stæk] *n* stabel *m*
**stadium** ['steidiəm] *n* stadion *nt*
**staff** [stɑ:f] *n* personale *nt*
**stage** [steidʒ] *n* scene *m*; stadium *nt*, fase *m*; etappe *m*
**stain** [stein] *v* flekke; *n* flekk *m*; **stained glass window** glassmaleri *nt*; **~ remover** flekkfjerner *m*
**stainless** ['steinləs] *adj* plettfri; **~ steel** rustfritt stål
**staircase** ['stɛəkeis] *n* trapp *c*
**stairs** [stɛəz] *pl* trapp *c*
**stale** [steil] *adj* **~ bread** gammelt brød; **~ air** dårlig luft
**stall** [stɔ:l] *n* utsalgsbord *nt*; orkesterplass *m*
**stamp** [stæmp] *n* frimerke *nt*; stempel *nt*; *v* frankere; trampe; **~ machine** frimerkeautomat *m*
**stand** [stænd] *n* stand *m*; tribune *m*
***stand** [stænd] *v* *stå
**standard** ['stændəd] *n* norm *m*; standard-; **~ of living** levestandard *m*
**stanza** ['stænzə] *n* strofe *m*; vers *nt*
**staple** ['steipəl] *n* stift *m*
**star** [stɑ:] *n* stjerne *c*
**starboard** ['stɑ:bəd] *n* styrbord
**stare** [stɛə] *v* stirre
**starling** ['stɑ:liŋ] *n* stær *m*
**start** [stɑ:t] *v* begynne; *n* start *m*
**starting point** ['stɑ:tiŋpɔint] *n* utgangspunkt *nt*
**state** [steit] *n* stat *m*; stand *m*; *v* erklære; **the States** [ðə steits] De forente stater
**statement** ['steitmənt] *n* erklæring *c*
**station** ['steiʃən] *n* stasjon *m*; posisjon *m*
**stationary** ['steiʃənəri] *adj* stillestående
**stationer's** ['steiʃənəz] *n* papirhandel *m*
**stationery** ['steiʃənəri] *n* papirvarer *pl*
**statistics** [stə'tistiks] *pl* statistikk *m*
**statue** ['stætʃu:] *n* statue *m*
**stay** [stei] *v* *bli; *oppholde seg, *ta inn; *n* opphold *nt*
**steadfast** ['stedfɑ:st] *adj* standhaftig
**steady** ['stedi] *adj* stø
**steak** [steik] *n* biff *m*
***steal** [sti:l] *v* *stjele
**steam** [sti:m] *n* damp *m*
**steamer** ['sti:mə] *n* dampskip *nt*
**steel** [sti:l] *n* stål *nt*

**steep** [sti:p] *adj* bratt, steil
**steeple** ['sti:pəl] *n* kirketårn *nt*
**steer** [sti:ə] *v* styre
**steering column** ['stiəriŋ,kɔləm] *n* rattstamme *m*
**steering wheel** ['stiəriŋwi:l] *n* ratt *nt*
**steersman** ['stiəzmən] *n* (pl -men) rorgjenger *m*
**stem** [stem] *n* stilk *m*
**stem cell** ['stem‿,sel] *n* stamcelle *c*
**step** [step] *n* skritt *nt*, steg *nt*; trinn *nt*; *v* *tre, trå
**stepchild** ['steptʃaild] *n* (pl -children) stebarn *nt*
**stepfather** ['step,fa:ðə] *n* stefar *m*
**stepmother** ['step,mʌðə] *n* stemor *c*
**stereo** [steriou] *n* stereo *m*; *colloquial* stereoanlegg *nt*
**sterile** ['sterail] *adj* steril
**sterilize** ['sterilaiz] *v* sterilisere
**steward** ['stju:əd] *n* stuert *m*; flyvert *m*
**stewardess** ['stju:ədes] *n* flyvertinne *c*
**stick** [stik] *n* stokk *m*
***stick** [stik] *v* klebe
**sticker** [stikə] *n* klistremerke *nt*
**sticky** ['stiki] *adj* klebrig
**stiff** [stif] *adj* stiv
**still** [stil] *adv* fremdeles; likevel; *adj* stille
**stimulant** ['stimjulənt] *n* stimulans *m*
**stimulate** ['stimjuleit] *v* stimulere
**sting** [stiŋ] *n* stikk *nt*
***sting** [stiŋ] *v* *stikke
**stingy** ['stindʒi] *adj* gjerrig; smålig
***stink** [stiŋk] *v* *stinke
**stipulate** ['stipjuleit] *v* *fastsette
**stipulation** [,stipju'leiʃən] *n* betingelse *m*
**stir** [stə:] *v* røre
**stitch** [stitʃ] *n* sting *nt*; hold *nt*
**stock** [stɔk] *n* forsyning *c*; *v* lagre; ~ **exchange** fondsbørs *m*, børs *m*; ~ **market** fondsmarked *nt*; **stocks and shares** verdipapirer *pl*
**stocking** ['stɔkiŋ] *n* strømpe *c*
**stole**[1] [stoul] *v* (p steal)
**stole**[2] [stoul] *n* stola *m*
**stomach** ['stʌmək] *n* mage *m*; ~ **ache** magesmerter *pl*
**stone** [stoun] *n* stein *m*; edelstein *m*; stein-; **pumice** ~ pimpstein *m*
**stood** [stud] *v* (p, pp stand)
**stop** [stɔp] *v* stoppe; avslutte, *holde opp med; *n* holdeplass *m*; **stop!** stopp!
**stopper** ['stɔpə] *n* kork *m*
**storage** ['stɔ:ridʒ] *n* lagring *c*
**store** [stɔ:] *n* lagerbeholdning *m*;

forretning *c*; *v* lagre; ~ **house** lagerbygning *m*
**stor(e)y** ['stɔːri] *n* etasje *m*
**stork** [stɔːk] *n* stork *m*
**storm** [stɔːm] *n* storm *m*
**stormy** ['stɔːmi] *adj* stormfull
**story** ['stɔːri] *n* fortelling *c*
**stout** [staut] *adj* korpulent, tykkfallen
**stove** [stouv] *n* ovn *m*; komfyr *m*
**straight** [streit] *adj* rak; ærlig; *adv* rett; ~ **ahead** rett frem; ~ **away** med en gang; ~ **on** rett frem
**strain** [strein] *n* anstrengelse *m*; anspennelse *m*; *v* overanstrenge; sile
**strainer** ['streinə] *n* sil *m*; dørslag *nt*
**strange** [streindʒ] *adj* fremmed; underlig
**stranger** ['streindʒə] *n* fremmed *m*
**strangle** ['stræŋgəl] *v* kvele
**strap** [stræp] *n* rem *c*
**straw** [strɔː] *n* halm *m*
**strawberry** ['strɔːbəri] *n* jordbær *nt*
**stream** [striːm] *n* bekk *m*; strøm *m*; *v* strømme
**street** [striːt] *n* gate *c*
**streetcar** ['striːtkɑː] *nAm* trikk *m*
**strength** [streŋθ] *n* styrke *m*
**stress** [stres] *n* stress *nt*; trykk *nt*; *v* belaste, *legge vekt på
**stretch** [stretʃ] *v* tøye; *n* strekning *m*
**strict** [strikt] *adj* streng
**strike** [straik] *n* streik *m*
***strike** [straik] *v* *slå; *slå til; streike; *stryke
**striking** ['straikiŋ] *adj* påfallende, oppsiktsvekkende, slående
**string** [striŋ] *n* snor *c*; streng *m*
**strip** [strip] *n* strimmel *m*
**stripe** [straip] *n* stripe *c*
**striped** [straipt] *adj* stripet
**stroke** [strouk] *n* slaganfall *nt*
**stroll** [stroul] *v* slentre; *n* spasertur *m*
**strong** [strɔŋ] *adj* sterk; kraftig
**stronghold** ['strɔŋhould] *n* tilfluktssted *nt*; høyborg *c*
**structure** ['strʌktʃə] *n* struktur *m*
**struggle** ['strʌgəl] *n* strid *m*, kamp *m*; *v* *slåss, kjempe
**stubborn** ['stʌbən] *adj* sta
**student** ['stjuːdənt] *n* student *m*; elev *m*
**studies** ['stʌdiz] *pl* studium *nt*
**study** ['stʌdi] *v* studere; *n* studium *nt*; arbeidsværelse *nt*
**stuff** [stʌf] *n* materiale *nt*; saker *pl*
**stuffed** [stʌft] *adj* fylt
**stuffing** ['stʌfiŋ] *n* fyll *nt*
**stuffy** ['stʌfi] *adj* trykkende;

snerpet
**stumble** ['stʌmbəl] *v* snuble
**stung** [stʌŋ] *v* (p, pp sting)
**stupid** ['stju:pid] *adj* dum
**style** [stail] *n* stil *m*
**subject**[1] ['sʌbdʒikt] *n* subjekt *nt*; undersått *m*; gjenstand *m*; emne *nt*; **~ to** utsatt for
**subject**[2] [səb'dʒekt] *v* underkue
**sublet** [ˌsub'let] *v* fremleie
**submarine** ['sʌbməri:n] *n* ubåt *m*
**submit** [səb'mit] *v* underkaste seg
**subordinate** [sə'bɔ:dinət] *adj* underordnet; sekundær
**subscriber** [səb'skraibə] *n* abonnent *m*
**subscription** [səb'skripʃən] *n* abonnement *nt*
**subsequent** ['sʌbsikwənt] *adj* følgende
**subsidy** ['sʌbsidi] *n* tilskudd *nt*
**substance** ['sʌbstəns] *n* substans *m*
**substantial** [səb'stænʃəl] *adj* substansiell; virkelig; anselig
**substitute** ['sʌbstitju:t] *v* erstatte; *n* erstatning *m*; stedfortreder *m*
**subtitle** ['sʌbˌtaitəl] *n* undertekst *m*
**subtle** ['sʌtəl] *adj* subtil
**subtract** [səb'trækt] *v* *trekke fra
**suburb** ['sʌbə:b] *n* forstad *m*
**suburban** [sə'bə:bən] *adj* forstads-
**subway** ['sʌbwei] *nAm* undergrunnsbane *m*
**succeed** [sək'si:d] *v* lykkes; *etterfølge
**success** [sək'ses] *n* suksess *m*
**successful** [sək'sesfəl] *adj* vellykket
**succumb** [sə'kʌm] *v* bukke under
**such** [sʌtʃ] *adj* sånn, slik; *adv* slik; **~ as** slik som
**suck** [sʌk] *v* suge
**sudden** ['sʌdən] *adj* plutselig
**suddenly** ['sʌdənli] *adv* plutselig
**suede** [sweid] *n* semsket skinn
**suffer** ['sʌfə] *v* *lide; *gjennomgå
**suffering** ['sʌfəriŋ] *n* lidelse *m*
**suffice** [sə'fais] *v* *være tilstrekkelig
**sufficient** [sə'fiʃənt] *adj* tilstrekkelig
**suffrage** ['sʌfridʒ] *n* stemmerett *m*
**sugar** ['ʃugə] *n* sukker *nt*
**suggest** [sə'dʒest] *v* *foreslå
**suggestion** [sə'dʒestʃən] *n* forslag *nt*
**suicide** ['su:isaid] *n* selvmord *nt*; **~ attack** *n* selvmordangrep *nt*; **~**

**bomber** *n* selvmordsbomber *c*
**suit** [su:t] *v* passe; tilpasse; kle; *n* dress *m*
**suitable** ['su:təbəl] *adj* egnet
**suitcase** ['su:tkeis] *n* koffert *m*
**suite** [swi:t] *n* suite *m*
**sum** [sʌm] *n* sum *m*
**summary** ['sʌməri] *n* sammendrag *nt*
**summer** ['sʌmə] *n* sommer *m*; ~ **time** sommertid *c*
**summit** ['sʌmit] *n* topp *m*
**sun** [sʌn] *n* sol *c*
**sunbathe** ['sʌnbeið] *v* sole seg
**sunburn** ['sʌnbə:n] *n* solbrenthet *c*
**Sunday** ['sʌndi] søndag *m*
**sunglasses** ['sʌn,glɑ:siz] *pl* solbriller *pl*
**sunlight** ['sʌnlait] *n* sollys *nt*
**sunny** ['sʌni] *adj* solrik
**sunrise** ['sʌnraiz] *n* soloppgang *m*
**sunset** ['sʌnset] *n* solnedgang *m*
**sunshade** ['sʌnʃeid] *n* parasoll *m*
**sunshine** ['sʌnʃain] *n* solskinn *nt*
**sunstroke** ['sʌnstrouk] *n* solstikk *nt*
**suntan** ['sʌntæn] brunfarge *m*
**suntan oil** ['sʌntænɔil] sololje *c*
**super** ['sjupə] *adj colloquial* flott, bra; kul, kult
**superb** [su'pə:b] *adj* storartet
**superficial** [,su:pə'fiʃəl] *adj* overfladisk
**superfluous** [su'pə:fluəs] *adj* overflødig
**superior** [su'piəriə] *adj* høyere, overlegen, bedre, større
**supermarket** ['su:pə,ma:kit] *n* supermarked *nt*
**superstition** [,su:pə'stiʃən] *n* overtro *c*
**supervise** ['su:pəvaiz] *v* overvåke
**supervision** [,su:pə'viʒən] *n* overoppsyn *nt*, oppsyn *nt*
**supervisor** ['su:pəvaizə] *n* kontrollør *m*
**supper** ['sʌpə] *n* aftensmat *m*
**supple** ['sʌpəl] *adj* bøyelig, smidig, myk
**supplement** ['sʌplimənt] *n* tillegg *nt*
**supply** [sə'plai] *n* tilførsel *m*, levering *c*; forråd *nt*; tilbud *nt*; *v* forsyne
**support** [sə'pɔ:t] *v* *bære, *hjelpe; *n* støtte *m*
**supporter** [sə'pɔ:tə] *n* tilhenger *m*; forsørger *m*
**suppose** [sə'pouz] *v* *anta; **supposing that** forutsatt at
**suppository** [sə'pɔzitəri] *n* stikkpille *c*

**suppress** [sə'pres] *v* undertrykke
**surcharge** ['sə:tʃɑ:dʒ] *n* ekstragebyr *nt*
**sure** [ʃuə] *adj* sikker
**surely** ['ʃuəli] *adv* sikkert
**surface** ['sə:fis] *n* overflate *c*
**surf (the Net)** [sə:f] *v* surfe
**surfboard** ['sə:fbɔ:d] *n* surfingbrett *nt*
**surgeon** ['sə:dʒən] *n* kirurg *m*; **veterinary ~** veterinær *m*
**surgery** ['sə:dʒəri] *n* operasjon *m*; legekontor *nt*; **reconstructive ~** rekonstruktiv kirurgi *c*
**surname** ['sə:neim] *n* etternavn *nt*
**surplus** ['sə:pləs] *n* overskudd *nt*
**surprise** [sə'praiz] *n* overraskelse *m*; *v* overraske; forbause
**surrender** [sə'rendə] *v* *overgi seg; *n* overgivelse *m*
**surround** [sə'raund] *v* *omgi, omringe
**surrounding** [sə'raundiŋ] *adj* omkringliggende
**surroundings** [sə'raundiŋz] *pl* omegn *m*
**survey** ['sə:vei] *n* oversikt *m*
**surveillance** [sə:'veiəns] *n* overvåking *c*
**survival** [sə'vaivəl] *n* overleving *c*
**survive** [sə'vaiv] *v* overleve
**suspect**[1] [sə'spekt] *v* mistenke; ane
**suspect**[2] ['sʌspekt] *n* mistenkt *m*
**suspend** [sə'spend] *v* suspendere
**suspenders** [sə'spendəz] *plAm* bukseseler *pl*
**suspension** [sə'spenʃən] *n* fjæring *c*; **~ bridge** hengebro *c*
**suspicion** [sə'spiʃən] *n* mistanke *m*; mistenksomhet *c*; anelse *m*
**suspicious** [sə'spiʃəs] *adj* mistenkelig; mistenksom, mistroisk
**sustain** [sə'stein] *v* orke; *opprettholde
**SUV** ['esyu:'vi:], **sport utility vehicle** *n* SUV *nt*, sports og nyttekjøretøy
**Swahili** [swə'hi:li] *n* swahili *m*
**swallow** ['swɔlou] *v* svelge, sluke; *n* svale *c*
**swam** [swæm] *v* (p swim)
**swamp** [swɔmp] *n* myr *c*
**swan** [swɔn] *n* svane *c*
**swap** [swɔp] *v* bytte
***swear** [swɛə] *v* *sverge; banne
**sweat** [swet] *n* svette *m*; *v* svette
**sweater** ['swetə] *n* ulljakke *c*; genser *m*
**sweatshirt** ['swetʃə:t] *n* (bomulls)genser
**Swede** [swi:d] *n* svenske *m*

**Sweden** ['swi:dən] Sverige
**Swedish** ['swi:diʃ] *adj* svensk
***sweep** [swi:p] *v* feie
**sweet** [swi:t] *adj* søt; *n* sukkertøy *nt*; dessert *m*; **sweets** sukkertøy *pl*; godter *pl*
**sweeten** ['swi:tən] *v* sukre
**sweetheart** ['swi:thɑ:t] *n* elskling *m*
**swell** [swel] *adj* flott
***swell** [swel] *v* svelle
**swelling** ['sweliŋ] *n* hevelse *m*
**swift** [swift] *adj* rask
***swim** [swim] *v* svømme
**swimmer** ['swimə] *n* svømmer *m*
**swimming** ['swimiŋ] *n* svømming *c*; ~ **pool** svømmebasseng *nt*
**swimmingtrunks** ['swimiŋtrʌŋks] *pl* badebukse *c*
**swimsuit** ['swimsu:t], *n* **swimming suit** *nAm* badedrakt *c*
**swindle** ['swindəl] *v* swindle; *n* svindel *m*
**swindler** ['swindlə] *n* svindler *m*
**swing** [swiŋ] *n* huske *c*
***swing** [swiŋ] *v* svinge; huske
**Swiss** [swis] *adj* sveitsisk; *n* sveitser *m*
**switch** [switʃ] *n* bryter *m*; *v* skifte; ~ **off** *slå av; ~ **on** *slå på
**switchboard** ['switʃbɔ:d] *n* sentralbord *nt*
**Switzerland** ['switsələnd] Sveits
**sword** [sɔ:d] *n* sverd *nt*
**swum** [swʌm] *v* (pp swim)
**syllable** ['siləbəl] *n* stavelse *m*
**symbol** ['simbəl] *n* symbol *nt*
**sympathetic** [ˌsimpə'θetik] *adj* deltakende, medfølende
**sympathy** ['simpəθi] *n* sympati *m*; medfølelse *m*
**symphony** ['simfəni] *n* symfoni *m*
**symptom** ['simtəm] *n* symptom *nt*
**synagogue** ['sinəgɔg] *n* synagoge *m*
**synonym** ['sinənim] *n* synonym *nt*
**synthetic** [sin'θetik] *adj* syntetisk
**Syria** ['siriə] Syria
**Syrian** ['siriən] *adj* syrisk; *n* syrer *m*
**syringe** [si'rindʒ] *n* sprøyte *c*
**syrup** ['sirəp] *n* sirup *m*
**system** ['sistəm] *n* system *nt*; **decimal** ~ desimalsystem *nt*
**systematic** [ˌsistə'mætik] *adj* systematisk

# T

**table** ['teibəl] *n* bord *nt*; tabell *m*; ~ **of contents** innholdsfortegnelse *m*; ~ **tennis** bordtennis *m*
**tablecloth** ['teibəlklɔθ] *n* duk *m*
**tablespoon** ['teibəlspu:n] *n* spiseskje *c*
**tablet** ['tæblit] *n* tablett *m*; plate *c*
**taboo** [tə'bu:] *n* tabu *nt*
**tactics** ['tæktiks] *pl* taktikk *m*
**tag** [tæg] *n* merkelapp *m*
**tail** [teil] *n* hale *m*
**taillight** ['teillait] *n* baklys *nt*
**tailor** ['teilə] *n* skredder *m*
**tailor-made** ['teiləmeid] *adj* skreddersydd
***take** [teik] *v* *ta; *gripe; *følge; skjønne, *forstå, *begripe; ~ **away** *ta med seg; fjerne, *ta vekk; ~ **off** lette; ~ **out** *ta bort; ~ **over** *overta; ~ **place** *finne sted; ~ **up** *oppta
**take-off** ['teikɔf] *n* start *m*
**tale** [teil] *n* fortelling *m*, eventyr *nt*
**talent** ['tælənt] *n* begavelse *m*, talent *nt*
**talented** ['tæləntid] *adj* begavet
**talk** [tɔ:k] *v* snakke; *n* samtale *m*
**talkative** ['tɔ:kətiv] *adj* snakkesalig
**tall** [tɔ:l] *adj* høy, lang
**tame** [teim] *adj* tam; *v* temme
**tampon** ['tæmpən] *n* tampong *m*
**tangerine** [ˌtændʒə'ri:n] *n* mandarin *m*
**tangible** ['tændʒibəl] *adj* følbar
**tank** [tæŋk] *n* tank *m*
**tanker** ['tæŋkə] *n* tankbåt *m*
**tanned** [tænd] *adj* brun
**tap** [tæp] *n* kran *c*; lett slag; *v* banke
**tape** [teip] *n* lydbånd *nt*; bånd *nt*; **adhesive** ~ limbånd *nt*, tape *m*; heftplaster *nt*; ~ **measure** målebånd *nt*; ~ **recorder** båndopptaker *m*
**tar** [ta:] *n* tjære *c*
**target** ['ta:git] *n* skyteskive *c*, mål *nt*
**tariff** ['tærif] *n* tariff *m*
**task** [tɑ:sk] *n* oppgave *c*
**taste** [teist] *n* smak *m*; *v* smake; smake på
**tasteless** ['teistləs] *adj* smakløs
**tasty** ['teisti] *adj* velsmakende
**taught** [tɔ:t] *v* (p, pp teach)
**tavern** ['tævən] *n* kro *c*
**tax** [tæks] *n* skatt *m*; *v* *skattlegge

**taxation** [tæk'seiʃən] *n* beskatning *m*
**tax-free** ['tæksfri:] *adj* skattefri
**taxi** ['tæksi] *n* taxi *m*, drosje *c*; ~ **driver** drosjesjåfør *m*; ~ **rank** drosjeholdeplass *m*; ~ **stand** *nAm* drosjeholdeplass *m*
**taximeter** ['tæksi,mi:tə] *n* taksameter *nt*
**tea** [ti:] *n* te *m*; ~ **set** teservise *nt*
***teach** [ti:tʃ] *v* lære, undervise
**teacher** ['ti:tʃə] *n* lærer *m*, lektor *m*
**teachings** ['ti:tʃiŋz] *pl* lære *c*
**tea cloth** ['ti:klɔθ] *n* kjøkkenhåndkle *nt*
**teacup** ['ti:kʌp] *n* tekopp *m*
**team** [ti:m] *n* lag *nt*
**teapot** ['ti:pɔt] *n* tekanne *c*
***tear** [tɛə] *v* *rive
**tear¹** [tiə] *n* tåre *c*
**tear²** [tɛə] *n* rift *c*
**tease** [ti:z] *v* erte
**tea-shop** ['ti:ʃɔp] *n* tesalong *m*
**teaspoon** ['ti:spu:n] *n* teskje *c*
**technical** ['teknikəl] *adj* teknisk; ~ **support** teknisk støtte
**technician** [tek'niʃən] *n* tekniker *m*
**technique** [tek'ni:k] *n* teknikk *m*
**technological** [,teknə'lɔdʒikəl] *adj* teknologisk
**technology** [tek'nɔlədʒi] *n* teknologi *m*
**teenager** ['ti:,neidʒə] *n* tenåring *m*
**telecommunications** [,telikəmju:ni'keiʃənz] *n* telekommunikasjon *c*
**telepathy** [ti'lepəθi] *n* telepati *m*
**telephone** ['telifoun] *n* telefon *m*; ~ **book** *Am* telefonkatalog *m*; ~ **booth** telefonkiosk *m*; ~ **call** telefon *m*, telefonsamtale *m*; ~ **directory** telefonkatalog *m*; ~ **exchange** telefonsentral *m*
**television** ['telivizən] *n* fjernsyn *nt*; ~ **set** fjernsynsapparat *nt*
***tell** [tel] *v* *si; *fortelle
**telly** ['teli] *n* *colloquial* fjernsyn *nt*, TV *m*
**temper** ['tempə] *n* sinne *nt*
**temperature** ['temprətʃə] *n* temperatur *m*
**tempest** ['tempist] *n* storm *m*
**temple** ['tempəl] *n* tempel *nt*; tinning *m*
**temporary** ['tempərəri] *adj* midlertidig, foreløpig
**tempt** [tempt] *v* friste
**temptation** [temp'teiʃən] *n* fristelse *m*
**ten** [ten] *num* ti
**tenant** ['tenənt] *n* leieboer *m*

**tend** [tend] *v* *ha tendens til; passe; ~ **to** *være tilbøyelig til
**tendency** ['tendənsi] *n* tendens *m*, tilbøyelighet *c*
**tender** ['tendə] *adj* øm, myk; mør
**tendon** ['tendən] *n* sene *c*
**tennis** ['tenis] *n* tennis *m*; ~ **court** tennisbane *m*; ~ **shoes** tennissko *pl*; joggesko *pl*
**tense** [tens] *adj* anspent
**tension** ['tenʃən] *n* spenning *m*
**tent** [tent] *n* telt *nt*
**tenth** [tenθ] *num* tiende
**tepid** ['tepid] *adj* lunken
**term** [tə:m] *n* uttrykk *nt*; frist *m*, termin *m*; betingelse *m*
**terminal** ['tə:minəl] *n* endestasjon *m*; terminal *m*
**terrace** ['terəs] *n* terrasse *m*
**terrain** [te'rein] *n* terreng *nt*
**terrible** ['teribəl] *adj* fryktelig, forferdelig, grusom
**terrific** [tə'rifik] *adj* storartet
**terrify** ['terifai] *v* skremme; **terrifying** skremmende
**territory** ['teritəri] *n* område *nt*
**terror** ['terə] *n* redsel *m*
**terrorism** ['terərizəm] *n* terror *m*, terrorisme *m*
**terrorist** ['terərist] *n* terrorist *m*
**terry(cloth)** ['teri(klɔθ)] frotté *m*
**test** [test] *n* prøve *c*, test *m*; *v* teste
**testify** ['testifai] *v* vitne
**text** [tekst] *n* tekst *m*
**textbook** ['teksbuk] *n* lærebok *c*
**textile** ['tekstail] *n* tekstil *m* / *nt*
**texture** ['tekstʃə] *n* struktur *m*
**Thai** [tai] *adj* thailandsk; *n* thailender *m*
**Thailand** ['tailænd] Thailand
**than** [ðæn] *conj* enn
**thank** [θæŋk] *v* takke; ~ **you!** takk !
**thankful** ['θæŋkfəl] *adj* takknemlig
**that** [ðæt] *pron* den, det; som; *conj* at
**thaw** [θɔ:] *v* tine, smelte; *n* tøvær *nt*
**the** [ðə,ði] *art* -en, -a; -et; **the ... the** jo ... jo
**theater** *Am*, **theatre** ['θiətə] *n* teater *nt*
**theft** [θeft] *n* tyveri *nt*
**their** [ðεə] *adj* deres
**them** [ðem] *pron* dem
**theme** [θi:m] *n* tema *nt*, emne *nt*
**themselves** [ðəm'selvz] *pron* seg; selv
**then** [ðen] *adv* da; deretter, så
**theology** [θi'ɔlədʒi] *n* teologi *m*
**theoretical** [θiə'retikəl] *adj* teoretisk

**theory** ['θiəri] *n* teori *m*
**therapy** ['θerəpi] *n* terapi *m*
**there** [ðεə] *adv* der; dit
**therefore** ['ðεəfɔː] *conj* derfor
**thermometer** [θə'mɔmitə] *n* termometer *nt*
**thermostat** ['θəːməstæt] *n* termostat *m*
**these** [ðiːz] *adj* disse
**thesis** ['θiːsis] *n* (pl theses) tese *m*; avhandling *c*
**they** [ðei] *pron* de
**thick** [θik] *adj* tykk; tett
**thicken** ['θikən] *v* tykne
**thickness** ['θiknəs] *n* tykkelse *m*
**thief** [θiːf] *n* (pl thieves) tyv *m*
**thigh** [θai] *n* lår *nt*
**thimble** ['θimbəl] *n* fingerbøl *nt*
**thin** [θin] *adj* tynn; mager
**thing** [θiŋ] *n* ting *m*
***think** [θiŋk] *v* tenke; tenke etter; ~ **of** tenke på; *komme på; ~ **over** tenke over
**thinker** ['θiŋkə] *n* tenker *m*
**third** [θəːd] *num* tredje
**thirst** [θəːst] *n* tørst *m*
**thirsty** ['θəːsti] *adj* tørst
**thirteen** [,θəː'tiːn] *num* tretten
**thirteenth** [,θəː'tiːnθ] *num* trettende
**thirtieth** ['θəːtiəθ] *num* trettiende
**thirty** ['θəːti] *num* tretti
**this** [ðis] *adj* denne; *pron* denne
**thistle** ['θisəl] *n* tistel *m*
**thorn** [θɔːn] *n* torn *m*
**thorough** ['θʌrə] *adj* omhyggelig, grundig
**thoroughfare** ['θʌrəfεə] *n* ferdselsåre *c*, hovedvei *m*
**those** [ðouz] *pron* de
**though** [ðou] *conj* selv om, skjønt; *adv* imidlertid
**thought**[1] [θɔːt] *v* (p, pp think)
**thought**[2] [θɔːt] *n* tanke *m*
**thoughtful** ['θɔːtfəl] *adj* tankefull; omtenksom
**thousand** ['θauzənd] *num* tusen
**thread** [θred] *n* tråd *m*; *v* *tre
**threadbare** ['θredbεə] *adj* loslitt
**threat** [θret] *n* trussel *m*
**threaten** ['θretən] *v* true
**three** [θriː] *num* tre
**three-quarter** [,θriː'kwɔːtə] *adj* tre fjerdedels
**threshold** ['θreʃould] *n* terskel *m*
**threw** [θruː] *v* (p throw)
**thrifty** ['θrifti] *adj* sparsommelig
**throat** [θrout] *n* hals *m*; strupe *m*
**throne** [θroun] *n* trone *c*
**throttle** ['θrɔtəl] *n* choke *m*
**through** [θruː] *prep* gjennom
**throughout** [θruː'aut] *adv* overalt; heltigjennom
**throw** [θrou] *n* kast *nt*

***throw** [θrou] *v* slenge, kaste
**thrush** [θrʌʃ] *n* trost *m*
**thumb** [θʌm] *n* tommelfinger *m*
**thumbtack** ['θʌmtæk] *nAm* tegnestift *m*
**thump** [θʌmp] *v* dunke
**thunder** ['θʌndə] *n* torden *m*; *v* tordne
**thunderstorm** ['θʌndəstɔːm] *n* tordenvær *nt*
**Thursday** ['θəːzdi] torsdag *m*
**thus** [ðʌs] *adv* slik
**thyme** [taim] *n* timian *m*
**tick** [tik] *n* merke *nt*; **~ off** krysse av
**ticket** ['tikit] *n* billett *m*; lapp *m*; **~ machine** billettautomat *m*
**tickle** ['tikəl] *v* kile
**tide** [taid] *n* tidevann *nt*; **high ~** høyvann *nt*; **low ~** lavvann *nt*
**tidy** ['taidi] *adj* ordentlig; **~ up** rydde opp
**tie** [tai] *v* *binde, knytte; *n* slips *nt*
**tiger** ['taigə] *n* tiger *m*
**tight** [tait] *adj* stram; trang; *adv* fast
**tighten** ['taitən] *v* stramme; strammes
**tights** [taits] *pl* strømpebukse *c*
**tile** [tail] *n* gulvflis *c*; takstein *m*
**till** [til] *prep* inntil, til; *conj* inntil
**timber** ['timbə] *n* tømmer *nt*
**time** [taim] *n* tid *c*; gang *m*; takt *m*; **all the ~** hele tiden; **in ~** i tide; **~ of arrival** ankomsttid *c*; **~ of departure** avgangstid *c*
**time-saving** ['taim,seiviŋ] *adj* tidsbesparende
**timetable** ['taim,teibəl] *n* ruteplan *m*
**timid** ['timid] *adj* blyg
**timidity** [ti'midəti] *n* sjenerthet *c*
**tin** [tin] *n* tinn *nt*; boks *m*, hermetikkboks *m*; **tinned food** hermetikk *m*; **~ opener** hermetikkåpner *m*
**tiny** ['taini] *adj* bitte liten
**tip** [tip] *n* spiss *m*; drikkepenger *pl*
**tire**[1] [taiə] *n* dekk *nt*
**tire**[2] [taiə] *v* *bli trett
**tired** [taiəd] *adj* utmattet, trett; **~ of** lei av
**tiring** ['taiəriŋ] *adj* trettende
**tissue** ['tiʃuː] *n* vev *nt*; papirlommetørkle *nt*
**title** ['taitəl] *n* tittel *m*
**to** [tuː] *prep* til, på; for å
**toad** [toud] *n* padde *c*
**toadstool** ['toudstuːl] *n* fluesopp *m*; giftig sopp
**toast** [toust] *n* ristet brød; skål *m*; *v* riste
**tobacco** [tə'bækou] *n* (pl **~s**) tobakk *m*
**tobacconist's** tobakksforretning *c*
**today** [tə'dei] *adv* i dag
**toddler** ['tɔdlə] *n* småbarn

*nt*
**toe** [tou] *n* tå *c*
**toffee** ['tɔfi] *n* en slags karamell
**together** [tə'geðə] *adv* sammen
**toilet** ['tɔilət] *n* toalett *nt*, *colloquial* do *m* / *nt*; ~ **case** toalettveske *c*; ~ **paper** toalettpapir *nt*
**toiletry** ['tɔilətri] *n* toalettsaker *pl*
**token** ['toukən] *n* tegn *nt*; bevis *nt*; sjetong *m*
**told** [tould] *v* (p, pp tell)
**tolerable** ['tɔlərəbəl] *adj* utholdelig
**toll** [toul] *n* bompenger *pl*; gebyr *nt*
**tomato** [tə'mɑ:tou] *n* (pl ~es) tomat *m*
**tomb** [tu:m] *n* grav *c*
**tombstone** ['tu:mstoun] *n* gravstein *m*
**tomorrow** [tə'mɔrou] *adv* i morgen
**ton** [tʌn] *n* tonn *nt*
**tone** [toun] *n* tone *m*; klang *m*
**tongs** [tɔŋz] *pl* tang *c*
**tongue** [tʌŋ] *n* tunge *c*
**tonight** [tə'nait] *adv* i kveld, i natt
**tonsilitis** [,tɔnsə'laitis] *n* betente mandler
**tonsils** ['tɔnsəlz] *pl* mandler *pl*
**too** [tu:] *adv* altfor; også
**took** [tuk] *v* (p take)
**tool** [tu:l] *n* verktøy *nt*, redskap *nt*
**toot** [tu:t] *vAm* tute
**tooth** [tu:θ] *n* (pl teeth) tann *c*
**toothache** ['tu:θeik] *n* tannverk *m*; tannpine *c*
**toothbrush** ['tu:θbrʌʃ] *n* tannbørste *m*
**toothpaste** ['tu:θpeist] *n* tannkrem *m*
**toothpick** ['tu:θpik] *n* tannpirker *m*
**top** [tɔp] *n* topp *m*; overside *c*; lokk *nt*; øverst; **on** ~ **of** oppå; ~ **side** overside *c*
**topic** ['tɔpik] *n* emne *nt*
**topical** ['tɔpikəl] *adj* aktuell
**torch** [tɔ:tʃ] *n* fakkel *m*; lommelykt *c*
**torment**[1] [tɔ:'ment] *v* pine
**torment**[2] ['tɔ:ment] *n* pine *c*
**torture** ['tɔ:tʃə] *n* tortur *m*; *v* torturere
**toss** [tɔs] *v* kaste
**tot** [tɔt] *n* lite barn
**total** ['toutəl] *adj* total; fullstendig; *n* totalsum *m*
**totalitarian** [,toutæli'tɛəriən] *adj* totalitær
**touch** [tʌtʃ] *v* røre, berøre; *n* kontakt *m*, berøring *c*; følesans *m*
**touching** ['tʌtʃiŋ] *adj* rørende
**tough** [tʌf] *adj* seig
**tour** [tuə] *n* rundreise *c*, tur *m*
**tourism** ['tuərizəm] *n* turisttrafikk *m*

**tourist** ['tuərist] *n* turist *m*; ~ **class** turistklasse *c*; ~ **office** turistkontor *nt*
**tournament** ['tuənəmənt] *n* turnering *c*
**tow** [tou] *v* taue
**towards** [tə'wɔːdz] *prep* mot; overfor
**towel** [tauəl] *n* håndkle *nt*
**towel(l)ing** ['tauəliŋ] *n* frotté *m*
**tower** [tauə] *n* tårn *nt*
**town** [taun] *n* by *m*; ~ **center** *Am*, ~ **centre** sentrum *nt*; ~ **hall** rådhus *nt*
**townspeople** ['taunz,piːpəl] *pl* byfolk *pl*
**toxic** ['tɔksik] *adj* giftig
**toy** [tɔi] *n* leketøy *nt*
**toyshop** ['tɔiʃɔp] *n* leketøysforretning *c*
**trace** [treis] *n* spor *nt*; *v* etterspore, oppspore
**track** [træk] *n* spor *nt*; bane *m*
**tracksuit** [træksuːt] *n* treningsdrakt *c*
**tractor** ['træktə] *n* traktor *m*
**trade** [treid] *n* handel *m*; yrke *nt*; *v* *drive handel
**trademark** ['treidmaːk] *n* varemerke *nt*
**trader** ['treidə] *n* kjøpmann *m*
**tradesman** ['treidzmən], **tradeswoman** [,treidz'wumən], *n* (pl -men, -women) butikkeier *m*
**trade union** [,treid'juːnjən] *n* fagforening *c*
**tradition** [trə'diʃən] *n* tradisjon *m*
**traditional** [trə'diʃənəl] *adj* tradisjonell
**traffic** ['træfik] *n* trafikk *m*; ~ **jam** trafikk-kork *m*; ~ **light** trafikklys *nt*
**tragedy** ['trædʒədi] *n* tragedie *m*
**tragic** ['trædʒik] *adj* tragisk
**trail** [treil] *n* sti *m*, spor *nt*
**trailer** ['treilə] *n* tilhenger *m*; campingvogn *c*
**train** [trein] *n* tog *nt*; *v* dressere, trene; **stopping** ~ somletog *nt*; **through** ~ hurtigtog *nt*; ~ **ferry** jernbaneferje *c*
**trainee** [trei'niː] *n* lærling; trainee
**trainer** ['treinə] *n* trener *m*
**training** ['treiniŋ] *n* trening *c*
**trait** [treit] *n* trekk *nt*
**traitor** ['treitə] *n* forræder *m*
**tram** [træm] *n* trikk *m*
**tramp** [træmp] *n* landstryker *m*; **go for a** ~ gå på tur
**tranquil** ['træŋkwil] *adj* rolig
**tranquillizer** ['træŋkwilaizə] *n* beroligende middel
**transaction** [træn'zækʃən] *n* transaksjon *m*
**transatlantic** [,trænzət'læntik] *adj* transatlantisk
**transfer** [træns'fəː] *v* overføre

**transform** [træns'fɔːm] *v* forvandle, omdanne
**transformer** [træns'fɔːmə] *n* transformator *m*
**transition** [træn'siʃən] *n* overgang *m*
**translate** [træns'leit] *v* *oversette
**translation** [træns'leiʃən] *n* oversettelse *m*
**translator** [træns'leitə] *n* oversetter *m*
**transmission** [trænz'miʃən] *n* sending *c*
**transmit** [trænz'mit] *v* sende
**transmitter** [trænz'mitə] *n* sender *m*
**transparent** [træn'spɛərənt] *adj* gjennomsiktig
**transport**[1] ['trænspɔːt] *n* transport *m*
**transport**[2] [træn'spɔːt] *v* transportere
**transportation** [ˌtrænspɔː'teiʃən] *n* transport *m*
**trap** [træp] *n* felle *c*
**trash** [træʃ] *n* rask *nt*, skrap *nt*; ~ **can** *Am* søppelkasse *c*
**travel** ['trævəl] *v* reise; ~ **agency**, ~ **agent** reisebyrå *nt*; ~ **insurance** reiseforsikring *c*; **travelling expenses** reiseutgifter *pl*
**travel(l)er** ['trævələ] *n* reisende *m*; **travel(l)er's cheque** reisesjekk *m*
**tray** [trei] *n* brett *nt*
**treason** ['triːzən] *n* forræderi *nt*
**treasure** ['treʒə] *n* skatt *m*
**treasurer** ['treʒərə] *n* kasserer *m*
**treasury** ['treʒəri] *n* statskasse *c*
**treat** [triːt] *v* behandle
**treatment** ['triːtmənt] *n* behandling *c*
**treaty** ['triːti] *n* traktat *m*
**tree** [triː] *n* tre *nt*
**tremble** ['trembəl] *v* *skjelve; dirre
**tremendous** [tri'mendəs] *adj* kolossal
**trendy** ['trendi] *adj* *colloquial* moderne
**trespass** ['trespəs] *v* krenke annens eiendom
**trespasser** ['trespəsə] *n* uvedkommende *m*
**trial** [traiəl] *n* rettssak *c*; forsøk *nt*
**triangle** ['traiæŋgəl] *n* trekant *m*
**triangular** [trai'æŋgjulə] *adj* trekantet
**tribe** [traib] *n* stamme *m*
**tributary** ['tribjutəri] *n* bielv *c*
**tribute** ['tribjuːt] *n* hyllest *m*
**trick** [trik] *n* knep *nt*; trick *nt*
**trigger** ['trigə] *n* avtrekker *m*
**trim** [trim] *v* klippe, stusse
**trip** [trip] *n* reise *c*, utflukt *c*, tur *m*
**triumph** ['traiəmf] *n* triumf *m*; *v* triumfere

**triumphant** [trai'ʌmfənt] *adj* triumferende
**troops** [tru:ps] *pl* tropper *pl*
**tropical** ['trɔpikəl] *adj* tropisk
**tropics** ['trɔpiks] *pl* tropene *pl*
**trouble** ['trʌbəl] *n* trøbbel *nt*, uleilighet *c*, besvær *nt*; *v* bry
**troublesome** ['trʌbəlsəm] *adj* brysom
**trousers** ['trauzəz] *pl* bukse *c*; **trouser...** bukse...
**trout** [traut] *n* (pl ~) ørret *m*
**truck** [trʌk] *nAm* lastebil *m*
**true** [tru:] *adj* sann; ekte, virkelig; trofast, tro
**trumpet** ['trʌmpit] *n* trompet *m*
**trunk** [trʌŋk] *n* koffert *m*; stamme *m*; bagasjerom *nt*
**trust** [trʌst] *v* stole på; *n* tillit *m*
**trustworthy** ['trʌst,wə:ði] *adj* pålitelig
**truth** [tru:θ] *n* sannhet *c*
**truthful** ['tru:θfəl] *adj* sannferdig
**try** [trai] *v* prøve, forsøke, anstrenge seg; *n* forsøk *nt*; ~ **on** prøve
**tube** [tju:b] *n* rør *nt*; tube *m*
**tuberculosis** [tju:ˌbə:kju'lousis] *n* tuberkulose *m*
**Tuesday** ['tju:zdi] tirsdag *m*
**tug** [tʌg] *v* taue; *n* slepebåt *m*; rykk *nt*
**tuition** [tju:'iʃən] *n* undervisning *c*; skolepenger *pl*
**tulip** ['tju:lip] *n* tulipan *m*
**tumo(u)r** ['tju:mə] *n* svulst *m*
**tuna** ['tju:nə] *n* (pl ~, ~s) tunfisk *m*
**tune** [tju:n] *n* melodi *m*; ~ **in** stille inn
**tuneful** ['tju:nfəl] *adj* melodisk
**tunic** ['tju:nik] *n* tunika *m*
**Tunisia** [tju:'niziə] Tunisia
**Tunisian** [tju:'niziən] *adj* tunisisk; *n* tunisier *m*
**tunnel** ['tʌnəl] *n* tunnel *m*
**turbine** ['tə:bain] *n* turbin *m*
**turbojet** [ˌtə:bou'dʒet] *n* turbojet *m*
**Turkey** ['tə:ki] Tyrkia
**turkey** ['tə:ki] *n* kalkun *m*
**Turkish** ['tə:kiʃ] *adj* tyrkisk; ~ **bath** romerbad *nt*
**turn** [tə:n] *v* dreie; vende, svinge, *vri om; *n* dreining *m*, vending *c*; sving *m*; tur *m*; ~ **back** vende tilbake; ~ **down** forkaste; ~ **into** forvandles til; ~ **off** stenge av; ~ **on** *sette på; skru på; ~ **over** vende om; ~ **round** snu; snu seg
**turning** ['tə:niŋ] *n* sving *m*
**turning point** ['tə:niŋpoint] *n* vendepunkt *nt*
**turnover** ['tə:ˌnouvə] *n* omsetning *m*; ~ **tax** moms *m*
**turnpike** ['tə:npaik] *nAm* bomvei *m*

**turpentine** ['tə:pəntain] *n* terpentin *m*
**turtle** ['tə:təl] *n* skilpadde *c*
**tutor** ['tju:tə] *n* huslærer *m*
**tuxedo** [tʌk'si:dou] *nAm* (pl ~s, ~es) smoking *m*
**TV** [ˌti'vi:] *n colloquial* TV *m*; **on ~** på TV
**tweed** [twi:d] *n* tweed *m*
**tweezers** ['twi:zəz] *pl* pinsett *m*
**twelfth** [twelfθ] *num* tolvte
**twelve** [twelv] *num* tolv
**twentieth** ['twentiəθ] *num* tyvende
**twenty** ['twenti] *num* tyve
**twice** [twais] *adv* to ganger
**twig** [twig] *n* kvist *m*
**twilight** ['twailait] *n* skumring *c*
**twine** [twain] *n* hyssing *m*
**twins** [twinz] *pl* tvillinger *pl*
**twist** [twist] *v* sno; *vri; *n* vridning *m*
**two** [tu:] *num* to
**two-piece** [ˌtu:'pi:s] *adj* todelt
**type** [taip] *v* *skrive på data; taste; *n* type *m*
**typhoid** ['taifɔid] *n* tyfus *m*
**typical** ['tipikəl] *adj* typisk
**tyrant** ['taiərənt] *n* tyrann *m*
**tyre** [taiə] *n* dekk *nt*; **~ pressure** lufttrykk *nt*

# U

**ugly** ['ʌgli] *adj* stygg
**ulcer** ['ʌlsə] *n* magesår *nt*
**ultimate** ['ʌltimət] *adj* siste
**ultraviolet** [ˌʌltrə'vaiələt] *adj* ultrafiolett
**umbrella** [ʌm'brelə] *n* paraply *m*
**umpire** ['ʌmpaiə] *n* dommer *m*
**unable** [ʌ'neibəl] *adj* ute av stand til
**unacceptable** [ˌʌnək'septəbəl] *adj* uakseptabel
**unaccountable** [ˌʌnə'kauntəbəl] *adj* uforklarlig; uansvarlig
**unaccustomed** [ˌʌnə'kʌstəmd] *adj* uvant
**unanimous** [ju:'næniməs] *adj* enstemmig
**unanswered** [ˌʌ'nɑ:nsəd] *adj* ubesvart
**unauthorized** [ˌʌ'nɔ:θəraizd] *adj* uten fullmakt
**unavoidable** [ˌʌnə'vɔidəbəl] *adj* uunngåelig
**unaware** [ˌʌnə'wɛə] *adj* ubevisst
**unbearable** [ʌn'bɛərəbəl] *adj* uutholdelig
**unbreakable** [ˌʌn'breikəbəl] *adj* uknuselig
**unbroken** [ˌʌn'broukən] *adj* intakt
**unbutton** [ˌʌn'bʌtən] *v*

knappe opp
**uncertain** [ʌn'sə:tən] *adj* uviss, usikker
**uncle** ['ʌŋkəl] *n* onkel *m*
**uncomfortable** [ʌn'kʌmfətəbəl] *adj* ubekvem
**uncommon** [ʌn'kɔmən] *adj* usedvanlig, sjelden
**unconditional** [ˌʌnkən'diʃənəl] *adj* betingelsesløs
**unconscious** [ʌn'kɔnʃəs] *adj* bevisstløs
**uncork** [ˌʌn'kɔ:k] *v* *trekke opp
**uncover** [ʌn'kʌvə] *v* avdekke
**uncultivated** [ˌʌn'kʌltiveitid] *adj* udyrket
**under** ['ʌndə] *prep* under, nedenfor
**undercurrent** ['ʌndəˌkʌrənt] *n* understrøm *m*
**underestimate** [ˌʌndə'restimeit] *v* undervurdere
**underground** ['ʌndəgraund] *adj* underjordisk; *n* undergrunnsbane *m*
**underline** [ˌʌndə'lain] *v* understreke
**underneath** [ˌʌndə'ni:θ] *adv* nedenunder
**underpants** ['ʌndəpænts] *plAm* truse *c*
***understand** [ˌʌndə'stænd] *v* *forstå, fatte
**understanding** [ˌʌndə'stændiŋ] *n* forståelse *m*
**understate** [ˌʌndə'steit] *v* underdrive
**understatement** [ˌʌndə'steitmənt] *n* underdrivelse *m*
***undertake** [ˌʌndə'teik] *v* *gå i gang med
**undertaking** [ˌʌndə'teikiŋ] *n* foretak *nt*
**underwater** ['ʌndəˌwɔ:tə] *adj* undervanns-
**underwear** ['ʌndəwɛə] *n* undertøy *pl*
**undesirable** [ˌʌndi'zaiərəbəl] *adj* uønsket
***undo** [ˌʌn'du:] *v* åpne, løse opp
**undoubtedly** [ʌn'dautidli] *adv* utvilsomt
**undress** [ˌʌn'dres] *v* kle av seg
**unearned** [ˌʌ'nə:nd] *adj* ufortjent
**uneasy** [ʌ'ni:zi] *adj* urolig
**uneducated** [ˌʌ'nedjukeitid] *adj* uten utdannelse
**unemployed** [ˌʌnim'plɔid] *adj* arbeidsløs; arbeidsledig
**unemployment** [ˌʌnim'plɔimənt] *n* arbeidsløshet *c*; arbeidsledighet *c*
**unequal** [ˌʌ'ni:kwəl] *adj* ulik

**uneven** [ˌʌ'niːvən] *adj* ulik, ujevn
**unexpected** [ˌʌnik'spektid] *adj* uventet
**unfair** [ˌʌn'fɛə] *adj* urettferdig
**unfaithful** [ˌʌn'feiθfəl] *adj* utro
**unfamiliar** [ˌʌnfə'miljə] *adj* ukjent
**unfasten** [ˌʌn'fɑːsən] *v* løse, løsne
**unfavo(u)rable** [ˌʌn'feivərəbəl] *adj* ugunstig
**unfit** [ˌʌn'fit] *adj* uegnet
**unfold** [ʌn'fould] *v* brette ut, folde ut
**unfortunate** [ʌn'fɔːtʃənət] *adj* uheldig
**unfortunately** [ʌn'fɔːtʃənətli] *adv* uheldigvis, dessverre
**unfriendly** [ˌʌn'frendli] *adj* uvennlig
**ungrateful** [ʌn'greitfəl] *adj* utakknemlig
**unhappy** [ʌn'hæpi] *adj* ulykkelig
**unhealthy** [ʌn'helθi] *adj* usunn
**unhurt** [ˌʌn'həːt] *adj* uskadd
**uniform** ['juːnifɔːm] *n* uniform *c*; *adj* ensartet
**unimportant** [ˌʌnim'pɔːtənt] *adj* uviktig
**uninhabitable** [ˌʌnin'hæbitəbəl] *adj* ubeboelig
**uninhabited** [ˌʌnin'hæbitid] *adj* ubebodd
**unintentional** [ˌʌnin'tenʃənəl] *adj* utilsiktet
**union** ['juːnjən] *n* fagforening *c*; union *m*, forbund *nt*
**unique** [juː'niːk] *adj* enestående
**unit** ['juːnit] *n* enhet *m*
**unite** [juː'nait] *v* forene;
**united** *adj* forent
**United States** [juː'naitid steits] De forente stater
**unity** ['juːnəti] *n* enhet *m*
**universal** [ˌjuːni'vəːsəl] *adj* universell, generell
**universe** ['juːnivəːs] *n* univers *nt*
**university** [ˌjuːni'vəːsəti] *n* universitet *nt*
**unjust** [ˌʌn'dʒʌst] *adj* urettferdig
**unkind** [ʌn'kaind] *adj* uvennlig; ukjærlig
**unknown** [ˌʌn'noun] *adj* ukjent
**unlawful** [ˌʌn'lɔːfəl] *adj* ulovlig
**unless** [ən'les] *conj* med mindre
**unlike** [ˌʌn'laik] *adj* forskjellig
**unlikely** [ʌn'laikli] *adj* usannsynlig
**unlimited** [ʌn'limitid] *adj* grenseløs, ubegrenset
**unload** [ˌʌn'loud] *v* lesse av
**unlock** [ˌʌn'lɔk] *v* lukke opp; låse opp

**unlucky** [ʌn'lʌki] *adj* uheldig
**unnecessary** [ʌn'nesəsəri] *adj* unødvendig
**unoccupied** [ˌʌ'nɔkjupaid] *adj* ledig
**unofficial** [ˌʌnə'fiʃəl] *adj* uoffisiell
**unpack** [ˌʌn'pæk] *v* pakke opp
**unpleasant** [ʌn'plezənt] *adj* utrivelig, ubehagelig; usympatisk, utiltalende
**unpopular** [ˌʌn'pɔpjulə] *adj* upopulær
**unprotected** [ˌʌnprə'tektid] *adj* ubeskyttet
**unqualified** [ˌʌn'kwɔlifaid] *adj* ukvalifisert
**unreal** [ˌʌn'riəl] *adj* uvirkelig
**unreasonable** [ʌn'riːzənəbəl] *adj* urimelig
**unreliable** [ˌʌnri'laiəbəl] *adj* upålitelig
**unrest** [ˌʌn'rest] *n* uro *m*; rastløshet *c*
**unsafe** [ˌʌn'seif] *adj* usikker, utrygg
**unsatisfactory** [ˌʌnsætis'fæktəri] *adj* utilfredsstillende
**unscrew** [ˌʌn'skruː] *v* skru løs
**unselfish** [ˌʌn'selfiʃ] *adj* uselvisk
**unskilled** [ˌʌn'skild] *adj* ufaglært
**unsound** [ˌʌn'saund] *adj* usunn
**unstable** [ˌʌn'steibəl] *adj* ustabil
**unsteady** [ˌʌn'stedi] *adj* ustø; ustadig
**unsuccessful** [ˌʌnsək'sesfəl] *adj* mislykket
**unsuitable** [ˌʌn'suːtəbəl] *adj* uegnet
**unsurpassed** [ˌʌnsə'pɑːst] *adj* uovertruffen
**untidy** [ʌn'taidi] *adj* uordentlig
**untie** [ˌʌn'tai] *v* knytte opp
**until** [ən'til] *prep* inntil, til
**untrue** [ˌʌn'truː] *adj* usann
**untrustworthy** [ˌʌn'trʌstˌwəːði] *adj* upålitelig
**unusual** [ʌn'juːʒuəl] *adj* uvanlig, ualminnelig
**unwell** [ˌʌn'wel] *adj* uvel
**unwilling** [ˌʌn'wiliŋ] *adj* uvillig
**unwise** [ˌʌn'waiz] *adj* uklok
**unwrap** [ˌʌn'ræp] *v* pakke opp
**up** [ʌp] *adv* opp, oppover
**upholster** [ʌp'houlstə] *v* *trekke, polstre
**upkeep** ['ʌpkiːp] *n* vedlikehold *nt*
**uplands** ['ʌpləndz] *pl* høyland *nt*
**upload** ['ʌpˌloud] *v* laste opp
**upon** [ə'pɔn] *prep* på
**upper** ['ʌpə] *adj* øvre, over-
**upright** ['ʌprait] *adj* rank; rett; loddrett

***upset** [ʌp'set] *v* forstyrre; *adj* opprørt
**upside down** [ˌʌpsaid'daun] *adv* på hodet; opp ned
**upstairs** [ˌʌp'stɛəz] *adv* ovenpå
**upstream** [ˌʌp'striːm] *adv* mot strømmen
**upwards** ['ʌpwədz] *adv* oppover
**urban** ['əːbən] *adj* by-
**urge** [əːdʒ] *v* formane; *n* trang *m*
**urgency** ['əːdʒənsi] *n* innstendighet *c*; viktighet *c*
**urgent** ['əːdʒənt] *adj* presserende
**urine** ['juərin] *n* urin *m*
**Uruguay** ['juərəgwai] Uruguay
**Uruguayan** [ˌjuərə'gwaiən] *adj* uruguayansk; *n* uruguayaner *m*
**us** [ʌs] *pron* oss
**usable** ['juːzəbəl] *adj* anvendelig
**usage** ['juːzidʒ] *n* sedvane *m*; bruk *m*
**use¹** [juːz] *v* bruke; ***be used to** *være vant til; ~ **up** bruke opp
**use²** [juːs] *n* bruk *m*; nytte *c*; ***be of ~** *være til nytte
**useful** ['juːsfəl] *adj* nyttig, brukbar
**useless** ['juːsləs] *adj* unyttig
**user** ['juːzə] *n* bruker *m*
**usher** ['ʌʃə] *v* vise veien
**usual** ['juːʒuəl] *adj* vanlig
**usually** ['juːʒuəli] *adv* vanligvis
**utensil** [juː'tensəl] *n* redskap *nt*; kjøkkenredskap *nt*
**utility** [juː'tiləti] *n* nytte *c*
**utilize** ['juːtilaiz] *v* anvende
**utmost** ['ʌtmoust] *adj* ytterst
**utter** ['ʌtə] *adj* total, fullstendig; *v* ytre

# V

**vacancy** ['veikənsi] *n* ledig stilling
**vacant** ['veikənt] *adj* ledig
**vacation** [və'keiʃən] *n* ferie *m*
**vaccinate** ['væksineit] *v* vaksinere
**vaccination** [ˌvæksi'neiʃən] *n* vaksinering *c*
**vacuum** ['vækjuəm] *n* vakuum *nt*; *vAm* støvsuge; ~ **cleaner** støvsuger *m*
**vague** [veig] *adj* vag
**vain** [vein] *adj* forfengelig; forgjeves; **in ~** forgjeves
**valid** ['vælid] *adj* gyldig
**valley** ['væli] *n* dal *m*
**valuable** ['væljubəl] *adj* verdifull; **valuables** *pl* verdisaker *pl*

**value** ['vælju:] *n* verdi *m*; *v* taksere, vurdere
**valve** [vælv] *n* ventil *m*
**van** [væn] *n* varebil *m*
**vanilla** [və'nilə] *n* vanilje *m*
**vanish** ['væniʃ] *v* *forsvinne
**vapo(u)r** ['veipə] *n* damp *m*
**variable** ['vɛəriəbəl] *adj* variabel
**variation** [ˌvɛəri'eiʃən] *n* avveksling *c*; forandring *c*
**variety** [və'raiəti] *n* utvalg *nt*
**various** ['vɛəriəs] *adj* forskjellige, diverse
**varnish** ['vɑ:niʃ] *n* lakk *m*; *v* lakkere
**vary** ['vɛəri] *v* variere; forandre; *være forskjellig
**vase** [vɑ:z] *n* vase *m*
**vast** [vɑ:st] *adj* vidstrakt, umåtelig
**vault** [vɔ:lt] *n* hvelving *m*; bankhvelv *nt*
**veal** [vi:l] *n* kalvekjøtt *nt*
**vegetable** ['vedʒətəbəl] *n* grønnsak *c*; ~ **merchant** grønnsakshandler *m*
**vegetarian** [ˌvedʒi'tɛəriən] *n* vegetarianer *m*
**vegetation** [ˌvedʒi'teiʃən] *n* vegetasjon *m*
**vehicle** ['vi:əkəl] *n* kjøretøy *nt*
**veil** [veil] *n* slør *nt*
**vein** [vein] *n* åre *c*; **varicose** ~ åreknute *m*
**velvet** ['velvit] *n* fløyel *m*
**velveteen** [ˌvelvi'ti:n] *n* bomullsfløyel *m*
**venerable** ['venərəbəl] *adj* ærverdig
**venereal disease** [vi'niəriəl di'zi:z] kjønnssykdom *m*
**Venezuela** [ˌveni'zweilə] Venezuela
**Venezuelan** [ˌveni'zweilən] *adj* venezuelansk; *n* venezuelaner *m*
**ventilate** ['ventileit] *v* ventilere; lufte, lufte ut
**ventilation** [ˌventi'leiʃən] *n* ventilasjon *m*; utluftning *m*
**ventilator** ['ventileitə] *n* ventilator *m*
**venture** ['ventʃə] *v* våge
**veranda** [və'rændə] *n* veranda *m*
**verb** [və:b] *n* verb *nt*
**verbal** ['və:bəl] *adj* muntlig
**verdict** ['və:dikt] *n* kjennelse *m*, dom *m*
**verify** ['verifai] *v* kontrollere
**verse** [və:s] *n* vers *nt*
**version** ['və:ʃən] *n* versjon *m*
**versus** ['və:səs] *prep* kontra
**vertical** ['və:tikəl] *adj* vertikal
**very** ['veri] *adv* svært, meget; *adj* eksakt, virkelig; absolutt
**vessel** ['vesəl] *n* fartøy *nt*; kar *nt*
**vest** [vest] *n* undertrøye *c*; vest *m*
**veterinary surgeon** ['vetrinəri 'sə:dʒən] dyrlege *m*
**via** [vaiə] *prep* via
**vibrate** [vai'breit] *v* vibrere

**vibration** [vai'breiʃən] *n* vibrasjon *m*
**vicar** ['vikə] *n* sogneprest *m*
**vicarage** ['vikəridʒ] *n* prestegård *m*
**vice president** [ˌvais'prezidənt] *n* visepresident *m*
**vicinity** [vi'sinəti] *n* nabolag *nt*, nærhet *c*
**vicious** ['viʃəs] *adj* ondskapsfull
**victim** ['viktim] *n* offer *nt*
**victory** ['viktəri] *n* seier *m*
**video camera** ['vidiou'kæmərə] *n* video--kamera *nt*
**video cassette** ['vidiou'kæset] *n* videokassett *m*
**video recorder** ['vidiou ri'kɔːdə] *n* video-spiller *m*
**view** [vjuː] *n* utsikt *m*; oppfatning *m*, syn; *v* betrakte
**viewfinder** ['vjuːˌfaində] *n* søker *m*
**vigilant** ['vidʒilənt] *adj* årvåken
**villa** ['vilə] *n* villa *m*
**village** ['vilidʒ] *n* landsby *m*; bygd *c*
**villain** ['vilən] *n* skurk *m*
**vine** [vain] *n* vinranke *m*
**vinegar** ['vinigə] *n* eddik *m*
**vintage** ['vintidʒ] *n* vinhøst *m*; årgang *m*
**violation** [vaiə'leiʃən] *n* krenkelse *m*
**violence** ['vaiələns] *n* vold *m*
**violent** ['vaiələnt] *adj* voldsom, heftig
**violet** ['vaiələt] *n* fiol *m*; *adj* fiolett, lilla
**violin** [vaiə'lin] *n* fiolin *m*
**virgin** ['vəːdʒin] *n* jomfru *c*
**virtue** ['vəːtʃuː] *n* dyd *m*
**virus** ['vairəs] *n* virus *nt*
**visa** ['viːzə] *n* visum *nt*
**visibility** [ˌvizə'biləti] *n* sikt *m*
**visible** ['vizəbəl] *adj* synlig
**vision** ['viʒən] *n* syn
**visit** ['vizit] *v* besøke; *n* besøk *nt*, visitt *m*; **visiting hours** besøkstid *c*
**visitor** ['vizitə] *n* besøkende *m*
**vital** ['vaitəl] *adj* vesentlig
**vitamin** ['vitəmin] *n* vitamin *nt*
**vivid** ['vivid] *adj* livfull
**vocabulary** [və'kæbjuləri] *n* ordforråd *nt*; ordliste *c*
**vocal** ['voukəl] *adj* vokal
**vocalist** ['voukəlist] *n* sanger *m*
**voice** [vɔis] *n* stemme *m*
**voice mail** ['vois‿ˌmeil] *n* voicemail *c*
**void** [vɔid] *adj* ugyldig
**volcano** [vɔl'keinou] *n* (pl ~es, ~s) vulkan *m*
**volt** [voult] *n* volt *m*
**voltage** ['voultidʒ] *n* spenning *m*
**volume** ['vɔljum] *n* volum *nt*; bind *nt*
**voluntary** ['vɔləntəri] *adj*

frivillig
**volunteer** [ˌvɔlən'tiə] *n* frivillig *m*
**vomit** ['vɔmit] *v* kaste opp, *brekke seg
**vote** [vout] *v* stemme; *n* stemme *m*; avstemning *m*
**voucher** ['vautʃə] *n* bong *m*
**vow** [vau] *n* løfte *nt*, ed *m*; *v* *sverge
**vowel** [vauəl] *n* vokal *m*
**voyage** ['vɔiidʒ] *n* reise *c*
**vulgar** ['vʌlgə] *adj* vulgær; simpel, ordinær
**vulnerable** ['vʌlnərəbəl] *adj* sårbar
**vulture** ['vʌltʃə] *n* gribb *m*

# W

**wade** [weid] *v* vasse
**waffle** ['wɔfəl] *n* vaffel *m*
**wages** ['weidʒiz] *pl* lønn *c*
**wag(g)on** ['wægən] *n* godsvogn *c*; vogn *c*
**waist** [weist] *n* midje *c*
**waistcoat** ['weiskout] *n* vest *m*
**wait** [weit] *v* vente; ~ **on** oppvarte
**waiter** ['weitə] *n* kelner *m*, servitør *m*
**waiting** ['weitiŋ] *n* venting *c*; ~ **list** venteliste *c*; ~ **room** venteværelse *nt*
**waitress** ['weitris] *n* (kvinnelig) servitør *m*
***wake** [weik] *v* vekke; ~ **up** våkne
**walk** [wɔːk] *v* *gå; spasere; *n* spasertur *m*; gange *m*; **walking** til fots
**walker** ['wɔːkə] *n* turgjenger *m*
**walking stick** ['wɔːkiŋstik] *n* spaserstokk *m*
**wall** [wɔːl] *n* mur *m*; vegg *m*
**wallet** ['wɔlit] *n* lommebok *c*
**wallpaper** ['wɔːlˌpeipə] *n* tapet *nt*
**walnut** ['wɔːlnʌt] *n* valnøtt *c*
**waltz** [wɔːls] *n* vals *m*
**wander** ['wɔndə] *v* flakke, vandre
**want** [wɔnt] *v* *ville; ønske; *n* behov *nt*; mangel *m*
**war** [wɔː] *n* krig *m*
**wardrobe** ['wɔːdroub] *n* klesskap *nt*, garderobe *m*
**warehouse** ['wɛəhaus] *n* pakkhus *nt*, lagerbygning *m*
**wares** [wɛəz] *pl* varer *pl*
**warm** [wɔːm] *adj* varm; *v* varme
**warmth** [wɔːmθ] *n* varme *m*
**warn** [wɔːn] *v* advare
**warning** ['wɔːniŋ] *n* advarsel *m*
**wary** ['wɛəri] *adj* forsiktig
**was** [wɔz] *v* (p be)
**wash** [wɔʃ] *v* vaske; ~ **and wear** strykefri; ~ **up** vaske

opp
**washable** ['wɔʃəbəl] *adj* vaskbar
**washbasin** ['wɔʃ,beisən] *n* håndvask *m*
**washing** ['wɔʃiŋ] *n* vask *m*; ~ **machine** vaskemaskin *m*; ~ **powder** vaskepulver *nt*
**washroom** ['wɔʃru:m] *nAm* toalett *nt*
**wasp** [wɔsp] *n* veps *m*
**waste** [weist] *v* sløse bort; *n* sløseri *nt*; *adj* øde; ~ **separation** kildesortering *c*
**wasteful** ['weistfəl] *adj* ødsel
**wastepaper basket** [weist'peipə,bɑ:skit] *n* papirkurv *m*
**watch** [wɔtʃ] *v* betrakte, *iaktta; bevokte; *n* ur *nt*; ~ **for** *holde utkikk etter; ~ **out** *være forsiktig
**watchmaker** ['wɔtʃ,meikə] *n* urmaker *m*
**watchstrap** ['wɔtʃstræp] *n* klokkerem *c*
**water** ['wɔ:tə] *n* vann *nt*; **iced** ~ isvann *nt*; **running** ~ innlagt vann; ~ **ski** vannski *c*
**watercolo(u)r** ['wɔ:tə,kʌlə] *n* vannfarge *m*; akvarell *m*
**waterfall** ['wɔ:təfɔ:l] *n* foss *m*
**watermelon** ['wɔ:tə,melən] *n* vannmelon *m*
**waterproof** ['wɔ:təpru:f] *adj* vanntett
**watt** [wɔt] *n* watt *m*
**wave** [weiv] *n* bølge *c*; *v* vinke
**wavelength** ['weivleŋθ] *n* bølgelengde *m*
**wavy** ['weivi] *adj* bølget
**wax** [wæks] *n* voks *m*
**waxworks** ['wækswə:ks] *pl* vokskabinett *nt*
**way** [wei] *n* vis *nt*, måte *m*; vei *m*; retning *m*; avstand *m*; **any** ~ på hvilken som helst måte; **by the** ~ forresten; **out of the** ~ avsides; **the other** ~ **round** tvert om; ~ **back** fjern fortid; ~ **in** inngang *m*; ~ **out** utgang *m*; **one-way traffic** enveiskjøring *c*
**wayside** ['weisaid] *n* veikant *m*
**we** [wi:] *pron* vi
**weak** [wi:k] *adj* svak; tynn
**weakness** ['wi:knəs] *n* svakhet *c*
**wealth** [welθ] *n* rikdom *m*
**wealthy** ['welθi] *adj* rik
**weapon** ['wepən] *n* våpen *nt*
***wear** [wɛə] *v* *ha på seg; ~ **out** *slite ut
**weary** ['wiəri] *adj* trett, sliten
**weather** ['weðə] *n* vær *nt*; ~ **forecast** værmelding *c*
***weave** [wi:v] *v* veve
**website** ['web,sait] *n* nettsted *nt*
**wedding** ['wediŋ] *n* vielse *m*, bryllup *nt*; ~ **ring** vielsesring *m*
**wedge** [wedʒ] *n* kile *m*
**Wednesday** ['wenzdi] onsdag *m*

**weed** [wiːd] *n* ugress *nt*
**week** [wiːk] *n* uke *c*
**weekday** ['wiːkdei] *n* hverdag *m*
**weekend** ['wiːkend] *n* helg *c*
**weekly** ['wiːkli] *adj* ukentlig
***weep** [wiːp] *v* *gråte
**weigh** [wei] *v* veie
**weight** [weit] *n* vekt *c*
**Welch** [welʃ] *adj* walisisk
**welcome** ['welkəm] *adj* velkommen; *n* velkomst *m*; *v* hilse velkommen
**weld** [weld] *v* sveise
**welfare** ['welfεə] *n* velferd *m*
**well**¹ [wel] *adv* godt; *adj* frisk; **as ~** også; **as ~ as** så vel som; **well!** ja vel!
**well**² [wel] *n* kilde *m*; brønn *m*
**well-founded** [ˌwel'faundid] *adj* velbegrunnet
**well-known** ['welnoun] *adj* velkjent
**well-to-do** [ˌweltə'duː] *adj* velhavende
**went** [went] *v* (p go)
**were** [wəː] *v* (p be)
**west** [west] *n* vest *m*
**westerly** ['westəli] *adj* vestlig
**western** ['westən] *adj* vestlig
**wet** [wet] *adj* våt; fuktig
**whale** [weil] *n* hval *m*
**wharf** [wɔːf] *n* (pl ~s, wharves) kai *c*
**what** [wɔt] *pron* hva; **~ for** hvorfor
**whatever** [wɔ'tevə] *pron* hva enn
**wheat** [wiːt] *n* hvete *m*
**wheel** [wiːl] *n* hjul *nt*
**wheelbarrow** ['wiːlˌbærou] *n* trillebår *c*
**wheelchair** ['wiːltʃεə] *n* rullestol *m*
**when** [wen] *adv* når; *conj* når, da
**whenever** [we'nevə] *conj* når enn; alltid når
**where** [wεə] *adv* hvor; *conj* hvor
**wherever** [wεə'revə] *conj* hvor enn
**whether** ['weðə] *conj* om; **whether ... or** om ... eller
**which** [witʃ] *pron* hvilken; som
**whichever** [wi'tʃevə] *adj* hvilken som helst
**while** [wail] *conj* mens; *n* stund *c*
**whim** [wim] *n* innfall *nt*, nykke *nt*
**whip** [wip] *n* pisk *m*; *v* vispe
**whiskers** ['wiskəz] *pl* kinnskjegg *nt*
**whisper** ['wispə] *v* hviske; *n* hvisking *c*
**whistle** ['wisəl] *v* plystre; *n* fløyte *c*
**white** [wait] *adj* hvit
**whiting** ['waitiŋ] *n* (pl ~) hvitting *m*
**wit** [wit] *n* vidd *nt*
**who** [huː] *pron* hvem; som
**whoever** [huː'evə] *pron* hvem (som) enn
**whole** [houl] *adj* fullstendig,

hel; uskadd; *n* hele *nt*
**wholesale** ['houlseil] *n* engroshandel *m*; ~ **dealer** grosserer *m*
**wholesome** ['houlsəm] *adj* sunn
**wholly** ['houlli] *adv* helt
**whom** [hu:m] *pron* til hvem
**whore** [hɔ:] *n* hore *c*
**whose** [hu:z] *pron* hvis
**why** [wai] *adv* hvorfor
**wicked** ['wikid] *adj* ond
**wide** [waid] *adj* bred, vid
**widen** ['waidən] *v* utvide
**widow** ['widou] *n* enke *c*
**widower** ['widouə] *n* enkemann *m*
**width** [widθ] *n* bredde *m*
**wife** [waif] *n* (pl wives) kone *c*
**wig** [wig] *n* parykk *m*
**wild** [waild] *adj* vill
**will** [wil] *n* vilje *m*; testamente *nt*
***will** [wil] *v* *vil
**willing** ['wiliŋ] *adj* villig
**willow** ['wilou] *n* pil *c*
**willpower** ['wilpauə] *n* viljestyrke *m*
***win** [win] *v* *vinne
**wind** [wind] *n* vind *m*
***wind** [waind] *v* sno seg; *trekke opp, vikle
**winding** ['waindiŋ] *adj* buktet
**windmill** ['windmil] *n* vindmølle *c*
**window** ['windou] *n* vindu *nt*
**windowsill** ['windousil] *n* vinduskarm *m*
**windscreen** ['windskri:n] *n* frontrute *c*; ~ **wiper** vindusvisker *m*
**windshield** ['windʃi:ld] *nAm* frontrute *c*; ~ **wiper** *Am* vindusvisker *m*
**windy** ['windi] *adj* vindhard
**wine** [wain] *n* vin *m*; ~ **cellar** vinkjeller *m*; ~ **list** vinkart *nt*
**wing** [wiŋ] *n* vinge *m*
**winner** ['winə] *n* vinner *m*
**winning** ['winiŋ] *adj* vinnende; **winnings** *pl* gevinst *m*
**winter** ['wintə] *n* vinter *m*; ~ **sports** vintersport *m*
**wipe** [waip] *v* tørke, tørke bort; tørke av
**wire** [waiə] *n* wire *m*, vaier *m*; ståltråd *m*
**wireless** ['waiələs] *adj* trådløs
**wisdom** ['wizdəm] *n* visdom *m*
**wise** [waiz] *adj* vis
**wish** [wiʃ] *v* lenges etter, ønske; *n* ønske *nt*, lengsel *m*
**witch** [witʃ] *n* heks *c*
**with** [wið] *prep* med; hos; av
***withdraw** [wið'drɔ:] *v* *trekke tilbake
***withhold** [wið'hould] *v* *holde tilbake
**within** [wi'ðin] *prep* innenfor; *adv* innvendig; innen
**without** [wi'ðaut] *prep* uten
**witness** ['witnəs] *n* vitne *nt*

**wits** [wits] *pl* forstand *m*
**witty** ['witi] *adj* vittig; spirituell
**WMD** ['dʌbəljuː'em'diː] *n*, **weapons of mass destruction** masseødeleggelsesvåpen *nt*
**wolf** [wulf] *n* (pl wolves) ulv *m*
**woman** ['wumən] *n* (pl women) kvinne *c*
**womb** [wuːm] *n* livmor *c*
**won** [wʌn] *v* (p, pp win)
**wonder** ['wʌndə] *n* under *nt*; forundring *c*; *v* undre seg
**wonderful** ['wʌndəfəl] *adj* skjønn, vidunderlig; herlig
**wood** [wud] *n* trevirke *nt*; skog *m*; ~ **carving** treskjærerarbeid *nt*
**wooded** ['wudid] *adj* skogkledd
**wooden** ['wudən] *adj* tre-; ~ **shoe** tresko *m*
**woodland** ['wudlənd] *n* skogsområde *nt*
**wool** [wul] *n* ull *c*
**wool(l)en** ['wulən] *adj* ull-
**word** [wəːd] *n* ord *nt*
**wore** [wɔː] *v* (p wear)
**work** [wəːk] *n* arbeid *nt*; *v* arbeide; virke, fungere; **working day** arbeidsdag *m*; ~ **of art** kunstverk *nt*; ~ **permit** arbeidstillatelse *m*
**workaholic** [ˌwəːkə'hɔlik] *n* arbeidsnarkoman *c*
**worker** ['wəːkə] *n* arbeider *m*
**workman** ['wəːkmən] *n* (pl -men) arbeider *m*
**works** [wəːks] *pl* fabrikk *m*
**workshop** ['wəːkʃɔp] *n* verksted *nt*
**world** [wəːld] *n* verden *m*; ~ **war** verdenskrig *m*
**world-famous** [ˌwəːld'feiməs] *adj* verdensberømt
**world-wide** ['wəːldwaid] *adj* verdensomspennende
**worm** [wəːm] *n* mark *m*
**worn** [wɔːn] *adj* (pp wear) slitt
**worn-out** [ˌwɔːn'aut] *adj* utslitt
**worried** ['wʌrid] *adj* bekymret
**worry** ['wʌri] *v* bekymre seg; *n* bekymring *c*
**worse** [wəːs] *adj* verre; *adv* verre
**worship** ['wəːʃip] *v* *tilbe; *n* gudstjeneste *m*
**worst** [wəːst] *adj* verst; *adv* verst
**worth** [wəːθ] *n* verd *nt*; ***be ~** *være verd; ***be worth-while** *være umaken verd
**worthless** ['wəːθləs] *adj* verdiløs
**worthy of** ['wəːði əv] verdig
**would** [wud] *v* (p will)
**wound**[1] [wuːnd] *n* sår *nt*; *v* såre
**wound**[2] [waund] *v* (p, pp wind)
**wrap** [ræp] *v* pakke inn
**wreck** [rek] *n* vrak *nt*; *v*

*ødelegge
**wrench** [rentʃ] *n* skrunøkkel *m*; rykk *nt*; *v* *vri
**wrinkle** ['riŋkəl] *n* rynke *c*
**wrist** [rist] *n* håndledd *nt*
**wristwatch** ['ristwɔtʃ] *n* armbåndsur *nt*
***write** [rait] *v* *skrive; **in writing** skriftlig; **~ down** *skrive ned
**writer** ['raitə] *n* forfatter *m*
**writing pad** ['raitiŋpæd] *n* skriveblokk *c*
**writing paper** ['raitiŋ,peipə] *n* skrivepapir *nt*
**written** ['ritən] *adj* (pp write) skriftlig
**wrong** [rɔŋ] *adj* gal, uriktig; *n* urett *m*; *v* *gjøre urett; ***be ~** *ta feil
**wrote** [rout] *v* (p write)

## X

**Xmas** ['krisməs] jul *c*
**X-ray** ['eksrei] *n* røntgenbilde *nt*; *v* røntgenfotografere

## Y

**yacht** [jɔt] *n* lystbåt *m*; **~ club** seilforening *c*
**yachting** ['jɔtiŋ] *n* seilsport *m*
**yard** [jɑːd] *n* gårdsplass *m*; hage *m*
**yarn** [jɑːn] *n* garn *nt*
**yawn** [jɔːn] *v* gjespe
**year** [jiə] *n* år *nt*
**yearly** ['jiəli] *adj* årlig
**yeast** [jiːst] *n* gjær *m*
**yell** [jel] *v* hyle; *n* hyl *nt*
**yellow** ['jelou] *adj* gul
**yes** [jes] ja
**yesterday** ['jestədi] *adv* i går
**yet** [jet] *adv* ennå; *conj* likevel, allikevel
**yield** [jiːld] *v* yte; *vike
**yoghurt** ['jɔgət] *n* yoghurt, jogurt *m*
**yoke** [jouk] *n* åk *nt*
**yolk** [jouk] *n* eggeplomme *c*
**you** [juː] *pron* du; deg; dere
**young** [jʌŋ] *adj* ung
**your** [jɔː] *pron* din; dine, deres
**yours** [jɔːz] *pron* din; dine, deres
**yourself** [jɔː'self] *pron* deg; selv
**yourselves** [jɔː'selvz] *pron* dere; selv
**youth** [juːθ] *n* ungdom *m*; **~ hostel** ungdomsherberge *nt*; vandrerhjem *nt*
**yuppie** ['jʌpi] *n* japp *c*

# Z

**zeal** [zi:l] *n* iver *m*
**zealous** ['zeləs] *adj* ivrig
**zebra** ['zi:brə] *n* sebra *m*
**zenith** ['zeniθ] *n* senit *nt*; høydepunkt *nt*
**zero** ['ziərou] *n* (pl ~s) null *nt*
**zest** [zest] *n* lyst *c*; iver *m*
**zinc** [ziŋk] *n* sink *m*
**zip** [zip] *n* glidelås *m*; ~ **code** *Am* postnummer *nt*
**zipper** ['zipə] *n* glidelås *m*
**zodiac** ['zoudiæk] *n* dyrekretsen
**zone** [zoun] *n* sone *c*; område
**zoo** [zu:] *n* (pl ~s) dyrehage *m*
**zoology** [zou'ɔlədʒi] *n* zoologi *m*

| Some Basic Phrases | Noen vanlige uttrykk |
|---|---|
| Hello! | Hei! |
| Please. | Vær så snill. |
| Thank you very much. | Tusen takk. |
| Don't mention it. | Ingen årsak. |
| Good morning. | God morgen. |
| Good afternoon. | God dag. |
| Good evening. | God kveld. |
| Good night. | God natt. |
| Good-bye. | Ha det (bra)! |
| See you later. | Vi ses! |
| Where is/Where are…? | Hvor er…? |
| What do you call this? | Hva heter (kalles) dette? |
| What does that mean? | Hva betyr det? |
| Do you speak English? | Snakker du engelsk? |
| Do you speak German? | Snakker du tysk? |
| Do you speak French? | Snakker du fransk? |
| Do you speak Spanish? | Snakker du spansk? |
| Do you speak Italian? | Snakker du italiensk? |
| Could you speak more slowly, please? | Kunne du snakke litt langsommere? |
| I don't understand. | Jeg forstår ikke. |
| Can I have…? | Kan jeg få…? |
| Can you show me…? | Kan du vise meg…? |
| Can you tell me…? | Kan du si meg…? |
| Can you help me, please? | Kan du være så vennlig å hjelpe meg? |
| I'd like… | Jeg ville gjerne ha… |
| We'd like… | Vi ville gjerne ha… |
| Please give me… | Vær så snill å gi meg… |
| Please bring me… | Vær så snill å la meg få… |
| I'm hungry. | Jeg er sulten. |
| I'm thirsty. | Jeg er tørst. |
| I'm lost. | Jeg har gått meg vill. |
| Hurry up! | Skynd deg! |
| There is/There are… | Det finnes… |
| There isn't/There aren't… | Det finnes ikke… |

| Arrival | Ankomst |
|---|---|
| Your passport, please. | Passet, takk. |
| Have you anything to declare? | Har du noe å fortolle? |
| No, nothing at all. | Nei, ingenting. |
| Can you help me with my luggage, please? | Kan du hjelpe meg med bagasjen? |
| Where's the bus to the centre of town, please? | Hvor tar man bussen til sentrum? |
| This way, please. | Denne veien. |
| Where can I get a taxi? | Hvor kan jeg få tak i en drosje? |
| What's the fare to…? | Hva koster det til…? |
| Take me to this address, please. | Vær så snill å kjøre meg til denne adressen. |
| I'm in a hurry. | Jeg har det travelt. |

| Hotel | Hotell |
|---|---|
| My name is… | Mitt navn er… |
| Have you a reservation? | Har du bestilt? |
| I'd like a room with a bath. | Jeg vil gjerne ha et rom med bad. |
| What's the price per night? | Hva koster det for en natt? |
| May I see the room? | Kan jeg få se rommet? |
| What's my room number, please? | Hvilket værelsesnummer har jeg? |
| There's no hot water. | Det er ikke noe varmt vann. |
| May I see the manager, please? | Kan jeg få snakke med direktøren? |
| Did anyone telephone me? | Har det vært noen telefon til meg? |
| Is there any mail for me? | Er det noe post til meg? |
| May I have my bill (check), please? | Kan jeg få regningen, takk. |

| Eating out | Restaurant |
|---|---|
| Do you have a fixed-price menu? | Har dere en fast meny? |

| | |
|---|---|
| May I see the menu? | Kan jeg få se spisekartet? |
| May we have an ashtray, please? | Kan vi få et askebeger, takk? |
| Where's the toilet, please? | Hvor er toalettet? |
| I'd like an hors d'œuvre (starter). | Jeg vil gjerne ha en forrett. |
| Have you any soup? | Har dere suppe? |
| I'd like some fish. | Jeg vil gjerne ha fisk. |
| What kind of fish do you have? | Hva slags fisk har dere? |
| I'd like a steak. | Jeg vil gjerne ha en biff. |
| What vegetables have you got? | Hvilke grønnsaker har dere? |
| Nothing more, thanks | Takk, jeg er forsynt. |
| What would you like to drink? | Hva vil du ha å drikke? |
| I'll have a beer, please. | Jeg vil gjerne ha en øl, takk. |
| I'd like a bottle of wine. | Jeg vil gjerne ha en flaske vin. |
| May I have the bill (check), please? | Regningen, takk! |
| Is service included? | Er service inkludert? |
| Thank you, that was a very good meal. | Takk. Det smakte utmerket. |

| **Travelling** | **På reise** |
|---|---|
| Where's the railway station, please? | Hvor er jernbanestasjonen? |
| Where's the ticket office, please? | Unnskyld, kan du si meg hvor billettluken er? |
| I'd like a ticket to… | Jeg vil gjerne ha en billett til… |
| First or second class? | Første eller annen klasse? |
| First class, please. | Første, takk. |
| Single or return (one way or roundtrip)? | Enkeltbillett eller tur-retur? |
| Do I have to change trains? | Må jeg bytte tog? |
| What platform does the train for… leave from? | Fra hvilken plattform går toget til…? |

| | |
|---|---|
| Where's the nearest underground (subway) station? | Hvor er nærmeste undergrunnsstasjon? |
| Where's the bus station, please? | Hvor er buss-stasjonen? |
| When's the first bus to…? | Når går den første bussen til…? |
| Please let me off at the next stop. | Kan du slippe meg av på neste holdeplass? |

| **Meeting people** | **Bekjentskap** |
|---|---|
| How do you do. | God dag. |
| How are you? | Hvordan står det til? |
| Very well, thank you. And you? | Bare bra, takk. Og med deg? |
| May I introduce…? | Kan jeg få presentere…? |
| My name is… | Mitt navn er… |
| I'm very pleased to meet you. | Gleder meg (å treffe deg). |
| How long have you been here? | Hvor lenge har du vært her? |
| It was nice meeting you. | Det var hyggelig å treffe deg. |
| Do you mind if I smoke? | Har du noe imot at jeg røyker? |
| Do you have a light, please? | Unnskyld, kan du gi meg fyr? |
| May I get you a drink? | Kan jeg by deg på en drink? |
| May I invite you for dinner tonight? | Vil du spise middag med meg i kveld? |
| Where shall we meet? | Hvor skal vi møtes? |

| **Emergencies** | **Ulykker** |
|---|---|
| Call a doctor quickly. | Tilkall en lege – fort. |
| Call an ambulance. | Ring etter en sykebil. |
| Please call the police. | Tilkall politiet. |

# Norwegian Abbreviations

| | | |
|---|---|---|
| **adm.dir.** | *administrerende direktør* | managing director |
| **alm.** | *alminnelig(het)* | general(ly) |
| **A/S** | *aksjeselskap* | Ltd., Inc. |
| **dvs.** | *det vil si* | i.e. |
| **e.Kr.** | *etter Kristi fødsel* | A.D. |
| **el.** | *eller* | or |
| **EU** | *Den europeiske union* | European Union |
| **f.eks.** | *for eksempel* | e.g. |
| **fj.** | *fjord* | fjord |
| **f.Kr.** | *før Kristi fødsel* | B.C. |
| **flt.** | *flertall* | plural |
| **FN** | *De forente nasjoner* | UN, United Nations |
| **gen.sekr.** | *generalsekretær* | secretary general |
| **...gt.** | *gate* | street |
| **iflg.** | *ifølge* | according to |
| **KFUK** | *Kristelig Forening av Unge Kvinner* | YWCA, Young Women's Christian Association |
| **KFUM** | *Kristelig Forening av Unge Menn* | YMCA, Young Men's Christian Association |
| **kl.** | *klokken* | hour, o'clock |
| **KNM** | *Den Kongelige Norske Marine* | Royal Norwegian Navy |
| **kr** | *krone* | crown (currency) |
| **LO** | *Landsorganisasjonen i Norge* | Association of Norwegian Trade Unions |
| **mht.** | *med hensyn til* | concerning |
| **moms** | *meromsetningsskatt* | VAT, value added tax |
| **mots.** | *motsatt* | contrary |
| **N** | *Norge* | Norway |
| **nr.** | *nummer* | number |
| **NRK** | *Norsk Rikskringkasting* | Norwegian Broadcasting Service |
| **NSB** | *Norges Statsbaner* | Norwegian National Railways |
| **NTB** | *Norsk Telegrambyrå* | Norwegian News Agency |

| | | |
|---|---|---|
| **NUH** | *Norske ungdomsherberger* | Norwegian Youth Hostels |
| **o.a.** | *og annet, og andre* | etc., and others |
| **osv.** | *og så videre* | etc., and so on |
| **stk.** | *stykke(r)* | piece(s) |
| **tlf.** | *telefon* | telephone |
| **...vn.** | *veien, vegen* | road |
| **årh.** | *århundre* | century |

## Engelske forkortelser

| | | |
|---|---|---|
| **A.D.** | *anno Domini* | e.Kr. |
| **Am.** | *America; American* | Amerika; amerikansk |
| **a.m.** | *ante meridiem (before noon)* | mellom kl. 00.00 og 12.00 |
| **Amtrak** | *American railroad corporation* | sammenslutning av private amerikanske jernbaneselskaper |
| **Ave.** | *avenue* | aveny |
| **B.C.** | *before Christ* | f.Kr. |
| **Blvd.** | *boulevard* | boulevard |
| **B.R.** | *British Rail* | Britiske statsbaner |
| **Brit.** | *Britain; British* | Storbritannia; britisk |
| **Bros.** | *brothers* | brødrene (i firmanavn) |
| **¢** | *cent* | 1/100 dollar |
| **Can.** | *Canada; Canadian* | Canada; kanadisk |
| **CID** | *Criminal Investigation Department* | Det britiske kriminalpoliti |
| **CNR** | *Canadian National Railway* | Kanadiske statsbaner |
| **c/o** | *(in) care of* | adressert |
| **Co.** | *company* | kompani |
| **Corp.** | *corporation* | aksjeselskap *Am* |
| **CPR** | *Canadian Pacific Railways* | et privat kanadisk jernbaneselskap |
| **D.C.** | *District of Columbia* | Columbia-distriktet (Washington, D.C.) |

| | | |
|---|---|---|
| **DDS** | *Doctor of Dental Science* | tannlege |
| **e.g.** | *for instance* | f.eks. |
| **Eng.** | *England; English* | England; engelsk |
| **EU** | *European Union* | Den europeiske union |
| **ft.** | *foot/feet* | fot (30,5 cm) |
| **GB** | *Great Britain* | Storbritannia |
| **H.H.** | *His Holiness* | Hans Hellighet |
| **H.M.** | *His/her Majesty* | Hans/Hennes Majestet |
| **H.M.S.** | *Her Majesty's ship* | britisk marineskip |
| **hp** | *horsepower* | hestekraft |
| **i.e.** | *that is to say* | dvs. |
| **in.** | *inch* | tomme (2,54 cm) |
| **Inc.** | *incorporated* | A/S |
| **£** | *pound sterling* | engelsk pund |
| **L.A.** | *Los Angeles* | Los Angeles |
| **Ltd.** | *limited* | A/S |
| **M.D.** | *Doctor of Medicine* | lege |
| **M.P.** | *Member of Parliament* | medlem av Det britisk parlament |
| **mph** | *miles per hour* | eng. mil i timen |
| **Mr.** | *Mister* | herr |
| **Mrs.** | *Missis* | fru |
| **Ms.** | *Missis/Miss* | fru/frk. |
| **nat.** | *national* | nasjonal |
| **No.** | *number* | nr. |
| **N.Y.C.** | *New York City* | byen New York |
| **p.** | *page; penny/pence* | side; 1/100 pund |
| **p.a.** | *per annum* | pr. år |
| **Ph.D.** | *Doctor of Philosophy* | dr. philos. |
| **p.m.** | *post meridiem (after noon)* | mellom kl. 12.00 og 24.00 |
| **PO** | *Post Office* | postkontor |
| **P.T.O.** | *please turn over* | vennligst bla om |
| **RCMP** | *Royal Canadian Mounted Police* | Det kongelige kanadiske ridende politi |
| **Rd.** | *road* | vei, veg |
| **ref.** | *reference* | referanse |
| **Rev.** | *reverend* | pastor |
| **RFD** | *rural free delivery* | postboks (på landsbygda) |

| | | |
|---|---|---|
| **RR** | *railroad* | jernbane |
| **RSVP** | *please reply* | vennligst svar |
| **$** | *dollar* | dollar |
| **Soc.** | *society* | selskap |
| **St.** | *saint; street* | sankt; gate |
| **STD** | *Subscriber Trunk Dialling* | automattelefon |
| **UN** | *United Nations* | FN |
| **US** | *United States* | USA |
| **USS** | *United States Ship* | amerikansk marineskip |
| **VAT** | *value added tax* | med moms |
| **VIP** | *very important person* | betydningsfull person |
| **Xmas** | *Christmas* | jul |
| **yd.** | *yard* | yard (91,44 cm) |
| **YMCA** | *Young Men's Christian Association* | KFUM |
| **YWCA** | *Young Women's Christian Association* | KFUK |
| **ZIP** | *ZIP code* | postnummer |

# Mini Norwegian Grammar

## Articles

Norwegian nouns are either masculine, feminine or neuter. The majority of feminine nouns also have a masculine form, so we have chosen to use the denotations *m* (masculine), *c* (common) and *n* (neuter). In this way, you will have to learn only two sets of articles, as masculine and common words can have the same article:

1. Indefinite article (a/an)

| | | |
|---|---|---|
| masculine: | ***en* bil** | *a* car |
| common[*]: | ***en* dør** | *a* door |
| neuter: | ***et* eple** | *an* apple |

2. Definite article (the)

Where we, in English, say "the house" Norwegians tag the definite article onto the end of the noun and say "house-the". In masculine and common nouns "the" is **-(e)n**, in neuter nouns **-(e)t**.

| | | |
|---|---|---|
| masculine: | **bil*en*** | *the* car |
| common[*]: | **dør*en*** | *the* door |
| neuter: | **eple*t*** | *the* apple |

## Nouns

The plural of most nouns is formed by an **-(e)r** ending (indefinite plural) and an **-(e)ne** ending (definite plural).

| | | | | |
|---|---|---|---|---|
| masculine: | **bile*r*** | car*s* | **bil*ene*** | *the* cars |
| common[*]: | **døre*r*** | door*s* | **dør*ene*** | *the* doors |
| neuter: | **eple*r*** | apple*s* | **eple*ne*** | *the* apples |

Many monosyllabic nouns have irregular plurals.

| | | | | | |
|---|---|---|---|---|---|
| **en mann** | a man | **menn** | men | **mennene** | the men |
| **en sko** | a shoe | **sko** | shoes | **skoene** | the shoes |

[*] In the feminine form "a door, the door" would be *ei* dør, dør*a*; the common form is *en* dør, dør*en*. In plural there is no difference.

## Adjectives

1. Adjectives agree with the noun in gender and number. For the indefinite form, the neuter is generally formed by adding **-t**, the plural by adding **-e**.

| | | | |
|---|---|---|---|
| **(en) stor hund** | (a) big dog | **stor*e* hunder** | big dogs |
| **(et) stor*t* hus** | (a) big house | **stor*e* hus** | big houses |

2. The ending **-e** (masculine, common, neuter and plural) is used when the adjective is preceded by **den, det, de** (the definite article used with adjectives) or by a demonstrative or a possessive adjective.

| | | | |
|---|---|---|---|
| **den stor*e* hunden** | the big dog | **det stor*e* huset** | the big house |
| **de stor*e* hundene** | the big dogs | **de stor*e* husene** | the big houses |

3. Comparative and superlative

The comparative and superlative are normally formed either by adding the endings **-(e)re** and **-(e)st**, respectively, to the adjective or by putting **mer** (more) and **mest** (most) before the adjective.

| | |
|---|---|
| **stor/stør*re*/stør*st*** | big/bigger/biggest |
| **lett/lett*ere*/lett*est*** | easy/easier/easiest |
| **imponerende/*mer* imponerende/*mest* imponerende** | impressive/more impressive/ the most impressive |

4. Possessive adjectives agree in number and gender with the noun they modify, i.e. with the thing possessed and not the possessor.

| | common | neuter | plural |
|---|---|---|---|
| my | **min** | **mitt** | **mine** |
| your | **din** | **ditt** | **dine** |
| his | **sin, hans** | **sitt, hans** | **sine, hans** |
| her | **sin, hennes** | **sitt, hennes** | **sine, hennes** |
| its | **sin, dens/dets*** | **sitt, dens/dets** | **sine, dens/dets** |
| our | **vår** | **vårt** | **våre** |
| their | **sin, deres** | **sitt, deres** | **sine, deres** |

* Use **dens** if "it" is of common gender and **dets** if "it" is neuter.

### Personal pronouns

| | subject | object | genitive |
|---|---|---|---|
| I | **jeg** | **meg** | – |
| you | **du** | **deg** | – |
| he | **han** | **ham/han** | **hans** |
| she | **hun** | **henne** | **hennes** |
| it | **den/det** | **den/det** | **dens/dets** |
| we | **vi** | **oss** | – |
| you (plural) | **dere** | **dere** | – |
| they | **de** | **dem** | **deres** |

### Verbs

The present tense is simple, because it has the same form for all persons.

| | to ask | to buy | to go | to do |
|---|---|---|---|---|
| Infinitive | **å spørre** | **å kjøpe** | **å gå** | **å gjøre** |
| Present tense | **spør** | **kjøper** | **går** | **gjør** |
| Imperative | **spør** | **kjøp** | **gå** | **gjør** |

There is no equivalent to the English present continuous tense. Thus:

**Jeg reiser.** I travel/I am travelling.

Negation is expressed by using the adverb **ikke** (not). It is usually placed immediately after the verb in a main clause. In compound tenses, **ikke** appears between the auxiliary and the main verb.

**Jeg snakker norsk.** I speak Norwegian.
**Jeg snakker ikke norsk.** I do not speak Norwegian.

## Irregular Verbs

There is a large number of prefixes in Norwegian, like *an-*, *av-*, *be-*, *etter-*, *for-*, *fra-*, *frem-*, *inn-*, *med-*, *ned-*, *om-*, *opp-*, *over-*, *på-*, *til-*, *under-*, *unn-*, *unna-*, *ut-*, *ved-*, etc. A prefixed verb is conjugated in the same way as the stem verb.

| *Infinitive* | *Preterite* | *Past participle* | |
|---|---|---|---|
| **be** | ba | bedt | *ask, pray* |
| **binde** | bandt | bundet | *bind, tie* |
| **bite** | bet | bitt | *bite* |
| **bli** | ble | blitt | *become, remain* |
| **brekke** | brakk | brukket | *break* |
| **brenne** | brant/brente* | brent | *burn* |
| **bringe** | brakte | brakt | *bring* |
| **briste** | brast | bristet | *burst* |
| **bryte** | brøt | brutt | *break* |
| **by** | bydde/bød | budt | *offer; command* |
| **bære** | bar | båret | *bear* |
| **dra** | dro(g) | dradd/dratt | *pull; go, travel* |
| **drikke** | drakk | drukket | *drink* |
| **drive** | drev | drevet | *lead, manage; drift* |
| **ete** | åt | ett | *eat (animals)* |
| **falle** | falt | falt | *fall* |
| **fare** | fór | faret/fart | *go away, leave* |
| **finne** | fant | funnet | *find* |
| **fly** | fløy | fløyet | *fly* |
| **flyte** | fløt | flytt | *flow, float* |
| **forstå** | forsto(d) | forstått | *understand* |
| **forsvinne** | forsvant | forsvunnet | *disappear* |
| **fortelle** | fortalte | fortalt | *tell, relate* |
| **fryse** | frøs | frosset | *be cold, freeze* |
| **følge** | fulgte | fulgt | *follow* |
| **få** | fikk | fått | *get* |

* These verbs are regular when used transitively, i.e. when they take an object.

| | | | |
|---|---|---|---|
| **gi** | ga(v) | gitt | *give* |
| **gjelde** | gjaldt | gjeldt | *concern; be valid* |
| **gjøre** | gjorde | gjort | *do, make* |
| **gli** | gled | glidd | *slide, glide* |
| **gnage** | gnagde/gnog | gnagd | *gnaw* |
| **gni** | gnidde/gned | gnidd | *rub* |
| **grave** | gravde/grov | gravd | *dig* |
| **gripe** | grep | grepet | *catch, seize* |
| **gråte** | gråt | grått | *weep, cry* |
| **gyte** | gytte/gjøt | gytt | *spawn* |
| **gå** | gikk | gått | *walk, go* |
| **ha** | hadde | hatt | *have* |
| **henge** | hang/hengte* | hengt | *hang* |
| **hete** | het/hette | hett | *be called* |
| **hive** | hev | hevet | *throw* |
| **hjelpe** | hjalp | hjulpet | *help* |
| **holde** | holdt | holdt | *hold* |
| **klinge** | klang | kling(e)t | *ring* |
| **klype** | klypte/kløp | klypt/kløpet | *pinch* |
| **klyve** | kløv | kløvet | *climb* |
| **knekke** | knakk/knekte* | knekt/knekket | *crack, break* |
| **knipe** | knep | knepet | *pinch* |
| **komme** | kom | kommet | *come* |
| **krype** | krøp | krøpet | *creep, crawl* |
| **kunne (kan)** | kunne | kunnet | *can* |
| **kveppe** | kvapp | kveppet | *startle* |
| **la(te)** | lot | latt | *let* |
| **le** | lo | ledd | *laugh* |
| **legge** | la | lagt | *lay, put* |
| **lide** | led | lidd | *suffer* |
| **ligge** | lå | ligget | *lie* |
| **lyde** | lød | lydt | *sound* |
| **lyge** | løy | løyet | *tell a lie* |
| **løpe** | løp | løpt | *run* |
| **måtte (må)** | måtte | måttet | *must* |
| **nyse** | nyste/nøs | nyst | *sneeze* |

* These verbs are regular when used transitively, i.e. when they take an object.

| | | | |
|---|---|---|---|
| **nyte** | nøt | nytt | *enjoy* |
| **pipe** | pep | pepet | *chirp* |
| **rekke** | rakte/rakk | rakt/rukket | *reach; hand* |
| **renne** | rant/rente* | rent | *run, flow* |
| **ri(de)** | red | ridd | *ride* |
| **rive** | rev | revet | *tear* |
| **ryke** | røk | røket | *smoke* |
| **se** | så | sett | *see* |
| **selge** | solgte | solgt | *sell* |
| **sette** | satte | satt | *set* |
| **si** | sa | sagt | *say* |
| **sitte** | satt | sittet | *sit* |
| **skjelve** | skalv | skjelvet | *tremble* |
| **skjære** | skar | skåret | *cut* |
| **skri(de)** | skred | skredet/skridd | *stride, stalk* |
| **skrike** | skrek | skreket | *scream* |
| **skrive** | skrev | skrevet | *write* |
| **skryte** | skrøt | skrytt | *boast* |
| **skulle (skal)** | skulle | skullet | *shall* |
| **skvette** | skvatt/skvettet* | skvettet | *startle; splash* |
| **skyte** | skjøt | skutt | *shoot* |
| **skyve** | skjøv | skjøvet | *push, shove* |
| **slenge** | slang/slengte* | slengt | *throw, fling* |
| **slippe** | slapp | sluppet | *let go, drop* |
| **slite** | slet | slitt | *pull, tear* |
| **slå** | slo | slått | *strike, beat* |
| **slåss** | sloss | slåss | *fight* |
| **smelle** | smalt/smelte* | smelt | *smack, slam* |
| **smette** | smatt | smettet | *slip away* |
| **smøre** | smurte | smurt | *smear* |
| **snike** | snek | sneket | *sneak* |
| **snyte (seg)** | snøt | snytt | *blow one's nose; cheat* |
| **sove** | sov | sovet | *sleep* |
| **spinne** | spant | spunnet | *spin; purr* |
| **sprekke** | sprakk | sprukket | *burst* |
| **sprette** | spratt | sprettet | *bound* |

* These verbs are regular when used transitively, i.e. when they take an object.

| | | | |
|---|---|---|---|
| **springe** | sprang | sprunget | *run; jump* |
| **spørre** | spurte | spurt | *ask* |
| **stige** | steg | steget | *rise, climb* |
| **stikke** | stakk | stukket | *sting* |
| **stjele** | stjal | stjålet | *steal* |
| **strekke** | strakk | strukket | *stretch* |
| **stri(de)** | stridde/stred | stridd | *quarrel* |
| **stryke** | strøk | strøket | *iron; cross out* |
| **stå** | sto | stått | *stand* |
| **sverge** | sverget/svor | sverget/svoret | *swear* |
| **svi** | sved/svidde* | svidd | *singe* |
| **svike** | svek | sveket | *betray, disappoint* |
| **svinge** | svang | sving(e)t/ svunget | *swing* |
| **synge** | sang | sunget | *sing* |
| **synke** | sank | sunket | *sink* |
| **ta** | tok | tatt | *take* |
| **telle** | talte/telte | talt/telt | *count* |
| **tie** | tidde | tidd | *be/keep silent* |
| **tigge** | tigget/tagg | tigget/tigd | *beg* |
| **tre** | trådte | trådt | *tread, step* |
| **treffe** | traff | truffet | *meet; hit* |
| **trekke** | trakk | trukket | *pull* |
| **tvinge** | tvang | tvunget | *force* |
| **tygge** | tygde | tygd | *chew* |
| **vekke** | vakte | vakt | *wake* |
| **velge** | valgte | valgt | *choose, elect* |
| **vike** | vek | veket | *yield* |
| **ville (vil)** | ville | villet | *will* |
| **vinde** | vandt | vundet | *wind* |
| **vinne** | vant | vunnet | *win* |
| **vite** | visste | visst | *know* |
| **vri** | vred | vridd | *wrench, twist* |
| **være** | var | vært | *be* |

# Engelsk minigrammatikk

### Artikler

Den **bestemte** artikkel har samme form i entall og flertall: **the.**

| | |
|---|---|
| **the room – the rooms** | rommet – rommene |

Den **ubestemte** artikkel har to former: **a**, som brukes foran ord som begynner med en konsonant, og **an**, som brukes foran vokal eller stum **h**.

| | |
|---|---|
| **a coat** | en kåpe/frakk |
| **an umbrella** | en paraply |
| **an hour** | en time |

**Some** angir en ubestemt mengde eller et ubestemt antall. Det anvendes foran substantiv i både entall og flertall, og tilsvarer på norsk «noen», «noe», «litt».

| | |
|---|---|
| **I'd like some tea, please.** | Jeg vil gjerne ha litt te. |
| **Give me some stamps, please.** | Gi meg noen frimerker, er du snill. |

**Any** betyr «noen»/«hvilken som helst», og brukes ofte i nektende og spørrende setninger.

| | |
|---|---|
| **There isn't any soap.** | Det er ikke noe såpe her. |
| **Do you have any stamps?** | Har du frimerker? |
| **Is there any mail for me?** | Er det kommet noe post til meg? |

### Substantiver

Flertall dannes som regel ved å føye **-(e)s** til entallsformen.

| | |
|---|---|
| **cup – cups** | kopp – kopper |
| **dress – dresses** | kjole – kjoler |

Obs! Hvis et substantiv slutter på **-y** i entall, endres stavemåten til **-ies** i flertall hvis **y** kommer etter en konsonant. Kommer den etter en vokal, anvendes den normale flertallsendelsen **-s.**

| | |
|---|---|
| **lady – ladies** | dame – damer |
| **day – days** | dag – dager |

Men ingen regel unten unntak...

| | |
|---|---|
| **man – men** | mann – menn |
| **woman – women** | kvinne – kvinner |
| **child – children** | barn – barn |
| **foot – feet** | fot – føtter |
| **knife – knives** | kniv – kniver |

## Genitiv

1. Når eieren er et levende vesen og når substantivet ikke slutter på **-s**, føyer man til **'s**.

| | |
|---|---|
| **the boy's room** | guttens rom |
| **Anne's dress** | Annes kjole |

Hvis substantivet slutter på **-s**, føyer man kun til apostrofen (').

| | |
|---|---|
| **the boy's room** | guttenes rom |

2. Hvis eieren ikke er et levende vesen, brukes preposisjonen **of.**

| | |
|---|---|
| **the end of the journey** | reisens slutt (slutten på reisen) |

## Adjektiver

Adjektivet forblir uendret både foran substantivet og når det står alene.

| | |
|---|---|
| **a large brown suitcase** | en stor brun koffert |
| **Komparativ** og **superlativ** | kan dannes på to måter. |

1. Adjektiver med én stavelse og de fleste adjektiver med to stavelser får endelsen **-(e)r** og **-(e)st**.

| | |
|---|---|
| **small – smaller – smallest** | liten – mindre – minst |
| **pretty – prettier – prettiest** | søt – søtere – søtest |

Obs! **-y** etter konsonant endres til **i** foran **-er** og **-est**.

2. Adjektiver med flere enn to stavelser og enkelte adjektiver med to stavelser (f.eks. de som slutter på **-ful** eller **-less**) danner komparativ og superlativ ved hjelp av **more** og **most**.

**expensive** (dyr) – **more expensive – most expensive**
**careful** (forsiktig) – **more careful – most careful**

Følgende adjektiver er uregelmessige:

**good** (bra) – **better** – **best**
**bad** (dårlig) – **worse** – **worst**
**little** (lite) – **less** – **least**
**much** (mye) } – **more** – **most**
**many** (mange) } – **more** – **most**

## Pronomener

| | **personlige** | **pronomer** | **eiendomspronomener** | |
|---|---|---|---|---|
| | nominativ | akkusativ | 1) | 2) |
| jeg | **I** | **me** | **my** | **mine** |
| du | **you** | **you** | **your** | **yours** |
| han | **he** | **him** | **his** | **his** |
| hun | **she** | **her** | **her** | **hers** |
| den/det | **it** | **it** | **its** | – |
| vi | **we** | **us** | **our** | **ours** |
| dere | **you** | **you** | **your** | **yours** |
| de | **they** | **them** | **their** | **theirs** |

## Verb

Tre viktige **hjelpeverb** i presens:

**to be** (å være)

| | sammentrukket form | sammentrukket nektende form | |
|---|---|---|---|
| **I am** | **I'm** | **I'm not** | – |
| **you are** | **you're** | **you're not** | **you aren't** |
| **he is** | **he's** | **he's not** | **he isn't** |
| **she is** | **she's** | **she's not** | **she isn't** |
| **it is** | **it's** | **it's not** | **it isn't** |
| **we are** | **we're** | **we're not** | **we aren't** |
| **you are** | **you're** | **you're not** | **you aren't** |
| **they are** | **they're** | **they're not** | **they aren't** |

Spørreform: **Am I? – Is he? – Are they?**
Obs! I dagligtale brukes så å si bare de sammentrukne formene.

**to have** (å ha)

| | sammentrukket form | sammentrukket nektende form |
|---|---|---|
| **I have** | **I've** | **I haven't** |
| **you have** | **you've** | **you haven't** |
| **he/she/it has** | **he's/she's/it's** | **he/she/it hasn't** |
| **we have** | **we've** | **we haven't** |
| **you have** | **you've** | **you haven't** |
| **they have** | **they've** | **they haven't** |

Spørrende: **Have you? – Has he?**

**to do** (å gjøre)

**I do, you, he/she/it does, we do, you do, they do**

Nektende: **I do not (I don't) – He does not (He doesn't)**
Spørrende: **Do you? – Does she?**

For alle hjelpeverb gjelder:

1. Nektende form dannes med **not** (ikke).
2. Spørrende form dannes ved å sette verbet foran subjektet.

**Andre verb**

Engelske verb beholder samme form i alle personer i **presens,** med unntak av 3. person entall der man legger til **-(e)s.**

| | **to speak** (å snakke) | **to ask** (å spørre) | **to go** (å gå) |
|---|---|---|---|
| **I** | **speak** | **ask** | **go** |
| **you** | **speak** | **ask** | **go** |
| **he/she/it** | **speaks** | **asks** | **goes** |
| **we/you/they** | **speak** | **ask** | **go** |

**Imperfektum** og **perfektum partisipp** dannes for regelmessige verb ved å føye til endelsen **-d** eller **-ed.**

**Presens partisipp** dannes ved å føye endelsen **-ing** til infinitivsformen.

**Nektende form** dannes med hjelpeverbet **do** + **not** + infinitiv:
**I do not (don't) like this hotel.** Jeg liker ikke dette hotellet.

**Spørrende form** dannes med hjelpeverbet **do** + subjekt + infinitiv:
**Do you drink wine?** Drikker du vin?

**Progressiv (pågående) form**
Denne formen finnes ikke på norsk, men motsvarer «holder på med å», og dannes med hjelpeverbet **to be** fulgt av presens partisipp av verbet.

| infinitiv | presens partisipp | progressiv form |
|---|---|---|
| **to read** | **reading** | **I'm reading.** |
| **to sing** | **singing** | **She's singing.** |

**What are you doing?** Hva er det du holder på med (å gjøre)?
**I'm writing a letter.** Jeg holder på (med) å skrive et brev.

## Uregelmessige verb

Her er en liste over uregelmessige engelske verb. Sammensatte verb, eller verb som har prefiks, bøyes etter samme mønster som det enkle verbet; eks.: *overdrive* bøyes som *drive*, *mistake* som *take*.

| *Infinitiv* | *Imperfektum* | *Perfektum partisipp* | |
|---|---|---|---|
| **arise** | arose | arisen | *stå opp* |
| **awake** | awoke | awoken/ awaked | *vekke; våkne* |
| **be** | was | been | *være* |
| **bear** | bore | borne | *bære* |
| **beat** | beat | beaten | *slå* |
| **become** | became | become | *bli* |
| **begin** | began | begun | *begynne* |
| **bend** | bent | bent | *bøye* |
| **bet** | bet | bet | *vedde* |
| **bid** | bade/bid | bidden/bid | *by (befale)* |
| **bind** | bound | bound | *binde* |
| **bite** | bit | bitten | *bite* |
| **bleed** | bled | bled | *blø* |
| **blow** | blew | blown | *blåse* |
| **break** | broke | broken | *brekke* |
| **breed** | bred | bred | *ale opp* |
| **bring** | brought | brought | *bringe* |
| **build** | built | built | *bygge* |
| **burn** | burnt/burned | burnt/burned | *brenne* |
| **burst** | burst | burst | *briste* |
| **buy** | bought | bought | *kjøpe* |
| **can*** | could | – | *kunne* |
| **cast** | cast | cast | *kaste* |
| **catch** | caught | caught | *gripe* |
| **choose** | chose | chosen | *velge* |
| **cling** | clung | clung | *klamre seg til* |
| **clothe** | clothed/clad | clothed/clad | *kle på* |
| **come** | came | come | *komme* |
| **cost** | cost | cost | *koste* |

* presens indikativ

| | | | |
|---|---|---|---|
| **creep** | crept | crept | *krype* |
| **cut** | cut | cut | *skjære* |
| **deal** | dealt | dealt | *handle* |
| **dig** | dug | dug | *grave* |
| **do (he does*)** | did | done | *gjøre* |
| **draw** | drew | drawn | *trekke* |
| **dream** | dreamt/ dreamed | dreamt/ dreamed | *drømme* |
| **drink** | drank | drunk | *drikke* |
| **drive** | drove | driven | *kjøre* |
| **dwell** | dwelt | dwelt | *bo* |
| **eat** | ate | eaten | *spise* |
| **fall** | fell | fallen | *falle* |
| **feed** | fed | fed | *fôre* |
| **feel** | felt | felt | *føle* |
| **fight** | fought | fought | *slåss* |
| **find** | found | found | *finne* |
| **flee** | fled | fled | *flykte* |
| **fling** | flung | flung | *kaste* |
| **fly** | flew | flown | *fly* |
| **forsake** | forsook | forsaken | *svikte* |
| **freeze** | froze | frozen | *fryse* |
| **get** | got | got | *få* |
| **give** | gave | given | *gi* |
| **go (he goes*)** | went | gone | *gå* |
| **grind** | ground | ground | *male, knuse* |
| **grow** | grew | grown | *gro* |
| **hang** | hung | hung | *henge* |
| **have (he has*)** | had | had | *ha* |
| **hear** | heard | heard | *høre* |
| **hew** | hewed | hewed/hewn | *hugge* |
| **hide** | hid | hidden | *gjemme* |
| **hit** | hit | hit | *slå* |
| **hold** | held | held | *holde* |
| **hurt** | hurt | hurt | *såre* |
| **keep** | kept | kept | *beholde* |
| **kneel** | knelt | knelt | *knele* |
| **knit** | knitted/knit | knitted/knit | *strikke* |

* presens indikativ

| | | | |
|---|---|---|---|
| **know** | knew | known | *vite* |
| **lay** | laid | laid | *legge* |
| **lead** | led | led | *lede* |
| **lean** | leant/leaned | leant/leaned | *lene* |
| **leap** | leapt/leaped | leapt/leaped | *hoppe* |
| **learn** | learnt/learned | learnt/learned | *lære* |
| **leave** | left | left | *forlate* |
| **lend** | lent | lent | *låne (ut)* |
| **let** | let | let | *la; leie ut* |
| **lie** | lay | lain | *ligge* |
| **light** | lit/lighted | lit/lighted | *tenne* |
| **lose** | lost | lost | *miste* |
| **make** | made | made | *lage* |
| **may*** | might | – | *kunne (få lov)* |
| **mean** | meant | meant | *mene* |
| **meet** | met | met | *møte* |
| **mow** | mowed | mowed/mown | *slå (gress)* |
| **must*** | must | – | *måtte* |
| **ought* (to)** | ought | – | *burde* |
| **pay** | paid | paid | *betale* |
| **put** | put | put | *legge* |
| **read** | read | read | *lese* |
| **rid** | rid | rid | *befri* |
| **ride** | rode | ridden | *ride* |
| **ring** | rang | rung | *ringe* |
| **rise** | rose | risen | *reise seg* |
| **run** | ran | run | *løpe* |
| **saw** | sawed | sawn | *sage* |
| **say** | said | said | *si* |
| **see** | saw | seen | *se* |
| **seek** | sought | sought | *søke* |
| **sell** | sold | sold | *selge* |
| **send** | sent | sent | *sende* |
| **set** | set | set | *sette* |
| **sew** | sewed | sewed/sewn | *sy* |
| **shake** | shook | shaken | *riste* |
| **shall*** | should | – | *skulle* |
| **shed** | shed | shed | *felle* |

* presens indikativ

| | | | |
|---|---|---|---|
| **shine** | shone | shone | *skinne* |
| **shoot** | shot | shot | *skyte* |
| **show** | showed | shown | *vise* |
| **shrink** | shrank | shrunk | *krympe* |
| **shut** | shut | shut | *lukke* |
| **sing** | sang | sung | *synge* |
| **sink** | sank | sunk | *synke* |
| **sit** | sat | sat | *sitte* |
| **sleep** | slept | slept | *sove* |
| **slide** | slid | slid | *gli* |
| **sling** | slung | slung | *kaste* |
| **slink** | slunk | slunk | *luske* |
| **slit** | slit | slit | *flenge* |
| **smell** | smelled/smelt | smelled/smelt | *lukte* |
| **sow** | sowed | sown/sowed | *så* |
| **speak** | spoke | spoken | *snakke* |
| **speed** | sped/speeded | sped/speeded | *haste* |
| **spell** | spelt/spelled | spelt/spelled | *stave* |
| **spend** | spent | spent | *gi ut; tilbringe* |
| **spill** | spilt/spilled | spilt/spilled | *søle, spille* |
| **spin** | spun | spun | *spinne* |
| **spit** | spat | spat | *spytte* |
| **split** | split | split | *splitte* |
| **spoil** | spoilt/spoiled | spoilt/spoiled | *ødelegge; skjemme bort* |
| **spread** | spread | spread | *spre* |
| **spring** | sprang | sprung | *hoppe opp* |
| **stand** | stood | stood | *stå* |
| **steal** | stole | stolen | *stjele* |
| **stick** | stuck | stuck | *klebe* |
| **sting** | stung | stung | *stikke* |
| **stink** | stank/stunk | stunk | *stinke* |
| **strew** | strewed | strewed/strewn | *strø* |
| **stride** | strode | stridden | *skride* |
| **strike** | struck | struck/stricken | *slå* |
| **string** | strung | strung | *tre på snor* |
| **strive** | strove | striven | *streve* |
| **swear** | swore | sworn | *banne; sverge* |
| **sweep** | swept | swept | *feie* |

| | | | |
|---|---|---|---|
| **swell** | swelled | swollen/ swelled | *hovne* |
| **swim** | swam | swum | *svømme* |
| **swing** | swung | swung | *svinge* |
| **take** | took | taken | *ta* |
| **teach** | taught | taught | *undervise* |
| **tear** | tore | torn | *rive* |
| **tell** | told | told | *fortelle* |
| **think** | thought | thought | *tenke* |
| **throw** | threw | thrown | *kaste* |
| **thrust** | thrust | thrust | *støte* |
| **tread** | trod | trodden | *trå* |
| **wake** | woke/waked | woken/waked | *våkne; vekke* |
| **wear** | wore | worn | *ha på seg* |
| **weave** | wove | woven | *veve* |
| **weep** | wept | wept | *gråte* |
| **will*** | would | – | *ville* |
| **win** | won | won | *vinne* |
| **wind** | wound | wound | *sno* |
| **wring** | wrung | wrung | *vri* |
| **write** | wrote | written | *skrive* |

* presens indikativ

# Numerals

## Cardinal numbers

| | |
|---|---|
| 0 | null |
| 1 | en |
| 2 | to |
| 3 | tre |
| 4 | fire |
| 5 | fem |
| 6 | seks |
| 7 | syv/sju |
| 8 | åtte |
| 9 | ni |
| 10 | ti |
| 11 | elleve |
| 12 | tolv |
| 13 | tretten |
| 14 | fjorten |
| 15 | femten |
| 16 | seksten |
| 17 | sytten |
| 18 | atten |
| 19 | nitten |
| 20 | tyve/tjue |
| 21 | enogtyve/tjueen |
| 30 | tredve/tretti |
| 31 | enogtredve/trettien |
| 40 | førti |
| 41 | enogførti/førtien |
| 50 | femti |
| 51 | enogfemti/femtien |
| 60 | seksti |
| 61 | enogseksti/sekstien |
| 70 | sytti |
| 71 | enogsytti/syttien |
| 80 | åtti |
| 81 | enogåtti/åttien |
| 90 | nitti |
| 91 | enognitti/nittien |
| 100 | hundre |
| 101 | hundre og en |
| 1 000 | tusen |
| 1 000 000 | en million |

## Ordinal numbers

| | |
|---|---|
| 1. | første |
| 2. | annen |
| 3. | tredje |
| 4. | fjerde |
| 5. | femte |
| 6. | sjette |
| 7. | syvende/sjuende |
| 8. | åttende |
| 9. | niende |
| 10. | tiende |
| 11. | ellevte |
| 12. | tolvte |
| 13. | trettende |
| 14. | fjortende |
| 15. | femtende |
| 16. | sekstende |
| 17. | syttende |
| 18. | attende |
| 19. | nittende |
| 20. | tyvende/tjuende |
| 21. | enogtyvende/ tjueførste |
| 22. | toogtyvende/tjueandre |
| 23. | treogtyvende/ tjuetredje |
| 24. | firogtyvende/ tjuefjerde |
| 25. | femogtyvende/ tjuefemte |
| 26. | seksogtyvende/ tjuesjette |
| 27. | syvogtyvende/ tjuesjuende |
| 28. | åtteogtyvende/ tjueåttende |
| 29. | niogtyvende/ tjueniende |
| 30. | tredevte/trettiende |
| 40. | førtiende |
| 50. | femtiende |
| 60. | sekstiende |
| 70. | syttiende |
| 80. | åttiende |
| 90. | nittiende |
| 100. | hundrede |
| 1 000. | tusende |

## Tall

| Grunntall | | Ordenstall | |
|---|---|---|---|
| 0 | zero | 1st | first |
| 1 | one | 2nd | second |
| 2 | two | 3rd | third |
| 3 | three | 4th | fourth |
| 4 | four | 5th | fifth |
| 5 | five | 6th | sixth |
| 6 | six | 7th | seventh |
| 7 | seven | 8th | eighth |
| 8 | eight | 9th | ninth |
| 9 | nine | 10th | tenth |
| 10 | ten | 11th | eleventh |
| 11 | eleven | 12th | twelfth |
| 12 | twelve | 13th | thirteenth |
| 13 | thirteen | 14th | fourteenth |
| 14 | fourteen | 15th | fifteenth |
| 15 | fifteen | 16th | sixteenth |
| 16 | sixteen | 17th | seventeenth |
| 17 | seventeen | 18th | eighteenth |
| 18 | eighteen | 19th | nineteenth |
| 19 | nineteen | 20th | twentieth |
| 20 | twenty | 21st | twenty-first |
| 21 | twenty-one | 22nd | twenty-second |
| 22 | twenty-two | 23rd | twenty-third |
| 23 | twenty-three | 24th | twenty-fourth |
| 24 | twenty-four | 25th | twenty-fifth |
| 25 | twenty-five | 26th | twenty-sixth |
| 30 | thirty | 27th | twenty-seventh |
| 40 | forty | 28th | twenty-eighth |
| 50 | fifty | 29th | twenty-ninth |
| 60 | sixty | 30th | thirtieth |
| 70 | seventy | 40th | fortieth |
| 80 | eighty | 50th | fiftieth |
| 90 | ninety | 60th | sixtieth |
| 100 | a/one hundred | 70th | seventieth |
| 230 | two hundred and thirty | 80th | eightieth |
| 1,000 | a/one thousand | 90th | ninetieth |
| 10,000 | ten thousand | 100th | hundredth |
| 100,000 | a/one hundred thousand | 230th | two hundred and thirtieth |
| 1,000,000 | a/one million | 1,000th | thousandth |

## Time

Although official time in Norway is based on the 24-hour clock, the 12-hour system is used in conversation.

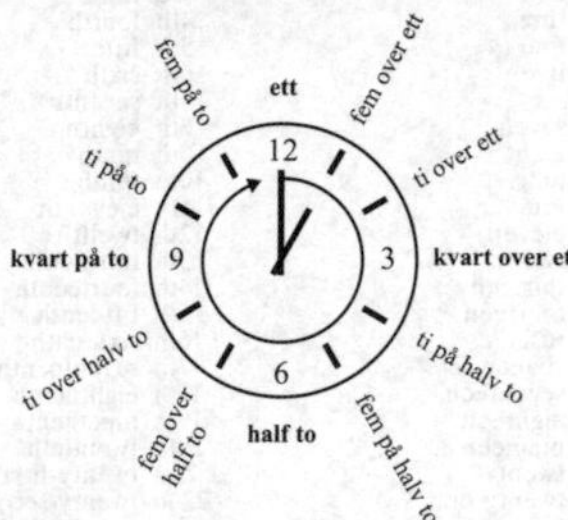


If you have to indicate that it is a.m. or p.m., add *om morgenen, om formiddagen, om ettermiddagen, om kvelden, om natten.*

Thus:

| | |
|---|---|
| *klokken syv om morgenen* | 7 a.m. |
| *klokken elleve om formiddagen* | 11 a.m. |
| *klokken to om ettermiddagen* | 2 p.m. |
| *klokken åtte om kvelden* | 8 p.m. |
| *klokken to om natten* | 2 a.m. |

### Days of the week

| | | | |
|---|---|---|---|
| *søndag* | Sunday | *torsdag* | Thursday |
| *mandag* | Monday | *fredag* | Friday |
| *tirsdag* | Tuesday | *lørdag* | Saturday |
| *onsdag* | Wednesday | | |

## Klokken

Både engelskmennene og amerikanerne anvender uttrykkene a.m. (ante meridiem) om tiden etter midnatt frem til kl. 12, og p.m. (post meridiem) om tiden etter kl. 12 frem til midnatt. I England går man imidlertid mer og mer over til å bruke 24-timerssystemet.

Eksempler:

*I'll come at seven a.m.* Jeg kommer kl. 7 om morgenen.
*I'll come at two p.m.* Jeg kommer kl. 2 om ettermiddagen.
*I'll come at eight p.m.* Jeg kommer kl. 8 om kvelden.

### Dagene

| | | | |
|---|---|---|---|
| *Sunday* | søndag | *Thursday* | torsdag |
| *Monday* | mandag | *Friday* | fredag |
| *Tuesday* | tirsdag | *Saturday* | lørdag |
| *Wednesday* | onsdag | | |

## Conversion tables/Omregningstabeller

### Metres and feet

The figure in the middle stands for both metres and feet, e.g. 1 metre = 3.281 ft. and 1 foot = 0.30 m.

### Meter og fot

Tallene i midten gjelder både for meter og fot, dvs. 1 meter = 3,281 fot, og 1 fot = 0,30 meter.

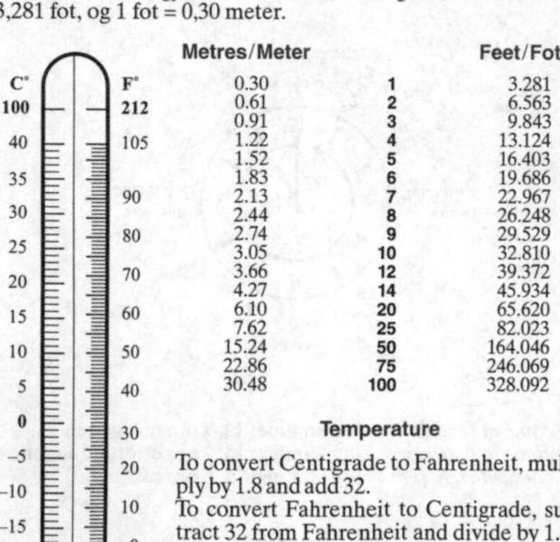


| Metres/Meter | | Feet/Fot |
|---|---|---|
| 0.30 | **1** | 3.281 |
| 0.61 | **2** | 6.563 |
| 0.91 | **3** | 9.843 |
| 1.22 | **4** | 13.124 |
| 1.52 | **5** | 16.403 |
| 1.83 | **6** | 19.686 |
| 2.13 | **7** | 22.967 |
| 2.44 | **8** | 26.248 |
| 2.74 | **9** | 29.529 |
| 3.05 | **10** | 32.810 |
| 3.66 | **12** | 39.372 |
| 4.27 | **14** | 45.934 |
| 6.10 | **20** | 65.620 |
| 7.62 | **25** | 82.023 |
| 15.24 | **50** | 164.046 |
| 22.86 | **75** | 246.069 |
| 30.48 | **100** | 328.092 |

### Temperature

To convert Centigrade to Fahrenheit, multiply by 1.8 and add 32.
To convert Fahrenheit to Centigrade, subtract 32 from Fahrenheit and divide by 1.8.

### Temperatur

For å regne om fra celsius- til fahrenheitgrader, ganger en med 1,8 og legger til 32.
Omvendt – for å regne om fra fahrenheit- til celsiusgrader – trekker en fra 32 og deler med 1,8.